中国历史

秦汉史

孟祥才 著

人民出版社

目　录

前　言

　　秦汉两朝(前221—220年)近四个半世纪的悠长岁月是中国封建社会的初期阶段。正是在这一时期,我们的祖先在世界东方这片广袤的土地上创造了当时世界上具有领先地位的政治经济制度和博大精深的灿烂文化,不仅深深影响了此后中国历史的发展,而且在相当大的程度上左右着东亚历史的走向。从那时至今,历史的车轮已经滚动了2230年, 当年雄视东亚的秦汉帝国已经发展成为令当今世界瞩目的伟大的社会主义的中国, 那时形成的以汉族为主体的中华民族已经繁衍成为今天世界上人口最多的民族, 那时基本定型的汉字汉语已经成为世界上使用人数最多的语言文字,而那时形成的中国传统文化经过两千多年的发展、丰富和不断地新陈代谢,已经成为当今世界上唯一的没有中断过的历史最悠久、内涵最宏富的文化系统,在世界多元一体的人类文化格局中占有重要的位置。今天,回溯历史,放眼世界,展望未来,才能更加深入认识秦汉两朝对于中国和世界的巨大贡献。

　　秦朝(前221—前206年)是一个短命皇朝,如果不计其在春秋战国时期的悠悠创业史,而从秦始皇统一六国的年代算起,它只存在了15个年头,可以称得上"其兴也勃焉,其亡也忽焉"。尽管如此,其在历史上的开创之功却是永垂千古。这主要体现在奠定祖国疆域之基,创设专制主义中央集权的行政体制,建立地主私有的土地制度,育成中国一统的民族认同观念。继承秦制的两汉皇朝极大地弘扬了秦朝的功业,从而将中国封建社会前期的历史推向一个辉煌的顶峰,创造了前无古人的巨大成就。

　　如果说,统一的秦皇朝奠定了今日我们伟大祖国幅员辽阔的疆域的基础,那么,汉皇朝就更进一步扩大和巩固了这个基础。当秦始皇及其臣子们在琅邪刻石上顾盼自雄地写上"六合之内,皇帝之土。西涉流沙,南尽北户。东有东海,北过大夏。人迹所至,无不臣者"的时候,秦皇朝的疆域也不过东尽大海,西至今日之甘肃,北至今日之内蒙古、辽宁,南至今日之两广和北越。大体上是以兰州为基点划一纵线的今日中国的东部地区。但是,到汉皇朝,特别是到汉武帝统治时期,大汉皇朝的疆域已经向周边大大扩展了。其中,东北越过鸭绿江,达到今日朝鲜的北中部。西部则越出新疆,达到巴尔喀什湖以东以南地区。北部越过长城,到达广漠的蒙古草原。南部则越出广西、云南,几乎囊括了今日越南的大部分和缅甸的北部,从而成为东亚疆域最辽阔的国家。当时的大汉皇朝,与横跨欧亚的罗马帝国,雄居中亚的大夏王国和称雄印度半岛的孔雀王朝,作为人类文明历史进程中几颗耀眼的明星,遥相辉映,共领时代的风骚。

汉皇朝是民族融合的大熔炉。它以政治、经济、文化为纽带所形成的熊熊炉火,熔铸出以汉族为主体的中华民族。这个伟大的民族,不停地繁衍生息,不断地吸收新鲜血液,历经磨难而不衰,终于发展成世界民族之林的参天大树。秦皇朝的统一虽然使数以百计的民族、部落聚拢在一起,共同生活在"车同轨,书同文"的华夏大地之上,但是,由于秦皇朝存在的时间十分短暂,无法从文化上和心理上消除民族和地域的差别,所以,当陈胜在大泽乡振臂一呼的时候,打着六国旗帜的反秦队伍立即云集响应,而原秦国腹地的关中、汉中和巴蜀等地却平静得犹如死水一潭。这说明秦民与原六国之民之间民族的畛域尚未消除。汉皇朝统理中国400余载,不仅使中原地区背景各异的民族认同了汉族这个共同体,以炎黄子孙自居,而且使汉民族对周边少数民族产生了越来越大的向心力和凝聚力,匈奴、鲜卑、乌桓相继内附,数以百计的西南夷、南越、东越等族接受了汉朝郡县官员的治理,而西域不同民族建立的大大小小的"三十六"国,也在汉朝西域都护的管理下心悦诚服地做了汉皇朝的臣民。在四百多年的漫长岁月里,在日益密切的经济文化交流中,不知有多少胡人汉化到中原的城市乡村,也不知有多少汉人胡化到北国的草原穹庐和天山脚下的田园牧场。这种不间断的双向融合为日后一些少数民族如匈奴、鲜卑、羯、氐、羌等完全融入汉民族的大家庭创造了条件。这一时期,汉民族进一步继承和弘扬了它的前身华夏民族海纳百川的恢宏气度,形成了善于吸收、包容和改造外来民族和外来文化的民族特性,使它在以后的历史征程中能够较好地以开放的心态对待外来的民族和文化,使这个民族大熔炉熔铸的民族越来越多,使中华民族越来越兴旺发达,也使中国的古老文化在不断吸取外来文化的基础上,日益丰富和发展。

汉皇朝制定的各项法律制度和采取的一系列政策措施,以及它对全国的有效治理,进一步巩固和加强了中国的统一,使中华民族是一个统一的整体、华夏大地是一个统一的国家的观念,成为以汉族为主体的中国各族人民的共识。春秋战国以来,随着民族融合的不断发展,各地区经济文化交流的日益频繁,中国统一的趋势迅速增长。"天下恶乎定?""定于一。"(《孟子·梁惠王》)孟子的回答,反映了当时一批远见卓识的政治家和思想家对社会未来发展趋势的正确展望。但是,由于各种复杂因素的制约,中国的统一却是通过长期激烈的战争手段完成的。秦国的近百万大军经过长期的剧烈征战,使六国的统治者及其臣民统统在秦国的坚甲利兵面前被迫放下了武器,做了统一之君的子民。被胜利冲昏了头脑的秦始皇踌躇满志地预期,他的美好的江山社稷会二世三世至于万世,传之无穷。然而,秦始皇并不清楚,这个统一国家的基础还很不巩固。因为尽管统一已经实现,但地区和民族的畛域尚未消失,而武力的征服又不可避免地给六国的臣民留下心灵的创伤。特别是秦皇朝建立后所实行的厚关中薄山东的歧视性剥削政策,更激起六国臣民对故国的怀念。

所以，秦末农民战争就几乎发展成六国的复国战争。这说明，秦皇朝的统一尽管有着时代的必然性，但全国人民的心理准备还不充分，长期封国割据形成的地域间的心理阻隔并没有消失。在汉皇朝统治中国的四百多年间，刘邦及其子孙制定了一系列从政治、经济和思想文化上加强统一的政策，特别是汉武帝时期所实行的一系列促进统一和集权的措施，更进一步加强了全国各族人民在政治、经济和思想文化上的联系，使秦皇朝统治时期还存在的地域的心理的阻隔基本消失了。"春秋大一统者，天地之常经，古今之通谊也"，董仲舒的观点虽然在形式上是他个人的创造，但其根源却在于中华民族已经形成的稳定的统一观念。这一观念的力量是如此强大有力，以致匈奴人自称"夏后氏之苗裔"而拉近与汉民族的距离，所有周边少数民族几乎都形成了对统一中国的归属感，而此后的分裂割据就被视为大逆不道了。东汉以后的中国历史，尽管也出现过三国东晋南北朝和宋辽夏金时期的分裂割据局面，但统一的时期毕竟占了主导地位。应该承认，这种情况的出现自然有着深刻的政治、经济、文化、民族与社会的根源，但汉朝时期已经形成的根深蒂固的大一统观念也起了不容忽视的重要作用。

汉皇朝进一步改造和完善了秦朝建立的专制主义中央集权的行政体制和法律制度。刘邦及其布衣将相虽然推翻了秦皇朝，并且，终汉之世，他的子孙和那些大大小小的政治家、思想家也没有忘记对秦朝的暴政发出正义凛然的批判，然而，"汉承秦制"却又是千真万确的事实。原因就在于，当时的历史条件还无法给汉皇朝提供另外的选择。这也说明，秦皇朝的覆亡主要是政策的失误而非政治体制的弊端，因而刘邦及其子孙也就只能继承其政治体制而刷新政策。刘邦及其后继者继承和完善了皇帝制度、三公九卿的中央行政制度(武帝后演变为中外朝制度，东汉又演变为台阁制度)、郡国并行的地方行政制度，县、乡、亭、里、什、伍编制和一整套选举、任免、升降、奖惩的基层管理制度，以及税收、财政、徭役和兵役制度等。与此同时，萧何损益《秦律》制定了汉皇朝的《九章律》，叔孙通等人制定了朝仪等礼乐制度，张苍等人制定了历法和度、量、衡等各种章程，韩信等制定了军法，使西汉皇朝的法律制度较之秦皇朝更加完善。侯外庐先生以此作为中国封建社会确立的标志，并不是没有道理的。由秦朝首创，汉朝加以继承和完善的一整套封建专制主义中央集权的行政体制和各种法律、礼仪制度，作为一种模式，被后来的历代封建皇朝所损益继承。尽管这些制度和法律从本质上体现的是地主阶级对农民阶级的专政，但在中国2000多年的封建社会里，其积极意义仍是不可忽视的。中央集权的行政体制和缜密完备的法律制度，有力地促进了统一的多民族国家的形成、巩固与发展，维护了社会的安定，为社会经济的发展和广大人民正常的生活提供了较好的政治环境。庞大而严密的官僚制度有较明确的分工和一定程度的权力制衡，因而具有较高的效率和较强的自我调节功能，从而保证了整个国家机器正常而有序的运转。汉皇朝继承和完善的这一套政治法律制度以及由它所派生的许多优秀的政治文化遗产，如统一集权观念,循吏清官意识,民本主义,等等,对以后中国历史的发展产生了巨大而深远的影响。

汉皇朝统治时期所继承和完善的许多经济制度,在后世也大体上延续下来。如国家土地所有制和地主土地私有制相结合的土地制度,地主剥削农民的主要方式租佃制度,一家一户为单位男耕女织的农业经营方式,"重本抑末",盐铁官营的工商政策,城市作为政治、经济和文化中心的基本模式等都延续下来。而这些制度所制约的稳定的社会结构及其顽强的再生能力是理解中国封建社会长期延续和资本主义萌芽难以长足发展的钥匙。土地自由买卖和诸子析产制的形成,使万世一系的大土地所有者难以存在,从而造成财产所有权与行政、司法权的分离。而土地所有权的变动不居又造成阶级关系的不断变动和地主、农民两个阶级的不断更新,也就使中国封建社会不存在欧洲封建社会那样严格的等级制度。由于一家一户的小农是封建国家赋税和徭役的主要征发对象,封建皇朝就必然厉行"抑兼并"的政策,加上农民战争的调节,因而自耕农和半自耕农在一般情况下就成为农村人口的大多数。他们亲身感受到的剥削和压迫主要来自封建官府,因而农民起义的斗争矛头总是指向封建皇朝。由于历代封建皇朝与汉朝一样执行"重本抑末"和盐铁官营的工商政策,使大量工商利润都进入国库,成为皇室和封建国家财政开支的重要来源,国家和私人的资本积累因而受到严格的限制。由于城市一直是封建国家控制的政治、经济、文化中心,特别是工商中心,工商业者也就一直作为封建皇朝的附庸而存在。所以,尽管秦汉时期中国的工商经济已出现过繁荣发展的局面,后来更是几度辉煌,然而,在中国封建社会却始终未能形成与封建地主阶级旗鼓相当的如同欧洲市民阶级那样的工商业者。不过,应该承认,在秦汉时期形成的中国封建社会的经济结构和农业生产一家一户的经营模式,在自然经济条件下,具有很大的优越性和顽强的生命力,因而在2000多年间使中华民族创造了世罕其匹的物质文化和精神文化,形成了绵延不绝的东亚文明的策源地。

大汉皇朝以恢宏的气度,四海一家的心态,顺应历史潮流的政策,奠定了我国封建社会在国内民族政策和对外政策方面基本开放的格局,对中国封建社会的政治、经济和思想文化的发展产生了巨大而深远的影响。刘邦在对匈奴的战争受挫以后,接受娄敬的建议,毅然采取了"和亲"政策,创造了处理国内民族关系的比较理想的模式。汉武帝以后,在处理汉族与其他少数民族关系方面亦推广了这一模式。刘细君与解忧公主的远嫁乌孙,王昭君与呼韩邪单于的联姻,都成为维系汉朝与西域、汉朝与匈奴友好关系的纽带,在中国民族关系史上留下了千古佳话。汉皇朝首创的这一"和亲"政策,后来几乎为历代中国封建皇朝所继承。唐朝和清朝都建立了幅员辽阔、国内众多民族友好和睦的封建大国,而恰恰就是这两个朝代创造了我国"和亲"史上最辉煌的时期。不可否认,尽管两汉400多年间汉皇朝与周边少数民族间也发生过一些战争,但民族关系的主流却是和平的经济文化交流。汉朝对内服的少数民族一般都实行特殊的优惠政策，以先进的生产技术和先进的文化促进了各民族经济文化的发展。岭南的百越之族，在先进的汉文化的熏陶下，很快改变了刀耕火种的落后面貌，大大缩短了与中原地区社会发展的距离。西南夷聚居的川、滇、黔地区也有了长足的进步。而内服的匈奴人在五属国的治理下，逐渐由游牧民族变成农业民族，与汉族融为一体，为开发中国西北地区作出了重要贡献。

　　汉皇朝以宏伟的气魄开辟了与朝鲜和越南交往的渠道。高度发展的汉文化对居于朝鲜半岛的高句丽和三韩(马韩、辰韩、弁韩)等产生了十分深刻的影响。他们均模仿汉朝的政治制度建立自己的统治机构，引进汉字作为表意工具，大量的生产工具、工艺品、服饰、乐器，以及建筑艺术的传入，大大丰富了朝鲜人民的物质生活和精神生活。由此，朝鲜的历史就与中国结下了不解之缘。越南在秦汉时期虽然已经迈进了文明的门槛，但在不少地方还保留着十分落后的经济生活与风俗习惯。例如，他们以狩猎、采集和捕鱼为生，农业还停留在原始状态；他们仍然在树上筑巢而居，还不知房屋建筑为何物；他们仍维持着原始落后的群婚制，子女只知其母不知其父，等等。汉皇朝在越南设立交趾、九真、日南三郡以后，简派能吏，加强治理，大力全面地推行先进的汉文化。例如，东汉时期，任延任九真太守后，一面推广铁制工具和水稻栽培法、代田法、区种法等先进生产技术，使越南人民过上自给自足的农耕生活，一面广泛宣传父慈子孝、兄友弟恭、夫唱妇随等儒家伦理观念，改变了他们的原始婚俗和其他落后习惯，大大提高了他们的文明程度。从汉代开始，中国的儒学开始迈出国门，在朝鲜、日本和越南等地广泛传播。由此，东亚儒学文化圈开始形成，以后更不断发展、繁盛，一直持续到今日，成为全世界瞩目的文化现象。汉皇朝从武帝起，全力开拓经营西域，通过政治、经济、军事和外交的种种手段，开辟了从长安经河西走廊和天山南北路通往中亚至欧洲的丝绸之路。当清脆的驼铃声打破千年大漠的沉寂时，一条东西方文明交流的长桥第一次架设起来。中国的丝绸经过中亚，跨越地中海的波涛，传到罗马帝国的王庭。从而使西方第一次知道东方有一个文明高度发展的大汉皇朝，也使中国人民知道在地中海的彼岸有一个神奇的罗马帝国。这就大大开阔了中华民族的视野，改变了中国人一向认为中国就是天下的观念。汉皇朝开辟的这条陆上中外文化交流的通道，在中国长期的封建社会里一直是中国对外开放的主要渠道。伟大的中华文明的优秀成果，如四大发明，就是通过它传到中亚、欧洲和北非。而中亚和欧洲的许多文明成果也通过它传到了中国，大大丰富了中国人民的物质和精神生活。从总体上看，汉皇朝所奠定的中国对外政策的开放格局和优良传统，基本上为后来的历代皇朝所继承，从而使灿烂的中华文明基本上在开放的态势下不断地丰富和发展。

　　汉皇朝创造了高度发展而又丰富多彩的民族文化和处于世界领先地位的科学技术。汉字汉语作为独特的语言文字系统，在汉代已经定型和成熟。《史记》《汉书》确立了中国封建社会正史的基本模式。陆贾、贾谊、晁错的政论散文，司马迁、班固的历史散文,成为后人学习的典范。乐府和古诗19首等五言诗代表了《诗经》、《楚辞》之后诗歌艺术的高峰。书画、音乐、舞蹈和杂技等更是留下了累累硕果。以《九章算术》、《周髀算经》等为代表的数学,以太初历、三统历为代表的历法,以《灵宪》为代表的天文学和浑天仪、地动仪为代表的天文仪器,以《氾胜之书》为代表的农学,以《黄帝内经》、《神农本草经》、《伤寒杂病论》为代表的医学,以及造纸术的发明等,标志着我国自然科学和技术科学的巨大成就。在思想方面,汉武帝宣布实行的"罢黜百家,独尊儒术"的政策,宣告了我国封建社会统治思想的确立,更是影响深远的大事。秦皇朝统一全国后,推行"以法为教","以吏为师"的文化专制主义,以"焚书坑儒"的野蛮暴行宣告了春秋战国以来思想上"百家争鸣"局面的结束。然而,秦朝二世而亡的现实深深震撼着秦汉之际的所有政治家和思想家。因而,在汉初的思想领域便出现了一个反思秦朝二世而亡的思潮,它显示了中国人对自身社会和历史的自觉的深刻思索。陆贾、贾谊、主父偃、晁错、严安、贾山、司马迁,以及《淮南子》的那个创作群体,直到董仲舒等,都是这一反思潮流中光彩夺目的人物。在他们的反思中涉及到武功与文治、德化与刑罚、有为与无为、社稷与百姓、天命与民心等一系列治国方略和治国艺术等重大问题。其间,诸子余绪的活跃,各学派之间激烈的诘辩,但目的只有一个,就是寻找一个适合封建统治需要的思想体系。在现实的教育和陆贾、叔孙通等人的启导下,首先是刘邦的思想开始向儒学倾斜。刘邦死后,他的后继者又钟情于黄老刑名之学,于是形成了黄老之学独步西汉政坛五十余年的局面。当雄才大略的汉武帝继位的时候,黄老之学已经完成了它的历史使命。这时候,原始儒学经过叔孙通等一大批儒生的不断改造,到董仲舒手里便发展到一个新的阶段,一个体系庞大、结构严谨、内涵丰富、义理深邃的新儒学体系形成了。通过董仲舒的贤良对策,"推明孔氏,抑黜百家",儒学从此走上独尊的地位,成为两千多年间中国封建社会的统治思想。在中国封建的社会结构和政治经济制度不发生根本变化的情况下,儒学在思想上的地位就是不可动摇的。即使在魏晋南北朝玄学兴起、佛教大盛的时期,儒学也没有失去思想上的盟主地位。儒学丰厚的内涵构成了中国传统文化的主要内容,在形成中华民族的心理结构上起了重要作用,深深地融进了中华民族的血液里。显然,汉皇朝在建树中国封建社会的统治思想和构筑中国传统文化的骨架方面所作出的贡献是永远光耀千古的。

《秦汉史》这部书稿力图以大量的文献和考古资料为基础,将这一时期近四个半世纪的历史从各个层面全方位地展示给读者,以从中体认我们祖先创造历史的豪迈和悲壮,汲取启迪与智慧。

第一章　秦朝的建立和灭亡

（前221—前206年）

第一节　"六世余烈"

一　从襄公立国到缪公独霸西戎

司马迁的《史记·秦本纪》是一部最早最简明最权威的秦国发展史。根据他的记载，秦人是同夏、商、周等族同样古老的原始氏族，它的祖先可以追溯到传说中五帝之一的颛顼。由颛顼之苗裔孙女脩吞玄鸟卵，生子大业。卵生神话传说和对鸟图腾的崇拜，说明这时秦人还处于"知母而不知有父"的母系氏族社会阶段，大业以后才开始进入父系氏族社会；也说明秦人的祖先和崇拜鸟图腾的东夷族、商族的祖先有着血缘和文化上的关系。大业之子大费曾参加过大禹治水，并佐助大舜驯养鸟兽。大费即伯益，伯益为东夷族首领，舜赐姓嬴氏。大概这时秦人活动在今山东泰山以东、汶水两岸[1]。《汉书·地理志》泰山郡有嬴县，应是秦人最初活动的中心。大费玄孙名费昌为商汤御者，参加了伐夏桀于鸣条的战斗。其后，"遂世有功，以佐殷国，故嬴姓多显，遂为诸侯"[2]。大概在这时秦人已进入文明社会，并有一部分人迁居西戎，成为商王朝在西陲的有力奥援。周武王灭商后，秦人转而归附周朝，又有一部分秦人从东方迁至今陕、甘一带与戎人杂处。周孝王时，秦人的首领非子居于犬丘（今陕西兴平），利用其祖先善于驯养鸟兽的传统，为周王朝牧马，"马大蕃息"，获得孝王的赏识，将他封于秦（今甘肃陇西境），"使复续嬴氏祀，号曰秦嬴"[3]。这是秦人封国之始。自此以后至二世胡亥，共

秦始皇

[1] 林剑鸣《秦汉史》，上海人民出版社1981年版，杨东晨《秦人秘史》，陕西人民出版社1991年版，均主张秦人最早居于东方，即今山东省莱芜境内。

[2] 《史记·秦本纪》。

[3] 《史记·秦本纪》。

战国石鼓

传30代,37个国君:

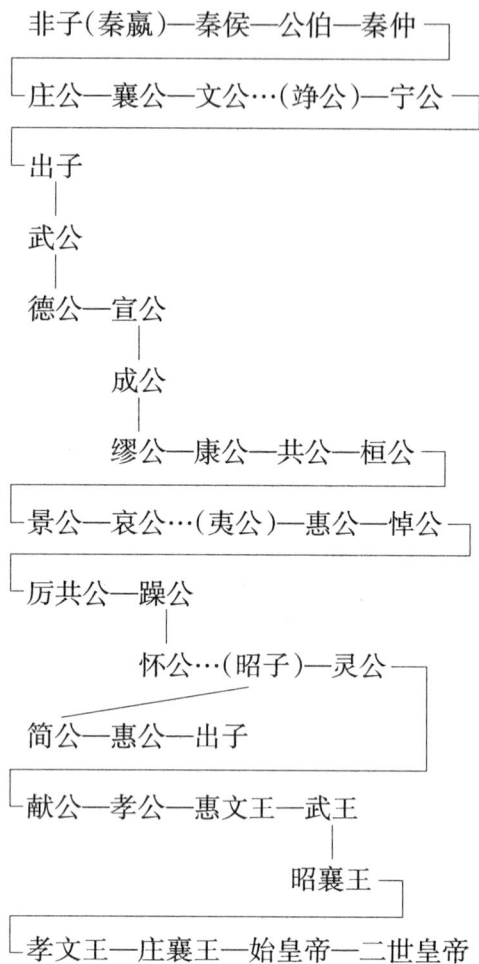

非子(秦嬴)—秦侯—公伯—秦仲┐
┌庄公—襄公—文公…(竫公)—宁公┐
└出子
　武公
　德公—宣公
　　　　成公
　　　缪公—康公—共公—桓公┐
┌景公—哀公…(夷公)—惠公—悼公┐
└厉共公—躁公
　　怀公…(昭子)—灵公┐
┌简公—惠公—出子
└献公—孝公—惠文王—武王
　　　　　　昭襄王┐
┌孝文王—庄襄王—始皇帝—二世皇帝

　　秦人虽然有着悠久的历史,但它的首领只是从非子开始才从周王那里获得封邑。以后,由于周王室与西戎的关系日趋紧张,而与西戎长期杂处的秦人恰恰成为阻止戎人侵扰的重要屏障。这样,他们便越来越受到周王室的重视。周宣王继位后,秦仲被任命为大夫,率领秦人征伐西戎,最后死于战斗中。宣王给他的5个儿子7000兵马,继续与西戎作战,取得重大胜利,将其控制区扩大到西犬丘(今甘肃天水、礼县间),庄公也被任命为西陲大夫。

　　秦人真正立国,取得同齐、鲁、晋、燕、宋、楚等诸侯国同等的地位,是在秦襄公时期,其契机是西周亡于犬戎和周平王东迁洛邑。襄公是庄公的次子,在史书上连名字也没留下来。他的哥哥名世父,本应作为太子承袭庄公的爵位,但他激愤于西戎杀死祖父,故倾全力伐戎,自愿将太子之位让予襄公。公元前778年(周幽王四年),庄公在位44年后死去,襄公继位。此时,中国的历史发展正面临着一次重大的转折。

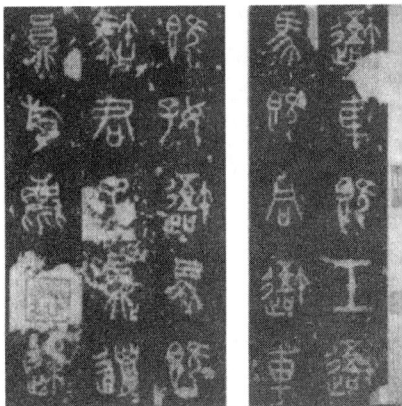

石鼓文拓片

根据史学界大多数学者的意见,夏、商和西周是中国的奴隶社会时期,在这1 300多年的漫长岁月里,我们的祖先创造了以农业、青铜器和甲骨文、金文为代表的高度发达的奴隶制的文明。然而,这个文明在西周后期已走向没落。一方面,随着各级奴隶主贵族的日益腐败,使奴隶和平民所受的压迫与剥削不断加剧,致使矛盾迅速激化。奴隶和平民以怠工、逃亡与武装起义等形式进行的反抗斗争也日趋激烈;另一方面,因财产和权力的分配引发的奴隶主的内部斗争也日甚一日。这个斗争,既表现为周王室在王位继承上的争斗,又表现为周王室与诸侯国之间以及诸侯国彼此间的明争暗斗。与此同时,中原的华夏族与周边少数民族戎、狄的矛盾也不断加深,彼此间为争夺土地和财富而进行频繁的战争。公元前841年(共和元年),周族平民在都城镐京起事,将"专利"的周厉王赶跑。使西周历史上出现了14年没有国王统治的"共和"时代。周宣王继位,尽管千方百计力挽颓势,创造出为后世史家称道的"宣王中兴",但是,它不过是西周灭亡前的回光返照。宣王死后,他的儿子幽王继位,形势即急转直下,阶级矛盾、民族矛盾、统治阶级的内部矛盾,犬牙交错地纠集在一起,使周王室的统治岌岌可危。

公元前771年(周幽王十一年,秦襄公七年)春天,周幽王废申后及太子宜臼,立宠姬褒姒为后,其子伯服为太子,于是引发了周王室内部的一场争夺王位继承权的斗争。对幽王极度不满的申后父申侯勾结犬戎突然发动了对镐京的进攻。幽王措手不及,各封国诸侯也都拒绝调兵勤王,致使周幽王和他的宠姬只能眼睁睁地对着骊山烽火台的缕缕青烟被戎人砍掉了脑袋。只有秦襄公应召率兵救周,与犬戎之兵作殊死战,对保卫周王室立下了汗马

石鼓文拓片

功劳。承袭父位的周平王宜臼面对兵燹之后残破的镐京，想到朝发夕至的犬戎之兵，已没有勇气继续留在关中。于是决计迁都洛邑，秦襄公率兵护送，使平王平安抵达东都。平王为了酬谢襄公在危急时刻的勤王功劳，于是下令封襄公为诸侯，并赐给他岐（今陕西岐山）以西的土地，对他说："戎无道，侵夺我岐、丰之地，秦能攻逐戎，即有其地。"平王除了送给襄公一个诸侯的空头爵位外，土地的封赏实际上也是送的空头人情。因为此时的岐、丰之地，绝大部分已被戎人占领，秦人杂处其间，占据的只是很少的地方。但是，这次封赏对于秦人来说，仍然具有至关重要的意义。第一，通过这次封赏，秦人得到立国的权力，取得了与其他诸侯国平等的地位。"襄公于是始国，与诸侯通使聘享之礼"[1]。这大大有助于秦人今后的发展。第二，这次封赏虽然没有得到多少封土，但取得了从戎人手中夺取土地的权力。有了周天子赐予的"尚方宝剑"，秦人不仅可以随时从戎人手中收复被他们侵占的岐、丰之地；而且能够进一步在戎地开疆拓土。日后，秦人正是通过长期西向发展，逐渐成长为雄踞西陲的泱泱大国。第三，最重要的，是秦人填补了周王室东迁后在关中留下的巨大空间，取得了日后统一中国的战略基地。

关中地处泾渭平原，沃野千里，物产丰富，四周有高山大河环绕，进可攻，退可守，是军事上不可多得的战略后方。周王室在此建都后，经过400年左右的开发，已经变成人众物阜的独立经济区。虽经战火的破坏，但基础仍十分牢固。一旦有了和平的环境，正确的政策，社会经济必然会得到迅速的恢复与发展。秦人获得这一块得天独厚的立国基地，等于得到了取之不尽，用之不竭的无尽宝藏。地理环境虽然不能完全决定历史的发展，但却是人类历史活动必须具备的重要条件。

从一定意义上，可以说秦人之获得关中，实际上已经迈出了统一中国的第一步。

襄公立国后，驻跸西陲（今甘肃陇西县附近），目的显然是为了便于对戎人作战，西向发展。他自以为僻在西方，应主少皞之神，于是作西畤，祠白帝，建立了与自己对应的天神系统。公元前766年（周平王五年，襄公十二年），

[1]《史记·秦本纪》。

一生不忘从戎人手中夺取疆土的襄公率兵攻戎，至岐而卒，葬于西陲，结束了他壮烈的一生。襄公虽然连个名字也没有留下来，生年也难以考定，但在秦国的历史上，他应是第一个功勋卓著的英雄。因为正是他在周王室最危难的关头，在其他诸侯国尽作壁上观之时，毅然率兵勤王。这一英明决策，不仅使秦人赢得立国的权力，还使秦人获得了无比优越的立国基地，使秦国在一个高起点上迈开了前进的步伐。

襄公死后，对秦国历史发展作出巨大贡献的第二个国君是秦缪（同穆）公。从非子秦嬴算起，他是第14代国君，距襄公之死已经105年。其间有七个国君依次给秦国的历史打上了自己的印记。

文公在位50年（前765—前716年），秦国的发展并不显著。但他有几桩功劳还是值得永载史册的。公元前762年（文公四年），他在济、渭之间（今陕西宝鸡东）营邑，作为秦的都城，使秦人向关中腹地发展。公元前753年（文公十三年），他初设史官记事，说明他的文明意识进一步提高。公元前750年（文公十六年），他率兵伐戎，取得成功，将疆土东扩到岐（今陕西岐山），将戎人统治下的原周王室的民众收为己有。为了表示对周王室的忠心，他将岐山以东的土地献给周室。公元前746年（文公二十年），他制定三族罪法律，表明秦人有了初步的法律意识。他在位期间，还作鄜畤，祠白帝。在陈仓北阪（今陕西宝鸡南）作一牢祠，命曰陈宝，祭祀神鸡。

宪公（又称宁公）在位12年（前715—前704年），他在位期间，致力于向东发展，灭掉小国亳（今西安南）、芮（今陕西大荔南），将秦的触角伸向渭水中下游。出子（又称出公，前703—前698年）、武公（前697—前678年）、德公（前677—前676年）三个国君共历时34年。这一时期发生的重要事件是武公时期征伐华山下的彭戏氏，在邽（今甘肃天水）、冀（今甘肃甘谷东）、杜（今陕西宝鸡东南）、郑（今陕西华县）初设县。武公卒，初以人从死，从死者66人。德公元年（前677年），驻跸雍城（今陕西凤翔），以此为中心，继续西征东进。宣公（前675—前664年）、成公（前663—前660年）共历时16年。其间值得记述的事件有二，皆发生于

秦公编钟

春秋兵马坑

公元前672年。一件是宣公作密畤于渭南,祭祀青帝。一件是与晋国战于河阳(今河南孟津北),取得胜利。这表明,秦国自襄公后经过七代近百年的经营,已经不满足于局促关中一隅,它要走向中原,参与中原各国的事务。此次牛刀小试,居然打败晋国。这使它信心大增,决心更积极地参加中原大国的争霸。恰在此时,一代英主秦缪公于公元前659年继任国君。在他的领导下,秦国迅速在西方崛起,使东方大国齐、晋、楚等不得不对它刮目相看。

秦缪公名任好,是德公最小的儿子,成公去世后,他继兄为秦国之君,在位37年,为秦国君主中在位时间较长者之一。即位之年,他亲伐茅津(今河南三门峡市)之戎。公元前656年,他迎晋国太子申生的姐姐为夫人,希图与晋国交好。此后,秦晋国君之间频频联姻,以致"结秦晋之好"竟成为后世婚姻的代名词。不过,由于秦晋两国边界相接,争夺土地和百姓的冲突无法避免。特别是秦国东向争霸,直接威胁到晋国的利益,因而晋国也不会坐视不问。这样终春秋之世,秦晋之间仍不断发生战争。

从公元前770年至公元前476年的近300年,在中国历史上称之为春秋时代。按照郭沫若的观点,这是我国奴隶社会向封建社会的过渡时期。这一时期,以铁器和牛耕为标志的生产力的发展使一家一户为单位进行农业生产成为可能。随着奴隶和平民反抗斗争的加剧,以井田制为基础的奴隶制的生产关系走到了尽头。

以地主土地私有制为基础的封建的生产关系就在奴隶制的母体内产生和发展。反映在上层建筑领域,就是"礼崩乐坏",原来"礼乐征伐自天子出",现在是"自诸侯出"、"自大夫出",甚至"陪臣执国命"。一方面,由于移居洛邑的周王室日趋衰败,"天下共主"的地位动摇,对诸侯国的控制力大大弱化;另一方面,由于各封国的发展不平衡,力量对比不断变化,所以整个旧的格局无法维持。于是孕育出大国之间的日益激烈的争霸战争。齐桓公、宋襄公、晋文公、秦缪公和楚庄王先后在列国纷争的舞台上扮演霸主的角色,以春秋五霸载入史册。

秦缪公继位时,正是齐桓公称霸的黄金时期。看着齐桓公九合诸侯,一匡天下的气势,秦缪公羡慕不已。他一面整饬内部,任用贤人主政,五羖大夫百里奚、上大夫蹇叔成为他的左右臂膀。一面相机出关,参与东方大国的会盟与竞争。这样,秦晋关系由于两国毗邻而进入多事之秋。此时的晋国东至河内,西有河西,北接北狄,南临周室,地广人众,十分强大。秦缪公对晋采取守势,坚持衅不自我开。公元前651年,晋献公死去,晋诸公子因争夺君位而酿成内乱,公子夷吾为争取秦国支持,许割河西五城赂秦。缪公支持其获取君位后,夷吾竟食言而肥。第二年,郑国丕豹来到秦国,极力鼓动缪公讨伐背德忘义的晋君惠公。缪公鉴于晋国国势正隆,无取胜把握,拒绝了丕豹的建议。公元前649年(周襄王三年),杨拒、泉皋、伊、洛之戎联合袭击周王室,攻入王城,焚烧东门。缪公应王子带之召,率秦兵与晋国之师合力救援,击溃戎兵,使王室转危为安。此举大大提高了缪公在周王室和诸侯国的威望。隔一年,晋国发生饥荒,要求向秦国购粮。丕豹建议乘晋国之危出兵讨伐,又一次遭到缪公的拒绝。他说:"其君是恶,其民何罪?""于是输粟于晋。自雍及绛相继,命之曰泛舟之役"[1]。然而,第二年,当秦国发生饥荒向晋国求购粮食时,晋国非但不予粮食,反而乘秦国之危出兵击秦,秦晋交恶。下一年,缪公亲自率师伐晋,九月壬戌,与晋惠公夷吾所统晋师激战于韩原(今山西河津)。晋军佯败,秦军追击,陷入晋军包围。战况激烈,缪公受伤,即将被俘。此时,突然有300勇士冲破晋军重围,不仅救出缪公,而且将晋君夷吾俘获,秦军大获全胜。原来,在此以前,缪公的一匹良马在岐下放牧时走失,被岐下的300野人杀死吃掉。有关官吏侦悉案情,建议对食马者绳之以法。缪公却说:"君子不以畜产害人。吾闻食善马肉不饮酒,伤人。""乃皆赐酒而赦之。三百人者闻秦击晋,皆求从,从而见缪公窘,亦皆推锋争死,以报食马之德"[2]。缪公获晋君后,下令以之为牺牲祠上帝。周襄王为之求情,夫人也"衰绖"徒跣哀告,缪公于是赦免晋君,与之盟誓,放其归国。晋君夷吾献河西地予秦,使太子圉到秦国做人质,以表示求和之诚意。秦、晋韩原之战,不仅使秦国获得黄河以西大片土地,而且展示了缪公的谋略和气度,更展示了秦人的英勇善战。自此,东方那些自命文明先进的诸侯大国再也不敢以夷

春秋竞渡纹钺

---

[1]《史记·秦本纪》。

[2]《史记·秦本纪》。

狄之君藐视缪公了。

公元前641年(周襄王十一年)冬,秦缪公灭掉梁国(今陕西韩城一带)。公元前637年(周襄王十五年),晋惠公死。此前一年,为质于秦的太子圉逃回晋国,被立为国君。缪公恨圉私自离秦返国,于是支持晋公子重耳(晋献公之子)回国争夺君位,他下令将重耳从楚国迎来秦国,妻以宗女。第二年,缪公召集群臣谋划说:"昔者晋献公与寡人交,诸侯莫弗闻。献公不幸离群臣,出入十年矣,嗣子不善。吾恐此将令其宗庙不拔除而社稷不血食也。如是弗定,则非与人交之道。吾欲辅重耳而入之晋,何如?群臣皆曰善。"[1]缪公于是与晋国部分大臣通谋,即以革车500乘,畴骑2000匹,步卒5万人,护送重耳至晋国,立为国君,他就是五霸之一的晋文公。晋文公使人杀圉,与秦国结成暂时的同盟。此后,秦国两次参与晋国主持的会盟,并与晋军联合平息周王室的内乱,又南进攻楚,缪公参与中原大国间政治事务的目的终于实现了。

公元前628年(周襄王二十四年)冬天,一代英主晋文公死去,中原诸侯无一人堪充盟主的角色。缪公环顾左右,以为秦军进入中原的时机到了。恰在此时,郑国人杞子来秦国,请秦兵袭郑,他愿做内应。缪公心动,征求蹇叔、百里奚的意见。蹇叔不同意,申述理由说:"劳师以袭远,非所闻也。师劳力竭,远主备之,无乃不可乎?师之所为,郑必知之,勤而无所,必有悖心,且行千里,其谁不知?"[2]蹇叔的意见显然是有道理的。因为郑国(都城在今河南新郑)与秦国远隔千里,中间隔着晋国和周王室。千里行军,难以保密,一旦郑人觉察,奇袭变成攻坚,很难成功。并且,千里远袭,脱离后方作战,危险很大,一旦受挫,即不易恢复主动,很可能全军覆没。同时,由于中间横亘晋国,途中遭受伏击的危险也严重存在。最后,即使侥幸取胜,对秦国也无实际意义。因为夺得一块孤悬千里之外的土地也会由于防守困难而必须放弃。所以,揆诸形势,这是一次即使取胜也得不偿失的战争。然而,此时的缪公已经被想象中的胜利冲昏了头脑,决心出兵一战。他任命百里奚的儿子孟明视、蹇叔的儿子西乞术和白乙丙为统帅,率兵袭郑。出师之日,蹇叔随缪公为秦师送行。他哭着

周王孙戈

[1]《韩非子·十过》。
[2]《左传·僖公三十二年》。

对孟明视说："孟子,吾见师之出,而不见其入也。"缪公认为他的话太不吉利,使人斥责他说："尔何知? 中寿,尔墓之木拱矣。"[1]蹇叔预言秦师必然败于殽(晋人设伏之地,今河南三门峡市东)。事情的进展果如蹇叔所料。郑国商人弦高知悉秦军之谋后,一面佯装犒劳秦师,一面派人飞报国君。郑人严阵以待,秦军无法下手,只得回师。途中灭掉滑国(今河南偃师南)。在经过殽地的山谷时,果然遭到埋伏此处的晋军的突然袭击,疲惫不堪的秦军全师覆没,连三个统帅也做了俘虏。大丧期的晋军将领坚决主张扣押秦军统帅,但因文公的秦国夫人从中讲情,新继位的晋襄公还是下令释放了他们。当孟明视、西乞术、白乙丙等狼狈不堪地回到秦都时,缪公才意识到自己的决策铸成了大错。他"素服郊次,乡师而哭曰:'孤违蹇叔,以辱二三子,孤之罪也。不替孟明,孤之过也。大夫何罪? 且吾不以一眚掩大德。'"[2]"遂复三人官秩如故,愈益厚之"[3]。袭郑之战的失利,使缪公比较清醒地认识到,以秦国当时的力量,出关东向征伐尚难以取得较大胜利,并且风险很大。必须转向西征戎人,全力经营关中地区,待国力强大,再转向东进,才有取胜的把握。此后,终缪公之世,秦国虽然也与晋、楚等国发生过一些冲突,但规模都不大。他已将主攻方向转到西戎了。

公元前626年(周襄王四十七年),缪公通过戎王的使者由余全面了解戎王的情况。之后,他一面送女乐给戎王,消磨他的意志;一面离间戎王与由余的关系,最后使由余归服秦国,帮助自己谋划征伐戎人。经过几年的准备,公元前623年(周襄王二十九年),"秦用由余谋伐戎王,益国十二,开地千里,遂霸西戎"[4]。缪公完成了他一生最重要的事业。二年之后,他寿终正寝,葬于雍(今陕西宝鸡)。缪公不失为秦国历史上功勋卓著的明君。因为正是他经过39年的不懈奋斗,为日后秦国的强大和统一中国奠定了始基。马非百对此曾有一个比较确切的评价:

> 秦以西陲小国,乘周之乱,逐戎有岐丰之地。是时兵力未盛,西周物故,未敢觊觎也。值平、桓懦弱,延及宪公、武公、德公,以次蚕食,尽收虢、郑遗地之在西畿者。垂及百年,至于穆公,遂

春秋几何纹钺

[1]《左传·僖公三十二年》。
[2]《左传·僖公三十三年》。
[3]《史记·秦本纪》。
[4]《史记·秦本纪》。

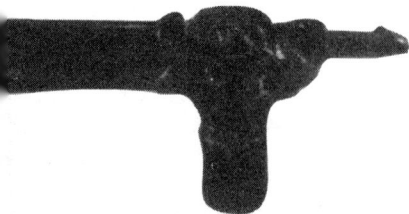

青铜构件

灭梁、芮，筑垒为王城，以塞西来之路。而晋亦灭虢，东西京隔绝。由是据丰、镐故都，蔚为强国，与中夏抗衡矣。总观穆公之力征经营，盖有东进、西进、南进三大政策之分。其始也，致全力于东进政策之推行。及东进受挫于晋，则改而从事于西进。西进既成，又转而南进，而穆公已衰老矣。然秦人异日统一之基，实自穆公建之，此不可不知者也。[1]

二　孝公变法

公元前621年缪公去世，到公元前476年春秋时期结束，在145年即接近一个半世纪的岁月里，秦国共有八个国君在位，他们是康公、共公、桓公、景公、哀公、惠公、悼公、厉共公。在此期间，东方诸国基本上完成了奴隶社会向封建社会的过渡。而在不断的争霸战争中，齐、楚、晋、燕等东方大国逐次灭掉不少毗邻的小国，进一步扩大了疆域。秦国在这一时期也在向封建社会转化，但步伐不快。它也参与中原的争霸战争，与晋、楚发生过多次军事冲突，但始终未取得盟主的资格。它向西向南扩大了疆域，但东线没有大的进展。与东方大国相比，秦国在春秋中后期的发展是比较缓慢的。

公元前475年进入战国时代后，中国历史发展的步伐进一步加快。其标志一是各国政权的性质完成了由奴隶主贵族向新兴地主阶级的转化，公元前403年韩、赵、魏三家分晋，公元前379年田齐取代姜齐，其他诸国的新兴地主阶级也逐渐成为政治的中心。战国七雄正式开始了它们连横合纵的争斗史。魏国文侯任用李悝，率先进行变法，成为战国首强的国家，它东征西讨，对秦国造成很大威胁。接着，齐、燕、韩、赵、楚等国也相继变法，变得比以往更加强大。只有秦国似乎无动于衷，依然在关中一隅蹒跚而行。厉共公、躁公、怀公、灵公、简公大都无所作为。惠公虽然伐蜀而取南郑，但他一死即发生献公夺位的宫廷政变，自己3岁的儿子也丢掉了性命。献公即位之初，因内部混乱，河西之地也被魏国夺去。献公即位后，有一种危机感，决心振兴秦国。即位的第一年，他下令"止从死"，废

[1]《秦集史》上，中华书局1982年版，第20页。

除了延续千年之久的人殉制度。第二年,在栎阳(今陕西富平东南)筑城,以为国都。栎阳在关中腹地,距魏、韩较近,便于迅速及时地处理与其他东方国家的关系。公元前364年(周显王五年),与晋军战于石门(今陕西淳化北),斩首六万。隔一年,又与魏军战于少梁(今陕西韩城),俘其名将公孙痤。在献公使秦国国势大有转机的时候,不幸于公元前362年病死。不过,他的后继者秦孝公年已21岁的,正是这位能干的国君将秦国的历史导向一个新阶段。

公元前361年孝公开始着手治理秦国的时候,形势对秦十分不利。由于改革滞后,国势不振,东方六国都看不起它:"孝公元年,河山以东强国六,与齐威、楚宣、魏惠、燕悼、韩哀、赵成侯并。淮泗之间,小国十余。楚、魏与秦接界。魏筑长城,自郑滨洛以北,有上郡。楚自汉中,南有巴、黔中。周室微,诸侯力政,争相并。秦僻在雍州,不与中国诸侯之会盟,夷翟遇之。"[1]孝公即位后,决心弘扬乃祖缪公的开拓精神,继承其父创业之雄风,"于是布惠,振孤寡,招战士,明功赏",首先招揽贤才,进行改革。他上任伊始,即发布招贤令:

> 昔我缪公自岐雍之间,修德行武,东平晋乱,以河为界,西霸戎翟,广地千里,天子致伯,诸侯毕贺,为后世开业,甚光美。会往者厉、躁、简公、出子之不宁,国家内忧,未遑外事,三晋攻夺我先君河西地,诸侯卑秦,丑莫大焉。献公即位,镇抚边境,徙治栎阳,且欲东伐,复缪公之故地,修缪公之政令。寡人思念先君之意,常痛于心。宾客群臣有能出奇计强秦者,吾且尊官,与之分土。[2]

当年,著名改革家卫鞅自魏国来到秦国,因孝公宠臣景监谒见孝公,说以"强国之术"。孝公听得入迷,"不自知膝之前于席也,语数日不厌"。[3]于是力排众议,任卫鞅为左庶长,全权主持变法。以后,卫鞅因功受封商邑,卫鞅又称商鞅。从公元前359年到公元前350年的10年间,商鞅陆续颁布了一系列的变法命令。主要有:

(一)实行什伍连坐制。"令民为什伍,而相牧司连坐。不告奸者腰斩,告奸者与斩敌首同赏,匿奸者与降敌同

商鞅像

[1]《史记·秦本纪》。
[2]《史记·秦本纪》。
[3]《史记·商君列传》。

罚"[1]。通过此一办法，把所有居民都编制在封建统治的组织中，老老实实地接受剥削和奴役，从而实现秦国国君对全国臣民的直接有效的控制。

（二）奖励耕战。"民有二男以上不分异者，倍其赋。有军功者，各以率受上爵；为私斗者，各以轻重被刑大小。僇力本业，耕织致粟帛多者复其身。事末利及怠而贫者，举以为收孥"[2]。当时列国纷争的形势，要求各国寻找一条富强之路。商鞅奖励耕战，恰恰将富与强结合起来。因为农业是当时经济的主要部门，粟、帛是社会财富的主要标志，让大多数百姓致力于耕织，就能保证社会财富的稳定增长。禁止私斗，奖励军功，是为了激励士卒在战场上顽强搏战，杀敌制胜，以军功去换取富贵利禄。这必然使秦国拥有一支勇敢善战的武装部队，以便在兼并战争中夺取最后胜利。

（三）废除贵族特权，建立以功劳大小确定爵禄等级的新的封建等级制度。"宗室非有军功论，不得为属籍。明尊卑爵秩等级，各以差次；名田宅、臣妾衣服，以家次。有功者显荣，无功者虽富无所芬华"[3]。这一制度，实际上是鼓励当时贵族子弟力保爵禄立新功，更激励非贵族出身的文武之士以功劳取富贵，以跻入统治者的行列。

（四）自雍迁都咸阳。雍（今陕西宝鸡）地处渭水上游，距关中中心地区较远，特别是距秦国与魏、韩、楚等国的交界处较远，不便于处理与东方诸国的外交与征战事务。迁都咸阳不仅能够迅速处理外交与军事，而且因咸阳处于关中中心位置，更易于实施对秦国的管理。经过孝公以后数代人的经营，咸阳终于以东方最雄伟壮丽的帝都矗立于关中平原的渭水之阳。

（五）在全国范围设立县级行政单位。"集小乡邑聚为县，置令、丞，凡三十一县"[4]。秦国早在武公十年（前688年）即开始在新开辟的地区设县。后来又陆续设过一些县。这样，直到商鞅变法前，秦国的地方行政都是封邑与县并存，这既不利于全国政令的统一，又给管理带来困难。商鞅在全国推行县制，一方面打击了代表奴隶主贵族的封君，削弱了他们的力量；另一方面是初步建立起中央集权的地方行政体制，对于进一步维护全国的统一，提高行政

铜勺

[1]《史记·商君列传》。

[2]《史记·商君列传》。

[3]《史记·商君列传》。

[4]《史记·商君列传》，《秦本纪》记为41县。

效能起着重要的作用。

（六）"为田开阡陌封疆，而赋税平"[1]。这一条，史学家的理解颇多歧义。大体上可以这样解释：废除井田制度，代之以封建土地所有制及其剥削制度，使国民的赋税负担比较统一与合理。

（七）"平斗桶（斛）权衡丈尺"[2]。即统一度量衡，这对促进各地的物资交流与商贸活动显然是有利的。商鞅在秦国的变法是在战国时期席卷各国的变法潮流中持续时间最长，规模最大，内容最丰富，效果最显著的一次变法。这是一次从经济基础到上层建筑领域的全面的封建化运动。通过这场变法运动，原来较为落后的秦国迅速后来居上，成为七国中最强大的国家。因为这次变法，较彻底地废除了奴隶制的井田制，确立了地主土地所有制，最大限度地发挥一家一户的小农的生产积极性，再加上税收制度的改变，度量衡的统一，对耕田织帛本业的奖励，从而使秦国经济飞跃发展。秦孝公求富的目的很快实现了。由于废除贵族封邑制，实行以县为基本单位的中央集权的行政体制，大大提高了秦国的行政效能。由于实行军功爵位制，极大地激发了士卒的作战积极性，加之严格的训练和纪律约束，使秦国军队的战斗力空前提高。秦孝公通过变法图强的目的也达到了。在变法期间及其后与魏国进行的数次战争中，秦军大都奇迹般地取得了胜利。如：

公元前354年（孝公八年），与魏军战于元里（今陕西澄城南），斩首七千，夺取少梁（今陕西韩城南）。

公元前352年（孝公十年），商鞅升任大良造，率兵围攻魏国安邑（今山西夏县西北），魏兵举城而降。第二年，围固阳，魏兵又降。

公元前340年（孝公二十二年），秦军与赵、齐两国联合攻魏，商鞅统秦军，俘获魏军统帅公子卬，大破魏军，逼使魏国"割河西之地献于秦以和"，并将国都从安邑迁至大梁（今河南开封）。至此，魏国结束了它曾一度居于列国首强的历史。第二年，秦军又与魏军战于岸门（今河南长葛境），俘其将军魏错。经过这几次战争，秦国对六国在军事上的优势已经显现出来了。

经过秦孝公和商鞅20多年的励精图治，锐意改革，秦

春秋几何纹钺

[1]《史记·商君列传》。

[2]《史记·商君列传》。

国一改往日萎靡不振的局面,不仅重现缪公时代的雄风,而且以更加强劲的势头使东方六国胆战心惊。孝公十九年(公元前343年),天子致伯(同霸),二十年,诸侯毕贺。

公元前338年(孝公二十四年),44岁的秦孝公英年早逝,商鞅的境遇立即逆转。商鞅变法是一场深刻的革命,它几乎触动了当时秦国社会各个阶级和集团的利益,其中受损较大的是那些奴隶主贵族集团。他们在变法开始时坚决反对,变法进行中处心积虑地阻挠、破坏。孝公一死,他们就唆使新继位的惠文王对商鞅施以残酷的报复。商鞅作为一个客卿,在秦国势单力孤,在突然降临的打击面前,猝不及防。虽然也组织其徒属进行拼死抵抗,但最后还是在渑池(今河南渑池西)被擒。秦国旧贵族虽然将商鞅车裂一泄心头之恨;但是,他们却无法倒转历史的车轮。"商鞅虽死,秦法未败"。由于商鞅的变法全面而彻底,持续的时间又长,已深深地植根于秦国社会之中,惠文王及其后继者只能享用变法的成果并继续变法确立的制度和各项政策措施。秦孝公和商鞅,是战国变法史上一对成功的典型。商鞅是一个卓越的思想家,具有钢铁般意志的政治实践家,同时又是一个智勇兼备的军事家。但是,作为一个客卿,他的才干只有得到君主的信任与授权才能施展和发挥。而秦孝公恰恰是一个致力于国家振兴,求贤若渴的英明君主。他对商鞅信之以诚,任之以专,授权之后,放手使用,全力支持,绝不掣肘。正因为君臣配合默契,相得益彰,才使秦国的变法成为列国变法之中最成功的范例。这次变法的成功,促使秦国在封建化的道路上以超越列国的速度跑步前进,为秦国最后完成统一中国的大业奠定了坚实的基础。

三　连横合纵的斗争与统一大势的形成

经过秦孝公在商鞅辅佐下20多年的变法图强,秦国国力蒸蒸日上,其军事触角不断地向东向南延伸。东方六国越来越感受到秦国的咄咄逼人之势,都在思谋一个自保的万全之策。适应这种要求,苏秦等人提出了合六国之力共同对抗秦国的策略,称之为"合纵",又称"约纵",简称"纵"(从)。这个策略,用韩非的话解释,就是"合众弱以

人面纹镈于

攻一强"。从地理位置看，秦以外的六国都在函谷关以东，由北向南摆开，用一条纵线就可以串在一起，所以称为"纵"。为了对付六国的"合纵"，张仪为秦国提出了"连横"的策略，简称之为"横"。这一策略用韩非的话解释，就是"事一强以攻众弱"，即秦国与东方某国联合进攻其他国家。由于秦国在西部，与东方任何一国联合几乎都在东西一条横线上，因而称之为"连横"。

　　"合纵"与"连横"的斗争持续百年左右，以秦惠文王在位的27年中最为激烈。"合纵"的倡导者是苏秦，参与者有其兄弟苏代、苏厉等人。苏秦为东周洛阳人，他的老师是研究纵横之术的鬼谷先生。据说苏秦的纵横之术源于周书《阴符》，该书汉代即亡佚，具体内容已不易考究了。苏秦先以其术游说周显王，未得重视，又入秦说惠文王，还是碰壁。再去赵国，依然不受欢迎。于是离赵入燕国。在那里等待年余，终于得见燕文侯。苏秦立即鼓其如簧之舌，巧妙地兜售他的合纵论，将其吹嘘为保国自立的万全之策。所有纵横家都善于揣摩被游说者的心理，特别注重从该国的切身利害即安危存亡拨动国君的心弦，再加上对该国君与该国地理环境和资源的热情颂赞，使之在不知不觉中接受他的意见，心甘情愿地服从他的安排。燕文侯入苏秦之彀以后，立即为之提供车马金帛，使其转而返回赵国游说。苏秦返回赵国后，因激烈反对他的奉阳君已死，赵肃侯也就依礼相待。苏秦在对赵肃侯大肆吹捧之后，转入正题，全面分析赵国面临的险恶形势，批驳割地贿秦以求安的虚妄与不智，最后指出只有东方六国团结对秦，才是成王定霸的成功之路。一席话将赵王说得心悦诚服，立即资送苏秦"饰车百乘，黄金千镒，白璧百双，锦绣千纯，以约诸侯"。接着，苏秦至韩国，说服了韩宣王。至魏国，说服了魏襄王。至齐国，说服了齐宣王。至楚国，说服了楚威王。这样，苏秦就完成了他合纵的谋划，六国共推苏秦为纵约长，同时任六国丞相。苏秦回到赵国，被赵肃侯封为武安君，并向秦国宣布六国纵约之事，"秦国不敢窥函谷关十五年"[1]。

　　苏秦的合纵之策所以在短期内获得了成功，原因在于，第一，合纵抗秦在一定程度上反映了六国的共同要

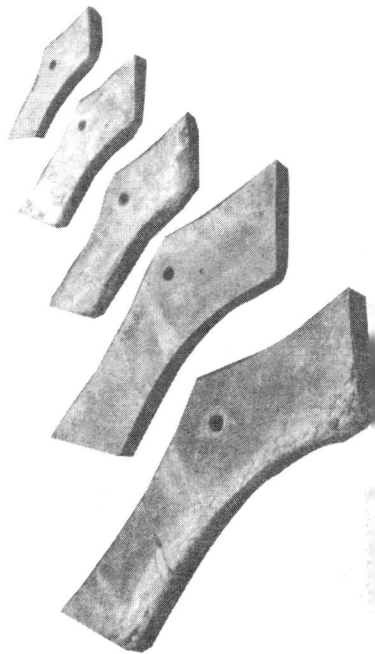

春秋石磬

[1]《史记·苏秦列传》。

霸桥

求,参加合纵的燕文侯、赵肃侯、韩宣王、魏襄王、齐宣王、楚威王大都是明于时势,洞悉利害关系的明智国君。他们全力支持合纵,有意识地维系六国的团结。第二,合纵初起,声势浩大,秦国一时找不到破解之法,加之对六国合力心存畏惧,故而基本上对六国采取守势。第三,苏秦从中运筹帷幄,协调关系,化解矛盾。由此使六国维持了短暂的团结,合纵之策取得了一定的成效。但是,合纵最后走向失败又是必然的。首先,它违背了当时中国走向统一的历史潮流。因为合纵的核心是六国团结自保,以维持战国时期列国分裂割据的局面。其次,合纵的策略是保守的,它不是团结六国共同进击秦国,而是消极防御秦国的进攻。在其纵约中只规定了秦国进攻时各国的义务,因而即使纵约真正实行,也只是阻止秦国的东进,丝毫也危及不到秦国本身的安全。最后,特别应该指出的,是六国各自有其局部利益。他们不仅与秦国有利益上的矛盾与冲突,而且彼此之间,尤其相毗邻的国家之间,也有利益上的矛盾和冲突。由于六国与秦国的关系复杂,有的国家如韩、赵、魏与秦国接壤,时常遭受秦军的攻伐,因而既需纵约联兵抗秦,又易在秦国的威胁利诱下与之妥协屈服。有的国家如燕、齐,因距秦国较远,一时对秦国的威胁还无切肤之痛,他们对纵约的热情不高,极易为自身利益而背弃同盟者,甚至刀兵相见,从同盟者那里掠取土地和人口。如公元前314年,齐国乘燕国内乱之机,出兵攻燕,直下燕都。公元前286年,燕昭王又纠合秦、韩、赵、魏诸国联军,连下齐国70余城,使之遭到一次重大打击。显然,由于东方六国各自利益的不同,他们的团结是极不巩固的,因而很容易被秦国连横的策略所打破。

面对东方六国的"合纵"之策,秦国针锋相对地实施"连横"的策略。这个策略的创始人与实行者就是与苏秦齐名的张仪。张仪入秦后,得到惠王的信任,全力支持他实施"连横"的外交策略。他首先返回自己的故里魏国,说服魏国背纵附秦,打开了合纵链条上的第一个缺口。接着,张仪倾全力破坏"合纵"的核心齐楚联盟。张仪知道,齐是东方大国,齐国将军田忌在著名军事家孙膑辅佐下,经桂陵、马陵两次战役,将魏国从战国首强的位子上打下去，具有举足轻重的军事实力。楚国地处长江中游，地广人众，自然条件优越，一直怀着问鼎中原的野心。这两个东方大国如果联合在一起，秦国的东进计划就很难实现。而这两个国家又是六国联盟的轴心，只要齐楚联盟瓦解，六国合纵必然分崩离析。于是张仪入楚，以六百里土地为诱饵，使利欲熏心的楚怀王上钩，与齐国绝交。之后，在楚国孤立无援的情况下，冒险与秦国开战的楚军被秦齐联军打得大败。在怀王对秦国极度畏惧的情势下，又传来苏秦在齐国被刺身亡的消息，张仪于是向他全盘托出了自己的"连横"之策。其核心内容有三，一是极力夸耀秦国的强大，说明参与合纵与秦为敌乃愚蠢之行，破国亡家迫在眉睫。此乃迫之以威。二是大力渲染与秦国结盟的好处，不仅国可长保，而且可收拓土增口之利，此乃诱之以利。三是诋毁苏秦的人格，从心理上激起对"合纵"之策的不信任感。此乃毁之以信。经此一番游说，怀王彻底解除了坚信纵约的思想武装，心悦诚服地走进张仪设下的圈套，他的悲剧命运也就无可挽回了。

图为 20 世纪 50 年代大修后的霸桥新貌

接着，张仪离楚至韩，向韩王兜售他的"连横"之策，内容无非是秦强韩弱，只有倾心事秦才能保住自己的江山社稷。这次，张仪一反在楚国为楚谋划的长治久安之策，转而挑拨韩楚关系，以"弱楚"作为韩国亲秦的条件："故为大王计，莫如为秦。秦之所欲莫如弱楚，而能弱楚者莫如韩。非以韩能强于楚也，其地势然也。今王西面而事秦以攻楚，秦王必喜。夫攻楚以利其地，转祸而说秦，计无便于此者。"[1]韩国也吞下张仪抛出的诱饵，以为附秦恶楚就能苟延残喘，在秦国的卵翼下生存下去。岂不知，等待韩国的是一个较楚国更悲惨的命运：当秦国统一中国的日程表向世人展示时，第一个从政治地图上被抹掉的就是韩国。

张仪在韩国得意后，将下一个目标锁定齐国。他见到齐湣王后，没有多费口舌，径直是一通恫吓：

> 今秦楚嫁女娶妇，为昆弟之国。韩献宜阳；梁效河外；赵人朝渑池，割河间以事秦。大王不事秦，秦驱韩梁攻齐之南地，悉赵兵渡清河，指博关，临淄、即墨非王之有也。国一日见攻，虽欲事

[1]《史记·张仪列传》。

蟠螭纹铜建筑构件

秦，不可得也。是故愿大王孰计之也。

这位滑王竟毫不犹豫地听从张仪的安排，答应以事秦求"社稷之长利"。

接着，张仪又去赵、燕两国，以同样的手法，使两国老老实实地听从张仪的安排。张仪死后，陈轸、犀首继续为秦国的连横之策奔走效力。尽管在东方六国中仍然不时有人鼓吹合纵之议，偶尔也会出现数国联合抗秦之举，但从总体看，自苏秦死后，合纵之策就每况愈下，声势日渐式微了。而秦国则以雄厚的武力为后盾，充分运用连横之策，在六国间纵横捭阖，挑拨离间，不断扩大势力与影响，六国则相继割地献城，在秦国的进逼下步步退让。当他们意识到连横将把自己导向灭亡的终点时，任何人也无力回天了。正如合纵之策失败是必然的一样，连横之策的胜利也有着内在的必然性。这是因为，第一，连横为秦国的统一事业服务，而这恰恰顺应了当时的时代潮流，这是它最后成功的最根本原因。第二，连横以我为主，恃我而不恃敌，把基点建立在自己力量的基础上，处处时时掌握着主动权，制人而不受制于人。因而能玩六国于股掌之上，显得从容不迫，游刃有余。第三，秦国有着较六国优越的地理条件，它地处关中，后来又吞并巴蜀，占有当时中国最富饶的财富之区，使它以雄厚的资源坚持同六国的长期斗争。特别是黄河、华山、熊耳山，形成了秦国与六国间的天然屏障，使之进可攻，退可守，立于不败之地。第四，六国由于各自利益的不同，不可能形成铁板一块。因而给连横的实施创造了不少可乘之机。加之张仪等人居中运筹巧妙，军事斗争紧密配合，连横终于战胜了合纵。

以苏秦、张仪为代表的纵横策士，是当时列国间激烈斗争的产物。他们与军事斗争相配合，在外交战线上演出了一幕幕波谲云诡、变化莫测的活剧。他们活跃于列国间，时而激化矛盾，时而消解冲突。谈笑间，使和平的边界燃起烽火；一番折冲，又使双方化干戈为玉帛。他们"一怒而诸侯惧，安居而天下息"，仿佛这几个人左右着列国的历史、时代的命运。其实，从一定意义上看，他们只是历史的不自觉的工具。列国斗争导向统一，统一的进程在斗争中完成。这个斗争将各类政治、军事和外交精英呼唤出来，给他们提供了施展才干的广阔舞台。

纵横之士就是外交精英的代表，他们洞悉列国形势，深谙每一个国家的政治、经济、军事状况以及山川民俗和社会风气，对各国国君的性格、爱好、脾气等也都了然于胸。他们善于揣摩国君的心理，反应机敏，长于辩论，口若悬河。他们为达目的不择手段，无中生有，颠倒黑白，不讲信义，反复无常，阴谋诡计，翻手为云，覆手为雨。他们是追求人生的荣华富贵，为此，不惜投机钻营，卖友求荣。他们的人格是卑微的，但是作为历史的不自觉工具，正是他们的活动推进了列国之间的斗争，构成了战国统一进程中最为扣人心弦、多姿多彩、酣畅淋漓的剧目。秦国的历史，在惠文王、武王时期30多年的岁月里，是在纵横家的唇枪舌剑中度过的。昭王即位后，他们的活动已近尾声。代之而起的主要是将帅的谋略和秦军东向征伐的马蹄声了。

春秋蟠虺纹楔形式中空建筑构件

秦惠文王时期(前337—前311年)，一方面是"连横"、"合纵"的外交斗争在紧锣密鼓地进行；一方面是列国间的军事斗争日趋激烈。秦国对东方六国咄咄逼人的攻势使之穷于应付，惊恐不安。让我们追随秦军的脚步，看它在各个战场，尤其是东向征伐的战场上进军的雄姿吧。

公元前335年(惠文王三年)，秦军第一次攻克韩国宜阳(今河南宜阳西)，这是秦试图打开向东方进军门户的第一次重大军事行动。虽然后来宜阳又被韩国夺回，但秦国东向进军的战略企图已经昭然若揭了。

公元前332年(惠文王六年)，秦国大良造公孙衍、犀首在雎阴击败魏军。公元前330年，再与魏军战，虏其将军龙贾，斩首8万(《魏世家》记45 000)，魏国在第二年献出黄河以西大部分土地。公元前228年，秦军渡过黄河，夺取魏国紧靠黄河的汾阴(今山西万荣西)、皮氏(今山西河津)，进围焦和曲沃二城(今河南三门峡市境)，逼降了两城守军。下一年，进围蒲阳(今山西隰县)，迫使该城投降。魏献出上郡(今陕西延安一带)15城以缓和秦军的进攻。接着，义渠归附，在其地设县管理。公元前324年(惠文王更元元年)，张仪率秦军攻取陕(今河南三门峡市)。公元前322

蟠虺纹曲尺形建筑构件

年,秦军怒魏国不附秦,进夺曲沃(今河南三门峡市境)、平周(山西介休西)。公元前319年,秦军进攻韩国,夺取鄢(今河南鄢陵北)。第二年,六国合纵攻秦,秦兵东出函谷关,击败六国联军。下一年,韩、赵、魏三国联兵向秦国挑战,秦庶长樗里疾率秦军应战,虏韩将申差,击败赵公子渴、韩太子奂指挥的联军,斩首82 000。公元前316年,秦国又采取了一个重大的军事行动,命司马错率兵伐蜀,取得了除关中之外的另一个富庶之区。后来,关中和巴蜀的财富成为支撑秦国对东方用兵的雄厚的物质基础。同一年,秦军还渡黄河进攻赵国,夺取中都、西阳两城(今山西太原南)。这一年,义渠反叛。第二年,秦军伐义渠,取25城,将统治区向西北大大推进了一步。公元前312年,秦军在丹阳大败楚军,斩首8万,夺取上蔡(今河南上蔡西南)。接着攻取汉中地六百里,置汉中郡。又在蓝田再一次大败楚军。公元前311年,伐楚,取召陵(今河南偃城东)。秦惠王时期的27年中,秦国对周围地区频繁用兵,其最大的军事成就有三,一是使西北部的义渠戎归附,在那里设县管理,基本上解除了后顾之忧。二是夺取魏国河西地,将自己的疆域推进到黄河一线。三是夺取巴蜀和汉中,使之与关中连在一起,既使秦国获得丰饶的财富之区,又使之有了东向攻楚的前进基地。总之,当惠文王的统治结束的时候,秦国对东方六国的军事优势已经形成了。

公元前310年,秦武王继位。这位年仅19岁的秦王虽然在位只有四年即死于同力士孟说的一次举鼎比赛中,但他志向高远,完成了二次攻取宜阳的重大战略行动。这是秦国东向征伐进程中一次具有关键意义的胜利。因为宜阳是韩国西部与秦国接壤的最大城市,在张仪率秦军攻取韩国的陕(今河南三门峡)地之后,宜阳已是韩国对付秦军的最后一道防线。渑池、殽函等军事要地皆在其境内,地势险峻,易守难攻。秦军如欲继续东进,宜阳实在是必由之路。对宜阳在军事上的重要性,几个纵横家已经看得十分清楚。苏秦说赵王时说:"韩弱则效宜阳,宜阳效而上郡绝。"张仪也说:"秦攻新城、宜阳,以临二周之郊;据九鼎,索图籍,挟天子以令于天下,天下莫敢不听。"苏代也曾说:"(秦)起乎宜阳而触平阳,二日而莫不尽摇。"[1]显然,宜阳的得失不仅关系韩国的生死存亡,对其余东方国家的安危也至关重要。因此,宜阳第一次被秦军占领后,韩军拼命将其夺回,并倾全力防守。东周君讲到宜阳的情况时说:"宜阳城方八里,材士十万,粟支数年。"[2]甘茂也说:"宜阳,大县也,上党、南阳积之久矣。名曰县,其实郡也。"[3]可见,韩国人为防守宜阳已尽了最大的努力,不仅屯重兵10万,而且将上党、南阳两郡的积蓄也运贮于此,目的是与秦军进行旷日持久的对抗。公元前307年,武王命甘茂率军攻宜阳,双方激战五个月,仍未攻克,可见战况之激烈。以致秦国权臣樗里疾、公孙奭二人在武王面前进谗言,诋毁甘茂调度不力,指挥无方。但由于武王坚定地支持甘茂,甘茂更是督率将士戮力以战,最后终于攻下宜阳,斩首六万,使韩国的有生力量遭到重大损失。接着,甘茂命向寿驻守宜阳,自己则率胜利之师北渡黄河,攻克武遂(今山西垣曲县东南),使之与宜阳互为犄角,从南北两地扼住了韩国的咽喉。韩襄王只得派公仲侈赴秦求和。由此,秦军向东方进军的门户洞开。一马平川的黄河中下游平原再也没阻挡秦国铁骑的天然屏障了。

公元前306年,秦国历史上在位时间最长的国君昭襄王登上了王位。在他执政的半个多世纪的岁月里,秦国对东方六国的进攻进入了新阶段。

昭襄王即位后前六年,忙于处理国内事务,未能全力东顾。在解决了大臣谋逆和蜀侯反叛之后,他在其舅父穰侯魏冉辅助下,开始把进攻的矛头指向东方六国。公元前301年(昭王六年),伐楚,斩首二万。第二年,继续攻楚,取新城(今属河南)。下一年,再攻楚,取新市(今湖北京山东北)。公元前298年,再攻楚,取八城,杀其将景快。面对秦军的凌厉攻势,东方诸国深感威胁,于是,公元前296年,有齐、韩、魏、赵(中山)、宋五国联兵攻秦之举。但由于联军内部矛盾重重,再加上秦国的纵横离间,五国之军到达盐氏(今山西运城)即后撤,他们连秦国的军旗也没有看到。然而,这次联合军事行动招来的却是秦军更加猛烈的攻势。公元前294年,向寿伐韩,取武始。左更白起攻新城(今河南伊川)。下一年,白起率军与韩、魏之军激战于伊

春秋陶簋

---

[1]《史记·张仪列传》。

[2]《战国策·东周》。

[3]《战国策·秦二》。

春秋原始瓷刻纹筒形罐

阙(今河南洛阳东南),斩首24万,取五城。公元前292年,大良造白起攻魏,取垣(今山西垣曲东南)。又攻楚,取宛城(今河南南阳)。下一年,左更司马错攻魏,取轵、邓两城(均在今河南济源附近)。公元前286年,司马错攻魏河内(今河南新乡一带),魏只得献出安邑(今山西夏县)以求和,秦国由是在河东牢牢站稳了脚跟。公元前285年,蒙武率军千里伐齐。第二年,尉斯离联合韩、赵、魏、燕四国伐齐,大破齐军于济西。下一年,秦军夺取魏国安城(今河南原阳西),直抵魏都大梁(今河南开封)城下。由于燕、赵之军前来援魏,秦军退回。公元前282年,攻取赵国二城。公元前280年,司马错攻楚,赦罪人迁于南阳。白起攻赵,夺取光狼城(今山西高平西)。接着,司马错发陇西之卒,从蜀进攻并夺取黔中(今湘、鄂、黔交界处)。下一年,白起攻楚,夺取鄢(今湖北宜城)、邓(今湖北襄樊)二城,赦罪人迁于此。公元前278年,白起攻楚,夺取楚都郢(今湖北江陵),设立南郡。公元前277年,蜀郡太守张若伐楚,取巫郡(今川、鄂交界处),合江南设黔中郡。从公元前276年到公元前274年,秦将白起等连破魏军,斩首达20万,夺数城。此后数年,秦军不断地对魏、韩、赵、燕、齐用兵,连战连捷,斩将夺地。公元前266年,昭王以范雎为相,采用远交近攻的策略,把进攻的矛头直指韩国。自公元前264年起,白起等连续攻韩,夺取20余城。秦军攻上党(今山西长治一带),韩国将该地献给赵国,于是又引发了秦、赵之间的一场战略决战。公元前260年,秦将白起指挥秦倾国之兵与赵括统帅的赵军主力在长平(今山西高平)鏖战,秦军射杀赵括,俘赵军40万,尽坑杀之。秦军占领了自太原至上党的大部分土地。第二年,秦军乘战胜之余威,直抵邯郸城下。虽然因魏国信陵君帅魏军援赵,使秦军放弃了对赵国首都的攻取,但此役之后,秦军对东方六国的压倒优势已经形成,秦国统一中国的趋势也逐渐明朗。

六国对秦军日益凌厉的攻势很难再组织有效的反击了。公元前256年,秦军攻韩,取阳城(今河南登封东南)等地,斩首四万。继而攻赵,取20余县,俘虏九万。这时西周君武公在秦军频繁的东征中也感到朝不保夕,于是"与诸侯约从",希冀靠东方诸国集体的力量阻止秦人的东进。

秦人发现后,立即挥军猛攻西周君据守的洛邑。西周君见诸侯国之军不来救助,以己之力抵抗秦军无异以卵击石,只得俯首归降,将属邑36城,民三万口献给秦国。自此,绵延800多年的周王室寿终正寝,那象征国家社稷的九鼎也成为秦国的宝器。公元前254年,东方各诸侯国派使者至秦国朝贺,表示向秦国屈服。由于魏国使者迟到,秦即派兵挞伐,夺取吴城(今山西平陆北)。魏为苟安之计,只得"委国听令"。至此昭襄王的威势已达到顶点。公元前253年,这位年老力衰的国王在雍(今陕西凤翔)举行了郊祀上帝的大典,为自己的一生画上了一个圆满的句号。两年后,他平静地病逝于咸阳宫中。昭襄王在位的半个多世纪,是秦国与东方六国争战最激烈的年代,也是秦国通过艰苦的征战最后确立对六国绝对优势的年代。当他合眼离开这个世界的时候,他深信,未来统一中国的主人一定是自己的子孙。由于昭襄王在位的时间太长,他的儿子孝文王继位时已是53岁。大概因为长期生活在压抑状态下,身体虚弱。父丧与继位接踵而至,悲喜交集,难以承受,继位仅三日即阖然而逝。他的儿子庄襄王继位。这位庄襄王此时正值而立之年,他上台伊始,即"大赦罪人,修先王功臣,施德厚骨肉而布惠于民"[1],显出继承乃祖积极进取的气势。公元前249年,他诛杀周王室的后裔东周君,将其小得可怜的地盘纳入自己的国土。接着,命蒙骜攻伐韩国。韩国献出成皋(今河南荥阳西北)和巩(今河南巩县西)以求一时之安。此时,秦国的东界已伸展至大梁(今河南开封),基本隔断了韩、魏之间的联系,使韩国处于秦国的重兵监视之下。秦国为了管理函谷关以东沿黄河两岸的大片土地,设立了三川郡。公元前248年,命蒙骜攻赵,夺取太原(今属山西)。第二年,蒙骜又攻取魏国的高都(今山西晋城)、汲(今河南汲县西)二城,接着,转攻赵国的榆次(今属山西)、新城(今山西朔县南)、狼孟(今山西阳曲),共夺取37城。稍后,秦将王龁又进攻上党(今山西长治地区)。为了加强对新征服地区的治理,秦国设置了太原郡。这时,魏国的信陵君又发动了一次五国合纵攻秦的军事行动。他统帅韩、赵、魏、楚、燕五国之师在函谷关外的黄河一线打败了王龁统帅的秦军。当秦军受挫

春秋云雷兽首方耳三足鼎

[1]《史记·秦本纪》。

春秋云雷纹兽首提梁壶

的消息传到咸阳的时候,短命的庄襄王死去,时年35岁。他的儿子嬴政继位,从此,秦国的历史开始了一个崭新的阶段。

春秋战国的五个半世纪,是中国古代社会变化最剧烈的时代。从政治上讲,中央集权的行政体制代替了授民授土的封邑管理制,从贵族专权、"世卿世禄"过渡到以任免为特征的官僚体制。从经济上讲,以地主土地所有制(国有、私有并存)代替奴隶主贵族多级占有的"井田制",从"工商食官"过渡到私人工商业比较自由发展并空前繁荣的局面。而涵盖了深刻的政治经济内容遍及战国各国的变法运动,是一场从上层建筑到经济基础的封建化运动,变法的成功标志了封建制度的确立。伴随政治经济变革的是列国之间的争霸战争与兼并战争,它使数以百计的大小诸侯国并入几个封建大国,从而实现了区域性的统一。剧烈的政治经济变革,残酷的战争,文化的积累,促成了思想领域"百家争鸣"思潮的勃兴。而所有这一切,极大地促进了民族的融合,统一的中华民族的雏形——华夏族已经出现。以上诸多因素构成了一个共同的历史趋向,这就是统一。这种历史趋向当时的不少思想家已经感触到了,所以当孟子来到梁国(即魏国),梁襄王问他"天下恶乎定"时,孟子十分明确的以三个字回答:"定于一。"春秋战国之所以成为一个社会大变革的时代,根本原因在于生产力的发展。以宗族奴隶制为特征,以宗法制和分封制相结合,以井田制即奴隶制的土地国有制为基础的中国奴隶社会,以高度发展的青铜文化绵延了夏、商、西周三个朝代近两千年之久。这个时期,青铜工艺尽管达到了世界的最高水平,但由于青铜是稀有金属,奴隶主多用于制造礼器、武器和生活用品,却很少用来制造生产工具。因此当时的生产工具主要还是木器、石器、骨器和蚌器。为了充分发挥地力,井田上不得不采用奴隶们"十千维耦"、"千耦其耘"的集体劳作方式。历史进入春秋时期(前770—前476年),铁器的使用和牛耕的推广使社会获得了变革生产关系的崭新力量。今天,大量的文献和考古发掘资料,已经能够勾勒出春秋战国时期人们运用铁制工具进行生产的动人图画了。

春秋初年,齐国的农业生产中已开始使用耒耜、铫等铁制工具,手工业生产中也大量使用针、刀、斤、锯、锥、凿等铁制工具[1]。到了春秋中叶,齐灵公时代叔夷管理的"造铁徒"已达4000人之多[2]。公元前513年,晋国用铁铸造了著录范宣子"刑书"的刑鼎。到了战国(前475—前221年)中期以后,铁制生产工具的使用更加普遍。从东海之滨到川陕地区,从松辽平原到江淮的广阔沃野,几乎到处都有战国时期的铁器出土。河南辉县的魏墓出土有犁铧、镬、锄、舌、镰、斧,湖南长沙的楚墓,河北兴隆的燕国遗址,都发现了铁农具和制造这些农具的铁范。在河北石家庄市一个赵国墓出土的生产工具中,铁制工具占65%,辽宁抚顺莲花堡燕国遗址出土的铁制农具占全部出土农具的90%以上。这说明经过春秋战国500年左右的发展,铁制工具在社会生产中已经占了主导地位。与铁制工具使用和推广差不多同时,牛耕也开始广泛使用。《国语·晋语》所谓"宗庙之牺,为畎亩之勤",是使用牛耕的最早记载。春秋晚期,牛与耕的联系已大量反映在人名上,如牛子耕,冉耕字伯牛,司马耕字子牛等,这意味着在中原大地上牛耕已经相当普遍了。

铁器和牛耕的使用与推广,给农业向深度和广度的发展提供了可能,大规模的开垦和精耕细作同时并进,人类征服自然的能力大大提高,许多草莽丛生的不毛之地变成了肥田沃野。西周时期"地泻卤,人民寡"的齐国,到春秋战国时期已变成"膏壤千里宜桑麻"[3]的兴旺发达的东方强国了。西周初年"蓬蒿藜藿"一望无际的郑国,春秋时已是一个农、工、商都比较发达的中原强国。而西周初年"筚路蓝缕,以处草莽"[4]的楚国,到春秋战国时期已成为南方经济、政治和文化的中心了。其他一些原来更落后的国家,如燕、吴、越等也迅速赶上来。到春秋末期,吴、赵两国已经北上参与中原争霸,与齐、晋等大国分庭抗礼了。铁器还为大规模水利工程的兴建提供了有力的工具。吴国开凿了沟通长江和淮河的邗沟,成为后世南北大运河的奠基工程。魏国邺令西门豹"引漳水灌邺",把大片盐碱地改造成良田。秦国的蜀郡太守李冰父子,主持修筑了都江

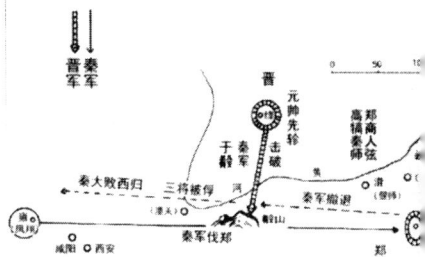

秦晋郁之战作战经过示意图

[1]《国语·齐语》。
[2]《叔夷钟铭》。
[3]《史记·货殖列传》。
[4]《左传·昭公十二年》。

函谷关，函地区重要关口

堰，使万顷土地得到自流灌溉，成都平原从此成为"天府之国"。战国末期秦国在关中地区修建了著名的郑国渠，使四万顷土地得到灌溉，为秦国后来完成统一大业奠定了物质基础。铁的应用也促进了农业技术的进步，掌握生产季节和气候的"审时"，粗分土壤种类的"辨土"，以及精耕施肥的技术都得到了应用。铁的应用，在为手工业提供大量工具的同时，还为手工业提供了远比青铜更丰富的原料。尤其到战国时期，随着冶铁和锻造技术的不断提高，特别是钢的出现，钢铁已被用到制造农具、手工业工具、兵器和社会生活用品的方方面面了。

大量铁制农具的出现，为一家一户从事个体农业生产创造了最基本的条件，也就为改变奴隶制的生产关系提供了前提条件。生产力的发展与奴隶制的生产关系的矛盾日趋尖锐，因为生产的好坏，收获的多少，与奴隶本身的状况没有关系。面对各级奴隶主贵族残酷的剥削与压迫，奴隶们用怠工、逃亡甚至武装反抗表达自己的意志："无田甫田，维莠骄骄"，"无田甫田，维莠桀桀"[1]。生产力发展的自然要求，迫使部分奴隶主贵族从自身利益出发，对原有生产关系进行某些改革。《诗·豳风·七月》所描绘的农夫的生产与生活状况，展示的已经是一种封建的生产关系，他们对主人虽然还存在严重的人身依附，但已有自己的家室妻小，有住宅，有自己少量的财产，基本上是一家一户进行生产。这时的农夫显然已经不是奴隶，而是耕种国家土地，对国家有严重依附关系的农奴了。

与农业劳动者向封建农奴转化的同时，奴隶社会原来"工商食官"的格局也打破了，独立的手工业者和独立的商人已经出现，标志着封建因素在工商领域的成长。

春秋战国时期，封建生产关系刚刚出现和成长，封建剥削的主导形式是占有土地的各国国君，通过租税和徭役的形式，剥削主要由奴隶转化来的生产者。由于生产者没有自己的土地所有权，对国家又有着很强的人身依附关系，他们实际上是国家的农奴，在文献上被称为"公民"[2]。此时，利用租佃关系剥削农民的情况还比较少见，但也已

[1]《诗·齐风·甫田》。
[2]《韩非子·五蠹》。

零星出现,文献中的"私人"[1]绝大部分就是附托豪族地主为之耕种土地、接受地租剥削的佃农。

封建生产关系虽然也是一种剥削制度,但较之奴隶制的生产关系却有着明显的优越性。它允许生产者有一定程度的人身自由,同时又有一点自己可以支配的财产,较大地提高了劳动者的生产积极性,从而使他们在同奴隶制的对比映照中,自发地真诚地拥护这个制度。春秋战国虽然是一个战乱不已、动荡不定的岁月,赋役的征发又是那样的频繁而沉重,但农业、手工业和商业的发展都取得了令人瞩目的成就,这只能从新的生产关系对生产力一定程度的解放中找到答案。

封建生产关系产生并发展以后,必然要求土地制度的根本变革。因此,春秋战国时代奴隶制的井田制就开始了向封建土地所有制的多元化转变。井田制是商和西周时期占主导地位的土地所有制,其性质是奴隶制的土地国有制,其所有权属国王,即所谓"普天之下,莫非王土;率土之滨,莫非王臣"[2]。国王把土地和劳动者一起分封给诸侯,诸侯再分封给卿大夫,形成了各级奴隶主贵族对土地的多级占有。因为所有权属于国王,所以"田里不鬻",土地不能自由买卖。春秋时期,"王室衰微",周天子作为土地最高所有者的地位受到挑战。这时,一方面天子与诸侯,诸侯与诸侯,诸侯与大夫,大夫与大夫之间争夺土地的事层出不穷,说明各级奴隶主都力图把对土地的实际占有权变成所有权;另一方面,在"公田"的旁边,"私田"逐步发展起来。这些"私田"是下级奴隶主贵族役使奴隶在"公田"之外开垦的,并且不纳贡赋,完全属于奴隶主私有。私田愈垦愈多,在一些地方甚至超过"公田",其巨大收入使部分奴隶主贵族的经济力量较快地膨胀起来,大夫富于诸侯,诸侯富于天子,所谓"季氏富于周公"[3],成为司空见惯的现象。这种情况逼使各国国君从增加财政收入的目的出发,废除井田制通行的贡赋制,采取根据土地多少收税的办法,这就是晋国的"作辕田"[4],鲁国的"初税亩"[5],楚国的"量入修赋"[6],齐国的"相地而衰征"[7]。这类赋税改革的实质,是在法律上承认私田与公田一样属于国君,但由于剥削方式的改变,原来的井田已经变成封建的

铜金银铜鼎,战国烹饪器

[1]《韩非子·五蠹》。
[2]《诗·小雅·北山》。
[3]《论语·子张》。
[4]《左传·僖公十五年》。
[5]《左传·宣公十五年》。
[6]《左传·襄公二十五年》。
[7]《国语·齐语》。

错金豆

国有土地了。在整个春秋战国时期,封建土地国有制一直是主导的土地所有制形态。食封贵族如战国四公子的封地,军功官僚地主的"赐田",豪族地主,乃至小自耕农所占有的"私田",从法律意义上讲都不具有私有性质,只不过是土地国有制下不同的占有形式而已。春秋战国时期,由于在生产关系方面完成了由奴隶制向封建制的过渡,大大地促进了生产力的发展,农业、手工业、商业贸易、城市经济都出现了空前繁荣发展的局面。到战国时期,全国就形成了各具特色、彼此联系的东西南北中五大经济区。东方为齐鲁经济区,地域为今之山东全境和河北南部,以齐国为主,盛产鱼盐铜铁桑麻,工商业发达,号称"冠带衣履天下"。南方经济区包括淮河下游、长江中下游及其以南广大地区,即原来的楚、吴、越三国。这里地广人稀、河湖纵横,资源富饶,商贸发达,农业稍显滞后。西方经济区包括关中、巴蜀和西北地区,为周、秦故地,有较发达的农业、牧业和手工业、商业。北方经济区包括燕国、赵国北部和中山地区。其北部、西北部、东北部与游牧民族接壤,牧业发达,农业相对粗放。中原经济区指黄河中游地区,包括赵国南部、韩、魏、宋、卫等国。这里是夏、商、周三代的中心区域,有发达的农业与活跃的商贸。由于五大经济区各有特点,物产不同,具有较强的互补性,尽管春秋战国时期列国间此疆彼界,关卡林立,但因为各地百姓生产与生活的需要,商人们还是在利益的驱动下,突破关卡,周流天下,将各地的土特产品贩运到紧缺地区,促进不同地区的物资交流。正如司马迁所说:

> 夫山西饶材、竹、谷、垆、旄、玉石;山东多鱼、盐、漆、丝、声色;江南出楠、梓、姜、桂、金、锡、连、丹沙、犀、玳瑁、珠玑、齿革;龙门、碣石北多马、牛、羊、旃裘、筋角;铜、铁则千里往往山出棋置:此其大较也。皆中国人民所喜好,谣俗被服饮食奉生送死之具也。故待农而食之,虞而出之,工而成之,商而通之。此宁有政教发征期会哉?人各任其能,竭其力,以得所欲。故物贱之征贵,贵之征贱,各劝其业,乐其事,若水之趋下,日夜无休时,不召而自来,不求而民出

之，岂非道之所符，而自然之验邪？[1]

正因乎此，在中原的市场上可以买到东方的鱼盐蚕丝，西方的竹木玉石，南方的犀象珠玑，北方的牛羊马驼、皮革毡裘。而在秦国咸阳的宫廷里，也陈列着全国各地的奇珍异宝。李斯在《谏逐客书》中有一大段生动的描述：

> 今陛下致昆山之玉，有随、和之宝，垂明月之珠，服太阿之剑，乘纤离之马，建翠凤之旗，树灵鼍之鼓，此数宝，秦不一生焉，而陛下说之，何也？必秦国之所生然后可，则是夜光之璧不饰朝廷，犀象之器不为玩好，郑、卫之女不充后宫，而骏良駃騠不实外厩，江南金锡不为用，西蜀丹青不为采。所以饰后宫充下陈娱心意说耳目者，必出于秦然后可，则是宛珠之簪，傅玑之珥，阿缟之衣，锦绣之饰不进于前，而随俗雅化佳冶窈窕赵女不立于侧也。[2]

正因为列国间商贸比较发达，才涌现出一批因从事商贸活动而致富的大工商业者。其中，三致千金的范蠡，结驷连骑、与国君分庭抗礼的子贡，深谙治生之术的白圭，经营畜牧业的乌氏倮，开采丹矿的巴寡妇清，煮盐起家的猗顿，冶铁致富的郭纵，还有经商不忘国事的弦高等，皆有名于时。经济的发展，商贸的繁荣，各地区频繁的物资交流，迫切要求打破列国林立的此疆彼界，迫切需要一个和平统一的外部环境。

春秋战国作为中国奴隶社会向封建社会的过渡时期，各种社会矛盾阶级矛盾显得特别尖锐而复杂：奴隶与奴隶主、贵族与平民、新兴地主与依附农民、奴隶主与封建地主、农民与奴隶主贵族、诸侯与周天子、诸侯国之间、诸侯与卿大夫之间以及卿大夫彼此之间，构成了一幅犬牙交错、五光十色的斗争图画。其中对社会过渡影响最大的是奴隶平民对贵族的斗争以及新兴地主对奴隶主贵族的斗争。奴隶反抗奴隶主、平民反抗贵族的斗争，几乎贯串了整个春秋战国时期。"臣妾多逃，器用多丧"[3]，"民闻公命，如逃寇仇"[4]，是各国普遍存在的现象。由于军事徭役的征发日益严重，被征服役的奴隶于是开始大规模的集体

春秋秦国镂空透雕蟠纹玉佩

[1]《史记·货殖列传》。
[2]《史记·李斯列传》。
[3]《左传·襄公十年》。
[4]《左传·昭公三年》。

秦公镈,春秋前期乐器

反抗。公元前644年,齐国筑郏城的"役人"骚动,公元前550年,陈国虐待役人的陈氏兄弟被役人杀死。此外,史书还经常以"民溃"事件记载役人的暴动。公元前478年,卫国工匠暴动,卫庄公死于非命。春秋后期,奴隶以"兵刃、毒药、水火",成群结伙,与奴隶主展开不屈不挠的斗争,史书中记载的"盗贼公行"、"盗贼充斥"[1],就是小股奴隶起义的生动写照。

后来,不少小股起义队伍汇成声势浩大的群体,如郑国的"萑苻之盗"和"跖"领导的起义队伍。据《庄子·盗跖》记载,"跖"坚决反对"不耕而食,不织而衣"的剥削者,憧憬着"织而食,耕而衣,无有相害之心"的美好社会。他率领"从卒九千"、"横行天下","所过之邑,大国守城,小国入保",给当权的奴隶主以沉重打击。当时统治者诬"跖"为盗,称为"盗跖",但在人民群众中却享有很高的威信,"名声若日月,与舜禹俱传而不息"[2]。

在奴隶反抗奴隶主斗争的同时,平民(即国人)反对奴隶主贵族的斗争也愈来愈激烈。平民虽然从一定程度上说是奴隶主贵族统治的重要支柱,但到春秋战国时期,他们的境遇却每况愈下,不少人负债破产,失去生活的保障。在这种情况下,他们利用自己历来参与政治的某些权力,同奴隶主贵族进行坚决斗争。公元前660年,戎人入侵,卫国平民拒绝参战,致使卫懿公一败涂地而死于非命。前609年,莒国平民杀死暴虐的莒纪公。前554年,郑国平民杀死独断专行的执政子孔。前519年,莒国平民赶走了无道昏君庚舆。等等。

奴隶起义和平民暴动严重打击和削弱了奴隶主贵族的力量,推动了奴隶主贵族中的开明派进行有利于封建因素成长的改革,给新兴地主阶级的成长创造了条件,是推动奴隶社会向封建社会转化的根本力量。但是,由于奴隶和平民都不代表新的生产关系,他们的斗争也一直停留在自发的阶段,再加上当时列国林立造成的地域限制,就使这种斗争难以形成统一的巨大力量,因而被奴隶主贵族各个击破,最后失败了。他们浴血斗争的果实自己不能享用,而被在他们身旁崛起的地主阶级攫取了。

封建生产关系的出现和成长,必然伴随着代表这一

[1]《左传·襄公十年》。
[2]《荀子·不苟》。

生产关系的新兴地主阶级的出现与成长。中国最早出现的地主阶级大都由奴隶主转化而来。如齐国的田氏，晋国的韩、赵、魏三家大夫等，就是当时新兴地主阶级的著名代表。他们得到广大人民的拥护，迅速增强了自己的政治、经济乃至军事力量。他们与维护奴隶制生产关系的诸侯国君、周天子必然产生越来越激烈的冲突。这样，当时新兴地主与奴隶主贵族的斗争，就以上下相克的形式表现出来了，天子王室衰落，诸侯兴起；诸侯公室衰落，卿大夫兴起；卿大夫之家衰落，"陪臣执国命"。封建生产关系的成长，新兴地主力量的增强，使他们越来越企望改变奴隶制的上层建筑。由此，新兴地主与奴隶主的斗争逐步发展到对最高权力的争夺。在中国历史上，由于新兴地主大部分都由奴隶主转化而来，他们在各国又或多或少的握有部分权力，因此，新兴地主阶级的夺权斗争，就以统治阶级内部斗争的形式表现出来。他们夺权斗争所采取的手段，往往是合法与非法相结合，或用合法掩盖非法；和平的手段与武装的手段相结合，而以和平手段为主。新兴地主阶级一般都利用其强大的经济力量，运用自己的聪明才智，一步步地从国君那里取得政治和军事的权力。非到万不得已诉诸武力的时候，他们也会毫不犹豫地通过武装斗争去夺取政权。晋国韩、赵、魏三家大夫，经过不断的斗争，逐渐成为举足轻重的力量，最后三家联合，经过与智伯一场拼死的搏战，分掌了晋国的主要权力。公元前403年，当晋君无可奈何地沦落为一个小小的封邑主人的时候，名义上还是天下共主的周天子也就承认了三家大夫的诸侯地位。这种政权的转移实际上标志了新兴地主统治在晋国的确立。齐国代表新兴地主的田氏与代表奴隶主贵族的姜氏的斗争经历了更长的时间与曲折。公元前489年，田乞发动武装政变，打败了国氏、高氏等贵族，自立为相，"专齐政"。公元前481年，田乞之子田常再次发动武装政变，杀死大臣监止并执齐简公。"齐国之政皆归田氏"[1]。公元前386年，田常的曾孙田和被周安王封为诸侯，史称"田齐"。春秋战国500多年间，几乎各诸侯国都充满着新兴地主与奴隶主贵族的激烈斗争。到战国后期，在七大国执政的绝大部分都是新兴地主阶级的代表了。

西汉立鸟灯

[1]《史记·田敬仲完世家》。

蟠螭龟鱼纹方盘局部

由于中国的新兴地主阶级大部分由奴隶主贵族转化而来，他们身上不可避免地保留着许多奴隶主贵族的特征；更由于封建生产关系刚刚从奴隶制生产关系中脱胎而来，因而从经济基础到上层建筑都掺杂着许多奴隶制的残余。封建生产关系的成长有待于继续扫除经济和政治领域中的奴隶制残余，封建的经济基础和上层建筑更需要以法定形式给它以巩固和发展的条件。正是适应这种社会的需求，一场封建化的变法运动，从中原的魏国开始，犹如强劲的旋风吹向四面八方，成为推动历史前进的时代潮流。地处中原的魏国，首先进行改革。魏文侯任用李悝、吴起、西门豹等改革派人物，制定新兴地主阶级第一部成文法典《法经》，实行"食有劳而禄有功"、"尽地力之教"等一系列改革。稍后，赵国的赵烈侯实行"选练举贤、任官使能"、"节财俭用，察度功德"之类改革。接着，赵武灵王"胡服骑射"，大胆改革军制，使赵国的军事力量一度十分强大。再后，韩昭侯任用申不害为相，进行加强君权与中央集权的改革。与赵烈侯改革差不多同时，吴起在楚国协助悼王也进行了大刀阔斧的变法。其他，齐国在威王时期任用田忌进行改革，燕昭王也在乐毅等辅佐下实行了一些改革。所有这些改革尽管程度不同地加快了封建化的步伐，但无论深度和广度，都远比秦国商鞅变法逊色。

战国时代的变法运动持续了200多年，虽然道路崎岖，千回百折，洒满了改革者的鲜血，但这种顺应历史潮流的封建化改革，却为历史的进步建立了不朽的功勋。通过地主阶级改革派这种自上而下的改革，从政治、经济和思想文化领域中一次又一次地扫荡着奴隶制的残余，以法典的形式巩固和扩大了封建的政治、经济和文化成果，为封建生产关系的进一步发展开辟了广阔的道路。到战国末期，无论在哪个领域，封建因素都占了主导地位。各国封建生产关系的确立，增加了彼此的趋同因素，这显然成为导向统一的一个重要条件。

由于封建生产关系的出现和成长，造成和扩大了各诸侯国之间力量的不平衡，从而出现了列国争霸和兼并战争。春秋时期的争霸战争，其目标是争夺对各诸侯国号令一切的权力,即盟主的地位。齐桓公、晋文公、秦穆公、楚庄王、吴王阖闾、越王勾践等,你来我往,各领风骚,称雄一时,相继取得"执牛耳"的地位,又一个一个地走向没落。在争霸战争烽烟所及的地区,民族在迁徙中走向融合,人口在苦难中四处流动,荒野在开辟,技术在进步,古老的生活方式,陈旧的社会观念都受到巨大的冲击。"春秋之中,弑君主三十六,亡国五十二,诸侯奔走不得保其社稷者不可胜数"[1]。争霸战争的结果,是区域性统一的完成,数以百计的诸侯国归并为战国七雄,由此向最后的大统一日益靠近。

历史进入战国,兼并战争的规模更加扩大,更加残酷,铁兵器代替铜兵器,速决战让位于持久战,复杂的步骑协同作战代替了简单的战车冲锋,高山密林的埋伏奇袭代替了堂堂正正的两军对垒。魏国首强,西挫强秦,东败齐鲁,"魏武卒"名扬天下。齐国继起,联楚抗秦拒魏,桂陵之战、马陵之战,连胜魏兵,孙膑显示了杰出的军事才能。尔后,燕国乐毅伐齐,连下72城,但田单一个反攻,齐兵几乎攻破燕都。再后,秦国崛起,频频东征。六国合纵抗秦,收效甚微。秦国施连横之计,拆散齐楚联盟。宜阳之役,慑服韩国。长平之战,使赵国大丧元气。千里伐楚,血战丹阳,楚国从此一蹶不振。最后,秦王嬴政登基后,以十年之功,连续对东方用兵,刀锋指处,势如破竹,所向披靡,完成了统一大业。连年不断的战争,给劳动人民带来深重的灾难:大量的积蓄粮食,毁于战火;无数的社会财富,耗于刀兵;数以百万计的青壮年男子,战死疆场。"易子而食,析骨而炊"[2],百姓为这个战争付出的是无量的鲜血与生命的代价。然而,恰恰是这样连年累月的战争,既加快了封建化的步伐,也加快了统一的步伐。

争霸和兼并战争,以优胜劣败的铁的规律,使锐意革新的国家,封建生产关系迅速成长,日臻强大。也使一些弱小落后,固守奴隶制旧垒的国家日趋没落,最后走向灭亡。这个战争促进了各国的封建化改革。历史指示的方向是:改革则强,不改革则弱;改革则存,不改革则亡。为了争取战争的胜利,各国都实行变法。由于秦国的改革最彻底,封建生产关系的成长比较充分,因而成为时代的骄

蟠螭纹贯耳壶

[1]《史记·太史公自序》。
[2]《左传·宣公十五年》。

秦公簋

子,最后顺利地完成了统一。

　　这个战争以铁和血的暴烈手段把历史形成的统一趋势变成现实。尽管不少思想家如墨子、孟子等都发出了对这种战争的正义谴责,尽管不少劳动者都发出了对这种战争的血泪控诉,但所有这一切都掩盖不住它完成统一的不朽的历史功勋。因为自从人类进入阶级社会以后,战争这个民族与民族、阶级与阶级、集团与集团之间互相残杀的怪物,就成了文明发展的可怖伴侣。它总是毁灭许多鲜活的生命,给许多美好的事物染上血污;但是,没有它,文明的列车有时就会停止运行。争霸和兼并战争虽然充满残杀和血污,但在中国封建社会曙光初照的时代,在中国由分裂走向统一的历史进程中,它却作为历史前进的巨大螺旋桨起过重要的推动作用。

　　春秋战国时期,既是经济文化大发展的时代,也是战争十分频繁的时代,还是民族大融合的时代。经过500多年的民族大融合,到战国结束时,中华民族的前身华夏族已经形成了。

　　本来,中国古代文明初现,奴隶制国家刚刚诞生的时候,其国家形态即是由氏族部落和部落联盟发展而来的奴隶制王国。"禹合诸侯于涂山,执玉帛者万国"[1],这数以千百计的"国"就是由一个又一个氏族部落和部落联盟组成的。远在夏王朝建立之前,华夏大地上就形成了几大部族集团,其中较大的有古东夷族集团,传说中的太昊、少昊、伯益、皋陶、颛顼、帝喾等即属于这一族群。有奉炎帝为始祖的古羌人集团,传说中的共工、四岳、烈山氏等即属于这一族群。有奉黄帝为始祖的古戎狄集团,他们是黄帝族群和后来的夏人族群。有以三苗为祖先的古蛮人集团,长江流域以及南方的以蛮为名号者皆属于这一族群。这些族群互相斗争融合的结果,形成了夏朝的国家形态族邦联盟。建立了中央王朝的是夏后氏族群,包括有扈氏、斟灌氏、斟鄩氏、有莘氏等。在其周围,分布着颛顼族群,包括祝融八姓、昆吾、顾氏、韦氏等。另外还有诸夷族群,包括有虞氏、有鬲氏、有仍氏、有缗氏、有施氏、有易氏、有修氏等。经过夏朝四百多年的融合,到商朝代替夏朝时,就形成了奴隶制的方国联合体。商王朝居于中原,

[1]《左传·哀公七年》。

它的周围是称为"方"的族群,在甲骨文中出现的"方"达70余个。如西北地区有土方、舌方、芍方、鬼方等,大部分为游牧民族,曾同商王朝进行过十分激烈的战争。南方的江汉地区是由蛮人组成的荆楚,江淮之间为群舒。东方地区为夷方,甲骨文又称人方,是一个比较庞大和强盛的族群。西周在灭商并建立中原王朝的过程中,据《逸周书·世俘解》记载,共灭掉99国,降服了652国。这些被灭掉和降服的"国"都是商族和其他族群建立的方国。周朝建立以后,通过大分封将姬姓贵族和异姓贵族分封到全国各地去统治当地的族群,加速了民族融合的步伐。从西周到春秋,在中原大地和周王国的周边地区,活跃着一大批除统治民族外的少数民族,见于记载的数以百计。如山东半岛的莱夷族群,淮河流域的淮夷族群,长江下游的吴、越族群,长江、汉水流域的荆蛮族群,长江以南的扬越族群,长江上游的巴蜀族群,西、北方的戎、狄族群等等。春秋时期,一方面诸侯国之间斗争激烈,一方面中原华夏族与周边和深入内地的夷狄之间斗争也很激烈,所谓"南夷与北狄交,中国不绝若线"。因此齐桓公在争霸战争中才提出了"尊王攘夷"的口号。然而,正是由于争霸战争和战国时期的兼并战争,加上统治民族与少数民族的战争,特别是日益扩大的经济文化交流,极大地加速了民族融合的步伐,形成了东方齐国、北方燕国与赵国、西方秦国、南方楚国等民族融合的中心。到战国快结束的时候,昔日频繁出现于《左传》等史籍上的少数民族,如莱夷、淮夷、吴、越、荆蛮、巴、蜀、戎、狄等皆融入了一个人数众多、经济文化高度发展的主体民族——华夏族。这个有着共同地域、共同语言、较为接近的经济文化生活和较为相近的心理特征的民族共同体,就成为中国统一的基础。春秋战国时期是思想文化高度发展的时期,"百家争鸣"的思想辩诘加强了各种思想之间的交流与融合。尽管诸子百家对不少问题的看法都表示了自己独特的观点,但对国家民族的统一却表述了比较一致的观念。儒、墨、法等学派更表示了强烈的大一统的愿望。战国后期,荀子学说已表现了鲜明的综合特点,吕不韦招揽宾客集体撰著的《吕氏春秋》,更以兼综百家的"杂家"显示为统一王朝寻求统治方

秦公簋铭文

略的良苦用心。自西周以降,大一统的观念越来越成为神州大地各民族的共识。春秋时期,周天子虽然权势日蹙,偏居洛邑一隅,惶惶不可终日,而称雄一时的齐桓公、晋文公却只能在"尊王攘夷"的旗号下建立自己的霸业,原因就在于周天子"天下共主"的形象还有着无形的力量。战国时期,统一的观念进一步强化,不仅华夏族认为自己是中国的主人,而且各少数民族也自觉认同与华夏族的亲缘关系。如匈奴人就认为自己是"夏后氏之苗裔",南方的蛮族将自己的祖先追溯至高辛氏的女儿,西羌人则把三苗认作祖宗,并与姜尚攀上血缘关系。华夏族及其周围的少数民族共同发展起来的文化上的认同感,是一种强大无比的凝聚力,一种历久弥坚的统一理念,对于促成中国的统一,起着与政治、经济和军事同样重要的作用。

综上所述,战国后期中国统一的形势已经形成,战国七雄中也不乏觊觎统一果实的雄主,但最后摘取这一硕果的却是历经六世坚持改革百余年不变的秦国和她的国君嬴政。

西周金文

第二节　嬴政登基与统一六国

一　嬴政登基与嫪毐、吕不韦集团的败亡

嬴政的父亲异人在赵国邯郸做人质的时候,秦国的国君是昭襄王。这位秦王是异人的祖父,嬴政的曾祖父。他名侧,又名稷,是秦武王的异母弟,母亲芈八子,楚国人,号宣太后。因武王没有儿子,武王死时,群弟争立。这时稷19岁,正在燕国做人质。赵武灵王为了与稷建立友情,当机立断,派代相赵固前往迎接。燕人也乐得送人情,稷得以顺利返国,并在母后的操纵与群臣的拥戴下,登上了秦国的王位。他就是昭襄王。在秦国的历史上,他在位56年,活了75岁,是一个很有作为的国王。正是在他的统治下,秦国与东方六国的力量对比,发生了完全有利于秦国的转化。当他寿终正寝时,他留给儿子的是一个经济繁荣、军力强大,对东方六国摆出咄咄逼人架势的秦国。

昭襄王四十八年正月嬴政出生。在此前八年,昭襄王预立的太子在魏国做人质时死去。两年后,即昭襄王四十二年,嬴政的祖父嬴柱(又名式)继立为太子。在昭襄王的20多个儿子中,嬴柱之取得太子的尊位,对嬴政日后的发展具有重要意义。嬴柱也曾作为人质在邯郸居住过,大概他返回咸阳后,他的儿子异人顶替了他的质子角色。嬴柱即孝文王,他也有20多个儿子,不消说其诸子对太子位子的争夺是十分激烈的。异人的生母为夏姬,此时已被打入冷宫。异人远离自己国家的首都,且时时处于危险之中,因此,与其他兄弟相比,他争夺太子的希望显然十分渺茫。正在这时,吕不韦出现在异人面前,给他们父子的命运带来了巨大的转机。《战国策·秦策五》详细记述了异人在吕不韦的运作下争得世子之位的经过。司马迁在《史记·吕不韦列传》中对其作了更加生动的记载:

> 子楚,秦诸庶孽孙,质于诸侯,车乘进用不饶,居处困,不得意。吕不韦贾邯郸,见而怜之,曰"此奇货可居"。乃往见子楚,说曰:"吾能大子之门。"子楚笑曰:"且自大君之门,而乃大吾门!"不韦曰:"子不知也,吾门待子门而大。"子楚心知所谓,乃引与坐,深语。吕不韦曰:"秦王老矣,安国君得为太子。窃闻安国君爱幸华阳夫人,华阳夫人无子,能立嫡嗣者,独华阳夫人耳。今子兄弟二十余人,子又居中,不甚见幸,久质诸侯。即大王薨,安国君立为王,则子毋几得与长子及诸子旦暮在前者争为太子矣。"子楚曰:"然。为之奈何?"吕不韦曰:"子贫,客于此,非有以奉献于亲及结宾客也。不韦虽贫,请以千金为子西游,事安国君及华阳夫人,立子为嫡嗣。"子楚乃顿首曰:"必如君策,请得分秦国与君共之。"

> 吕不韦乃以五百金与子楚,为进用,结宾客;而复以五百金买奇物玩好,自奉而西游秦,求见华阳夫人姊,而皆以其物献华阳夫人。因言子楚贤智,结诸侯宾客遍天下,常曰"楚也以夫人为天,日夜泣思太子及夫人"。夫人大喜。不韦因使其姊说夫人曰:"吾闻之,以色事人者,色衰而爱弛。

图例

战国时期形势图

秦岭褒斜栈道示意图

今夫人事太子，甚爱而无子，不以此时早自结于诸子中贤孝者，举立以为嫡而子之，夫在则重尊，夫百岁之后，所子者为王，终不失势，此所谓一言而万世之利也。不以繁华时树本，即色衰爱弛后，虽欲开一语，尚可得乎？今子楚贤，而自知中男也，次不得为嫡，其母又不得幸，自附夫人，夫人诚以此时拔以为嫡，夫人则竟世有宠于秦矣。"华阳夫人以为然，承太子间，从容言子楚质于赵者绝贤，来往者皆称誉之。乃因涕泣曰："妾幸得充后宫，不幸无子，愿得子楚立以为嫡嗣，以托妾身。"安国君许之，乃与夫人刻玉符，约以为嫡嗣。安国君及夫人因厚馈遗子楚，而请吕不韦傅之，子楚以此名誉益盛于诸侯。

以上记述，将吕不韦这个大商人的品性作了较之《战国策》更鲜明生动的描述，一句"奇货可居"，一句"吾门待子门而大"，可以说是准确地再现了具有宏远政治眼光的大商人在战国时代的典型环境中的典型性格。驱动不韦活动的是利益，是以最小的投入换取最大的回报，而为了获取最大的利益，不惜以身家性命为赌注。他以重金为子楚谋取太子之位，同时更以未来国君的位子打动子楚，是为了自己的富贵利禄。他以金银珍宝开道，先与华阳夫人之姊拉上关系，进而攀结华阳夫人，特别以她晚年的利益拨动她最敏感的心弦。交易一环扣一环，在利益的驱动下，每一次交易都获得成功，再加上其他因素的配合，异人终于得到了连他自己也不敢想的太子地位。

孝文王死后，异人以太子的身份即王位，他即庄襄王，但他也只在位3年，即于公元前247年死去，嬴政于是以一个13岁的少年登上了七雄中最强大的秦国的王位。

嬴政最后能够登上王位，是天时人谋诸多因素结合的结果，是必然性与偶然性的统一。嬴政身上的嬴姓血统是他的天时与必然性，因为根据当时的王位继承原则，他恰恰属于秦国王位继承人的选择范围。然而，除此之外，他的继承权的最后实现，却是由人谋以及许多偶然因素促成的。

由于昭襄王特别富于春秋，活了75岁，就使他预立的太子未能继承王位先他而去。而遗下的太子之位轻而易举地落到了嬴政的祖父头上。而如果昭襄王先太子而去，嬴政祖父有多大本事恐也与王位无缘。孝文王为太子时，他的长子子奚就被预立为继承人，如果他顺利接班，嬴政的父亲异人也就与王位无缘，中国历史上也就没有了一个名叫嬴政的始皇帝。本来，子奚作为长子、孝文王预立的法定继承人，又有杜仓为辅佐，在内外臣民中已经树立起未来君王的形象，不出意外，他接班顺理成章。然而，此时恰巧发生了一系列意外之事。首先是吕不韦的出现。此人是发了大财的富商大贾却偏偏不安于发财，而是以经商的意识与手段去从事政治活动，他锐敏地发现了落魄的公子王孙异人这一"奇货"，在异人还不清楚自己价值的情况下，吕不韦却意识到了他作为一件"商品"的巨大开发利用价值，他决定冒险开发利用。其次是异人的出现，他是一个生命时刻处在危险中的落难王孙，渴望摆脱自己朝不保夕的境遇，但他自己却没有力量和能力。正当他苦闷彷徨、束手无策之时，吕不韦作为一个愿出巨资的开发商自动前来投效，自然使异人喜出望外，二人一拍即合。异人也毫不犹豫地抛出被开发的条件，信誓旦旦地保证："必如君策，请得分秦国与君共之。"再就是华阳夫人一族的出现。华阳夫人作为楚国的美女嫁给孝文王，立即成了他不可须臾离的人物，很可能是"回眸一笑百媚生，六宫粉黛无颜色"。而她的姊妹兄弟也布列朝堂，成为炙手可热的权贵。这位华阳夫人尽管使孝文王神魂颠倒，但却没有子嗣，而这一点恰恰是异人争夺太子之位的条件。吕不韦看准这一点，先以重金收买华阳夫人的姐弟，再以金钱和日后的太后尊位打动华阳夫人，使其劝说夫君改易太子。而最后的一着险棋显然是孝文王。这位名叫嬴柱的秦王一直在他雄才大略的父王的阴影下生活，既乏帝王的气度，也少帝王的谋略，大概是终日沉湎酒色，过着温柔乡里的公子王孙的醉生梦死的生活。在有关秦国的文献里，我们找不到这位活了53年的公子王孙建立任何功业的记载。而这一时期恰恰是秦国军力迅速发展，对东方六国的战争胜利的重要时期。一个无所作为的王子，也

战国中期鸟盖瓠壶

吕不韦像

是最容易被美人牵着鼻子走的人。吕不韦可能对此有深入了解，所以才将宝押在华阳夫人身上。果然，华阳夫人的枕边风奏效了，改易太子最关键的一步险棋顺利走通。如果这位孝文王是一位如秦始皇和汉武帝一样的帝王，只把后妃看成玩物，不准他们干预国家的重大决策，吕不韦、异人与华阳夫人的合谋就不可能得逞。这一"如果"没有出现，异人也就当然成为争夺太子之位的胜利者。由于他同赵姬患难与共的情感，加上嬴政是其嫡长子，所以嬴政毫无阻碍地成为王位继承人。嬴政于昭襄王四十八年（前251年）生于邯郸并在那里度过童年时代。这一时期，秦与东方六国间战争频繁，其父作为人质的生涯时时都有生命危险。嬴政母子随侍在侧，也是日日处于惊惧不安之中。据《史记·吕不韦列传》记载，他们母子在秦、赵两国的激烈斗争中差点成为牺牲品：

> 秦昭王五十年，使王龁围邯郸，急，赵欲杀子楚。子楚与吕不韦谋，行金六百斤予守者吏，得脱，亡赴秦军，遂得以归。赵欲杀子楚妻子，子楚夫人赵豪家女也，得匿，以故母子竟得活。秦昭王五十六年，薨，太子安国立为王，华阳夫人为王后，子楚为太子。赵亦奉子楚夫人及子政归秦。

秦庄襄王异人至少是聪敏明断之人。他碰到吕不韦，毅然将改变自己命运的重任托付于他，给予完全的信赖，任其运作，使自己由一个看起来与王位无缘的落魄公子王孙，出人意料地成为王位继承人。继位以后，立践前言，任吕不韦为丞相，让其全盘处理军国大事。他虽然只在位3年，但还是在吕不韦的辅佐下办成了几件大事。如"修先王功臣，施厚德骨肉，而布惠于民"，协调贵族内部关系与君民关系；灭掉东周君，收其七县地，设三川郡，使秦界逼近大梁；攻占太原、上党，初设太原郡；以连横之术破五国合纵之谋，并使能干的战国四公子之一的魏无忌失去魏王信任，消除了秦国的一大威胁。特别是由于他立赵姬为王后，立嬴政为太子，就使嬴政顺理成章地继承了王位。从一定意义上讲，异人最大的贡献就是他同赵姬生下了嬴政，并为他顺利登上王位铺设了一条十分顺畅的道路。

　　嬴政诞生于战国时代的烽火岁月，大概从记事时起，他就目睹了数不清的刀光剑影，似懂非懂地经历了无数的宫廷内外的明争暗斗。他过早地接触到政治斗争以及与之紧密相伴的残酷无情，也过早地泯灭了童心，失掉了爱心，日日耳濡目染的就是武力与权力的为所欲为。这一切，对于塑造嬴政的性格无疑起了重要的作用，也深深地影响了他帝王的生涯和一系列的重大决策。

秦都雍城城墙遗迹

　　公元前247年五月，庄襄王抛下了他难以割舍的如花似玉的夫人和两个年幼的儿子，抛下了蒸蒸日上的江山社稷，以33岁的盛年撒手人寰。13岁的嬴政在群臣山呼万岁的一片颂声中，登上了咸阳宫中金碧辉煌的龙座。秦国自商鞅变法以来，150多年间，六代君王，一直在改革中奋斗，在奋斗中改革，使秦国由僻处西陲一隅的小国，一跃而升为七雄中经济最发达、军力最强大的封建大国。六世余烈，即将结出诱人的统一的硕果。登上王位的这位13岁的少年王子，不管他意识到与否，他都要摘取这枚硕大的即将成熟的果实。历史为他安排的，是一系列严峻的挑战和一连串胜利的机遇。在残酷的斗争和成功的喜悦中，一代历史的巨人在渭水之滨的宫廷里，开始了他具有重大历史意义的政治生涯。

　　《史记》与《战国策》都没有记载吕不韦的生年。其卒年是在公元前235年（秦始皇十二年）。估计他与异人的年龄相近或略大一点，他死时的年龄大概是50岁。他是卫国濮阳人，以经商辗转各国之间。致富后以阳翟为根据地。所以《史记》说他是阳翟大贾。他不是单纯的商人，对政治有浓厚的兴趣。由于穿行列国之间，对战国后期的政治形势有较准确的了解。他之所以将异人认做可居的"奇货"，是因为秦国统一六国的形势已经明朗，一种强烈的功名利禄权势欲驱使他弃商从政。他选择了异人，改变了异人的命运；异人选择了他，也改变了他的命运。仿佛一桩卖方与买方都满意的交易，双方各得其所，都是赢家。

　　秦昭王于公元前251年（昭王五十六年）死去，孝文王即位，异人做了太子。第二年，孝文王卒，异人继位为庄襄王。他实践前言，任命吕不韦为丞相，封为文信侯。公元前

商鞅方升。量器

246年庄襄王死去，嬴政继位，他就是后来的秦始皇帝。他"尊吕不韦为相国，号称仲父"，吕不韦达到了他政治权力的顶峰。如果说，庄襄王当政的三年，吕不韦无论在事实上还是名分上都是辅佐的话，那么，从嬴政继位到始皇十年（前237年）吕不韦免相的九年间，吕不韦就成为秦国实际的当政者，这期间秦国一系列重大的政治军事行动，概由吕不韦主持进行。根据《史记·秦始皇本纪》记载：

元年（前246年），将军蒙骜平定晋阳反叛。

二年（前245年），将军麃公攻卷（今河南原阳西），斩首三万。

三年（前244年），蒙骜攻韩，取十三城。复攻魏氏畼与有诡。

四年（前243年），攻占畼、有诡。令百姓纳粟千石，拜爵一级。

五年（前242年），将军蒙骜攻魏，克酸枣、燕、虚、长平、雍丘、山阳等二十余城。初置东郡。

六年（前241年），击破韩、赵、魏、卫、楚五国合纵之师。克卫，卫君角徙居野王。

七年（前240年），攻龙、孤、庆都，还兵攻汲。

八年（前239年），王弟长安君成蟜将兵攻赵，反，死于屯留。

九年（前238年），秦攻取魏国的垣与蒲阳。

秦始皇即位时，"秦地已并巴、蜀、汉中，越宛有鄢，置南郡矣；北收上郡以东，有河东、太原、上党郡；东至荥阳，灭二周，置三川郡"[1]，形成了对东方六国有利的进攻态势。吕不韦凭此有利形势，从秦始皇元年至九年，几乎每年都发动对六国的战争，并且几乎都取得了胜利。这些军事行动的最大成果，就是在新占领的土地上设置了东郡，进一步形成了对秦国有利的态势。此时的秦国，北以河东、上党两郡从西北方向威逼韩、赵、魏，中以三川、南郡隔断楚与三晋的联系，建立起东向进兵的走廊，同时北胁三晋，南威荆楚。而以濮阳为中心的东郡的建立，不啻在齐、楚、韩、魏、赵五国间打进一只强有力的楔子，使秦国直接与齐国接壤，便于对齐国施加外交与军事压力。这不能不说是秦国取得的一次具有战略意义的胜利。东郡的建立以

[1]《史记·秦始皇本纪》。

及为此而实施的一系列征战,显示了吕不韦的军事才干,尤其是他非凡的战略眼光。吕不韦执政期间的另一项重大举措是入粟拜爵,这是为战争储备粮食的一项强有力的措施。这一措施在后世虽然产生许多弊端,但在当时其积极作用应该是主要的。吕不韦的活动使秦国在完成中国统一的道路上迈出了一大步,他的功绩是应该充分肯定的。吕不韦此期的活动,决不像有些论者所认定的是什么"复辟奴隶制度,延误了中国统一的进程"。

吕不韦在秦国主政期间还办了一件影响深远的大事,这就是组织宾客编写了《吕氏春秋》。

吕不韦虽然是一个商人,但他的目光和思绪始终在商业之外。他曾因经商穿行于列国间,不仅广泛接触各国政要,而且也认识不少思想家,在"百家争鸣"的氛围中体味了思想的力量,对各种思想流派的优长缺失形成了自己明晰的认识与取舍标准。他的3 000食客中肯定汇集了当时各种思想流派的代表,他们都以各自的学说去影响吕不韦。吕不韦既然准备为未来的帝国建立一种统一的意识形态,取百家之长冶为一炉就是最便捷最适宜的途径。于是他便主持并领导了中国历史上第一次大规模的集体编书的活动,也是"兼综"诸子百家学说的一次有意识的尝试。事实上,思想发展的规律就是不断地分化与综合,各学派在相互辩诘中互相吸收对方的思想观点,有时争辩为主潮,有时兼综为时尚,而对其影响最大的则是时代的走向。如果说春秋末到战国中期,各学派以辩诘为主,而战国晚期则出现"兼综"倾向,因为国家在走向统一,与之相适应,思想学术也必然要走向批判的综合。《庄子·天下》、《荀子·非十二子》、《韩非子·显学》,就是批判地总结百家争鸣思潮的最初尝试。不过,庄子、荀子、韩非子三人的批判综合是张扬自己,批判别的学派,虽然也指出了其他学派的存在价值,但总体上是批判多于综合。吕不韦首先是一个政治家,他本人并未参与思想家们的论争,当然也就没有标出任何学派。因而他对各学派的兼综就比较客观、冷静,从未来的实用出发,从现实政治与社会的需要出发,更多地看到各学派的长处,综合多于批判。他认为战国时代的思想家各有特点,各有优长,如"老

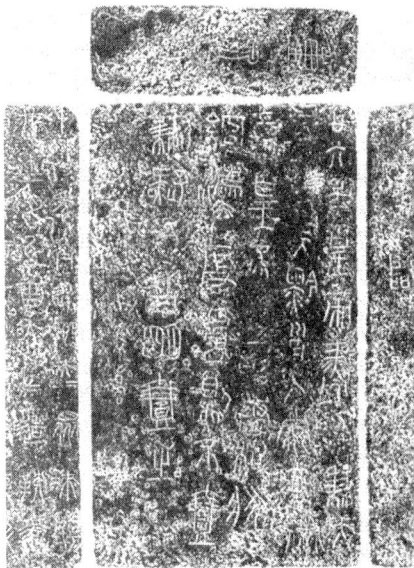

商鞅方升铭文

商鞅戟

聃贵柔,孔子贵仁,墨翟贵廉,关尹贵清,子列子贵虚,陈骈贵齐,阳生贵己,孙膑贵势,王廖贵先,兒良贵后"[1],因而各学派应取长补短,"物固莫不有长,莫不有短,人亦然。故善学者,假人之长以补其短,故假人者遂有天下"[2]。在取长补短的前提下,达到思想的统一,共同为大一统的国家服务:"故一则治,异则乱,一则安,异则危,夫能齐万不同,愚智工拙皆尽力竭能,如出乎一穴者,其唯圣人矣乎!"[3]由于吕不韦"兼综"了几乎百家中的所有学派,所以《吕氏春秋》一书就给人以明显的驳杂的感觉,吕不韦也因此被后世认定为"杂家"的首席代表。不过,如果由此认为《吕氏春秋》就是对先秦诸子不分轩轾的拼凑,是杂乱无章的堆砌,那就错了。吕不韦虽然看到各家的优长,但他并不是平均平等地吸收综合,而是以儒家为主,兼综各家。因为这时的一位儒学大师荀子已经对先秦诸子,尤其是儒学进行了初步的批判总结,为未来的统一国家规划了一套兼综儒法的统治思想,比较适应封建统治的需要。以致清末"戊戌六君子"的谭嗣同即将"荀学"定为"二千年之学"即封建的统治思想而大张挞伐。吕不韦对荀学一派儒学情有独钟,因为其"尊君"、"爱民"、"隆礼"、"正名"等主张,正与吕不韦加强大一统中央集权以及对百姓实行"德治"的思想相契合。在以儒为主导的前提下,《吕氏春秋》吸收了法家法术势的理论、墨家"节葬"的思想、道家"修身养性"、"贵生贵己"的意识,以及农家的"重本"观念、兵家的"以战止战"理论等等。不过,由于吕不韦本人的思想学术水平不高,加上他本人也不可能投入太多的精力用于该书的修改推敲,特别是,该书是宾客们的集体创作,根据每人的学术专长分头撰写,不可能做到首尾一贯,前后照应,因而显得粗疏、重复、拼凑、抵牾之处都不可避免。高诱曾这样概括该书的特点:"此书所尚,以道德为标的,以无为为纲纪,以忠义为品式,以公方为检格,与孟轲、孙卿、淮南、扬雄相表里也。"[4]这一概括比较接近事实。

总之,《吕氏春秋》是我国历史上第一部有计划的集体编纂的百科全书式的思想学术著作,它以儒学为主,兼综各家,其"德主刑辅"、耕战结合的政治思想,比较适应

---

[1]《吕氏春秋·不二》。
[2]《吕氏春秋·用众》。
[3]《吕氏春秋·不二》。
[4]《吕氏春秋·序》。

未来统一帝国的需要,可惜由于吕不韦的败亡,嬴政统一中国后在统治思想与统治政策的选择上偏离了较正确的轨道,吕不韦苦心孤诣的设计付诸东流。这既是吕不韦的悲剧,更是秦始皇的悲剧。由于《吕氏春秋》继承多于创新,加上它与吕不韦这位名声不佳的人物联系在一起,因而在中国思想学术之林中评价不高,没有获得应有的地位,这是不公平的。

战国龟鱼蟠螭纹方盘

　　大约在公元前239年(秦始皇八年),吕不韦完成了《吕氏春秋》的编纂。此时,他任秦国丞相已达11年之久。这11年中,他实际上是秦国真正的当政者。庄襄王在位的三年,因感念他为自己筹谋太子尊位的恩德,心甘情愿地将军国大事托付于他,实践了"分秦国与君共之"的承诺。嬴政继位时年仅13岁,更是将国事全部委托给吕不韦,不仅尊他为相国,还称其为"仲父",使吕不韦几乎不受任何制约地在秦国发号施令,一言九鼎,权倾朝野。家僮万人,食客数千,封邑10万户,其拥有的财富已大大超过经商的回报。吕不韦的权势如日中天,达到了顶点。他权利双收,威名远扬。此时组织宾客撰著《吕氏春秋》实在也是想为万世立法,建立起一个包罗万象的思想学术体系,以求永垂千古。然而,好像应了他自己的话"极则必反,盈则必亏",处于峰巅的吕不韦即将陷入深渊。不过,他自己还感觉不到,因为巨大成功的花环已经使他双目迷离,难辨南北东西了。

　　吕不韦碰到了嫪毐案,那是一个致他于死命的陷阱。这一案件是与嬴政的母亲,一位风流王太后联在一起的。由于吕不韦与异人是莫逆之交,异人死后他又以顾命大臣的身份,以"仲父"的名号辅佐嬴政,他与嬴政之母赵姬接触的机会就多了起来。此时吕不韦与赵姬有染是完全可能的。因为一边是30岁左右的寡居的王太后,一边是正值盛年的相国吕不韦,并且这位相国还是有大恩于她们母子的一位风流倜傥的政治家,一位与之有10多年交往的老朋友。如果说,异人在世时他们纵然心有灵犀也难以沟通的话,那么,在异人死后,他们沟通的机会与条件显然是很多的,他们极有可能在此后成为一对难分难舍的情人。《史记·吕不韦列传》记载,"秦王年少,太后时时窃

战国铜马

私通吕不韦",不见得就是出于后人的编造。但是,太后与吕不韦都明白,宫禁森严,随着嬴政年龄的增大,他们偷情暴露的危险也日益增大。为了避祸,吕不韦抽身而退显然就是最明智的选择。而为了满足太后的需要,他送给太后一个假宦官也是顺理成章的事。于是便有了《史记·吕不韦列传》的如下一段记载:

> 始皇帝益壮,太后淫不止。吕不韦恐觉祸及己,乃私求大阴人嫪毐以为舍人,时纵倡乐,使毐以其阴关桐轮而行,令太后闻之,以啖太后。太后闻,果欲私得之。吕不韦乃进嫪毐,诈令人以腐罪告之。不韦又阴谓太后曰:"可事诈腐,则得给事中。"太后乃阴厚赐主腐者吏,诈论之,拔其须眉为宦者,遂得侍太后。太后私与通,绝爱之。有身,太后恐人知之,诈卜当避时,徙宫居雍。嫪毐常从,赏赐甚厚,事皆决于嫪毐。嫪毐家僮数千人,诸客求宦为嫪毐舍人千余人。

吕不韦找嫪毐代替自己与太后私通,自以为找到了一个万全之策:一方面自己可以安全撤退,避免了一旦事泄的尴尬与危险;一方面也使太后有一个新宠服务,不会忌恨自己。然而颇有商人计算意识的吕不韦,这次却打错了如意算盘。尽管嫪毐曾是吕不韦的舍人,又经吕不韦推荐成为太后的面首,一时宠贵莫比,照理应对吕不韦感恩戴德了,但是,吕不韦忘记了,商人讲交易,不讲情谊和道德。具有法家政治传统的秦国,人与人之间"刻薄寡恩"。世态炎凉,利尽则交亡。嫪毐既然攀上了高枝,对昔日的主人自然也就可以弃之如敝屣。这样一来,吕不韦与嫪毐,就由昔日主人与奴才的关系,变成了一对你死我活的竞争者的关系。嫪毐以假宦官入主秦宫后,逐渐获得太后的宠幸,一连生下两个儿子。嫪毐有恃无恐,他不满足于面首的地位,于是千方百计招揽宾客,并假太后之名,借太后之手从嬴政和吕不韦那里索要权力。公元前239年(秦始皇八年),"嫪毐封为长信侯。予之山阳地,令毐居之。宫室车马衣服苑囿驰猎恣毐,事无小大皆决于毐。又以河西太原郡更为毐国"[1]嫪毐的权势达到了顶点,他也就面临着覆灭的下场了。其实嫪毐之类丑角走向败亡是必然的,因

战国铜马

[1]《史记·秦始皇本纪》。

为这种结果完全是咎由自取。本来，吕不韦给他安排的角色是十分简单而又明确的，名义上的宦官，实际上的面首，只要满足太后的需要，讨得太后的欢心就可以了。富贵可以得一点，但不宜太多；权力也可以要一点，但不可张扬。关键在于不能暴露真实身份。只有一切低调处理，才有较高的安全系数。如果嫪毐一直安于其位，使朝野甚至不知有此人存在，他的安全是有保证的。即使做不到这一点，而是略事张扬，让不少人知道他是太后面首，但不参与权力的争夺，他仍然具有较高的安全系数。因为权力中人，只要不感到自己的权力受到威胁，有被窃夺的危险，就不会开罪嫪毐而冒犯太后。然而，这个嫪毐太无自知之明，他不安于自己的地位，总想凭恃与太后有床笫之欢索取越来越多的权力和财富。他已经得到厚重的赏赐，得到越来越多的权力，"事皆决于嫪毐"，他仍不知餍足。他富可敌国，封侯封地，拥有家僮数千人和众以千计的宾客，他还不知餍足，又想让自己的儿子代嬴政为国王。他的贪得无厌不仅侵犯了权臣的利益，而且威胁到嬴政的王位，这样一来，他就将自己置于矛盾的焦点，等待他的也就只能是灭亡了。公元前239年（秦始皇八年），嫪毐获长信侯封爵与太原郡封邑，他得意忘形，不仅大事张扬，而且进而想为自己与太后所生之子谋取王位，他与其他朝臣和嬴政的冲突就不可避免了。刘向《说苑》中有这样一段记载："毐与待中左右贵臣博弈饮酒，醉，争言而斗，瞋目大叱曰：'吾乃皇帝假父也，窭人子何敢乃与我亢！'所与斗者走，行白始皇。"[1]《史记·吕不韦列传》这样记载：

> 始皇九年，有告嫪毐实非宦者，常与太后私乱，生子二人，皆匿之。与太后谋曰"王即薨，以子为后"。于是秦王下吏治，具得情实……九月，夷嫪毐三族，杀太后所生两子，而遂迁太后于雍。诸嫪毐舍人皆没其家而迁之蜀。

《史记·秦始皇本纪》对此有更详尽的记载：

> 九年……四月……长信侯毐作乱而觉，矫王御玺，及太后玺以发县卒及卫卒、官骑，戎翟君公、舍人，将欲攻蕲年宫为乱。王知之，令相国昌平君、昌文君发卒攻毐。战咸阳，斩首数百，皆拜

战国镶嵌云纹壶

[1]《说苑·正谏》。

爵，及宦者皆在战中，亦拜爵一级。毐等败走。即令国中：有生得毐，赐钱百万；杀之，五十万。尽得毐等。卫尉竭、内史肆、佐弋竭、中大夫令齐等二十人皆枭首。车裂以徇，灭其宗。及其舍人，轻者为鬼薪。及夺爵迁蜀四千余家，家房陵。

综合以上资料，可以看出嫪毐事件的大致眉目：一、嫪毐的专恣张扬引发众怒，其中有人向嬴政告发。二、嫪毐狗急跳墙，矫王命发动叛乱，铤而走险，冀取嬴政之位而代之。王后在此事件中处境尴尬，不知所措。三、嬴政毅然决定平叛，命相国指挥平叛的军事行动，于是有咸阳街头的一场血战。四、嫪毐及其党徒惨败，其中重者夷三族，轻者流放，迁蜀者四千余家，足见牵连之广。五、太后为自己不检点的行为付出了沉重的代价：自己遭软禁，两个儿子被扑杀。嫪毐事件不是什么奴隶主与封建主之间的阶级斗争，而是一场典型的宫闱之争，权力之争。嫪毐的失败，实在是咎由自取，罪有应得。因为嫪毐的发迹不是靠文韬武略，而是王太后的宠幸。他又恃宠骄横不法，甚至觊觎嬴氏祖先历经数百年奋斗而得来的王权，实在是太不自量力了。他的毁灭，仅仅标志着一出丑剧的落幕而已。

嫪毐事件也第一次展示了嬴政这位年青国王处事的果断与魄力。而在中国由分裂走向统一的时代，历史也仿佛特别钟爱统一之王的这种品格。

嫪毐事件也改变了吕不韦的命运。不管他是否意识到，死神已经向他露出狰狞的微笑。嫪毐案发之时，嬴政似乎还未觉察吕不韦与嫪毐的关联。据郭沫若考证，嬴政任命的平叛统帅之一的相国昌文君，就是吕不韦[1]，可见当时对他还是信任的。及至抓获嫪毐，加以审讯，大概嫪毐就和盘托出了吕不韦与太后的关系，以及他由吕不韦舍人进入宫廷服侍太后的全部过程，其中或许有些添枝加叶，于是"事连相国吕不韦"[2]。郭沫若认为主要是由于嫪毐的"反噬"使吕不韦蒙上了有口莫辩的不白之冤。其实，不用"反噬"，只要嫪毐供出他由吕不韦舍人如何变成假宦官的真相，吕不韦也就难逃干系了。吕不韦既然被牵连进去，嬴政也就有了惩罚他的理由，"王欲诛相国，为其奉先王功大，及宾客辩士为游说者众，王不忍致法"。第二年，

战国铜女孩像

[1] 《郭沫若全集》历史编2，人民出版社1982年版，第397页注。

[2] 《史记·吕不韦列传》。

"免相国吕不韦,及齐人茅焦说秦王,秦王乃迎太后于雍,归复咸阳,而出文信侯就国河南"。然而,吕不韦虽然就国河南闭门思过,但他毕竟是蜚声列国的大名人,并且为秦国的强盛立下了汗马功劳,因而成为各诸侯国注意的焦点,成为诸侯们纷纷争相敦请的"奇货"。"岁余,诸侯宾客使者相望于道,请文信侯"。诸侯们没有想到,他们这样做,恰好加速了吕不韦死亡的步伐。"秦王恐其为变,乃赐文信侯书曰:'君何功于秦?秦封君河南,食十万户。君何亲于秦?号称仲父。其与家属徙处蜀!'吕不韦自度稍侵,恐诛,乃饮鸩而死。"[1]这一年是公元前235年(秦始皇十二年)。吕不韦死后,他的宾客无论临葬与否,都受到严厉惩罚:"十二年,文信侯不韦死,窃葬。其舍人临者,晋人也逐出之;秦人六百以上夺爵,迁;五百石以下不临,迁,勿夺爵。自今以来,操国事不道如嫪毐、不韦者籍其门,视此。"[2]一生轰轰烈烈、位极人臣、享尽人间荣华富贵的吕不韦,被一抔黄土掩埋于河南洛阳北部的大道旁边。伴他长眠的是北邙山上的春花秋月以及万里黄河奔腾不息的涛声。

　　吕不韦是一个极富传奇色彩的人物。他虽以经商起家,但却以投机政治开始了他不平凡的生涯。他以精确的算计一步步施展他的谋划,每一步都获得了预期的成功。当他将异人、嬴政父子两代送上王位,而他本人以相国之尊执掌秦国的政柄时,他大概认为权位与富贵一定会伴他直到寿终正寝了。然而,此后吕不韦的算计就开始失灵了,因为他遇到的敌对势力是他始料不及的。他低估了反对他的力量,最后被这些力量推向毁灭之路。吕不韦遇到的第一支反对力量是秦国的旧贵族。不错,秦国历史上有着较开放的传统,不少客卿如百里奚、商鞅、张仪、甘茂、范雎、蔡泽、李斯、蒙骜父子等非秦国人而受到重用。但是,秦国贵族并不甘心军政大权被外国客卿把持,他们不时抓住机会向客卿发难,或夺权,或驱逐,或诛杀,使不少客卿抱恨终天。吕不韦依恃王权荣登相位,他却忽略了在他旁边还有强大的贵族势力,他们对他握有重权并不心甘情愿,每时每刻都盼他倒台。当吕不韦被牵进嫪毐之案时,他们必定推波助澜,为将吕不韦势力彻底清除而奔走

战国铜人

[1]《史记·吕不韦列传》。
[2]《史记·秦始皇本纪》。

战国卧式铜鹿。共二件，一有角，一无角，乃一雌一雄

呼号。

吕不韦遇到的第二支反对力量是嫪毐集团。本来，嫪毐不过是吕不韦的舍人，一个无德无才的流氓无赖，他只是凭着漂亮的脸蛋和强健的身躯赢得了太后的宠幸，而这个角色还是吕不韦精心为他安排的。照理他应该感谢吕不韦并扮演好这个角色。然而，这个嫪毐却是中山狼的品性，得到太后的宠爱后，他的野心急剧膨胀，不仅侵夺吕不韦相权，甚至觊觎王权，"事皆决于嫪毐"，在他周围，麇集一批流氓、打手和善于钻营的利禄之徒，骄横不法。这样，嫪毐就由吕不韦的奴才异化为自己的对立面。嫪毐根本不把自己昔日的主人放在眼里，他的党徒更是狗仗人势，双方于是日趋对立，成为势如水火的两大权势集团。这两大集团的斗争极易暴露彼此龌龊的一面，从而为秦王诛除他们制造了口实。而这两个集团，即使在面临灭顶之灾的时候，也没有忘记找机会给对方一击。当嫪毐集团阴谋败露，吕不韦是喜忧参半：喜的是可以借机消灭这个竞争对手，忧的是暴露自己与嫪毐那见不得人的谋划，怕与嫪毐集团同归于尽。嫪毐反叛之形一现，秦王即命两相国督兵平叛。不消说吕不韦是积极参与了这一活动的。除了必须服从秦王的命令外，他可能也打着自己的小算盘：迅速消灭嫪毐，杀人灭口，使自己与嫪毐的关系免于暴露。然而，嫪毐没有死于对战中，而是被生擒了，一番交代，吕不韦与太后及嫪毐的关系全盘曝光，"事连相国吕不韦"。嫪毐死时或许还得意地窃笑：我死了，你也活不成！果然，秦王盛怒中打算将吕不韦同嫪毐一起送上断头台，只因为之说项者众，又念及他辅佐父子两代的功劳，暂时宽恕了他。第二年，随着嫪毐一案全部真相的明晰，秦王再也不能容忍吕不韦留在相国的位子上。十年十月，吕不韦免相。接着，齐人茅焦为太后辩护，使秦王回心转意，恢复了母子亲情。其间，太后与嫪毐余孽以及其同情者，想必一面为太后洗刷，一面继续向吕不韦身上泼污水，进一步加深秦王对吕不韦的忌恨。这一活动显然奏效了。在太后回归咸阳的同时，吕不韦却不得不按照秦王的诏令，"就国河南"。至此，吕不韦基本上失掉了在秦国经营多年的根基，但是，他与嫪毐集团的怨结还没有解除。

十二年,当吕不韦在秦王的逼迫下结束自己生命的时候,嫪毐那些流放蜀地的舍人却又回归咸阳了。这两个集团势力的此消彼长,透出了他们之间你死我活的尖锐斗争的信息。这个斗争的结果是两个集团的同归于尽,得益的不是别人,而是为集权于一身殚精竭虑的秦王。

吕不韦遇到的第三个反对力量,也是最大的反对力量,是秦王嬴政。嬴政虽然不是吕不韦的儿子[1],但吕不韦却是嬴政除父母之外最亲近的人。吕不韦看着他出生,看着他在邯郸与父母一起过着囚徒般的日子。回归咸阳后,又看着他长成为一个任性执拗的少年。再后,又看着他13岁登上王位,直至亲政,成为一个多谋善断、敢作敢为的青年国王。在这一过程中,吕不韦对嬴政一直当仁不让地负起"保傅"之责,加以保护,悉心教导,按照他心目中英明国王的形象进行培养。从一定意义上讲,他组织人编纂的《吕氏春秋》就是他留给嬴政的一部人生与帝王教科书。吕不韦对嬴政的关爱和期许超过父亲对亲生儿子的热望。他简直把嬴政看成了自己生命的延续。特别是在庄襄王死后,吕不韦这位"仲父"在潜意识中已经将自己定位为嬴政的生身父亲了。但是,吕不韦错了。即使嬴政是他名正言顺的儿子,也不会事事顺从他,如同百姓一样,亲生父子之间也会产生矛盾,何况他们之间并不存在这一层血缘关系。嬴政从孩提时代起,就目睹了国君的专权自恣,登基之后,他作为国王的意识肯定与日俱增。而吕不韦却一直以父亲的身份,喋喋不休、不厌其烦地尽其教导的责任,这种情况势必让嬴政日生反感。嬴政已经由不懂事的儿童变成国王了。这时,除了自己的生身母亲外,他把任何人都看成是自己的臣子,并要求他们以对待国王的礼仪对待自己。吕不韦的最大失误在于:当嬴政完成了由孩童到国王的角色转变以后,他却没有完成由"仲父"到臣子的角色转换。如此一来,二人之间的冲突也就不可避免了。在长大成人的嬴政眼里,吕不韦已经不是昔日和蔼可亲的"仲父",而是横在自己前进路上的绊脚石,他时刻想找一个推开吕不韦的理由,终于等来了嫪毐事件。其实,即使不发生嫪毐事件,秦王也要以别的理由将吕不韦集团除掉,至少也要剥夺他的权力。吕不韦的悲剧

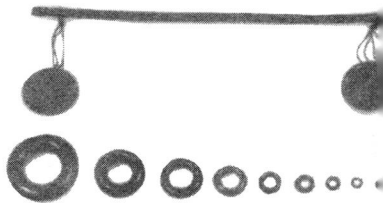

战国木衡与铜环权

[1] 孟祥才:《情断嬴政生父案》,《聊城大学学报》2003年第3期。

战国高奴铜石权

在于,作为一个政治家,他只知进不知退。他虽然聪明绝顶,精于计算,在为异人王位的谋划中步步成功,并终于为自己谋到了人臣的最高职位,实现了权力、荣誉、财富并于一身的理想。但是,登上高位的吕不韦却权令智昏,利令智昏,失去了往日审时度势的本领,在应该急流勇退时没有引退,对于权势的贪恋使他成为秦王必须清除的对象。如果他明白秦国的权力属于秦王,他手中的权力不过是来自王权。现在秦王要收回这一权力,他就应该心悦诚服地奉还,告老回乡颐养天年。吕不韦计不出此,已经犯下了一个绝大的错误,使自己陷于被动。免相以后,就国河南。此时他的处境还未到最危险的时候,如果他杜门谢客,不与外事,也许秦王不至于非置他于死地不可。可是,吕不韦在封地上并不行韬晦之计,相反,而是频繁接待各诸侯国的使者宾客,这在客观上无异于向人们显示自己还拥有很大的影响与威势,而这正是秦王最忌讳的一点。至此,秦王遂决心逼他自尽,吕不韦的悲剧也就不可挽回地上演了最后的一幕自杀身死。

吕不韦的生命本不该如此早的结束,可是,悲剧毕竟发生了,一个绝顶聪明的人凭借自己的聪明才智取得了那个时代最大的成功,但又因自己的一再失误使骄人的荣华富贵化为过眼云烟。政治的残酷无情和不可捉摸再一次让人们开了眼界。

二 “六王毕,四海一”

秦王嬴政九年至十年,是秦国历史上十分重要的两年。20岁刚出头的秦王先是粉碎了嫪毐集团的篡政阴谋,接着又免除了吕不韦的相国之职,把全国的权力有效地集中在自己手上。此后,国内再也没有对他掣肘的力量,于是他全力东顾,开始了大规模地向东方六国的进军。恰在此时,有两个重要人物向他献上了吞灭六国、完成统一的策略。这两个人物,一个是李斯,一个是尉缭。李斯在上《谏逐客书》后,得到秦王的空前信任,他借机向秦王献反间计,“阴遣辩士赍金玉游说诸侯,诸侯名士可下以财者厚遗结之,不肯者利剑刺之,离其君臣之计,然后使良将随其后”[1]。大梁人缭,史佚其姓,此时来到秦国,他也向秦

1《资治通鉴》卷六《秦纪一》。

王献策说：

> 以秦之强，诸侯譬如郡县之君，臣但恐诸侯合从，翕而出不意，此乃智伯、夫差、湣王之所以亡也。愿大王毋爱财物，赂其豪臣，以乱其谋，不过亡三十万金，则诸侯可尽。[1]

可能是这个献策特别迎合了秦王之预谋，所以秦王给了他国尉的要职，此人也就以尉缭名世了。不过，由于他对秦王有自己的看法，认为"不可与久游"，因而估计他不久即离开秦国远引高蹈了。以其才干，他本来能够在秦的统一事业中建立辉煌功业，但此人献策后即消失得无影无踪，史书中再也没有他活动的记载了。

秦王接受二人所献之策，开始了以吞灭六国为最终战略目标的军事行动，他将第一个攻击目标选定当时最弱小、且处于四战之地的韩国。

韩国是公元前403年韩、赵、魏三家大夫共同分割晋国之后，而建立起来的一个诸侯国，一度拥有今山西南部、河南中西部一块南北狭长的土地。在战国七雄中，它是最弱小的国家，又夹在秦楚赵魏等国中间，无险可守，无强大的国力、军力可恃，因而时时处在被邻国欺凌的地位，穷于应付。至公元前237年(秦王十年)，韩国北部已失去上党地区，只剩下洛阳至南阳的一小片国土，苟延残喘。李斯认定韩国不堪一击，就建议将第一个进攻目标定为韩国。韩王安知悉此事后，即同韩非谋划一个自保之策。公元前233年(秦王十四年)，秦同赵国正在宜安(今河北石家庄附近)等地激战。与此同时，秦王又以武力向韩王索要韩非。韩王安看准机会，一面向秦国"纳地效玺，请为藩臣"，一面送韩非入秦，以缓解秦国的压力。韩非入秦后，向秦王上书，要求秦国不要将进攻矛头指向韩国，不料遭李斯、姚贾谗害，韩非死于非命。韩国自救的努力遭到挫折。公元前331年(秦王十六年)，韩国面对秦国的压力，再次以妥协求自保，向秦国献出了南阳地。这时，韩国只剩下洛阳周围的一小片地盘，已经失去了抵抗秦军的能力。第二年，秦王派内史腾，一个首都的行政长官率兵灭韩。大概只经过一点象征性的战斗，韩国的最后一个都城郑(今河南新郑)即被攻克了。韩王安做了俘虏，秦国在

嵌错宴乐水陆攻纹铜壶图案

[1]《史记·秦始皇本纪》。

嵌错宴乐水陆攻战纹铜壶

韩国故地设置了三川郡。

　　韩国之所以成为秦灭亡的第一个国家，原因在于，它在七国中面积最小，人口最少，经济力量与军事力量最弱，根本没有抵御秦军进攻的能力。特别是在韩立国的170多年中，从来没有进行一次较彻底的封建化改革，这就限制了它的发展。再加上地理位置处四战之地，就使它处于最害怕攻击而又最容易受到攻击的地位。秦军先灭它，估计轻而易举，一方面灭韩能够造成对其他诸国的震慑，一方面在军事上也打开了通向东方的门户，一举数得，是用力少收获大的明智决策。秦军获得韩国故地，用力虽少，却是一次重大的战略胜利。四战之地对弱国弱军来说十分不利，但对强国强军来说却又成为特别有利的条件。因为它可以凭此条件，迅速调动军队，向它认为最有利的方向进击。秦国在实施灭韩计划的同时，也把军事打击的重点定在了赵国。这是因为，赵国自赵武灵王胡服骑射以来，一直是一个军事力量比较强大的国家，曾同秦国进行过多次惨烈的战争，其中规模特别巨大，持续时间又特别长的长平之战，尽管使赵国的40万大军损失殆尽，但秦国也为此付出了极其惨重的代价。而且，此时的赵国不仅保有一支较强的军队，并且还有李牧之类计谋出众、能征惯战的将军。所以，秦对赵国不敢掉以轻心，而是全力以赴地进行每一次战斗。公元前236年（秦王十一年），乘赵国伐燕兵力分散之机，秦派将军王翦、桓齮、杨端和率兵攻赵，攻邺（今河北磁县南），取九城。王翦攻阏与（今山西和顺）、橑阳（今山西左权），桓齮攻取邺、安阳（今河南安阳）。这一年，赵悼襄王去世，其子迁继位，他就是幽缪王。其母出身妓女，为赵王所宠爱，爱屋及乌，遂废嫡子嘉而立迁。这位新国王"素以无行闻于国"，在臣民中威望极低。他的继立，对赵国实在不利。公元前234年（秦王十三年），桓齮奉命伐赵，双方激战于平阳（今河南磁县东）。赵军大败，10万将士战死疆场，连赵军统帅扈辄也未幸免。赵王在危机之际，只得请出李牧，任他为大将军，全力与秦军作战。李牧不负所托，督兵与秦军大战于宜安、肥下（均在今河北晋县西），赵军大获全胜，秦军败退，桓齮回到秦国。赵王封李牧为武安君，其声望达到顶点，成为赵国倚赖的军事干才。公元前232年（秦王十五年），秦国又一次兵分两路伐赵。一路攻至邺（今河北磁县南），一路攻至太原（今属山西），夺取了狼孟（今山西阳曲）、番吾（今河北灵寿南）二城。李牧率军迎敌，秦军再次败北。秦王知道李牧是秦军攻破赵国的最大障碍，决定用反间计将其诛除。此后两年，秦军停止了对赵国的军事行动，全力准备对赵国的最后一击。

公元前230年（秦王十七年），秦灭掉韩国，这一年，赵国又遭遇空前的大饥荒，国力大大削弱。秦军乘此时机，对赵国发动了大规模的进攻。秦军兵分两路，一路由王翦统上地兵越太原郡向东进攻，攻克井陉（今河北石家庄西），打开了从北部进入赵国的门户，一路由杨端和统河内兵向东北方向进兵，从南部进攻赵国首都邯郸。赵国以李牧、司马尚二位将军分别率军迎敌。在此关键时刻，秦人的反间计成功，赵王自毁长城，除去了李牧、司马尚两将军："秦多与赵王宠臣郭开金，为反间，言李牧、司马尚欲反。赵王乃使赵葱及齐将颜聚代李牧。李牧不受命，赵使人微捕得李牧，斩之。废司马尚。"[1]秦国假赵人之手轻而易举地除去了劲敌李牧，也就加快了赵国末日的来临。果然，三个月后，公元前228年（秦王十九年）初，从井陉入赵的王翦督军直扑赵都邯郸。赵军一触即溃，赵王任命替代李牧、司马尚的两位将领，赵葱被杀，颜聚逃亡，邯郸被攻克，赵王迁成了秦军的俘虏。他为自己的蠢行付出了亡国灭宗的代价。赵王的哥哥公子嘉帅其宗族百余人逃至代（今河北蔚县），自立为代王，收拢逃来的赵国人，依附燕国，屯兵上谷，苟延残喘，延赵氏一息之余脉。由于代王嘉兵寡将微，又退居边远之地，不能给秦军带来麻烦，而秦军此时正全力进击燕楚等国，无暇他顾，就暂放他一边。直至六年后，公元前222年（秦王二十五年），秦将王贲在灭燕后回军途中，才顺便攻取代地，俘虏了代王嘉。

赵国自公元前403年立国，至公元前229年灭亡，历经164年，曾在今日河北、山西、内蒙古交界之地创造了灿烂的历史和文化，为战国时代中华文明的发展做出了独特的贡献。它的灭亡，除了不可抗拒的历史必然性，即统一的潮流外，国内人为的因素也是重要原因。赵国地处中国

战国立鸟镶嵌几何纹壶

[1]《史记·廉颇蔺相如列传》。

战国立鸟镶嵌几何纹壶局部

北部，与许多少数民族相接、杂处，它不仅经常与秦、魏、韩、齐等国交战，而且与北方少数民族不时发生冲突。长期的战争，一方面消耗了大量的人力物力，一方面又使它无暇顾及内部的封建化改革，因而使其经济的发展远较秦、楚、魏、齐等国逊色，也就缺乏长期支持战争的后劲。尤其是长平之战以后，赵国元气大伤，一蹶不振。晚期的赵国政治腐败，赵悼襄王废立太子，导致贵族内部的分裂，赵王迁继位后，兄弟失和，内争不息。他重用的宠臣郭开，竟成为受秦人之金、自愿为之效力的内奸。在赵国生死存亡的关键时刻，临阵易将，并将李牧这样的国之长城捕杀。如此一来，赵国灭亡的步伐就大大加快了。当王翦统帅的大军攻破井陉要隘，突然出现在黄河下游平原的边缘地带，赵国已经无险可守，即使李牧仍然全权指挥赵军，也不可能改变其劣势地位。赵国灭亡的时日可能延后，但灭亡的结局却是无法改变了。

公元前228年（秦王十九年），王翦统帅的秦军灭赵以后，迅速转军北上，屯大军于中山（今河北定县），对燕国造成威胁。燕国此时正是燕王喜在位。面对秦大军压境，燕国一片恐慌，于是引出了燕太子丹谋划荆轲刺秦王的一段脍炙人口的悲壮故事。尽管燕丹与荆轲经过极其严密的策划，荆轲以视死如归的决心在秦国宫廷演出了以匕首刺秦王的惊心动魄的一幕，但最后以失败而告终。太子丹与荆轲刺秦王之举，使秦王异常愤怒。他立即下令增兵至赵，统由王翦指挥，全力伐燕，在易水之西与燕军和代王嘉指挥的代军激战，大获全胜。第二年十月，王翦攻取燕都蓟城（今北京市）。燕王喜及太子丹率燕兵退保辽东。秦将李信跟踪追击。代王嘉认为秦王最恨太子丹，劝燕王杀太子丹以延缓秦军的攻势。丹知悉后，逃匿衍水中，被燕王派人杀死，准备以其头颅献给秦王。不过，此时秦军进攻的重点转向了楚国和魏国。逃到辽东的燕国残余势力暂时得到喘息的机会。直到公元前222年（秦王二十五年），秦国在灭楚以后，又派王贲进攻辽东，俘虏燕王喜，扫灭了燕国的残余力量，标志着燕国的最后灭亡。

魏国也是公元前403年建立的诸侯国。魏文侯时，任用李悝变法，在七国中最早开启了封建化进程，国力迅速

增强。他又任命西门豹为邺令，破除迷信，兴修水利，改造
盐碱地，大力发展农业生产。任命吴起为将军，创设魏武
卒，军事力量亦空前强大。魏军东征西讨，迭获胜利，跃居
七雄首强之位。它的国土横跨中原腹地，南至今河南中
部，与楚国搭界。北至今河北、河南交界处，西北至今山西
中部，与赵国为邻，东至今山东西部，与齐国分界。西部部
分与韩国接壤，一部分由北部的走廊连接，在今日黄河两
岸的山西、陕西中部，汇聚成广袤的沃土。魏国由于占据
较有利的位置，加之实行改革较早，因而战国初期时一直
是举足轻重的强国。然而，中期以后，魏国遇到了日益强
大的秦、齐等国的挑战。经过桂陵、马陵以及与秦国的几
次大战，魏国被从首强之位赶了下来，国土日朘月削，至
秦王政继位时，它已经沦落为处处被动挨打的弱国之列，
在秦军强大的攻势面前，连招架的力量也没有了。

战国垣字环钱

　　公元前243年至前242年（秦王四年至五年），蒙骜率
军伐魏，连克酸枣（今河南原阳东）、燕、虚（均在今河南延
津东北）、长平（今河南西华北）、雍丘（今河南祀县）、山阳
（今河南焦作）等30余城，前锋逼近魏国首都大梁。公元前
241年（秦王六年），魏参加了由楚国为纵长的最后一次五
国合纵攻秦的军事行动，结果以失败而告终。秦军进一步
加大了对魏国的军事压力，它的国土只剩下从大梁（今河
南开封）到朝歌（今河南漠县）一小块南北斜长的土地，它
面临的形势正如朱英对春申君所分析的那样“旦暮亡”[1]。
还是在这一年，蒙骜攻下朝歌，魏北部的门户洞开。第二
年，秦兵继续南进，攻取汲（今河南汲县西）。公元前238年
（秦王九年），秦军从魏国东北方向进击，攻克垣、蒲二城
（均在今河南长垣县境）和衍地（今河南郑州北）。此后五
六年间，一方面因为秦军将进攻的重点集中于赵国，另一
方面又忙于处理嫪毐、吕不韦事件，暂时放松了对魏国的
进攻。公元前231年（秦王十六年），魏国见韩国献南阳地
给秦国，它也向秦国献了一块土地，祈求苟安一时。此时
的魏国，已处在秦军的严密监控下，什么时候灭亡它，只
待秦军任意选择时日了。公元前226年（秦王二十一年），
王贲奉命伐楚，夺取10余城。第二年，他又奉命指挥大军
伐魏，包围了大梁。面临最后关头，魏国军民进行了顽强

[1]《史记·春申君列传》。

战国金冠带

的抵抗。王贲根据大梁城地势较低的特点,引水灌城。土筑城墙经过三个月的浸泡,终于塌陷,养精蓄锐的秦兵冲入城内,很快打垮了疲惫不堪的魏军的抵抗。魏王假出宫投降。魏亡。

曾经称雄中原半世纪之久的魏国,在立国178年后亡国。由于后期的魏国已经十分虚弱,秦军没用太大的力量,也没经过惨烈的战斗,仅凭一汪河水的三月之功,灭魏的功劳就记到了王贲的功劳簿上。这实在是“水到渠成”了。魏国的灭亡再次显示了统一潮流的巨大力量。这种统一的历史必然性,司马迁已经感悟到了。他说:

> 吾适故大梁之墟,墟中人曰:“秦之破梁,引河沟而灌大梁,三月城坏,王请降,遂灭魏。”说者皆曰魏以不用信陵君故,国削弱至于亡,余以为不然。天方令秦平海内,其业未成,魏虽得阿衡之佐,曷益乎? [1]

楚国是在长江中游逐渐发展起来的大国。具有悠久的历史。《史记·楚世家》将其王族的祖先追溯至五帝之一的颛顼,但比较可靠的记载应是周成王封熊绎于楚蛮,姓芈氏,应是楚国立国之始。此后,历经西周、春秋、战国近千年的时间,楚国一方面以江汉平原为根据地,向东、西、南三个方向发展,逐步融合了长江流域和长江以南数以百计的少数民族,创造了独具特色的荆楚文化。一方面不断向北发展,参加争霸战争。楚庄王曾率兵至洛邑之郊,问周天子“鼎之轻重”;也曾饮马黄河,与中原诸侯争夺霸权。到战国时期,楚国已经发展成为七雄中幅员最辽阔的大国。势力一度达到今日山东南部、江苏东部,安徽、江西、河南南部,湖南、两广、贵州以及陕西南部。它既是南方的民族融合中心,又是南北文化交汇的重要桥梁,在中华民族发展史上作出了巨大贡献。不过,由于楚国内部民族矛盾比较复杂,统治集团内部斗争比较激烈,加之封建化的改革不彻底,就使它非常雄厚的自然资源、人力资源没有形成强大的国力。当秦国在关中崛起后,楚国在同它的斗争中逐步处于下风。但是,秦国平定六国的顺序,楚国是排在后边的。这不仅因为地理上楚地广阔而辽远,在三晋未平前对其用兵有诸多不便,而且更因为楚国军力

[1]《史记·魏世家》。

较其他国家相对强大，将其放在后边在军事上更容易取得成功。公元前226年（秦王二十一年），秦已灭韩、赵，燕国只剩下退居辽东的残余势力，虚弱不堪的魏国也是亡在旦夕。秦王于是将下一个攻取目标定在了楚国。先派王贲向楚发起试探性的进攻，夺取10余城。这大概给他留下楚国比较容易解决的印象。他随即命令王贲转兵攻魏，决定将平楚的任务交给李信或王翦。他先问李信："吾欲攻取荆，于将军度用几何人而足？"李信回答："不过用二十万人。"秦王再问王翦用多少人，王翦回答："非六十万人不可。"秦王对李信的回答十分赞赏，而对王翦的回答则很不满意。他说："王将军老矣，何怯也！李将军果势壮勇，其言是也。"秦王赞赏李信不是没有来由的。这位李信"年少壮勇，尝以兵数千逐燕太子丹至于衍水中，卒破得丹，始皇以为贤勇"[1]。他们二人年龄相近，风华正茂，正是豪气冲天的时候。既然20万军队可以攻下楚国，何必用60万大军劳师糜饷呢！公元前225年（秦王二十二年），李信与蒙恬率20万兵马出征伐楚。李信攻平舆（今河南平舆北），蒙恬攻寝（今安徽临泉），均取得重大胜利。李信又转兵攻鄢郢，破之，与蒙恬在城父会师。楚军紧随其后，三天三夜不宿营，抓住机会，大破李信军。紧接着，攻破秦军两座营垒，斩杀七都尉，秦军大败而逃。消息传到咸阳，秦王勃然大怒，一方面意识到李信少不更事，轻敌冒进，铸成大错，一方面佩服王翦的先见之明。此时王翦一气之下回了老家频阳（今陕西富平北）。秦王于是亲自登门谢罪，请王翦出山统兵："寡人以不用将军计，李信果辱秦军。今闻荆兵日进而西，将军虽病，独忍弃寡人乎！"[2]王翦一开始加以拒绝，后看到秦王态度诚恳，又答应出兵60万，遂受命统兵出征。王翦率60万大军浩浩荡荡离开咸阳，秦王亲送至霸上。"王翦行，请美田宅园池甚众。始皇曰：'将军行矣，何忧贫乎？'王翦曰：'为大王将，有功终不得封侯，故及大王之向臣，臣亦及时以请园池为子孙业耳。'"[3]王翦率军出函谷关以后，又接连五次派出使者向秦王请求良田美宅。对王翦的做法，他的幕中也有人不理解，当面对他说："将军之乞贷，亦已甚矣。"王翦意味深长地说："不然。夫秦王怚而不信人。今空秦国甲士而专委于我，我不多请田宅为子

战国鹰形冠饰

[1]《史记·王翦列传》。
[2]《史记·王翦列传》。
[3]《史记·王翦列传》。

战国虎纹戈

孙业以自坚,顾令秦王坐而疑我邪?"[1]此一段话,显示王翦不仅是一位老谋深算的军事统帅,而且是一位深谙政治权术、洞悉秦王品性心态的政治家。王翦赶到前线,接替李信全权指挥平楚的军事行动。"荆闻王翦益军而来,乃悉国中兵以拒秦"。王翦来到军中,下令"坚壁而守之",任凭楚军如何叫骂挑衅,也紧闭营门,不肯出战。"王翦日休士洗沐,而善饮食抚循之,亲与士兵同食",即用养精蓄锐的办法大大增强秦军的战斗力。过了一段时间,"王翦使人问军中戏乎"?得到的情况是士卒们在做"投石超距"的游戏。王翦十分高兴,断定士气可用,决定出战。恰在此时,因多日挑战而疲惫不堪、士气低落的楚军开始撤营东行。王翦命精锐为前锋,全线追击,大破楚军。追奔到蕲南(今安徽宿县南),杀楚军统帅项燕,楚军四处逃窜,失去了抵抗能力,秦军"乘胜略定荆地城邑"[2],经过年余的追剿,平定了楚人的反抗。公元前223年(秦王二十四年),王翦、蒙武指挥秦军俘虏了楚王负刍,于其地设置郡县。又乘胜南征百越,将秦的领土扩展到珠江流域。

公元前222年(秦王二十五年),秦军已灭韩、赵、燕、魏、楚五国,只剩下一个齐国拥兵自保。秦军乘胜前进,将攻击的矛头指向齐国。

齐国是雄踞山东半岛的东方大国。远在姜齐时代,它就以管仲相桓公时的改革,加速了自己发展的步伐,利用得天独厚的自然资源,开发渔盐之利,发展农业、手工业和商业,经济很快繁荣起来,成为五霸之首。田齐代姜齐以后,齐威王时期大力推行封建化改革,国力空前强大,文化高度发达,稷下学宫成为当时全国的文化中心。齐国一度成为与秦国相伯仲的最强大的国家之一。战国中期的齐、燕之战虽然使齐国元气大伤,但由于它占有优越的地理位置,与秦国发生战争的机会较少,加之原有的经济基础雄厚,所以一直是一个经济发达、军力强大的举足轻重的大国。

秦王政继位后,一直加紧对东方用兵,三晋首当其冲。齐国因一时感受不到秦国的威胁,就采取保境安民的

[1]《史记·王翦列传》。
[2]《史记·王翦列传》。

策略,既与秦国维持睦邻友好关系,也与其余国家保持和平局面,由此使齐国有了几十年相对安定的时期。由于齐国采取如此保守主义的政策,拒不参加其他国家联合对抗秦国的军事行动,也就在实际上帮助了秦国,使它各个击破的战略迅速获得了成功。当秦军灭掉三晋、燕、楚,把进军的矛头最后指向齐国的时候,它势单力薄,灭亡的命运已经无可挽回了。

公元前264年,齐王建继位,其母君王后当权。她确立了保守主义的立国原则:"事秦谨,与诸侯信,以故建立四十有余年不受兵。"[1]公元前249年,君王后病逝,她确定的立国原则继续得以贯彻执行。

秦王在对三晋用兵时,并没有忘记齐国。为了将来能够顺利攻取齐国,秦国不惜重金,从齐国统治集团中收买间谍,培育出一个以齐国丞相后胜为首的势力强大的亲秦集团。后胜贪财谋私,"多受秦间金玉,使宾客入秦,皆为变辞,劝王朝秦,不修攻战之备"[2]。齐王建是一个缺乏主见、懦弱无能的君王,晚年几乎处于亲秦派官员包围中。公元前222年(秦王二十五年),王贲统帅的秦军在虏代王嘉以后,正向齐国进军。而三年前灭魏的那支秦军,早已进驻历下(今山东济南),随时可向齐军发动攻势。这时,齐国发生了一场抗秦还是朝秦的争论。在亲秦派官员的劝诱下,齐王建决定入秦朝拜。这显然是秦国的如意算盘,待齐王入秦,强迫他签约投降,达到不战而下齐国的目的。这时,雍门司马出来,力劝齐王停止入秦。他问:"所为立王者,为社稷耶?为王耶?"齐王回答:"为社稷。"司马问:"为社稷立王,王何以去社稷而入秦?"[3]齐王悟出其中的道理,决定不入秦,但也没有确定坚决抗秦的方针。即墨大夫入见齐王,建议他树起坚决抗秦的旗帜,收集三晋、楚国的残余反秦力量,与秦军周旋到底:

箔银云纹壶

> 齐地方数千里,带甲数百万。夫三晋大夫皆不便秦,而在阿鄄之间者百数,王收而与之百万之众,使收三晋之故地,即临晋之关可以入矣;鄢、郢大夫不欲为秦,而在城南下者百数,王收而与之百万之师,使收楚故地,即武关可以入矣。如此,则齐威可立,秦国可亡。夫舍南面之称制,乃西面

[1]《战国策·齐六》。
[2]《战国策·齐六》。
[3]《战国策·齐三》。

战国镶嵌云纹编钟

而事秦，为大王不取也。[1]

这位即墨大夫，显系纵横家者流，将反秦力量吹嘘得强大无比，将对秦斗争之反败为胜说得易如反掌，实际上不啻白日梦呓。当时的实际形势是，齐国的抵抗是不会成功的。这不仅因为齐、秦力量对比齐国处于绝对劣势，而且更因为统一的潮流既反映历史的发展方向，也符合绝大多数人民的愿望。

公元前221年（秦王二十六年），平定燕国的王贲、李信迅速回军南下，与屯兵历下的秦军合兵猛攻齐国。由于此时齐国内部战降两派争论不休，且投降派占了优势，致使都城临淄简直成为不设防的城市。面对"猝入临淄"的秦军，临淄军民停止了抵抗，秦军几乎兵不血刃就占领了齐国首都。不过，这时秦军虽然攻占临淄，但齐国广大的领土却还由齐军驻守，如果齐王领导齐国军民坚决抵抗，秦军讨平齐国全境肯定还要耗费时日，并且要付出血的代价。秦国于是派出使者陈驰，以500里封地为诱饵，劝齐王投降。齐王建知大势已去，在秦人的威逼利诱下，宣布投降。秦将齐王建迁至共地（今河南辉县），囚在一个长满松柏的林子里，活活地饿死了。

齐国是东方大国，拥有完全超过三晋和燕国的军事力量，而秦国平齐却最为顺利，几乎没有经过什么战斗，齐国全境就插上了秦国的军旗。这种局面之所以出现，投降派在齐国统治集团内部占了上风固然是重要原因，但秦灭五国后所形成的强大威势已使齐国上下笼罩着无望和失败的情绪，他们的心理防线已经崩溃，应当是更重要的原因。

司马光对六国灭亡的原因曾做过如下评论：

从衡之说虽反覆百端，然大要合从者，六国之利也。昔先王建万国，亲诸侯，使之朝聘以相交，飨宴以相乐，会盟以相结者，无他，欲其同心戮力以保家国也。向使六国能以信义相亲，则秦虽强暴，安得而亡之哉！夫三晋者，齐、楚之藩蔽；齐、楚者，三晋之根柢；形势相资，表里相依。故以三晋而攻齐、楚，自绝其根柢也；以齐、楚而攻三晋，自撤其藩蔽也。安有撤其藩蔽以媚盗，曰

[1]《战国策·齐三》。

"盗将爱我而不攻"，岂不悖哉！[1]

司马光之论，在中国古代思想学术界，具有相当的代表性，其实是相当迂阔的书生之见。他们的观点集中在两个方面，一曰六国的失败在于未能真诚合纵以对秦；二曰秦的统一是强暴与邪恶的胜利。战国的合纵论者曾为六国设计了十分周密的共同抗秦的计划，也组织过不止一次共同抗秦的行动，但最后的结果是失败。原因其实非常简单，合纵对抗的是统一的历史潮流，无论它一时显得多么声势浩大，都不可能阻挡这个潮流，因为这个潮流是社会经济发展的要求，也是人心所向。同时，合纵之论虽然说起来正义凛然，颇具鼓舞人心的魅力，但由于它很难将不同的利益集团完全整合在一起，合纵也就只能显一时之效，奏一时之功。它之必然破产是不以人们的愿望为转移的。因为合纵从其出现的那天起，参加者怀抱的目的就不完全一致，不需秦国的从中破坏，合纵国内部的利益纷争就会使他们兵戎相见。不可否认，秦国在完成统一过程中的表现是"邪恶"的。它倚恃强大的武力，毅然灭掉"天下共主"的周王室；随时将屠刀架在弱小国家的脖子上，杀戮百姓，抢掠财物，毁社灭宗，将一个又一个君王送上断头台；它凌辱以周礼为核心形成的全部社会秩序、文明规范和道德信条，狡猾奸诈，反复无常，出尔反尔，唯利是图。在东方六国中形成了无以复加的"反道德"形象。历史的现象竟如此的矛盾：秦国在推动社会进步时使用的是不文明的手段，在将六国割据地区纳入统一的文明发展轨道时播下的却是仇恨的种子。这就是为什么"暴秦"成为当时和其后人们心目中挥之不去的"恶谥"。这个千百年来积压在历史文献中的矛盾之结，只有应用马克思主义的历史唯物论才可以得到正确的解释。恩格斯在《路德维希·费尔巴哈和德国古典哲学的终结》中说：

黑格尔指出："人们以为，当他们说人本性是善的这句话时，他们就说出了一种很伟大的思想；但是他们忘记了，当人们说人本性是恶的这句话时，是说出了一种更伟大得多的思想。"在黑格尔那里，恶是历史发展的动力借以表现出来的形式。这里有双重的意思：一方面，每一种新的进步都必

战国竹节纹矛

[1]《资治通鉴》卷七《秦纪二》。

居延汉简

然表现为对某一神圣事物的亵渎，表现为对陈旧的、日渐衰亡的、但为习惯所崇奉的秩序的叛逆；另一方面，自从阶级对立产生以来，正是人的恶劣的情欲——贪欲和权势欲成了历史发展的杠杆。[1]

恩格斯在《家庭、私有制和国家的起源》中又说：

> 卑劣的贪欲是文明时代从它存在的第一日起直至今日的动力；财富、财富，第三还是财富，——不是社会的财富，而是这个微不足道的单个的个人的财富，这就是文明时代唯一的、具有决定意义的目的。[2]

秦王嬴政和他的国家，更正确些说是以他为首的利益集团，为了追逐权力和财富，使用看起来最不道德的手段，暴力与欺诈，完成了中国古代史上第一次真正意义的统一，从而"充当了历史的不自觉的工具"[3]。

第三节　中央集权制度的继承与创新

一　皇帝制度与中央和地方官制

在秦朝以前，中国历代王朝的最高统治者都称王，夏、商、周三代皆如此。周朝王以下的爵位有公、侯、伯、子、男（学术界对此有不同看法）等。从春秋末到战国时期，奴隶制"礼崩乐坏"的状况愈演愈烈。旧时制度被冲垮，战国七雄相继称王。昔日唯我独尊的名号被许多人堂而皇之地采用了。公元前221年，秦王嬴政完成统一大业后，面对"六合之内，皇帝之土"的美好江山，他认为王的称号已经无法表示自己的威严和事功了。于是下令群臣议建新的名号，他说："寡人以眇眇之身，兴兵除暴乱，赖宗庙之灵，六王咸伏其辜，天下大定。今名号不更，无以称成功，传后世。其议帝号。"[4]当时的丞相王绾、御史大夫冯劫、廷尉李斯等人奉命计议一番，向嬴政提出了如下建议：

> 昔日五帝地方千里，其外侯服夷服，诸侯或朝或否，天子不能制。今陛下兴义兵，诛残贼，平定天下，海内为郡县，法令由一统，自上古以来未尝

[1]《马克思恩格斯选集》第4卷，人民出版社1972年版，第233页。

[2]《马克思恩格斯选集》第4卷，人民出版社1972年版，第173页。

[3]《马克思恩格斯选集》第2卷，人民出版社1972年版，第168页。

[4]《史记·秦始皇本纪》。

有，五帝所不及。臣等谨与博士议曰："古有天皇，有地皇，有泰皇，泰皇最贵。"臣等昧死上尊号，王为"泰皇"。命为"制"，令为"诏"，天子自称曰"朕"。[1]

嬴政斟酌其建议，决定采用"泰皇"的"皇"字，和"五帝"的"帝"字，将自己的名号定为"皇帝"。从此，皇帝作为中国封建皇朝最高统治者的名号一直沿用了两千多年，成为千千万万的野心家拼命争夺的目标。嬴政又追尊自己的父亲庄襄王为"太上皇"，决定取消夏、商、周以来的谥法：

朕闻太古有号毋谥，中古有号，死而以行为谥。如此，则子议父，臣议君也，甚无谓，朕弗取焉。自今已来，除谥法。朕为始皇帝。后世以计数，二世三世至于万世，传之无穷。[2]

接着，嬴政依据"五德之运"推定了秦皇朝相应的一套正朔、服色、车马制度：

始皇推终始五德之传，以为周得火德，秦代周德，从所不胜。方今水德之始，改年始，朝贺皆自十月朔。衣服旄旌节旗皆上黑。数以六为纪，符、法冠皆六寸，而舆六尺，六尺为步，乘六马。更名河曰德水，以为水德之始。刚毅戾深，事皆决于法，刻削毋仁恩和义，然后合五德之数。于是急法，久者不赦。[3]

由此开始，与皇帝有关的一套制度初步形成，如"朕"是皇帝独享的称谓，"制"、"诏"是皇帝命令、文告的独特形式，"陛下"是臣民对皇帝的尊称，"乘舆"指皇帝用的车马衣服器械百物，"玺"即皇帝之印。皇帝的亲属也有了独有的称谓，如皇帝父曰太上皇，母曰皇太后，妻曰皇后，子曰皇太子、皇子，女曰公主等，与之相联系，又有了外戚制度和宦官制度等。

秦始皇还建立了与皇帝相关的各种礼仪制度，只是由于年代久远和资料湮灭，其原始面貌已难以厘清了。今天只能依据汉代及后世的礼制，粗略勾勒其大致的面貌。礼源于原始社会的风俗习惯，经夏、商、周三代的损益，周礼已融政治、法律、军事、文化于一体，形成一种独特的上层建筑。春秋战国时期，随着包罗万象的礼制的瓦解，一

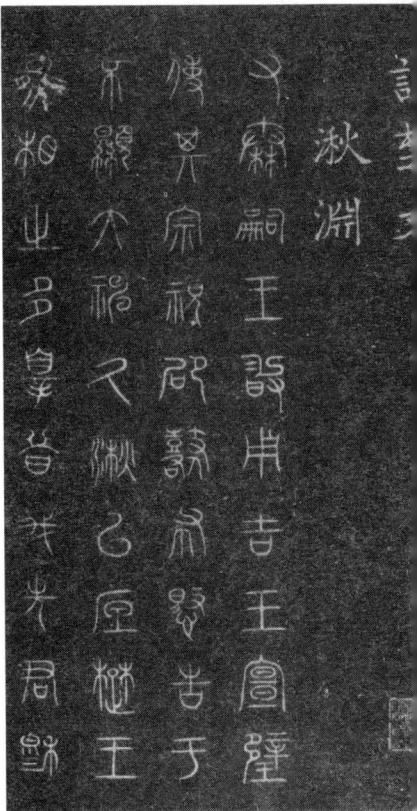

诅楚文

[1] 《史记·秦始皇本纪》。
[2] 《史记·秦始皇本纪》。
[3] 《史记·秦始皇本纪》。

战国镶嵌卷云纹兽首形辕饰

种独立于政治法律制度之外的封建礼制逐渐建立起来。商鞅变法奠定了秦国礼制的始基，秦统一全国后，秦始皇博采六国礼仪制度加以损益，建立了粗具规模的秦朝的礼制。其中最主要的大概就是《汉书·礼乐志》所强调的五礼，即婚礼、养老礼、朝礼、丧礼和祭礼。秦朝的婚礼与养老礼的详情已难以稽考。它经常使用的礼仪是朝礼，这是臣子朝见君王时应用的礼仪，用以"明君臣之义"[1]。朝礼又称朝仪，三代即有此礼。秦统一中国后，对原秦国的朝仪加以改进，制定了秦朝的朝仪，规定"朝皆自十月朔"[2]。秦的朝仪究竟如何进行，今天已不清楚。汉初叔孙通为刘邦制定的朝仪是以秦朝仪为蓝本的，该朝仪在《汉书·叔孙通传》中有详细记载，从中或能看到秦朝仪的基本面貌。

在秦朝与皇帝制度相关联的制度中，还有太子制度、后宫制度、外戚制度和宦官制度。在专制主义中央集权的国家里，由于皇位世袭和皇权的不可转让，促使统治者必须建立稳定的皇位世袭制度，于是太子制度应运而生。夏、商、周三代在王位继承问题上，有"父死子继"和"兄终弟及"的制度。但是，由于涉及最高权力的继承，这种二元化的继承制度容易在统治阶级内部造成纷争，导致统治的不稳定。

为了避免纷争，保持统治的长期稳定，在西周后期逐渐形成了嫡长子继承制度。秦王嬴政做皇帝以后，曾明确宣布："朕为始皇帝，后世以计数，二世、三世至于万世，传之无穷。"[3]不过，由于他没有估计到自己会在不足60岁时辞世，同时又沉醉在对长生不老的追求中，因而没有预立太子，也没有明确规定嫡长子继承制度，仅在临死前，"乃为玺书赐公子扶苏曰：'与丧会咸阳而葬。'"[4]对皇位的继承问题仍未明确决定。这就给赵高、胡亥之流留下可钻的空子，结果使胡亥得以"诈立"，导致了秦皇朝二世而亡。其实，秦国在其存在的数百年间，还是有一套太子制度的。中国自从进入阶级社会以后，奴隶主贵族的王、诸侯、卿、大夫、士等达官贵人都实行一夫多妻制，进入封建社会后，这种制度延续下来，皇帝更是嫔妃成群。据记载，秦始皇后宫嫔妃达万人之多。但其等级、名号已不可详考。不过，汉承秦制，《汉书·外戚传》的记载大致可信："汉兴，

[1]《礼记·经解》。
[2]《史记·秦始皇本纪》。
[3]《史记·秦始皇本纪》。
[4]《史记·秦始皇本纪》。

因秦之号,帝母称皇太后,祖母称太皇太后,嫡称皇后,妾皆称夫人。又有美人、良人、八子、七子、长使、少使之号焉。"皇太后、皇后都设立一套宦官为之服务。又因为她们背后都有庞大的姻亲,由此形成了人数众多的外戚,也必须设立机构和官员对他们进行管理,因而建立起外戚制度。由于秦朝存在的时间短暂,以上机构和职官的情况已经不太清楚了。

秦朝也实行宦官制度。宦官是皇宫内苑为帝王和后妃服务的人员的总称。先秦文献中的"宦者"、"宦者令",其中的大部分就是经过阉割的男人,典籍中称为"寺人"、"阉人"、"阉宦"等。宦官究竟何时出现,学术界有不同看法。有人认为"远在周代就有宦官"[1],更多的人认为"宦官之举,肇于秦汉"[2],还有人认为"商代宫刑奴隶是中国历史上最早出现的宦官"[3]。最后一种观点似可找到较多的史料依据。《尚书·吕刑》所记载的五刑之一就是宫刑。事实上此刑在商代已经存在。甲骨文中的∮,即椓字,就是表示割去男子生殖器的宫刑。如卜辞"庚辰卜,王,朕∮羌,不其(死)?"[4]就是商王对被俘的羌人施以宫刑的明确记载。奴隶或战俘被施以宫刑后,主要用作家内服务。《周礼·秋官》有"宦者使守内"的记载,似可印证商代的情况。这些宫刑之后用作守内的奴隶,应该是历史上最早的宦官。夏商时期,中国宗法奴隶制的王朝已经建立,国王和各级奴隶主贵族都实行一夫多妻制,因为王、侯的职位和财产都由子嗣承袭,所以他们特别注重维持自己血统的纯正,尽管他们自己可以与任何其他女子发生性关系,但却要求自己的妻妾保持绝对的忠贞。为了满足国王、诸侯及其后妃嫔妾穷奢极欲的享乐生活的需要,必须有大批男女奴隶为之服役。而为了使自己的后妃嫔妾在与男人接触时不致发生非正当的关系,使用宫刑奴隶就成为最恰当的选择。商代的宫刑奴隶在后宫服务,其职责显然与后世的宦官差不多。西周是我国奴隶社会的繁荣期,它制定了奴隶制的典章制度周礼,其宗法制度较商朝更加完备和严格。在王位继承上逐步改变商朝盛行的"兄终弟及"的原则,实行了较严格的嫡长子继承制,因而王公贵族对自己后妃嫔妾的贞操看得更加重要。为了维护王权继承血统

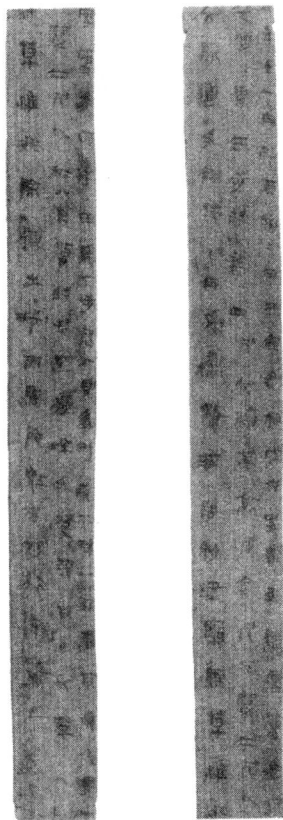

战国青川木牍

1 田继周:《夏代的民族和民族关系》,《民族研究》1986年第4期。

2 蒋玉珍:《释中国》,《内蒙古社会科学》1985年第3期。

3 耿建华:《先秦时期的宦官》,《内蒙古师范大学学报》1983年第4期。

4 转引田继周:《我国民族史研究中的几个问题》,《新华文摘》1981年第8期。

战国鸟形画鼎

的纯洁，王室内苑严格禁止成年男子的出入。一切需由男人承担的劳役、职事，均由施以宫刑的人员或奴隶担任。随着王室贵族宫内服务活动的大量增加，需要的宦官数量也逐步扩大。《周礼》中记载的王宫内的八官，除了"掌王宫之戒令纠禁"的宫正，"掌王宫之士庶子弟"的政令、秩级、徒役等事的宫伯，"掌天子六寝之脩"的宫人，其身份尚有不同说法外，其余"掌书版图之法以治王之政令"的内宰，"掌王后之命，正其服位"的内小臣，"掌守王宫之中门之禁"的阍人，"掌王之内人及女宫之戒令"的寺人，"掌内外之通令"的内竖等，都是施以宫刑的宦官。宫内的下层服务人员则无一例外地都是宦官。这一时期，宦官制度初步形成。他们的服务主要集中在后宫，职司是饮食起居。虽然部分宦官头目已升到较高的地位，摆脱了奴隶的身份，但其中的绝大部分都是供驱使的奴隶。此一时期，宦官与政治、军事还没有发生关系，后世宦官专政擅权的事情还没有发生。

春秋战国时期的500多年中，各诸侯国不断出现内乱，各种政治势力之间进行着十分复杂、尖锐的斗争，宫廷政变、废立阴谋不时酝酿和爆发。这时，各派政治力量都企图利用国君身边的宦官为自己的政治目的服务，从而使宦官因利乘便地冲出宫苑，干预政治。与此同时，各国国君都肆意追求享乐，生活糜烂，终日活动在国君身边的宦官，通过投其所好，阿谀奉承，获得了更多谋取信任和重用的机会。特别是随着专制王权的不断加强，国君们便越来越多地使用宫内的宦官为耳目，委以重任，以牵制和监视宫外的文臣武将。由此，宦官开始涉足国家的军政事务，逐步成为政坛上一支日益活跃的力量。如齐国的寺人貂、贾举、凤沙卫、竖刁；晋国的寺人披、孟张、竖头须；卫国的寺人罗等，他们公开参与废立太子的阴谋。如齐国宦官竖刁与易牙、开方等勾结，同齐桓公宠妃卫共姬结成死党，多次密谋废除太子昭，立卫共姬的儿子为太子。结果在齐桓公崩逝后引起了一场大的内乱，使齐桓公创立的霸业从此衰落下去。宦官还可以带兵。如晋献公时骊姬乱政，迫使公子重耳出走，而奉命率兵追杀的就是寺人披。大的宦官又有养士和荐人的权力，如战国时赵国的宦者令缪贤很受赵惠王的赏识，他推荐的门下客蔺相如不辱使命，取得了完璧归赵的胜利。少数宦官权大位尊，宠信的宦官甚至可以得到封侯的奖赏。如上面讲到的嫪毐封为长信侯，就是一个比较典型的例子。由于宦官作为不可忽视的腐败力量介入政治，其破坏作用是相当突出的。

秦朝统一全国后，很早就在秦国存在的宦官制度更加完备，加上秦始皇特别信任宦官，就为他们的擅权乱政创造了有利条件。秦始皇的宦官头目、中车府令赵高，利用自己精通律令的特长，取得了秦始皇的信任。他一面参与帷幄，一面做秦始皇钟爱的小儿子胡亥的师傅。当秦始皇于巡行途中病逝沙丘后，他勾结胡亥，胁迫李斯，通过一次宫廷政变，将秦始皇儿子胡亥推上了帝位，从而加速了秦皇朝灭亡的步伐。

由于秦皇朝短祚，他所建立的皇帝制度只是粗具规模，在他还来不及进一步使之更加完备的情况下，秦朝就灭亡了。不过，应该承认，他所建立的皇帝制度，在许多方面都具有首创性，而这些制度绝大部分都被汉皇朝继承下来，稍加损益，使之更加完善，此后两千多年间，虽然历代皇朝都对皇帝制度有所损益，但秦朝确立的这个制度的基本框架和精神却基本上没有什么变化。

秦朝中央官制的核心是丞相制度。"相"作为一种官职在西周和春秋时期已经出现，不过，直到战国后期，它才成为总理朝政的最高级的官员，当时人们把百官之长的官职称为"相国"或"相邦"，只有在秦国，"丞相"才成为一个真正的官名，并成为真正的"百官之长"。据《史记·秦本纪》记载，"（武王）二年（前309年）初置丞相，樗里疾、甘茂为左右丞相"。秦朝建立以后，正式在中央政府确立了丞相制度。这个制度的建立，完成了战国以来政治制度方面的重要转变。它一方面彻底废除了"世卿世禄"的选官制度，建立了任免制的官僚体制，另一方面又使权力进一步集中，成为专制主义中央集权行政体制发展过程中的重要一环。

从严格意义上讲，中国封建社会的丞相制度只存在于秦和西汉前期。这一时期丞相为百官中的最高官吏，他"掌丞天子，助理万机"，一切国家大事，上自天时，下至人

战国错金云纹犀尊

战国镶嵌云纹羊形盂

事,统归其处理管辖,正如西汉初年的丞相陈平所言:"宰相者,上佐天子理阴阳,顺四时,下育万物之宜,外镇抚四夷诸侯,内亲附百姓,使卿大夫各得任其职焉。"[1]后来,汉成帝讲到丞相的职责时也说:"盖丞相以德辅翼国家,典领百僚,协和万国,为职任莫重焉。"[2]秦朝在其立国15年中,见于记载的丞相有隗状、王绾、李斯、冯去疾、赵高。丞相的具体职责是:(一)为国家选用官吏。如李斯经丞相吕不韦推荐任郎官。(二)弹劾百官与执行诛罚。最典型的是李斯任丞相时建议焚书,统一舆论,最后导致坑儒的惨剧。(三)主管郡国的上计与考课。(四)总领百官朝议与奏事。朝廷凡遇有重大问题,皇帝召集百官集议,由丞相主持,并将集议结果,领衔奏明皇帝,再由皇帝和丞相共同斟酌决定。如秦始皇议帝号以及是否实行分封制的问题,都经过丞相与百官的集议。

由于丞相总揽全国政务,诸事猬集,所以设丞相府,拥有一个较庞大的官吏班子,以便操持全国行政的运转。不过,由于史料缺乏,秦朝丞相府的机构设置、人员组成情况已无从稽考,只知道其属吏中有舍人与长史等职务,李斯在做廷尉、丞相以前,曾担任过这两个职务。汉承秦制,其丞相属官除长史外,还有众多的诸曹掾史,如丞相史、东曹掾、西曹掾、丞相少史、集曹、奏曹、议曹、侍曹、主簿、从史、令史、计室掾史等,估计在秦朝的丞相府中也可能有类似的一些属吏。

与丞相相匹配,秦始皇还设立了相当于副丞相的御史大夫。《汉书·百官公卿表》载:"御史大夫,秦官,位上卿,银印青绶,掌副丞相。"仲长统解释说:"《周礼》六典,冢宰贰王而理天下。春秋之时,诸侯明德者,皆一卿为政。爰及战国,亦皆然也。秦兼天下,则置丞相,而贰之以御史大夫。"[3]见于记载的秦御史大夫有李昙、钱产等。御史大夫是一个职重权大的重要官员。汉代的谷永在奏疏中曾说:"御史大夫内丞本朝之风化,外佐丞相统理天下,任重职大,非庸才所能堪。"[4]汉代的朱博也曾说御史大夫"位次丞相,典正法度,以职相参,总领百官,上下相监临"[5],决非等闲之职。由于御史大夫是由皇帝的亲信御史发展而来,尽管它位居副丞相,但与皇帝却有着远较丞相更密切的关

[1]《史记·陈丞相世家》。
[2]《汉书·王商传》。
[3]《后汉书·仲长统传》。
[4]《汉书·薛宣传》。
[5]《汉书·朱博传》。

系。因而皇帝有不少事情都直接交御史大夫督办。如秦始皇追查方士卢生、侯生的潜逃案,二世处理蒙毅案等,都是遣御史大夫办理的。秦始皇三十六年(前211年),东郡发现刻石文"始皇死而地分",也是遣御史前去查问的。御史大夫相当于皇帝的秘书长,所管理的事务也比较宽泛。主要有:(一)为皇帝起草诏、诰、命、令。(二)"受公卿奏事,举劾按章"[1]。监察、考课、弹劾百官,承担皇帝交办的一切事宜。(三)"掌图书秘籍"[2],四方文书,熟知法度律令。秦始皇时,张苍曾任御史,"主柱下方书"[3]。御史大夫的属官有:两丞,秩千石。一曰中丞(即御史中丞),在殿中兰台,掌图籍秘书,外督监御史,内领侍御史,侍御史共15员。二曰御史丞[4]。另外还有一批掾史。御史大夫也开府办事,与丞相府并称二府。

战国镶嵌几何纹方鉴

丞相、御史大夫之外,秦朝中央政府还有一重要官员国尉,掌武事。汉朝改称太尉。秦国见于记载的国尉有白起和尉缭。从现有史料看,秦皇朝建立前后,战事频繁,秦始皇作为全国的最高军事统帅,直接主持军事的谋划、决策和将帅的任命、派遣,国尉的作用并不显著,实则为皇帝的军事顾问。

秦汉时期,习惯上将丞相、御史大夫,国尉(太尉)称为三公。实际上,在秦朝与汉初,这三位官员的地位并不是并列的。其中丞相位尊权重,是国家行政运转的核心。御史大夫虽然也很重要,但无论就权柄还是就秩级而论,它都次于丞相。国尉的地位更是等而下之了。这种状况直到汉代后期才发生变化,三公制度才算真正建立起来。

秦朝中央政府以丞相为核心,主持全国政务的运转,御史大夫作为丞相的副贰,起着辅助和一定程度上制衡的职能。在他们之下,设立诸卿分任某一方面的政务,习惯上称其为"九卿":

(一)奉常(后改称太常)。由周朝的春官宗伯发展而来,《汉书·百官公卿表》记载:"奉常,掌礼仪,有丞。"其主要职责就是掌宗庙礼仪。由于中国封建社会一直存在着浓重的宗法制残余,对祖宗的崇拜历久不衰,因而对宗庙陵寝的祭祀特别重视。除此之外,凡属国家重要礼仪由其制定和主持,如郊祭天地,朝廷各种典礼等。同时,奉常还

[1]《汉书·百官公卿表》。

[2]《汉书·百官公卿表》。

[3]《汉书·张苍传》。

[4] 安作璋、熊铁基:《秦汉官制史稿》(上册),齐鲁书社1984年版,第54—56页。

管理博士官以及文化教育事宜。

奉常的属官有丞一人，协助奉常主持行政事务与属员管理。其他属官有：

太乐令、丞，负责各种祭祀礼仪的乐曲、乐舞及演奏。

太祝令、丞，负责郊天祀地和宗庙陵寝的祭祀事宜。如《史记·封禅书》记载，秦始皇东巡郡县禅梁父时，就采用了太祝祀雍上帝时的礼仪。

太宰，可能是奉常之下负责各项杂务的官员。

太史令，史官，记录皇帝行状以及国家重大事件的官员，并兼管历法。任此职者大都是当时的大学问家。秦时见于记载的太史令是胡母敬。

太卜令，是负责占卜的官员。如《史记·李斯列传》载，赵高杀李斯后，"自知权重，乃献鹿，谓之马。二世问左右'此乃鹿也'，左右皆曰'马也'。二世惊，自以为惑，乃召太卜，令卜之"。

博士，六国已设此官，秦因之，皆当时有学问之人。始皇时员额达70余人，大多为齐鲁士人。其职责有三：一曰通古今，随时备皇帝顾问。二曰辨然否，参与议论国家政事。三曰典教职，负责教育准备任国家官吏的年轻学子。

（二）郎中令（汉改称光禄勋），其职责是"主郎内诸官"[1]，"掌宫殿门户及主诸郎之在殿中侍卫"[2]。既宿卫门户，又在宫殿内侍从左右，实际上等于皇帝的顾问参议、宿卫侍从以及传达接待等官员的总首领，即宫内总管。由于此官居于禁中，接近皇帝，所以地位十分重要。赵高曾任郎中令，在宫中用事，因而得以与二世合谋干了不少坏事。其属官中有大夫、郎、谒者等。

大夫的职责是掌议论，有太中大夫、中大夫、谏大夫等名目，多达数10人。郎的职责是守门户，出充车骑，有议郎、中郎、侍郎、郎中等名目，多达千人，分三署管理。谒者，掌宾赞受事，即宫廷礼仪方面的事务。

（三）卫尉，掌宫门屯卫兵，职责是统辖卫士，卫护宫门内，即保卫皇宫。其属官有卫尉丞，协助主官管理日常事务。还有公车司马卫士，旅贲令、丞，卫士令、丞等。

（四）太仆，掌舆马，由于它不仅管理皇帝的车马，而

战国安邑下官钟

[1]《汉书·百官公卿表》及注。
[2]《通典》卷二五《职官》。

且有时还亲自为皇帝驾车，并全权指挥皇帝出行的车马次第，几乎终日不离皇帝左右，因而最容易对皇帝产生影响。太仆还主马政，管理全国军马和其他有关马的驯养、调拨事宜。其属官有中车府令等，赵高曾长期担任此职，这使他有条件接近秦始皇并取得他的信任。

（五）廷尉，掌刑狱的最高司法官，也是全国最高的司法机构，《汉书·百官公卿表》引应劭的解释："听讼必质诸朝廷，与众共之。兵狱同制，故称廷尉。"引颜师古的解释："廷，平也，治狱贵平，故以为号。"李斯自秦始皇二十六年（前221年）担任这一职务。廷尉的职责是领导全国的司法活动，同时审理皇帝交办的大案要案。其属官有廷尉正、廷尉左右监等。

（六）典客（汉初更名大行令，后又改称大鸿胪），掌诸归义蛮夷，即归附的少数民族首领或使者的迎、送、接待、朝贡、行礼等统归其管理。属官有丞、译官等。

（七）宗正，管理皇室宗族和外戚事务的官员，《汉书·百官公卿表》说它"掌亲属"。具体职务是管理皇族和外戚的名籍、恩赐、褒奖和各类优待事宜。属官有宗正丞等。

（八）治粟内史（汉代曾更名大农令、大司农），是秦代主管财政经济的主要官员。其主要职责是管理国家的财政收入与支出。它通过各级政府征收赋税，如田租、口赋等，同时经管财政支出，如行政经费、军费、经济事业经费（农田水利费、移民垦殖费等）、教育文化经费、宗教迷信经费、灾荒赈恤经费等。除此之外，它还管理全国财政的调度。由于各地经济发展不平衡，每年的丰歉亦有较大差异，各地收支必然出现不平衡的情况。为此，必须根据实际情况进行调度，基本原则是以多补少，以丰补歉。由于治粟内史事繁任重，因而设有一大批属官协助其工作。但因史料阙如，文献中见到的治粟内史属官只有两丞和太仓令、丞。

（九）少府，也是管理财政的机构，《汉书·百官公卿表》说它"掌山海池泽之税，以给共养"。应劭说它征收"山泽之税，名曰禁钱，以给私养，自别为藏"。颜师古说"大司农供军国之用，少府以养天子"[1]。它的任务是征收山泽阪池以及关税市租等，专门供应皇室的开支，因而是一个相

战国嵌金银云纹鼎

---

[1]《汉书·百官公卿表》及注。

当庞大而富有的机构。

少府的属官很多,见于记载的有:

尚书令丞,管理皇帝衣食之类的事务官,在令、丞之下设六尚书:尚冠、尚衣、尚食、尚沐、尚席、尚书[1]。

符玺令丞,相当于后世之监印官。

太医令丞,管理皇室的医疗事务。

导官令丞,管理皇室所用粮秣。

乐府令丞,管理皇室的乐舞。

中书谒者令丞,接待宾客,出纳王命。

宦者令,以阉人任职,为皇帝身边较亲近的服务人员。

都水长丞,管理河渠及阪池灌溉。

平准令,主管平抑物价。

佐弋,主弋射。

廪牺令丞,管理皇室用牺牲。

永巷令,管理宫女的经费与服务活动。

御府令丞,管理皇帝御用服装。

盐铁官长丞,管理全国盐铁的生产、经营与税收。

少府属官之众多,表明它是一个十分重要的职务,由于它管理皇室财政和皇室的众多服务活动,得以经常接近皇帝,所以任此职者多为皇帝的亲信。

除了以上习惯上称为九卿的官员外,秦朝中央还设有一大批机构与官员。

中尉(汉更名执金吾),负责京师治安,属官有两丞、侯、司马、千人等。

将作少府,负责宫室的建筑与维修。属官有两丞、左右中侯、左右前后中五校令。其中中校署掌舟车杂兵仗厩牧。

典属国,管理归附的蛮夷。

主爵中尉,管理列侯。

太子太傅、少傅,负责太子的教育以及太子府的各种服务活动。其属官有太子门大夫、庶子、先马、舍人等。

詹事,负责管理皇后、太子家,其属官有丞、太子率更令、家令、卫率、太子仆等。

侍中,本丞相史,后因其主要在皇帝身边服务,成为

战国龙凤纹镜

---

[1]《通典》卷二五《职官》。

宫廷官员。待中与左右曹诸吏、散骑、中常待、给事中都是加官。他们一般都有本职，有的并且是相当高的职位，获得加官后，就可以出入禁中为皇帝服务，等于进入最核心权力圈。

秦朝以三公和诸卿组成的中央政权机构表明，它已经建立起比较完善的专制主义中央集权的行政体制。这个行政体制的最高首脑是皇帝，他对国家的所有事务都拥有最高和最后的决定权。而整个中央政府都是对他负责和为他服务的。这个中央政府机构尽管已经有了比较严密的组织系统，有了比较明确的分工和一定程度的监督机制，但是，它也明显展示出家、国不分的特点。整个机构都以皇权为中心，因而为皇室服务的机构就多于国家的政务机构。在上面记述的机构中，太常、郎中令、卫尉、太仆、宗正、少府、将作少府、侍中、常侍、给事中、太子少傅、太傅、詹事等，基本上都是为皇帝和他的家族服务的。这说明，专制主义中央集权的行政体制从其在全国确立那天起，就成为皇权的附属物。

战国六山纹镜

秦皇朝统一全国后，对实行何种地方行政体制，在统治集团内部曾发生过一场激烈的辩论，时间在公元前221年（秦始皇二十六年）。当时丞相王绾等人提议分封皇帝诸子为诸侯王，理由是："诸侯初破，燕、齐、荆地远，不为置王，毋以填之。请立诸子，唯上幸许。""始皇下其议于群臣，群臣皆以为便"[1]。可见当时群臣中的几乎所有人都认为封王诸子对稳定秦皇朝的统治有利。显然，在他们头脑中，西周分封制的影响还相当强固。只有时任廷尉的李斯站出来，力排众议，主张在地方实行单一的郡县制，其理由是：

> 周文武所封子弟同姓甚众，然后属疏远，相攻击如仇雠，诸侯更相诛伐，周天子弗能禁止。今海内赖陛下神灵一统，皆为郡县，诸子功臣以公赋税重赏赐之，甚足易制。天下无异意，则安宁之术也。置诸侯不便。[2]

李斯的意见与秦始皇的想法不谋而合。秦始皇表态支持了李斯的意见："天下共苦战斗不休，以有侯王。赖宗

[1] 《史记·秦始皇本纪》。
[2] 《史记·秦始皇本纪》。

战国彩绘兽纹镜

庙,天下初定,又复立国,是树兵也,而求其宁息,岂不难哉!廷尉议是。"[1]这样,最后由秦始皇裁定,秦皇朝在地方就建立起较单一的郡县制。

秦朝地方的最高行政机构是郡。郡作为一级地方行政单位出现较早,至少在春秋时期,晋国已开始设郡。尤其是自公元前230年至公元前221年,秦国在统一全国的过程中,凡新征服的地区,一律设郡。因此,从一定意义上说,郡县制不过是对已形成的地方行政体制的继承和发展。关于秦朝郡的数量,《汉书·地理志》记载为36郡,《晋书·地理志》记载为40郡。后王国维考定为48郡[2],谭其骧在《秦郡新考》、《秦郡界址考》两文中,考定为47郡,而将鄣、东阳及庐江三郡存疑。马非百在《秦集史·郡县志》中确定的秦朝之郡是:内史、上郡、北地、陇西、九原、三川、河内、东海、薛郡、南阳、汉中、巴郡、蜀郡、东郡、南郡、长沙、黔中、会稽、九江、衡山、南海、桂林、象郡、闽中、砀郡、颍川、陈郡、邯郸、巨鹿、常山、广阳、上谷、右北平、辽西、渔阳、辽东、雁门、代郡、上党、河东、太原、云中、泗水、济北、齐郡、琅邪,共46郡。各郡大小不一,有的属县超过30个,有的仅二三个。

秦朝的首都大体相当于郡一级行政单位。但是,由于它是帝王所居,宗庙所在,并且是中央政府的所在地,就比一般郡县的地位显得重要。秦朝在全国建立统一的郡县制以后,设内史作为首都的最高行政长官,管理首都咸阳以及周围30多个县。其属官情况因文献失载,已不清楚了。

郡设郡守,又名太守,作为一郡的最高行政长官,一郡的政治、经济、风俗、民情皆在其管理范围。由于秦代文献记载零乱,秦代郡守的具体职责已不清楚。《汉官解诂》记载西汉郡守的职责是:"太守专郡,信理庶绩,劝农赈贫,决讼断辟,兴利除害,检举郡奸,举善黜恶,诛讨暴残。"[3]《后汉书·百官志五》注引胡广之语,对郡守职责讲的更加具体:

　　秋冬岁尽,各计县户口垦田,钱谷出入,盗贼多少,上其集簿。丞尉以下,岁诣郡,课校其功。功多尤为最者,于廷慰劳勉之,以劝其后。负多尤

[1]《史记·秦始皇本纪》。
[2]《观堂集林·秦郡考》。
[3]《北堂书钞》卷七《设官部》。

为殿者，于后曹别责，以纠怠慢也。诸对辞穷尤
困，收主者，掾史关白太守，使取法，丞尉缚责以
明下，转相督敕，为民除害也。

《后汉书·百官志五》列举的郡守职责是：治民，进贤
劝功，决讼检奸，劝课农桑，振救乏绝，考课上计，选举孝
廉等。汉承秦制，以上所记两汉郡守职责当与秦相去不
远。总起来看，太守作为一郡的最高级官吏，是联系中央
与县一级的枢纽。它上承中央诏令，下督属县贯彻执行，
举凡民政、财政、司法、教育、选举以及兵事等等，都由其
管理执行。

郡的主要佐官有郡尉，掌一郡武事，维持治安，并奉
命率兵出境作战。秦统一前，李信率军伐楚，秦军中有七
都尉被杀，据《资治通鉴》记载，此七人皆是郡尉。文献中
记载的秦朝郡尉有南海尉任嚣、赵佗等。郡的另一重要官
员是监御史，由御史府派出并垂直领导，是一郡的最高监
察官，对郡守和郡府的其他官员都可行使监察权。同时还
有监察外的其他职权，如领兵作战，举荐人才，开凿渠道
等。刘邦起兵反秦以后，占据丰（今江苏丰县），"秦泗水监
平将兵围丰"[1]。这位泗水郡的监御史此前还曾举荐沛县吏
萧何到朝廷做官：

> （萧何）为沛主吏掾……秦御史监郡者与从事，
> 常辨之。何乃给泗水卒史事，第一。秦御史欲入言
> 征何，何固请，得毋也行。[2]

当公元前214年（秦始皇三十三年）秦始皇派兵50万
由屠睢率领进攻南越时，奉命凿通长江与珠江两大水系
联系的灵渠工程师，就是一个名叫禄的监郡御史。当然，
御史的主要职责还是监察郡府官吏，尤其是监察和牵制
郡守，以防止其权力过分膨胀。清人王鸣盛曾正确地指出
这一点：

> 监既在守之上，则似汉之部刺史，但每郡皆有
> 一监，则又非部刺史比矣。盖秦惩周封建流弊，变
> 为郡县，惟恐其权太重，故每部但置一监、一守、
> 一尉，而此上别无统治之者。[3]

由于监御史不时向朝廷汇报本郡的有关情况，使皇
帝和御史大夫对郡守和该郡的运作状况了如指掌，这对

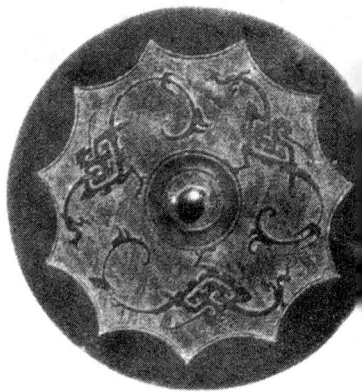

战国夔纹镜

[1]《史记·高祖本纪》。

[2]《史记·萧相国世家》。

[3] 王鸣盛：《十七史商榷》卷
一四《汉制依秦而变》。

加强专制主义中央集权起了重要作用。

郡守的重要佐官还有丞,沿边诸郡,丞称长史,掌兵马。丞以下还有数以百计的掾、史、佐吏等,分工处理民政、财政、军事、刑狱、教育、交通、水利、邮驿等事务。由于史料阙如,秦代郡府的机构设置和吏员配备的详情已难稽考。

县是郡以下的一级行政机构,春秋时期不少诸侯国即开始设县。秦孝公曾划全国为41县。秦统一以后,在全国普遍推行郡县制。县的最高行长官称令或长,万户以上设县令,万户以下设县长。当时全国县的数量,据马非百考定约有400个。西汉县的数目在平帝时为1589个,东汉顺帝时为1181个。依此推断,秦朝时县的数量不会过千,在500个左右或许接近真实。

县令长是一县的主管长官,其职责是全面主持县中各项事务,正如《后汉书·百官志五》所说:"(令长)皆掌治其民,显善劝义,禁奸罚恶,理讼平贼,恤民时务,秋冬集课,上计于所属郡国。"因为县府是最重要的基层政权,管理方圆百里以上的土地,万户左右的百姓,举凡民政、财政、刑狱、治安、交通、水利、教育等,无所不统,因而需要一批佐官佐吏来协助他工作。县令长的佐官主要是县丞和县尉。县丞"秩四百石至二百石,是为长吏"[1]。他除了佐令长外,还"兼主刑狱囚徒",独立地管理仓、狱之事。县尉的设置依县的大小而定,"大县二人,小县一人",其职掌是"主盗贼,凡有贼法,主名不立,则推索行寻,案察奸宄,以起端绪"[2]。因为职务所使,县尉经常在县内巡行,出入交通要道上的亭。除主盗贼之外,凡县内与武事有关的差遣,如更卒番上,役使卒徒等事,县尉一律过问。由于职掌较专,相对于令长有一定的独立性,并有单独的官廨即衙门。县尉也有自己的属吏,主要有尉史、尉从佐等。对下,他直接领导亭的工作。

县令长的佐吏除丞、尉外,还有一大批属吏,即秩百石以下的斗食、佐史之类,称之为少吏,这种少吏主要是令史,如夏侯婴曾任沛县令史,陈婴曾任东阳令史。县中的这些令史,分科办事,大体组成与郡府对应的机构。其中主吏(功曹)职总内外,在县属吏中地位最高,职权最

秦虎符

[1]《汉书·百官公卿表》。
[2]《后汉书·百官志五》。

大。萧何曾任沛县的主吏,实际上等于协助县令长主持全县的各项政务。

战国虎符。调兵凭证

　　秦时县以下的基层政权组织是乡、亭、里。国家的赋税、徭役、兵役以及地方教化、狱讼和治安等事宜,绝大部分都是由乡里的官吏直接承办的。我国古代的乡里组织在春秋战国时期已大体形成,五家为伍,伍以上为里,里之上为乡。秦统一全国后,普遍实行以县统乡,以乡统里的地方基层制度。《汉书·百官公卿表》记载:"大率十里一亭,亭有长,十亭一乡。"江苏东海县尹湾出土的汉简证明,在秦汉时期,地方基层行政机构由乡里组成,亭是直属于县尉的治安机构。关于乡官的组成情况,秦代没有留下详细的文献资料,西汉的文献大致可以反映秦代的状况。《汉书·百官公卿表》叙述乡官的情况说:"乡有三老、有秩、啬夫、游徼。三老掌教化。啬夫职听讼、收赋税。游徼徼循,禁盗贼。"《续汉书·百官志五》对乡官作了更详细的介绍:"乡置有秩、三老、游徼。"本注曰:有秩,郡所署,秩百石,掌一乡人。其乡小者,县置啬夫一人。皆主知民善恶,为役先后,知民贫富,为赋多少,平其差品。三老掌教化,凡有孝子顺孙,贞女义妇,让财救患,及学士为民法式者,皆扁表其门,以兴善行。游徼掌徼循,禁司奸盗。又有乡佐,属乡,主民收赋税。在以上乡吏中,三老的起源较早,据《礼记》所载,在周代已经设立。春秋和战国时期,乡里普遍设三老。秦统一以后,亦在全国乡里遍设三老。三老不是行政职务,亦无正常俸禄。但是,由于他们是统治者在地方上树立的道德化身,因而在百姓中有一定的信仰和威望,在当时享有较高的社会政治地位,不但可以与县令丞尉分庭抗礼,而且可以直接上书皇帝,提出意见和建议,有些建议且能得到皇帝的采纳。如楚汉战争期间,刘邦为义帝发丧,从政治上孤立和打击项羽的主意,就是三老董公提出来的。乡一级的行政事务,主要由啬夫承担。他一方面要"听讼,收赋税",另一方面要了解百姓的善恶、服役状况,平定其承担赋税的等差。游徼可能是由县直接派到乡里巡查的吏员,其职责是缉捕盗贼。乡里除三老、啬夫、游徼之外,还有乡佐。从有关记载看,乡佐的职务与啬夫一样,是征收赋税,催办徭役,其他行政、民

战国中脯王鼎

事、兵事等也一律过问。其地位大体相当于郡、县中的丞，是啬夫的主要助手，乡中的不少实际事务都是由他经办的。

亭的性质，由于文献记载的原因，学术界一直存有歧义。过去不少人认为它是乡以下的一级行政单位，也有人认为它是与乡平行的一级行政单位。江苏东海尹湾汉简出土后，学术界方了解它的确切性质：它是直属于县尉的基层治安组织，与乡交叉设置，城市设置较多，如东汉时的洛阳就多达36个亭。在乡村，亭多设于交通要冲或重要市镇。它除了治安即缉捕各种人犯，特别是逐捕盗贼外，还起着客舍与邮传的作用，正如《风俗通义》所解释："汉家因秦，大率十里一亭，亭，留也。今语有亭留等待，盖行旅宿食之所馆也。"[1]其作用颇类似今日政府设置的招待所，既接待过往的官员，又可接待普通百姓住宿。同时，亭又是中央和郡县文书传递的驿站。亭的主要官吏是亭长，它直隶于县尉，与乡互不隶属。亭长的职责，是"求捕盗贼，承望都尉"[2]。亭长在其辖区内求捕盗贼，有时与追捕盗贼至自己辖区的县尉相结合，听其指挥；有时又与徼巡的游徼相结合，共同行动。因而亭长、游徼、都尉的工作联系比较紧密，所以《汉旧仪》指出："尉、游徼、亭长皆设备五兵。五兵：弓弩、戟、楯、刀剑、甲铠。……设十里一亭，亭长、亭候；五里一邮，邮间相去二里半，司奸盗。亭长持三尺版以劾贼，索绳以收执盗。"[3]因为亭长的主要职责是维持地方治安，所以在官员出行经其辖区时，他要候迎护送，负责保卫工作。而在达官贵人经过时，还要"整顿洒扫"亭舍，修桥补路。乡间亭长有权检查过往行人，执行宵禁法。刘邦在起义前就曾做过泗水亭长。亭的官吏除亭长外，还有部分亭部吏卒，其中有担任亭长助手的亭佐，专门逐捕盗贼的求盗，以及担任候望的亭候等。

在乡以下还有居民的基层组织。据《史记·商君列传》记载，商鞅变法时，有"令民为什伍"之说。《后汉书·百官志》也有"民有什伍"的记载，本注曰："什主什家，伍主伍家，以相检察。"然遍查秦汉史籍，除军队编制之外，在地方基层组织中似乎不存在"什"一级编制。《韩非子·外储

[1] 应劭：《风俗通义》，天津人民出版社1980年版，第404页。

[2]《后汉书·百官志五》。

[3] 孙星衍等：《汉官六种》，中华书局1990年版，第81页。

说右下》秦有"里正与伍老",1975年湖北云梦出土的秦简中只有里(典)和伍(老),也证实了这一点。因此乡以下的居民基层组织就是里和伍,里、伍的职责是协助乡、亭对居民施行教化和维持社会治安。由于乡里与百姓关系十分密切,所以后世人们往往把家乡称为乡里或故里。政府在里这一居民活动的基层单位中,置有兼有官民二重身份的里吏,即里正,秦时避嬴政名讳,又称里典,为一里之长。里又有父老,是年纪较大而又德高望重者。还有充任杂役的里宰、里门监等。如《史记·陈丞相世家》载,陈平曾任里宰,"里中社,平为宰,分肉食甚均"。《史记·张耳陈余列传》载:"张耳陈余乃变姓名俱之陈,为里监门以自食。"另据《史记·郦生陆贾列传》记载,郦食其这位性格独异的纵横先生也曾任里门宰。里以下为伍,是居民的最基层组织,五家为伍,其首领为伍老。职责是教导所辖区以孝弟自厉,同时互相监督,告发奸人。

战国秦汉时期沙河古桥

秦朝对全国百姓的控制是通过严格的户籍制度进行的。中国古代的户籍制度起源很早。周宣王的"料民于太原"[1],就是一次明确的户口检查。战国时期的各国都有严格的户籍制度。公元前374年(秦献公十一年)"为户籍相伍",是秦国户籍制度正式建立的标志。秦统一中国后,显然把早已在秦国推行的户籍制度推向全国,因而从县、郡到中央,都有一份本地区乃至全国的户口资料。《史记·萧相国世家》载:

> 沛公至咸阳,诸将皆争走金帛财物之府分之,何独先入收秦丞相御史律令图书藏之。沛公为汉王,以何为丞相。项王与诸侯屠烧咸阳而去。汉王所以具知天下厄塞,户口多少,强弱之处,民所疾苦者,以何具得秦图书也。

这些秦朝的图书中,显然有全国的户口计簿,特别是萧何任用秦朝的柱下御史张苍为计相,因他"明习天下图书记簿"[2],所以对全国的户口情况就更加清楚了。

秦朝已实行较严格的上计制度。县对郡,郡对中央,每年一次上计,其中的重要内容是人口、垦田、刑狱、赋役的数字,这显然都来自基层的户口调查。其实,中国的户口调查制度由来已久。《管子·度地篇》记载:"令曰:常以

[1]《史记·周本纪》。

[2]《汉书·张苍传》。

战国轨敦

秋岁末之时,阅其民,案其家人比地,定什伍口数,别男女大小。其不为用者辄免之,有锢病不可作者疾之,可省作者半事之,并行以定甲士,当被兵之数,上其都。"这大概是战国时期的户口案比情况。根据现有材料推断,秦朝每年至少检查一次户口。户口检查的主要内容是人口(包括每个人的籍贯、姓名、年龄、性别、身高、外貌特征)、土地、各种财产等,因为这些资料决定该户的田租、徭役和人口税。为了加强对基层居民的控制,秦朝完善和发展了战国以来的连坐法,使之互相监督告奸。否则,同伍中一人犯罪,其余各户也被株连治罪。此一制度一直延续到近代,成为封建统治者严酷统治百姓的重要手段之一。秦朝统治者实行严格的户籍制度的目的,是把以农民为主体的广大居民束缚在土地上和以里伍编制的社会关系网内,以便为封建国家提供稳定的税源和兵役、徭役服务。这种户籍制度之所以在中国封建社会历两千年之久而不衰,根本原因是封建的自给自足的自然经济决定的。因为在这种社会条件下,"交换是有限的,市场是狭小的,生产方式是稳定的,地方和外界是隔绝的,地方内部是团结的"[1]。虽然由于社会的政治动荡和自然灾害等原因不断引发局部的人口流动,但从全局看,"安土重迁"的中国古代农民在"死徙无出乡"观念的支配下,很少流动迁徙,这恰恰为户籍制度的长期稳定创造了条件。

秦朝统治时期,对官吏的任免与考绩已经形成了一套行之有效的制度,但详细情况已无从稽考,这里仅就文献可征者略加论述。

在选官方面,秦朝在统一前和统一后已建立起较稳定的几项制度。(一)"求贤",秦国地处西部一隅,经济文化一度比较落后。为了尽快摆脱这种局面,其统治者自孝公以来就大力招揽天下贤士,使一大批治国治军的英才从四面八方汇集秦国。商鞅、范雎、张仪、李斯、蒙氏父子兄弟是其中的佼佼者。孝公继位后,曾发布过一个著名的求贤的文书(上面已征引),后世的统治者直到秦始皇,都是依照其基本精神办事的。(二)"征辟",这一制度,创自秦始皇。《史记·叔孙通列传》:"(叔孙通)秦时以文学征,待诏博士。"《史记·萧相国世家》:"(萧何)给泗水卒史事,

[1]《马克思恩格斯选集》第3卷,人民出版社1972年版,第313页。

第一，秦御史欲入言征何。"（三）荐举，一般由权臣建议，再由国君任命，魏冉任秦国丞相时，曾举荐任鄙为汉中太守，举荐白起任将军。吕不韦任丞相时亦曾举荐李斯任郎官。不过，秦国法律同时规定了举荐人的连带责任："任人而所任不善者，各以其罪罪之。"[1]如范雎就因为举荐之人郑安平、王稽犯罪而与之同死。（四）"拜除"，即直接由国君任命为高级官吏。如秦始皇拜李斯为长史，拜蒙恬为内史，秦二世拜叔孙通为博士等。（五）"试补"，即先试用。夏侯婴在秦朝"试补为县吏"。对基层小吏的选用一般多采取此一方式。因基层小吏需要量大，且他们必须承担大量日常行政事务，所以对其试补资格做了较严格的规定。一为年龄方面的限制，《史记·高祖本纪》："（刘邦）及壮，试为吏，为泗水亭长。"《礼记·曲礼上》："三十曰壮。"二为财产及品行方面的限制。韩信"始为布衣时，贫无行，不得推择为吏"[2]。大概因为吏的俸禄较低，太贫不易全身心地投入工作，而"无行"必然在百姓中没有威望，也不易顺利地开展工作。三为文化方面的限制，小吏几乎天天同文字打交道，因而必须有识字和写作的基本功。如萧何"以文无害为沛主吏掾"[3]。"文无害"究竟何意，注家有不同解释，其中韦昭的解释为"有文理，无伤害也"，比较接近本意。

秦朝官吏制度中还有"假"的规定，即在正式任命之外代理某官，"官吏摄事者皆曰假"[4]。如秦始皇十六年（前231年），南阳郡主持工作的是一个名叫腾的假守，二世元年（前209年），会稽郡主持工作的是一个名叫殷通的假守，项梁、项羽叔侄就是斩其头在会稽起事反秦的。秦朝也实行兼官制，此制起于武王之时，终秦之世未变。如中车府令赵高即"兼行符玺令事"[5]。此外，上计之制，告归之制，课殿最之制都已形成并实行。同时，免官之制已普遍实行，因另有重用而免其原有较低的职务，因不称职而免职，因犯罪而免职，总之，国君不管出于什么理由，都有权免去臣下的职务，而从中央到地方的各级主官，也都有任免其部属的相应权限。

综上所述，可以看出，秦朝在损益战国时代列国尤其是秦国制度的基础上，建立起了全国规模的专制主义中

战国镶嵌卷云纹羊首车軎，车马器

---

[1]《史记·范雎蔡泽列传》。
[2]《史记·淮阴侯列传》。
[3]《史记·萧相国世家》。
[4] 赵翼:《陔余丛考》卷二六。
[5]《史记·李斯列传》。

战国镶嵌流云纹壶

央集权的行政体制，从而为我国两千多年的封建社会奠定了政治体制的基本模式。不管后来的封建皇朝在政治制度方面又做过多少损益，其基本原则和模式都没有发生根本性的变化。

秦朝皇帝制度，确立了皇位世袭、皇权无限的基本制度与观念，深深地影响了此后两千多年中国的历史走势。它在中央建立的以丞相为首的"三公九卿"制度，组成了集行政、司法、军事、财政、监察于一体的官僚体制，政府各机构间既有细密的分工又有彼此的协同，并且还有在一定程度的制约机制，基本上适应对一个幅员广阔的伟大帝国的管理。这种中央政府的组织形式尽管后来发生了较大的变化，如三公九卿制中经西汉中期以后的内外朝制、东汉的尚书台制，到隋唐时期的三省、六部、五监、九寺制，变为宋朝的二府（枢密院、政事堂）、三司（户部、盐铁、度支）、一寺（大理寺）、一台（御史台）、一院（审刑院）制，再变为元朝的一省（中书省）、一院（枢密院）、一台（御史台）制，进而演变为明朝的六部、五府（前、后、中、左、右五军都督府）、一院（都察院）、五寺（大理寺、太常寺、光禄寺、鸿胪寺、太仆寺）制，最后变成清朝的一处（军机处）、六部、五寺、三院（理藩院、翰林院、太医院）、二监（国子监、钦天监）、二府（宗人府、詹事府）制，但基本上都是三公九卿制的发展。我们几乎可以从后来所有封建皇朝的中央机构的每一个职能部门上溯秦朝的源流。

秦朝地方行政的郡县制也奠定了中国封建社会地方行政体制的基本模式和原则，即在一个地方集行政、司法、军事、财政、监察为一体的集中管理体制。后来的中国封建社会地方行政体制虽然几经变化，发展为东汉后期州、郡、县三级制，唐代道、州（府）、县三级制，宋朝的路、府（州）、县三级制，元朝的省、路、府（州）、县四级制，明清的省、府（州）、县三级制，但组织地方行政体制的基本原则却没有发生什么大的变化。县以下的直接控制百姓的乡里组织与户籍制度等，也没有发生根本性的变化。

秦朝初步建立了以求贤、征辟、荐举、拜除、试补为主要形式的选官制度和较严格的官吏任免制度，这种制度大体上满足了秦皇朝对各类人才的需求，并对后来特别是两汉的选官制度产生了较大的影响。

秦朝建立的由中央直接控制的垂直的监察体系，形成了由御史大夫、监郡御史、郡守和县令等组成的监察网络，对于加强以皇帝为首的中央集权和澄清吏治起了一定的积极作用。这一监察制度在后来的封建社会中经过不断地损益一直被沿用，两汉的御史大夫、刺史、督邮制度，唐代的御史台制度和十道巡察制度，元代的御史台制度和御史出巡制度，明清两代的都察院制度和监察御史巡按地方的制度，都是秦朝监察制度的损益与发展。

吕不韦少府戈

政治制度其他方面的内容，如皇帝专权制度、后宫外戚制度、宦官制度、多审级的司法管理制度、中央集权的军事制度、政府财政与皇室财政分开管理的制度，以及人事管理方面的选用、任免、考课、赐爵等制度，都被以后的封建皇朝所继承、损益、完善和发展。特别是各类行政法典的颁布，标志着秦朝统治者把官制纳入法律化轨道的努力，对后世同样有着积极而深远的影响。

同时，应该看到，秦朝所建立的政治制度的弊端也是十分明显的。

第一，这个制度全力保护和加强皇帝的专断独裁，这就不可避免地使封建的政治制度打上浓重的人治的烙印。虽然从宏观的角度可以发现任何皇帝都处于社会矛盾的制约中，他主观活动的舞台并不是广阔无垠的，但是，由于皇权是一个不受法律限制的权力，所以它的活动往往给政治带来许多意想不到的结果。一个英武明断、雄才大略的皇帝可以动用全国的人力物力创造辉煌的功业，如秦始皇前期之所为；一个节俭自律、勤政爱民的皇帝又可以使国家和社会出现稳定、繁荣的局面，如汉代文、景之治。相反，一些暴戾恣肆、凶残贪虐的皇帝又可以使官僚机构急剧腐败，对广大劳动人民的剥削和压迫空前加重，由此激化阶级矛盾和社会矛盾，使国家由动荡不安走向糜烂腐败，最后导致一个皇朝的覆灭。秦始皇后期的倒行逆施，秦二世变本加厉地奢靡暴虐，是不可一世的秦皇朝二世而亡的根本原因。

第二，秦朝中央和地方机构的分工虽然基本上适应国家对各项事务的全面管理，但也存在明显的缺陷。秦在

李冰石人水尺

全国设40多个郡,数量太少,且大多集中于黄河中下游,对长江以南的广大地区则疏于管理。尤其是,中央集中的权力太大太多,而郡县拥有的权力太小太少,所以在秦末农民起义爆发后,各地方都难以组织有力镇压,这显然是造成秦皇朝迅速土崩瓦解的原因之一。

第三,秦朝统治者一方面意识到行政权力应该受到制约,因而有从上到下的垂直的监察机构的设立。但是,另一方面,由于全国监察权力最后总揽于皇帝,而郡县两级的行政长官又直接掌握监察权,这就使监察权不可能完全从行政权力中分离出来从而变为一种独立的权力,所以也就必然削弱对行政权力的制约。此一弊端,终封建社会之世都存在。

第四,外戚和宦官制度也是秦朝政治体制中重大的弊端。秦因为存在的时间短暂,外戚的破坏作用还没有明显表现出来,而宦官的危害却是十分显著的。秦朝皇帝为了保证自己一家一姓的血统绝对纯正,于是大量使用宦官在宫廷内为皇帝和后妃服务。宦官于是利用接近皇帝的机会,在取得皇帝信任的同时千方百计窃取权力,胡作非为,从而加速政治的腐败。因为宦官的大多数是来自社会下层的市井无赖之徒,不仅文化素养极差,而且缺乏起码的封建道德修养。一旦大权在握,其贪婪和残暴几乎超过所有官吏。他们作为封建皇朝的重要腐败源在促进官场和社会腐败中起了特别恶劣的作用。秦始皇最信任的宦官赵高在秦始皇死后勾结二世胡亥杀害长子扶苏爬上高位,接着又挟持二世大肆杀戮宗族和协助秦始皇创业的功臣宿将,终于促成了秦朝统治集团的分崩离析,为秦朝的灭亡创造了条件。

总起来看,秦皇朝在政治上的许多弊端也几乎都为后世皇朝继承。后来的不少地主阶级的政治家与思想家虽然也在一定程度上发现了这些弊端对封建皇朝的长治久安所造成的威胁,并想了各种对策企图加以避免或减缓,在某些时期也取得了一定的效果,但却无法从根本上断绝。原因就在于它们是制度本身的弊端,也只能随封建制度的灭亡而消亡。

二　司法制度与军事制度

秦皇朝建立以后,由李斯等人主持制定了《秦律》。它的基本内容来源于战国初期魏国的李悝的《法经》。商鞅在秦国主持变法时,将《法经》的六法改为六律,是为秦国制定封建法律之始。统一全国以后,在秦国原六律的基础上,李斯等人又综合损益原六国法律的某些条款,制定出了轻罪重罚、繁密苛刻的《秦律》,实现了秦始皇"治道运行,诸产得宜,皆有法式"[1]的目标。不过,由于《秦律》的正式文本已经亡佚,长期以来人们对它的认识只限于秦以后文献的零星记载,不仅语焉不详,而且掺杂着许多汉朝人言过其实的评判,因而不易总观它的全貌与详情。湖北云梦睡虎地秦墓出土了大量载有秦代法律文书的简牍后,研究者才得以更加全面、准确地把握秦律的内容和实质。《睡虎地秦墓竹简》的法律文书共包括《秦律》18种和《效律》、《秦律杂抄》、《法律答问》、《封诊式》四种。从中可以看出,《秦律》有刑法、诉讼法、民法、行政法、经济法、军法等10多个法律门类,其核心则是刑法。

秦律反映的是当权的统治阶级的意志,是维护地主阶级的政治统治、经济剥削和思想文化专制的重要工具。例如,秦皇朝颁布"焚书令",宣布"偶语者弃市,以古非今者族,吏见知不举者与同罪",就是为了维护思想文化上的绝对专制主义。《法律答问》中规定:"五人盗,赃一钱以上,斩左趾,又黥为城旦。""盗采人桑叶,赃不盈一钱,赀徭三旬"。反映了维护地主阶级私有权的鲜明态度。其中对于私自移动田界标志处以"赎耐"的刑罚,反映了维护土地私有权的鲜明立场。而对于"匿田"即逃避田赋,"匿户"即逃避户赋、口赋、徭役等的处罚规定,则表现了封建国家对于保证政府财政收入和劳力供应的坚决态度。

秦律的阶级实质不仅表现在它对财产权的明晰规定,还表现在它对封建的等级关系和等级制度的认可与维护。本来,早期法家在反对奴隶制的等级制度时,曾提出了"不分贵贱亲疏,一断于法"的著名口号,反映了处于上升时期的新兴地主阶级与其他被压迫阶级在利益上的联系,扩大了同奴隶主贵族斗争的队伍,具有划时代的进

宝瓶口

[1]《史记·秦始皇本纪》。

都江堰杩槎

步意义。但是,法家及其代表的新兴地主阶级反对奴隶制的等级制度,并不意味着他们反对一切等级的差别与制度。恰恰相反,他们仅仅是要求以封建的等级制度代替奴隶制的等级制度,而一旦他们稳固地掌握了政权,就要以法律的规定维护新的等级秩序。比如,商鞅在秦国变法时,不仅制定了20个等级的爵位制度,而且规定了尊卑爵秩等级,并按等级占有田宅、臣妾和穿着相应的衣服。秦律明确规定法律面前人人不能平等,王室贵族特权受到保护,"内公孙毋爵者当赎刑"[1]。有爵位者犯法可以减刑,"男子赐爵,一级以上,有罪以减"[2]。官吏和有大夫爵位的人,一般不编为"伍人",即使编为伍人,也可以免除"连坐"罪。而一般老百姓、"士伍"则"有罪各尽其刑"[3]。秦律中的《司空律》还规定,不同等级的人即使犯罪服劳役,在管理上也不同等对待。例如,高级官吏的子弟如因犯罪服劳役时,只需在官府劳作,支应一般杂役即可。同时还允许在"耆弱相当"的条件下,可以由别人代替服役。公士以及无爵的庶人在服"城旦舂"之刑时,可以不穿囚衣,不戴刑具。可是,鬼薪、白粲、不加耐刑的下吏以及私家奴婢因抵偿费赎债而服城旦劳役时,就需要穿红色囚衣,戴刑具,并在监督下劳动。特别需要指出的是,秦律中还广泛运用"赀甲"、"赀盾"作为对一般刑事犯罪和职务犯罪的惩罚,同时并有"赎耐"、"赎黥"、"赎迁"、"赎死"等赎刑的规定,这就给贵族、官僚、地主和富商大贾提供了以钱财抵罪的便利条件,纵然犯了死罪也可以逃脱惩罚。而一般处于贫困状态的广大劳动人民却只能在"各尽其刑"的规定下遭受各种严酷的刑罚。

秦律的一个重要特点是"轻罪重罚",而它的刑罚又以特别残酷而著称。根据《睡虎地秦墓竹简》提供的资料,秦朝的刑罚共分12类,其中死刑有戮、弃市、磔、定杀以及见于其他记载的族、夷三族、枭首、车裂、腰斩、体解、凿颠、抽胁、镬烹、坑、囊扑、具五刑等;肉刑有黥、劓、刖、宫等;徒刑有城旦舂、鬼薪、白粲、隶臣妾、司寇、候等,除以上三类刑罚外,还有笞刑、髡、耐、完、迁、赎刑以及赀、废、谇、连坐、收等。刑种繁多,死刑与肉刑特别残酷和野蛮。

当然,由于秦皇朝正处在中国封建社会的初级阶段,

[1]《睡虎地秦墓竹简·法律答问》,文物出版社1978年版。
[2] 孙星衍等:《汉官六种》,中华书局1990年版,第85页。
[3] 孙星衍等:《汉官六种》,中华书局1990年版,第85页。

秦律除了严酷、野蛮的一面外，也反映了新兴地主阶级生气勃勃的进步的一面。比如，它虽然承认奴隶制残余的存在，但也有限制奴隶制发展，支持奴隶解放的内容，规定奴隶可以用军功或戍边劳动来换取人身解放。《军爵律》就规定："欲归爵二级以免亲父母为隶臣妾一人，以隶臣斩首为公士，谒归公士而免故妻隶妾一人者，许之，免以为庶人。工隶臣斩首及人为斩首以免者，皆令为工。"《司空律》也规定："百姓有母及同生为隶妾，非适罪也，而欲为冗边五岁，毋偿兴日，以免一人为庶人，许之。"同时，由于秦国以奖励耕战完成了统一大业，因而秦朝实行奖励军功，保护劳动生产力和农业生产的政策，在秦律中此类内容比较突出。如《田律》中规定县府要及时向上级报告受灾的土地面积以及已经开垦而未耕种的土地数字，及时报告风、旱、涝、虫等灾害状况，还要求保持乡村农户有一定的劳动力从事生产，官府不得在同一时期从同一户抽调两个以上的劳动力去服戍役。《秦律杂抄·戍律》也规定："同居毋并行。县啬夫、尉及士吏行戍不以律，赀二甲。"而《司空律》又规定，即使为抵偿费、赎罪债而服劳役的人，也可以在播种、耘田等农忙季节各回家20天从事劳作。另外，《田律》中有保护水道畅通以利于农业灌溉的规定。有禁止滥伐山林，禁捕幼兽的规定，还有百姓居田舍者不得擅自"酤酒"的规定。《仓律》中有关于种子选择、保管、使用和各类农作物播种数量的规定。《厩苑律》中还对耕牛的饲养和繁殖作了具体规定。由于牛马是重要耕畜和运输工具，所以秦法中对偷盗牛马的惩罚是十分严厉的："盗马者死，盗牛者加，所以重本而绝轻疾之资也。"[1]这些规定显然对促进农业生产的发展、保护自然资源和维护社会稳定发挥了积极作用。最后，还应该看到，秦律虽然体现了秦皇朝"重本抑末"的国策，"事末利及怠而贫者，举以为收孥"[2]。但同时，它也要求对工商业的管理纳入法制化的轨道。如《均工律》规定了对手工业管理的细则，特别对货物的质量规定了较严格的标准。《金布律》有六项主要内容：货币管理，其中包括各类货币间的折算比例；财物出纳记账方式；官、民间的债务偿还办法；官吏享受的物质待遇；囚衣颁发制度；官府财物保管和废旧物资

"深淘滩，低作堰"治水三字经

---

[1]《盐铁论·刑法》。

[2]《史记·商君列传》。

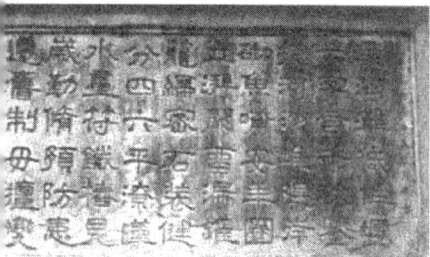

都江堰三字经

的处理。其中涉及货币的流通使用和商品标价的基本原则等,应该说,这对维持和稳定工商业的正常发展是比较有利的。

秦朝的司法事务是由从中央到地方的一套机构组织实施的。皇帝是全国司法的最高决策者和最后裁判者,"天下事无大小皆决于上"[1]。他不仅任命官员主持制定各种法律法规,而且以经常颁布的各种诏、命、令、制等不断补充着各种法律条款和给予司法以新的指导。全国的司法机构都对皇帝负责。同时,皇帝还亲自过问一些重大案件,决定对某些重要罪犯的惩罚,以及宣布大赦等。例如,嬴政为秦王及始皇帝时,就亲自决定对嫪毐、吕不韦和方士与儒生案件的处理。显然,秦朝皇帝作为全国司法事务的最高决策者与裁判者,其权力和作用是任何具体的司法机构和司法官吏所不可替代和不能替代的。

在皇帝之下,丞相作为"百官之长"和总理全国政务的最高官员,同样负有司法责任,有权劾案百官和执行诛罚。如李斯为丞相时劾案长生不死药案中的方士与儒生,赵高为丞相时劾案李斯及其子李由的"谋反案"等。秦朝的御史大夫是仅次于丞相的朝中大官,又掌管图籍秘书和四方文书,并且熟知法度律令,因而拥有对百官的考课、监督和弹劾之权,其司法之权甚至超过了丞相。不过,丞相与御史大夫虽然有司法之权,但他们都不是专职的司法官吏,丞相府与御史府自然也不是专门的司法机构,他们的司法之权都是兼理的性质。秦朝时期全国最高的专职司法机构是廷尉,其主管长官亦称廷尉,为朝廷"九卿"之一。廷尉对上向皇帝负责,对下统一领导各级地方政府的司法活动。它以朝廷的律条和皇帝的诏令为依据,掌管刑狱,以法判罪,同时接受地方官员的上诉。

廷尉作为全国最高的司法机构,需要处理量多而又复杂的各种案件。所以它拥有一大批各司专职的官吏,如廷尉正和左、右监以及大量的掾史等,其中有负责决狱、治狱的廷尉史、奏谳掾、奏曹掾,还有从事其他有关工作的廷尉文字卒史、书佐、从史等。

秦朝的各级地方长官都同时兼理司法,是其辖区司法的最高负责人。郡作为一级司法机构,在司法行政中占

[1]《史记·秦始皇本纪》。

有重要地位。因为它对上通过廷尉向皇帝负责并接受其领导,将死囚案件与疑难案件上报廷尉;同时对下领导县一级的司法活动,接受其呈送的疑难案件。起着承上启下的作用。因此,郡守属下的不少官员,如郡丞、功曹、户曹、决曹、贼曹及大量掾、史等,都是协助郡守或专理司法的官员。县同样也是一级司法机构,县令长作为县级地方政权的行政长官,同样兼理司法。其属官中的县丞、贼曹、狱掾等就是兼理和专职的司法官员。县以下的乡、亭等基层官吏中,不少人也都负有司法之责。如主管一乡事务的啬夫,其主要职责之一就是"听讼",处理涉及刑事和民事的司法事务。而游徼的主要职责就是司法事务,即所谓"徼循禁盗贼"[1]或"徼循司奸盗"[2]。亭长的职责是"主求捕盗贼"[3],其手下还设有专门"逐捕盗贼"[4]的"求盗"一职,显然是专门的司法官吏。综上所述,可以看出,秦汉时期的司法就是通过从廷尉中经郡县直到最基层的啬夫、游徼和亭长这一垂直的领导机构贯彻执行的。

　　秦朝已经形成了较严格的司法程序。秦简中的《封诊式》记载了秦朝官方规定的治理狱案的形式,从中可以窥见秦朝司法程序的大体状况。按规定,秦朝的诉讼,可以由当事人起诉,称"劾"。秦律中的"辞者辞廷"就是指由原告直接向郡守提出控告。不过,在一般情况下,更多地是由基层的小吏里典(里正)向县主官或县啬夫提起公诉。根据犯罪的性质和诉讼当事人的身份,又将诉讼分为"公室"告和"非公室"告两类。凡"贼杀伤、盗他人为公室告;子盗父母,父母擅杀、刑、髡子及奴妾,不为公室告"。官府只受理"公室"告,对"非公室"告则不予受理。官府受理后即对人犯进行审理。当时断狱最重要的根据是口供。为了使口供能反映真实情况,秦律认为最好不通过刑讯而获得所需口供,即所谓"毋治(笞)谅(掠)而得人情为上"。这就要求司法官吏注意审判方式,耐心地听取多方面的陈述,不轻易诘问和动刑:"凡讯狱,必先尽听其言而书之,各展其辞,虽智(知)其诒,勿庸辄诘。其辞已尽书而毋(元)解,乃以诘者诘之。""语之极而数诒,更言不服",则动用刑罚。与此同时,对一般刑事案件也重视现场勘验与司法鉴定。不少情况下,县令长往往亲临现场勘验,并将

都江堰

[1] 《汉书·百官公卿表》。
[2] 《后汉书·百官志五》。
[3] 《后汉书·百官志五》。
[4] 《史记·高祖本纪》。

战国鼎形灯

结果写出详细报告。《封诊式》中关于"贼死"、"经死"、"穴盗"和"出子"等案件都有较详细的记载。其中既有被害人的衣着、杀伤部位和作案人残留遗迹等细节,又有周围情况及知情人提供的旁证材料。这一切,都表明当时执法者重视证据和司法实践方面的丰富经验。对于控告不实即"告不审"或蓄意陷害诬告者,"以所辞罪之",情节恶劣或出于故意,则加重处刑。人犯对于判决不服,本人或其他人可以提出复审,"以乞鞫及为人乞鞫者,狱已断乃听",即法庭允准其请求,重新进行审理。在通常情况下,死刑案件实行三审终审制。秦朝实行连坐制度,强调官吏百姓间互相监督,对危害统治者的犯罪,则鼓励和强迫他人告奸,"其见知而故不举动,各与同罪"[1]。即使官吏之间,有犯法者也必须举劾。秦朝的断狱基本上以律为准,在量刑上倾向于"轻罪重罚"。秦始皇"乐以刑杀为威"、"刚毅戾深,事皆决于法","久而不赦"[2],从来没下过大赦令。只有二世胡亥在秦始皇死后发布过一次大赦令,但其刑杀的残酷较之乃父却有过之而无不及。秦朝从廷尉中经郡县到啬夫、游徼、亭长的司法系统,各级有着不同的职责和权力,其间有着较明确的分工。最基层的亭长、游徼、啬夫之类,其职责一是"听讼",处理一般的民事和刑事案件;二是"禁盗贼",主要是追捕和向上级机关遣送罪犯,他们本身并没有判刑和杀人的权力。刘邦在秦末为亭长时,两次押送刑徒去咸阳,说明遣送犯人是亭长的重要职责。县令长主持一县的司法事务,形成初级审判单位。它有权定罪判刑,从一般徒刑到死刑都有权判决。秦的范阳令十年间"杀人之父,孤人之子,断人之足,黥人之首,不可胜数"[3]。可见其司法上的生杀予夺之权。但是,死刑案件必须上报郡守并经廷尉批复方可执行。在县这一审级,一般的刑事与民事案件均由县丞、狱掾史等审理。遇有重大案件,特别是死刑案件,县令长往往亲自出面审理。郡一级是地方最高的审判单位。它受理属官送呈的疑难案件、官民上诉的案件以及郡内发生的属县不便审理的案件。在这一审级,多数案件由主管司法事务的郡决曹及其他专司司法的掾史负责审理。对于死囚犯,在判决后,即以郡守的名义上报廷尉,待批准后处决。对于比较重大的案件,特别

[1]《晋书·刑法志》。
[2]《史记·秦始皇本纪》。
[3]《史记·张耳陈余列传》。

是杀人越货的重大案件,郡守往往自始至终参加追捕、侦讯、审理和处决等的全部活动。如上所述,廷尉是秦朝封建国家的最高审判机关,廷尉及其所属官吏依照皇帝颁布的各种诏令、律条,对皇帝交办的重要案件、发生在朝廷周围的重大案件或地方呈送的疑难案件进行审判,对地方判决的死刑案件进行复审,同时接受地方臣民的上诉。这种三审制度以及允许上诉的规定,在一定程度上有助于审判的公正和量刑的适度。秦朝初步建立了我国封建社会统一的司法制度,从法律上保证了这个地域辽阔,人口众多,各地经济文化发展不平衡的东方大国的统一,其积极作用还是应该肯定的。尽管秦朝的法律体现的是地主阶级的意志,维护的是封建国家对百姓的统治,保护的是以土地私有制为主要内容的封建的经济基础和以封建特权为中心的不平等制度,但是,这种法律制度对于稳定社会秩序、保障国家机器与社会生活的正常运转还是发挥了积极作用。

战国青釉錞于

　　但是,秦朝的法律及其司法制度也有着它难以克服的弊端。第一,秦朝法网严密,刑重且滥,死刑、肉刑与徒刑相结合,显示的是这一法律的原始性、野蛮性与残酷性。第二,秦朝虽然形成了由县、郡、廷尉构成的多审级的司法审判程序,一定程度上具备了维护法律本身的公正,使量刑合法又合情合理的条件,但是,由于秦朝法律的前提是维持一个阶级对另一个阶级的统治,而律文中又明确规定了对社会上各类人不平等的惩办制度,所以,即使完全按照秦律的规定办事,其结果在实质上和形式上也是不平等的。第三,在秦朝建立的政治体制中,由于司法权与行政权相结合,中央的行政官员与司法官员既界限不清,而地方上的行政官员同时又是司法官员,除了垂直的上级机关对下级机关具有一定的监督和制约作用外,同一机构中缺乏平行的制约和制衡机制,所以,公正的依法审判和合理的量刑是很难做到的。首先,皇帝本身是法外的人物,他尽管握有制定法律和对审判的最后裁决权,但其本身却不受法律的丝毫约束。皇帝能够凭自己的喜怒好恶奖惩臣下和百姓,一言可以使奸佞之辈飞升九天,一言又可将忠直之臣打入十八层地狱。其次,官僚贵族们

战国立凤蟠龙铺首

又都享有不同的特权，再加上他们不断追求法外的权力，肆无忌惮地践踏法律的所有条款，如此一来，秦朝法律所制裁的主要对象也就只能是普通百姓了。第四，秦朝统治时期，虽然封建国家制定了细密严酷的法律，形成了以刑法为中心，包括民法、行政管理法、财政管理法以及军法等一系列法律在内的独特的封建法律体系，对促进国家统一、维持国家机器的正常运转、稳定社会秩序都起到了积极作用。但是，由于缺乏一种有效的制衡机制，秦朝对国家的治理基本上以人治为主，人治大于法治。秦始皇与秦二世都视法律为儿戏，有法不依或随意更定法律的事不时发生，再加上法律条文中有不少空子可钻，贪赃枉法之事也就必然层出不穷，腐败之风也就难以抑止了。

由于秦皇朝是通过长时期大规模的军事征伐完成了统一中国的大业，在它存在的15年中，又有对匈奴和百越用兵的壮举，因而其军事制度较其他制度更加完备。诸如军事领导体制、兵役制、军队体制、组织编制和兵种、军事训练、战场通讯指挥、后勤保障、武器生产以及军事法律制度等，都建立了严格、完备的制度。这些制度使秦皇朝拥有一支人数众多，训练有素，素质优良，能征惯战的武装力量，为统一六国和对匈奴战争以及平定百越战争的胜利创造了条件。在军事领导体制上，秦始皇继承其祖宗自立国以来形成的传统，牢牢地掌握了对全国武装力量的统帅指挥权，因为他既是国家元首，又是武装部队的最高统帅。他一方面通过对领兵将帅的任免、升降、赏罚控制军权，另一方面又通过调兵信符和动用兵力的数量掌握军事大权。

皇帝调兵的信符是虎符与玺书。从战国到秦统一，按制度规定，即使调动50人的军队，也必须用虎符。秦始皇时期的阳陵虎符上有12字的铭文："甲兵之符，右在皇帝，左在阳陵。"凡调动阳陵50人以上的兵力，必须以皇帝手里的右符与存于阳陵的左符合符。否则，任何人都不能调动。同时，皇帝的玺书也是调兵的信物。因而掌握玺书与虎符的中车府令一定是皇帝十分信赖的官员。

秦皇朝的军事领导体制是由中央和地方两套体系组成的。中央的领导体制由皇帝、将军、国尉和其他高级军官组成。战国时期的秦国曾设大将军与上将军，但只是荣誉性职务，平时除侍卫部队外不统帅正规部队，在战时指挥皇帝派遣的部队，战事结束后即交出兵权。国尉虽然是常设的军职，与丞相、御史大夫并列为三公，但也只是皇帝的高级军事顾问，平时也没有统帅指挥部队的权力，只在得到皇帝的任命后才可以率兵打仗。将军以下有裨将，即副将，协助将军处理各项军务。裨将以下有校尉，又称都尉或军尉，在野战部队中是统领大兵独当一面的高级军官，在地方上是郡一级的高级军官。另外，将军帐下有长史，职责是主掌参谋文秘事宜，地位与都尉相当。地方的军事系统是由郡、县两级政府领导的。它们承担的军事领导工作包括：负责征集训练、考核、管理地方常备军；征发兵役，保障中央与边防所需兵源；随时听命国君，派地方军参战；统帅地方军维持本地治安；负责本地的军事后勤工作等[1]。郡守作为郡的最高行政长官同时兼理军事；郡尉作为郡的专职军事长官，协助郡守分掌全郡的军事治安等事宜。同时，郡守、尉还有奉命率本郡部队出征作战的任务。县令长和县尉的军事职能与郡守、尉的职能相仿。

秦皇朝的武装部队，依其职能、指挥系统与服役区域的不同，可分为中央军、地方军和边防军三部分。中央军驻守京师，由宫廷禁卫军和首都警卫部队组成。它们分属不同的指挥系统，互不统属，长官由皇帝直接任免，是中央直辖的最精锐的武装。宫廷禁卫军由两部分组成。一支由郎中令统帅，"掌宫殿掖门户"[2]，即守卫宫城以内，经常在帝王后妃身边执行警卫任务，在帝王出行时随侍护驾。郎中令作为皇帝的卫士长，为朝廷"九卿"之一，都由皇帝最亲信的人担任。这支卫队的战士统称郎官，他们不仅剽悍勇敢，武艺出众，还有相当的文化修养，易于得到擢升，为军中骄子。宫廷禁卫军的另一支由卫尉统帅，职任是"掌宫门卫屯兵"[3]，即守护宫城，保卫各宫门安全及在宫中巡逻，但不进入殿中执勤。这两支禁卫军互相配合又互相制约，共同承担起宫廷内外的保卫工作。卫尉位列于九卿，也是皇帝的亲信之一。另有中护军和领军史两位高级军官参与对中央禁卫军的领导。中央军的另一支是由中

李斯像

[1] 郭淑珍、王关成：《秦军事史》，陕西教育出版社2000年版，第366页。

[2] 《汉书·百官公卿表》。

[3] 《汉书·百官公卿表》。

《吕氏春秋》书影

尉统帅的京城卫戍治安部队，员额数万军，负责京城以内、宫城以外的治安与警卫工作，具体任务相当广泛，除保卫京城安全外，还要兼管水火警，守卫京师武库，以数千人的步兵骑士担任皇帝出巡时的外围警戒任务等。

秦朝的地方武装由郡县兵组成，它除担任维护地方治安外，还向首都与边防输送兵员，并随时奉命出境作战。地方部队屯驻郡、县驻地。正常情况下，秦朝的成年男子一生要服两年兵役，一年在郡县从事军事训练，一年在京师宿卫或去边防戍守。郡、县的军事工作由郡守和县令管理，实际工作由专司军事的郡尉、县尉负责。平时，郡县兵的主要任务是从事训练。平原地区多步兵，南方水网地区多水兵，西北边防地区多骑兵，各地按照实际情况进行不同科目的训练。郡县军事机构还负责军事装备的筹集管理工作，其中包括武器的制造与保管，军马训练以及其军需物资的征集、管理与输送等。郡、县武装戍守京师的任务大概因地而异，不会各地平均调拨。郡县兵的另一主要任务是听命中央调遣，随将帅出征。如公元前235年（秦始皇十二年）"发四郡兵助魏攻楚"[1]，公元前229年（十八年）又发上地、河内两郡兵卒，分别交由王翦和杨端和统帅伐赵。郡县兵出征时，郡县长官，特别是郡尉、县尉，一般都随军出征，以便对所属部队的管理与指挥。如战国末年秦将李信率兵伐楚失利，有七都尉阵亡，他们都是随军出征的郡尉。

秦统一以后，西北、东北和南方与少数民族接壤，有漫长的边界线，需要大量军队守卫，因此建立了一支庞大的边防军，人数不下百万。据《史记·秦始皇本纪》记载，蒙恬统帅防备匈奴的边防兵30万人，沿长城一线布防，另有50万兵戍边守五岭。

秦朝军队由车兵、步兵、骑兵、弩兵、水师等组成。车兵用战车作战，是比较古老的兵种。战车因用途不同分为戎车、兵车、武车、革车等。作战时战车上有甲士3人，中为驭手，左右甲士执戈、矛、弓箭等兵器，远射近击。西周至春秋，车兵为军队主力。秦穆公时秦国至少有兵车千乘。到战国时期，车兵大概已退居次要地位。步兵是徒步作战的兵种，也是出现最早的兵种。车兵为主的时代，步兵作

[1]《史记·六国年表》。

为辅助兵种存在。战国时期,一方面战争规模扩大,一方面战争中对地形地物的利用越来越重要,高山密林的埋伏、奇袭,战车很难适用,步兵于是成为主要兵种。加之此时国、野界限逐步消失,步兵兵源扩大,各军队人数增至数10万甚至上百万,步兵是增加最快的兵种。综合各种资料,秦军的编制大致是:伍长统5人,屯长统50人,将统100人,五百主统500人,二五百主统1000人,国尉统一万人,主将统四万人。秦俑坑出土的军阵显示,以装具与装备区分,秦朝步兵可分为"轻装步兵"与"重装步兵"两种。"轻装步兵身穿战袍,腰束革带,腿扎行膝,双腿着膝缚;重装步兵上身着铠甲,下体着装也较轻装步兵厚重。轻装步兵具有反应灵敏运动迅捷的特点,作战中充当前锋并装备远射兵器,首先接敌。重装步兵笨重,适于正规进攻,置于阵中心位置,是主力兵种。秦重装步兵的身份地位高于轻装步兵"[1]。秦军步兵轻、重结合,有利于提高整个部队的战斗力,表明我国步兵的发展达到了一个新阶段。秦国在统一战争的后期军队多达上百万,全国统一以后,也经常保持百万之众。其中步兵不下六七十万之多。秦国步兵骁勇剽悍,所向无敌,无论在统一战争中,或是在伐匈奴、进军岭南的战斗中,步兵都发挥了主力军的作用。骑兵最早产生于游牧民族,大概在春秋时期,中原各国大都建立了骑兵,并在战争中逐渐发挥了独特的作用。战国时骑兵的编制,据《六韬》等文献记载,是伍法制,即五骑一长,十骑一吏,百骑一率(帅),二百骑一将。从秦俑坑展示的骑兵编组看,秦骑兵是以四为基数,即四骑一组,三组一列(十二骑),八列(九十六骑)组成一个纵队,加上阵首的一列(十二骑),一个骑兵阵共有一百零八骑。由于骑兵的组建比较复杂,并受财力的制约,因而其数量远远少于步兵,号称百万雄兵的秦军,其骑兵也不过万骑。秦俑坑中的骑兵俑形象应是当时骑士形象的写真:"秦俑骑士,上身穿紧袖长及膝部的上衣,外披铠甲,腰束革带,下身着紧口长裤,足登靴,头戴圆形小帽。骑士的衣着较车兵、步兵紧凑短小;铠甲也比重装步兵短,前后甲长度仅到腹腰,肩部不披甲,活动起来灵活便捷,适于马上各种战斗动作的完成,仍透露着'胡服'气息。骑士一手牵马,一手作持弓状,

韩非像

[1] 郭淑珍、王关成:《秦军事史》,陕西教育出版社2000年版,第344页。

《韩非子》书影

表明其主要任务是骑射。"[1]骑兵机动灵活,在战争中主要用于长途奔袭与战场冲锋。秦的骑兵与战马都经过严格挑选与训练,因而具有很强的战斗力,在统一战争和征伐匈奴的战争中发挥了不可替代的作用。不过,由于此时的骑兵装具尚简陋,如低桥鞍,无胸带,无马蹬,骑士在马上不稳定,上下马亦不方便,加上马匹的繁育也不容易,所以秦的骑兵始终未能成为战略主力兵种。这种情况,直至西汉武帝时才有改观。

弓箭是远射兵器,在战争中往往起重要的作用。弓箭在原始社会已经发明出来并在狩猎中广泛运用。殷、周时期已普遍应用于战争。春秋战国时期,经过不断改进,发明了弩弓。弩弓既提高了命中率又增加了射程,重型弩的张力达到"八石"、"十二石",射程可达百步至六百步。后来又发明连弩,可以十矢俱发;将连弩装在车上,成为弩车。多车布阵,可以形成万箭俱发的威力。最迟到战国时期,弩兵已成为独立的兵种。秦国的弩兵在统一前和统一后,都居诸兵种之首。在秦兵马俑已发掘的五个探方内,发现弓弩遗迹130余处,成束的铜镞279箙,每箙装箭百支左右,全俑坑将会出土数10万支箭,表明在整个兵马俑坑的武器装备中,弓弩占了首位。秦军的弩兵在统一战争中和以后的对匈奴、南越的战争中,都发挥了其他兵种不可替代的作用。

除以上兵种外,秦军中还有水师,即在江河湖海中乘船作战的兵种。中国的水师最早诞生在春秋时期的南方国家如吴、越、楚等国家。秦国因地处西北地区,与周围诸侯国和少数民族的战争全系陆上作战,因而没有建立水军的必要。进入战国后,秦国不断向外扩张。灭巴、蜀,攻楚国,水师派上了用场。秦国于是大力在巴、蜀和秦楚交界处发展水军,并在黄河上也建立驾舟的水兵用于对魏国等滨河的国家作战。后来,秦国水师在统一战争中发挥了相当大的作用。张仪形容说:"秦西有巴蜀,大船积粟,起于汶山,浮江以下,至楚三千余里。舫船载卒,一舫载五十人与三月之食,下江而浮,一日行三百余里。"[2]苏秦也形容说:"蜀地之甲,乘船浮于汶,乘夏水而下江,五月而至郢。汉中之甲,乘船出于巴,乘夏水而下汉,四日而至五

[1] 郭淑珍、王关成:《秦军事史》,陕西教育出版社2000年版,第349页。

[2]《史记·张仪列传》。

渚。"[1]秦统一以后，对楚国的水师进行整编，组成了更为强大的水军，称为楼船之士。秦始皇曾派50万楼船之士攻取百越，这其中肯定汇集了秦朝水军的精华。另外，秦始皇曾有浮海射鲛和遣徐福入海求仙药的壮举，如没有强大的水师做后盾，是不可想象的。

在兵役制度方面，秦朝实行的是普遍的郡县征兵制，即义务兵役制。这一制度在战国时代已经建立起来。公元前375年，秦献公实行"户籍相伍"制度，将户籍制度与军队"伍"的编制结合起来。商鞅变法，进一步严格户籍管理制度，"四境之内，丈夫女子皆有名于上，生者著，死者削"[2]，"举民众口数，生者著，死者削"[3]。户籍登记不仅要记录一家一户的人口数量和姓名年龄，而且特别注明成年男子的"傅籍"时间。男子成年必须注册名籍，称"傅"或"傅籍"。秦朝男子成年的年龄各种记载不一，从15岁至23岁有不同说法，大致20岁之说的可能性较大。"傅籍"就是达到服兵役的年龄。依照当时的制度，正常情况下，成年男子每年服徭役一月，称为更卒。一生服兵役二年，为正卒一年，戍卒即到边防守卫一年。56岁或60岁免役。以上规定在战争年代往往难以严格执行。如《睡虎地秦墓竹简》的《编年纪》记载的一位名叫喜的男子17岁即"傅籍"，一生中有四次服役，服役年限达四年之久。长平之役，秦国15岁以上的男子全部征发上前线。统一战争后期，战争的规模越来越大，需要的士卒越来越多。仅王翦伐楚之役就有60万大军出征，加上国内守备及对付其他国家所需兵力，秦军总兵力不会少于百万之众。统一之后，蒙恬统帅守卫长城一线的军队多达30万，屠睢统帅进军岭南的将士多达50万。加上地方守备之军，全国军队肯定超过百万。如此一来，男子服兵役的年龄和服兵役的时间也肯定会超出规定。为了鼓励成年男子积极从军和英勇杀敌，秦国较早实行了军功爵位制，经商鞅变法时进一步完善，形成了18个等级：一曰公士，二曰上造，三曰簪袅，四曰不更（以上四级相当于士）。五曰大夫，六曰官大夫，七曰公大夫，八曰公乘，九曰五大夫（以上五级相当于大夫）。十曰左庶长，十一曰右庶长，十二曰左更，十三曰中更，十四曰右更，十五曰少上造，十六曰大上造，十七曰驷车庶长，十

郾王喜矛

1《史记·苏秦列传》。
2《商君书·境内篇》。
3《商君书·去强篇》。

战国异制戟

八曰大庶长(以上九级相当于卿)。以后又增加关内侯和列侯两个等级,共20个爵位。商鞅变法规定的奖励办法是:"斩一首者爵一级,欲为官者为五十石之官。斩二首者爵二级,欲为官者为百石之官。官爵之迁与斩首之功相称也。"[1]荀子在其《议兵》篇中也说"(秦)功赏相长也,五甲首而隶五家",即斩五名甲士可以奖赏五家作为隶属的农户。同时还规定,即使宗室贵族如不立军功,也不能得到封爵并享有特权,从而造成"有功者显荣,无功者虽富无所芬华"[2]的局面。正由于秦统治者制定了20级爵位的严格的奖励制度,使立有军功的人可获得相应的爵位与政治经济特权,如住宅、田地、奴婢,特别是官职以及减免租税、赎身、减刑等优待,大大激发了广大农民的从军积极性和杀敌制胜的勇敢精神。这也是秦军具有优于六国军队战斗力的重要原因。

在武器的生产管理方面,秦皇朝在统一前后也形成了一套较完备的管理制度。诸如武器的督造、生产、库藏管理等,都有法可依,有章可循,实现了武器制作的标准化。秦国的兵器虽然主要是青铜制作,但其坚固与锋利却是无与伦比的。另外,秦皇朝在统一前后也建立起军队的行之有效的后勤管理与供应制度。战国时代的秦国与统一后的秦皇朝,始终像一具巨大的战争机器,它的运行必须有巨大的财力物力支持,必须建立一套高效有序的供应机制。

秦国在统一前与统一后已经建立起较完善的赋役制度(详后),这个制度保证它能切实有效地聚敛起全国的大量财富,能征发到源源不竭的人力物力,以及数以万计的战马。在供应方面,秦军对粮食、饲草和武器等都设有专库保管,对这些物资的供应也制定了一套较完善的规章制度。既保证了各种物资的及时供应,又杜绝了浪费虚耗,为战争的胜利创造了重要条件。特别应该指出的是,秦国在发展过程中,尤其是在日益频繁的战争中,逐步建立起一套较完备的军事法律制度。秦朝统一后,这套军事法律制度在全国的军事管理中得到推广。

从春秋时期开始,秦国即开始建立自己的军事法规,至商鞅变法,更进一步完善了这一法规。据《史记》、《汉

[1]《韩非子·定法》。
[2]《史记·商君列传》。

书》、《商君书》、《尉缭子》等文献,特别是《睡虎地秦墓竹简》的记载,秦国的军事法规具有十分丰富的内容,涉及军事活动与军队管理的方方面面。诸如兵役征发、军队调动、兵员补充、士兵训练、军队检阅、战斗指挥、战场纪律、爵位予夺,以及军马、武器、粮食等的军需供应等,都有明确的法律规定。

战国钹形戟

秦国实行"傅籍"制度,凡年龄20岁至60岁的成年男子都必须服兵役和徭役,违犯者就构成犯罪,要受到惩罚。《睡虎地秦墓竹简》中《傅律》规定:

> 百姓不当老,至老时不用请,敢为伪者,赀二甲;典、老不告,赀各一甲;伍人,户一盾,皆迁。

这就是说,凡百姓成年男子不到60岁或到60岁不申报,在年龄上弄虚作假者,罚赀二甲,里典、伍老不及时报告,罚赀一甲;同伍之人罚赀一盾并处以迁刑。如果地方官包庇其子弟不服兵役,主管的县尉要罚赀二甲,免官,县令也要罚赀二甲。《秦律杂抄》:

> 县毋敢包卒为弟子,尉赀二甲,免;令二甲。

地方官违反征兵法,如同时征发一家二人以上服役,主管官员都要罚赀二甲。《戍律》:

> 同居毋并行,县啬夫,尉及士吏行戍不以律,赀二甲。

战争时期,郡县小吏也按规定服兵役,如不服役,罚赀二甲。《秦律杂抄》:

> 有兴(指军兴),除守啬夫,假佐、居守者,上造以上不从令,赀二甲。

服役失期,要受到罚赀乃至斩首的惩罚。《秦律杂抄》:

> 军新论攻城,城陷,尚有栖未到战所,告曰战围以折亡,假者,耐;屯长、什伍知弗告,赀一甲;伍二甲。

《史记·陈涉世家》记载:"二世元年(前209年)七月,发闾左,適戍渔阳,九百人屯大泽乡,陈胜、吴广皆次当行,为屯长。会天大雨,道不通。度已失期,失期,法皆斩。"看来对失期的惩罚越来越严厉,从前期的罚赀甲到后期的斩首,这只能将士卒逼上铤而走险之路。

秦皇朝的军事行政法规在战争实践中不断完善。它

汉画像石荆轲刺秦王图

特别规定了地方官吏在征发训练士卒和保证军需供应的职责以及违反规定的惩罚措施,如"诈"(斥责)、"免"(免官)、"废"(开除官籍永不叙用),以及"赀甲"、"赀盾"等经济处罚措施。如对任命的基层军官,教官不合法和不合格,就要受到"赀甲"的惩罚。《秦律杂抄》:

> 除士吏,发弩啬夫不如律,及发弩射不中,尉赀二甲。

> 发弩啬夫射不中,赀二甲,啬夫任之。

训练的驭手不合标准,训练的军马不合标准,县里主管官员都要受到处罚。《秦律杂抄》:

> 驾驺除四岁,不能驾御,赀教者一盾,免,偿四岁徭戍。

> 蕃马五尺八寸以上,不胜任,奔絷不如令,县司马赀二甲,令、丞各一甲。先赋蕃马,马备,乃都从军者,到军课之,马殿,令、丞二甲,废。

如对冒领军粮的有关责任人,对军人私卖军粮,百姓私买军粮等,都规定了相应的惩罚措施。《秦律杂抄》:

> 不当稟军中而稟者,皆赀二甲,法(废)。非吏也,戍二可岁;徒食、屯长、仆射弗告,赀戍一岁;令、尉、士吏弗得,赀一甲。

> 军人卖稟稟所及过县,赀戍二岁;同车食、屯长、仆射弗告,戍一岁;县司空,司空佐史、士吏将者弗得,赀二甲;邦司空一盾。

> 军人稟所,所过县百姓买其稟,费二甲,入粟公;吏部弗得,及令、丞赀各一甲。

秦军为了维持战时军队的战斗力,制定了十分严酷的战时法规,对违纪者,从高级将领到一般士卒,都严惩不贷。如对反叛、通敌、降敌者的惩办特别严酷。公元前235年(秦始皇八年),"王弟长安君成蟜将军击赵,反,死屯留,军吏皆斩死,迁其民于临洮"[1]。长安君是秦始皇的亲弟弟,他在统兵攻赵失利后降敌,结果不仅全军将士皆被斩杀,而且连胁从附敌的当地百姓也不放过,被处以流放之刑,迁到边远的临洮。秦将樊於期降燕以后,其父母宗族皆被戮没,秦王嬴政还以"金千斤,邑万家"[2]悬赏获取他的首级。秦昭王时期,王稽任河东守,"与诸侯通,坐法诛"[3]。另

[1]《史记·秦始皇本纪》。

[2]《战国策·燕三》、《史记·刺客列传》。

[3]《史记·范雎列传》。

外,对于抗拒君王之命的主帅也往往给予严厉惩处。如白起是昭王时期的名将,他统帅秦军南征北战,夺楚国都郢,破赵军45万之众于长平,战功卓著,被封为武安君。后来,在统帅秦军围攻赵国国都邯郸的战役中,由于拒不执行昭王错误的命令,被赐令自裁:"于是免武安君为士伍,迁之阴密,秦王乃使使者赐之剑,令自裁。"[1]对于战时降敌和临阵脱逃的将帅与士卒,秦的军法规定的惩罚措施是相当严厉的,所谓"降敌者诛其身,没其家"[2]。对于士卒失职,如不值勤或站岗时擅离职守都要受到相应的惩罚。《秦律杂抄》:

> 徒卒不上宿,署君子、屯长、仆射不告,赀各一盾。宿者上守除,擅下,人赀二甲。

军官在战时如放弃指挥,即为失职罪,对其惩罚自然超过士兵的失职罪,一般都是死刑。如《史记·秦本纪》所载,秦昭王四十九年(前258年)十月,将军张唐帅秦军攻魏,一个姓蔡的尉因"弗守",被处以斩首之刑。对士卒逃亡也有惩罚条例,《屯表律》规定:

> 冗幕归,辞日日已备,致未来,不如辞,赀日四月居边。

即对服役期未满而擅自归乡的士卒处以四个月的边防服役。对于失亡士卒众多的将领来说,依法可以判处死刑。秦末农民起义爆发后,少府章邯奉命率兵镇压。巨鹿之战,秦军大败,章邯统残兵屯棘原(今河北鸡泽县境),与项羽统帅的诸侯联军对峙。章邯面对失军败阵的困境,无计可施。陈余借机致书于他,劝其投诚,其中说:"今将军为秦将三岁矣,所亡失以十万数,而诸侯并起滋益多。彼赵高素谀日久,今事急,亦恐二世诛之,故欲以法诛将军以塞责,使人更代将军以脱其祸。"[3]这说明对失亡士卒的统帅可以依法斩首。章邯正是因为害怕追究责任而投降义军的。

另外,对于泄露战时机密和作战不力者也规定了惩戒的条款。如《史记·白起王翦列传》记载,长平决战前夕,秦国派白起秘密来到前线担任秦军统帅,"令军中敢有泄武安君将者斩"。因为战时机密是取胜的条件之一。战场上将士们的士气如何对战争的胜负至关重要,为了鼓励

秦朝弩复原图

[1]《史记·商君列传》索隐。
[2]《史记·商君列传》索隐。
[3]《史记·项羽本纪》。

战国箭镞

将士勇敢杀敌,必须赏、罚分明,对作战不力者严加惩罚,往往处以死刑。《尉缭子·束伍令》规定:

> 五人为伍,共一符,收于将吏之所。亡伍而得,伍,当之;得伍而不亡,有赏;亡伍不得伍,身死家残。亡长得长,当之;得、长不亡,有赏;亡长不得长,身死家残。复战得首长,除之。亡将得将,当之;得将不亡,有赏;亡将不得将,坐离地逃遁之法。

秦国对军功的奖赏有一套严密的法律制度,商鞅变法后逐步形成了20级的军功爵位制度。秦简《军爵律》对军功受爵的原则有明确的规定:

> 从军当以劳论及赐,未拜而死,有罪法耐迁其后,及法耐迁者,皆不得受其爵及赐。其已拜,赐未受而死及法耐迁者,予赐。

该律还规定了以军功抵罪的内容:

> 欲归爵二级以免亲父母为隶臣妾者一人,及隶臣斩首为公士,谒归公士;而免故妻隶妾一人者,许之,免以为庶人。工隶臣斩首及人为斩首以免者,皆令为工,其不完者,以为隐官工。

秦统治者以赏、罚二柄治军,对于使军队保持铁的纪律,督励将士勇敢赴敌具有一定的积极意义。秦军在统一六国的战争中之所以能够所向披靡,在北伐匈奴、南平百越的战争中之所以能够迭获胜利,就是因为这支军队具有一往无前的勇敢精神与顽强的战斗力。但是,秦的军事法律制度也有着显而易见的弊端,这就是它的繁苛。与秦的法律一样,秦的军法十分繁苛,从一方面看,军事活动的方方面面都有法可依,使将帅士卒对自己的活动有章可循,减少活动的随意性与盲目性,未尝不是优长之势;另一方面,由于军法过于繁苛,必然缩小将士们活动的自由空间。而军事活动瞬息万变,将士们应该比行政官员拥有更多的自由空间。秦军法对将士们的活动限制过严过死,这显然对将帅士卒充分发挥主观能动性不利。著名将军白起之死实在是一个悲剧。白起拒绝执行昭王的错误命令是对的,但他的行动又违反了军法,他只能为自己理智的行动付出生命的代价。秦的法律制度同时又是特别严酷的,它强调战时军法从严的原则自然不无合理之处,但不问青红皂白的"失期当斩"、"亡伍不得伍,身死家残"、"什伍连坐"等,实在是太严苛了,秦军法中适用死刑的条款太多,将士们稍有不慎或失误就有可能蹈死亡之域。秦统治者制定如此野蛮残酷的军事法律的目的是督责将士们为之拼死战斗,在相当时间内也的确起到了这种作用。然而,在另一种环境与时间,这种野蛮残酷的军法却导向了它的反面。陈胜吴广均为秦军的低级军官屯长,没有"失期当斩"的军法,他们不一定在大泽乡首举反秦的义旗,从而引发导致秦皇朝灭顶之灾的农民大起义。没有"亡伍"当斩的律条,章邯等统帅的20多万秦军主力也不一定很快地向项羽为首的起义军投诚,从而加速了秦皇朝灭亡的步伐。

战国燕王职戈

三　"使黔首自实田"

土地制度是封建专制主义中央集权制度的经济基础。公元前216年(秦始皇三十一年),秦朝下令"使黔首自实田"[1],标志了中国封建社会初期土地制度的重大变革。关于这次变革的性质和秦朝土地制度的性质,学术界至今还有不同的理解。下面仅举几种代表性的观点:

范文澜认为这是"确定土地私有制度——东周后半期开始有两种土地所有制度,经长期斗争,至前216年(秦始皇三十一年),'令黔首自实田',土地个人私有制也就是封建地主占有土地制以法律的形式确定下来了"[2]。翦伯赞认为这是"中国的土地之由封建领主所有完全转化为商人地主之集团的所有"[3]。郭沫若主编的《中国史稿》则认为,"它标志着在战国以来封建土地私有制发展的基础上,进一步在全国范围内确认了封建土地私有权。……从此,无论是原先社会改革比较彻底的秦国地区,或是社会改革不够彻底的六国地区,封建地主土地所有制都得到了迅速的发展"[4]。《剑桥中国史》对此问题的解释比较谨慎,它说:"这句话如果准确,并且解释无误,意味着到这个时候,土地私有制在全帝国已成为既成的事实。"[5]以上解释为中外史学界大多数学者所分别认同。不过,也有部分学者作出另外的解释,如侯外庐在《封建主义生产关系

[1] 《史记·秦始皇本纪》集解引徐广曰。
[2] 范文澜:《中国通史简编》第二编,人民出版社1958年版,第14页。
[3] 翦伯赞:《秦汉史》,北京大学出版社1983年版,第27页。
[4] 郭沫若:《中国史稿》第二册,人民出版社1979年版,第121页。
[5] 《剑桥中国史》,中国社会科学出版社1992年版,第74页。

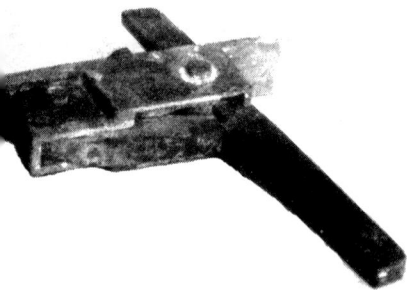

秦镶嵌云纹弩机

的普遍原理与中国封建主义》等文章中认为,根据马克思主义原理,私有权的缺乏是封建生产关系的特征,在整个中国封建社会中,国家对土地拥有所有权,贵族、官僚、地主对土地拥有占有权,农民(主要是自耕农)只拥有土地的使用权。所以,"使黔首自实田"并不表明对农民土地私有权的确认,只表明承认农民对土地的使用权[1]。林剑鸣对此问题又有新的解释:"秦王朝政府'使黔首自实田'……就是运用政权的力量在全国范围内扫除障碍,促进封建土地私有进一步发展的重要措施。"他否认此一措施"仅仅是承认土地私有",因为土地私有权早在公元前594年鲁国实行"初税亩"、公元前408年秦国实行"初租禾"就在全国范围内确认了。他认为"使黔首自实田"的意义在于:"令全国百姓(黔首)将自己所有的土地——包括田地与休耕地(即'田'与'莱田')如实上报。这表示,今后国家不再干预私有土地使用情况,不再规定必须有'田'与'莱田'的明确划分。这就无异于宣布'爰田'制的彻底废除。"[2]

究竟应该如何认识"使黔首自实田"的内容及其意义呢? 要理清这个问题必须将此前中国土地制度的变化作一概要的追溯。

西周实行的是宗族土地等级所有制。又名"井田制"。这个井田制并不是孟子解释的"八家共井,公事毕,然后治私事"那样的内容,而仅仅是一种计量土地和赋税的方法。即六尺为步,百步为亩,三百步为里,方里为井,井九百亩。以此为标准,计算封地、采邑与农田的数量以及赋税的多寡。春秋时期,随着生产力的提高与经济的发展,各诸国之间、诸侯国内部卿大夫之间展开了激烈的斗争,不少侯国灭亡,许多卿大夫"降在皂隶",土地逐渐集中于在斗争中获胜的侯国和宗族之中。如晋国韩、赵、魏三家、齐国的田氏等。他们把奴隶制的宗族土地等级所有制逐渐变成了封建的土地国有制。春秋时期各个大国都进行了不同程度的经济改革,而这些改革恰恰促进了宗族土地等级所有制向封建土地国有制的转化。齐国的"相地而衰征"、楚国的"量人修赋"、晋国的"作爰田"、鲁国的"初税亩",都是通过改变征税方式,促进了封建土地国有制和授田制的形成。战国时期,各国普遍都实行了授田制,

---

[1]《侯外庐史学论文选集》,人民出版社1987年版。

[2] 林剑鸣:《秦汉史》,上海人民出版社1989年版,第120—121页。

授田标准是一夫百亩。如李悝在魏国"行尽地力之教"，其标准就是"今一夫挟五口,治田百亩"[1]。孟子也说,"五亩之宅,树之以桑","百亩之田,勿夺其时"[2],荀子讲过"百亩一守"[3],《管子》也讲过"一农之事,终岁耕百亩"[4]。秦国的税收"人顷刍稾"也是按百亩计算。不过,实际授田时还要根据土地的好坏或加一倍或加二倍授予。农夫授田后,按一夫百亩缴纳定额赋税,"以其授田之数, 无狼（垦）不狼（垦）,顷入刍三石,稾二石"。战国时期列国实行土地国有制的同时,实际上也开始了土地私有化的过程。战国时期封建土地私有化的途径有三,"一是军功赐田和各种赏田的私有化,二是贵族官僚土地的私有化,三是农民授田的私有化"[5]。在农民授田私有化的过程中,"使黔首自实田"具有重要意义。因为战国时列国授田的目的,是把授田农民束缚于土地之上,以授促垦,保证国家的赋役之源,所以实际上土地是只授不还,后代可以世袭使用。加上鼓励垦荒,随着人口的繁衍增多,土地的垦辟也越来越多,各农户长期使用授田和自己新垦之田, 对土地的占有权逐渐变成了所有权,私有程度越来越高。土地私有的重要标志是土地买卖的盛行与合法化。战国时期土地买卖的史料有二则,一是《韩非子·外储说左上》记载的中牟令王登推荐两位文学之士到赵襄子那里任职引起的连锁反应,"中牟之人弃其田耘,卖宅圃而随文学者邑之半",说明宅圃的私有化。一是赵括被任命为将军时,将赵孝成王所赐金帛"归藏于家,而日视便利田宅可买者买之"[6],说明当时土地买卖已经合法化了。土地私有化的发展必然引起赋役制度的变化。西周时期国人与野人的不同税制开始逐渐合流为统一税制。这是因为,随着授田制的发展和奴隶的解放,国人与野人的身份差别逐渐打破,他们作为授田农民被置于同样的赋役制度下, 即什一税制的"粟米之征",再加上"布帛之征"、"力役之征"等,也就是田租（田税）、户税、人口税等的定额税制了。至此,封建土地国有制实际上已变成了土地私有制,田税并不含田租,它只是国家主权的象征。秦朝统一全国后,黔首名义上虽然还是授田农民,国家名义上还是全国土地的所有者,但实际上,黔首已经成为土地的所有者了。国家除了占有官田、

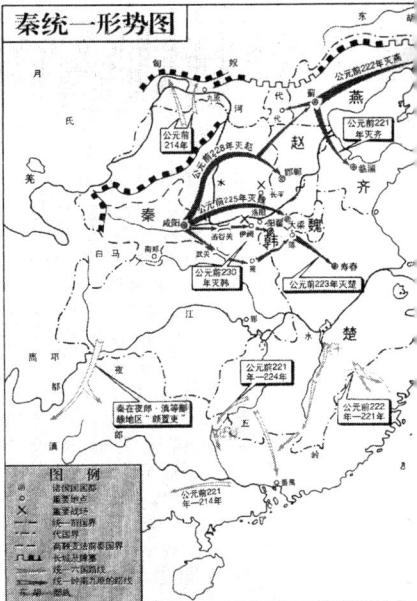

秦统一形势图

[1]《汉书·食货志》。
[2]《孟子·梁惠王上》。
[3]《荀子·王霸》。
[4]《管子·轻重甲》。
[5] 田昌五、漆侠主编:《中国封建社会经济史》第1卷,齐鲁书社1996年版,第57页。
[6]《史记·廉颇蔺相如列传》。

战国郑令兹恒戈

山林川泽和无主荒地外,其对全国的土地,只是拥有名义上的所有权,或在某种特殊情况下有权干预外,实际上已经不能算是国有土地了。在这种情况下,为了进一步鼓励广大农民的生产积极性,促进未垦土地的迅速垦辟。于是下令"使黔首自实田",以皇帝诏令的方式,允许农民自由占田垦荒,只要按时去政府登记新垦土地和按规定交纳赋税就可以了。此后,国家对民间的土地买卖不再干预,国有与私有的土地并存而界限分明,土地兼并成为历代皇朝关注的问题,因为它日益成为影响社会矛盾和阶级矛盾的重要因素。正如董仲舒所说:"用商鞅之法,改帝王之制,除井田,民得买卖,富者田连阡陌,贫者无立锥之地。"[1]"使黔首自实田"的意义在于,它奠定了此后两千多年中国封建社会土地所有制的基本格局:国有土地、地主土地、农民土地三者并存,此消彼长;土地买卖,加上诸子析产,使土地所有权的转移比较迅速,所谓"田无常主,民无常居"[2],不易形成百世不变的大地主,同时使自耕农与半自耕农的土地数量在土地总量中占有较大比重。由此,使地主阶级与农民阶级的成员都处于不稳定状态,沦落与上升是经常进行的,因而也就无法建立起稳定的等级制度。这一切恰恰构成中国与欧洲封建社会显著不同的特点。欧洲的封建领主不但能够世袭地稳定地占有领地,而且能够世代占有领地上的劳动者农奴;他们不但具有固定的等级身份,而且在领地上直接握有行政权、司法权和兵权,封建领主不需要另设一套官僚机构,便可以有效地对农奴进行统治,因此专制主义中央集权制度也就无从产生。中国的情况则不同。在地主土地所有制下,土地可以自由买卖,或土地兼并,这样就造成了土地所有权的流动性较大,个别地主对土地的占有和经营也比较分散,不能同政治上的统治权力和统治范围紧密地结合在一起。因此,在经济上既不能形成较完整的封建庄园经济体系,在政治上地主和佃农也不能形成像欧洲那样封建领主和农奴之间的牢固的封建隶属关系。秦朝以后,我国的封建地主一般是采取租佃制的形式剥削佃农的,所谓"耕豪民之田,见税什五"[3]。由于地主对土地占有不稳定,对佃农的占有也不稳定,而且地主在他们的土地上也没有行

[1]《汉书·食货志》。
[2]《后汉书·仲长统传》。
[3]《汉书·食货志》。

政和司法等权力，特别是游离于地主经济范围以外的大量自耕农，更非个别地主的力量所能控制。在这种情况下，地主阶级为了有效地控制农民，镇压农民的反抗和起义，以保证他们对土地的占有和保护封建剥削，就需要一个凌驾于社会之上，集中代表全国地主阶级利益的政治权力，这种权力就表现为专制主义中央集权的政治制度。可见，从战国的诸侯封建割据到秦朝专制主义中央集权制封建国家的建立，并不是偶然的，而是由封建土地所有制这一经济基础所决定的。秦始皇三十一年"使黔首自实田"实际上是用法律形式保护封建土地所有制，并进而为巩固专制主义中央集权制度服务的。

秦廿六年戈

第四节　巩固统一的措施

秦始皇统一六国后，采取了一系列巩固统一的措施，如"车同轨"、"书同文"、统一度量衡、堕城与销兵、全国巡行与刻石纪功等，对当时和以后中国经济文化的发展，对多民族国家的形成与发展，都产生了巨大而深远的影响。

一　"车同轨"、"书同文"、"行同伦"

公元前221年，秦始皇统一六国。第二年，即下令修建连接全国各重要地区的道路网。最高一级的道路叫驰道。《史记·秦始皇本纪》《集解》引应劭的解释说："驰道，天子道也，道若今之中道然。"《汉书·贾山传》载贾山的话说："秦为驰道天下，东穷燕齐，南极吴楚，江湖之上，滨湖之观毕至。道广五十步，三丈而树，厚筑其外，隐以金椎，树以青松。为驰道之丽至于此。"这是当时世界上修筑的最长的也是规格最高的道路。驰道宽50步，夯筑得坚实而平坦，每三丈植一株青松为道树。驰道以国都咸阳为中心，向东沿黄河南岸延伸，经三川郡（今洛阳）分两路，一路北上，过黄河，经河内郡、巨鹿郡、常山郡，直达广阳郡（今北京），然后转而东进，至右北平郡的碣石山。此路贯串原燕、赵腹地。另一路自三川郡继续东进，经东郡、定陶，至薛郡（今山东曲阜），又分两路，一路北上，经济北郡（今济

西汉帛书《战国纵横家书》(残页)

南),折而东向,经齐郡(今临淄),继续向东至胶东郡,在成山南折,沿海而行,经琅邪郡、东海郡,再折而西,至广陵(今江苏扬州)。另一路南下,经泗水郡的彭城(今江苏徐州),直下东南,与沿海南下的另一条驰道在广陵交汇,然后渡江南下,经会稽郡(今江苏苏州)至钱塘(今浙江杭州),之后渡浙江(今钱塘江)至会稽山。另外,自三川郡东向的驰道,在今河南郑州附近另辟一路南下,经颍川郡直达南阳郡,与自咸阳直下东南经峣关、武关而达南阳的另一驰道交汇。之后,继续向南延伸,在今之襄樊渡过汉水,直达南郡(今湖北江陵)。由南郡趋东南,渡长江抵湘山,入长沙郡,再沿湘水南下,越五岭,直达南海郡城(今广州)。岭南的驰道是在平定百越以后修筑的。由咸阳向西,又修了一条直达陇西郡的驰道。该道在陇西境又分成两路,一路向西北方向,经回中宫至鸡头山。一路向西直达陇西郡城(今甘肃临洮)。

公元前212年(秦始皇三十五年),秦始皇又下令修了一条由咸阳北上的"直道"。这条直道由咸阳以北的云阳出发,经上郡的高奴(今陕西延安北)、阳周、肤施(今陕西榆林南),穿越沙漠,渡过黄河,直达九原郡城(今内蒙古包头西)。从这里向北,就是一望无际的大草原了。秦始皇修筑的这条直道,主要是为了对付匈奴。因为此前,蒙恬统帅的秦军已将匈奴人赶出河套地区,并修筑了绵延万里的长城阻止其南下。同时沿长城一线驻军30万,随时准备反击匈奴人的内侵。边防前线,尤其是九原郡一带,需要大量的兵源与军需供应。直道的建成,使首都咸阳与北部边防前线有了一条最便捷的通道。对巩固北部边防,加强与北部地区的经济文化交流,有着十分重要的意义。另外,为加强与三晋地区的联系,由咸阳沿渭水北岸向东,渡过黄河,修建了直达河东郡城安邑(今山西夏县)的一条大道。这条大道由安邑向北沿汾水延伸,经太原郡城晋阳(今山西太原)继续向北,直抵雁门郡城,再折向西北,联结云中郡城。为了在长城沿线调兵和运输军需物资的需要,又修筑了自九原郡向东,在长城以南连接云中郡、雁门郡、代郡、上谷郡、渔阳郡、右北平郡的一条大道。还在秦统一前,为了经营汉中和巴蜀地区,就修筑了自关中经汉中直达蜀郡城成都的大道。再由成都南下,沿岷江直抵长江。统一以后,为了国防事业和通西南夷的需要,又修建了直达滇池(今云南晋宁东)的"五尺道"。与此同时,还在今之湖南、江西和两广地区修筑了"新道"。

驰道、直道、五尺道、新道等各种名称的道路建设,是秦始皇在统一全国后进行的一项具有深远意义的交通工程和边防建设。这些道路显然都不是完全的新建道路,其中不少是原有道路的扩建、改建。当然也有不少新建道路,如直道、新道、五尺道等,大概以新建道路为多。这些道路的建成,构成了以国都咸阳为中心的连接全国各重要城市、富庶地区和战略要地的四通八达的交通网络。这个交通网络的建成,不仅对秦皇朝,而且对以后中国历史的影响也是巨大而深远的:(一)它是巩固幅员辽阔的封建专制主义中央集权大帝国的重要措施。统一的秦帝国,建立在自然经济基础之上,从中央到地方,路途遥远,要使中央的政令迅速传达至地方,地方的信息及时反馈给中央,没有便捷有效的交通条件是不可能的。中国是在封建社会初期就完成了统一,并且建成了中央集权的行政体制,这种行政体制所要求的全国行政、财政、司法、军事等的高度统一,对交通的依赖程度很高,秦皇朝的道路建设恰恰满足了这一方面的要求。(二)由于秦帝国幅员辽阔,周边地区分布着不少少数民族,他们时刻可能与秦帝国发生边境冲突。秦帝国内部也有许多不稳定因素,六国的残余势力还在蠢蠢欲动,原六国百姓对秦的统治也还存在疑忌和不适应,各地产生矛盾和冲突的可能性很大。四通八达的良好道路设施使秦皇朝可以在较短时间内迅速调动军队以对付来自边境地区的少数民族入侵,以应付国内的突发事件,对于维护国家的安全、保持社会的稳定还是有积极作用的。道路建设对几十万大军北伐匈奴和平定百越所起的保障作用是不言而喻的。(三)秦帝国虽然建立在以农业为主的自然经济基础之上,但与欧洲封建社会不同的是,以自耕农与半自耕农为主的广大劳动者的生产与生活并不完全自给自足,他们需要通过市场进行生产资料与生活资料的交换。同时,由于中国地域辽阔,各地物产有非常大的差异,也需要通过远距离交换

赵

韩

燕

楚

齐

秦 马
　 安

统一文字表

秦郡县图

互通有无。这样一来,从春秋以来就日益发展的手工业、商业到秦时有了更大的发展,地区间有相当规模的商贸活动。各地经济文化交流的日趋扩大需要良好的道路建设。秦帝国大规模的道路建设不仅促进了全国各地区间、民族间的经济文化交流,而且加速了各地区、民族对于统一国家的认同,这对巩固国家的统一具有不可估量的积极意义。在进行道路建设的同时,秦皇朝还规定了道路与车轨的同一宽度,"车同轨"、"舆六尺",这一近于标准化的措施虽然在各地情况十分复杂的中国不可能在短期内达到统一的效果,但这种努力同样有利于各地的经济交流,因而也是值得肯定的。

春秋战国时代,由于经历了长达五个半世纪的诸侯割据,加上各地的地理、气候、民族等诸多差异,使割据的各国形成了"田畴异亩,车途异轨,律令异法,衣冠异制,言语异声,文字异形"[1]的奇特现象。秦统一以后,为了使经济、文化等诸多方面与政治的统一相适应,开始了一系列的统一工作。除了上面论述的土地制度、法律制度、道路车轨的统一之外,还有文字的统一,即"书同文"。本来,在商朝和西周时期,中国的文字是统一的,现在出土的甲骨文和金文可以作为佐证。但是,由于后来诸侯国的长期割据,使各国在文字使用的过程中出现了变异,同一文字形成了不同的写法,即"文字异形"。原周朝的文字笔画繁复,称为大篆,或称籀文。战国时期的齐鲁是当时文化最发达的地区,这里逐渐演化出一种比较简便的字体,西汉人称之为古文、蝌蚪文或孔壁古文。秦朝统一以后,秦始皇命李斯进行统一文字的工作。李斯取籀文、古文之所长,力求将笔画简省划一,创造秦篆又称小篆这样一种字体。以后,李斯作《仓颉篇》,赵高作《爰历篇》,胡母敬作《博学篇》,作为学童的识字课本,都是用小篆书写的。秦始皇巡行全国各地,其在泰山、峄山、芝罘、琅邪台、会稽、碣石山等地的刻石文,也是用小篆书写的。有一个狱吏叫程邈,此人因犯罪被拘于狱中十多年。他在狱中专心致志地研究书体,穷十年之功,创造了一种笔画更简便、字体成方形、更便于书写的书体,名隶书,逐渐代替小篆,成为应用广泛的书体。西汉时,隶书广泛运用,后来发现的汉

[1]《说文解字》序。

简、帛书,如银雀山竹简、马王堆帛书等,就都是用隶书书写的。这种隶书既便于书写,又容易学习识字,对我国文化的发展和传播起了重要作用。统一文字是秦始皇功德无量的重大举措,对中国历史和文化的发展产生了极其重大而深远的影响。中国地域广袤,各地方言千差万别,给不同地域人与人之间的交往增加了困难,但因为全国文字是统一的,书面语言的一致给上令下达、下情上通提供了一个重要的工具,也给各地使用不同方言人们的交往提供了便利。更重要的是,统一的文字沟通了共同的民族心理、价值观念和伦理亲情,从而增强了民族的凝聚力和民族的认同感。由此使两千多年中国封建社会的历史统一和平之日多于分裂混战之时。不仅中国的历史没有中断,以方块字为载体的中国文化也没有中断,秦朝以前留下的各种文献、典籍,作为中国民族思想与文化的元典一直流传并远播域外,形成了影响巨大的东亚文化圈。反观欧洲,它的面积接近中国,希腊、罗马的文明与中国一样古老,它们创造的拉丁字母成为整个欧洲语言文字的母体。然而,由于拉丁文以拼音构成文字,因而有多少方言就有多少文字,由此在欧洲就出现了几十种语言文字,不仅一个国家有一种语言文字,而且一个国家还使用多种语言文字。面积小于中国的欧洲居民,由于国家民族认同感的差异和其他原因,最终分为几十个国家。

秦廿六年诏版

秦始皇统一文字对于中国形成一个地域辽阔的统一国家显然起了极其重要的作用。汉文与汉语在长期的历史发展过程中不断吸收外来语汇,不断丰富和发展,成为世界上最具表现力、最具影响力的语系之一。我们的祖先用这种语言文字创造了许多无与伦比的思想著作和文学作品,为丰富世界的文化宝库,发展世界的思想和文化,展示世界文化的多样化和绚丽多姿作出了不可估量的贡献。

秦朝统一全国后,在匡正风俗即"行同伦"方面也做了一些有益的工作。本来,由于秦国僻处关中,长期同戎狄相处,保留了一些较落后的风俗习惯,被东方六国视为"与戎狄同俗"、"不识礼义德行"[1]的国家。因而商鞅变法中就有改革风俗的内容:"始秦戎狄之教,父子无别,同室

[1]《战国策·魏三》。

秦俑军阵一号坑——威武雄壮的右军

而居。今我更制其教,而为其男女之别。"[1]秦国自商鞅变法以来就比较重视对陈规陋习的改变,如公元前227年,秦的南郡守腾颁发的布告中,就有"除其恶俗"、"去其淫避(僻)"的要求。统一六国以后,更加注重封建的文明建设,要求统一风俗,达到"行同伦"的目标。秦始皇到各地巡行,刻石纪功,其目的之一也是宣扬良风美俗。公元前219年(秦始皇二十八年),他封泰山,禅梁父,在石刻中说:"贵贱分明,男女礼顺,慎遵职事。昭隔内外,靡不清净,施于后嗣。"[2]接着,又登琅邪台,立石刻,其中也说:"尊卑贵贱,不逾次行。奸邪不容,皆务贞良。细大尽力,莫敢怠荒。远远辟隐,专务肃庄。端直敦忠,事业有常。"[3]公元前210年(秦始皇三十七年),他巡行至会稽,立石刻,明确此行目的是"宣省习俗,黔首斋庄"。石刻中有这样一段话:

> 贵贱并通,善否陈前,靡有隐情。饰省宣义,有子而嫁,倍死不贞。防隔内外,禁止淫泆,男女絜诚。夫为寄豭,杀之无罪,男秉义程。妻为逃嫁,子不得母,咸化廉清。大治濯俗,天下承风,蒙被休经。皆遵度轨,和安敦勉,莫不顺令。黔首修絜,人乐同则,嘉保太平。[4]

这是秦石刻中讲到端正风俗文字最多也最具体的一次。可能是因为越中地区距中原较远,保留的落后习俗较多,致使秦始皇很有针对性地在石刻文写上了那一大段。对此,明清之际的大学者顾炎武作了如下评论:

> (越)欲民之多,而不复禁其淫泆,传至六国之末,而其风犹在。故始皇为之厉禁,而特著于刻石之文。以此与灭六王并天下之事并提而论,且不著之于燕、齐,而独著之于越,然则秦之任刑虽过,而其坊民正俗之意固未始异于三王也。[5]

这一评论肯定了秦始皇端正风俗的举措,应该说是比较公允的。世风民俗的好坏是一个社会文明程度的表现。一个政权关注世风民俗,并通过各种措施促使其向良风美俗的转化,显然是有进步意义的。

[1]《史记·商君列传》。
[2]《史记·秦始皇本纪》。
[3]《史记·秦始皇本纪》。
[4]《史记·秦始皇本纪》。
[5]《日知录》卷一三。

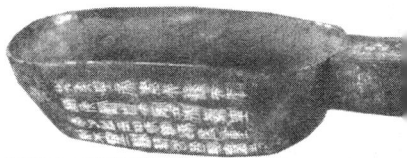

两诏秦椭量

二　统一货币与度量衡

货币是充当一般等价物的特殊商品，它的最重要的职能是价值尺度和流通手段。我国货币产生较早，到战国时期已经广泛地使用金属货币。但是，由于较长期的列国纷争，各国大都铸造发行自己的货币。这些货币大小、形状、轻重都不同，计算单位也不一致。大体上分为布币、刀币、圆钱和郢爰四大类。这四类货币，各有不同的流通地区，大致情况是：

韩、赵、魏流通布币，齐、燕、赵流通刀币，秦、东周、西周和赵、魏沿黄河的地区流通圆钱，楚国流通郢爰和形若海贝的蚁鼻钱。统一以前的秦国主要流通圆形的半两钱。

货币不统一，在战国时期已经给列国间的商贸活动带来诸多不便。秦统一以后，原列国间的壁垒阻障关卡消除，货币不统一给全国各地的经济交流带来的妨碍进一步凸现出来。为了促进经济的发展，给商贸活动更大的方便，同时也便于国家征收赋税，秦皇朝于是推行统一货币的政策。《史记·平准书》记载：

> 虞夏之币，金为三品，或黄，或白，或赤；或钱，或布，或刀，或龟贝。及至秦，中一国之币为二等，黄金以镒名，为上币，铜钱识曰半两，重如其文，为下币。而珠玉、龟贝、银锡之属为器饰宝藏，不为币。

根据以上记载以及近年考古发掘出土的大量实物，秦皇朝统一货币包含三个内容：

（一）秦朝统一后的货币分二品，上币为黄金，以镒为单位，重20两（一说24两）。下币是以铜铸造的方孔有郭的圆钱，重"半两"。近年在秦兵马俑坑和刑徒墓共出土了600多枚"半两钱"，该钱直径一般为2.5~2.77厘米，重量约为2.5~3.35克[1]。

（二）废除统一货币前各国发行的所有货币。

（三）珠玉、龟贝、银锡之类作为器饰宝藏，其价值虽在，但不作货币使用，退出流通领域。

秦朝统一货币对促进全国各地的经济交流和商贸发展无疑起了积极作用，而货币统一的意识又有利于加强

[1] 吴镇烽：《半两钱及其相关的问题》，《文物与考古丛刊》第3号。

秦阳陵虎符

全国政治上的统一。

由秦朝首创的方孔圆形钱币的形式，由于使用方便，在中国一直沿用了两千多年。

秦朝统一中国的当年(前221年)，在发布"车同轨，书同文"命令的同时，也下令"一法度衡石丈尺"[1]，即统一度量衡。因为自春秋以来，诸侯国各自为政，度量衡自然也不一致。如两周1尺合今23.10厘米，秦尺与楚尺皆合今23.00厘米。两周1斗合今1997.5毫升，秦1斗合今200毫升，赵1斗合今2114毫升，魏1斗合今7140毫升。而齐国的量以钟、釜、区、豆、升为单位，其1升合今164毫升。战国时期各国衡器的资料不全，但大体上都是1斤等于16两等于384铢，即1两24铢。但实际重量并不一样，如秦1斤合今256.25克，楚1斤合今251.53克[2]。度量衡的不统一显然妨碍各地的经济交流和商贸活动，也不便于国家赋税征收的统一计量。秦国于统一全国前就比较注重在其辖区内统一度量衡的工作，商鞅变法时的改革措施之一就是在国内颁布统一的度量衡标准。如现存的商鞅铜量就是他在孝公十八年(前344年)颁布的标准量器。其上的铭文是："十八年，齐遬(率)卿大夫众来聘。冬十二月乙酉，大良造鞅爰积十六尊(寸)五分尊壹为升。"秦朝统一后，仍以商鞅度量衡为标准器颁行全国，其他非标准器一律停止使用。刻在标准器上的诏书全文是：

> 廿六年，皇帝尽并兼天下诸侯，黔首大安，立号为皇帝，乃诏丞相状、绾，法度量则不壹，歉疑者，皆明壹之。

考古工作者除在陕西秦故地发现秦的度量衡标准器如"商鞅方升"和"高奴乐石铜权"等外，还在山东的邹城、诸城，江苏的盱眙，辽宁的赤峰，吉林的奈曼旗善巴营子古城，河南的禹县，山西的右玉、左云等地发现了标准器，这表明秦朝统一度量衡的工作已经推行到全国各地，并取得了实效。在全国统一度量衡是秦朝巩固统一、促进经济发展的一项重要举措，为各地经济交流、经贸发展和政府向百姓征收赋税提供了较大的方便。此一举措不仅反映了经济发展的客观要求，也反映了广大百姓的愿望，其积极意义是显而易见的。

[1]《史记·秦始皇本纪》。
[2] 林剑鸣：《秦汉史》上册，上海人民出版社1989年版，第145页。

三　堕城、销兵、迁豪、徙民、巡行、刻石

秦始皇统一全国后，为了防止和镇压六国残余势力和各地百姓的反抗，还实行了堕城与销兵两项重大措施。关于堕城，《史记·秦始皇本纪》失载。只是在其引用贾谊的《过秦论》中有"堕名城"三个字。《集解》引应劭的解释说："坏坚城，恐人复阻以害己也。"堕城在什么时候实行，也史无明文，估计在统一之年就与销兵一起实行了。春秋战国时期，战争几乎无日不有，在以冷兵器为武器的时代，城堡等防卫设施就显得特别重要。为此，各地陆续修筑了许多城池壕堑，史籍中不断出现"百丈之城"、"千丈之城"、"万丈之城"的记载。齐、秦、赵、燕等国还修筑了长城，楚国修筑了方城，遍布全国的交通要道上还修了大量的堡垒壕堑。这些城池堡垒壕堑与国家统一、和平的环境很不协调。第一，它妨碍交通，在修筑全国道路时必须予以清除。第二，它破坏水系，容易造成水灾。第三，一旦有反叛势力占据这些城池壕堑又会给国家的稳定带来危害。有鉴于此，秦始皇于是下达了堕城的命令，这无疑是一项维护国家和社会安全的重要措施。当然，所谓堕城也并不是平毁所有的城池堡垒壕堑，从维护国家安全和社会稳定出发，秦皇朝在堕城的同时也对一些重要城市如首都、各郡、县治所的城池进行扩大、加固、改造或重修。如三川郡的郡城洛阳就改建成一座坚固的城池，秦末陈胜、吴广领导的农民起义军很长时间也没有攻克该城，而首都咸阳城池的高大雄伟更是令人叹为观止。与堕城相联系的是销兵，此事是在秦皇朝完成统一大业的当年进行的："收天下兵，聚之咸阳，销以为钟镰，金人十二，重各千石，置廷宫中。"[1]销兵的目的只有一个，使民间失去造反的武器。战国时期战争频繁，肯定会有不少武器散落民间，加之百姓为了自卫也可能私自制造或购买一些兵器，这样，民间私藏的兵器就是一个很大的数目。秦皇朝下令收缴民间兵器的举措对后世产生了较大影响，除特殊情况外，后来的封建皇朝一般都不准民间私藏兵器。

堕城与销兵对于维护国家的安全和社会的安定固然具有一定的积极意义，但是，维护社会的安定主要着力点

秦陶量，秦代度量衡量

[1]《史记·货殖列传》。

赵 韩 齐 燕 楚 秦

秦

秦统一六国货币简图

不应是如何防范百姓的反抗，而应是如何为百姓创造一个良好的生产与生活环境。可是秦皇朝只是注意了前者而忽略了后者。尽管民间没有了兵器，可是被秦皇朝逼上死亡之路的百姓"斩木为兵，揭竿为旗"，仍然将秦皇朝彻底推翻了。显然，皇朝的存亡"在德不在险"，即不在城坚池深，而在民心的向背。

秦朝还多次进行"迁豪"与"徙民"。

秦汉时期，史料有关豪强地主的记载颇多，有"豪民"、"豪强"、"豪右"、"右姓"、"大姓强宗"、"奸猾吏民"等名目。其内涵也并不固定。大体上，在秦朝指的是六国的旧贵族及其少数富有的依附者和富商大贾。秦代见于记载的迁豪有多次。《华阳国志》三这样说："惠文始皇，克定六国，辄迁其豪杰于蜀。"从公元前230年至公元前221年，十年之中，随着秦军逐次灭亡六国，六国的旧贵族及其依附者以及该地的富商大贾，大都被迁离原地。事实上，被迁入蜀者固然较多，而迁至其他地方者也为数不少。总之，基本方针是勒令他们离开故土。东汉时期，距秦代迁豪已经二三百年了，世家大族还能清楚地追忆其祖先的渊源和迁处。《汉书·叙传》载："班氏之先，与楚同姓，令尹子文之后也。子文初生，弃于梦中，而虎乳之。……楚人谓虎(班)，其子以为号。秦之灭楚，迁晋、代之间，因氏焉。"《后汉书·冯鲂传》载："冯鲂，南阳湖阳人也，其先魏之支别，食采冯城，因以氏焉。秦灭魏，迁于湖阳(今河南新野东南)。"《广韵》三十五"马韵"记马融家世："扶风人，本自伯益之裔，赵奢封马服君，后遂氏焉。秦灭赵，徙奢孙兴于咸阳，为右内史，遂为扶风人。"《新唐书·宰相世系表》记权德舆家世："权氏出自子姓，商武丁之裔孙封于权……楚武王灭权，迁于刑处，其孙因以为民与秦灭楚，迁大姓于陇西，因居天水。"西汉时期著名的南阳富商孔氏，是以冶铁起家的大工商之家，他祖上是魏国大梁人氏："宛孔氏之先，梁人也，用铁冶为业。秦伐魏，迁孔氏南阳。大鼓铸，规陂池，连车骑，游诸侯，因通工商之利……家致富数千金，故南阳行贾尽法孔氏之雍容。"以上情况表明，秦灭六国的时候，被迁的豪民虽然遍布许多地方，但重点在秦地，或距秦地较近的地方。如南阳、湖阳、晋、代、陇西等地，基本上是处于以首都咸阳为中心的控制之下。当然，迁至蜀地的似乎更多。其中卓王孙、程郑之家就是典型代表：

> 蜀卓氏之先，赵人也，用铁冶富。秦破赵，迁卓氏。卓氏见虏略，独夫妻推辇，行诣迁处。诸迁虏少有余财，争与吏，求近处，处葭萌。唯卓氏曰："此地狭薄。吾闻汶山之下，沃野，下有蹲鸱，至死不饥。民工于市，易贾。"乃求远迁。致之临邛，大喜，即铁山鼓铸，运筹策，倾滇蜀之民，富至僮千人。田池射猎之乐，拟于人君。
>
> 程郑，山东迁虏也，亦冶铸，贾椎髻之民，富埒卓氏，俱居临邛。[1]

秦朝统一全国以后，大规模的迁豪进行了两次。一次是，"始皇二十六年，徙天下豪富于咸阳十二万户"[2]。据《三辅黄图》的记载是20万户。这是秦代迁豪唯一载有明确数字的一次，大概也是数量最多的一次。一次是，"秦末世，迁不轨之民于南阳"[3]。这次到底迁了多少，不得而知。而"不轨之民"是否应该全作豪民解，亦不好确定，但其中必有一定数量的豪民，是完全可能的。

迄今为止，对于秦代迁豪的原因，我们还未见到当时人的说明。其实，"安土重迁"仅仅是中国封建社会自然经济造成的观念。在原始社会和奴隶社会时期，这一观念似乎还未被广泛认同。在传说与史籍记载中，部落和人民的迁移是经常进行的。夏、商、周的祖先不就是迁来徙去，以致我们今日还难以确切考明其全部迁移地点吗？春秋战国以来，虽然我国经历着由奴隶社会向封建社会的转化，地主土地所有制逐渐代替奴隶制的宗族土地等级所有制，即通常所说的"井田制"，土地对劳动者的吸附力越来越强，再加上一家一户的小农，尤其是其中的富裕者阶层，大都积累了数量不等的私有财产，迁徙之举已非原始社会和商、周时期那么容易，但是，由于这一时期，列国纷争，各国间杀人盈城、杀人盈野的战争几乎无休止地进行，大国争霸，兼并争雄，其目的都是为了争夺土地和掠取人口，所以，徙民之举几乎每日每时地发生。两国交战，战败者在无力据守的情况下，往往弃城迁民。而为了从事

秦两诏文空心铜权

---

[1]《史记·货殖列传》。

[2]《史记·秦始皇本纪》。

[3]《史记·货殖列传》。

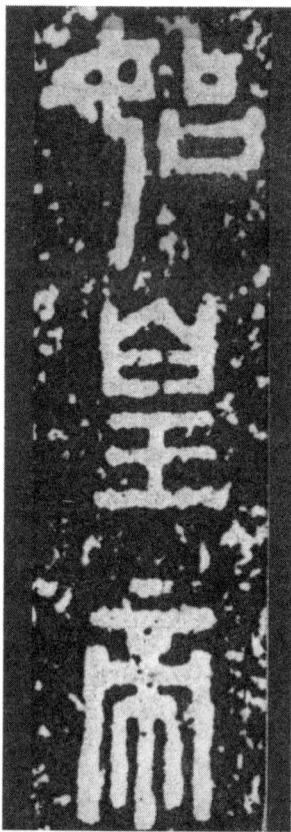

秦代书体"始皇帝"

土地的开发和加强土地的戍守，各国也有计划地将地狭人多地方的居民迁至地广人稀的地方。仅以秦国和秦朝为例，从秦惠王继位（前298年）开始，至秦末七八十年间，有记载的迁民就有十四五次，约平均五年一次，秦惠王迁民四次，昭襄王迁民一次，秦始皇迁民九次，其中规模较大的有三次：二十八年（前219年）"徙黔首三万户琅邪台下，复十二岁"，三十五年（前212年）"徙三万家丽邑，五万家云阳，皆复不事十岁"，三十六年（前211年）"迁北河榆中三万家，拜爵一级"[1]。此外，对所谓罪人的迁徙就更多了，50万刑徒被迁至两广地区与百越杂处，使中原的先进文化大规模地越过岭南，到达南海之滨。与后来两汉时期相比，秦始皇统治时期的徙民，次数多，规模大，是封建国家经常进行的工作。不难看出，秦朝的徙民在很大程度上是出于军事和国土开发的需要，虽然带有严酷的军事强制性质，但从总体上说其作用是积极的。它促进了边远地区的开发，加强了各地的经济文化交流，加速了民族融合的步伐，应该充分肯定。迁豪是对六国旧贵族及其依附性富商大贾的惩罚性措施，其目的是巩固封建统一，加强中央集权，防止他们兴风作浪，从事复兴故国的活动。六国政权虽然被秦始皇以强大的军事力量一一消灭了，但六国的旧贵族在其各自的故国，不仅在经济上有着较强的力量，而且在政治上也还有着广泛的影响。秦始皇为首的秦朝统治者对秦军在统一六国时在各国遇到的顽强抵抗记忆犹新，十分清楚六国旧贵族所构成的潜在危险。因此，他不仅在克定六国的过程中不断进行迁豪的工作，而且在统一六国的当年，又有迁豪12万户于咸阳的壮举。应该承认，这类迁豪对于巩固统一和加强中央集权是起了较好的作用的。首先，由于六国旧贵族及其依附的富人和富商大贾远离故土，迁到一个陌生的地方，一方面他们与故国百姓的联系基本上被斩断，另一方面又被置于秦政府军事力量的严密监视之下，他们在政治上的影响无疑被大大地削弱了。同时，由于他们中的大多数人在迁徙之后处于离群索居状态，难以聚集成团结统一的力量，这样，作为秦皇朝政治上的潜在危险就大大地缩小了。其次，远离故土对六国旧贵族和依附富人在经济上也是巨

[1]《史记·秦始皇本纪》。

大打击。他们在迁移的时候,虽然可以带走一些动产,如金银财宝之类,但大量的作为不动产的土地房屋等却只能忍痛割爱了。这只要看一下卓王孙先人从赵国迁往蜀地时那种狼狈不堪、低首下心的窘态,其经济上的损失就是不难想象的了。

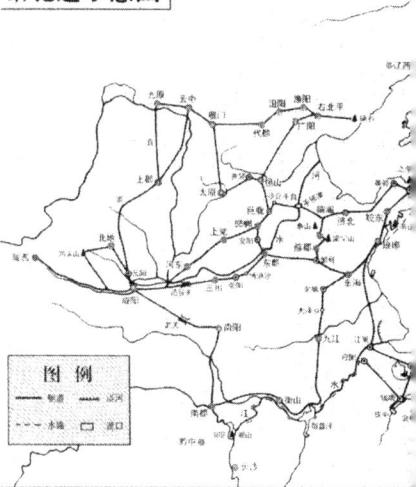

秦驰道示意图

应该承认,无论在历史上还是现实中,十全十美的政策并不存在,有的利多弊少,有的利少弊多,有的利弊相当。诚然,秦皇朝的迁豪政策在一定程度上对巩固统一是成功的,但是,由于秦皇朝的统一是通过战争手段完成的,对六国旧贵族的惩罚过于严酷,一味施以镇压手段,没有采取相应的笼络怀柔措施,因而,终秦之世,六国旧贵族与秦皇朝一直处于极度的对立状态。楚国旧贵族南公发出的"楚虽三户,亡秦必楚"的预言,反映的几乎是所有六国旧贵族对秦统治者的极端仇视态度。平心而论,六国旧贵族就其阶级属性而言,与秦皇朝的统治者并无本质上的差异,只要政策得体,他们本来可以由秦皇朝的反对派变成拥护者,消极因素可以转化为积极因素。再说,迁豪的办法也不可能把所有六国旧贵族一网打尽,他们总能通过逃亡、贿赂等多种手段,逃避迁徙,从而潜伏下来。后来,危险也正出在这批人身上。当秦末农民战争的烽火燃起的时候,虽然"迁虏"没有起事,但潜逃者如项梁、项羽叔侄,韩广、武臣,田儋、田荣、田横三兄弟,韩王信、张良以及张耳、陈余之流,却都兴高采烈地跑出来,扯起复兴六国的旗号,投入起义队伍,使反秦的武装斗争复杂化。而且,由于秦皇朝把六国旧贵族作为主要危险加以防范,没有看到广大劳动人民的反抗是更大的危险。因而对劳动人民施以无以复加的压迫与剥削,从而在客观上制造了埋葬自己的力量。正是广大的起义农民推翻了秦皇朝,宣告了它的灭亡。总起来看,秦皇朝的迁豪徙民政策,过于重视行政强制手段所发挥的作用,而忽略了妥协怀柔的功用,结果使自己成为一个短命的皇朝。

从更深一层讲,秦皇朝大规模的迁豪徙民之所以获得成功,恰恰是封建社会自然经济还不够充分发展的反映。应该看到,封建经济的发展导致的大土地所有制的成长,是秦汉时期历史发展的合乎规律的倾向。秦皇朝一面

古代驰道遗迹

用行政的力量去制造扩大封建政权的第一代当权派军功地主，一面又以行政的力量去削弱和限制封建政权第二代当权派豪强地主的发展。前一方面自然收到了显著效果，后一方面则只是暂时地起一些抑制作用。后来的事实是，六国旧贵族的相当部分，不管是被迁者还是留居者，在汉代都发展起来，成为豪强地主的一个组成部分。尤其是活跃于西汉经济舞台上的富商大贾，他们的世系大部分都可以追溯到六国旧贵族及其依附者那里。

秦始皇完成了统一中国的大业，建立了专制主义中央集权的封建皇朝以后，从公元前220年至公元前210年，先后五次出巡，黄河上下，大江南北，陇西边陲，东海之滨，都留下了他的足迹。《史记·秦始皇本纪》比较详细地记载了他出巡的行程。公元前220年(秦始皇二十七年)，第一次出巡。"巡陇西，北地，出鸡头山，过回中"。这是一次自咸阳向西部边陲的出巡。他先沿驰道西行，至陇西(今甘肃临洮)后，再折返向北，登上北地郡的鸡头山(今宁夏六盘山)后，又折回经回中宫(今陕西陇县西北)返回咸阳。

公元前219年(秦始皇二十八年)，第二次出巡。"东行郡县，上邹峄山。立石，与鲁诸生议，刻石颂秦德，议封禅望祭山川之事，乃遂上泰山：立石，封，祠祀。下，风雨暴至，休于树下，因封其树为五天夫。禅梁父，刻所立石"。此次出巡也是自咸阳出发，沿黄河以南的驰道向东方进发，经三川郡、颍川郡、砀郡、东郡、薛郡、济北郡，在进行了盛大的封禅活动之后，"于是乃并勃海以东，过黄腄，穷成山，登之罘，立石颂秦德焉而去"。即自济北郡向东，经临淄郡进入胶东郡，过黄县(今山东龙口)、腄县(今山东福山)，在芝罘山勒石后，东向至成山再转而向西南，沿海岸而行，至琅邪郡，登琅邪山，"大乐之，留三月。……作琅邪台，立石刻，颂秦德，明得意"。之后，自琅邪西返，经东海郡抵彭城(今江苏徐州)，"斋戒祷祠，欲出周鼎泗水。使千人没水求之，弗得。乃西南渡淮水，之衡山、南郡，浮江，至湘山祠"。即由泗水郡渡淮河，进入衡山郡(今湖北东部)，继续西进，到达南郡(今湖北江陵)。接着，沿长江乘船东下，直抵洞庭湖畔的湘山，在此碰上大风，几乎过不了江。

秦始皇大怒，大发了一通皇帝的威风："逢大风，几不得渡。上问博士曰：'湘君何神？'博士对曰：'闻之，尧女，舜之妻，而葬此。'于是始皇大怒，使刑徒三千人皆伐湘山树，赭其山。"之后，秦始皇又由长沙郡渡江北上，经南郡、南阳郡，转而向西北方向过武关，回到咸阳。

公元前218年（秦始皇二十九年），秦始皇第三次出巡。他由咸阳出发，至三川郡阳武的博浪沙（今河南中牟西北），"为盗所惊，求弗得，乃令天下大索十日"。后继续东行，再一次登芝罘，刻石。之后南去琅邪，折而西返，经上党郡回咸阳。

公元前215年（秦始皇三十二年），秦始皇第四次出巡。"之碣石，使燕人卢生求羡门、高誓。刻碣石门。坏城郭、决通堤防"。"因使韩终、侯公、石生求仙人不死之药。始皇巡北边，从上郡入"。这显然是一次沿长城一线的出巡。

公元前210年（秦始皇三十七年）十月，秦始皇最后一次出巡。此次从咸阳出发，由南阳郡至南郡，十一月，"行至云梦，望祀虞舜于九疑山。浮江下，观籍柯，渡海渚。过丹阳，至钱唐。临浙江，水波恶，乃西百二十里从狭中渡。上会稽，祭大禹，望于南海，而立石刻颂秦德"。这一次，他从云梦（今湖北武汉一带）浮江东下，在今安徽马鞍山附近渡江，经过丹阳（马鞍山东南），到钱塘（今浙江杭州），本打算在此渡浙江（今钱塘江），大概因为钱塘潮水浊浪排空，乃沿江西行120里，在水面狭窄处渡江东行，在会稽山祭大禹陵，立石刻。之后，北上，经过吴（今江苏苏州），自江乘（今江苏南京东）渡江，继续北进，至琅邪；再北上至荣成山。"至之罘，见巨鱼，射杀一鱼。遂并海西"[1]。继续西行，至平原津（今山东平原南）渡黄河。这时，秦始皇已患病并迅速加剧。七月丙寅，即病逝于沙丘平台（今河北广宗西北）。赵高等将其遗体载于辒凉车中，经井陉运回咸阳。秦始皇第五次出巡，行程最长，历时最久，差不多一年时间。他威风八面地出巡，返回时却变成了一具发臭的尸体。

秦始皇从公元前221年成为统一中国的皇帝，到前210年寿终正寝，12年中，先后五次出巡。出巡途中，他七

秦彩绘兽首凤形漆勺

[1]《史记·秦始皇本纪》。

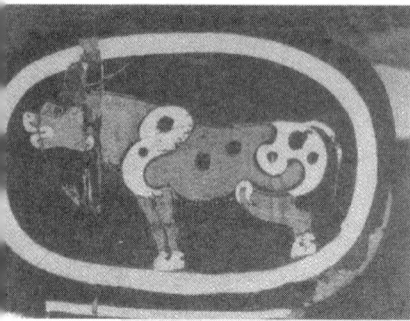

秦漆壶彩绘牛马图（牛）

次勒石纪功，在当时和其后都产生了广泛影响。秦刻石经过两千多年的风风雨雨，阅尽人世沧桑，大部分已经湮灭。只有保存至今的泰山刻石和琅邪刻石的残碑，仍然以其依稀可辨的小篆体的刻文，让人们想象它昔日的风貌。《史记·秦始皇本纪》收录了"泰山刻石"、"琅邪刻石"、"之罘刻石"、"碣石刻石"、"会稽刻石"的详细碑文。《金石萃编》收录了"峄山刻石"的全文。秦刻石不仅为后世提供了研究秦代历史的珍贵资料，而且现存残碑和拓片对研究我国古代文字发展史和书法艺术史也有重要的价值。

　　秦始皇从建国伊始，即率领大批臣子，在庞大的车骑卫队簇拥下，五次"亲巡天下，周览远方"（秦刻石文，出处均在《史记·秦始皇本纪》和《金石萃编》，下引不再注），无疑是震动全国的重大政治活动，其重要和根本的目的，自然在于巩固秦皇朝的封建统治，恰如胡亥所说："先帝巡行郡县，以示强，威服海内。"[1]这里，他要"威服的"，主要是以农民为主体的广大劳动人民以及六国旧贵族。这是因为，秦朝的统一，使战国时期已占主导地位的封建国家和广大劳动人民尤其是与农民的矛盾在全国范围内更加集中和深化，农民革命已经提上历史的日程。因而秦始皇出巡，"宣省习俗"，是向"黔首"的主要部分农民"示强"和"镇慑"，以达到"黔首斋庄"的目的。南方的楚国，东方的齐鲁、燕国，是秦皇朝最后征服的地区，也是秦末农民起义最早爆发的地区。山林伏莽，人心思乱。所以，秦始皇特别关注这些地区，希望通过巡视向东方原六国百姓展示自己的威风，宣扬秦帝国的强大，给他们心理上造成一种压力，使之产生敬畏的意识，不致萌生反叛的念头。自然，不应否认，出巡也具有镇服六国旧贵族的作用，被秦国军队覆社灭宗的六国旧贵族是分裂割据的种子，他们不甘失败，伺机复国，也构成对秦皇朝的威胁。为了对付他们，秦始皇在统一全国的当年就迁天下豪杰12万户于咸阳，将其放在眼皮底下监视起来。漏网之辈如上述项梁叔侄、张耳、陈余之流，为数寥寥蛰伏民间，已经无力单独掀起摇天撼地的风浪了。所以，通过巡视镇服他们的作用只是第二位的。

　　秦始皇的出巡，还有视察前线、巩固边防的意图。公

[1]《史记·秦始皇本纪》。

元前220年，他第一次出巡的陇西、北地，正是西北边防前线。公元前215年，他"巡北边，从上郡入"，经辽西、右北平、渔阳、上谷、代、雁门、云中、九原等8郡，亲自视察与匈奴毗邻的北部边防前线的形势。返回咸阳后，当即决策，命令蒙恬率30万大军北伐匈奴，修筑万里长城。以后巡视南方后，又决定进军岭南，开疆拓土，将南疆的边防前线向前推进了数千里。这一切，对于巩固发展新建立的封建国家具有积极意义。

秦彩绘鱼鹭纹漆盂

　　秦始皇的出巡，自然也包括"治驰道，兴游观，以见主之得意"[1]的游山玩水的目的，其中掺杂着觅仙山、寻仙人、找长生不死药之类的荒唐思想。上面讲到，秦始皇五次出巡，四次到东方，饱览了中国大好河山最壮丽的地方，雄伟的泰山，瑰丽的成山头、芝罘山、碣石山，还有那一天四时不同面貌的大海景观，北部长城线各具特色的山林、草原、沙漠，万里长江的风波，两岸变幻不定的风景线，洞庭湖的万顷波涛，九疑山上的茂林修竹，以及那万马奔腾般的钱塘潮，风景如画的富春江，都成为秦始皇以主人的身份欣赏的对象。巡游途中，他肯定既时时为中国壮丽无比的山川所陶醉，更为自己成为这山川的主人而自豪。一路之上，他满目是看不尽的美景，盈耳是臣子们百般阿谀的颂歌。他怎么也不会想到，自己最后一次出巡不能平安地回到咸阳，在咸阳桥头迎接他的不是震天的鼓乐，而是悲凄的挽歌！

　　当然，秦刻石最重要最主要的内容是宣扬秦始皇震古烁今的文治武功。《琅邪刻石》有一段话讲得十分明确：

　　　　维秦王兼有天下，立名为皇帝，乃抚东土，至于琅邪。列侯武城侯王离、列侯通武侯王贲、伦侯建成侯赵亥、伦侯昌武侯成、伦侯武信侯冯毋择、丞相隗状、丞相王绾、卿李斯、卿王戊、五大夫赵婴、五大夫杨樛从，与议于海上。曰："古之帝者，地不过千里，诸侯各守其封域，或朝或否，相侵暴乱，残伐不止，犹刻金石，以自为纪。古之五帝三王，知教不同，法度不明，假威鬼神，以欺远方，实不称名，故不久长。其身未殁，诸侯背叛，法令不行。今皇帝并一海内，以为郡县，天下和

[1]《史记·李斯列传》。

泰山刻石

平。昭明宗庙，体道行德，尊号大成。群臣相与诵皇帝功德，刻于金石以为表经。"

秦刻石文大部分出自李斯之手。它丰赡富丽，雍容典雅，是为秦始皇谱写的音调高昂的颂歌。其中有对秦始皇历史功业的真实记录，也有不少献媚阿谀之辞。

刻石文着力颂扬秦始皇扫平六国、统一宇内的空前功业。如《琅邪刻石》：

　　六合之内，皇帝之土。西涉流沙，南尽北户。东有东海，北过大夏。人迹所至，无不臣者。功盖五帝，泽及牛马。莫不受德，各安其宇。

刻石文还着重颂扬秦始皇优恤黔首、勤于政事的伟大治绩。如《琅邪刻石》：

　　皇帝之功，勤劳本事。上农除末，黔首是富。普天之下，抟心揖志。器械一量，同书文字。日月所照，舟舆所载。皆终其命，莫不得意。……皇帝之明，临察四方。尊卑贵贱，不逾次行。奸邪不容，皆务贞良。细大尽力，莫敢怠荒。远逐辟隐，专务肃庄。端直敦忠，事业有常。……黔首安宁，不用兵革。六亲相保，终无寇贼。

最后，刻石还大力宣扬秦始皇为巩固统一和加强中央集权而创设的各种制度，实行的各种措施及其形成的秩序井然的社会和美好的风俗。如《泰山刻石》：

　　皇帝临位，作制明法，臣下修饬。……治道运行，诸产得宜，皆有法式。大义休明，垂于后世，顺承勿革。……贵贱分明，男女礼顺，慎遵职事。昭隔内外，靡不清净，施于后嗣。化及无穷，遵奉遗诏，永承重戒。

以上引文，以浓笔酣墨恣意塑造秦始皇"圣明天子"、"黔首救星"的神圣形象，把他统治下的中国描绘成"万民康乐"、"百兽率舞"的人间天堂。表现了秦始皇为代表的地主阶级还处在上升时期那种踌躇满志、顾盼自雄、坚信未来的生气勃勃的面貌。"凡是现实的都是合理的，凡是合理的都是现实的"[1]。秦刻石文表明，此时我国历史上的封建制度正处于它的青春期，地主阶级正做着它的黄金美梦，历史正肯定着它们存在的正当权利。同时，刻石文也

[1] 黑格尔：《〈法哲学原理〉序言》，转引自《马克思恩格斯选集》第四卷，人民出版社1972年版，第211页。

表现了取得全国政权的地主阶级竭力把自己取得的成就看作历史的顶峰,力图把封建的生产关系、封建的上层建筑,尤其是各项法律制度,变成永恒的"仪则"、不变的法制、万古长存的模式,亿万斯年地保存和流传下去。秦始皇作为夺取全国政权的地主阶级的第一个代表,自然把封建的君臣之礼、长幼之序、贵贱尊卑等差作为理想的制度。刻石文充满了对封建的等级制度的礼赞,以及将这种制度永恒化的企图,所谓"永承重戒"、"永为仪则"、"长承圣治"、"长治无极"等,正是这种意愿的典型表述。其中,半是真实,半是谎言,半是未来的理想,半是一厢的情愿。但有一点至为明显的是,汉代董仲舒用"天不变道亦不变"的形而上学的方法论详加论证的封建制度的永恒性,已经成为刻石文的主旋律。"群臣颂功"的秦刻石记录了秦始皇的煌煌功业,得意洋洋的自颂自赞和千秋万代的未来预期,通篇洋溢着自信与乐观。然而,亿万斯年的预期却变成了短短的15年,期待作为永久历史见证的秦刻石也经不住两千多年的风雨剥蚀,消失得几乎无影无踪,唯一残留的泰山刻石也只是以其漶漫难辨的几个小篆体的残字任人凭吊。看来,茫茫宇宙,熙熙人间,只有发展和变化是永恒的真理。

徐福东渡时登程地点

四　北伐匈奴　南平百越

秦始皇当政时的重要功业之一是北伐匈奴,修筑了举世无双的边防工程——绵延万里的长城。

匈奴是长期繁衍生息于我国北部边陲地区的一个少数民族。据《史记·匈奴列传》记载,其先祖是"夏后氏之苗裔","唐虞以上有山戎、猃狁、荤粥,居于北蛮,随畜牧而转移"。其所牧牲畜中马、牛、羊是大宗,另有骆驼、驴、骡和不同品种的马类。作为游牧民族,"逐水草迁徙,毋城郭常处耕田之业,然亦各有分地。毋文书,以言语为约束"。由于长期生活于水草丰美的大草原上,儿时即能骑马练习骑射。长大后,都是精于骑射的勇猛剽悍的战士。《史记·匈奴列传》记述其习俗说:

> 其俗,宽则随畜,因射猎禽兽为生业,急则人习战功以侵伐,其天性也。其长兵则弓矢,短兵则

秦彩绘铜扣漆盒

刀鋋。利则进，不利则退，不羞遁走。苟利所在，不知礼义。自君王以下，咸食畜肉，衣其皮革，被旃裘。壮者食肥美，老者食其余。贵壮健，贱老弱。父死，妻其后母；兄弟死，皆取其妻妻之。其俗有名不讳，而无姓字。

匈奴世居北方，创造了独具特色的草原游牧文化，为中华民族多元一体化的发展作出了自己的贡献。夏、商、西周时期，匈奴族已经与中原王朝发生了广泛的联系。先周西伯昌攻伐的畎夷，穆王攻伐的犬戎，都是匈奴的分支。周幽王时，申侯勾结犬戎，将幽王杀死于骊山下，迫使平王东迁，开始了春秋时期的历史。其后，匈奴的别支山戎等不断侵扰中原地区，与秦、晋、燕、齐等诸侯国发生多次争斗。当时，以戎、狄等命名的匈奴人有许多分支，分布于从西北到东北的北部边境的广大地区：

当是之时，秦晋为强国。晋文公攘戎翟，居于河西圁、洛之间，号曰赤翟、白翟。秦穆公得由余，西戎八国服于秦，故自陇以西有绵诸、绲戎、翟、豲原之戎、岐、梁山、泾、漆之北有义渠、大荔、乌氏、朐衍之戎。而晋北有林胡、楼烦之戎，燕北有东胡、山戎。各分散居溪谷，自有君长，往往而聚者百有余戎，然莫能相一。[1]

历史发展到战国时期，秦宣太后杀死义渠戎王，并起兵攻伐其部众，占有其地盘，设陇西、北地、上郡三郡，同时修筑长城以阻挡匈奴的侵扰。赵武灵王“胡服骑射”，北破匈奴别部林胡、楼烦，也在北边筑长城，自代郡沿阴山直至高阙，设立云中、雁门、代郡三郡，以防匈奴南下。其后，燕国将领秦开率兵袭破匈奴别部东胡，使之后退千余里。燕国也修筑了自造阳（今河北张北境）至襄平（今辽宁辽阳）的长城，并沿长城一线设立了上谷、渔阳、右北平、辽西、辽东五郡，以对付匈奴的侵扰。

从公元前230年至公元前221年，秦始皇以10年之功倾全力剪灭六国，无暇顾及与秦国毗邻的匈奴对北部边隘的蚕食与侵扰，燕、赵两国在秦军的凌厉攻势下，社稷不保，国将不国，自然也没有能力与匈奴较量短长。这样一来，匈奴的势力在大草原上得到迅速发展，并利用秦、

[1]《史记·匈奴列传》。

燕、赵等国忙于彼此间争战的机会，逐渐向南方推进，占领了阴山之南、黄河河套地区不少地方。秦朝统一全国后，一时忙于国内的各项制度建设及统一后的诸多事宜，暂时将匈奴问题搁置一旁。公元前215年（秦始皇三十二年），秦始皇第四次出巡，先至碣石，然后由东向西，巡察了与匈奴接壤的辽西、右北平、渔阳、上谷、代郡、雁门、云中诸郡，最后自上郡返回咸阳。此次出巡，使秦始皇亲眼目睹了边陲地区因匈奴侵扰形成的严峻形势，下定了伐匈奴、筑长城的决心。恰在此时，"燕人卢生使入海还，以鬼神事，因奏录图书，曰：'亡秦者胡也。'始皇乃使将军蒙恬发兵三十万人北击胡，略取河南地"[1]。公元前214年至公元前213年（秦始皇三十三年至三十四年），开始大规模地对匈战争和筑长城。《史记·秦始皇本纪》载：

> 三十三年……西北斥逐匈奴。自榆中并河以东，属之阴山，以为四十四县，城河上为塞。又使蒙恬渡河取高阙、阳山、北假中，筑亭障以逐戎人。徙谪，实之初县……三十四年，适治狱吏不直者，筑长城及南越地。

对匈奴的征伐是从公元前214年（秦始皇三十三年）开始的。将其势力逐出榆中（今内蒙古陕西交界处）以北，沿阴山之南，黄河沿岸地区设立了44个县，筑城于河岸，作为防守匈奴的要塞。接着令蒙恬渡河攻取高阙（今内蒙古潮格旗东南）、阳山（黄河北）、北假中（今黄河河套以北地区）。同时徙罪人充实新设的县。第二年，又征发罪人，开始修筑长城。为了便于运送兵员和军事物资，公元前212年（秦始皇三十五年）修筑了从咸阳经云阳（今陕西淳化北）直达九原（今内蒙古包头西）的直道。从公元前213年（秦始皇三十四年）至公元前210年（秦始皇三十七年），四年之中，蒙恬督率数以十万计的士卒、百姓和罪人，在原秦、赵、燕旧长城的基础之上，"因边山险堑溪谷可缮者治之，起临洮至辽东万余里"[2]的长城。秦长城西起临洮（今甘肃由岷县），迤逦北上，经今甘肃渭阳，折而西北，至甘肃永靖后，再折而东行，在今兰州以东转向东北，在甘肃静远直下东南，划了一个弧线后，东北向穿越六盘山，经今之宁夏的固原、环县、陕西的吴旗继续向东北延伸，至陕

秦彩绘变形鸟头纹漆卮

[1]《史记·秦始皇本纪》。
[2]《史记·匈奴列传》。

秦彩绘云龙纹椭圆形漆奁

西横山后,向北划了一个半圆,经榆林仍向东北延伸,直达之内蒙古的准格尔旗附近。黄河以北的长城有二条。一条西起今之内蒙古的乌兰布和沙漠西北边缘,向东延伸,穿越阳山,直抵今内蒙古固阳东北。一条西起今内蒙古的乌拉特前旗,向东在阴山、黄河间穿行,经今包头、土默特左旗、呼和浩特,到达今河北的张家口后,再转而向东北方向延伸,经崇礼、围场后,直达今辽宁的赤峰。由此向东延伸,经阜新北,到达今辽宁的新民,之后沿辽水向东北延伸,在今辽宁的铁岭附近越辽水向东,再折而南下,经抚顺、本溪以东,于宽甸西越马管水(今之鸭绿江)进入今之北朝鲜,在平壤以西终止于大海边。秦长城曲折蜿蜒,历经今之甘肃、宁夏、陕西、内蒙古、河北、辽宁等省至北朝鲜,全长一万多华里。它跨草原,穿大漠,越大河,蜿蜒于崇山峻岭之巅,充分利用地形地物,或土沙、土石混筑,或石砌,并在险峻处,建城筑堡,设关立卡,建立起完整宏伟的防卫性的边防工程。在当时的历史条件下,在全世界范围内,它都堪称边防工程之最。长城展示了两千多年前中国人的聪明才智,显示了中国军事工程学所达到的先进水平。时至今天,人们在西北的荒漠草原,在北方山野的密林溪涧,还能发现片片断断的秦长城遗址,无言地兀立在那里,犹如一个饱经战乱沧桑的历史老人,成为中华民族坚韧不屈的象征。

　　表面上看,伐匈奴与筑长城这一惊天动地,涉及数十万中华儿女生死存亡的大事,全系于秦始皇面对卢生所献图录的一念之间,实际上,它是秦始皇深谋远虑的一项重大决策和精心筹划的行动。从历史上看,秦国与匈奴结下了不解之缘。正是因为匈奴别支犬戎杀死周幽王,造成周室东迁,而秦的祖先秦襄公正因为救助周室有功才获得了周室遗下的关中腹地,从而使秦国有了自己的立足点。秦国历代国君继承了与戎狄斗争的传统,不断从他们那里开疆拓土。秦穆公自关中向西发展,"益国二十,拓地千里",使秦国迅速强大起来,成为与齐桓公、晋文公齐名的五霸之一。战国时期,秦国在向东发展的同时,继续向西北拓展,不断从匈奴人那里夺得大片土地,设郡立县,将自己的统辖地域推进到沙漠与草原的边缘,并在那里修筑长城,作为防备匈奴侵扰的屏障。可以说,在战国七雄中,与匈奴接触历史最长,彼此间争斗最多,因而对匈奴了解最深的国家就是秦国。秦始皇在统一六国之后,对匈奴问题肯定有一个全盘考虑。所以他在秦始皇三十三年才有对北部边陲的全面巡视。正是在巡视之后,他才有伐匈奴、筑长城的决策与行动。

尽管伐匈奴使秦皇朝付出了较沉重的代价,但应该承认它是一次具有积极意义的行动。此时的匈奴族正处于奴隶社会的初期,奴隶主贵族对于财富的贪得无厌的追求使他们将目光不断投向中原富庶的农业区,并且发起了一次又一次以劫掠财富和人口为目标的侵扰,对中原地区百姓的生命财产造成很大的破坏。为了维护北部边防的安全,为了保卫中原地区百姓的生命财产并为之创造一个和平的生产与生活的环境,必须解除匈奴的威胁。所以,对匈奴的战争势在必行。由于秦始皇遴选蒙恬做征伐匈奴大军的主帅,付托得人,加之所统之兵又是统一六国、久经战阵的劲旅,此时士气正旺。特别是由于谋划得宜,后勤支援及时,因而30万秦军迅速将匈奴人逐出河南地,并在那里设立九原郡和44县,移民实边,因河为塞,建立起阻挡匈奴南下的防卫体系。秦军收回的河南地,是黄河上游最富庶的地区,这里土质肥沃,灌溉便利,已开发成重要的产粮区,对秦朝有重要意义,尤其是,这里是河套平原,无险可守,匈奴人占据该地,等于有了一块迅速南下的前进基地,所以秦军势在必争。取得河南地,将秦军的防线推进到黄河以北的阳山、阴山一带,就使秦军对匈奴取得了战略上的主动权:进可越过两山同匈奴在草原上角逐,退可坚守河上要塞使匈奴人不能渡河南下。这实在是秦始皇与蒙恬在军事史上的大手笔之作,是完全应该肯定的

与伐匈奴连在一起的是长城的修筑,它使秦皇朝同样付出了极其沉重的代价。万里长城虽然不完全是一次修建,而只是在原秦、赵、燕三国旧长城的基础上修补加筑而成,但工程量还是相当可观的,为此而动用的人力物力也是十分巨大的,广大劳动人民为此付出了巨大的牺牲。直到西汉元帝时贾捐之上书中犹称"长城之歌,至今

秦彩绘云龙纹漆盒

秦彩绘铜箍三蹄足漆樽

未绝"[1]。可以想见修筑长城使秦民蒙受多大的灾难。

不过，还应该看到，修筑长城与修建阿房宫和骊山墓这些纯粹为了秦始皇生前与死后享受的工程不同，在劳民伤财的同时，它还有不可忽视的积极意义。正是长城成为游牧经济区与农业经济区的分界线，它保护中原地区发达的农业经济不受游牧民族的侵扰，是保卫相对先进的汉文化的一道坚固的屏障。在冷兵器时代，长城作为一种防卫体系是有其存在价值的。事实是，长城建成后，匈奴被稳稳地隔在了大河与高山之北。蒙恬率30万大军沿线守卫，终秦之世，北部边陲没有受到匈奴的侵扰。筑长城之功是不可没的。

一段时期以来，学术界流传着一种观点：长城是中国长期封闭的象征。且不论中国长期封闭的结论是否符合历史事实，征诸历史事实，两千多年以来长城并没有阻断中原地区的汉族与周边少数民族的经济文化交流，中国作为一个民族的大熔炉并未因长城的存在丝毫受损。

问题是：正当的防卫是否能与封闭画等号？军事工程是否就是封闭的象征？试看世界上所有的文明国家在古代与中世纪，哪一个不曾建有城堡类的防卫设施？难道他们都是封闭的国家与社会吗？即使在现代最开放的国家，也一定建有自己的安全防卫体系，只是这种防卫体系不是长城，而是坦克、飞机、军舰和导弹、原子弹罢了。

必须指出，尽管秦始皇修筑了至今仍令中国人为之骄傲的长城，但并未妨碍秦皇朝在其15年的短暂岁月里促进了中国境内的民族融合。15年中，不仅原来进入七国辖域的数以百计的少数民族融合到华夏族广阔的怀抱，就是北方、南方和西方的少数民族也加强了与中原民族的经济文化交流，为两汉时期中国主体民族——汉民族的形成奠定了基础，创造了条件。

在今之浙江、福建、广东、广西及越南，从原始社会起就生活着越族，因分布甚广，部落众多，所以统称"百越"。这些众多的部落很早就同中原地区发生了经济与文化上的联系。《尚书·尧典》有尧"申命羲叔，宅南交"的记载。大戴《礼记·少间》有舜"南抚交趾"的记载。《史记·五帝本纪》则记载舜"践帝位三十九年，南巡狩，崩于苍梧之野，

[1]《汉书·贾捐之传》。长城之歌见清杜文澜编《古谣谚》引杨泉《物理论》："生男慎勿举，生女哺同脯。不见长城下，尸骸相支柱。"

葬于江南九疑,是为零陵"。以上文献所记,究竟与历史真实有多大距离,至今仍不易确定。但有一点似可肯定,百越与中原地区的联系早在远古时期就发生了。夏、商、周之世,史籍记载的百越与中原王朝的交往更多。如《夏本纪》记载九州之一的荆州贡物中,不少即出自岭南。《逸周书·王会解》记载商初名臣伊尹下令岭南贡物的越人即有"柱国"、"产里"、"九菌"、"损子"等。西周王朝与百越的交往更加频繁。"《礼记》称'南方曰蛮,雕体交趾'。其俗男女同川而浴,故曰交趾。""交趾之南有越裳国。周公居摄六年,制礼作乐,天下和平,越裳国以三象重译而献白雉,曰:'道路悠远,山川岨深,音使不通,故重译而朝。'"[1]据《周礼》记载,西周王朝在中央设立"职方氏"、"象胥"等机构与官员来管理边疆的部族事务,其中要管理的"七闽"、"八蛮"、"九貉"等可能都涉及百越。

春秋之世,百越与中原的联系更加密切。越人建立的越国雄踞东南,在春秋晚期,越王勾践参与大国争霸,"十年生聚,十年教训",不仅雪会稽之耻,灭掉吴国,而且北上齐鲁,一时让中原诸国侧目而视。战国时期,越国长期与楚国结盟,在文化上深受楚国的影响。因为楚国地处江汉平原,地理上距百越最近,因而能与百越的各部族都发生较密切的关系,双方发生冲突的可能性很大。楚悼王时,拜吴起为令尹,主持楚国变法,使楚国迅速强大起来。公元前387年,吴起"南平百越"[2],将岭南的许多地方纳入了楚国的势力范围。战国时期,越王无疆自恃力量强大,"兴师北伐齐,西伐楚,与中国争强"[3],后经齐威王使者一番说服,越国放弃攻齐,全力向楚国进攻。但此时的越王实在太不自量,越国哪里是楚国的对手?"楚威王兴兵而伐之,大败越,杀王无疆,尽取故吴地至浙江……而越以此散,诸族子争立,或为王,或为君,滨于江南海上,服朝于楚"[4]。由于楚国对百越地区的影响越来越大,加速了荆楚与百越的民族融合,这对后来中原文化迅速在百越地区传播起了先导的作用。不过,越国被楚灭亡以后直至秦朝统一中国,百越始终没有产生出一个幅员广阔、号令一切的政权。大大小小的越族部落自立君主,各自为政,甚至互相攻伐,这自然就削弱了他们反抗秦军的力量。

秦廿六年两诏版

[1]《后汉书·南蛮西南夷列传》。
[2]《史记·孙子吴起列传》。
[3]《史记·越王勾践世家》。
[4]《史记·越王勾践世家》。

始皇廿六年诏八斤权

公元前221年秦朝统一中国时，其行政管辖权在南方仅仅达到会稽、九江、长沙、黔中诸郡，今之浙江南部、福建、广东、广西、贵州南部、海南的广大地区，还在百越各君长的控制之下。这对已经统一了黄河与长江流域的雄才大略的秦始皇来说是不能容忍的。这是因为，在春秋战国五百多年的岁月里，百越已经与中原地区发生了越来越密切的政治、经济和文化上的联系，那里出产的各种奇珍异宝已经陈列在秦始皇的宫廷，给他带来赏心悦目的快感。秦始皇从大一统的观念出发，认为与其他六国一样，百越也必须置于自己的控制之下。"普天之下，莫非王土"，煌煌中华，岂容化外之民？再说，百越在历史上也与中原地区发生多次争战，其对中原王朝的威胁虽不像匈奴那么严重，但毕竟是一块心病，只有将其置于自己的统辖之下，秦始皇才能心安理得。

为了做好进击百越的准备工作，秦始皇第二次出巡（前219年）时，特地到了长沙郡的湘山，这里与岭南最近，显然与策划伐百越有关。他命刑徒三千伐湘山树，一方面是向湘山神展示自己为所欲为的威风，一方面也是为造船准备木料，为伐百越创造条件。在此前后，他下令修筑自咸阳通向全国的驰道。其中有一条自咸阳直下东南，经武关至南阳，又由南阳直下南郡、长沙郡，直抵岭南的驰道，在很大程度上是为进军岭南准备的一部分工作。

经过一番准备后，秦始皇开始实施他进军岭南，平定百越的计划。秦军进军岭南的年代，《史记》、《汉书》皆无明载，因而学术界有着不同的推定，如清人仇池石在《羊城古钞》中认为是始皇二十五年（前222年），明人郭棐在《广东通志》中认定为始皇二十六年（前221年）。还有人推定为始皇二十八年（前219年）[1]和始皇二十九年（前218年）[2]。张荣芳、黄淼章在其所著《南越国史》一书中，经过仔细考辨，认为始皇二十九年说比较准确。

公元前218年（秦始皇二十九年），秦始皇命秦尉赵佗与屠睢率楼船之士50万人进攻百越。据《淮南子·人间训》的记载，这场战争开始后的三年，秦军遇到越人顽强的抵抗，损失十分惨重：

乃使尉屠睢发卒五十万为五军：一军塞镡城之

[1] 余天识：《秦统一百越战争始年诸说考订》，《百越民族史论丛》，广西人民出版社1985年版。
[2] 陶维英：《越南古代史》（中译本），科学出版社1957年版，第116页。

岭，一军守九疑之塞，一军处番禺之都，一军守南野之界，一军结余干之水，三年不解甲弛弩，使监禄无以转饷。又以卒凿渠而通粮道，以与越人战，杀西呕君译吁宋。而越人皆入丛薄中，与禽兽处，莫肯为秦虏。相置桀骏以为将，而夜攻秦人，大破之。杀尉屠睢，伏尸流血数十万。

秦铜铍

以上五支秦军，"塞镡城之岭"者驻守今之广西北部的越城岭；"守九疑之塞者"驻守今之湖南的宁远县南；"守南野之界"者驻守今之江西南康县南部；"结余干之水"者驻守今之江西余干、乐平交界处；"处番禹之都"者则进军今之广州并在那里驻守。这五支秦军，中间的一支从今之湖南出发，越过九疑要塞，顺北江迅速南下，直达珠江三角洲，占领了番禺。东面的两支，南野之军与余干之军进攻的目标是闽越之地（今福建与浙江南部），由于该地"僻处海隅，褊浅迫隘"，"用以争雄天下，则甲兵糗粮，不足供也；用以固守一隅，则山川间阻，不足恃也"[1]。因此，两军进展顺利。闽越王无诸统帅的闽越人的抵抗很快被打得落花流水，秦军占据该地，同年，秦朝在这里设立了闽中郡。

　　与以上三支秦军相比，从九凝、镡城出发的两支秦军的进展却不顺利，这两支秦军进攻的目标是今之广西的西瓯越人，由于秦军大肆杀伐，遭到了西瓯人的拼死抵抗，加之后勤供应不继，使秦军伤亡惨重，主帅之一屠睢也命丧疆场。秦军只得暂停攻势。秦始皇看到后勤供应是制约军事胜利的重要原因，下决心解决交通运输问题，于是有了史禄凿渠的壮举。《史记·平津侯主父列传》《淮南子·人间训》《汉书·严安传》中有大致相同的记载。由于此一工程在水利工程史上是一项了不起的创举，而且两千多年来又一直发挥着它在航运和灌溉方面的效益，所以后来不断有对它的记述。这项工程的领导者是史佚其姓的秦朝监御史，名禄。秦朝的御史府中设监军与监郡两种御史，从当时对百越用兵的需要看，史禄的官职可能是监军御史。他一方面负有监军的重任，同时又操办全军的后勤事务，所以督修灵渠工程就成为他分内的职责。

　　与长城、驰道、阿房宫、骊山墓之类工程相比，开凿灵渠的工程量并不很大，但构思之精，设计之妙，实在可谓

[1] 顾祖禹：《读史方舆纪要》卷九五。

广西兴安秦灵渠遗址

巧夺天工。宋人范成大在《桂海虞衡录》中曾对该工程作过简要的记述与评论：

> 湘水源于海阳山，在此下融江。融江为洋河下流，本南流。兴安地势最高，二水远不相谋。禄始作此渠，派湘之流而注之融，使北水南合，北舟逾岭。其作渠之法，于湘流砂碛中垒石作铧嘴，锐其前，遂分湘流为两，激之六十里，立渠中，以入融江与俱南。渠从兴安界，深不过数尺，广丈余。六十里间，置斗门三十六。土人谓之斗。舟入一斗，则复开一斗。候水积渐进，故能循岩而上，建瓴而下。千斛之舟，亦可往来。治水之妙，无如灵渠者。

灵渠位于今之广西兴安县境，又称兴安运河、湘桂运河，全长30多公里，是一条东西走向的人工运河。湘江与漓江都发源于桂北山区，两江在兴安县境相距30多公里。史禄领导士卒开凿了一条连接两江的运河灵渠。他运用两江之间的落差，通过灵渠将湘江部分流水导入漓江。为了保证行船有足够的水量，他在运河上设置了36个斗门（水闸），保证了行船的安全通过。使载重量近万斤的大船也能顺利通过该渠。灵渠的开凿是我国水利工程史上的一件大事，标志着我国水利工程的设计与施工都达到了当时世界的最高水平。灵渠第一次沟通了珠江与长江水系，沟通了南北的水上交通。尽管当时的目的主要是服务于秦朝对百越的战争，但它在此后两千多年的岁月里所起的主要作用是加强南北的经济文化交流。时至今日，它仍然在航运和灌溉方面继续发挥积极作用。而作为一种具有永恒意义的历史文化遗产所产生的社会效益更是无法估量的。

灵渠开凿成功，使得前线需要的大批军用物资得以源源不绝地运来，秦始皇于是下令对西瓯越人发起新的进攻。公元前214年（秦始皇三十三年），秦始皇任命任嚣、赵佗为统帅，督率秦军将士，向西瓯越人发起猛烈的攻势。由于准备充分，加之后勤供应充足及时，很快粉碎了西瓯越人的反抗，其首领西呕译吁宋也被杀死，西瓯地区（今广西）被置于秦军的控制下，秦军继续南下，又打败了居于今之越南北、中部的雒越族的反抗，将秦朝的行政管辖权伸展到这一地区。至此,历时四年的平百越的战争就以秦朝的胜利而结束。

秦始皇谋划实施的平百越的战争尽管经历了反复与曲折,中原军民和百越军民也为之付出了鲜血与生命的代价,但是,这个战争对历史发展所起的作用其主导面还是积极的。

(一)它扩大了中原皇朝的行政管辖范围,从更完整的意义上奠定了以后中国疆域的基础。秦朝统一岭南前,百越族虽然早就与中原王朝发生了千丝万缕的联系,越国更以它傲世的崛起使中原的诸侯国侧目而视。但是,直到公元前214年,中原王朝的行政权力还没有延伸到这个地区。公元前214年以后,秦皇朝在这里推行郡县制,设立南海郡,下辖番禺、龙川、博罗、揭阳等县;设立桂林郡,下辖布山、四会等县;设立象郡,下辖临尘、象林等县。秦朝在这里派驻军队,任命官吏,加强了行政与军事的控制,使岭南地区从此成为中国不可分割的一部分。

(二)促进了中原与岭南地区经济文化的交流。岭南与中原地区,地理、气候、物产、经济条件有相当大的不同,经济上具有很大的互补性。特别是,当时岭南的百越地区生产力水平远低于中原,很少的铁器还是从中原地区传入的。社会发展仅达到奴隶制阶段,有些地区还停留在原始社会。秦朝在这里设立郡县以后,大大促进了社会的发展,加速了这里的封建化进程。这其中,重要的一环是徙民百越与之杂处。公元前214年(秦始皇三十三年),"发诸尝逋亡人、赘婿、贾人略取陆梁地,为桂林、象郡、南海,以通遣戍"[1]。这是一次较大规模的随军移民,其中商贾之民占了很大的比例。恰恰是这批人的大量移入,架起了中原与岭南经济交流的桥梁。这批人来自中原,对中原和岭南的彼此所需有着敏锐的眼光。正是他们把大量的中原铁器贩运到岭南,提升了这里生产力的层次,又是他们将这里的特产贩运到中原地区,丰富了那里的物质生活。第二年,秦朝又一次移民岭南,"谪治狱吏不直者,筑长城及南越地"[2]。这次的移民者主要是犯法的官吏,估计他们中的大部分人因为熟悉《秦律》,且有行政的经验,会成为该地基层官吏队伍的补充,这对于提高当地官吏的行政

秦彩绘几何纹铜箍三蹄足漆樽

[1]《史记·秦始皇本纪》。
[2]《史记·秦始皇本纪》。

《纪泰山铭》

水平,无疑是有重要意义的。还有一次妇女移民,《史记·淮南衡山列传》记伍被的话说:"尉佗知中国劳极,止王不来,使人上书,求女无夫家者三万人,以为士卒衣补。秦皇帝可其万五千人。"显然,这次移民是为了解决士卒的配偶问题。从多次移民的情况推断,秦朝经营岭南,中原的士卒、官吏、商贾、百姓大约近百万左右到了岭南,他们把中原的生产技术,先进的行政管理方式,特别是先进的生产关系带到百越地区,大大促进了这里经济文化的发展。

(三)大大促进了民族融合。上面提到,秦朝征百越,士卒达50万之众,后来又数次移民,加上北方因各种原因自己主动迁徙至岭南的百姓,估计总人数可达百万。这些人中的绝大部分人都是成年男子,其中除少数携妻子外,其他人都与越族妇女婚配。这种婚配关系不仅从遗传基因上拉近了两个民族的距离,而且从文化上迅速地消除了民族间彼此的隔阂。随着北方汉人的不断迁入,双方通婚的范围越来越大,通婚的频率也越来越高,到东汉时期,越族的大部分都融入了汉族之中,为我国统一的多民族国家的形成和发展作出了贡献。

(四)秦朝通过武力占领岭南后,为了巩固和加强在该地区的统治,修筑了从今之湖南、江西、福建进入岭南的"新道",而为了保障"新道"的畅通无阻,又在"新道"所经之地的险要处修筑了城池关防。如建于今之江西大余南的横浦关,建于今之广东连县、阳山之间的阳山关,建于今之广东英德之南的湟溪关等。"新道"与城关的修筑,对于加强中原地区与岭南的人员来往、物资交流起了重要作用,到两汉时期,又利用岭南面临大海的有利条件,开辟了海上丝绸之路,为中外文化交流建立了一条重要的海上通道。

第五节　思想文化政策

一　"以法为教""以吏为师"

"孔子西行不到秦"。秦国在统一全国之前,与东方六国,特别是与三晋、齐、楚等国相比,思想文化的发展相对滞后。其一代又一代的当政者,专注的主要方面是以武力开疆拓土。孝公以前,着力向西发展,与戎狄相争,使秦国在关中地区牢牢地立定了脚跟,建立了日后与东方六国争雄的稳定而繁荣的后方基地。孝公重用商鞅变法后,讲求耕战,着力于富国强兵,对思想文化建设重视不够。在战国时代出现的"百家争鸣"的思潮激扬澎湃的时候,在秦国除了法家、墨家、纵横家以外,几乎看不到其他学派的影响。对统一前的秦国影响最大的思想学术流派是法家。由于秦国靠耕战立国和发展,因而与法家的理论最易投契和发生共鸣。商鞅变法的结果,使秦国一跃而雄踞六国之上,法家思想指导秦国政治所取得的立竿见影的效果肯定给秦国君臣留下了难以磨灭的记忆。此后,秦国当政者就以"以法为教"、"以吏为师"作为治国的指导思想,使秦国沿着富国强兵的路线迅速强大起来,并在对六国的战争中屡获胜利。历史发展到庄襄王和嬴政当政时期,阳翟大贾出身的吕不韦长期据有相位,他企图以《吕氏春秋》一书教导秦王嬴政,影响他偏离法家思想,进而向儒家思想靠拢,同时对诸家思想采取兼收并蓄的态度。然而,一方面由于法家思想在秦国的传播广泛而深入,另一方面由于吕不韦在统治集团内部的政争中失败,秦王政因人废言,他不可能抛弃法家思想指导政治的传统。恰在此时,法家集大成者的韩非来到了秦国。这位还未完全脱尽书生气质的法学理论家虽然不久即死于非命,但他综合前期法家,以法、术、势有机结合而成的法制理论却使嬴政找到了梦寐以求的"法宝",从而进一步强化了秦国的法家思想传统。

墨家思想对秦国的当权者亦有相当影响。据孙诒让研究,墨翟以后,至少有东方田俅子(又名鸠)、谢子等墨者入秦活动。墨家后学唐姑果为秦人,生活于秦惠王时期,他曾竭力阻止秦惠王重用谢子。《吕氏春秋·去私》记述墨家巨子腹䵍在秦国的故事:

墨者有巨子腹䵍居秦,其子杀人,秦惠王曰:"先生之年长矣,非有它子也。寡人已令吏弗诛矣。先生之以此听寡人也。"腹䵍对曰:"墨者之法曰:杀人者死,伤人者刑。此所以禁杀伤也。夫禁杀伤人者,天

琅邪台刻石

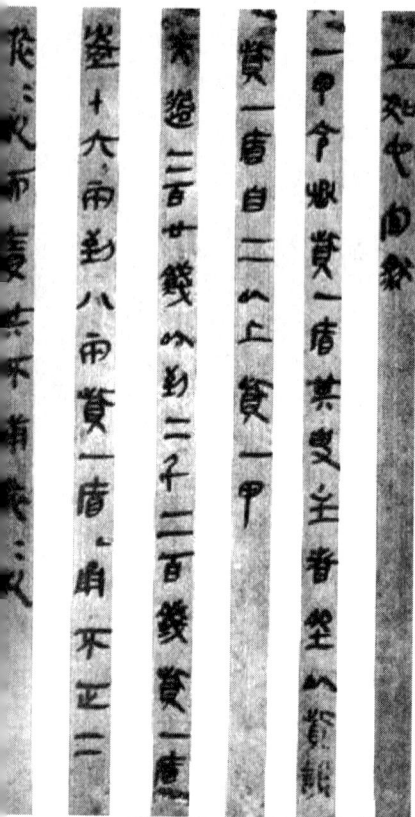

睡虎地秦代竹简

下之大义也。王虽为之赐，而令吏弗诛，腹䵍不可不行墨子之法。"不许惠王而遂杀之。

腹䵍是一位墨者巨子，显然与秦惠王有着密切的关系，可能是秦惠王的客卿。在腹䵍周围，一定有一个不下数十人的墨者的队伍。墨家有他们近乎宗教的团体，有严密的组织纪律。他们在秦国的活动肯定得到了当权者的认可。墨家后学在秦国的活动之所以获得统治者的青睐，原因就在于墨家的学说中有些观点如上所引是与法家思想相通的。商鞅与韩非都主张加强君权，热衷于建立专制主义中央集权的行政体制："事在四方，要在中央，圣人执要，四方来效。"这与墨家主张的"尚同而下不比"、"上之所是，下必是之，上之所非，下必非之"的理念极易融通，秦国统一以后，墨学式微，究其原因，固然很多，但其队伍融入秦皇朝的法吏之中或许是原因之一吧？

纵横家对秦国统治者也产生了一定的影响。在司马谈《论六家要指》中，纵横家并未列入，因为在他看来此一群体算不上思想流派。班固的《汉书·艺文志》则将纵横家列为十家九流之一。实在说来，司马谈的分类是有见地的。纵横家在当时人数很多，又特别活跃，他们直接服务于军事和政治斗争，在各国间施以纵横捭阖之术，有时甚至起到军事手段达不到的作用。各国的君王们既离不开他们，又害怕他们，在特殊条件下，他们的确能展示"一怒而诸侯惧，安居而天下息"的神奇力量。他们的一切活动都围绕着他们为之服务的君王的利益旋转。他们风尘仆仆奔走于列国君王和权臣之间，以三寸不烂之舌进行游说，言词虽极富感情与机智，但充满夸饰、虚构、奉迎、假大空，特别善于煽动。纵横家们配合政治斗争，朝秦暮楚，翻云覆雨，唯力是视，唯利是图。秦国的当权者由于亲眼目睹纵横家，特别是张仪等人在其战胜六国中的功用，一直对纵横家人物恩宠有加。纵横家的实用主义立场，为达目的不择手段的行事原则，都深深地影响着秦国统治者在统一全国后的思想走向。

在秦朝统一六国的进程中，秦始皇在缴获大量战利品，如珍宝美女的同时，也不忘收揽东方各国的著名知识分子集中到咸阳的宫廷为自己服务，"悉召文学方士甚众"[1]。这些人大概就是多达70余人的博士和两千余人的博士诸生的由来。这些博士与诸生显然代表了中国当时知识界的精英，其中包括了战国时期参与"百家争鸣"的各学派的一些代表人物。开始，博士与诸生在秦朝受到了相当的礼遇，"始皇置酒咸阳宫，博士七十人前为寿"[2]。他们还经常被邀参加军国大事的议决，如议分封、议封禅等，面对空前统一的大帝国和气吞万里的秦始皇，他们竭诚为之服务。每次参与议事，他们都"各以其所学"为据，毫无保留地贡献自己的意见，真正做到知无不言，言无不尽。他们真诚地期望秦皇朝繁荣昌盛，希望自己的知识有用武之地，自己的人生价值得以实现。

在大一统的环境下，特别由于秦朝初年对各学派代表人物的吸纳，在秦朝的统治思想中也融入了一些非法家的因素。如阴阳家的阴阳五行学说明显地影响了秦始皇的建国理念，他自认秦朝为"水德"，十月为岁首，色尚黑，他还自觉不自觉地吸纳了儒学中一些对自己有用的东西，如借鉴六国的礼仪制定秦朝的礼制，"至秦有天下，悉内六国礼仪，采择其善"[3]。而那些封禅、立庙等的祭祀礼仪也大都根据儒生的建议完成。特别是，儒家思想中的大一统观念、君臣观念、仁义道德和礼教规范等，都被秦始皇吸收并由李斯写进各地石刻的煌煌文字中。

秦跽坐俑

不过，秦皇朝在思想文化政策方面并没有沿着兼综、整合的路子走下去，最后导向了"以法为教"、"以吏为师"的文化专制主义，同时也将自己导向可悲的灭亡之路。

由于法家思想指导下的实践较易收到立竿见影的效果，而秦朝的统一正是法家思想奏出的一曲响彻云霄的凯歌。统一以后的以秦始皇为代表的统治者，更加坚信法家思想的优越性，笃信它是万古长青、放之四海皆准的一种思想，根本意识不到它的弊端，特别意识不到它与改变了的统一与和平的国内环境越来越严重的不适应性，继续以法家思想指导自己的行政实践。秦始皇至死也没有意识到法家思想存在的问题。本来，吕不韦组织一批宾客撰写《吕氏春秋》，目的是为秦始皇留下一笔思想遗产，希望他在思想上走百家兼综、众流整合的路子，然而，一方面由于秦国的法家思想传统根深蒂固，一方面由于吕不

[1]《史记·秦始皇本纪》。
[2]《史记·秦始皇本纪》。
[3]《史记·礼书》。

秦双翼神兽

韦牟进嫪毐一案引发激化他与秦王嬴政的矛盾，秦王政因人废言，对《吕氏春秋》的思想意识不屑一顾。儒学大师荀子是个百科全书式的思想家，他在战国晚期以儒家思想为主"整百家之不齐"，推出了为统一帝国长治久安谋划的一整套思想理论。他已经看到秦国统一六国的历史前景，也看到"秦之所短"，因而不辞辛劳跑到秦国，真心诚意地向嬴政君臣宣传自己的学说。但言之谆谆，听之藐藐。嬴政君臣先入为主的法家思想对荀子的理论产生了天然的排斥。如此一来，嬴政君臣就同统一帝国相适应的思想失之交臂，从而失去了在新形势下转变政策的良机。

秦始皇统一六国的巨大胜利，毫无疑义进一步增强了他对法家思想的信仰。很难设想一个取得空前成功的帝王会对指导他走向胜利的思想发生怀疑，更难以设想他会在成功后立即抛弃这一思想。从这个意义上讲，秦始皇君臣选择法家思想作为统治思想实在是顺理成章的事情。不过，上面已提及，秦国在统一前对其影响较大的思想还有墨家与纵横家。可是，墨家思想不仅不会缓和法家思想的专制倾向，反而会使之更加强化；纵横家的急功近利更易于同法家思想契合从而也强化其专制倾向。秦朝统一以后，虽然吸收了可以减缓其专制倾向的儒家思想的某些内容，但是，这些吸收更多地停留在实用的层面，而忽略了二者的互补功能。秦始皇尽管也收揽了一批儒生进入咸阳的宫廷去做博士和诸生，但目的主要是为了使他们的知识备顾问之用，而不是用他们负载的思想内容。当秦始皇与李斯发现儒生们以其所学议论秦皇朝的大政方针，并以其对于自己学说的执著非议法家的理论之时，就以"焚书坑儒"的办法强制整个社会对法家思想的认同。商鞅"以法为教"、"以吏为师"的思想最终伴着血腥变成了秦皇朝的文化专制政策。

"以法为教"就是"独尊法术"，但秦始皇独尊的法术并不是商鞅讲的"法"，而是经过韩非整合过的将"法"、"术"、"势"融为一体的"法术"。韩非"法术"思想的核心是由皇帝绝对控制权力，以"督责之术"驾驭群臣，以"法"治理百姓。除皇帝之外的臣民的一切活动却必须由"法"来整齐而划一之，即把臣民的思想和行动统一到法的理念和规范之中。这里，秦始皇与李斯一厢情愿地将臣民的思想与行动统一于法的政策显然是有悖于思想的活动规律的。法律规范人们的活动，它的要求是"一致"，这在古今中外概莫能外。因而是合理的。而思想展示的人们的思维活动却是千差万别，强行统一根本无法做到。思维活动只能依思维规律进行，而不能依法统一。正像马克思所评论的，既然自然界的花朵有各种不同的颜色，为什么要求人类最活跃的思想只能是一种颜色呢？"以法为教"的结果只能导向文化专制主义，它窒息的是生气勃勃的思想文化的创造活力。

日本徐福祠

与"以法为教"相联系的"以吏为师"，讲的是法律的传授系统。既然秦朝要"罢黜百家，独尊法术"，那么"法"的传授就只能由掌管法的朝廷各级官吏承担。秦朝尽管没有明令废除私学，其博士们也在教授诸生，但是，"以法为教"在事实上大大缩小了教育的内容。地方上执掌法律的小吏们成为百姓的布道者和教师爷，他们的任务是要将百姓训练成只会在法内活动、同时失去思考功能的工具。

"以法为教"、"以吏为师"作为秦始皇的思想文化政策虽然是他们君臣合乎逻辑的选择，但却是一项极其错误的选择。由于这项选择，最后结束了战国以来"百家争鸣"的思想学术氛围，开启政治干预思想学术论争的恶劣先例。自此以后，在二千多年的封建社会里，思想学术的发展始终在政治权力的制约下进行，这显然是中国思想学术的不幸与悲哀。由于这项选择，使秦皇朝失去了对统治思想不断比较选择的机会，也就失去了纠正失误的契机，从而一错到底，直至演变为灭亡的惨剧。由于这项错误的选择，使非法家的众多知识分子噤若寒蝉，三缄其口。秦始皇君臣耳畔只有阿谀献媚之言，再也听不到不同声音，也就使他们失去了对真实政情的感知能力，犹如盲人瞎马，面临万丈深渊而坦然前行。由于这项选择，使不少非法家的知识分子感到进退失据，对秦皇朝由期望到失望，由怨尤到反抗，秦政权也就失去了知识分子群体的支持。一个政权只靠武力和严刑峻法是不能长久支持的。可悲的是，从秦始皇到秦二世，他们一直到死都没有意识

日本阿须贺神社内的徐福宫

到这是一项导致祖宗基业倾覆的选择。

二　"焚书坑儒"

秦始皇君臣既然选择了"以法为教"、"以吏为师"的思想文化政策，那么，"焚书坑儒"正是这一政策导向引来的带有必然性的"后果"。上面提到，秦国长期僻处关中一隅，高山大河限制了它与中原地区的交往，具有一定程度的封闭性。加上长期与戎狄为伍，认识不到文化建设的紧迫性和必要性。战国时期，当东方六国的学者投入"百家争鸣"，思想学术空前活跃，并引起国君们关注的时候，秦国既无学者参与这一旷世的论争，当政者对此也了无兴趣。他们恰恰缺少了"百家争鸣"思潮的浸润，没有亲身感受这一令人思想活跃、感情振奋的时代氛围。商鞅变法时，尽管变革派与保守派之间也进行过一场激烈的论争，但辩论的核心集中在政治的层面，较少涉及思想与学术。商鞅变法的成功，使秦国在短期内经济与军事力量获得惊人的发展，由此取得了统一中国的胜利。也正因为如此，历届秦国统治者只看到政治、经济和军事同秦国兴旺发达的关系，却意识不到思想文化建设所起的长远的潜移默化的作用。秦始皇尽管在剪灭六国的过程中收揽了70多个博士和2000多名诸生，将这些知识界的精英人物网罗进自己的宫廷。然而，秦始皇这样做并不是从战略的高度重视思想文化建设，而是要他们以御用文人的身份为自己歌功颂德。平心而论，当时进入秦朝宫廷和各级官府的知识分子，不论他们在"百家争鸣"中的背景如何，隶属何家何派，面对大一统的局面，他们中的绝大多数人都热望以自己的知识和才智为秦皇朝服务，并由此获取富贵利禄。如果秦始皇君臣能够利用统一全国后的大好形势，把广大知识分子的向心力导向为自己服务的轨道，充分发挥他们的专业特长，振兴文化教育，就能够在一定程度上纠正秦朝重政治、经济、军事而轻视思想文化建设的弊端。秦朝的历史或许就是另外一番面貌。但是，恰恰相反，秦始皇片面听信李斯之流的谬论，依据申、韩的法家思想，极力弘扬商鞅变法后在秦国形成的"以法为教"的传统，逐步强化了专制主义的文化政策，从而一步步激化了秦朝与知识分子特别是儒生的矛盾。从战国进入秦朝的绝大多数知识分子,都经过"百家争鸣"的学术气氛的熏陶与洗礼,思想活跃,长于辩诘,遇事喜欢也敢于发表自己的见解,这就必然与秦皇朝舆论绝对一律的要求发生冲突,言论自由的心态与思想专制的现实无法适应,"焚书坑儒"的惨剧也就无法避免了。

陕西秦焚书灰坑遗址及"坑儒谷"遗址

　　公元前221年(秦始皇二十六年),秦朝建国伊始,朝堂上就发生了一场围绕在全国实行何种政治体制的辩论。丞相王绾从秦皇朝的长治久安出发,考虑到战国以来的实际情况和当时人们的心理习惯,建议在统一后的秦帝国实行"郡国并行"制。他说:"诸侯初破,燕、齐、荆地远,不为置王,毋以填之。"秦始皇下其议于群臣,"群臣皆以为便"[1]。这说明王绾的建议比较切合当时的实情,因而得到群臣的赞同。谁知当时任廷尉的李斯站出来,力排众议,要求在全国各地不加区别地一律实行郡县制,其理由是:

> 周文武所封子弟同姓甚众,然后属疏远,相攻击如仇雠,诸侯更相诛伐,周天子弗能禁止。今海内赖陛下神灵一统,皆为郡县,诸子功臣以公赋税重赏赐之,甚足易制。天下无异意,则安宁之术也。置诸侯不便。[2]

李斯意见的核心是如何制约"诸子功臣"使之无法同朝廷对抗,根本就没有想到如何发挥他们的力量使之成为促进秦皇朝稳定的因素。而这一点恰恰是王绾立论的核心。李斯的意见当然也有其合理的一面,关键是他窥透了秦始皇要求实行高度中央集权的愿望,因而得到他的肯定:"天下共苦战斗不休,以有侯王,赖宗庙,天下初定,又复立国,是树兵也,而求其宁息,岂不难哉!廷尉议是。"[3]于是在全国范围内推行郡县制。在这场辩论中,坚持"郡县分封并行"的丞相王绾尽管没有受到严厉惩罚,但从此失去了秦始皇的信任。王绾的事迹在史书中记载很少,估计他是由谋臣逐渐升至高位的。他升任丞相的时间可能在吕不韦罢相之后。由于他在秦始皇身边主持全国的行政事务,既与激烈的军事斗争无涉,又未卷入统治集团的血腥政争,因而也就未能在历史上留下多少可记述的事功。后

[1]《史记·秦始皇本纪》。
[2]《史记·秦始皇本纪》。
[3]《史记·秦始皇本纪》。

秦二号铜车马

来他的名字在始皇二十八年(前219年)的琅邪石刻中又出现一次,以后再没有关于他的记载,可能他的职务在秦始皇返回咸阳后就被李斯取代了。由于李斯的职务步步高升,他的意见也越来越多地得到秦始皇的肯定,由此导致秦皇朝在政治和思想上的专制主义倾向日益强化,对于不同意见的容忍度也愈来愈小了。公元前213年(秦始皇三十四年),又一场大辩论随即引出了"焚书"的惨祸。这一年,"始皇置酒咸阳宫",举行盛大宴会大宴群臣,"博士七十人前为寿",喜庆之气充溢朝堂。仆射周青臣乘机对秦始皇大大颂扬了一番:

> 他时秦地不过千里,赖陛下神灵明圣,平定海内,放逐蛮夷,日月所照,莫不宾服。以诸侯为郡县,人人自安乐,无战争之患,传之万世。自上古不及陛下威德。[1]

周青臣所称颂的秦始皇的功业并非完全虚构,但对其功业的颂扬却越来越成为臣子们阿谀献媚的内容。在这类宴会上此类谀词已经是司空见惯,它增加宴会的喜庆气氛,秦始皇也听得心花怒放。谁知参加这次宴会的博士齐人淳于越看不惯这种一味歌功颂德的风气,加上对分封问题有不同看法,于是站出来讲了一通令秦始皇和李斯不愉快的话:

> 臣闻殷周之王千余岁,封子弟功臣,自为枝辅。今陛下有海内,而子弟为匹夫,卒有田常、六卿之臣,无辅拂,何以相救哉?事不师古而能长久者,非所闻也。今青臣又面谀以重陛下之过,非忠臣。[2]

这里,淳于越对秦朝实行单一郡县制,不封王子弟的评语虽然比较激烈和尖锐,但却没有丝毫的恶意,倒是表现了他敢于谏诤的勇气和对秦皇朝特有的忠心。他注意的是皇族子弟财产与权力的分配问题。他希望皇权不要过分集中,皇帝的兄弟子侄们都拥有相应的财产与权力,使之有能力拱卫皇权免遭颠覆。他的关于"师古"的建议也不好说是什么"复古倒退",而只是要求秦始皇注意汲取历史的经验与教训,因为以古鉴今是当时许多知识分子的思维模式。不过,由于早在八年前秦始皇已经肯定了李斯的意见,并在全国范围内推行了郡县制,此次淳于越旧话

1《史记·秦始皇本纪》。
2《史记·秦始皇本纪》。

重提,表面上是批评周青臣,实际上是批评了秦始皇与李斯的重大决策。对此,秦始皇与李斯心知肚明,秦始皇故意再一次将淳于越的意见交群臣讨论。已经升任丞相的李斯立即抓住机会,借题发挥,沿着日益强化的思想文化专制的路线,提出了"罢黜百家,独尊法术"以及为此而"焚书"的主张:

> 五帝不相复,三代不相袭,各以治,非其相反,时变异也。今陛下创大业,建万世之功,固非愚儒所知。且越言乃三代之事,何足法也。异时诸侯并争,厚招游学。今天下已定,法令出一、百姓当家则力农工,士则学习法令辟禁。今诸生不师今而学古,以非当世,惑乱黔首。丞相臣斯昧死言:古者天下散乱,莫之能一,是以诸侯并作,语皆道古以害今,饰虚言以乱实,人皆善其所私学,以非上之所建立。今皇帝并有天下,别黑白而定于一尊。私学而相与非法教,人闻令下,则各以其学议之,入则心非,出则巷议,夸主以为名,异取以为高,率群下以造谤。如此弗禁,则主势降乎上,党与成乎下。禁之便,臣请史官非秦记皆烧之。非博士官所职,天下敢有藏《诗》、《书》、百家语者,悉诣守、尉杂烧之。有敢偶语《诗》、《书》者弃市,以古非今者族。吏见知不举者与同罪。令下三十日不烧,黥为城旦。所不去者,医药卜筮种树之书。若欲有学法令,以吏为师。[1]

秦二号铜车马局部

李斯的这一段话不能说没有一点道理。他认为应随时代的变化而采取不同的治国方法就蕴涵着发展变化的思想,这正是法家进行变法的理论依据。然而,除此之外,李斯所阐发的就是形而上学的现行制度永恒论了。在他看来,"今皇帝并有天下,别黑白而定一尊"之后,现行的一切,从制度到思想都是最好的,也是永恒的。因此,士农工商都必须"思不出位",都必须对现行的制度、思想持绝对认同的态度。所以凡是妨碍统一思想与言论的东西都在取缔之列:各国史记容易使原六国的臣民怀念故国,烧!《诗》、《书》以及百家语与商鞅、申、韩之书不是一个话语系统,烧!以《诗》、《书》非议今法,以古事讽喻现实,杀!李

[1] 《史记·秦始皇本纪》。

斯的建议充溢着残忍，荡漾着杀气，散发着血腥，让人不寒而栗！然而，就是李斯这个为了统一思想而焚书、为了舆论一律而禁止言论自由的建议却得到了秦始皇的首肯。于是一道焚书令飞向全国，中华民族自远古以来艰难积累的文化典籍顷刻间化为灰烬。随着焚书的烈焰熊熊燃起，随着钳制言论的法令传到城市乡村，战国时代视为天经地义的言论自由被窒息了，这毫无疑问激化了秦皇朝与法家之外的各家知识分子的矛盾。第二年（前212年），曾答应为秦始皇寻找"仙药"的方士侯生和卢生对秦始皇"专任狱吏"、"以刑杀为威"的专制独裁发了一通议论：

> 始皇为人，天性刚戾自用，起诸侯，并天下，意得欲从，以为自古莫及己。专任狱吏，狱吏得亲幸。博士虽七十人，特备员弗用，丞相诸大臣皆受成事，倚辨于上。上乐以刑杀为威，天下畏罪持禄，莫敢尽忠。上不闻过而骄，下慑伏谩欺以取容。秦法，不得兼方，不验，辄死。然候星气者至三百人，皆良士，畏忌讳谀，不敢端言其过。天下之事无大小皆决于上，上至以衡石量书，日夜有呈，不中呈，不得休息。贪于权势至如此，未可为求仙药。[1]

这两个方士对专制主义条件下所形成的秦始皇时代政治气氛的议论是接近事实的：上面是一个"乐以刑杀为威"、"不闻过而日骄"的独断专行的皇帝，下面是一群"畏罪持禄"、"谩欺以取容"的臣子，这种君臣相结合只能形成万马齐喑的政治局面。侯生与卢生一方面感到这种气氛的压抑，另一方面更怕求"仙药"不成受到惩罚，于是悄然逃去。以此为导火线，盛怒中的秦始皇下令严惩在咸阳的方士和儒生：

> 吾前收天下书不中用者尽去之。悉召文学方术士甚众，欲以兴太平，方士欲练以求奇药。今闻韩众去不报，徐市等费以巨万计，终不得药，徒奸利相告日闻。卢生等吾尊赐之甚厚，今乃诽谤我，以重吾不德也。诸生在咸阳者，吾使人廉问，或为妖言以乱黔首。[2]

秦一号铜车马

[1]《史记·秦始皇本纪》。
[2]《史记·秦始皇本纪》。

在始皇的盛怒之下，残酷无情的惩罚就降临到儒生们头上，"于是使御史悉案问诸生，诸生传相告引，乃自除。犯禁者四百六十余人，皆坑之咸阳，使天下知之，以惩后。益发谪徙也"[1]。牵连进此案的460多个方士与儒生被坑杀于咸阳以东的渭水河畔。今陕西临潼以西20里有一处名叫洪坑沟的小山谷，据清乾隆《临潼县志》记载又名坑儒谷，就是当年秦始皇下令坑杀儒生的地方。对于秦始皇以如此酷烈的手段对付手无寸铁的儒生，其长子扶苏委婉提出了谏诤："天下初定，远方黔首未集，诸生皆诵法孔子，今上皆重法绳之，臣恐天下不安。唯上察之。"[2]不料此番忠告触怒秦始皇，扶苏随即被派往上郡做蒙恬的监军，直至始皇死，父子再也没有见面。秦始皇的"焚书坑儒"是中国封建皇朝厉行思想文化专制主义的第一个"杰作"，对此一"杰作"，后世虽有多数思想家和历史学家斥之为愚蠢而又野蛮的暴行，但也有学者提出怀疑和不同的看法。唐朝人章碣有一首有名的诗：

　　竹帛烟消帝业虚，关河空锁祖龙居。
　　坑灰未冷山东乱，刘项从来不读书。[3]

章碣认为"焚书坑儒"虽然不能不说是对儒生的一次巨大打击，但并没有挽救秦皇朝的灭亡，正是刘邦与项羽这样两个不读书的造反者将它送进了坟墓。诗歌本身并不是严肃的历史评论，它反映的是诗人对秦始皇诛杀同类的愤激之情。明人于慎行对所坑之人的身份表示怀疑，认为被坑之人为方士而非儒生：

　　夫秦人之坑儒，以二方士故也。方士侯生、卢生相与讥议始皇，始皇闻之，怒曰："卢生等吾尊赐之甚厚，今乃诽谤我！"于是使御史按问诸生在咸阳者，传相告引，得四百六十余人，皆坑之咸阳。夫以二方士故，而坑诸生数百人，其说不可知。彼所谓诸生者，皆卢生之徒也，坑之诚不为过；其诵法孔子者，与方士何与？而尽坑之！世不核其实，以为坑杀儒士，彼卢生岂儒士邪？[4]

《剑桥中国秦汉史》则认为"焚书"实有而"坑儒"可能出于杜撰。其中说："在中国历史上，这次焚书决不是有意识销毁文献的唯一的一次，但它是最臭名昭著的。"不过，

内蒙固阳秦长城

[1]《史记·秦始皇本纪》。
[2]《史记·秦始皇本纪》。
[3]《文献通考·学校》。
[4]《读史漫谈》，齐鲁书社1996年版，第27—28页。

宁夏固原战国时期秦国长城遗址

[1]《剑桥中国秦汉史》,中国社会科学出版社1992年版,第85、86页。

[2]《剑桥中国秦汉史》,中国社会科学出版社1992年版,第87—88页:长期以来对这个传说毫不怀疑的接受,在很大程度上助长了传统上对秦始皇的恐惧。可是客观的考察表明,有充分的根据把它看作虚构(颇为耸人听闻的虚构)的资料,而不是历史。总之,似乎可以合理地断定,在司马迁用来撰写《史记》卷六的秦原始记载中并无坑儒之说。他或者是从其他半杜撰的史料中取此说,并不加说明地把它与《史记》的主要史料(秦的编年史)结合起来,或者可能的是,司马迁死后一个不知其名的窜改者有目的地把它加进了《史记》。不论何种情况,这个传说直到现在仍保持着它的惹人注目的影响。

该书又认为,“焚书所引起的实际损失,可能没有历来想象的那样严重”[1]。对于“坑儒”,该书认为不过是一个“虚构的传说”[2]。另外有些国外的学者,如日本学者栗原朋信的著作《秦汉史研究》、德国学者乌尔里希·内因格尔的论文《坑儒·论儒生殉难之说的起源》等都持《剑桥中国秦汉史》同样的观点。其实,于慎行与外国学者对“坑儒”的怀疑是没有道理的,司马迁《史记》对“坑儒”的记载应该是可信的。如此重大的事件在西汉初年必然广为流传,不少知情者也能够证实事件的真相。司马迁的父辈是秦汉之际的人,他完全有条件与此事件的知情者接触,很难想象他会把一个子虚乌有的故事作为信史传给儿子。中国的历史学家很少对“焚书坑儒”的事件本身提出怀疑,其分歧意见更多地表现在对该事件的认识与评价上。如梁启超就提出“坑儒”之罪小而“焚书”之罪大的观点[3]。郭沫若对“焚书坑儒”持完全否定的观点[4]。范文澜则认为“焚书坑儒”反映了学派斗争[5],翦伯赞从阶级分析入手,认定“焚书坑儒”是新兴商人地主政权打击旧贵族势力的斗争[6]。以上多种观点,对于“焚书”似乎比较一致,对于“坑儒”则表示了不同的意见:有认为坑儒纯属虚构者,有认为坑者乃方士不足惜者,更多地则认为坑儒与焚书一样乃野蛮毁灭文化之举。应该承认,在秦始皇坑杀的数百人中,的确有侯生、卢生之流的江湖骗子,这类人坑杀几个是毫不足惜的。但是,这些人中的绝大多数不会是江湖骗子,而是以儒生为主、兼有其他学派代表人物的一个知识分子群体,这是史有明文的。因而,从总体上看,坑儒与焚书一样都是一种摧残文化的野蛮行径。实际上,以儒生为代表的广大知识分子,从战国的分裂状态汇集到秦帝国统一的局面下,不管他们原来属于何家何派,除少数隐居岩穴的清高之士以外,绝大部分人都愿意以自己的知识技能为秦皇朝服务。如何调动这一批人的积极性,充分发挥他们的聪明才智为秦皇朝的经济文化建设贡献力量,应该是秦皇朝的知识分子政策和思想文化政策着力解决的问题。可惜秦始皇君臣在此问题上完全采取了错误的政策。首先,秦始皇君臣没有从思想上认识到知识分子、尤其是儒生的重要作用,根本不了解“逆取顺守”的真理。在全国已

3《饮冰室合集》专集之四十六：二事同为虐政，而结果非可以一概论。坑儒之事，所坑者咸阳四百余人耳，且祸实肇自方士。则所坑者，什九皆当如汉时文成五利之徒，左道欺罔，邪谄以易富贵，在汉法宜诛也。即不然，袭当时纵横家余唾，揣摩倾侧，遇事生风。即不然，如叔孙通之徒，迎合意旨，苟以取容。凡若此辈者，皆何足惜。要之当时处士横议之风，实举世所厌弃。虽其间志节卓荦、道术通洽之士，亦较他时代为特多，然率皆深遁岩穴，邈与世绝矣。其仆仆奔走秦廷者，不问而知其为华士也。始皇一坑，正可以扫涤恶氛，惩创民蠹，功逾于罪也。若夫焚书则不然。其本意全在愚民，而其法令实行，遍及全国。当战国之末，正学术思想磅礴勃兴之时，乃忽以政府专制威力，夺民众研学之自由，夭阏文化，莫此为甚。而其祸最烈者，尤在灭绝诸国史记。……自三代春秋以来，学术渊海，实在史官。故春秋士夫言学者，必取正于史。虽以孔子之圣，犹适周读柱下书，始敢言述作也。秦燔史记，而千余年先民进化之总记录，一举而尽。汉后学者，乃不得不抱残守缺，悴心力于撷拾考据，否则为空衍冥漠之论而已。学术正始敷荣而摧窒之，是始皇之罪也夫。

4《郭沫若全集》历史编2，人民出版社1982年版，第445页：在严刑峻法的高压之下，普天四海大烧其书……这无论怎么说不能不视为中国文化史上的浩劫。书籍被烧残，其实还在其次，春秋末叶以来，蓬蓬勃勃的自由思索的那种精神，事实上因此而遭受了一次致命的打击。

5《中国通史简编》第二编，人民出版社1958年版，第19—20页：荀子学派法家学派与孔孟正统派儒学的斗争，集中表现在中央集权（地主政治）与分封诸侯（领主政治）的争论上，终于爆发了焚书坑儒的大破裂。……把孟子学派的儒生大体杀尽（东汉赵岐说），李斯算是取得了胜利。但是，焚书坑儒，丝毫也不能消灭学派上的分歧，而且还促成了秦朝的灭亡。

6《秦汉史》，北京大学出版社1983年版，第58、61页：焚书坑儒，客观上是对文化之一般的毁灭，但在当时新政府的一般动念上，却是为了肃清隐藏在政府机构中的残余旧贵族，乃至作为其政治指导原理的旧文化。……这四百六十几个诸生，在当时的政府看来，都是一些死有余辜的反动派；但是在我们今日看来，他们都是当时最有学问的知识分子。他们的被活埋，是中国文化的一个大损失。

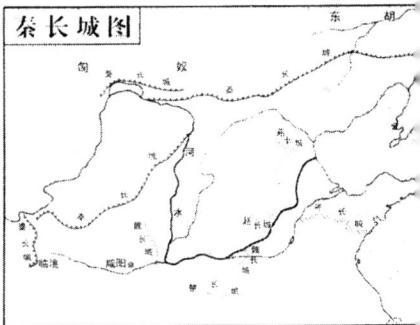

秦长城图

内蒙固阳秦长城

统一,历史已转入发展经济文化的和平时期,仍然坚持战争年代的用人政策。其所重用之人,非好大喜功之武夫,即刻薄寡恩之狱吏,他们只能把秦皇朝的政策推向对内残酷压榨,对外穷兵黩武的绝路。其次,焚书坑儒无论从什么角度讲都是一种空前野蛮和愚蠢的暴行,它是战国时期"礼贤下士"之风的反动,也是对"百家争鸣"学术思潮的扼杀,是思想文化史上的一次大倒退。焚书毁掉了一大批珍贵的文化典籍,是中国文化史上一场空前的浩劫,造成永远无法弥补的损失。与秦始皇君臣的愿望相反,焚书坑儒非但难以禁止人们的自由思考,而且一举打掉了儒生们对秦皇朝的最后一点幻想,使他们不能不产生对秦皇朝的不共戴天的仇恨。那些劫后余生者,有的逃出咸阳,有的暂时隐藏,在朝则虚与委蛇。公元前209年,当秦末农民战争的烈火冲天而起的时候,儒生们便公开站到了秦皇朝的对立面,勇敢地投入起义队伍,与造反的农民相结合,变成了反秦的重要力量。孔子的九世孙孔鲋,怀抱礼器,毅然投奔陈胜,被任为博士,最后与陈胜一起死难下城父。叔孙通、张苍等人也由秦朝的官吏归降起义军,后来成为汉皇朝的开国功臣。显然,秦始皇君臣最后也为他们焚书坑儒的野蛮举措付出了最高昂的代价,这就是秦朝的二世而亡和嬴氏家族的绝祀灭宗。当焚书的烟火还未消失,儒生的鲜血还在渭水之滨流淌的时候,人民起义反抗的号角已经吹响了。

第六节　秦末农民战争与秦朝的灭亡

一　"沙丘之变"

公元前210年(秦始皇三十七年)十月,秦始皇最后一次出巡。此次出巡先至云梦,然后浮江而下,至丹阳、钱塘、会稽、吴,渡江北至琅邪、荣成、芝罘。接着西行,至平原津(今山东平原南)渡黄河时生病。"始皇恶言死,群臣莫敢言死事"[1],只能眼睁睁地看着他病势急剧恶化。不久,秦始皇自己也感到不久于人世,觉得应安排好后事。于是"为玺书赐公子扶苏曰:'与丧会咸阳而葬。'"[2]书封好后,

[1]《史记·秦始皇本纪》及注。
[2]《史记·秦始皇本纪》。

中车府令赵高行符玺事,故意压下,不授使者将书发送扶苏。七月丙寅,秦始皇病逝于沙丘平台(今河北广宗西北)。因为秦始皇死在出巡途中,丞相李斯"恐诸公子及天下有变",决定秘不发丧,将棺材装在辒凉车中,由始皇的亲幸宦者驾车,并按时为之供奉饮食。百官也蒙在鼓里,"奏事如故,宦者辄从辒凉车中可其奏事"。只有李斯、赵高与跟随出巡的秦始皇的小儿子胡亥以及亲信宦官五六人知道秦始皇已死。返回咸阳途中,赵高与胡亥勾结,挟持李斯,篡改秦始皇遗诏,立胡亥为太子,并诈以秦始皇玺书,赐公子扶苏和蒙恬死。李斯、赵高、胡亥一行,簇拥着秦始皇的棺材,从井陉(今河北井隆西北)至九原(今内蒙古包头市西)。此时正值盛暑,秦始皇的遗体已逐渐腐烂,辒凉车中不时发出恶臭之气。赵高等乃命从官装载一石鲍鱼,"以乱其臭",从而达到掩人耳目的目的。至九原后,转而从直道南下,回到咸阳。先举行胡亥的登基典礼,是为二世皇帝,九月,将秦始皇葬于骊山陵墓。

陕西神木秦长城遗址

秦始皇从13岁登基为秦王,39岁即皇帝位,50岁寿终。他从登基为王开始,即为自己准备最后归宿的陵墓。做皇帝后,更征发刑徒70余万人,在骊山继续大兴土木,修建陵墓,使之达到了空前的规模。《史记·秦始皇本纪》描述骊山墓的构建说:

> 穿三泉,下铜而致椁,宫观百官奇器珍怪徙藏满之。令匠作机弩矢,有所穿近辄射之。以水银为百川江河大海,机相灌输,上具天文,下具地理。以人鱼膏为烛,度不灭者久之。

在殡葬秦始皇的同时,二世下令始皇后宫嫔妃无子者一律从死,"死者甚众"。又恐参加整修陵内工程的工匠泄露陵内殉葬珍宝的秘密,于是将他们全部封闭于陵墓的神道内。陵上堆土象山,遍植草木。《集解》引《皇览》载始皇陵的规模:"坟高五十余丈,周回五里余。"可见工程之浩大。今日,始皇陵仍然静卧在陕西临潼南面的原野上,与骊山并峙而立。经过两千多年的风雨侵蚀,它虽然已没有昔日那么高大雄伟,但仍突兀于骊山之旁,给人以无限的沧桑之感。始皇陵上,遍植石榴树,春天花开,蓝天白云映照下,一片火红。秋天到了,硕大的石榴缀满枝头,轻风拂

过,仿佛向凭吊始皇陵的游人点头致意。

秦始皇死了,他带着对万里江山的眷恋,带着对生前美好享受的依依惜别之情,更带着创业的崇高与悲壮之感,驾临他耗尽千万民脂民膏的地下宫殿。在他的想象中,他自己的灵魂还将继续生前的享受,而其子孙必将二世三世以至万世传之无穷,永享富贵荣华。他走了,虽然不无遗憾,但更多的是满足。他怎么也不会想到,"朕死之后,洪水其来",他造的孽和子孙造的孽已经使嬴氏家族面临覆灭的下场。

秦始皇一生功业巍巍,但也失误多多。其中重要的失误之一就是生前未明确太子之位,未向全国臣民公开宣布皇位继承人。这也难怪,因为直到死前不久,他还做着长生不老的迷梦,企盼方士们从蓬莱仙山为他找回青春永驻的仙药。不过,沙丘殒命前夕,他已经预感自己即将离开人世,因此才有那个令扶苏"与丧会咸阳而葬"的遗诏,就是这个遗诏也没有明确扶苏太子的地位。而此时,秦始皇的权力已经冲不破赵高、胡亥的手心了。正是秦始皇的失误造成了赵高、胡亥的可乘之机,使沙丘的政变阴谋能酝酿并获得成功。

秦始皇有20多个儿子,长子为扶苏,胡亥为第18子。其余可考者只有公子将闾与公子高。在众多的儿子中,长子扶苏"刚毅而勇武,信人而奋事"[1],是一个不可多得的人才。他长期做蒙恬的监军,与蒙氏一起指挥秦皇朝最精锐的30万大军,守卫北部边陲。扶苏不仅做监军,还时常参议朝政,"以敕直谏上"[2]。最后一次参议朝政,是对秦始皇的"坑儒"提出不同意见,引起始皇的不满,让他北去上郡继续做蒙恬的监军。由此可见,扶苏在秦始皇的诸子中是一个比较有才干、且能洞明时事的人物。秦始皇最后赐遗诏于他,实含有让他按嫡长子继承制承袭帝位的意思。在皇帝拥有绝对权力的体制下,如果扶苏继位,对秦始皇的政策改弦更张的可能性很大,可惜后来由于赵高、胡亥合谋篡政,加上扶苏自身的原因,秦皇朝失去了改弦更张的机会。

除了在皇位继承人安排上的失误之外,秦始皇的另一重大失误是信任并重用了赵高。赵高的祖先原是战国

秦代铜弯刀

[1]《史记·李斯列传》。
[2]《史记·李斯列传》。

时期赵国的宗室贵族,大概到他父亲一辈,与赵王的血缘关系就已经相当疏远了,即所谓"诸赵疏远属"。在他祖父一辈,他们这一支便流落到了秦国。赵高的父亲,因为触犯《秦律》被处以宫刑,留在宫中服役。其母"被刑戮,世世卑贱"[1],在宫中做奴婢,大概与别人"野合"生了他们兄弟数人。他们虽然都随父姓赵,但血统已经说不清了。按照当时秦国的法律,赵高兄弟也都被处以宫刑,留在秦宫中做宦官。赵高"强力,通于狱法",也喜爱书学,工于心计,狡黠奸猾。他的才干得到秦始皇的赏识,被任命为中车府令。这是一个可以经常接近皇帝的官位。赵高看到秦始皇特别喜爱小儿子胡亥,就利用职务之便接近他,向他传授法律知识和尔虞我诈的技巧权术。如此一来,他就得到了秦始皇父子两代的信任。不久,赵高犯了重罪,蒙毅奉秦始皇之命进行审理。"毅不敢阿法,当高罪死,除其宦籍"[2]。但秦始皇认为赵高既懂法律,又敏于治事,就下令赦其罪,官复原职。蒙毅当时不会想到,由于自己在赵高身上执法严明,竟惹下杀身之祸,日后他们兄弟宗族都惨死在赵高的手里。秦始皇也不会想到,他下令赦免的这个能够揣摩其意旨且"敏于事"的低头折腰的奴才,竟是导致秦皇朝迅速灭亡的罪魁祸首!

秦始皇病死前,留下了一个要扶苏回咸阳主持葬礼的遗诏,赵高故意留中不发。待始皇病死,他即刻开始了政变的谋划。赵高先找到胡亥,以历史上那些杀君弑父的事例加以开导,击垮他心中并不牢固的道德防线,再以权力和享乐进行引诱,使之完全堕入赵高预设的政变阴谋中,接着,赵高又找到李斯,威胁利诱,软硬兼施,使其道德和心理防线一齐崩溃,乖乖地加盟赵高与胡亥的阴谋。之后,由李斯出面,伪造了一个秦始皇给丞相关于立胡亥为太子的诏书,"诈为受始皇诏丞相,立子胡亥为太子",从而使胡亥窃夺太子之位有了"合法"的依据。接着,他们又伪造了一份以秦始皇的名义发出的置扶苏与蒙恬于死地的诏书:

> 朕巡天下,祷祠名山诸神以延寿命。今扶苏与将军蒙恬将师数十万以屯边,十有余年矣,不能进而前,士卒多耗,无尺寸之功,乃反数上书直言诽

秦代铜剑

[1] 《史记·蒙恬列传》。
[2] 《史记·蒙恬列传》。

秦将军俑

谤我所为，以不得罢归为太子，日夜怨望。扶苏为人子不孝，其赐剑以自裁！将军恬与扶苏居外，不匡正，宜知其谋。为人臣不忠，其赐死，以兵属裨将王离。[1]

"封其书以皇帝玺"后，立即遣胡亥的亲信为使者，飞送驻屯于上郡(今陕西延安)的扶苏与蒙恬。扶苏读了诏书，悲泣难抑，立即入内舍，准备自杀。此时的蒙恬面对从天而降的大祸，头脑还比较清醒。他劝阻扶苏说："陛下居外，未立太子，使臣将三十万众守边，公子为监，此天下重任也。今一使者来，即自杀，安知其非诈？请复请，复请而后死，未暮也。"[2]蒙恬虽疑其有诈，但也只想到"复请"，因为他们根本不知道秦始皇已死，更不知道这是赵高、胡亥、李斯精心策划的篡权阴谋。所以，即使扶苏不即时自杀而"复请"，他也不过能延一夕之命。因为根据各种情势判断，扶苏不可能识破赵高等策划的这一阴谋。这时扶苏已下定必死的决心，对蒙恬说："父而赐子死，尚安复请！"遂即自杀。扶苏之死是一个悲剧。这不仅是他个人的悲剧，也是秦皇朝的悲剧。在秦始皇的20多个儿子中，扶苏无论就识见、能力，还是阅历、事功，都胜于其他兄弟。但由于他与秦始皇在政见、政策上都有些分歧，加上他胸无城府，直言敢谏，引起秦始皇的不快，因而不能随侍左右，最后成为篡位阴谋的牺牲品。不过，与其说扶苏死于赵高与胡亥等的阴谋，还不如说他死于秦始皇的绝对专制的君权。不管一个人有罪无罪，还是罪大罪小，只要有皇帝的一道赐死的诏书，就不再需要任何审判程序，他就必死无疑，而他自己和周围的人也都认为是天经地义。扶苏伏剑而死，带着满腔的悲愤、困惑去追随自己的父亲于地下了。

接着，赵高和胡亥又合谋诛杀了为秦朝的建立和巩固立下不世之功的蒙恬、蒙毅兄弟，同时将胡亥的12个亲兄弟，10个亲妹妹送进了阴曹地府。

蒙氏兄弟被诛灭了，秦始皇的旧臣成批地被诛杀罢官了，20多个皇子和公主被"僇死"或"磔死"了。胡亥与赵高就这样建立起了他们的恐怖统治："宗室振恐。群臣谏者以为诽谤，大夫持禄取容，黔首振恐。"[3]面对满朝的胁肩

[1]《史记·李斯列传》。
[2]《史记·李斯列传》。
[3]《史记·秦始皇本纪》。

谄笑,胡亥与赵高也得意地笑了:这正是他们处心积虑、梦寐以求的局面!胡亥满以为,如此一来,他的龙座已经稳如泰山。赵高满以为,如此一来,他的专恣肆虐可以通行无阻。正当他们认为可以高枕无忧放心酣睡的时候,地处东南的泗水郡大泽乡(今安徽宿县东南)传来了陈胜吴广起义的消息。一时间,关东地区云集响应,摇天撼地的反秦风暴滚滚而来。嗜杀成性,以欣赏别人的死亡为乐事的胡亥与赵高,和别人一样很快也将受到死亡的惩罚。

二　蠢行与暴政

人类历史发展的事实表明,社会的发展每一个时期都有它既定的要求,而历史的实际又总是与这种客观要求保持着或大或小的距离。历史之所以呈现着迂回曲折,甚至发生一度倒退回流的状况,就是因为完全符合历史客观要求的实际在事实上是不存在的。当历史在某一段时间呈现飞速发展的局面时,也只说明,它的客观要求得到了大致的满足。那么,秦皇朝建立以后,历史发展的客观要求是什么呢?简而言之,就是与民休息,发展生产,繁荣经济和文化。我国的历史从公元前770年进入春秋时期,至前221年秦皇朝完成统一,整整五个半世纪,20多万个日日夜夜,几乎都是在连绵不断的战争中度过的。五霸争强,七雄角力,尊王攘夷,合纵连横,历史在刀光剑影中完成了从奴隶社会向封建社会的过渡。但劳动人民却在劳累、饥饿和死亡相伴下,为这种历史的进步付出了极其沉重的代价。战乱使他们思念统一,渴望安定。他们拥护秦国的统一战争,希望这种战争能够给他们带来和平与安定的局面,使之远离战乱,能够父子相聚,夫妻相守,发展生产,繁荣经济,过上和平与安宁的生活。可惜以秦始皇为首的秦朝统治者,既没有看清历史的走势,更没有体察百姓的愿望,不仅未能"体民之情,遂民之欲",甚至反其道而行之,"拂民之情,抑民之欲",在人民和社会最需要休养生息的时候,采取了完全相反的政策;在战争已经结束的时候,还在继续执行战争年代的政策。与时代的要求完全背道而驰了。

削平六国,海内为一。封国变成郡县,国王改号称皇

秦将军俑

秦跪射武士俑

帝,面对"六合之内,皇帝之土"、"人迹所至,无不臣者"的大一统局面,秦始皇踌躇满志,顾盼自雄,他真实地相信自己就是"德兼三皇,功迈五帝"的空前绝后的封建帝王。一方面,由于他是刚刚握有全国政权的先进的地主阶级的最高代表,历史的正当性在他身上表现出进取的活力和建树一番伟大事业的宏伟气魄。另一方面,空前的胜利,臣僚的颂扬,又使他顺理成章地把自己的胜利看做历史的顶峰,因而欣欣然,飘飘然,昏昏然,认为自己可以为所欲为。如此一来,与唯意志论、想当然一起联翩而至的,就只能是无以复加的蠢事与暴行了。

应该承认,秦始皇作为中国封建统一皇朝的第一代统治者,的确做了不少对后代影响深远,促进历史发展的好事。但是,已被似乎轻而易举取得的胜利冲昏了头脑的秦始皇,与采取具有进步意义的政策措施的同时,还实施了一系列显示其蠢行与暴政的政策措施。尤其是接连不断的战争,沉重的赋税,无休止的徭役,严酷苛细的刑法,使本来正确的政策被抵消,被扭曲,不能发挥有益的作用;使本来先进的生产关系也无法充分显现其优越性。结果是,秦皇朝建立以后,由于一些政策上的重大失误,新生的封建制度不仅未能显示其生命力而是迅速地激化了阶级矛盾和社会矛盾,把秦皇朝推向了一场新的国内战争的深渊。

秦皇朝对广大劳动人民,特别是农民赋役剥削的残酷程度,许多汉朝人有过论述。《汉书·食货志》有这样一段概括性的记述:

> 至于始皇,遂并天下,内兴功作,外攘夷狄,收泰半之赋,发闾左之戍。男子力耕,不足粮饷;女子纺绩,不足衣服;竭天下之财以奉其政,犹未足澹其欲也。

秦皇朝加在劳动人民身上的负担,大体上有以下几项:

(一)田赋。收泰半之赋,即土地收获物的二分之一或三分之二。秦朝不可能挨家挨户计算产量,实际上收缴的是定额田赋。如此高的收取比例,不仅囊括了农民的全部剩余劳动,甚至也包括了部分必要劳动。田赋除了缴纳粮食外,还要缴纳刍(牲畜饲料)稿(用作燃料的柴草)。每项刍三石,稾二石,不管所受之田是否垦耕,一律按授田之数交纳。只要看看秦末全国所有的粮仓都贮满了大量的粮食,也就不难想象向百姓征缴的数额是多么巨大。如位于荥阳西北的敖仓,储积的粮食足够刘邦10多万大军食用三四年。无怪乎楚汉战争中,项羽刘邦两军为争夺这个粮仓进行了反复的激烈的搏战。首都咸阳和曾经做过首都的栎阳,储存着更多的粮食。《秦简》有一条律文就提到:"栎阳二万石一积,咸阳十万石一积。"刘邦率军打进咸阳、退军霸上的时候,关中百姓纷纷持牛羊酒食献享汉军。刘邦就说:"仓粟多,不欲费民。"[1]可见咸阳周围粮仓之多。另外,陈留、成都以及各郡县,都设有大小不等的粮仓,每个粮仓的储粮都是以万石计的。秦简《仓律》有这样一条律文:

> 禾,刍稾积索出日,上赢不备县廷。出之未索而已备者,言县廷。廷令长吏杂封其庵,与出之,辄上数廷;其少,欲一县之,少也。㐱在都邑,当……者与杂出。

这证明每县都有粮食储备,县城和市镇都有粮仓。另一条律文还规定:"宦者、都官吏、都官人有事上为将,令县贷之,辄移其禀县,禀县以减其禀。已禀者,移居县责之。"朝廷都官以及其下的官吏出京办事,一律由所经县供应粮食。在秦朝统治全国的15年中,经常有上百万的人或守边塞,或从事各种徭役,这自然要消耗大量的粮食,但在秦朝灭亡的时候,各地粮仓中都还存有数以万石计的粮食。秦始皇及其臣僚自己不会生产粮食,天上自然也不会掉下粮食。那么多犹如山积般的粮食,显然都是秦皇朝用皮鞭和棍棒从农民那里勒索出来的。

(二)口赋。秦朝农民的负担除田赋外,还有口赋,即人口税。《秦会要》:"秦坏井田之后,任民所耕,不计多少,已无所稽考,以为赋敛之厚薄。其后遂舍地而税人,则其缪尤甚矣。"《通典·食货四》:"秦制则不然,舍地而税人,故地数未盈,其税必备。"这种人口税究竟是多少,有无年龄、性别等方面的差异,史缺其载,不太清楚。《汉书·食货志》记述秦时"田税、口赋,盐田之利,二十倍于古",《汉书·张耳陈余传》记述"头会箕敛,以供军费",《秦会要》记

秦阿房下水道

---

[1]《汉书·高帝纪》。

西安秦阿房宫遗址

述"头会箕赋，输于少府"，都没有确切的数字。秦简《金布律》记载："官府受钱者，千钱一畚，以丞、令印印。不盈千者，亦封印之。"说明人口税收的是钱而不是粮食。尽管具体数字还有待考查，但有一点是清楚的，即这种"舍地而税人"，按人口多少缴纳的口赋，对于人均土地占有量较少的劳动人民来说，显然是不利的。除此之外，随着大规模对外用兵和大兴徭役，还有许多临时加征的苛捐杂税。秦皇朝真的想从劳动人民的骨头里榨出油来。

（三）兵役与徭役。沉重的赋税几乎掠光了农民仅有的一点财物，而更加繁重的兵役和徭役又进一步榨干了农民的每一根筋骨，仅《史记·秦始皇本纪》所载，从公元前221年到公元前206年，秦皇朝的徭役征发就不下十数起：

秦始皇二十六年（前221年），秦军每破诸侯，即写放其宫室，作之咸阳北阪上，南临泾渭，殿屋复道周阁相属。

二十七年（前220年），巡陇西、北地，作信宫渭南。自极庙道通骊山，作甘泉前殿。筑南道，自咸阳属之。治驰道。

二十八年（前219年），东巡邹峄山、泰山、琅邪山，作琅邪台。过彭城，欲出周鼎泗水，使千人没水求之。之衡山，南郡、湘山，使刑徒三千人伐湘山树，赭其山。

三十二年（前215年），坏城郭，决通堤防。北巡。使将军蒙恬发兵三十万人北击胡，略取河南地。

三十三年（前214年），略取陆梁地，为桂林、象郡、南海。以谪徙民五十万戍岭南，与百越杂处。又使蒙恬渡河取高阙、阳山、北假中，筑亭障以逐戎人。收河南地为四十四县，筑长城，暴师于外十余年。

三十四年（前213年），适治狱吏不直者，筑长城及南越地。

三十五年（前212年），修咸阳至九原、云阳的直道千八百里，数年不就。筑阿房宫、骊山墓，用刑徒七十万。所筑离宫关中三百，关外四百余。

二世元年（前209年），继修阿房宫，复筑骊山墓。外抚四夷，如始皇计。尽征材士五万人为屯卫咸阳。以上不完全的记载表明，秦朝从建国以后，的确是"内兴功作，外攘夷狄",几乎无日不在征发。大量的人力物力和财力,都消耗在无休止的徭役与兵役中。西汉时期的许多政治家和思想家,曾较深刻地反思秦朝灭亡的原因,都从不同角度指出徭役兵役问题的严重性。例如文帝时的太子家令晁错上书中说:

> (秦伐匈奴,取百越)秦戍卒不能其水土,戍者死于边,输者偾于道。秦民见行,如往弃市,因以谪发之,名曰"谪戍"。先发吏有谪及赘婿、贾人,后以尝有市籍者,又后以大父母、父母尝有市籍者,后入闾,取其左。发之不顺,行者深怨,有背畔之心。[1]

文帝时的布衣贾山写了总结"治乱之道"的《至言》一文,其中说:

> 至秦则不然,贵为天子,富有天下,赋敛重数,百姓任罢,赭衣半道,群盗满山,使天下之人戴目而视,倾耳而听。……秦王贪狼暴虐,残贼天下,穷困万民,以适其欲也。……秦始皇以千百国之民自养,力罢不能胜其役,财尽不能胜其求。……劳罢者不得休息,饥寒者不得衣食,亡罪而死者无所告诉,人与之为怨,家与之为仇,故天下坏也。[2]

文帝时历任博士、太中大夫、长沙王太傅的洛阳才子贾谊,写了《新书》,其中说:

> 秦不能分尺寸之地,欲尽自有之耳。输将起海上而来,一钱之赋,数十钱之费,不轻能致也。上之所得者甚少,而民毒苦之甚深。[3]

主父偃在上武帝书中说:

> 秦皇帝……使蒙恬将兵攻胡,辟地千里,以河为境。然后发天下丁男以守北河。暴兵露师十有余年,死者不可胜数。……又使天下蜚刍挽粟,起于黄腄、琅邪负海之郡,转输北河,率三十钟而致一石。男子疾耕不足于粮饷,女子纺绩不足于帷幕。百姓靡敝,孤寡老弱不能相养,道路死者相望,盖天下始畔秦矣。[4]

严安在上武帝书中说:

> 秦祸北构于胡,南挂于越,宿兵无用之地,进

陕西临潼秦始皇陵,公元前210年建成

[1]《汉书·晁错传》。
[2]《汉书·贾山传》。
[3]《新书·属远》。
[4]《史记·平津侯主父列传》。

秦陶马

而不得退。行十余年，丁男被甲，丁女转输，苦不聊生，自经于道树，死者相望。[1]

淮南王中郎伍被在谏其王时说：

> 往者秦为无道，残贼天下，兴万乘之驾，作阿房之功，收泰半之赋，发闾左之戍，父不宁子，兄不便弟，政苛刑峻，天下熬然若焦，民皆引领而望，倾耳而听，悲号仰天，叩心而怨上。[2]

《淮南子》是汉初思想史上一部具有重要价值的书，其对秦亡教训的反思也相当深刻：

> 秦之时，高为台榭，大为苑囿，远为驰道，铸金人，发適戍，入刍稿，头会箕赋，输于少府，丁壮丈夫，西至临洮、狄道，东至会稽、浮石，南至豫章、桂林，北至飞狐、阳原，道路死人以沟量。[3]

> ……当此之时，男子不得修农亩，妇人不得剡麻考缕，羸弱服格于道，大夫箕会于衢，病者不得养，死者不得葬。[4]

如果说，汉代人的以上论述还带着继起皇朝对前朝偏见的话，那么，秦皇朝的臣僚们的自我检讨应该是比较可靠的吧。当陈胜、吴广领导的农民起义军声势浩大地向咸阳进军的时候，右丞相冯去疾、左丞相李斯、将军冯劫向二世胡亥进谏说：

> 关东群盗并起，秦发兵诛击，所杀亡甚众，然犹不止。盗多，皆以戍漕转作事苦，赋税大也。请且止阿房宫作者，减省四边戍转。[5]

这里，冯去疾、李斯、冯劫等作为秦皇朝最负责任的高级官员，也不得不承认兵役徭役的繁苛造成了"群盗并起"的局面。这说明到秦二世统治时期，兵役徭役问题的严重性已是有目共睹了。下面，让我们详细辨析一下秦朝兵役和徭役的具体情况及其危害吧。

首先是兵役。前面已经论及，按照秦皇朝的制度规定，所有成年男子，年16至60岁都需服兵役。具体办法是，做卫士服役一年，担任京师宫殿、官府的守卫。作为一般战士在本郡服役一年，根据不同地区，不同情况和不同需要，或做材官（步兵），或做骑士（骑兵），或做楼船士（水兵）。但事实上，由于秦皇朝外攘夷狄的军事征伐不断扩

[1]《史记·平津侯主父列传》。
[2]《汉书·伍被传》。
[3]《淮南子·氾论训》。
[4]《淮南子·人间训》。
[5]《史记·秦始皇本纪》。

大,服兵役的年龄、期限和身份都打破了规定。所谓"发闾左之戍",历来注释家解说不一。我们认为闾左即闾佐或里佐[1],为里正(典)之副,是一种职役。秦时征及闾左,即连基层负责征发服役的人也征发了,说明成年男子已全部被征发,无人可征,故晁错认为"发之不顺,行者深怨,有背畔之心"。被应征服役的人不仅脱离了生产劳动,而且还要自备衣服费用,这无疑造成其家庭难以承受的负担。湖北云梦睡虎地四号墓出土的两件木牍,记载了黑夫和惊二兄弟在服役期间给家里写的信。黑夫的信说:"黑夫寄益就书曰,遗黑夫钱,母操夏衣来。今书节(即)到,毋视安陆丝布贱,可以为禅裙襦者,母必为之,令与钱借来。其丝布贵,徒(以)钱来,黑夫自以布此。黑夫等直佐淮阳,攻反城久,伤未可智(知)也。愿母遗黑夫用勿少。"惊的信说:"钱衣,愿母幸遗钱五六百,络布谨善者毋下二丈五尺。……室弗遗,即死矣。急急急。"试想,一家之中有两个成年男子服兵役,不仅脱离了家庭的生产,而且还需要自己的家庭解决日常用的钱、衣等物,这对一个五口之家的小农,实在是无法忍受的重负。按照制度规定,只有成年男子服兵役,但实际上,在战争频繁而又惨烈的岁月里,老人、妇女、儿童亦往往被征发。《商君书》和《墨子》等书中都有秦国老弱、妇女和小孩参加城守的记载。无休止的兵役征发,男女老少齐上阵的战守,加到农民头上的只能是难以负荷的灾难。其次是在徭役。董仲舒在对汉武帝的一次上书中说到秦朝的兵役和徭役时说:"月为更卒,已复为正一岁,屯戍一岁,力役三十倍于古。"[2]这里讲的是成年男子一生除二年的兵役外,还有每年一个月的徭役,称"更卒"。秦朝徭役的项目很多,如"糟"、"转"、"作"、"事"等。所谓糟、转,就是输送粮食及其他军需物资的船槽车转的运输服务。由于秦皇朝伐匈奴、平百越的战争连年不断,加上不断兴建其他许多巨大的土木工程,需要的粮食、军需和各种建筑材料数量很大,糟、转就成为一项经常而沉重的徭役。例如,当时服役百姓从东部沿海地区飞刍挽粟到今天山西、内蒙古一带的北河边防前线,路程数千里之遥,运粮"率三十钟而致一石",颜师古注:"六斛四斗为钟,计其道路所费,凡用百九十二斛,乃得一石

秦陶谷仓

[1] 参见张汉东:《"闾左"新解》,载《中国社会科学》(未定稿)1984年第27期。
[2] 《汉书·食货志》。

秦龙纹空心砖

至。"[1]途中耗费之大十分惊人。不仅如此,秦朝政府还规定,此项徭役不准雇人代劳。《商君书·垦令》就明确规定"送粮无取僦",后来循而未改。秦简《效律》也规定:"上节(即)发委输,百姓或之县就(僦)及移输者,以律论之。"按情理推断,秦政府所以不准雇人代役,可能因为此项徭役特别繁剧,雇人代役,一是难以找到代役人,二是难以保证按时完成任务。

所谓"作"、"事",即土木工程和杂役。秦皇朝建立以后,土木工程的兴建不仅没有停止,而且变本加厉,工程的规模越来越大,征发的人数越来越多。如果说,筑长城,凿灵渠,修驰道、直道,开五尺道之类工程,纵然劳民伤财,尚有军事和经济上积极意义的话;那么,数以千百计的离宫别馆,穷极壮丽的阿房宫和骊山陵墓等工程,则完全是为了统治者生前和死后的享受而兴建的。除了扰民之外,不会给社会带来任何好处。而恰恰是这些工程,旷日持久地役使着数以十万、百万计的劳动力。此外,郡县地方政府为了筑城、缮垣,修建公共官舍,也要征调大量的人力物力。除了以上这些法定的徭役外,农民还要承担一些临时性的征派。如秦简《徭律》规定,居住在禁苑、牛马牧场附近的农民,必须随时听候征调修筑堑壕、墙垣、藩篱,"其近田恐兽及马牛出食稼者,县啬夫材兴有田其旁者,无贵贱,以田多少出人,以垣缮之,不得为繇(徭)"。这显然是临时加派的一种徭役。更有甚者,在秦皇朝统治下,连残疾之人也不能免去徭役之苦。秦简《法律答问》:"罢癃守官府,亡而得,得比公癃不得?得比焉。"这一点较之战国时期的其他各国,秦国和统一后的秦朝,显然是大大加重了人民的负担。因为其他各国的残疾人大都是免役的。《庄子·人间世》所记述的那位残疾人"支离疏",如果活到秦皇朝统治时期,就不能像他在战国时期那么优游岁月了。

秦朝政府为了迫使广大农民老老实实地服役,制定了维护这种徭役制度的严酷刑法。《法律答问》规定:"不会,治(笞)。未盈卒岁而得,治(笞)当骂(加)不当?当。"这说明,对不应征服役和服役不足期限者,都处以笞刑。云梦秦简《徭律》还规定:"御中发征,乏弗行,赀二甲。失

秦龙纹空心砖

[1]《汉书·主父偃传》及注。

期三日到五日,谇。六日到旬,赀一盾。过旬,赀一甲。"如果屯戍失期,"法皆斩"。秦朝制度规定,有爵位的男子56岁免役,无爵位者60岁免役。为了杜绝免役问题上的弄虚作假,还规定了如下律条:"百姓不当老,至老时不用请,敢为酢(诈)者,赀二甲。典、老弗告,赀各一甲。伍人,户一盾,皆迁之。"这就是说,不当免老而免老,罚二甲。里典、伍老不告发者罚一甲。相邻伍者,每家罚一盾,并且都予以流放。十分明显,为了使百姓就范,秦皇朝只能借助以暴力为后盾的严酷法律了。

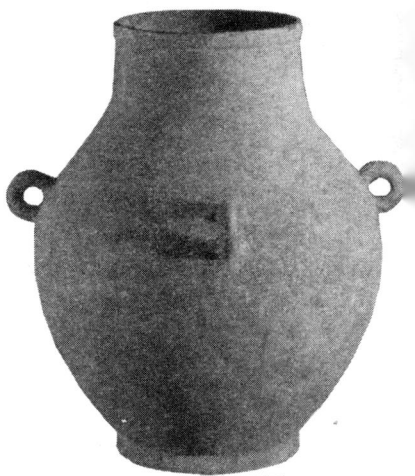

骊山圆缶,秦量器

前面曾论及,为了保证兵役、徭役和赋税的征发,秦国从很早的时候起就实行了严格的户籍和傅籍制度。秦献公十年(前375年)"为户籍相伍",至秦孝公任用商鞅变法时,就建立了一套较严格的户籍制度。《商君书·境内》说:"四境之内,丈夫女子皆有名于上,生者著,死者削。"秦统一中国后,在中央的丞相府里,建立了完备的户籍档案。各地方官所辖行政区的户口,也必须准确无误。人口迁移,要办理称为"更籍"的迁移手续。户籍出现差错,地方官还要受到惩罚。如秦简《效律》就规定,人口、马牛出现一个差错,就算"大误"。其惩罚办法是:"人户、马牛一,赀一盾;自二以上,赀一甲。"秦朝统治者所以如此重视户籍制度,就因为它是各种征发的依据。"傅籍"制度是成年男子的登记制度,其目的是精确地掌握各郡县成年男子的数量,以作为兵役和徭役的主要依据。对于户籍制度的重要性,曹魏时期的徐干在其著作《中论·名数》中有着比较全面的论述:

> 民数者,庶事之所自出也,莫不取正焉。以分田里,以令贡赋,以造器用,以制禄食,以起田役,以作军旅。国以之建典,民以之立度。

秦皇朝是一个带有军事封建性的专制主义中央集权的封建国家,它加给广大劳动人民尤其是农民阶级的,主要是强制性的沉重赋税和徭役。因此,农民起义的星星之火首先在服役的刑徒中点燃,而其变成燎原之势的转折,则是由一个戍卒在大泽乡的振臂一呼。这恰恰是阶级矛盾制约着的历史必然性的反映。

李悝的《法经》是中国历史上第一部比较完备的封建

秦太阳云纹砖

法典，它反映的主要是取得政权的地主阶级的意志和封建的财产关系。挟着《法经》到秦国主持变法的商鞅，为秦国的地主阶级制定了一部较《法经》更为完备的封建法典。这部法典后经秦始皇及其臣子们的损益而成为《秦律》，它"轻罪重罚"、"繁密苛酷"，更加集中地反映了在全国确立了自己统治地位的新兴地主阶级的意志。为了维护对全国劳动人民的军事统治，维护对农民阶级极其沉重的赋役剥削，《秦律》特别显示了它的野蛮和残酷。

先看看去古未远的汉代人眼中的《秦律》。

《汉书·刑法志》：

> 至于秦始皇，兼吞战国，遂毁先王之法，灭礼谊之官，专任刑罚。……赭衣塞路，囹圄成市，天下愁怨，溃而叛之。

汉文帝时的太子家令晁错在举贤良文学对策中说：

> （秦始皇）妄赏以随喜意，妄诛以快怒心，法令烦憯，刑罚暴酷，轻绝人命，身自射杀；天下寒心，莫安其处。奸邪之吏，乘其乱法，以成其威，狱官主断，生杀自态。上下互解，各自为制。秦始乱之时，吏之所先侵者，贫人贱民也；至其中节，所侵者富人吏家也；及其末途，所侵者宗室大臣也。是故亲疏皆危，外内咸怨，离散逋逃，人有走心。[1]

汉武帝时的光禄大夫侍中吾丘寿王说：

> 于是秦兼天下，废王道，立私议，灭《诗》、《书》而首法令，去仁恩而任刑戮，堕名城，杀豪杰，销甲兵，折锋刃。其后，民以耰锄箠挺相挞击，犯法滋众，盗贼不胜，至于赭衣塞路，群盗满山，卒以乱亡。[2]

桓宽《盐铁论·诏圣》：

> 二世信赵高之计，深督责而任诛断。刑者半道，死者日积。杀人多者为忠，厉民悉者为能。百姓不胜其求，黔首不胜其刑，海内同忧而俱不聊生。故过任之事，父不得于子；无已之求，君不得于臣。死不再生，穷鼠啮狸。……任刑必诛，劓鼻盈蓁，断足盈车，举河以西，不足以受天下之徒。

[1]《汉书·晁错传》。
[2]《汉书·吾丘寿王传》。

以上这些血淋淋的描述,当然难免过甚其词。但绝不是无中生有。从其字里行间,人们也仿佛感觉到《秦律》笼罩下的国土充塞着阴森可怖的肃杀之气。

由于《秦律》的律文已经亡佚,所以长期以来关于它的内容,史学家语焉不详。自从湖北云梦睡虎地秦墓出土了载有秦法律文书的简牍,对于深入全面地研究《秦律》提供了重要佐证。

秦孝公时商鞅制定的法律, 内容还比较简单, 只有《盗律》、《贼律》、《囚律》、《捕律》、《杂律》、《具律》等六个专篇。后来逐渐增加内容,到战国末期,已发生了较大的变化。秦简所载的律名已有《田律》、《厩苑律》、《仓律》、《金布律》、《关市》、《工律》、《工人程》、《均工》、《徭律》、《司空》、《军爵律》、《置吏律》、《效律》、《传食律》、《行书》、《内史杂》、《尉杂》、《邦属》、《除吏律》、《游士律》、《除弟子律》、《中劳律》、《藏律》、《公车司马猎律》、《牛羊课》、《傅律》、《敦(屯)表律》、《捕盗律》、《戍律》等29项。这些律文还未包括《秦律》的全部内容,如《郊律》和《工律》都提到有一个《资律》,但内容却不得而知。《内史杂》载:"县告各都官在其县者,写其官之用律。"可见中央政府的每个部门都还有自己的一套具体法规。不过, 仅就现有律文来看,《秦律》繁密苛酷的程度,也已经使人吃惊了。史书以"秦法繁于秋荼,而网密于凝脂"[1]和"摇于触禁"来形容《秦律》多如牛毛般的繁密,实在也不能说完全是一种夸大不实之词。

秦法除"律"外,还出现了作为律之补充的"令":"法律未足,民多诈巧,故后有间令下者。"[2]《法律答问》这样解释"犯令"和"废令":"律所谓者,令曰勿为,而为之,是谓犯令;令曰为之,弗为,是谓废令也。"也就是说,律是令的依据,令补充或阐发律,保证律的切实贯彻。为了使官吏在执法量刑中有例可援,秦朝还有作为律、令补充的"廷行事",在汉朝叫做"故事",即将过去判处过的典型案例,作为断狱的参考和依据。这样,由律、令、廷行事等组成的以刑法为中心的秦法,便构成了一张密不透风的网,逼迫劳动人民屈从地主阶级的意志。

秦皇朝法律的严酷,体现在许多方面,"什伍连坐"是

秦花纹铺地砖

---

[1] 《盐铁论·刑德》。

[2] 《睡虎地秦墓竹简·语书》,文物出版社1978年版。

秦砖刻凤纹

其中之一。自从商鞅变法时制定了"令民为什伍,而相收司连坐"[1]的连坐法之后,该律条就一直被秦统治者保留沿用。一人犯罪,不仅罪及妻事孥家、三族(父族、母族、妻族),而且还要罪及邻里。此一律条也推及到军队中,士卒犯罪或逃跑,就要罪及他们的同伍之人以及父母、妻子等。

秦皇朝法律的严酷,集中体现在它的"轻罪重罚",即惩办特别严厉与酷烈。刑罚名目繁多,其苛虐酷烈,令人发指。云梦秦简和史籍记载的秦朝刑罚,名目多达十数种,每一种又分许多细目。死刑有许多种。云梦秦简记载的有四种:戮——先施以人格污辱,然后再杀掉;弃市——以刀刃刑人于市;磔——凌迟处死于市;定杀——对麻疯等传染病患者犯罪,抛入水中淹死。见于史籍记载的,还有"族"、"夷三族"、"枭首"、"车裂"、"腰斩"、"体解"、"囊扑"、"剖腹"、"蒺藜"、"凿颠"、"抽胁"、"镬烹"等。这些五花八门的死刑,有些是法律规定的,也有些是各级官吏在法定常刑之外创造的。面对这些花样繁多、阴森可怖的死刑,就是佛教经典所描述的地狱,也不过如此!

次于死刑的是肉刑,即"折人肢体,凿其肌肤",使受刑人生理残疾的刑罚。在秦朝,这种刑罚大部分与刑徒结合在一起使用,其名目同样繁多。黥刑又称墨刑,先以刀划破面部,然后涂上墨,在受刑者脸上打上永恒的印记,这对受刑人既是肉体的折磨,又是精神的侮辱。史书记载,在焚书令下达30日以后还不焚书者,就要处以这种刑罚。劓刑即割去鼻子。《法律答问》规定,五个人合伙盗660个钱,就要处以这种刑罚。刖刑,即断足,这是一种使人失去劳动能力的肉刑。宫刑又称腐刑,是使男女丧失生殖能力的一种刑罚。宫刑是除死刑外最残酷的一种刑罚。

次于肉刑的是大量的徒刑,它往往与肉刑一起使用。徒刑的种类也不少,如城旦舂,即男子筑城,妇女舂米,刑期四至五年。《秦律》规定,五人盗一钱以上,在受刖刑后还要处以此种刑罚。鬼薪白粲,是为官府打柴和择米的一种徒刑,期限为三年。隶臣妾也是一种徒刑,男子为隶臣,女子为隶妾,是一种在官府和达官贵人之家服役的刑罚,

[1]《史记·商君列传》。

期限是一年。这类刑徒，或来源于罪犯，或来源于俘虏，也有被籍没的罪人家属。第四种刑徒是司寇，任务是看管服刑的刑徒，期限为二年。最后一种刑徒叫候，是刑徒中最轻的一种，任务近于司寇，刑期一年。由于《秦律》特别繁密苛酷，所以触及刑律的人特别多。史书记载秦始皇修骊山陵墓动用了70万刑徒，戍五岭动用了50万刑徒，可见经常服刑的人总在百万以上。虽然从规定看，刑期并不长，但由于服役条件与生活条件特别艰苦，不少服役的人难以生还。正因为刑徒们遭受的是难以忍受的非人待遇，因而他们反抗秦朝暴政的斗争态度特别坚决，正是从刑徒之中涌现出秦农民起义军的第一批忠勇的战士。

秦砖刻神人骑凤图

　　除以上的刑罚外，《秦律》还规定了另外一些惩罚措施。如笞刑，即打板子，一般在审讯过程中使用，是封建官吏随心所欲地残害百姓的一种刑罚。髡、耐、完是一种剃去头发的刑罚。迁是一种近乎后世流放的刑罚。赀是罚款和罚徭的刑罚。废是撤销官吏职务永不叙用。谇是当众加以斥骂。秦皇朝的刑罚等级如此之多，说明它对劳动人民任何微小的违犯封建法规的行动都是决不放过的。

　　另外，《秦律》中还有"赎刑"的条款，这显然是给达官贵人、地主富豪在犯罪时找到了一条开脱罪责和逃脱惩罚的门径。严密的法令，酷烈的刑罚，使整个秦帝国变成了一座恐怖的大监狱，因触犯刑律而受到惩罚的人，其数量之大是历史上从未有过的。在一个2000万人口的国家里，刑徒就达100万左右，被刑者占人口总数的5%以上。除去老弱妇女儿童外，成年男子受刑的比例肯定相当大。所以，当陈胜领导的农民起义军攻打范阳的时候，蒯通对秦的范阳令说："秦法重，足下为范阳令十年矣，杀人之父，孤人之子，断人之足，黥人之首，不可胜数。"[1]人们从这段话不难想象，秦皇朝统治下的华夏大地已成了什么世界！

　　沉重的赋役盘剥，使社会的简单再生产几乎无法进行；残酷的刑罚，又使农民的人身安全失去起码的保证。秦皇朝实行的这些政策，使本来应该促进生产发展和社会繁荣的新的封建的生产关系越来越失去它应有的作用。在秦皇朝统治下，劳动人民在流血中痛苦地呻吟，历

[1] 《史记·张耳陈余列传》。

秦十二字瓦当

史在无情的岁月里艰难地蹒跚前进。当秦始皇在臣子们洋洋盈耳的颂歌声中即将走完他生命的全部历程的时候,他不会想到,由他制造的反抗的烈焰,也快到爆出冲天火光的时候了。

在中国两千多年的封建社会里,由于实行专制主义中央集权的行政体制,皇帝拥有不受制约的至高无上的权力,因而政策的好坏,政治的清浊与皇帝本身的思想、气度、才智有着直接的关系。而且,由于绝大部分皇帝都是唯我独尊,"圣心独断",很少有人能够虚心听取臣民意见,改变错误的决策和政策。所以,一个皇朝转变政策的契机往往靠新老皇帝的交替。好在皇帝都无法"万岁",所以,历史上的封建皇朝政策的转变才有可能。秦始皇之死给历史提供了一个转变政策的契机,只要二世胡亥反秦始皇之道而行之,改弦更张,调整秦始皇实行的那些虐民害物的政策,世事还未到无可挽救的地步,历史未尝不能出现"山重水复疑无路,柳暗花明又一村"的新局面。这一层,当时身居中阃的朝廷重臣冯去疾、李斯、冯劫等已经看到并提出了自己的建议,可惜他们已经无法左右当时的形势了。而在真正掌握国家权力的赵高挟持下的秦二世,根本就不具备转变政策的气魄和才能。作为秦始皇培养出来的最坏的接班人,历史给他安排的任务,仿佛就是亲手毁掉秦始皇创建的宏伟基业。

秦始皇死时,秦皇朝的形势虽然已经相当严峻,但还未到不可收拾的地步。农民起义的星星之火虽然已经燃起,但还未形成燎原之势。历史还给二世留下了一点反省和重新制定政策的时间。然而,作为秦始皇最喜欢的小儿子,胡亥已经失去了对现实的感应能力,而他继承的却是秦始皇身上那些最坏的东西,并加以恶性的发展。

胡亥没有经历其祖宗创业的艰难,他生下来之后,耳闻目睹的就是父亲为所欲为的权力和无以复加的享受。在赵高等奸佞之辈的教唆下,他把秦始皇政策中那些最劳民伤财的部分,变本加厉地继续推行下去。招来天怒人怨的阿房宫、骊山陵墓等工程,他继续修建;驰道、直道、五尺道等也继续加工修筑。在埋葬秦始皇时,他残忍地将后宫无子的嫔妃全部殉葬,将了解地宫情况的工匠全部杀死。

他继续实行严刑峻法，把更沉重的赋税和徭役加在广大百姓的头上。"税民深者为明吏"，"杀人众者为忠臣"，"赋敛愈重，戍徭无已"[1]。"百姓之随逮肆刑，挽辂首路死者，一旦不知千万之数"[2]。"刑者半道，死者日积。……百姓不胜其求，黔首不胜其刑，海内同忧而俱不聊生"[3]。

他继续变本加厉地"纵耳目之欲，穷侈靡之变，不顾百姓之饥寒穷匮"[4]。他征材士五万人屯卫咸阳，令教射狗马禽兽。为了解决这些人的粮食，下令郡县转输菽粟刍稿，服役者需自带粮食，"咸阳三百里内不得食其谷"。

他为了使自己能够独享秦始皇留下的江山社稷这份巨大的遗产，对功臣宿将和宗室贵族肆意杀戮。前面述及，还在由沙丘回京的路上，他就与赵高一起设计害死了在百姓中颇有威望的公子扶苏。回咸阳后，又杀死了为建立秦皇朝立下不朽功勋的蒙恬、蒙毅兄弟，还将自己的兄弟姐妹处以极刑。对秦始皇的旧臣，凡忠贞敢谏者，重者处死，轻者遭谴；而阿谀逢迎之徒，却得到提拔重用。这样一来，统治阶级内部也离心离德，各怀异志，很快陷于分崩离析的局面。

历史的发展，总是同昏庸残暴的统治阶级的愿望相反。二世胡亥满以为，凭借着严刑峻法，就会使慑于死亡的黔首温顺如绵羊般地供其奴役，任其宰割；凭借着"督责之术"，就会使"救过不及"的臣僚们俯首帖耳地供其驱使，任其杀伐。他也就可以为所欲为，予取予求，恣意享乐了。但是，二世的所作所为，不仅使广大劳动人民打消了对他改弦更张的一线希望，把武器的批判提上历史的日程；而且也使整个统治集团陷于极度混乱，使他们预感到末日的来临而准备作鸟兽散。这样，一方面广大人民中郁积的反抗怒火，如箭之在弦，有一触即发之势；另一方面，统治集团日益增长的离心倾向，又不可能使他们团结一致对农民起义军进行有效的镇压。至此，农民起义的条件终于成熟了。二世登基三年，尽管使出浑身解数，一面不断派兵镇压起义军，一面将一些臣子送上断头台，但是，他最后求到的并不是为所欲为的享乐，而是他绝对信任的启蒙老师赵高架在他脖子上的利刃。

秦始皇陵大瓦当

[1] 《史记·李斯列传》。
[2] 《淮南子·兵略训》。
[3] 《盐铁论·诏圣》。
[4] 《淮南子·兵略训》。

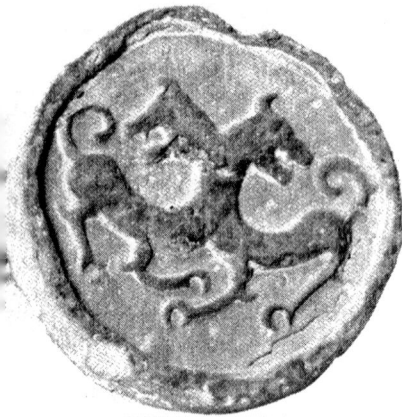

秦双兽纹瓦当

三　在反秦怒潮中寿终正寝

由于秦皇朝一系列的暴政和蠢行,到秦始皇晚年,秦帝国的阶级矛盾和社会矛盾已急剧激化,各地已出现农民起义的点点星火。二世登基后,变本加厉地继续秦始皇的暴政和蠢行,点点星火终于形成燎原之势。还在秦始皇寿终之前,后来成为农民起义军著名领袖的三个人物刘邦、彭越和英布已经起义反秦了。

公元前210年(秦始皇三十七年),泗水亭长刘邦奉命送刑徒去骊山服苦役。走在路上,刑徒不断逃跑。刘邦知道如此下去,不等走到咸阳,人也就跑光了。当队伍行经丰邑西部的沼泽之中时,刘邦采取了一个十分果敢的行动,毅然放走了所有的刑徒。其中有10多人为刘邦的行动所感动,坚决不离开刘邦。于是刘邦便带领他们隐藏在草泽中,积蓄力量,等待时机。到陈胜吴广领导的大泽乡起义爆发的时候,刘邦手下已经有一支数百人的队伍了。

昌邑(今山东金乡)人彭越,是一个在巨野泽打鱼为生的人,九江郡六县(今安徽六安县北)人英布,壮年因受黥刑,又名黥布,被罚修骊山陵墓。服役期间,他广泛结交刑徒中的有志之士,秘密联络蓄意反秦之人。之后,寻找机会,带着一批志同道合的刑徒,逃到长江之中,以"群盗"的名声,开始了最初的造反活动。

这些反秦起义的星星之火反映了全国各地都潜伏着危机,到处都郁积着反抗的力量。只要振臂一呼的英雄领袖一旦出现,这些分散的反秦的力量顷刻之间就能汇聚成足以撼动秦皇朝的起义大军。

公元前209年(秦二世元年)七月,在泗水郡蕲县的大泽乡(今安徽宿县)爆发了大规模的反秦起义,领导这次起义的是出身于贫苦农民的陈胜和吴广。

陈胜,字涉,阳城(今河南方城)人。少年时期,曾经在富人家里做佣工。一次田间休息时,他怅恨久之,说了一句:"苟富贵,无相忘。"一起佣耕者都笑他:"若为庸耕,何富贵也?"陈胜因不被理解而叹气说:"磋呼,燕雀安知鸿鹄之志哉!"[1]这个故事说明,青年时代的陈胜,并不安于自己的贫贱地位,他向往着富贵,期待着如鸿鹄般地展翅翱

[1]《史记·陈涉世家》。

翔。吴广,字叔,阳夏(今河南太康)人,也是农民出身。从他们二人在戍卒中做屯长的身份看,到他们被征发的时候,大概已经是乡里中的头面人物了。陈胜、吴广随900人的队伍来到大泽乡,他们是被征发去渔阳(今北京)戍守的士卒。由于遭遇大雨,误了行期,按照秦朝的法律,这是要杀头的。正当大家一筹莫展的时候,陈胜吴广正进行着起义的谋划。他们分析形势,认为误期是死罪,造反也不过是死罪,与其无所作为地等死,还不如起来造反以求生。陈胜、吴广都是楚国人,楚国被秦军灭亡的时候,楚人南公"楚虽三户,亡秦必楚"的话广为流传,这对他们谋划造反也起了精神上的鼓舞作用。陈胜对吴广说:

> 天下苦秦久矣。吾闻二世少子也,不当立,当立者乃公子扶苏。扶苏以数谏故,上使外将兵。今或闻无罪,二世杀之。百姓多闻其贤,未知其死也。项燕为楚将,数有功,爱士卒,楚人怜之。或以为死,或以为亡。今诚以吾众诈自称公子扶苏、项燕,为天下唱,宜多应者。[1]

吴广赞同陈胜的分析,共同行卜,卜者已晓其意,给了他们一个"事皆成,有功"的吉兆,同时示意他们以鬼神迷信制造舆论,动员群众。陈胜会其意,先将丹书"陈胜王"的帛置入鱼腹中,令戍卒买鱼烹食时发现丹书的文字,以引起他们的惊异。又让吴广深夜在住地附近的丛祠旁燃起熊熊篝火,同时学着狐狸的叫声,不断地呼喊"大楚兴,陈胜王"。戍卒们听到这奇怪的叫声,联系鱼腹丹书,惊奇不已,预感到有大事要发生,从而有了接受起义的思想准备。第二天,吴广故意激怒统帅戍卒的都尉,让他当众鞭笞自己,以激怒戍卒。而吴广乘其不备,夺取都尉的宝剑并将其杀死。与此同时,陈胜也杀死了另一都尉。然后,陈胜集合全体戍卒慷慨激昂地说:"公等遇雨,皆已失期,失期当斩。藉弟令毋斩,而戍死固十六七。且壮士不死即已,死即举大名耳,王侯将相宁有种乎!"[2]陈胜说出了戍卒们想讲而又讲不出的话,采取了想干而又缺乏勇气的行动。他们对陈胜、吴广发出了欢呼,表示了跟随二人赴汤蹈火的决心。陈胜、吴广登坛,与全体戍卒盟誓,诈称接受扶苏、项燕的命令,陈胜自立为将军,吴广为都

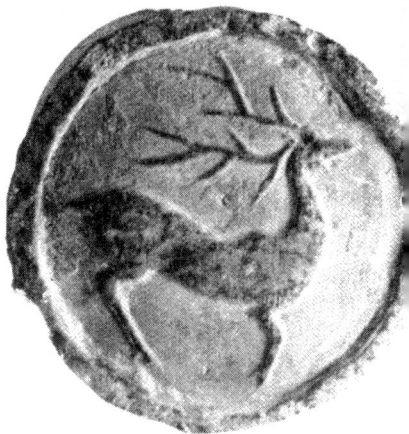

秦瓦当

[1] 《史记·陈涉世家》。
[2] 《史记·陈涉世家》。

秦代砖刻上的青龙

尉,斩木为兵,揭竿为旗,誓师反秦。群情激昂,呼声震天动地。一时间,"伐无道,诛暴秦"的口号响彻黄河上下,大江南北。当时社会上最卑贱的劳动人民,终于对高压在他们头上的庞然大物——秦皇朝,发出了反抗的怒吼!

陈胜、吴广领导的起义军尽管是一支不足千人的队伍,而且缺乏训练,装备低劣,没有强大的后勤保证,"不用弓戟之兵,耰锄白挺,望屋而食"[1],但是,由于他们抱着死里求生的决心,有着顽强的斗志和必胜的信心,兵锋指处,所向披靡,显示了强大的战斗力。起义军迅速攻下大泽乡和蕲城。接着,陈胜令符离人葛婴率军西向,连克铚(今安徽宿州市境)、酂(今河南永城西南)、苦(今河南鹿邑)、柘(今河南柘城)、谯(今安徽亳县)等城。一路上,贫苦农民、手工业者和奴隶潮水般涌入起义队伍。紧接着,经激战攻下陈城(今河南淮阳)。这时,起义军已是拥有兵车六七百乘,骑兵千余,步兵数万的大军了。陈胜进驻陈城不久,即召集当地豪杰、三老议事,共商建立政权的问题。这时已加入起义军的六国旧贵族的代言人张耳、陈余不同意陈胜称王,其理由是:

> 夫秦为无道,破人国家,灭人社稷,绝人后世,罢百姓之力,尽百姓之财。将军填目张胆,出万死不顾一生之计,为天下除残也。今始至陈而王之,示天下私。愿将军毋王,急引兵而西,遣人立六国后,自为树党,为秦益敌也。敌多则力分,与众则兵强。如此野无交兵,县无守城,诛暴秦,据咸阳以令诸侯。诸侯亡而得立,以德服之,如此则帝业成矣。今独王陈,恐天下解也。[2]

张耳、陈余这个"缓称王以成帝业"的建议并非全无道理,但他们的旧意识太浓,千方百计以恢复六国为己任,说明他们的思想已落后于时代的精神了。可是参加会议的三老、豪杰们异口同声地赞同陈胜称王:"将军身披坚执锐,伐无道,诛暴秦,复立楚国之社稷,功宜为王。"[3]陈胜也就当仁不让地做了王,定国号为"张楚"。长沙马王堆三号汉墓出土的帛书《五星占·土星行度表》中有"张楚"纪年,这证明陈胜以"张楚"作为国号是确定无疑的。陈胜之所以决定采用这个国号,显然是为了赢得原楚国人民的拥护。

[1] 贾谊:《过秦论》,载《史记·秦始皇本纪》。

[2]《史记·张耳陈余列传》。

[3]《史记·陈涉世家》。

陈胜、吴广起义的消息像飙风一样不胫而走。散于各地的反秦力量立即云应景从，"当此时，诸郡县苦秦吏者，皆刑其长吏，杀之以应陈涉。……楚兵数千人为聚者不可胜数"[1]。刘邦、萧何、曹参、樊哙等起义于丰、沛，项梁、项羽叔侄起义于会稽，彭越起义于巨野，秦嘉起义于东海（今山东郯城），吕臣起义于新阳（今安徽界首）。其他小股起义更是遍地皆是，不胜枚举。起义者的成分也很复杂，除了农民、手工业者、奴隶、刑徒之外，绝大部分六国旧贵族也都扯起了恢复故国的旗帜。加入了反秦的队伍。一些在秦朝受到排挤、镇压的儒生，如孔子的九世孙孔鲋等，也携带礼器，投奔陈胜的队伍，担任了博士的官职。尽管当时各路起义军成分不一，领导各异，目的也不同，但在秦朝灭亡前，所有起义军都把斗争的矛头指向了秦皇朝。

陈胜坐镇陈城，指挥起义军多路出击。他任命吴广为假王，指挥一支起义军进攻荥阳。命令武臣、张耳、陈余等人率兵夺取黄河以北原赵国的土地。命令邓宗率兵直趋东南，攻略横跨长江的九江郡。命令原魏国人周市率兵北进，夺取原魏国的土地。又命令周文率一支起义军主力，绕开荥阳，经由颍川郡直叩函谷关，向秦朝的腹地关中进军。很短的时间内，除吴广领导的一支队伍在荥阳因遇到秦三川郡守李由的抵抗无法进展外，其他诸路义军几乎没有遇到什么有力的抵抗，势如破竹，捷报频传，仅仅几个月中，关东原六国的土地，除个别地方还由秦军撄城固守外，绝大部分都由起义军占领了。尤其是周文所统率的一支起义军主力部队，一路上斩关夺隘，如入无人之境，很短时间就进军到距咸阳不足一百里的戏（今陕西临潼附近），眼看就要直捣首都，宣布秦皇朝的灭亡了。形势发展如此之快，不仅使秦朝统治者目瞪口呆，手足失措，就是起义军的领袖们也感到非始料所及，因为这个胜利实在来得太容易太突然了。

人们有理由惊异：当年气吞万里，所向无敌的秦军，为什么在看起来近于乌合之众的义军面前，再也抖不起昔日的威风而一败涂地呢？为什么陈胜这样一个名不见经传、缺乏高贵血统的小人物，有如此巨大的号召力，连六国旧贵族、孔子嫡裔孔鲋之类的贵人，也一一拜倒在他

秦代砖刻上的白虎

[1]《史记·陈涉世家》。

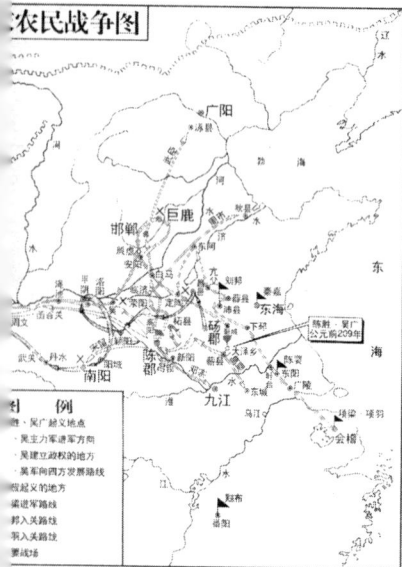

秦末农民战争图

的面前,心甘情愿地跟他去造反呢?

　　前面已经分析了秦皇朝的政策所造成的巨大社会危机,其实,它不仅是秦末农民起义爆发的主要原因,也是构成其胜利发展的重要因素。此外,还有许多因素,也成为起义军胜利发展的重要条件。

　　就农民起义军方面说。首先,大泽乡起义虽然比较仓促,但陈胜、吴广还是做了必要的准备工作。"诈自称扶苏、项燕,为天下唱",是为了把实质性的造反文饰得温和一点,使群众在心理上易于接受;"鱼腹丹书"、"篝火狐鸣",是为了迎合农民的迷信心理,给起义罩上一种上承天意的神秘色彩;而定"张楚"为国号,恰恰又适应了楚国百姓对故国的怀念,使他们容易受到鼓舞,增强胜利的信心。其次,因为秦皇朝的政策不仅严重伤害了所有的被剥削者,而且也严重地伤害了六国旧贵族及其依附者。无情的镇压,频繁的迁徙,把死亡和破产加到他们头上,使从阶级属性看本来应该成为秦皇朝阶级基础的这一部分力量,变成了秦皇朝的反对派。这些旧贵族与故国百姓的联系还没有斩断,当他们打出复兴故国的旗号加入反秦起义队伍时,比较易于为百姓所接受。六国旧贵族的起事,无疑壮大了起义军的力量。并且,由于响应起义者如雨后春笋般遍布各地,就使关东的秦军顾此失彼,不易集中起一支强大的军队对起义进行镇压,这就给起义军的迅速发展造成了可乘之机。再次,陈胜起义军在战略战术上虽然有严重失误的地方,但也有正确的方面。"张楚"政权建立以后,陈胜并没有止步不前,而是不失时机地派出部队,东西南北,四面出击,使秦皇朝在关东的各级地方官吏,还来不及准备、联络,就在这种突然袭击面前,惊慌失措地失去了有效抵抗的能力。

　　秦皇朝统治集团的暴政和蠢行,也为起义军的迅速发展、迭获胜利创造了条件。前面提到,二世胡亥上台之后实行的一系列措施,加速了统治集团内部的分崩离析。同时,以二世和赵高为核心的秦皇朝当权派,更以惊人的速度腐化堕落。他们早已丧失了吞灭六国时新兴地主阶级的蓬勃朝气,成为残忍、愚蠢、昏愦的没落集团。他们闭眼不看"攻守之势"的变化,还是相信秦皇朝无比强大,可以镇住任何心怀异志的反叛者，依然陶醉于建筑在千百万黔首血泪和尸骨之上的荣华富贵之中。他们根本想不到自己已经坐在火山口上，所以也没有预防农民起义的任何准备。当陈胜、吴广点燃的起义之火在关东已成燎原之势的时候，昏头昏脑的秦二世还不相信这是真的。谒者从东方回到首都，如实地向二世报告起义军的情况，得到的是交吏治罪的惩罚。此后，从关东回来的官员，谁也不敢再讲起义军的真相，而是投二世之所好，用"群盗，郡守尉方逐捕，今尽得，不足忧"[1]加以搪塞。这样，二世就用自己制造的帷幕，把自己蒙在鼓里，成为一个闭目塞听、掩耳盗铃、完全失去了对真实事物感应能力的可怜虫。当这个统治集团的成员面对自己生死攸关的大事互相蒙骗和欺诈的时候，哪里还能制定出有效地对付起义军的战略战术？又怎么能及时调兵遣将，组织对起义军的镇压呢？当周文统帅的数十万大军攻至戏，喊杀声震动咸阳的魏魏宫阙时，秦二世才如梦初醒。但是，为时已晚，遍及关东各地的起义军已经壮大到难以镇压了。

秦末陈胜、吴广大泽乡起义旧址

周文一军顺利攻克戏，标志着陈胜为首的起义军的攻势达到顶点，秦朝统治者也开始清醒。二世除命令关中原有秦军进行拼命抵御外，又采取两项措施：一是接受将作少府章邯的建议，赦免修筑骊山墓的数十万刑徒和奴产子，同时将他们武装起来，交由章邯统帅，进击对咸阳威胁最大的周文一军。二是命令守卫北部长城一线的30万大军，由王离、苏角率领火速南下，镇压起义军。军事形势变得骤然对起义军不利了。

章邯指挥的秦军猛扑周文统帅的起义军，经戏、曹阳（今河南灵宝境）、渑池三战，周文军战败溃散，周文自杀身亡。此时，由吴广统帅的另一支起义军正与三川守李由指挥的秦军激战于荥阳城下，不分胜负。周文兵败的消息传来后，吴广部将田臧等杀死吴广。陈胜知悉，即遣使授田臧令尹之印，任其为上将军，全权指挥荥阳前线的军事行动，但很快被章邯与李由指挥的秦军打败，田臧战死，义军溃散。章邯乘战胜之威，在分兵击破驻守东海（今山东郯城）的邓说军和驻守许地（今河南许昌附近）的伍徐军以后，集中全力猛攻陈胜的大本营。陈胜战败，经汝阳

[1]《史记·秦始皇本纪》。

乐府钟,秦乐器

(今安徽阜阳)转至下城父(今安徽涡阳)。在这里,陈胜的御者庄贾将其刺杀后,投降了章邯。另一支由宋留统率的起义军在攻下南阳后也向秦军投降。这样,以陈胜为首的起义军的大部分都遭到了失败。秦末农民战争的第一个高潮结束了。不过,农民起义军并没有完全失败,此时,不仅项羽、刘邦、彭越、英布等领导的几支起义军还在坚持战斗,而且陈胜的余部也还坚持着斗争的旗帜。就在陈胜死后不久,他的故涓人将军吕臣率领的一支苍头军(由奴隶组成的队伍)风驰电掣般地攻克陈城,处死了叛徒庄贾,"张楚"的旗帜又重新飘扬在陈郡的城头。

以陈胜为首的起义军,其兴也骤,其败也速。三月之间,由九百疲惫之卒,发展成数十万大军,扫荡了大半个中国,使不可一世的秦皇朝岌岌可危。发展之速,令人惊异。可是,待章邯率秦军东出函谷关,进击起义军,不到三个月,陈胜兵败身死,数十万起义军也几乎全部溃散,失败之速也同样令人惊异。起义军失败的原因究竟是什么呢?

起义军最初几个月的发展虽然是顺利的,但却没有大量消灭秦军的主力。此时的秦皇朝,由于两代皇帝政策上的失误,尽管实力与扫灭六国时相比已大大削弱,但它毕竟是掌握了全国政权的统治者,不仅有着远较起义军丰富的统治经验,而且有着比起义军雄厚不知多少倍的物质基础,更有一支历经千百次战阵锻炼、训练有素、装备精良的军队,它的将领又是有着多年战争实践、比较通晓战略战术、能征惯战的骁勇之辈。当二世清醒之后,立即组织了对起义军的凶猛反扑。章邯统率的主要由刑徒和奴产子组成的部队,按理似不应有太强的战斗力,但是,由于它以关中秦军为中坚,有一批具有实战经验的军事骨干,又有着章邯、司马欣、董翳这样一些较有谋略的将领,再加上关中地主武装的全力支持,一经对阵,孰优孰劣,就判然分明了。而由王离、苏角统率的自长城线上撤下来的部队,则是秦军的精华,它对农民军的优势更是明显。章邯在与起义军作战时所采用的战略战术也是正确的。他利用起义军兵分多路、实力分散的弱点,采取集中兵力各个击破的方针。戏地一战,击败周文军,然后穷追不舍,连战曹阳、渑池,彻底打垮这支起义军。继而迅速东向,同吴广统帅的另一支起义军主力决战,经敖仓、荥阳两战,又消灭了这支起义军。在此之前,章邯一直坚持不分散兵力,始终集中一个拳头作战。这样,每次战役都集中了绝对优势的兵力,掌握了战场上的主动权。"行动自由是军队的命脉,失去了这种自由,军队就接近于被打败或被消灭"[1]。周文、吴广两支义军主力被消灭后,陈胜能够指挥的可战之兵已经不多。此时,章邯才分别扫灭陈胜军的残部,直到把陈胜消灭在下城父。章邯这种以消灭起义军主力为目标,以捣毁"张楚"政权为目的的战略决策是高明的,他的集中优势兵力,每战必胜的战术原则也是奏效的。

以陈胜为首的起义军,本身也存在着许多不可克服的局限性,产生了许多本来应该避免但却未能避免的缺点、失策和错误。

首先,陈胜不可能有明确的阶级观点,他不理解他所领导的这场斗争的阶级实质,而是错误地认为这是一场复兴六国的斗争。由于他诈称项燕、扶苏,定国号为"张楚",从而使秦末农民战争一开始就笼罩着复兴六国的迷雾,也就使一些六国旧贵族轻而易举地混入起义队伍。这些人热衷于恢复六国统治,一旦摆脱陈胜控制,就千方百计地据地称王,根本不理会陈胜的号令,甚至在起义军主力遭遇危机之时袖手旁观,实际上帮了秦军的大忙。当吴广受阻荥阳,周文败走曹阳,极需救援之时,武臣不经陈胜同意,即在邯郸自立为赵王,拥兵割据,拒绝陈胜救援吴广、周文的命令。其他旧贵族与野心家竞起效尤。韩广自立为燕王,田儋自立为齐王,魏咎自立为魏王。他们拥兵自重,不服调遣,致使陈胜一军在秦军的进攻面前孤掌难鸣,陷于失败。

其次,从军事上讲,起义军本身存在的弱点更多,部署指挥屡屡失误。义军初起,应者云集,大量反秦的农民、刑徒、奴隶等潮水般涌入起义队伍。两三月之内,起义军由900戍卒发展成数十万大军。这固然反映了反秦的大好形势,也给起义军领袖提出了一系列难题。数十万大军,需要一大批精通军事谋略的将帅,但义军中唯一的军事

秦错金银灯座

[1]《毛泽东选集》四卷合订本,人民出版社1966年版,第477页。

秦木篦彩绘角抵图

人才也不过是在项燕军中做过"视日"的周文,其余包括陈胜、吴广在内以及周市、田臧、宋留、伍徐等人,过去都未指挥过一兵一卒。骤然成为数以万计、十万计大军的统帅,他们是很难胜任愉快的。一支能征惯战的部队,不仅要有一批能驾驭战争变化、精通战略战术的统帅,而且必须有严密的组织、严明的纪律和严格的训练,这对每日涌进大量士卒的起义军来说,几乎是无法做到的。这样,起义军所拥有的人数上的优势,往往不易发挥。而缺乏训练的军队,也很难适应严酷的战斗。同时军队应该有精良的装备,而起义军士卒手中仅有"锄耰白挺"。军队应该有源源不绝的后勤供应,而起义军却只能"望屋而食",以夺取敌人的军需和临时的征调维持供应。与秦军相比,起义军除了在人心向背上占着优势外,其余的可比方面,秦军几乎全部优于起义军。这样两支军队在战场上相遇的时候,优劣胜负就是不难判断的了。

正因为起义军缺乏高明的统帅,战略战术上的失误便一再发生。起义军在占领陈郡,建立"张楚"政权以后,战略上没有确定主攻方向,四面出击,平均用力。一时间处处开花,捷报频传,看上去轰轰烈烈,实际上兵力分散,缺乏必要的战略和战术上的协同,潜伏下了被各个击破的危险。而起义军的领袖们被一时的胜利所陶醉,对秦军的反击能力缺乏实事求是的估计,当然也就无法及时做出应变的准备。当章邯指挥秦军在戏击败周文一军的时候,形势骤然变得对起义军不利了。可是陈胜除了命令武臣救援外,再没有其他应付的措施。武臣拒不发兵,起义军节节败退,陷于消极抵御、被动挨打的局面,最终无法摆脱失败的命运。其实,周文一军溃败后,陈胜手下还有几支部队保存着较大的力量。这时候,如果迅速调整部署,让周文军迅速后撤与吴广部合为一军,并后退至东方义军较多的地区,这样,既可以争取到战场上的主动权,又可以诱使章邯军到对其不利的地区作战。计不出此,就只有消极抵抗一途,致使被动的态势始终没有改变过来。

陈胜及其伙伴,对战争全局缺乏一种高瞻远瞩的战略眼光。打下陈城后,军事形势发展很快,但陈胜却一直把起义军的总部放在陈城。这里地瘠民贫,经济不发达,难以给义军筹措大量的粮秣军需；这里远离当时重要的政治经济中心，交通不便，不易与各路义军迅速沟通联系，对千里之外的前线军事无法进行有效的指挥；这里地处平原，无险可守，一旦敌人大军压境，难以进行持久而有效的抵抗。当洛阳、开封、南阳等名城打下来以后，陈胜应该把自己的大本营迁到其中的任何一个地方，最好是洛阳。然后凭黄河、芒砀之险，据敖仓之粟，利用这里四通八达的道路网，随时调整部署，进退自如，左右逢源，就可能出现另一番局面。计不出此，总是局促于陈这样一座小城，实际上等于安下一步死棋。后来，当章邯率军逼临城下时，陈胜不是决策向秦嘉、刘邦等控制的地区退却，而是向义军力量很弱的东南逃跑，到达汝阳后，似乎发现了失误，又转向东北撤退。但是，时机已经错过，致使章邯很快追了上来，因而发生了下城父的悲剧。其实，如果陈胜一开始就向下城父方向撤退，便有充足的时间与刘邦、秦嘉的部队联成一气，情况就可能出现新的转机。这些本来可以避免失败的机会，陈胜都一一失掉了，这样，惨败的命运就不可避免地落到了他的头上。

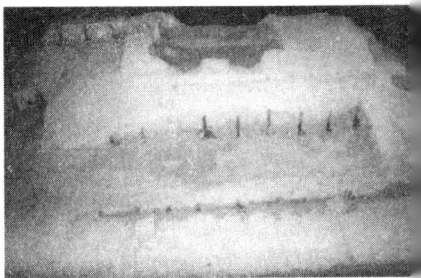
秦咸阳一号宫殿遗址

　　作为一个农民起义军的领袖，陈胜也缺乏卓越的政治才能。他不善于统驭部下，不敢于严肃纪律，是非不分，赏罚不明，助长了部下各自为政、任意胡为的坏风气，致使起义军始终未能成为一支纪律严明、行动统一，具有顽强战斗力的部队，因而经不住严酷战争的考验。陈胜对武臣、韩广、张耳、陈余等人擅自拥兵称王、不服调遣，纵使无力征伐，也不应曲意迁就。因为此例一开，也就给了其他将帅任意行动的自由，只能一一迁就屈从。将军田臧以近乎"莫须有"的罪名，"矫王令"杀死与陈胜共同发动起事的吴广，陈胜不说半句责难的话，反而"使使赐田臧楚令尹令，使为上将"。秦嘉在东海"矫以王命"杀死了陈胜派去的监军武平君，自立为大司马，陈胜也予以默认，不加惩罚。相反，较早追随陈胜起义、屡立战功的葛婴，就因为擅自立了襄强为楚王，后来即使杀掉襄强向陈胜谢罪，陈胜也不加原谅，仍然杀掉了葛婴。如此赏罚不明，怎么能维持统一而严明的纪律？又怎么能使将领们团结一致共同战斗？

秦咸阳一号宫殿遗址

再次，陈胜首举义旗，发难反秦，表现了大无畏的英雄气概，反映了"苦秦久矣"的劳动人民的利益与要求，在秦末农民战争中作出了不可磨灭的贡献。但是，陈胜同时也羡慕帝王，对封建统治者那套富贵荣华心向往之。"王侯将相宁有种乎？"固然有反对封建血统论的一面，但又何尝不是表现了对王侯将相地位和享受的倾慕！当"张楚"政权建立以后，当数以十万计起义军将士正在前线与秦军浴血苦战，最后胜利还很渺茫的时候，陈胜就已经在区区弹丸之地的陈城，布置宫室，心安理得地做起王来了。不仅如此，他做王以后，竟忘记了昔日"苟富贵，无相忘"的誓言，独断专行，冤杀无辜，大摆帝王的威风，"夥颐！涉之为王沈沈者！"更为严重的是，他竟听信谗言，杀死昔日佣耕的伙伴。致使"诸陈王故人，皆自引去，由是无亲陈王者"。面对这种情况，陈胜并不觉醒，反而任用佞臣朱房为中正，胡武为司过，监司群臣，全凭个人好恶惩办自己的将领。结果搞得人人自危，奸佞者趋进，忠直者引退，甚至其岳父也因他"怙强而傲长者"不辞而去。陈胜由是陷入了众叛亲离的窘境，这自然大大削弱了起义军的力量。

虽然陈胜掀起的农民起义的风暴并没有全被扑灭，但他领导的起义军主力却基本上瓦解了。陈胜由一个胸怀"鸿鹄之志"的雇农，登上王位，在演出了震撼环宇的短暂的一幕后，悲惨地死于自己的御者之手。在封建经济关系占统治地位的社会里，不少农民领袖，往往是以反对压在农民头上的帝王将相开始自己的斗争生涯，又往往是在将自己变成帝王将相时结束自己的一生。反对压在自己头上的老爷，自己又自觉不自觉地变成压在别人头上的老爷，这几乎是所有农民领袖都无法逃脱的历史命运。

当秦皇朝在农民起义军的猛烈冲击下风雨飘摇的时候，统治集团的内部矛盾和撕咬也进一步加剧。赵高和李斯势成水火，都想借二世之手除掉对方。由于赵高取得了二世的绝对信任，他就以谋反的罪名将李斯父子"拘执束缚"，又"收捕宗族宾客"。为了使这一根本不存在的案子定成铁案，赵高指令办案人员连续不断地对李斯用刑，"榜掠千余，不胜痛，自诬服"。这样，李斯的生命便走到了尽头。

二世二年（前208年）七月，李斯具五刑，被腰斩于咸阳街市，随同处死的有他的儿子和三族。李斯走出监狱，被押赴刑场时对其中子说："吾欲与若复牵黄犬俱出上蔡东门逐狡兔，岂可得乎！"[1]李斯一介布衣，青年时自楚国入秦，目的就是猎取富贵利禄。他成功了。30多年的奋斗，使他晋升到秦皇朝的丞相之位，一人之下，万人之上。官位、利禄、荣耀都达到了顶点。与他一起共享富贵的是自己的儿子和亲族，"斯长男由为三川守，诸男皆尚秦公主，女悉嫁秦诸公子"，真是一人得道，鸡犬升天。然而，一夜之间，所有功名爵禄连同自己宗族的生命都化为乌有。此时，他才觉得一介平民平淡生活的可贵。然而，连这种平淡生活也与自己无缘了。他必须为富贵利禄付出鲜血与生命的代价。

赵高挟持二世胡亥杀死李斯全家并三族，除去了他专擅朝廷的最后障碍。二世认为赵高忠心无二，就在公元前208年（秦二世二年）任命赵高为丞相，并封安武侯，"事无大小辄决于高"[2]。此时，章邯指挥的秦军已在巨鹿被项羽统帅的诸侯联军打败，消息传到咸阳，二世震怒，派使者严厉指责章邯。章邯惊恐不安，就让长史司马欣回咸阳，一是说明情况，二是请示机宜。作为丞相的赵高拒不接见，司马欣害怕赵高嫁祸于他，急忙逃出咸阳。赵高派人追杀，没有赶上。司马欣回报章邯，章邯外受起义军压力，内迫于赵高、二世的"督责"，走投无路，只得向起义军投降。赵高得到丞相的高位以后，并不满足。"高自知权重，欲为乱，恐群臣不听，乃先设验"[3]。他命人牵一只鹿献于二世，满脸诡谲地对二世说，这是一匹马。二世大笑说："丞相误耶？谓鹿为马。"又问朝堂上的百官，"左右或默，或言马以阿顺赵高"[4]。凡言鹿者皆被赵高治罪，这就是著名的"指鹿为马"的成语的由来。以后，"群臣皆畏高"，赵高在朝中更加为所欲为，根本不把二世放在眼里。陈胜、吴广领导的农民起义爆发以后，赵高隐瞒真相，多次对二世说"关东盗毋能为"。但是，前207年（秦二世三年），项羽统帅诸侯联军在巨鹿取得了对秦军的重大胜利，杀苏角，俘王离，将章邯军打得落花流水。章邯上书，乞求紧急增

战国卧虎，北方游牧民族殉葬明器

[1]《史记·李斯列传》。

[2]《史记·李斯列传》。

[3]《史记·秦始皇本纪》。

[4]《史记·秦始皇本纪》。

战国虎衔羊饰牌

援。而六国旧贵族纷纷复国，燕、赵、齐、楚、韩、魏等先后立王，函谷关以东，"大抵尽畔秦吏应诸侯"。项羽一军，挟战胜之威，沿黄河向关中疾进，刘邦一军数万兵马已攻破武关，自西南方向进军咸阳。咸阳城一夕数惊，形势之危殆已是赵高无法欺瞒的了。赵高害怕二世以皇帝之尊怪罪自己，"诛及其身"，就以生病为由，尽量不同二世见面。而此时的二世，却并没有感触到形势的严重，依然歌舞升平，"日游弋猎"，尽情地享受。有行人误入上林苑中，二世亲自将其射杀。赵高知道后，故意让其女婿咸阳令阎乐假惺惺地上奏二世，"劾不知何人贼杀人移上林"。接着，赵高劝谏二世说："天子无故贼杀不辜人，此上帝之禁也。鬼神不享，天且降殃。当远避宫禳之。"[1]二世听信赵高之言，乃移居望夷之宫。望夷宫在咸阳东南，临泾水，位置较偏僻。赵高骗二世居住此宫，目的是让其脱离咸阳的宫卫，以便顺利地将其诛杀。二世在望夷宫，使者不断前来报告关东起义军的情况，二世十分震惊，即遣使"责让高以盗贼事"。赵高感到二世已成为自己专权的障碍，并且，二世凭其形式上的至尊之位，完全有可能将自己置于死地。于是，他与自己的女婿咸阳令阎乐、弟弟郎中令赵成密谋说："上不听谏，今事急，欲归祸于吾宗。吾欲易置上，更立公子婴。子婴仁俭，百姓皆载其言。"[2]密谋已定，即开始行动。郎中令赵成为内应，"诈为有大贼"，命令阎乐召吏发卒捕贼，并假惺惺地将阎乐之母劫持至赵高府第。阎乐率千余士卒急奔至望夷宫门，立即将守卫宫门的卫令仆射捆绑起来，厉声质问："贼入此，何不止？"卫令小心翼翼地回答："周庐设卒甚谨，安得贼敢入宫？"[3]阎乐不由分说杀死卫令，挥军直入，边走边射，郎吏与宦官面对这一批凶神恶煞般的不速之客，大惊失色。他们之中，有人迅速逃跑，有人手持兵器与闯宫士卒搏斗。数十人被闯宫士卒杀死。这时，赵成与阎乐跟进，连连向二世幄帏射箭。二世见是赵成与阎乐带兵反叛，十分震怒，下令左右郎吏与宦官进行反击，"左右皆惶扰不斗"。显然，面对突如其来的叛兵，特别是平日身负警卫宫室重任的郎中令赵成等的反叛，郎吏与宦官们在惊恐中大都丧失了战斗的意志，他们各自逃命，此时二世身边只剩下一个宦官陪伴着他。二世

[1]《史记·李斯列传》。
[2]《史记·秦始皇本纪》。
[3]《史记·秦始皇本纪》。

退入内室,对这位宦者说:"公何不早告我?乃至于此!"宦者小声回答说:"臣不敢言,故得全。使臣早言,皆已诛,安得至今?"[1]说话间,阎乐已带士卒冲进内室。他直斥二世:"足下骄怒,诛杀无道,天下共畔足下,足下其自为计。"示意二世自裁。二世到这时还不明白诛杀他的密谋是由赵高一手策划的,他幻想能见到赵高,凭他与赵高旧日的感情乞求免他一死,当即被严加拒绝。二世于是请求:"吾愿得一郡为王。"阎乐不答应。二世退一步说:"愿为万户侯。"阎乐仍然不答应。二世再退一步说:"愿与妻子为黔首,比诸公子。"阎乐不想再同二世纠缠下去,就直言相告:"臣受命于丞相,为天下诛足下,足下虽多言,臣不敢报。"[2]说着,指使士卒逼近二世。面对剑拔弩张的士卒,面对怒目而视的阎乐,二世知道他的生命已到尽头,只得拔剑自杀。子婴被立为秦王以后,以黔首礼葬二世于杜南的宜春苑中。没有崇高的陵墓,没有震天的哀乐,一抔黄土掩埋了这个给国家和社会带来沉重灾难的罪恶的肉体和灵魂。

据《史记·李斯列传》记载,赵高谋杀二世以后,得意非凡,他径直奔向龙座,想尝尝做皇帝的滋味,"(高)引玺而佩之。左右百官莫从;上殿,殿欲坏者三。高自知天弗与,群臣弗许"[3]。此一记载显系出于传闻或后人的演绎。从以后赵高的活动看,他或许有做皇帝的打算,但因迫于当时形势,只将此念头秘藏胸中,没有付诸实行,而是召集诸大臣、公子,要求立子婴为秦王:

> 秦故王国,始皇君天下,故称帝。今六国复自立,秦地益小,乃以空名为帝,不可。宜为王如故,便。[4]

于是立秦始皇之弟子婴为秦王[5]。赵高要求子婴依礼斋戒,并在宗庙召见臣僚与宗室,接受玉玺。赵高不知道,正是在子婴的斋戒期间,一个诛杀他的密谋正在紧张地进行中。子婴与他的两个儿子悄悄谋划说:

> 丞相高杀二世望夷宫,恐群臣诛之,乃详以义立我。我闻赵高乃与楚约,灭秦宗室而王关中。今使我斋见庙,此欲因庙中杀我。我称病不行,丞相必自来,来则杀之。[6]

战国虎噬驴饰牌

[1]《史记·秦始皇本纪》。

[2]《史记·秦始皇本纪》。

[3]《史记·李斯列传》。

[4]《史记·秦始皇本纪》。

[5] 关于子婴身份,《史记·秦始皇本纪》谓二世兄子。《李斯列传》谓始皇弟。《索隐》刘氏云:"弟之误,当为孙。子婴,二世兄子。"王云度《秦王子婴非二世兄子辨》(《徐州师范学院学报》1981年第1期)、崔曙庭《子婴身世辨析》(《秦汉史论丛》第二辑,陕西人民出版社1983年版)两文考证均认为子婴当为秦始皇之弟,似较合理。此处从《李斯列传》。

[6]《史记·秦始皇本纪》。

项羽像

事情的进展果如子婴所料。赵高一连数次派人至斋宫请子婴来宗庙会见群臣，子婴就是称病不去。赵高不知其中有诈谋，就亲自去斋宫请子婴。见到子婴后，语带责备说："宗庙重事，王奈何不行？"[1]谁知子婴并不答话，而是拔剑趋前，直刺赵高，在赵高惊恐不知所措之际，利剑已经刺入他的心窝。子婴立即宣布赵高的罪状，同时将其三族诛杀于咸阳。子婴诛杀赵高及其党羽的活动进行的比较顺利，看来遇到的阻力不大。这说明恶贯满盈的赵高在广大臣僚中已经丧尽人心了。

秦王子婴虽然在二世被诛不久就设计杀死了祸国殃民的赵高，但历史却没有给他留下挽回颓势的时间与条件，他只能作为一个亡国之君写下秦皇朝历史的最后一页。因为此时农民起义军已经发展壮大到无法扑灭了。

陈胜、吴广领导的农民起义军虽然被章邯指挥的秦军打败，但在其影响下起事的许多农民军仍然坚持着反秦的事业，其中特别是项羽、刘邦为首的起义队伍，更是在挫折中奋起，经过近三年的连续战斗，终于将秦皇朝送进了坟墓。

项羽，名籍，字羽，泗水郡下相（今江苏宿迁）人。因其祖先世代做楚国的将军，战功卓著，被封于项（今河南商丘），所以以项为姓。项羽的叔父项梁是楚国名将项燕的儿子。在秦军灭楚之役中，他曾率楚军顽强抵抗秦军，被秦将王翦杀死。楚亡后，项氏一家一直对秦皇朝怀着刻骨的仇恨，把复仇的志向深深地埋在心底。在秦朝统治的十多年中，项羽已成长为一个高大健壮、勇武坚毅的青年。但学书学剑都无所成，项梁很生气，项羽却说："书，足以记姓名而已。剑，一人敌，不足学，学万人敌。"[2]项梁于是教他兵法，项羽十分高兴，但浅尝辄止，也未能坚持到底。后来项梁因为杀了人，就与项羽一起逃到吴郡（今江苏苏州），广泛结交吴中的士大夫和豪杰志士。秦始皇出巡会稽，渡浙江（今钱塘江）的时候，项羽看到他八面威风的气派，情不自禁地脱口而出："彼可取而代也。"项梁赶忙掩其口，但内心十分高兴，知道这位侄子是胸怀大志之人。青年时代的项羽"力能扛鼎，才气过人"，吴地的青年都对他十分敬畏。

1《史记·秦始皇本纪》。
2《史记·项羽本纪》。

公元前209年(秦二世元年)七月,陈胜吴广发动了大泽乡起义。九月,项梁设计,指挥项羽杀了会稽郡守,召集会稽8000子弟,响应陈胜,举起了反秦义旗,迅速攻占了吴中各县。年底,陈胜死难。奉陈胜之命进攻广陵(今江苏扬州)的召平,南渡长江,矫陈王之命,拜项梁为上柱国,命令他率兵渡江,北上进击秦军。项梁、项羽即刻率8 000精锐兵马,渡江北上。在东阳会合陈婴2万兵马。渡过淮河以后,又汇集英布、蒲将军率领的两支起义军,到达下邳(今江苏邳县境)的时候,已经是拥兵六七万的劲旅了。之后,项梁击败驻在彭城之东的秦嘉一军,前进至胡陵(今江苏沛县),杀死秦嘉和他背陈胜而立的楚王景驹,将秦嘉军加以收编。此时,章邯军进至栗(今安徽夏邑)。项梁命部将朱鸡石、余樊君迎战,起义军战败,余樊君战死,朱鸡石被项梁诛杀。项梁屯兵于薛(今山东薛城)拒敌,命令项羽率一支起义军攻襄城(今河南睢县)。这时候,项梁得到陈胜已经战死的确实消息,就召集各路起义军首领至薛,共同商讨反秦之计。由于项梁一军力量最大,又取得了对秦军作战的不少胜利,且有楚国将领后裔的身份,因而项梁就成为各路起义军众望所归的领袖。在薛城会议上,项梁接受居鄛(今安徽巢县)人范增的建议,将原楚怀王的孙子心,一个流落民间的牧羊儿,拥立为楚怀王。作为各路起义军名义上的共主。以陈婴为上柱国,与楚怀王一起居住盱眙(今江苏盱眙境)。项梁自号武信君,事实上号令一切,成为各路义军的盟主。会议决定全力反击章邯统帅的秦军,各路起义军主动进行战略和战役上的配合。薛城会议,巩固了项氏叔侄在起义军中的地位,在一定程度上协调了各路起义军的军事行动,从而大大提高了起义军的作战能量,使秦末农民战争进入了它的第二个高潮期。

战国羚羊饰件

这时的反秦起义军,除项梁统帅的拥有最大力量的一支外,还有数支分布在关东广袤的土地上,同秦军进行着不断的战斗。其中刘邦统帅的丰沛起义的队伍力量较大。

刘邦,字季,沛郡丰邑(今江苏丰县)中阳里人。农民出身,做过秦的泗水亭长。公元前210年(秦始皇三十七

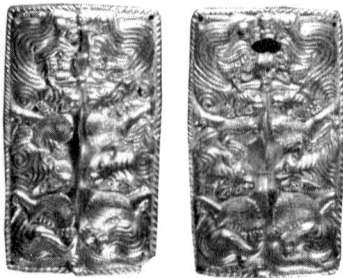

战国虎咬牛纹金饰牌

年），他主动释放押送咸阳的刑徒，聚众百人隐于丰西大泽之中，走上了武装反秦的道路。

　　陈胜起义的消息传来以后，刘邦与沛县吏萧何、曹参、樊哙等一起，于九月杀死沛县令，集合丰沛子弟二三千人，公开起兵反秦。刘邦被推为沛公，成了这支起义军的领袖。他首先引兵攻打胡陵、方与（今山东金乡境），取得胜利。接着，又打败秦泗水郡（今安徽濉溪）监指挥的围攻丰邑的秦军。起义军左司马曹无伤生擒泗水郡守，并将其处死。之后，接受秦嘉指挥，与章邯一部激战于萧西（今安徽萧县西）。失利后，还兵留（今江苏沛县境），转攻砀（今安徽砀山境），苦战三日，占领该城，增兵至五六千人，继而攻破下邑（今安徽砀山）。后参加项梁召集的薛城会议，会后得到项梁拨给的士兵5 000，五大夫将10人，军力大增，成为项氏之外又一支较大的力量。

　　除以上两支起义军外，还有原六国旧贵族领导的几支反秦武装：如以赵王歇为首，以张耳、陈余为谋主的赵国军事集团，以魏豹为首，以彭越为谋主的魏国军事集团，以齐王田市为首，以田荣、田横为谋主的齐国军事集团，以燕王韩广为首的燕国军事集团等。

　　显然，历史进入公元前208年以后，尤其是薛城会议以后，起义军开始从陈胜殉难后不利的军事形势下恢复过来，又在战场上摆开了向秦军进攻的态势，争得了部分主动权。政治上也建立了以楚怀王为名义共主，以项梁叔侄为核心的松散联盟。

　　由于反秦的各个军事政治集团在斗争中抱着各自不同的目的，因而也就埋伏了秦亡以后各派进行激烈混战的种子。但是，在秦朝灭亡以前，由于暴秦这个共同的斗争目标还存在，各派政治力量之间也还能维持着松散的联盟。正是靠着这种政治联盟，才最后完成了推翻秦皇朝这一历史赋予的任务。

　　薛城会议以后，项梁一支部队经过数月休整，于公元前208年（秦二世二年）七月冒着大雨攻破亢父（今山东济宁境）。此时，章邯正指挥秦军围攻东阿，攻势甚猛。田荣求援，项梁率军昼夜兼程，长驱400余里，大败秦军于东阿城下。章邯军西向退兵。项梁命项羽、刘邦各率一军跟踪

追击,再破秦军于阳城(今山东菏泽),接着,项梁又挥军
与章邯军激战濮阳以东,取得重大胜利。三月之中,三战
三捷,狠狠打击了章邯军的气焰,使起义军受到很大的鼓
舞,更加坚定了战胜秦军的信心与决心。八月,章邯军坚
守濮阳,项梁攻之不下。乃转军南下定陶,大破秦军。与此
同时,项羽和刘邦率军与秦兵战于雍丘(今河南杞县),杀
死秦三川守李由,取得很大胜利。

战国楚王熊有铊鼎

　　起义军在七、八月间对秦军作战的一系列胜利,使项
梁滋长了轻敌骄傲情绪,放松了对秦军的戒备。其实,当
时的军事形势,还容不得起义军盲目乐观。因为此时尽管
起义军在对秦军的作战中取得了不少胜利,但秦军有生
力量还没有被彻底歼灭。这一点,起义军一个将领宋义已
经看到了。他不无忧虑地对项梁说:"战胜而将骄卒惰者,
败。今卒少惰矣,秦兵日益,臣为君畏之。"[1]然而,此时的项
梁,已被起义军的几次胜利冲昏了头脑,根本听不进宋义
的忠告。就在他安居定陶城中陶醉于胜利成果的时候,秦
二世悄悄地给章邯增兵。九月,章邯在经过充分的准备之
后,在一个大雨滂沱的黑夜里率军突袭定陶,一举成功,
杀死项梁,使起义军遭受重大损失。这期间,项羽、刘邦先
是率军猛攻外黄(今河南民权境),激战月余,未分胜负。
之后,在转攻陈留(今河南开封)的时候,得到了项梁败死
的噩耗。项羽、刘邦当机立断,缩短战线,调整部署,与吕
臣等率军退回彭城,同时将驻盱眙的楚怀王也迁至彭城。
吕臣军驻彭城东,项羽军驻彭城西,刘邦军驻砀,三支军
队构成犄角之势,做好迎战秦军的准备。

　　在人类战争史上,一次胜利往往使一些军事统帅骄
傲轻敌,错误估计形势,失掉即将到手的新胜利,转胜为
败,遭受重大挫折。项梁、章邯都是如此。章邯取得了定陶
之战的胜利以后,错误地认为,"楚地兵不足忧",黄河以
南的起义军已不能构成对秦军的主要威胁,因此没有乘
胜追击,扩大战果,反而认定赵国是主要威胁,于是引兵
北渡黄河,扑向赵国。章邯的错误决策和行动,给了项羽、
刘邦以休整队伍、调整部署的喘息之机,是秦军战略上的
一次重大失算。章邯率秦的新胜之师渡河以后,一举将赵
国的军队打得落花流水,并很快攻陷赵国的旧都邯郸。章

[1]《史记·项羽本纪》。

战国相邦萧戈

邯遂即将邯郸居民迁至河内（今河南武砂）一带，并将邯郸夷为平地。赵王歇与张耳率残部逃至巨鹿（今河北平乡），旋被王离指挥的由长城一线南下的秦军劲旅团团围住。陈余收集常山数万兵马，在巨鹿以北安营扎寨，以深沟高垒与秦军对峙。章邯驻军于巨鹿之南的棘原，指挥秦军日夜围攻巨鹿。赵军处在岌岌可危之中，赵王不断地派遣使者向楚怀王哀求救兵。

此时，楚怀王不欲项羽的势力坐大，就下令收回项羽的兵权，将他和吕臣的军队收归自己统带，仅封项羽为没有什么实权的长安侯。楚怀王的这个并不高明的决定，种下了日后项羽指使人将他截杀于江的种子。楚怀王在决定发兵救赵的时候，听信了高陵显君的建议，做出了又一个不高明的决定，任命不谙军事的宋义为上将军，给予救赵的指挥全权，而让项羽和范增做他的助手。当宋义等统帅起义军主力浩浩荡荡地向赵国进发的时候，时间已经进入公元前207年的冬天，天寒地冻，风雪弥漫。但历史却要记载一场决定秦皇朝命运的战略决战。指挥这场决战并取得胜利的英雄是叱咤风云的起义军统帅项羽，他将在巨鹿城下建树不朽的业绩。公元前207年（秦二世三年）十月，宋义率起义军到达安阳后，即命令士兵停止前进，一驻就是46天。尽管赵国危在旦夕，求救使者络绎不绝，宋义仍然无动于衷，不肯催军前进。项羽多次建议他迅速挥军北渡漳河，与赵军内外夹击，聚歼秦军于巨鹿城下。宋义非但不接受项羽的正确建议，反而讲了一大套实际上是导致起义军失败的作战方针：按兵不动，坐山观虎斗。而此时，十数万起义军将士却正在风雪中受着冷饿的煎熬，叫苦连天。项羽早就对宋义不体恤士卒，视战争如儿戏的一套做法十分不满。于是逐渐酝酿成熟了一个取宋义而代之的计划。十一月某日，项羽借晨朝宋义的机会，毅然将其刺杀于军帐之中。之后，向将士宣布宋义"联齐反楚"的罪状，说明自己是奉怀王之命，行诛杀之权。由于宋义的所作所为太不得人心，项羽的勇冠三军又足以慑服众人，因而项羽的行动得到将士们的一致拥护，被立为假上将军，取得了全军的统帅权。尽管楚怀王对项羽的擅杀将帅不满意，但鉴于木已成舟，只得正式任命他为上将军,全权指挥对秦军的战斗。

十二月,巨鹿前线的军事形势愈来愈对赵军不利。章邯令军士筑甬道,从漳河直通王离军营。王离得到源源不绝的粮秣供应,士气大振,更加猛烈地围攻巨鹿。巨鹿城中,赵军死伤累累,矢尽粮绝,眼看难以支持。驻守巨鹿城北的陈余一军,畏敌如虎,不敢出战。前来救赵的齐军、燕军以及张敖统帅的万余常山兵马,也都在陈余营地周围筑垒固守,对秦、赵两军的交锋"作壁上观",谁也不敢开垒与秦军交锋。章邯、王离气焰万丈,认为已操胜算,单等捷报。他们怎么也不会想到,项羽统帅的起义军,即将以迅雷不及掩耳之势给他们以致命的一击。项羽整顿兵马,部署与秦军的决战。他先遣当阳君英布和蒲将军率将士二万人悄悄渡过漳河,以突然的奇袭,截断秦军粮道,断绝了王离一军的粮秣供应,使该军陷于饥饿状态,大大削弱了他们的战斗力。紧接着,项羽督率全军渡过漳河,然后,"沉船,破釜甑,烧庐舍",命令士卒每人只持三日粮,表示了不胜利即战死的决心。这个"破釜沉舟"的故事,后来就成为表示义无反顾、战斗到底的成语。渡河之后,项羽立即指挥起义军马不停蹄地投入战斗。首先攻击疲惫乏食的王离一军。当其时,义军"战士无不以一当十,楚兵呼声动天地"。经过连续九次战斗,王离一军的有生力量大部分被消灭了。当项羽军与秦军浴血鏖战于漳河之滨时,前来救赵的诸路兵马"十余壁,莫敢纵兵。及楚击秦,诸将皆从壁上观"[1],谁也不敢出兵助战。九战之后,章邯一军仓皇西逃,王离军已成瓮中之鳖。其他参战的各路兵马,才开垒出战,参加了最后围歼王离军的战斗。俘王离,杀苏角,逼使另一秦将涉间自焚而死。秦皇朝当年由蒙恬统帅的守卫长城一线的最精锐的劲旅,就这样被歼于巨鹿城下。当战斗结束,项羽在辕门召见参战的各路将领时,他们慑于项羽的威严,"无不膝行而前,莫敢仰视"[2]。项羽威震华夏,成为各路起义军公认的军事统帅。

巨鹿之战的巨大胜利,突出地展现了项羽杰出的军事才能和高超的指挥艺术,特别是他在强敌面前敢于斗争、敢于胜利的英雄气概。

从巨鹿战前的形势看,双方军力对比,秦军远远超过

战国屠陵矛

[1]《史记·项羽本纪》。

[2]《史记·项羽本纪》。

战国骑驼人形灯

赵军及其他前来救援的起义军。秦军的训练、装备、后勤供应以及整个军事素养,也明显优于起义军,而战场上的主动权,也掌握在秦军手中。当时如果没有一支精锐之师投入对秦军的战斗,河北诸路起义军的失败是不可避免的。在这种情况下,如何改变战场上敌我力量的对比,如何扭转战场上的被动局面,就成了战胜秦军的关键。项羽在这次战略决战中,较好地利用了当时的有利条件,充分发挥自己的军事才能,从而演出了一幕有声有色、威武雄壮的活剧,在中国古代战争史上谱写了极其辉煌的篇章。

首先,在这场战役中,项羽有着压倒敌人的宏伟气势,有着战则必胜的坚强决心。战前,他毅然诛杀畏敌如虎、畏葸不前的宋义,凝聚了士卒的向心力。战斗开始,他又以破釜沉舟的决心率军赴敌,以豪迈的气势激励、感染着全军将士,从而使他们发挥出以一当十的奇迹般的战斗力,终于战胜了表面强大、声势显赫的敌人。表面上强大的秦军,维护的是一个腐朽暴虐的政权,他们得不到广大百姓的拥护,在道义上处于绝对劣势。并且,经过三年与起义军的作战,力量已经受到很大的消耗,后备兵源也近于枯竭,后勤供应几乎到了难以为继的地步。而此时的农民起义军,尽管也遭到数次挫折和失败,但是代表了正义,得到广大百姓的拥护,实力不断增强,它完全有理由藐视秦军,坚定战胜它的信心和决心。其次,项羽在此次战役中的指挥艺术是非常高明的。他采取的第一个军事行动,是以二万将士秘密渡过漳河,一举切断王离军的后勤供应线,使之变成一支孤立的饥饿的部队,为彻底战胜它准备好了条件。接着,他率领全军渡河,破釜沉舟,以必胜的信念,必死的决心,毅然赴敌。"两军相逢勇者胜"。"先声夺人"的起义军犹如一群冲下山岗的猛虎,秦军在意想不到的突然袭击面前已经无法振作士气,失败的命运已不可避免。项羽在战术指挥上坚决贯彻速战速决原则,这是权衡敌我条件而决定的一种高明战法。因为秦军在人数、装备、训练等许多方面,均优于起义军,而且章邯、王离两支相隔不远的敌军又可以互相支援。特别是,项羽的几支盟军齐、燕等诸侯之军此时都畏敌怯阵,不敢对秦军开战。如不在短时间内战胜敌军,待其调整部署,脱出被动,充分利用其有利因素,再打就困难了。必须在秦军毫无觉察的情况下,采用奇袭的办法,出其不意,攻其不备,连续作战、速战速决;待秦军清醒过来的时候,战局已定,总的军事形势已经发生了有利于起义军的变化。几天之内,一场决定秦皇朝命运的决战,就以农民起义军的胜利而结束。作为这场战役的军事统帅,年仅24岁的项羽,是那样的从容镇定,沉毅果决,以料事如神的战略构思,以娴熟的指挥艺术,督导十数万英勇顽强的将士,痛快淋漓地歼灭了秦朝在灭亡六国的战争中建立起来的最精锐的武装力量。自此以后,章邯统帅的秦军残部,再也无法对起义军进行有效的抵抗,通向咸阳的道路已经畅通。

蟾蜍纹圆形瓦当

巨鹿之战是秦末农民战争的转折点,这次战役真正敲响了秦皇朝的丧钟。项羽和他统帅的农民起义军,在推翻秦皇朝的这场战争中起了决定的作用,立下了不朽的功勋。

巨鹿之战后,项羽招降了章邯统率的秦军残部,然后,项羽统帅参加巨鹿之战的各路起义军沿黄河西进,浩浩荡荡地向咸阳进军,沿途基本上没有遇到什么抵抗。可是,当公元前206年十二月项羽率军到达咸阳的时候,刘邦率领的一支起义军已经先期到达,秦皇朝已经宣告灭亡两个多月了。

二世二年(前208年)九月,当宋义、项羽等奉怀王之命率起义军北渡黄河救援赵国的时候,刘邦也受怀王之命,率领一支起义军开始了向咸阳的进军。最初,楚怀王曾经与各路起义军首领相约:“先入定关中者王之。”[1]当时秦朝军力还很强大,不少起义军首领都不敢承担这一重任。只有项羽愤于秦军杀死项梁,自告奋勇,愿与刘邦共同承担入关破秦的重任。楚怀王因为项羽“为人剽悍滑贼”,“所过无不残灭”,怕他得不到关中百姓的拥护,故意不答应他的要求。同时决定派遣素有“宽大长者”之风的刘邦统兵入关,承担推翻秦皇朝的历史重任。由于秦军主力被项羽一军和齐、燕、赵等起义军吸引和消灭在黄河以北,刘邦向咸阳进军的道路就相对减少了许多重大障碍。前208年底,刘邦统帅不足万人的队伍,由彭城出发,经砀

[1] 《史记·高祖本纪》。

双鹿马雁龟纹圆形瓦当

（今属安徽）、下阳城，在杠里遭遇秦军抵抗，刘邦挥兵攻其壁，破二军。公元前207年（秦二世三年）十月，破秦东郡尉于成武（今属山东）。十二月，进兵栗，合并刚武侯率领的4000人的义军，与魏国将皇欣、武满指挥的部队合攻秦军，获得胜利。公元前206年二月，转兵北攻昌邑（今山东金乡境）。虽未攻下，但彭越率其起义军归附，使刘邦得到一支生力军。随即挥兵南下高阳（今河南杞县境），著名策士郦食其来归。刘邦听从郦的建议，派他招降陈留（今河南开封东南）郡守，取得大量军粮。同时，郦食其之弟郦商也率4000多人的队伍归附刘邦麾下，使其军力大增，成为一支近二万人的大军了。三月，刘邦督军围攻开封（今河南开封南），未下。旋即与秦将杨熊大战于白马（今河南濮阳）、曲遇（今河南中牟境），连获胜利。四月，进兵颍川（今河南禹县），大获全胜。继而应谋士张良之请，全力消灭了原韩国境内的秦军。之后，北攻平阳（今河南洛阳北），接着，与秦军在洛阳以东激战，稍稍受挫后，转军南下，经辗辕（今河南登封西北），向南阳急进，与南阳郡守率领的秦军遭遇，破其军。南阳郡守退保宛城（今河南南阳）。刘邦攻之不下，遂即引军西行。后接受张良建议，认为不宜在起义军背后留下秦军坚守的城池，于是由宛城之南抄小路回军，经一夜偃旗息鼓的急行军，重新包围宛城。南阳守吕齮见大军压境，欲自杀以殉。经太守舍人陈恢的奔走斡旋，刘邦接受太守的投诚，宛城不战而下。七月，刘邦率军向关中进发，所经之地，秦朝地方守将大部分开城投降，刘邦兵不血刃，顺利地占领丹水（今河南淅川县境）、析（今河南西峡）、郦（今河南南阳北）等城。起义军纪律严明，每攻克一地，严禁士兵掳掠，给百姓留下很好的印象。八月，刘邦率军数万，攻破武关（今陕西商南境），打开了从东南方向进军咸阳的门户。

在项羽、刘邦两路大军从东南两面逼近咸阳的时候，秦皇朝内部的矛盾进一步激化。先是赵高挟持二世杀死李斯，继而赵高又逼杀二世，立秦始皇之弟子婴为秦王。同时秘密派出使者与起义军接洽，并向起义军提出分王关中的办法，以求苟延残喘，被刘邦断然拒绝。九月，子婴与其二子合谋，刺杀赵高于斋宫。然后，飞遣将士拒守峣关(今陕西蓝田境),抵御起义军,妄图保住关中王的位子。正在这时,刘邦率兵来到关前。为攻破峣关,他采纳张良的建议,一面遣郦食其、陆贾游说秦守关将领投诚,许以重利,麻痹他们,使之松懈防务;一面指挥士卒悄悄地绕过峣关,翻越蒉山,从关背后偷袭秦军,一举夺取峣关,在蓝田之南取得对秦军作战的重大胜利。继而在蓝田之北与秦军激战,再获全胜。至此,秦的关中守军精锐损失殆尽,守卫咸阳的部队已是寥寥无几,秦皇朝再也没有什么力量阻止起义军夺取它的首都了。

双兽树纹半圆形瓦当

　　公元前206年(汉元年)十月,刘邦的大军进驻霸上(今陕西蓝田西)。此去咸阳,不过百里之遥。此时,秦王子婴据守咸阳一座空城,既无可守之险,又无可战之兵,面对刘邦“约降”的最后通牒,只得下令秦军残部停止抵抗。他自己则“素车白马,系颈以组,封皇帝玺、符、节”[1],到咸阳以南50里的枳道(亭名,在今西安市内)旁,恭恭敬敬地向刘邦投降了。秦始皇建立的空前强大、统一的秦皇朝,仅仅存在了15个年头,就被揭竿而起的农民起义军推翻了。强大和弱小,高贵和卑贱,一夜之间,寒暑易节。这是中国封建社会的农民阶级第一次以彪炳千秋的不朽业绩证明自己在阶级斗争中的伟大历史作用,证明自己无愧于历史创造者的神圣称号。

　　以子婴的枳道投降为标志,秦皇朝终结了它的历史。严酷的现实看起来多么不公平啊!在刘邦得意洋洋地接受子婴投诚的时候,为灭秦立下头功的项羽却正在督率大军奔赴关中的途中。当他立马函谷关前,看到的却是雄伟关城上飘扬的刘邦一军的旗帜。在秦末农民战争中,刘邦成为获益最多的农民起义军的领袖。刘邦领导的一支起义军,自公元前208年九月从彭城出发,到公元前206年十月在咸阳之南的枳道接受秦王子婴的投降,历时一年零一个月。一路上,他们斩关夺隘,克城略地,迂回曲折,长驱3000余里,完成了推翻秦皇朝的伟大历史使命。起义军也由出发时的数千人,发展成10多万人的大军,成为项羽所率楚军之外又一支举足轻重的力量,为以后在楚汉战争中打败项羽,取得重新统一中国的胜利,奠定了基础。刘邦迅速取得进军关中胜利的原因究竟是什么呢?

[1]《史记·高祖本纪》。

鸟纹圆形瓦当

在秦朝末年风起云涌的反秦起义大潮中，刘邦成为一个时代弄潮的幸运儿。在当时众多的起义队伍中，刘邦领导的起义军起初是一支比较弱小的队伍，不要说与项羽一军不能相比，就是比之秦嘉、英布、彭越以及齐、魏、赵、燕诸国之军，也弱小许多。可是它却后来居上，一年之后即成为仅次于项羽军的一支大军。在秦朝灭亡以后，又成为项羽的主要竞争对手。其发展之迅速和顺利，是其他起义军队伍所不可比拟的。而在当时犬牙交错的战场上，历史给他安排的恰恰是一条阻力最小的道路。当时的秦军主力，一是章邯军，一是王离军，皆集中于黄河以北，摧毁它们的任务，由项羽一军全力承担。项羽进军的最终目标，当然也是关中，对于秦都咸阳，无疑是志在必得。但是，历史给他安排的进军咸阳的路线，却是一条阻力最大的路线。当他历经艰苦鏖战，清除种种阻力，胜利抵达函谷关的时候，秦王子婴已经投降两个多月了。而刘邦在进军关中的路上，几乎没有遭遇什么秦军主力，所碰到的大抵是郡守、县令所统帅的一些地方武装，它们人数较少，战斗力也弱，各地方之间又缺乏相互配合和支援，仅仅布成一个又一个孤立的军事据点，自然不是刘邦的对手。进军途次，刘邦不断吸收小股起义军和要求参加起义军的百姓，同时还招降改编一些秦军，因而队伍能迅速扩大。相反，除项羽之外的其他起义军，有的隶属于项羽名下，受牵制而不易扩大，有的局限于一隅而无法扩大。刘邦既不受制于项羽，又不局限于一隅，而一直在黄河中下游的富庶区域行军作战，兵源和粮秣都有较充足的来源。而这一地区的不少地方又都经过陈胜起义军战斗的洗礼，群众基础得天独厚，从而为起义军的长足发展提供了较充分的条件。

当然，客观上的有利条件，仅仅提供发展的可能性，而将这种可能性变成现实性，则必须经过人的主观努力。刘邦的主观努力及其正确的战略、策略和政策，是其实现顺利发展的重要条件。刘邦在张良等人的协助下，选择了一条阻力最小的进军路线。他采用迂回曲折、避实击虚、分化瓦解、各个击破的战术，用较小的代价，取得了较大的战果。如对陈留、南阳两座坚城，刘邦听从郦食其和陈恢的建议,用招降的办法化敌为友。刘邦特别善于听取策士们的正确意见,在高阳传舍,他受到郦食其义正词严的指斥之后,立即改变自己倨傲的态度,虚心求教攻克陈留的方法。结果凭郦食其的三寸不烂之舌,说降了陈留郡守,使刘邦获得大批粮食和军资,实力大大增强。刘邦第一次兵临南阳城下时,因发现该城不易攻克,就决定绕城而过。张良告诫他:前有强敌,后有坚城,对起义军是十分危险的。只有攻下南阳,解除后顾之忧,才是万全之策。刘邦立即采纳他的建议,星夜回师,用招降的办法占领该城。最后,刘邦领导的起义军,有比较严格的纪律,不掳掠,不扰民,打进关中后,马上宣布约法三章:"杀人者死,伤人及盗抵罪,余悉除去秦法,诸吏人皆安堵如故。"[1]得到了广大人民尤其是关中百姓的拥护,无形之中减少了阻力,增加了助力。

秦皇朝的灭亡,使各路起义军失去了共同作战的目标。他们的领袖人物不约而同地将视线转向秦皇朝遗下的胜利果实,一个幅员辽阔、地大物博的美好江山,引得人人都垂涎三尺,"无数英雄竞折腰"。这个胜利果实本来是百万农民以头颅和热血换取的,最有资格享用的应该是他们。可是,旧的地主阶级当权派被打倒了,掌握了起义军领导权的一批新的地主阶级分子,不管其来路如何,却将自己视为这批胜利果实的主人。由于他们分属于大大小小的不同地主集团,为了争夺农民的胜利果实,还要进行一番新的较量。灾难深重的中国农民,为刚刚到来的胜利已经付出了极其沉重的代价,他们还要为胜利果实的争夺战付出新的代价。

双奔圆形瓦当

[1]《史记·高祖本纪》。

刘邦像

第二章　西汉的建立与前期的政治经济

（前206—前140年）

第一节　楚汉战争与西汉的建立

一　楚汉战争与刘邦登基

由于秦皇朝不仅残酷地压迫和剥削广大劳动人民，而且也把屠刀加到了六国旧贵族甚至不少地主阶级分子的头上，因而反秦的武装起义就有着十分广泛的社会基础，而参加者的成分也就必然异常复杂。在反秦战争中形成了许多大大小小的军事集团。这些军事集团的领袖显然都把推翻秦皇朝作为自己斗争的目标，但隐藏在这种表面一致的目标背后的，却是从他们参加起义队伍那天起就怀有的各不相同的目的。不过，应该承认，在秦皇朝灭亡之前，所有这些反秦的军事集团都还应该属于农民起义军的序列。因为他们都以推翻秦皇朝作为自己的斗争目标，这在当时符合最广大农民的利益。但是在封建经济规律的制约下，在封建皇权思想的作用下，农民政权向封建政权转化、农民起义军向封建军事集团转化、农民领袖向封建帝王转化，乃是不可逆转的历史必然。因为在封建经济基础之上，既不可能建立长期稳固的农民政权，也不能长期保持一支农民的军队。封建社会农民起义军的历史命运不是被消灭，就是自行转化。刘、项两支农民军在推翻秦皇朝以后，只能沿着后一条路发展。

项梁、项羽叔侄领导的一支农民起义军，是同秦军作战的主力，在推翻秦皇朝的斗争中作出了最大的贡献。这个集团推翻秦皇朝的决心是坚定的，斗争是坚决的。但是由于他们出身于楚国贵族，因而在行动中不时流露出怀旧的情绪。他们的脚步向前的时候，眼睛却情不自禁地向后张望。在他们的优容礼遇下，原六国旧贵族的势力十分活跃。当秦皇朝灭亡以后，他们自然地转化成为封建割据势力的代表。

"鸿门宴"遗址鸿门坂

刘邦所领导的农民起义军是一支比较纯正的农民队伍，它在较大程度上坚持了陈胜"伐无道，诛暴秦"的斗争方向。虽然进入关中之后转化为地主阶级利益的代表，但刘邦及其同僚们显然对恢复六国的旧格局不感兴趣。当时，除了刘、项两支较大的势力外，在秦末农民战争中还形成了如下一些军事集团：

以赵王歇为领袖，以张耳、陈余为谋主的赵国军事集团，占有以邯郸为中心的原赵国的大部分土地。

以魏王豹为领袖，以彭越等为谋主的魏国军事集团，占有以陈留为中心的原魏国的大部分土地。

以齐王田市为领袖，以田荣、田横为谋主的齐国军事集团，占有以临淄为中心的原齐国大部分土地。

以燕王韩广为首的燕国军事集团，占有以蓟为中心的原燕国大部分土地。

以韩王成为首的韩国军事集团，占有以阳翟为中心的原韩国大部分土地。

此外，在刘项两支队伍中，尤其是项羽的队伍中，还有不少六国的旧贵族。无论是在农民战争中立国的六国旧贵族，还是混迹于其他起义军中的六国旧贵族，他们中的绝大部分人都不过是时代风暴中泛起的沉渣。这些人自始至终都以恢复故国为目标，政治意识十分落后。即使在秦朝灭亡之前，他们反对暴秦的斗争也不够坚决，并且不断拨弄自己的小算盘，时时在起义队伍中制造分裂，损人利己。在后来的楚汉战争中，这些人的绝大部分都依附于项羽，结果得到一一被扫灭的结局，是一种罪有应得的归宿。

反秦的各个集团和派别之间的矛盾虽然从一开始就存在，但在秦皇朝灭亡之前，他们之间尚能维持一种松散的联盟，基本上没有激化到互相敌对的地步。可是，等到秦皇朝灭亡之后，这个松散的反秦联盟便立即宣告破裂。

刘邦进军关中

反秦队伍各集团之间为争夺统治权，进行了公开的武装冲突。由于项羽、刘邦是当时两个最大的军事集团，因而斗争主要在他们中间进行。其他较小的地区集团，则随着形势的变化不断地改变着对二者的依违关系，因而斗争呈现出极其尖锐、曲折、复杂的形势。

公元前206年(汉元年)十二月，驻新丰鸿门的项羽军和驻霸上的刘邦军互相对峙，斗争呈一触即发之势。接着，刘邦与项羽演出了惊心动魄的鸿门宴。由于双方都受当时形势的制约，暂时没有以刀兵相见。

但是，刘项之间的矛盾只是暂时得到缓解，却无法从根本上解决。鸿门宴虽以一场喜剧而结束，但双方都不满意。透过这场冲突，双方都摸到了一点对方的脉搏，彼此都心照不宣地筹划对付对方的方略，准备着日后更加严酷的斗争。

鸿门宴之后不几天，项羽指挥大军进入咸阳。他一面纵兵屠杀咸阳无辜的百姓，处死秦降王子婴，劫掠大量的珠玉、金银、绢帛、妇女，一面纵火肆意焚烧秦皇朝的宫室、官府。凝聚着无数劳动人民血汗和生命，闪烁着我国古代能工巧匠无穷智慧光辉的以阿房宫为中心的数百座楼台殿阁，在滚滚的浓烟烈火中化为灰烬。三月不灭的大火，充分发泄了项羽对秦皇朝的仇恨和报复心理，反映了项羽政治上的短视和对劳动人民血汗成果毫无怜惜之情的贵族意识，这一举措，也使项羽完全失去了关中的民心。

经过一番烧杀之后，项羽决定带着从秦朝宫室搜罗来的宝货、妇女返回关东。这时候，有一个叫韩生(一说蔡生)的人向项羽建议说：“关中阻山河四塞，地肥饶，可都以霸。”[1]显然，这是一个很有政治军事眼光的建议。因为关中地区土地肥沃，物产丰富，四面有险可守，进可以东向争夺天下，退可以闭关称王。在秦末农民战争中它遭受的破坏又较轻，的确是建都的理想基地。但这个正确的建议未被项羽采纳。他面对化为灰烬的秦朝宫室，心绪已经回到了自己魂牵梦绕的故乡。他感慨系之地说：“富贵不归故乡，如衣绣夜行，谁知之者！”[2]项羽的话不仅再次表现了他政治上的短视，而且也暴露了他战略思想上的低能。韩

[1]《史记·项羽本纪》。
[2]《史记·项羽本纪》。

生看到这是一个不可理喻的人物,就骂了他一句"人言楚人沐猴而冠耳,果然"。结果被项羽烹杀。在楚汉战争即将揭幕的时刻,项羽不仅把正确的建议拒之门外,而且还把真心诚意的谏议者残酷杀戮,这些做法本身,已经预示着他不祥的结局。

古汉台

当咸阳秦宫的大火还在燃烧的时候,项羽在他的驻地就开始按照自己的想法论功行赏,安排战后的国内秩序。他首先派人假惺惺地征求楚怀王对地盘和权力分配的意见。怀王的回答是"如约",即坚持刘邦以灭秦之功而封王关中。这显然是违背项羽意志的。项羽对跟随他征战的诸侯将相大发雷霆说:"怀王者,吾家项梁所立耳,非有功伐,可以得主约!本定天下,诸将及籍也。"[1]的确,楚怀王是项梁为了反秦斗争的需要而立起来的一个招牌。现在,秦朝灭亡了,招牌的历史作用也宣告结束。特别是由于这位怀王在此之前已与项羽结下旧怨,而今又不愿充当项羽意志的工具,他的地位和生命也就处于危险之中。公元前206年(汉元年)正月,项羽佯尊怀王为义帝,但同时以"古之帝者,地方千里,必居上游"为理由,将义帝由彭城徙居长沙的郴县(今湖南郴县),实际上是一种流放式的惩罚。

公元前206年(汉元年)二月,项羽开始实施他的分封。他"自立为西楚霸王,王梁、楚地九郡,都彭城"。实际上据史学家考证,项羽"实得泗水、砀、薛、会稽四郡"[2]。大体上囊括了今之安徽、江苏和浙江的大部分,以及山东、河南的一部分地区,为占地最广的诸侯王,而一个"霸"字,又突出表示了自己凌驾于其他诸侯王之上的地位。项羽最怕刘邦与他争夺天下,因而对他的封地很费了一番思谋。由于楚怀王坚持履行"先入定关中者王之"的前约,项羽既不想给刘邦关中之地,但又不想背上"负约"的丑名。最后与范增等人一起搞出了一个分封刘邦的方案:以汉中为关中地作为理由(其实是强词夺理),立刘邦为汉王,占巴、蜀、汉中等地,以南郑(今陕西汉中)为都城。项羽、范增认为,巴蜀与关中之间道路险阻,是秦皇朝流放罪犯的地方,汉中与关中之间绵亘着巍巍南山(即今之秦岭),将刘邦封于这种地方,他就不容易轻而易举地出来

[1]《史记·高祖本纪》。

[2] 钱大昕:《廿二史考异》。

韩信像

与自己争天下了。为了进一步阻止刘邦自汉中夺取关中，项羽又将关中一分为三，分封了秦皇朝的三个降将为王：以章邯为雍王，据咸阳以西（今陕西西部与甘肃东部地区），都废丘（今陕西兴平县）；封司马欣为塞王，据咸阳以东至黄河沿岸地区，都栎阳（今陕西高陵县境）；封董翳为翟王，据上郡（今陕北地区），都高奴（今陕西延安）。这三个王占据了关中地区，成为阻止刘邦东进的屏障。除以上分封者以外，在原东方六国的土地上，同时又分封了以下诸王：

以原魏王豹为西魏王，据河东（今山西地区），都平阳（今山西临汾市）；

封申阳为河南王，据河内郡（今河南以安阳为中心地区），都朝歌（今河南滑县）；

改封赵王歇为代王，据代郡（今河北为中心的山西、河北交界地区），都代（今河北蔚县北）；

封原赵国相张耳为常山王，据原赵国地（今邯郸至石家庄的河北南部地区），都襄国（今河北邢台）；

封黥布为九江王，据九江郡（今安徽南部、江西北部地区），都六安（今安徽六安）；

封番君吴芮为衡山王，据衡山郡（今以黄冈为中心的湖北、安徽交界地区），都邾（今湖北黄冈北）；

封义帝柱国共敖为临江王，据南郡（今鄂西地区），都江陵（今湖北江陵）；

改封燕王韩广为辽东王，据辽东、辽西、右北平诸郡（今辽东和河北北部地区），都无终（今河北蓟县）；

封燕将臧荼为燕王，据燕国故地（今河北北部），都蓟（今北京市）；

改封齐王田市为胶东王，据今山东胶东地区，都即墨（今山东平度东）；

封齐将田都为齐王，据今山东淄博、惠民等地，都临淄（今山东淄博市）；

封齐将田安为济北王，据今山东德州、聊城、济南、泰安等地区，都博阳（今山东泰安市南）。

另外，还封陈余三县之地，封番君将梅铝为10万户侯等。

项羽用裂地分封的办法来安排战后中国的政治地
图，同时作为对那些在秦末农民战争中立下卓著勋劳人
物的酬赏，显然有其时代的客观原因，但却违背了历史的
潮流和广大人民的愿望，更播下了日后所封各国间矛盾
纷争的种子，是项羽政治路线和战略决策的重大失误。本
来，项羽在推翻秦皇朝的战争中功劳最大，威信最高，战
后又握有一支左右形势的军事力量，较之同时代的其他
英雄豪杰，他确实更有条件成为再一次统一中国的封建
帝王。可是，由于整个战略决策的重大失误，历史给他提
供的良好机遇，却从他手里轻易地丢掉了。

拜将台

应该承认，由于秦皇朝在统一中国以后，对广大农
民，尤其原东方六国的农民压迫剥削特别严酷，因而使山
东六国之民自然地产生一种怀旧情绪。正因为如此，陈胜
的国号才定为"张楚"，而其他六国旧贵族乘机打出来的
复兴故国的旗帜也才能四处飘扬。项羽本来出身于楚国
贵族，起事以后，尤其是巨鹿之战以后，几乎所有起事的
六国旧贵族都归附到他的旗帜之下。在人们普遍怀旧的
气氛里，在六国旧贵族的包围中，项羽自觉不自觉地变成
了六国旧贵族的代表。他把春秋战国时期列国分立的政
治形式理想化，把分封看成建立和平安定秩序的灵丹妙
药。殊不知，在封建专制主义中央集权的行政体制已经确
立的历史条件下，当统一已经成为社会发展趋势的时候，
硬是人为地制造出一个列国分立的状态，这显然违背了
当时中国的经济文化发展要求。时代已经前进了400多
年，项羽还在那里大作齐桓、晋文称霸的美梦，这种倒行
逆施必然会受到历史无情的惩罚。实行分封4年之后，当
项羽在东城亲手结束自己的生命，西楚霸王的金冠悄然
落地的时候，他才发现自己的愿望实在不过是一枕黄粱
而已。

诚然，在项羽看来，用分封的办法来酬赏那些随他南
征北战的六国旧贵族和其他功臣宿将，给每个人一顶金
光闪闪的王冠，一块任其自由支配的地盘，大概是最好的
方法了，但是，项羽却没有想到他的分封必然带来的难以
克服的弊病。首先，他的分封不可能"公平合理"地满足每
个人的要求。事实上，他那种完全根据自己好恶、随心所

井陉古战场

欲地裂地分封,不仅没有满足大多数人的要求,反而加剧了他与被封者之间以及被封者相互之间的矛盾。章邯、司马欣、董翳三人都是秦皇朝的降将,尤其是章邯,他不仅镇压了陈胜、吴广的起义,而且袭杀了项梁,对于如此罪大恶极的人物,出于政治的需要,项羽竟封他到最富庶的关中地区做王,这必然引起其他反秦将领的不满。另外,项羽还任意改换一些人的封地,如赵王歇被改封为代王,从富庶的赵国腹地迁徙至苦寒的代郡地区,由燕王改封为辽东王的韩广,也由条件较好的燕国腹地被遣送至荒僻的辽东,等等。这不能不使他们产生对项羽的怨毒之心,而陈余就是因为未与项羽一同入关,纵使其功劳不亚于张耳,也只能得到食封3县的酬赏,他的不满也是自然的。第二,六国旧贵族和其他被封赏的将领们的欲望是没有止境的。已封者与未封者之间、已封者之间必然会为争夺地盘进行你死我活的斗争。第三,项羽对被封者的反叛,其镇抚能力并不是绝对的。他过高地估计了自己的威望和实力,过低地估计了其他被封诸侯王尤其是刘邦等军事集团的力量。他满心以为,只要他的分配方案一公布,所有被封者一定会俯首叩头,山呼万岁,唯西楚霸王之马首是瞻。他的面前,立刻会呈现出一幅和平安宁的神异图画。但是,事实与他的预料正好相反,他的分封方案公布不久,被封诸侯王之间,被封者与未被封者之间便很快引发了激烈的斗争。

公元前206年四月,项羽分封完毕,下令受封者各自就国,项羽也带着在咸阳掳掠来的珍宝和妇女返回彭城。同时,遣人传达项羽徙义帝至长沙郡郴县的命令。而当义帝遵命渡江南行时,他又密令九江王英布等人将义帝截杀于江中。继而自食其言,以韩王成无军功为理由,不准他回到自己的封国。他先将韩王成带至彭城,不久又将其杀掉。项羽的这些作为,引起了不少诸侯王和其他将领的反感,反叛事件接二连三地发生。被新封为燕王的臧荼带兵来到燕国,以武力胁迫原燕王韩广去做辽东王。但韩广硬赖在燕地不走,二人首先发生武装冲突。臧荼击杀韩广于无终(今河北蓟县)之后,不仅占据了燕地,而且顺手把辽东也置于自己的统治之下。差不多与此同时,未受封的齐将田荣也对项羽分置三王于齐地发出了愤怒的反抗。他一面要求被徙封为胶东王的田市坚决据有临淄，不去即墨赴任，一面发兵攻击被新封为齐王的田都，使之赴任不成，逃回彭城。这时候，田市因畏惧项羽，自己偷偷地跑向新的封地。田荣一怒之下将他追杀于即墨。之后，田荣自立为齐王，又西向击杀了济北王田安，把项羽分封的齐、胶东、济北三王的封地据为己有。战功赫赫但没有得到封地的彭越也愤愤不平，田荣借机拉拢，授他将军印，唆使他以武力夺取原魏国的土地。仅得三县封地的陈余使人向田荣游说：

千佛崖蜀道

> 项羽为天下宰，不平。今尽王故王于丑地，而王其群臣诸将善地，逐其故主，赵王乃北居代，余以为不可。闻大王起兵，且不听不义，愿大王资余兵，请以击常山，以复赵王，请以国为捍蔽。[1]

陈余得到齐王的支持，即发三县兵与齐兵共同攻击新立的赵山王张耳。结果张耳战败，只得弃国投奔刘邦。陈余将赵歇迎回赵国重新做赵王，而自己则做了代王。这样，项羽刚刚回到彭城，就看到后院起火，西楚霸王一厢情愿主宰天下，得到的却是他最料想不到的恶果，不过，此时的项羽还在迷信着自己的武力，他要尽上最大的努力来处理自己一手造就的这个四分五裂的局面。

再说刘邦，他被项羽封为汉王，地处山川阻隔、偏僻辽远的汉中、巴蜀。而且所统帅的10万大军又被削减成三万人。这时候，刘邦对项羽的不公平处置实在忍无可忍，就召集文臣武将，谋划即刻对项羽开战，在关中拼个你死我活，从当时楚强汉弱的形势看，刘邦这个出于一时愤激的决策显然是不明智的。因为其时项羽掌握了绝对优势的军事力量，而在分封中暂时得到满足的大部分亡国旧贵族和其他将领也站在项羽一边，贸然开战，无异孤注一掷，后果是不堪设想的。虽然周勃、灌婴、樊哙等将领轮番劝阻，但刘邦因为出不了胸中的一口恶气仍坚持立即开战。这时候，萧何详细地分析了刘邦面临的形势，指出在形势于己不利的情况下，唯一妥善的办法是，暂时隐忍不发，积极地准备条件，积蓄力量，等待时机，再东向争夺天下。最后，萧何给刘邦定下了一个"王汉中，养其民以致贤

[1]《史记·项羽本纪》。

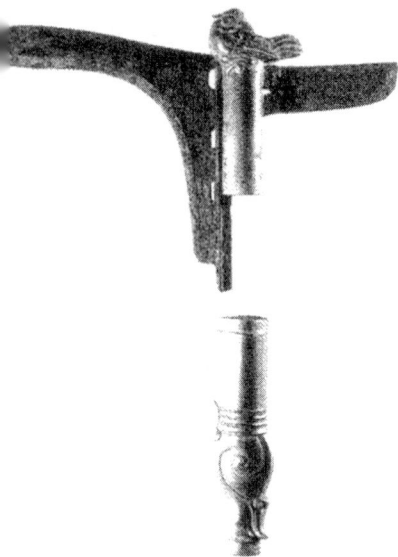

金镈戈

人,收用巴蜀,还定三秦"[1]的总战略。在众人的反复规谏下,刘邦清醒了,决定按萧何的意见行事。就在公元前206年(汉元年)的四月,刘邦带领3万士卒和"楚与诸侯之慕从者数万人",从杜南(今陕西户县境)南下,经蚀中(即子午道)的栈道,越南山(即秦岭),向汉中进发。张良随刘邦至褒中(今陕西南郑北)后,决定返回韩国故地活动,以韩国旧贵族的身份,利用各种关系,为刘邦争取同盟者。临行前"因说汉王烧绝栈道,示天下无还心,以固项王意"[2]。刘邦依计而行。这一措施的确对项羽起了麻痹作用。在项羽看来,这位使自己最不放心的对手,此时已经无可奈何地俯首就范了。

但是,刘邦这一切的退却动作,目的都是为了掩盖日后的进攻。他进入汉中之后,立即加紧进行东向争夺天下的准备工作。

他首先任命萧何为丞相,委以治国的全权。萧何掌握着从秦丞相府取得的全部法律档案文书,因而对全国各地的户口、税收、土地以及山川河流等基本情况了如指掌。萧何做丞相后,迅速简派官员,把巴、蜀控制起来,精心进行经营。巴、蜀地处长江上游,河渠纵横,土地肥沃。秦时由于李冰父子主持修筑了著名的都江堰,使蜀地变成了著名的天府之国。经过萧何的进一步整顿经营,就使巴蜀变成了刘邦日后与项羽决战的战略总后方,成为源源不绝的兵源、粮秣和军资的供应基地,为保证刘邦在楚汉战争中取得最后胜利起了巨大的作用。

其次,刘邦根据萧何的推荐,把出身卑贱、其貌不扬的韩信选拔为汉军的统帅。虽然由于韩信当时地位低下,人微言轻,他的拔出同列在刘邦的文臣武将中引起了不少嫉妒和非议,但是韩信在筑坛拜将时对刘邦讲的一席话,却实实在在地反映了韩信对楚汉双方那种洞若观火的明察和不凡的军事谋略。当他登上巍巍拜将台接受大将的印绶时,击败楚军的战略战术仿佛已经成竹在胸。刘邦听了韩信那句句在理、丝丝入扣的分析,面前似乎展示了未来胜利的诱人曙光。刘邦高兴得手舞足蹈,对韩信颇有相见恨晚之感。此后,刘邦文依萧何,武靠韩信,积极进行北出南山、克复关中、东出函谷关、进兵中原的紧张谋

[1]《汉书·萧何传》。
[2]《史记·留侯世家》。

划。当项羽被东方所封诸侯王的叛乱搞得焦头烂额、穷于应付的时候,公元前206年八月,刘邦指挥汉军神不知鬼不觉地冲出了汉中,终于拉开了楚汉战争的帷幕。

弩机与箭镞

公元前206年八月,刘邦用韩信"明修栈道,暗渡陈仓"的计策,一面派樊哙、周勃等率兵修复烧毁的栈道,以麻痹章邯,一面与韩信亲率大军悄悄从南郑出发北进,渡过褒水,穿过东狼谷,从故道突然出现在陈仓(今陕西宝鸡市东),以迅雷不及掩耳之势攻击陈仓的雍王章邯的军队,轻而易举地取得了第一个胜利。都于废丘(今陕西兴平)的章邯见汉军打进关中,立即亲率其主力急援陈仓。双方在这里展开了一场激烈的战斗。由于汉军准备充分,以逸待劳,章邯军长途来援,仓促上阵,结果被汉军打得大败而逃。章邯率残部退至好畤(今陕西乾县),汉军跟踪追击,好畤一战,再获全胜。章邯只得率残兵败将退守其都城废丘。经过两次失败,章邯深知汉军不易对付,于是改变策略,深沟高垒,坚守不出,一时形成对峙局面。刘邦、韩信一面令一部分汉军包围废丘,一面指挥其他部队乘胜攻占咸阳。接着,又分遣将军率兵夺取了陇西(今甘肃东部)、北地(今陕、甘、宁交界地区)、上郡(今陕北地区)等地。同时以主力向咸阳以东挺进,几乎没有经过大的战役,都于栎阳(今陕西高陵县东)的塞王司马欣、都于高奴(今陕西延安)的翟王董翳,都在刘邦的马前俯首投降。不到两个月,关中的绝大部分土地都属于汉王所有了。当年楚怀王关于王关中的前约,刘邦在灭秦之后不到一年,就用战争的手段迅速地实现了。在用兵关中的同时,刘邦还命令将军薛欧、王吸率领一支小部队由今之陕南东出武关,与在南阳一带活动的王陵一军汇合,迅速地返回沛县故里,迎接刘邦的父亲太公和妻子吕雉。这一行动的意图被项羽侦知以后,立即发兵进行阻击,在阳夏(今河南太康)阻断了汉军东进的路线。楚汉两军终于在战场上兵戎相见了。

刘邦顺利地占领关中,在昔日秦皇朝的都城咸阳树起了汉王的赤色军旗。这个胜利虽然没有花费太大的气力,但对刘邦说来,却是他在争夺天下、统一中国的道路上迈出的具有决定意义的一步。800里秦川,土地肥沃,灌

西汉彩绘陶射俑

溉便利,物产丰富,人口稠密,农业生产发达,东、西、北三面有黄河环绕,南依汉中、巴蜀为依托,地势险要,易守难攻,周文王据此东向争天下,创800年基业,秦国继之,取得了覆灭六国、第一次统一中国的历史性胜利。项羽不建都于此,已是重大的战略失误。刘邦先据巴蜀、汉中,再占此地,从此得到了一个同项羽进行长期战争的可靠后方基地,保证了汉军源源不绝的兵员、粮秣和其他军资的供应。虽然项羽对刘邦占领关中的军事胜利暂时还处在麻木状态,但用不了多久,他就会痛切地感到,这一重大的胜利,恰恰构成了后来刘邦立于不败之地的重要条件。

初战大胜,轻取关中,进一步增强了刘邦战胜项羽的信心。尽管此时关中地区还有些三秦王的孤立据点没有攻克,刘邦也毅然决定东出函谷关,向中原地区进兵,把战火引向项羽统治的腹地。

公元前205年(汉二年)十月,刘邦命令汉军打出了函谷关,军事进展顺利,很快攻克洛阳。刘邦亲至陕(今河南三门峡市)指挥作战,安抚百姓。正在此时,张良从韩地归来,此后便经常在刘邦左右,协助运筹军国大计。不久,项羽分封的河南王申阳投降汉军,刘邦下令在其封地设置河南郡。汉军继续东进,与项羽新立的韩王郑昌发生激战。刘邦立故韩襄王之孙信为韩太尉,给予他经略韩地的全权。韩太尉信猛攻郑昌于阳城(今河南登封东),迫使郑昌拱手投降。十一月,刘邦立信为韩王,让他率军随汉军作战。

在汉军节节胜利、不断向东方推进的时候,项羽统帅的楚军主力仍然被吸引在齐国的土地上。刘邦抓住时机,于三月挥军自临晋(今陕西大荔东)渡过黄河,迅速进至平阳(今山西临汾),西魏王豹在突如其来的打击下招架不住,只得向刘邦投诚。接着,刘邦又指挥汉军转而向东南挺进,顺利地攻克河内(今河南温县北),俘虏了殷王司马卬,同时以其封地改设河内郡。正在这时候,项羽的都尉陈平千里归来,使刘邦又增加了一名足智多谋的治国英才。在河内稍事休整,刘邦又挥军折而向西南进击,由平阴津(今河南孟津县北)南渡黄河,进驻洛阳。在这里,他接受82岁高龄的三老董公的建议,立即郑重其事地为义帝发丧，"袒而大哭"，"临哀三日"。同时派遣使者，向项羽分封的诸侯王们发出讨伐西楚霸王的檄文，将自己同项羽争夺天下的斗争文饰得正义凛然。由于项羽讨伐齐国的战争久拖不决，就给刘邦创造了顺利东进的良机，使刘邦得以联合反楚归汉的五诸侯王[1]，集合起56万大军，在几乎毫无抵抗的情况下，沿黄河南岸迅速推进到外黄（今河南兰考东）。这时，曾经一度臣服齐国的彭越，已经攻占了原魏地的10余座城池，手下发展到3万兵马。彭越亲来外黄，表示效忠刘邦。刘邦十分高兴，立即决定恢复不久前投诚的魏王豹的王位，任命彭越为魏相国，授予他恢复魏国旧土地的全权，事实上等于将魏国的实际统治权交给了彭越。彭越是秦末农民战争中最早的一批起事者之一，勇敢善战，富于谋略。他的归诚，对刘邦后来取得楚汉战争的胜利起了很大的作用。刘邦在外黄稍稍调整了一下部署，就利用项羽主力远在齐地的机会，一举攻克西楚霸王的都城彭城（今江苏徐州市），得到大量的粮秣军资和宝货美人。刘邦故态复萌，"日置酒高会"，把当年在咸阳宫室中没有得到的享受，想要在此痛痛快快地补上一课。这是刘邦在楚汉战争中的一次重大失误。刘邦此次千里远袭，轻取彭城，完全是利用项羽的失误而得到的一次侥幸的胜利，楚军的主力并没有受到什么损失，它的力量还是相当强大的。一旦项羽回师反戈一击，汉军遇到的将是一场恶战。而且，刘邦统帅的军队中，除一小部分是汉军主力外，其余诸侯王的军队情况复杂，并非完全听命于他。因而，汉军人数虽多，但由于内部不够统一，实际战斗力并不很强。再说，汉军进至彭城，远离关中根据地，不仅军资粮秣等的供应会遇到困难，而且周围地区的地理民情也对汉军不利。可是，这时在彭城恣意享乐的刘邦却全然看不到这一些，他已经被轻易得来的胜利陶醉得忘乎所以了。项羽在齐地得到彭城失陷的消息以后，异常震惊。他当机立断，除留下部分楚军继续与齐军周旋外，自己则亲率精锐3万人马，由鲁（今山东曲阜）经胡陵（今山东鱼台县境）马不停蹄地南下，很快进至萧（今安徽萧县），在刘邦未觉察的情况下，切断了汉军西返的道路。第二天凌晨，楚军突然转兵东向，对彭城的汉军发起了猛烈

庭院画像砖

[1] 五诸侯王：常山王张耳、河南王申阳、韩王郑昌、魏王豹、殷王卬。

汉代养老画像砖

的进攻。丧失警惕的汉军面对楚军的凌厉攻势,连招架之力也几乎丧失了。从凌晨战至午时,汉军被打得落花流水,纷纷向西南方向溃逃。楚军紧追不舍,溃逃的汉军争先恐后地抢渡谷水和泗水,10多万人葬身水底。侥幸渡过河水的汉军在翻越一片山地后继续向南逃命,在灵璧(今安徽省濉溪)以东抢渡濉水时,又被追来的楚军截杀,10多万人马被逼下濉水。淹死者不计其数,濉水为之不流。侥幸渡水登岸的汉军,又被楚军密不透风地包围了三层。刘邦一军人困马乏,粮尽援绝,士卒损失大半,眼看陷入绝境,形势十分危机。楚军见汉军已成瓮中之鳖,就采取围而不击的策略,企图把刘邦及其残余部队活活困死。正在刘邦一军苦苦思索如何摆脱被歼命运的计策时,突然,搅天撼地的大风挟着飞沙走石从西北方向吹来,折断树木,掀倒房屋,一时间天昏地暗,对面不见人影。处于风口上的楚军顿时乱成一团。刘邦乘此良机,率数十骑突破包围圈,向西北方向逃走。刘邦本想迅速奔回老家沛县丰邑,将老父和妻子儿女带走。可是,这时项羽已先于刘邦派人去丰邑,打算劫持刘邦家属以为人质,刘邦老父和妻子儿女听到消息后,举家遁逃,生死不明。刘邦一行返回故乡,面对自己熟悉的房舍田园,百感交集,不敢久留,立即策马转东南方向狂奔。前行不远,碰上从家乡逃出来的儿子和女儿,喜出望外,赶忙抱上孩子一起逃命。不久楚军的骑兵闻风赶来。危机之中,刘邦希望自己的车子跑得快一点,为了减轻重量,他三次将儿子和女儿推到车下。每次都是夏侯婴救起两个孩子。虽然几次遇到危险,狼狈不堪,但总算逃了出来。这时候,在审食其保护下出逃的刘邦父亲太公和妻子吕雉却因迷失方向,与楚军遭遇而被俘。项羽把他们3人扣留于楚军作为人质。经过几天的驰驱,刘邦一行到达下邑(今安徽砀山)。因为他的妻兄吕泽率一部汉军驻扎于此,刘邦惊魂稍定。在这里,他收容逃归的汉军士卒,略加整顿,开始有计划地向西退却。由于楚军在彭城附近对汉军的巨大胜利,几天之内,寒暑易节,跟随刘邦东征的56万大军几乎瓦解净尽,勉强依附于他的一些诸侯王也相继叛汉归楚。刘邦平定关中时投诚的塞王司马欣、翟王董翳都悄悄地跑到项羽那里去了。

　　从四月到五月，项羽率领的楚军摆开咄咄逼人的架势向西推进，形势对刘邦极为不利。不过，刘邦的军队虽然在此战役中受到严重挫折，但并没有完全失败。一方面，萧何坐镇的关中、巴蜀根据地已根深蒂固不可动摇，另一方面，汉军的主要将领也未受到损失。而且，汉军的此次惨败，也给刘邦服下了一副清醒剂：一是楚军未灭，现在还不是做太平天子尽情享受的时候。二是项羽一军的战斗实力不可低估，同盟军即那些左右依违、三心二意的诸侯王不可倚靠。要想彻底战胜楚军，还需要进行持久艰苦的努力。

汉城遗址

　　公元前205年（汉二年）五月，刘邦率领从彭城前线败退下来的汉军渐次退至荥阳一线。其他被打散的汉军也陆续会聚于此。坐镇关中的萧何亦"发关中老弱未傅者悉诣军"，依秦制即征发17岁以下不到服役年龄的青年和60岁以上免役的老人前来支援。刘邦稍稍立定脚跟，汉军又从失败中振作起来，与紧追不舍的楚军在京、索之间（今河南京县境）展开了激烈的战斗，刘邦任命灌婴为中大夫，任命原秦军骑士李必、骆甲为左右校尉，精选一批善于骑射的战士组成一支机动灵活的骑兵部队作为突击队。在荥阳以东的一次激战中，大破楚军的骑兵，挫败了楚军的锐气和进攻的势头，使其无法越荥阳而西。

　　汉军坚守荥阳，筑甬道直通黄河岸边的敖仓，将那里秦朝留下的大批粮食取来做军食。此时，楚军不能攻破汉军防线西进，汉军亦无力进行反击，于是在荥阳一线出现了两军对峙的局面。在这种形势下，刘邦采取了一系列正确措施，使敌我力量对比发生了变化，从而为很快取得胜利创造了条件。

　　首先，他在六月返回汉的临时都城栎阳（今陕西高陵县东），立刘盈为太子，发布诏令大赦罪人。为了对付这时在关中地区发生的大饥荒，他指派官员组织那里的百姓到收成较好的汉中和蜀地暂渡难关。同时，又指挥汉军用水攻的办法，拔掉雍王章邯据守的孤城废丘，迫使章邯自杀。置陇西、北地、上郡、渭南（后曰京兆）、河上（后曰冯翊）、中地（后曰扶风）等六郡，以管理三秦王之封地，进一

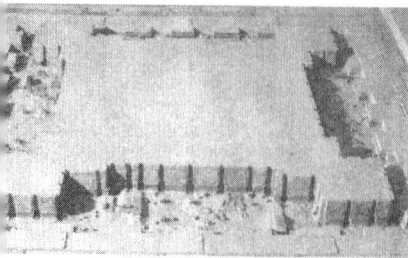

汉代明堂辟雍遗址模型

步巩固了关中根据地。八月,刘邦在返回荥阳前线的前夕,又进一步明确和扩大了萧何的权力,使"何守关中,侍太子,治咸阳。为法令约束,立宗庙社稷宫室县邑,辄奏上,可,许以从事;即不及奏上,辄以便宜施行"[1]。作为一个治国的干才,萧何果然不负刘邦所望,他悉心经营,使前线所需的兵士、粮食都源源不绝。

第二,刘邦任命韩信为左丞相,曹参、灌婴为将军,率汉军精锐一部,向黄河以北的魏、赵进军。刘邦败退至荥阳以后,魏王豹慑于楚军表面的强大,决定背汉归楚。他以"谒归视亲疾"为名,离开刘邦返回魏地,渡过黄河以后,即封锁渡口,变成汉军的敌对势力。此后不久,一度附汉的赵相陈余也打出了反叛的旗帜,使赵国变成了与汉军对抗的力量。刘邦命韩信等北循魏、赵之地,目的是将黄河以北的广大地区占领,形成自北而南对楚军的攻势,这一战略思想无疑是棋高一着的。

韩信率兵自夏阳(今陕西韩城南)渡过黄河,下河东,攻取安邑,俘魏王豹,在那里设置了河东、上党、太原三郡。之后韩信又制定了一个更大胆的进军计划,派人向刘邦汇报说:"愿益兵三万人,臣请以北举燕、赵,东击齐,南绝楚之粮道,西与大王会于荥阳。"[2]这个计划很快得到了刘邦的批准。刘邦拨出三万兵马,命张耳协助韩信领导这次军事行动。公元前205年后九月,韩信于平阳(今山西临汾市)向代地进兵,在阏与(今山西和顺县境)生擒夏说,大破代国之兵。随着韩信的节节胜利和军力的不断扩大,刘邦得以从他那里把一批批的精兵抽来荥阳一线参加对项羽的战斗。公元前204年(汉三年)十月,韩信与张耳统率的数万汉军翻越太行山扑向赵国,以极其高明的战略战术破赵军20万,招降燕国,平定河北。韩信建议立张耳为赵王,镇抚赵地,河北之地从此为汉所有。虽然项羽此后数次派兵渡河攻略赵地,但均被韩信、张耳击败。汉在河北地区的统治基本上稳定下来。之后,韩信率得胜之师南下,支援在荥阳前线与楚军苦战的刘邦。刘邦对韩信的任用是取得河北之战胜利的最重要条件。

第三,刘邦继续采取一切可以采取的措施拉拢暂不属于自己系统的楚军敌对势力,争取那些不太稳定的同

[1]《史记·萧相国世家》。
[2]《汉书·韩信传》。

盟者以孤立项羽，壮大自己的力量。还在兵退下邑的时候，他就想出了以关东之地作为酬赏以争取同盟者的计划。当时他询问群臣"谁可与共功者"？张良立即提出英布、彭越和韩信三人是最理想的人选，只要对他们三人不吝赏赐，打败项羽是完全有把握的。在刘邦争取同盟者的计划中，第一个目标就是九江王英布。这不仅因为英布在汉军攻陷彭城时没有全力援助项羽，因而与项羽间出现裂痕，更重要的是，如果英布背楚归汉，就可以滞迟项羽对汉军攻击的进程，形成南北西三面对楚军包围的态势。还在刘邦自彭城退至虞县(今河南虞县北)时，他就对谒者随何说："公能令布举兵叛楚，项羽必留击之。得留数月，吾取天下必矣。"¹随何到了九江(今安徽六安)，向英布说明形势，晓以利害，英布答应背楚归汉，与项羽派来的楚将项声、龙且激战数月，虽然最后楚军获胜，英布失去了他原来的地盘，但分散楚军兵力，迟滞楚军西进的目的达到了。后来，英布率领其残部辗转来归刘邦，刘邦为之补充兵员军资，与汉军共同固守成皋。

　　第四，刘邦交给陈平黄金四万斤，要他用反间计离间项羽与其最得力的文臣武将范增、钟离眜、龙且、周殷等人的关系。陈平不惜重金，用奇计，首先使项羽对钟离眜因怀疑而不予信任。接着，又在四月楚军围攻荥阳最紧张的日子里，离间项羽与范增的关系，使范增愤而离开项羽归返彭城，因疽发背死于途中。这就使项羽失去了一位足智多谋善断的重臣。刘邦在楚汉两军相对峙的日子里所采取的以上这些措施，具有十分重要的意义：它逐渐改变了楚汉双方力量的对比，使项羽越来越孤立，核心集团离心离德，从而限制了项羽及楚军长处的发挥。这就为下一步彻底击败楚军创造了条件。

　　从公元前204年(汉三年)十月至四月，尽管韩信军在黄河以北的诸战役中都取得了巨大的胜利，但是，荥阳前线楚军的相对优势还没有丧失。刘邦一军的处境依然非常艰难。四月，项羽指挥楚军将刘邦死死围困于荥阳，日夜进行猛烈的攻击。处于岌岌可危中的刘邦甚至一度试探与项羽讲和，将荥阳作为楚汉的分界线。但遭到项羽的拒绝。五月，眼看荥阳城破在即，汉将纪信提出了自己舍

"单于和亲"瓦当

¹《史记·高祖本纪》。

"汉并天下"瓦当

身诓骗楚军的计策,使刘邦突围脱险。刘邦退至成皋(今河南荥阳西),西入函谷关,稍事休息,整顿士马,准备再返荥阳与楚军对战,他采纳了袁生的建议,率军南下,出武关,在宛、叶一带开辟了另一个对付楚军的战场。项羽侦悉刘邦在宛城,果然引兵南下。刘邦看到楚军被吸引过来,立即坚壁不出,使楚军屯兵坚城之下,进退失据,犹豫逡巡,陷入被动。当项羽指挥楚军在荥阳一线攻击汉军时,留在魏地的彭越以巨野泽为中心,展开了频繁的游击战争。时常截断楚军的运粮路线,给楚军造成很大威胁。五月,彭越挥军渡过濉水,与楚将项声、薛公激战于下邳(今江苏邳县南),击杀薛公。项羽为解除后顾之忧,自己亲率大军东返。六月,项羽在击破彭越一军之后,立即回军西向,迅速攻破荥阳,生俘周苛。项羽劝周苛说:"为我将,我以公为上将军,封三万户。"周苛不为所动,大骂说:"若不趣降汉,汉今虏若,若非汉敌也。"[1]项羽怒而烹杀周苛,击杀枞公,虏韩王信,进而包围成皋。刘邦与灌婴同车逃出成皋北门,北渡黄河,进至修武(今河南获嘉县境)。第二天早晨,刘邦自称汉使,突然来到韩信、张耳驻地朝歌(今河南淇县)。其时韩信、张耳尚未起床,刘邦即于卧室内取其印符,召集诸将会议,重新部署兵力,令张耳全力经营赵地,任命韩信为相国,指挥一部分赵兵进击齐国。这时候,楚军已攻破成皋,沿黄河继续向西推进。刘邦则率领韩信的兵马,于八月引兵临河,屯驻小修武南。他接受郎中郑忠的建议,一面深沟高垒避免与前线的楚军接战,一面命将军刘贾、卢绾率士卒2万人、骑数百,自白马津(今河南滑县境)渡过黄河,深入楚军后方,与彭越一军互相支援,往来游击,焚烧楚军粮秣军资,断绝前线楚军的衣食供应。待楚军集中兵力围剿,刘贾、卢绾等又坚壁不出战,搞得楚军毫无办法。而这时候,彭越一军在项羽离开以后,再次发动攻势,连克睢阳(今河南商丘市境)、外黄(今河南兰考东)等17城,使楚军受到巨大威胁。九月,项羽为了解除后顾之忧,只得留左司马曹咎守成皋,自己再次督军东下对付彭越。

这时候,刘邦自己没有看到楚军的优势正在丧失,对能否很快战胜楚军也缺乏信心。面对楚军猛烈的攻势,刘

[1]《史记·项羽本纪》。

邦打算放弃成皋以东地方,而将汉军屯驻巩、洛一线阻止楚军的西进。

这时候,郦食其已经看出总的军事形势对项羽不利,他建议刘邦迅速夺回荥阳,利用敖仓的屯粮,同时占领成皋、太行道、飞狐口、白马津等战略要地,就可以稳操胜券。刘邦接受郦食其的建议,一面加紧对荥阳和敖仓的争夺,一面派郦食其东去游说齐国归汉,同时从几条战线加强对楚军的攻势。不过一年,不仅政治形势,而且整个军事形势也变得对汉军有利了。

公元前204年九月,郦食其来到齐国都城临淄,经过他的一番游说,齐王决定投降刘邦。这时候,韩信率领的伐齐大军还未到达平原(今山东平原南)。齐国归降的消息传来以后,韩信打算停止对齐国的进攻。但被辩士蒯通一席话说得他又改变主意,决定继续向齐地进军,以武力完成对它的占领。公元前203年(汉四年)十月,韩信挥军渡过黄河,偷袭了毫无戒备的屯于历下(今山东济南)的齐军主力,并很快攻克临淄。这时候,齐王君臣才如梦方醒,一种被出卖了的耻辱和愤怒促使他们把郦食其烹杀。然后,齐王一面遣使向项羽纳款输诚,请求援兵,一面分兵防守高密(今山东高密南)、博阳(今山东泰安市南)、城阳(今山东菏泽北)、胶东(今山东平度东),全力抵抗汉军的进攻。这里,韩信把本来已经用和平手段解决的问题,重新用战争的办法加以解决,不仅使郦食其无辜地丢掉了性命,而且把齐国硬推到项羽一方,增加了战胜楚军的困难,实在是不足取的。不过,由于韩信充分发挥其军事才能,十一月,潍水一战,击败了楚将龙且指挥的齐、楚联军,同时又派兵分别追歼齐军残部,还是较快地平定了齐国。接着,从齐国挥军南下,形成了对楚军后方的巨大威胁。

差不多在韩信袭破齐国历下军的同时,西线的汉军也向留在荥阳一线的楚军发动了猛烈的反击。楚大司马曹咎因汉军多次挑战、骂阵,不顾项羽"谨守成皋"的嘱托,引兵渡汜水迎战,士卒半渡,汉军进击,楚军大败。曹咎和董翳、司马欣皆自刎而死。刘邦率军南渡黄河,收复了荥阳。之后,屯军广武(今河南荥阳北),重新取得敖仓

盘口鼎

河南禹县双凤阙画像砖

之粟。这时，在梁地与彭越作战连连取得胜利的项羽在得到成皋、荥阳失陷的消息以后，立即引兵西向，也屯驻广武，再次与汉军对峙。这时的楚军军粮更加困难，项羽预料继续对峙下去对自己不利，就想用烹杀刘邦父亲太公的办法胁迫刘邦投降，但刘邦丝毫不为所动。后因项伯从中说情，太公才幸免于难。项羽又提出与刘邦单独挑战，一决雌雄。刘邦在阵前历数项羽十大罪状，对他进行义正词严的谴责。项羽怒火中烧，以伏弩射中刘邦胸部。刘邦疼痛难忍，于是急中生智，弯腰扪足说："虏中吾指。"回到军营后，因伤势较重，不得不卧床休息。但为了安定士卒的情绪，他还是接受张良的建议，勉强支撑着身体出来慰问士卒。之后，刘邦回到成皋，一面养伤，一面谋划坚守。伤愈以后，他入关，至栎阳，慰问关中父老。很快又率领新征发来的士卒回到荥阳前线，继续屯兵广武，与楚军作战。

公元前203年将尽的时候，楚汉战争的形势已经发生了根本性的变化。虽然在荥阳一线，双方势均力敌。楚军既不能取胜而向西推进，汉军亦不能攻破楚军的防线长驱东进。但是，在其他两个战场上，汉军的优势却异常明显。韩信在平定齐国后，由齐地南下，严重威胁到楚都彭城的安全。尽管项羽的说客武涉和韩信的谋士蒯彻都极力鼓动韩信背汉自立，但韩信在从刘邦那里得到齐王的封号以后，毫不犹豫地听从刘邦的号令，指挥新胜之师从城阳一线压向彭城。另外，一直坚持在项羽后方的彭越、刘贾、卢绾等军，在二年多的时间里，在极其不利的条件下，以机动灵活的战术攻城略地，截断粮道，破坏军资，搞得楚军首尾难顾，疲于奔命，多次解除了荥阳一线汉军的危机，配合了汉军的正面作战。经过几年的发展壮大，到公元前203年底，已经成为一支实力可观的大军。

此时，这支大军自昌邑（今山东金乡北）南下，形成了又一支举足轻重的力量。公元前203年八月，已经归附于汉的北貉燕人也派出一支勇悍的骑兵助战。这一切表明：最后消灭楚军，结束这场旷日持久的战争的日子已经为期不远了。对于这种形势的变化，项羽已经感觉到了。于是，以刘邦请求放还老父和妻子为契机，项羽同意讲和，双方签订了停战的协定。议定以鸿沟(从今河南开封至淮阳的一条人工河)为界,以东属项羽,以西属刘邦。这实际上是一个中分天下的方案。刘邦在老父和妻子被放回以后,即打算如约撤兵返回关中,这当然是一个短视的决定。张良、陈平二人力劝刘邦不要理会停战和约,乘楚军东撤之机尾追进击,夺取对楚战争的最后胜利。

秦汉造船工厂遗址

公元前202年(汉五年),时令已届初冬。刘邦一面指挥荥阳一线的汉军尾追东撤的楚军,一面命令已封为齐王的韩信和封为建成侯的彭越速率兵前来会战。可是,当刘邦越过鸿沟到达固陵(今河南太康南)的时候,韩信、彭越两军却行动迟缓,没有如期发起对楚军的攻势。项羽利用刘邦单独作战的机会,猛地一个回马枪,把汉军杀得落花流水。刘邦只得深沟高垒,坚壁自守,急切等待援军。这时,张良已看出韩信、彭越2人不如期参加会战的原因,是借机要挟刘邦满足他们对土地和封号的要求。他建议刘邦赶快派出使者,答应封彭越为梁王,再增加韩信故乡的楚地作为韩信的封土,以满足2人的权利欲。刘邦立即实行。这一着果然灵验,韩信、彭越的军队马上迅速南下向楚军的侧背进行猛烈的攻击。韩信军在攻取楚都彭城以后,继续向南挺进。与此同时,彭越军也渡过濉水,直向东南插去。两军形成了从北面对楚军的大包围。十一月,刘贾统帅的另一支汉军渡过淮水,包围寿春(今安徽寿县),招降了楚大司马周殷。周殷以楚九江兵迎英布,与刘贾统帅的汉军一起自南而北向楚军猛击。十二月,在汉军的三面夹击之下,项羽率军节节败退至垓下(今安徽灵璧东南)。刘邦、韩信、彭越、英布、刘贾等指挥的汉军不下几十万,将仅剩10余万人的楚军团团围住,四面合击。这时,时届严冬,天寒地冻,风雪怒号。楚军士卒既大量减员,粮食、军资又极端缺乏,再加上士气低落,几乎每战必败。项羽没有办法,只得坚壁不出。一天夜里,项羽闷坐在军帐之中,从汉军军营中频频传来他熟悉的楚国的歌声。他十分吃惊地询问部下:"汉皆以得楚乎?是何楚人之多也!"[1]项羽夜不能眠,只得在军帐中饮酒消愁。面对他最宠爱的虞姬和长期载他驰骋疆场的乌骓马,不由百感交集,他站起来,在军帐中徘徊。回忆自己短暂而叱咤风云的一生,瞻

---

[1] 《史记·项羽本纪》。

念即将来临的末路,慷慨悲歌:

　　力拔山兮气盖世?时不利兮骓不逝,骓不逝兮可奈何,虞兮虞兮奈若何?[1]

虞姬亦和而歌曰:

　　汉兵已略地,四面楚歌声。大王意气尽,贱妾何聊生。[2]

项羽悲歌,虞姬泣和,双双涕泪纵横。左右随侍的军士皆痛哭失声,谁也不忍看项羽那痛心疾首的面容。歌罢,项羽与虞姬珍重道别,跨上乌骓马,率800骑勇士,乘弥天大雾,悄悄地突围南逃。及至天明,汉军才发现项羽逃遁。刘邦于是命令灌婴率5 000轻骑迅速跟踪追击。项羽突出重围后,拼命急驰。渡过淮河,回顾自己身后的队伍,仅剩下百余骑。南进至阴陵(今安徽淮南市东),迷失方向。一个农民故意给他指错方向,使他人马俱陷于大泽之中。在绕了一个大圈子走到东城(今安徽定远县境)的时候,只剩下28骑。而汉军的数千骑兵已经赶了上来。项羽自知难以脱险,决心与汉军决一死战。他慷慨地对身边28骑士说:

　　吾起兵至今八岁矣,身七十余战,所当者破,所击者服,未尝败北,遂霸有天下。然今卒困于此,此天之亡我,非战之罪也。今日固决死,愿为诸君快战,必三胜之,为诸君溃围,斩将,刈旗,令诸君知天亡我,非战之罪也。[3]

之后,在东城附近的原野上,项羽果如其言,在他生命的最后时刻,连斩汉将及士卒数百人,迫使汉军人马辟易数里,再一次表现了世罕其匹的勇敢善战。但这也只能给他即将到来的死亡稍稍增加一点悲剧色彩而已。东城一战,项羽的28骑大部战死。凭着他的英勇、机智和顽强,再次突出重围,在潮水般涌来的汉军穷追下,向东南方向狂奔。当项羽到达长江北岸的乌江(今安徽和县东北)时,恰好乌江亭长正操一船等在江边。他恳切地劝慰项羽说:"江东虽小,地方千里,众数十万,亦足王也。愿大王急渡。今独臣有船,汉军至,无以渡。"[4]项羽本打算渡江,摆脱追兵,重返江东。虽然很难说就能够马上卷土重来,但至少可以苟延性命。但这时候,面对滚滚东去的大江,听着亭

乌江渡口

[1]《史记·项羽本纪》。
[2]《史记·项羽本纪》注引《楚汉春秋》。
[3]《史记·项羽本纪》。
[4]《史记·项羽本纪》。

长情恳意切的话语，项羽突然又改变了主意。他惨然一笑，悲愤地说：

> 天之亡我？我何渡为！且籍与江东子弟八千人渡而西，今无一人还，纵江东父兄怜而王我，我何面目见之？纵彼不言，籍独不愧于心乎？[1]

他断然谢却亭长的好意，将自己的马赠于亭长，然后转过身来，与仅存的几个骑士一起，毅然挥动宝剑冲入汉军阵中。在经过一场惨烈的肉搏之后，项羽又杀死汉军数百人，他自己身上也受伤10余处。这时他忽然看到汉骑中有一个熟人吕马童，便大声说："若非吾故人乎？""吾闻汉购我头千金，邑万户，吾为若德。"乃自刎而死。时年仅31岁。[2]

> 生当做人杰，死亦为鬼雄，至今思项羽，不肯过江东！

这是后世诗人李清照对项羽慷慨悲壮之死献上的一首深情颂歌。项羽24岁随叔父项梁起兵会稽，很快成长为秦末农民起义军的叱咤风云的伟大统帅。在三年反秦战争的艰苦岁月里，他始终活跃在战斗的最前线，即使在项梁战死、章邯凶焰万丈、农民军处境最困难的时候，他也不气馁，不妥协，始终以压倒敌人的雄伟气魄、必胜的信心，同秦军进行最激烈的战斗。在公元前207年底到前206年初的巨鹿决战中，更是他以一往无前的气势，必死的决心，无与伦比的英勇顽强，破釜沉舟，义无反顾，率领着10万起义军将士与秦军主力进行了一场空前残酷的战略决战，把秦皇朝十数年来屡经战阵锻炼的精锐之师一举消灭在漳水之畔，从而最后改变了敌我力量的对比，决定了秦皇朝灭亡的命运。如果说，在秦末农民战争中，陈胜的首义之功不可废，那么，项羽的卓著战功亦将彪炳日月，永垂青史。项羽以农民起义的英雄领袖开始了自己的政治生涯，又以自封的西楚霸王而悄然走向坟墓。在历史的不断变化的急剧选择中，个人命运竟是如此的变化无常。由于项羽不可能认识深藏在历史表象背后的必然性的作用，他也就只能在面对茫茫苍天的无可奈何的怨恨中结束自己的生命。

项羽死后，汉军很快平定了楚地的反抗。历时四年的

张良庙

[1]《史记·项羽本纪》。
[2]《史记·项羽本纪》《集解》引徐广曰："汉五年之十二月。项王以始皇十五年己巳生，死时年三十一。"

西汉车马人物饰牌

楚汉战争终于结束了，秦末农民战争的胜利果实最后落到了农民出身的刘邦手里。不过，这时的刘邦已经不是农民阶级的代表而是地主阶级的代表了。秦末农民起义的英雄们虽然用鲜血和生命换来了推翻秦皇朝的伟大胜利，但他们所得到的却是个名叫刘邦的新皇帝所代表的新的封建皇朝。但是，他们鲜血不会白流，他们的灾难也会得到补偿。当刘邦作为汉朝皇帝君临天下的时候，秦末那些劫后余生的农民和他们的子孙将会发现他们的生产条件和生活条件已经有了显著的改善。一种大体上安宁、温饱的生活前景已经露出了东方的地平线，

公元前202年（汉五年）十二月，经过四年之久的浴血鏖战，楚汉之争以刘邦的胜利而告终，这时候，刘邦已是两鬓似霜的55岁的老翁了。十二月底，刘邦率领群臣离开刚刚血战过的垓下向北进发。虽然此时是隆冬季节，朔风怒号，雪花飘拂，但坐车行进在淮北大地上的刘邦却心潮澎湃，难于自已。因为他知道，在这经过7年战争洗礼的中国土地上，他已经是理所当然的最高统治者了。想起10多年前在咸阳街头纵观秦始皇出游时的情景，恍如昨日，但物换星移，江山易主，历史发生了多少巨大的变化啊！今后，万众聚观欢呼的已经不是秦始皇及其子孙，而是他这个出身普通农民的刘季了。刘邦回到韩信军的统帅部驻地定陶，立即下令将韩信的大部分军队收归自己统带。正月，又发布诏令，更立齐王韩信为楚王，封地于淮北，都下邳（今江苏邳县西南）。又封彭越为梁王，以原魏国的一部分为封地，都于定陶（今山东定陶）。不久，使者报告临江王共敖据江陵（今湖北江陵）拒绝臣服的消息，刘邦立即派卢绾、刘贾等率兵进击，很快取得了胜利。与此同时，长江下游吴郡等地亦被汉军占领。至此，当年秦始皇势力到达的地方，已经是普天之下，莫非汉王之土了。既然刘邦已经成为全中国的最高统治者，汉王之称就已经不足以显示其权力与尊贵了。他必须有一个与秦始皇一样的名号。刘邦的心思自然为其朝夕相处的臣僚所窥知，于是诸侯王与主要文武臣僚联名上书，恭请刘邦立即正大位，蹑足九五，名正言顺地做皇帝：

　　楚王韩信、韩王信、淮南王英布、梁王彭越、

故衡山王吴芮、赵王张敖、燕王臧荼昧死再拜言，大王陛下：先时秦为亡道，天下诛之。大王先得秦王，定关中，于天下功最多。存亡定危，救败继绝，以安万民，功盛德厚。又加惠于诸侯王有功者，使得立社稷。地分已定，而位号比儗，亡上下之分，大王功德之著，于后世不宣。昧死再拜上皇帝尊号。[1]

西汉双兽饰牌

刘邦虽然知道皇帝之位非己莫属，而自己也的确想早日享受一下做皇帝的滋味。但事到临头，面对群臣将自己捧上云霄的上书，也不免故意谦让一番。说什么"寡人闻帝者贤者有也，虚言亡实之名，非所取也。今诸侯王皆推高寡人，将何以处之哉？"[2]刘邦愈谦让，群臣的劝进自然也愈起劲，大家异口同声地说：

> 大王起于细微，灭乱秦，威动海内。又以辟陋之地，自汉中行威德，诛不义，立有功，平定海内，功臣皆受地食邑，非私之也。大王德施四海，诸侯王不足以道之，居帝位甚实宜，愿大王以幸天下。[3]

意思很清楚，你刘邦不做皇帝，我们这些已做了诸侯王的人就难安其位，而其他一些人还等待你以皇帝特有的尊严降旨加封爵位呢。刘邦故意做戏，谦让了三次，才冠冕堂皇地说："诸侯王幸以为便于天下之民，则可矣。"[4]于是，在群臣的欢呼声中，刘邦于公元前202年二月甲午日即皇帝位于汜水之阳（今山东定陶境）。显然，刘邦及其群臣都是急不可耐地在匆忙中筹措他的登基典礼的。这仪式在当时必定是十分简单，甚至有点寒碜。试想，大战甫毕，百业凋零，经济残破，物资匮乏。而即位的地点，既不是咸阳，亦不是洛阳等首都名城，而是饱经战争破坏的定陶。定陶虽然在战国时代号称为"居天下之中"的富庶繁华的城市，但在这时也差不多成了一片废墟，观其即皇帝位的地点是选在汜水北岸的一片空旷之地，其仓促潦草，即可想见一斑。但在当时，刘邦及其臣僚们似乎谁也未对这个登基大典的草率提出疑义。因为他们都急于通过这样一个仪式，使自己这个取得胜利的集团对于中国的统治，尽快获得一个名正言顺的法定地位，刘邦既然做了皇帝，他

[1] 《汉书·高帝纪》。
[2] 《汉书·高帝纪》。
[3] 《汉书·高帝纪》。
[4] 《汉书·高帝纪》。

四骑吏启戟画像砖

周围的一切关系自然也都随之发生变化。于是妻子吕雉由王后升格为皇后，儿子刘盈由王太子升格为皇太子，而他那位连真实姓名也没有留下来的老母亲的在天之灵[1]，居然也叨皇帝儿子的灵光，被追尊为昭灵夫人了。

刘邦做皇帝后发布的第一个诏书是封吴芮和无诸为王。其诏文是这样写的：

> 故衡山王吴芮与子二人，兄子一人，从百粤之兵，以佐诸侯，诛暴秦，有大功，诸侯立以为王。项羽侵夺之地，谓之番君，其以长沙、豫章、象郡、桂林、南海立番君芮为长沙王。

> 故粤王无诸世奉粤祀，秦侵夺其地，使其社稷不得血食。诸侯伐秦，无诸身帅闽中兵以佐灭秦，项羽废而弗立。今以为闽粤王，王闽中地，勿使失职。[2]

平心而论，吴芮与无诸在楚汉战争中都没有什么特别突出的功劳，为什么在汉皇朝正式建立的时候，首先得到王爵和封地的竟是他们呢？吴芮原为秦皇朝的番阳（今江西波阳县东）令，是长江中游彭蠡泽畔一个偏僻小县的县令。大概因为不太扰民，颇有些政绩，因而被当地人民誉为"番君"。秦末农民战争的烽火燃起时，流落江上"为盗"的英布归附于他。他将女儿嫁于英布，统率当地的越族人民参加了反秦起义。刘邦率军攻取南阳时，吴芮的部将梅鋗协助他夺取了浙、郦等地，对促进秦皇朝的迅速灭亡做出了一定的贡献。后来，吴芮率百越之兵随项羽入关，项羽起初也承认他的反秦之功，因而在大分封时给了他衡山王的名号，以邾（今湖北黄冈）为都城，以后又侵夺其地，谓之番君。楚汉战争结束，汉皇朝建立以后，刘邦因其将梅鋗从战立功，又改封他为长沙王，都临湘（今湖南长沙市）。封为闽越王的无诸，是春秋时期越王勾践的后裔。秦朝统一中国，其王位被废。在他统治的地方设置了闽中郡。秦末农民起义爆发以后，无诸率领粤人追随番阳令吴芮参加了推翻秦皇朝的斗争。项羽主持分封时没有给他任何爵位，因此在楚汉战争中他参加了刘邦的阵营。战争结束后，他被刘邦封为闽越王，占据原闽中郡，以东冶（今福建福州市）为都城。刘邦建国伊始即对此二人进行封

[1]《史记·高祖本纪》、《正义》引《汉仪注》："高帝母起兵时死小黄城，后于小黄城立陵庙"，明言刘邦的母亲已于起兵时死。《汉书·高帝纪》"十年夏五月，太上皇后崩"一条，如非衍文，即为刘邦之后母。《史记》不载，亦可为证。
[2]《汉书·高帝纪》。

赏，表面上似出人意料，实际上有他的深意在。王夫之对刘邦此举评价甚高，他在《读通鉴论》中说道：

> 汉王初继皇帝位，未封子弟功臣，而首以长沙王吴芮，闽粤王无诸，此之谓"大略"。二子者，非有功于灭项者也，追原破秦之功而封之。以天下之功为功，而不功其功，此之谓"大公"。楚、汉争于北而南方无事，久于安则乱易起，立王以镇抚之，此之谓"制治于未乱"。以项羽宰天下不公为罪而过之，反其道而首录不显之绩，此之谓"不避遗，得尚于中行"。若此者，内断之心，非留侯所得与，况萧何、陈平之小智乎！量周天下者，事出于人所不虑，若迂远而实协于人心，此之谓"不测"。

汉代良马画像砖

王夫之的上述论述颇有点心理分析的味道。刘邦当时是否想得这么多和这么深还有待于进一步研究。但有一点是可以肯定的：由于吴芮长期为官江南，并且深孚民望，为了稳定江南地区的统治当然以封他王于此地最为合适。况且，吴芮本人在政治和军事上并无卓异才干，而力量又很小，封他为长沙王，既是治理该地的合适人选，又可作为汉皇朝与宣布独立的南越王之间的缓冲。江南经济落后，人口稀少，吴芮也不会构成威胁汉朝中央的力量。所以，刘邦乐得在他身上显示一下自己的"大公"。吴芮王长沙以后，对汉朝中央奉命唯谨，因而刘邦在削平异姓诸侯王的时候，只有长沙王及其子孙得以世享其国。无诸是粤人，他在闽越地区的少数民族中有着很高的威望和影响。刘邦封他于其故地为王，能够较好地巩固那里的统治。闽粤僻处海隅，鞭长莫及，而刘邦当时注意的中心是中原地区，只要能够维持那里和平与安宁，他当然可以不惜封爵。而且，在当时的历史条件下，封无诸为王统治其地，较之从汉朝中央简派另外的任何郡县官都要便利得多。后来的历史表明，刘邦称帝伊始即封此二人，显示了他政治上的深谋远虑。不久之后，在削平异姓诸侯王的斗争中，江南地区保持了稳定。吴芮及其子孙与无诸的确尽了自己守土牧民的职责。

刘邦在河滩上草草举行了登基典礼之后，即率领文

汉代战船(模型)

武百官西至洛阳。刘邦战胜项羽,登上帝位,虽然标志着他取得了具有历史意义的伟大胜利,但是,对于刘邦来说,这仅仅是一个新时期的开端。摆在他面前的还有许多亟待解决的问题。汉朝的巩固和繁荣,还需要付出更大的努力。项羽集团虽然被消灭了,六国旧贵族的残余势力还散布全国各地。由于他们和故国人民有着千丝万缕的联系,他们仍然是不安定的因素。这一批人当然需要妥善安置。项羽集团的被消灭,与汉军对抗的最大武装力量消失了,然而雄踞一方的异姓诸侯王却又成了汉朝中央的潜在威胁。不彻底解决他们,汉皇朝的统一和巩固就是一句空话。同时,北方的匈奴乘秦末中原大乱之际,经常越过长城,南下骚扰,其来去如风的铁骑已构成对北部边疆的严重威胁。靖边同样是巩固汉皇朝的重要内容。更重要的是,经过七年战争,人口锐减,土地荒芜,经济凋敝,国家与百姓都异常贫困。如何使社会经济得到恢复和发展,使新生的汉皇朝走向繁荣昌盛,更是刻不容缓需要解决的问题。刘邦作为一个军事统帅的才能在反秦战争和楚汉战争中得到了证明。他的政治才干究竟如何,还需要在治理国家的复杂事务中接受新的检验。

二　平定异姓诸侯王

刘邦虽然登上了汉朝皇帝的宝座,完成了中国的统一。但他清楚地知道,摆在自己面前的巩固统一、加强中央集权和恢复发展经济的任务还是相当严重的。而对汉皇朝的统一和集权的最大威胁,是来自异姓诸侯王。其实,刘邦在楚汉战争期间封赏异姓为王,是出于战胜项羽的需要,是一种利用的手段。因为只有慷慨大度地赐给他们大片的封土、众多的人民,才能换取他们全力投入对项羽的斗争。韩信、彭越、黥布、韩王信等人,就是在这样的情况下获得了诸侯王的桂冠。而他们也的确在战胜项羽的斗争中立下了巨大的功勋。从策略的角度看,刘邦对他们的利用是成功的。楚汉战争结束以后,刘邦成了大一统的封建帝王。在他眼里,异姓诸侯王的作用不仅丧失,而且还成了加强中央集权的障碍。于是,刘邦就要下决心铲除他们了。

刘邦迁都关中以后,放眼东方,那里基本是异姓诸侯王的天下:楚王韩信占据今淮北苏北广大地区,握有一支久经战阵的军队。淮南王英布占据今安徽南部、湖北东部和江西北部地区,拥有长江下游的财富之区,手中有一支可观的武装力量。梁王彭越占据原魏国部分地区,势力及于今山东、河北、河南交界的广大地区。手中亦有一支较强的武装力量。燕王臧荼据燕国旧地,掌握了今河北北部、辽宁西部的许多地方。赵王张敖则占据以邯郸为中心的今河北、河南接壤地区。韩王信占据以太原为中心的今山西北部和内蒙古南部地区,背靠匈奴,面向中原,势力虽不大但难于对付。势力最小的长沙王吴芮,也还领有今湖南和江西大部分地区。这些诸侯王,占地跨州连郡,自置官吏,自领军队,拥有该封地的政治、军事和财政的全权,形成了半独立的割据政权,对西汉中央政府形成了严重威胁。与之相较,汉朝中央政府直接统辖的地区只有关中、汉中和巴蜀等15郡,虽然较为富庶,但僻在西部,难以有效地形成对全国的控制。这样,削平异姓诸侯王就成为西汉建国以后摆在议事日程上的头等大事。看来刘邦这位提三尺剑取天下的马上皇帝,在其寿终正寝之前,还要在马上为汉皇朝的长治久安进行一番持久而艰苦的征战。

首先受到惩罚的是楚王韩信。

韩信(?—前196年)是刘邦手下的第一员大将,在楚汉战争中建立了巨大的历史功勋。他先被封为齐王,西汉建国后又改封为楚王。公元前201年十月被夺爵削地,以淮阴侯的爵位在京师过着如同囚犯的生活。除了燕王臧荼之外,他是第一个被刘邦问罪的诸侯王。

韩信,淮阴(今江苏清江市)人,出身于城市贫民,在秦始皇的统治下,他"贫无行,不得推择为吏,又不能治生商贾,常从人寄食饮,人多厌之者"[1]。他母亲死时,连丧葬费都没有。常寄食下乡南昌亭长家,被亭长妻赶走。又曾寄食于漂母(洗衣老妇),景况极为可怜。因贫穷无生业,屡遭人们的白眼。有一次,甚至被淮阴的一群无赖少年逼得从一人胯下通过。秦末农民起义爆发后,韩信仗剑从军,参加了项梁率领的起义队伍。项梁战死以后,又转而

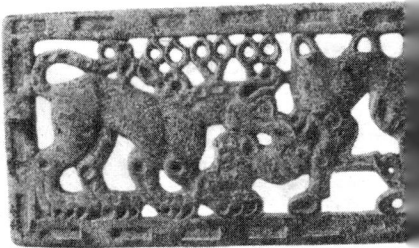
铜饰牌

[1]《史记·淮阴侯列传》。

错金饰铜羊

跟随项羽,任郎中之类的小官。在项羽麾下,他的军事才能始终未能得到显露和发挥。他几次向项羽献计献策,项羽均未采纳。他看到在项羽部下难以施展自己的抱负,遂于公元前206年(汉元年)初归汉,先为连敖,后任为治粟都尉(管理粮秣的官),并没有引起刘邦的重视,后与萧何接触,萧何颇惊异其才能。刘邦率军至南郑,山东诸将中有些人悄悄不辞而别。公元前206(汉元年年)六月,韩信感到在汉军中无用武之地,也愤而出走。萧何了解此事以后,星夜将韩信追回,又极力向刘邦建议任命他为大将。刘邦接受了萧何的建议,毅然把韩信简拔为汉军统率。在楚汉战争中,功勋卓著,先封齐王,后改封楚王。由于韩信既有卓越的军事才能,又在楚汉战争中掌握了汉军中最强大的一支军事力量,同时还有胁迫刘邦封他为假齐王的前隙,所以刘邦在楚汉战争刚刚结束的时候,就在定陶收回了韩信对那支最强大汉军的指挥权。从而以此为标志,开始了刘邦削平异姓诸侯王的行动。不过,此时的韩信并没有反叛刘邦的意思,他要在楚王的位子上尽情地享受一番。

公元前201年(汉六年)十月,刘邦与韩信在楚将钟离眛问题上发生了抵牾。钟离眛家住伊庐(今江苏连云港市南)。韩信在楚军时与他相友善。楚亡之后,钟离眛逃到韩信那里藏起来。钟离眛是汉朝皇帝通缉在案的要犯,韩信窝藏他显然是对汉朝法律的蔑视。刘邦得到钟离眛隐藏于楚国的消息之后,命令韩信加以逮捕。但韩信碍于故人情面,拖延未予执行。刘邦对此十分恼火。正在这时,刘邦派到楚地的耳目也说报告韩信"行县邑,陈兵出入",有谋反之嫌。韩信不执行刘邦逮捕钟离眛的命令,显然是不对的,但密报韩信此时就要谋反,却实在缺乏证据。不过,由于刘邦、韩信之间在楚汉战争后期就出现裂痕,战后更加剧了信任危机,彼此之间任何时刻都警惕着对方的动静。在这种情况下,任何谣言都可能导致双方以兵戎相见。果然,刘邦对这个并不符合事实的报告深信不疑。他立即召集文臣武将谋划对策。将军们一致主张即刻发兵对韩信大张旗鼓地讨伐。刘邦思忖再三,觉得这样做没有必胜的把握,所以不敢贸然决定。刘邦转而征求陈平的意见。陈平认为，朝廷耳目所报韩信谋反事，不仅外面无人知晓，韩信本人亦被蒙在鼓里，因而可以采取智取的策略。陈平向刘邦建议伪游云梦，让韩信自投罗网。刘邦欣然接受陈平的建议，向诸侯王发出了他将游云梦的诏书，实际目标是逮捕韩信。韩信对此一无所知。当得到刘邦大驾即将来到楚国边界的消息时，韩信虽心存疑惧，但对如何行动却举棋不定：发兵对抗，没有什么借口，自己也没有犯罪的把柄抓在刘邦手中，由此而获罪，实在不值得，前去谒见皇上，又怕遭到刘邦的暗算。因而犹豫逡巡，难以下定决心，这时候有个谋士建议韩信杀掉钟离眛，以其头颅作为晋见刘邦的礼物，刘邦一定满意，这样就可以释去前嫌，也就没有什么危险了。韩信思虑再三，也感到只有此法或可使自己摆脱厄运。十二月，当韩信持钟离眛之首到陈（今河南淮阳）谒见刘邦的时候，刘邦如愿以偿地将他捕获。至此，韩信才知道中了刘邦的诱捕之计。他愤怒地对刘邦说："果如人言：'狡兔死，良狗烹，高鸟尽，良弓藏，敌国破，谋臣亡。'"[1]刘邦哈哈大笑，回敬韩信说：有人告你谋反，我不得不逮捕你。刘邦将韩信带至洛阳以后，大概是因为查不出什么谋反的证据，就将他赦免，但同时决定贬其为淮阴侯，留在京师监视起来。平心而论，韩信此时的谋反实在缺乏证据，包庇钟离眛，在自己的封国之内带兵巡视，纵有不妥，亦构不成谋反罪。这一次，刘邦不过是借谋反的罪名削掉其封土与军队而已。

汉代酿酒画像砖

不过，此次事变是韩信政治生涯的重大转折，以此为契机，他内心深处叛逆的意识开始迅速地滋长了。由于没有谋反实据而被削地夺爵，这使韩信知道从刘邦那里再也不会得到什么高官厚禄。他采取了一种消极反抗的办法，"常称疾不朝。信由此日夜怨望，居常鞅鞅，羞与绛、灌等列"[2]。有一次，他来到樊哙住处闲聊，樊哙恭恭敬敬地迎送，言必称臣。韩信出门，自嘲说：想不到今生竟与樊哙这样的人为伍！

韩信住在长安，时时处于刘邦的监视之下，如果他认识自己的处境，乐天知命，随遇而安，刘邦纵使想除掉他，也找不到像样的理由，他或许能得以寿终。但是，韩信却是一个自视甚高、不甘寂寞、锋芒毕露的人物。这就注定

[1]《史记·淮阴侯列传》。

[2]《史记·淮阴侯列传》。

羊尊酒肆画像砖

了他悲剧的命运。在韩信闲居无聊的时候,刘邦也有时找他聊天。一次,二人谈论到汉朝诸将能力高下时,刘邦问韩信:"如我能将几何?"韩信脱口而出:"陛下不过能将十万。"刘邦又问:'于君何如?"韩信洋洋得意地回答说:"臣多多而益善耳。"刘邦也很不客气地说:"多多益善何为为我禽?"韩信只好回答说:"陛下不能将兵,而善将将,此乃信之所以为陛下禽也。且陛下所谓天授,非人为也。"[1]韩信在刘邦面前表现了惊人的坦率。对于这样一位善于统兵的帅才,刘邦自然是日夜加以警惕的。而韩信也在数年的近于囚徒的生活中,对刘邦由失望、怨恨,逐渐地走上了谋反的道路。先是刘邦任命阳夏侯陈豨以相国的职务监领代、赵两地的兵权。上任前,陈豨特来向韩信辞行。韩信屏退左右,与陈豨定下了里应外合、发动叛乱的密谋。陈豨到任以后,蓄养大批死士宾客,为叛乱积聚力量。有一次,陈豨告归,路过邯郸时,竟有车千乘,邯郸官舍都容纳不下。赵相周昌上书刘邦,对陈豨提出弹劾。刘邦下令调查陈豨宾客事,引起了陈豨的惊恐不安。公元前197年(汉十年)九月,陈豨自立为代王,公开揭出了反叛的旗帜。刘邦决定亲自率兵征伐陈豨。临行前,故意要求韩信随军赴前线效力。韩信认为这正是他在首都举行谋叛的良机,就以生病为名拒绝从行。刘邦率兵进至邯郸,由于争取了赵、代吏民的支持,很快平定了陈豨的叛乱。刘邦率军赶赴邯郸以后,韩信立即紧张地进行谋反的策划。他一方面派人秘密到陈豨那里联络,一方面与家臣密谋,决定乘夜间诈赦诸官徒奴,发兵袭击吕后与太子,一切部署既定,只待陈豨密报一到,就开始行动。然而,韩信的密谋很快被知情者向吕后告发。公元前196年(汉十一年)正月,吕后本打算立即召见韩信加以惩处,恐其识破难以达到目的,于是同相国萧何合谋,让人诈称从前线归来,报告陈豨兵败身死,令群臣皆上朝祝贺。韩信听到这一消息,正在惊惧不知所措的时候,相国萧何特来会见韩信,并一本正经地对他说:你虽然身体欠安,但在这种时候,应该强打精神支撑着身子上朝祝贺,韩信听信萧何的话,勉强入宫朝贺。一进宫门,迎接他的是全副武装的卫士,韩信束手被擒,立即被斩于长乐宫悬钟之室。他临死之前,后悔

[1]《史记·淮阴侯列传》。

莫及地说："吾悔不用蒯通之计,乃为儿女子所诈,岂非天哉!"[1]韩信及其家属遭到最严厉的惩罚:夷三族。应该说,韩信的被杀是罪有应得的,他临死之前把自己的失败归咎于天意,与项羽一样的愚昧可悲。历史进入公元前196年(汉十一年),汉皇朝早已统一和稳定,社会经济在逐步恢复和发展,人民也在休养生息中思安思定。在这种条件下,韩信与陈豨互相勾结,谋反叛变,妄图把国家重新拉向分裂、动荡和不安之中。这既违背历史潮流,也拂逆人民愿望,其失败是必然的。韩信的被诛杀,证明了这样一个历史真理:时势是英雄的土壤。一个人如果投身到顺应历史潮流的事业中,他获得的将是成功,反之,如果投到反历史潮流的事业中,纵使天下奇才,到头来也只能以失败告终。平心而论,韩信在汉皇朝的创建中是建树了不朽功绩的,刘邦对他的处理也不无非议。但他的失败与被杀仍然是不足惜的。因为这时他的存在与活动已经成了阻碍历史发展的因素了。

　　紧随韩信之后受到惩罚的是彭越。

　　彭越(?—前196年),字仲,昌邑(今山东金乡西)人。渔民出身。最早在巨野泽中"为群盗"。陈胜起义后,他正式扯旗造反,发展成万人的大军,为推翻秦朝作出了贡献。项羽大分封时,他被冷落,没有获得任何封爵和土地。楚汉战争爆发后,他被刘邦争取为同盟者,率军在东方同楚军作战,屡建功勋。随着麾下军力的增长,彭越的权势欲也急剧膨胀。公元前202年(汉五年)十月,刘邦率汉军主力进击楚军至阳夏,派使者敦促彭越速统兵前来参加聚歼楚军的战斗。此时,彭越正在觊觎魏豹死后留下的王位,在得到刘邦的许诺之前,坚决按兵不动。结果在固陵一战,使刘邦陷入孤军作战而失败。这时候,张良已看透彭越迟迟不发兵的目的是要求封爵和土地,就劝刘邦说:"彭越本定梁地,功多,始君王以魏豹故,拜彭越为魏相国。今豹死毋后,且越亦欲王,而君王不早定。今宜取淮阳以北至谷城,皆许以彭越,彭越可立致。"[2]刘邦依其计而行,发使者许彭越以王位。彭越果然高高兴兴地发兵参加了垓下之战。楚汉战争结束以后,刘邦正式封彭越为梁王,以定陶为都城,基本上领有了原魏国的土地,成为与

陶狗

[1]《史记·淮阴侯列传》。
[2]《史记·彭越列传》。

陶牛

韩信、英布等并峙而立的最大的诸侯王之一。彭越的个人欲望虽然暂时得到了满足，但从此也失去了刘邦对他的信任，除掉他也就成为刘邦的既定方针。应该说，彭越对自己获取的权力和土地还是比较满意的。因为一介渔夫，有此造化，大概是他做梦也想不到的。所以，在彭越的头脑中，一开始并不存在反叛的意识。公元前201年(汉六年)十二月，当刘邦伪游云梦至陈时，韩信被执，彭越对韩信没有表现出丝毫的同情心。公元前198年和公元前197年，他定时两次来长安朝见刘邦，态度恭顺，与刘邦之间并未显出裂痕。不过，由于此前彭越曾不服调遣并要挟封王，而今又以占地广袤的诸侯王横亘中原，这是刘邦绝对不能允许的。当彭越还在做他的太平王的美梦时，刘邦的刀锋已悄悄向他逼近。

公元前196年(汉十一年)九月，陈豨据代地反叛，刘邦亲自率师北征，驻节邯郸。同时遣使至梁国征兵协助进剿陈豨。刘邦此举的目的显然是要把彭越置于自己的监护之下，防止在北面吃紧时彭越的异动。大概彭越也看出此中的消息，害怕被刘邦暗算，就以生病为名拒不奉诏。为了敷衍刘邦，彭越只遣一将率兵赴邯郸参加刘邦指挥的军事行动。刘邦见彭越未亲自带兵前来，异常愤怒，立即遣使责难彭越。彭越也感到势态严重，打算亲自去邯郸向刘邦谢罪。彭越手下的将军扈辄建议说："王始不往，见让而往，往则为禽矣，不如遂发兵反。"[1]彭越没有接受这个建议，但也打消了前往谢罪的念头，而是继续称病。恰在这时，梁国的太仆犯了罪，为了逃避惩罚，急奔邯郸，向刘邦密报彭越与扈辄合谋反叛，刘邦得此把柄，马上遣使率武士至定陶，宣布刘邦诏令，把彭越逮捕，押送洛阳加以囚禁。然后命"有司"进行审讯。因为刘邦的意图是对彭越严加治罪，法官们自然也就得出了"反形已具"的结论，最后呈请刘邦以《汉律》治罪。刘邦明白彭越的"谋反"罪实在是证据不足，同时也感到离开封地、剥夺兵权的彭越已经难以构成对汉朝的威胁，因而也就乐得在他身上显示一下自己不忘旧功和宽宏大量。决定赦免彭越，将其贬为庶人，并流放到蜀地的青衣(今四川临邛西南)。彭越并没有反叛，他的过错无非是没有亲率军队去邯郸。夺爵削地

<hr>

[1]《史记·彭越列传》。

又加流放的惩罚也实在太重。所以，彭越是带着满腹冤屈走上流放之路的。他来到郑（今陕西华县），适逢吕后从长安来洛阳路经此地，便痛哭流涕地向她陈诉自己的冤情，希望打动吕后的恻隐之心，允许他回昌邑老家做一个平民百姓。吕后伴为许诺，将彭越带回洛阳。谁知吕后却对刘邦说："彭王壮士，今徙之蜀，此自遗患，不如遂诛之。"[1]刘邦于是将彭越交吕后全权处理。三月，吕后即命彭越舍人出来诬告他再次谋反，廷尉王恬依照吕后的指令把彭越定成夷灭宗族的大罪。彭越战功赫赫，做了六年诸侯王，享尽了人间的荣华富贵，最后因刘邦、吕后一纸诏书便命丧黄泉，而且骨肉被菹为醢，遍赐诸侯王。其遭遇之惨，令人发指。彭越的惨死，主要不是因为他的罪过，而是因为汉皇朝要收回他占据的土地和权力。显然，为了能达到收回封土和权力的目的，必须清除占据这一封土和权力的当事人。这样一来，彭越的悲剧也就具备了必然性。就彭越个人而言，他的被诛灭，的确有点冤哉枉也。可是，就当时汉皇朝加强中央专制主义集权的需要来说，却又是不可避免的，这就是彭越的悲剧。彭越死后，英布立即面临死亡的命运。

英布（？—前196年），六（今安徽六安）人，平民出身。年轻时有人给他相面，预言他将来"当刑而王"。壮年时，因触犯秦皇朝的法律，被处以黥刑。从此，又称为黥布。英布受刑后，非但不气恼，想到相者的预言，他反而高兴地说："人相我当刑而王，几是乎？"[2]了解此事的人，往往以此取笑他，他也不与计较。英布受黥刑后，即以刑徒的身份到骊山服徭役。他到骊山以后，在数十万刑徒中大肆活动，广泛联络其中的徒长、豪杰。后来，他秘密串联一部分刑徒，逃出关中，结伙到长江沿岸"为群盗"，走上了反抗秦皇朝的道路。这时候，农民大起义的形势也已接近成熟了。

公元前209年（秦二世元年）七月以后，陈胜、吴广起义的消息传到长江沿岸。英布于是带领数千人往见秦朝的番阳（今江西波阳东）令吴芮，鼓动他举兵反秦。吴芮将自己的女儿嫁给英布，与英布一起举起了反秦的旗帜。他追随项羽在巨鹿之战中为前锋，英勇善战，屡克强敌，在

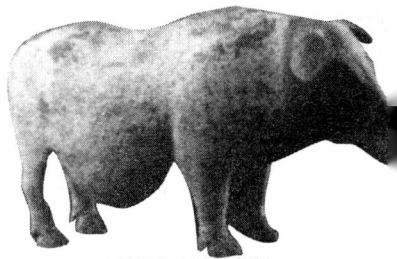

陶猪

[1]《史记·彭越列传》。

[2]《史记·黥布列传》。

陶鸡

起义军中英名远播。楚汉战争中,他与项羽发生龃龉,被刘邦的谋士随何策反,叛楚降汉,为刘邦战胜项羽立下不世之功,被刘邦封为淮南王,成为与韩信、彭越鼎足而立的三个势力最大的诸侯王之一。

公元前196年(汉十一年)春,异姓诸侯王中功劳最大,占地最广,拥兵最多,但建国不久即被废为淮阴侯的韩信,因参与陈豨的叛乱被吕后诛灭。英布听到这个消息以后,颇有兔死狐悲之感,心中充满疑惧不安。同年三月,梁王彭越亦被诛灭。当盛着彭越肉酱的饭钵送到淮南的时候,英布正在田野中狩猎。看到肉酱之后,他的脸色顿时变成死灰,一种不祥的预感立即袭上心头。他唯恐汉朝中央派兵突袭淮南,于是密令部将集合士卒,在王国边境加以警戒。正在此时,英布疑心其爱姬与大夫贲赫有暧昧关系,决定逮捕贲赫加以治罪。贲赫侦知英布的意图以后,立即逃出淮南,乘驿站车马飞奔至长安。英布发现贲赫潜逃,马上派人追赶,但已经来不及了。刘邦得到贲赫关于英布“谋反有端”的报告以后,当即与萧何商量对策,萧何认为英布一贯比较奉公守法,怀疑贲赫因私怨而行诬陷。建议刘邦先将贲赫囚禁起来,然后派人去淮南秘密侦察,搞清真实情况后再决定处理办法。英布本来就对贲赫的出逃告密心存疑惧,继而又发现朝廷派员前来侦察,认为自己的隐事已为汉中央知悉,仓促之间,遂下令夷灭贲赫的家族,公开打出了反叛的旗号。表面上看,英布的反叛是由于贲赫告密的一次偶然事故。实际上,这只不过是一个导火线而已。英布的反叛是历史的必然,至于在什么时候和以什么为借口,这当然是偶然的。对于英布反叛的必然性,当时有一位故楚令尹薛公已经看出一些端倪。英布反叛的消息传出以后,夏侯婴问他:“上裂地而王之,疏爵而贵之,南面而立万乘之主,其反何也?”他回答说:“往年杀彭越,前年杀韩信也,三人者同功一体之人也。自疑祸及身,故反耳。”[1]夏侯婴将薛公引荐给刘邦。薛公对刘邦仔细分析了英布反叛的原因和他在军事上可能采取的策略,指出“布反不足怪也”。如果英布采取上策,一定是“东取吴、西取楚,并齐取鲁,传檄燕、赵,固守其所,山东非汉之有也”,如果采取中策,必然是“东取吴,西取楚,并

[1]《史记·黥布列传》。

韩取魏,据敖仓之粟,塞成皋之口,胜败之数未可知也",
如果采取下策,就会是"东取吴,西取下蔡,归重于越,身
归长沙,陛下安枕而卧,汉无事矣"[1]。薛公接着又分析说,
三策之中,英布只能采取下策。因为他的一切出发点都是
为了自身的眼前利益,缺乏战略眼光。事实的进展证明薛
公的分析是正确的。英布宣布反叛以后,刘邦的主要军事
力量尚集于西部地区,短时间难以在东方集中较大的
兵力,函谷关以东,是并立的几个诸侯王国,其中任何一
个王国都是无法与英布相抗衡的。这种形势,使英布在叛
乱之初有可能取得一些军事胜利。英布进军的第一个目
标是刘贾的荆国。刘贾战败,走死富陵(今江苏洪泽北)。
英布将荆国之兵全部收编为自己的军队,北渡淮河,进击
楚国。楚王刘交不谙军事,仓促应战,将自己的军队一分
为三,分散了力量,被英布打败,逃奔至薛(今山东薛城)。
至此,英布认为已无后顾之忧,于是转兵西进,向汉军主
力进攻。英布对当时形势的估计是错误的。他认为刘邦年
事已高,不会亲征,韩信、彭越等战将又都死去,他自己已
是天下无敌了。当英布进军至薛(今安徽宿县东南)时,刘
邦亦驻军庸城,正坚壁以待。刘邦在阵上与英布相遇,高
声问他:"何苦而反?"英布回答的十分干脆:"欲为帝耳。"[2]
刘邦大骂英布忘恩负义,挥军进击,布军败走,数万之众,
顷刻瓦解。最后,英布带领百余疲惫之卒,渡过长江,向长
沙国逃窜。因为英布的妻子是已故长沙王吴芮的女儿,现
长沙成王吴臣是他的妻舅[3]。他满以为自己可以在长沙国
找到一个安全的避难所。岂不知吴臣此时已经接到刘邦
诱杀英布的诏令,他自然不敢违抗。可能是为了避免郎舅
见面时不愉快的情景,在英布至长沙前,吴臣就遣人于途
中诱使英布向越地(今浙江)潜逃。行至番阳(今江西波阳
东),即被长沙伏兵杀死。淮南王英布,这一占地广阔、力
量强大的诸侯王也在刘邦的战马前彻底覆灭了。英布的
军事才干远逊于韩信和彭越,但他的反叛却是经过一场
激烈战争平定的。这是因为,在经过韩信、彭越事件之后,
英布的警惕性已经大大提高,不用刀兵而用巧计诛灭他
已经不大容易了。不过英布缺乏战略眼光,如同薛公预言
的那样采取了"下策",加上刘邦御驾亲征,指挥得当,所

陶羊

[1] 《史记·黥布列传》。

[2] 《史记·黥布列传》。

[3] 《史记》、《汉书》《黥布传》均作哀王。师古曰:"据表云惠帝二年哀王回(一作固)始立,今此是芮之子成王臣耳。"

陶鸡

以才没有大费周折就取得了胜利。

在韩信、彭越、英布三个势力最大的异姓诸侯王覆灭之后，其他异姓诸侯王也都相继走上了败亡的道路。他们是，前燕王臧荼，因在诸侯王中率先反叛，被刘邦于前202年(汉五年)九月平定俘获。之后，刘邦封他从小一起长大的同乡好友，参与丰沛起事，协助刘邦反秦和战胜项羽的亲信之臣卢绾为燕王。可他为了保住自己的爵位与地盘，竟然勾结匈奴，反叛刘邦，最后落得削爵失国、客死匈奴。战国时韩襄王的孙子韩信，因从刘邦入汉中，于公元前205年(汉二年)十一月被封为韩王。先以原韩国领土为封地，都颍川(今河南禹县)。后改其封地于太原以北，都晋阳，以抵御匈奴。韩王信对刘邦如此处置不满，就投靠了匈奴，与汉朝为敌。前196年(汉十一年)春天，汉将军柴武率军与进占参合(今山西高阳)的韩信和匈奴的联军作战，将其击杀于阵前。刘邦封的第一个赵王是与陈余一起起事反秦的张耳。他在前202年七月死去后，其子张敖袭位。刘邦将女儿鲁元公主嫁给他，希望他成为汉中央在东方的支柱之一。后来，赵国相贯高、赵午等人因愤于刘邦对赵王"箕踞骂詈"，密谋刺杀刘邦的事败露，张敖被削去王位，失掉了封国。

刘邦称帝前后分封的八个异姓诸侯王，到公元前196年，除了吴姓的长沙王芮臣促于偏远的江南一隅，因势小力薄，又特别奉命唯谨而被保存外，其余都被汉中央先后扫灭了。应该说，这是刘邦在称帝以后为巩固和加强汉皇朝的统治所采取的重大措施，也是他的重要贡献。不管扫灭这些诸侯王出于什么借口，某些做法看起来又显得多么残酷无情，刘邦对他们的诛灭还是应该加以肯定的。因为这些诸侯王占地广阔，抚民众多，其中不少人又野心勃勃。他们利用手中的权势和财富招降纳叛，招兵买马，形成强大的政治军事集团，对汉朝中央产生了巨大的离心力，严重地威胁着汉皇朝的安全。任其发展下去，后果不堪设想。在诛除异姓诸侯王的斗争中，显示了刘邦的远见、智谋和能力，刘邦早就知道此类异姓诸侯王是妨碍国家统一和集权的不稳定因素。但在楚汉战争中，为了集中一切力量，对付项羽，他不得不采取裂地分封的权宜之计。不过,对其中的一些人,刘邦从分封的那天起,也就准备着日后扫除他们。所以,刘邦一直没有丧失对他们的警惕性。在全国统一之后,刘邦就把注意力转向他们,开始了剿灭他们的斗争。在斗争过程中,刘邦充分运用智取和强取相结合的办法,采取各个击破的策略,用较小的代价,比较顺利地解决了这一重大问题。对力量最大的韩信和彭越,以及力量较小的张敖,都采取了智取的办法,基本上没有动武就解决了问题。其他臧荼、卢绾、韩王信,因地处边障,背靠匈奴,不得不动用武力,费了一些周折,问题解决的不够顺利和彻底。真正动用武力,使用规模较大的战争手段解决问题的,只有英布。由于当时这些诸侯王的封地比汉皇朝直辖郡县的面积还要大,大多数又拥有较强的军事力量,且不乏韩信、彭越那样的军事干才,完全动用武力解决他们,一定会付出很大的代价。如果这些诸侯王联合起来对付汉朝中央,打垮他们就要花费更大的力量和更长的时间。刘邦的区别不同情况,采取不同方法,各个击破的方略显然是最正确的一种选择。当然,刘邦在长达六年之久的对异姓诸侯王的斗争中所以取得最后胜利,最根本的原因还在于:经过秦末农民战争和楚汉战争的长期动乱之后,劳动人民普遍需要休养生息,渴望和平与安定。更由于汉初的各项政治经济政策基本上满足了劳动人民的要求,因而得到了他们的拥护,而诸侯王的反叛恰恰破坏了社会的和平与安定,他们的活动自然不会得到劳动人民的拥护与支持。因而其失败是必然的。当和平与安定的历史形势形成的时候,任何能力卓异的个别人也无法阻止这种历史形势的发展。韩信当年指挥了那么多漂亮的战役,使刘邦惊叹不已,自愧不如,彭越在楚地往来游击,搅得项羽不得安宁,英布身先士卒,冲锋陷阵,勇不可当。但是,曾几何时,他们都好像换了一个人一样,一个个都在刘邦的面前束手就擒,落得个身败名裂的下场。这些诸侯王的失败,证明的是一个古老的历史真理:时势造英雄,不过,当时代造就的英雄的活动又违背时代的潮流时,这些英雄的末路也就到来了。

《刘邦祭孔图》

吕后像

三　吕后专权与诸吕的覆灭

从公元前195年（汉十二年）四月刘邦病逝，到公元前180年九月代王刘恒即帝位，其间15年左右的时间，大汉皇朝的真正当国者是一个后世称之为"吕后"的女人。其中，前七年名义上是惠帝刘盈亲政，后八年是吕后临朝称制。实际上都是吕后操持国柄，左右着这个皇朝的命运。吕后是刘邦的结发妻子，汉皇朝建立以后正式被立为皇后。她之所以在刘邦死后能够迈向汉皇朝权力的峰巅，除了她本人确有些治国驭人的才干外，根本原因是她有着刘邦给她遗留下的皇太后的地位和权力。而后来所经营的吕氏集团的被诛灭，又是由刘邦安排的一帮元勋旧臣进行的。吕后与刘邦的关系，借用人们形容萧何与韩信关系的一句话，也可以说是"成也刘邦，败也刘邦"。

吕后（？—前180年），名雉，秦砀郡单父（今山东单县）人。她的父亲吕公带她寄居沛县，在刘邦做泗水亭长时由父亲做主与刘邦结为夫妻。公元前205年（秦二世元年），刘邦响应陈胜举行丰沛起义，吕氏宗族几乎全部参加了他的起义队伍，跟随刘邦转战南北。其中吕雉之兄吕泽和吕释之，都是带兵的将领，在反秦战争和楚汉战争中建立了不少功劳。公元前205年（汉二年）四月，刘邦统帅的汉军在彭城被项羽击败后向西退却，吕雉与刘邦父亲一起被楚军俘虏。此时，吕泽正带领一支汉军驻守下邑（今安徽砀山）。他迎接疲惫不堪的刘邦，收集败退归来的残兵游勇，才使刘邦暂时有一立足之地。此后，他一直跟随刘邦从事征战，公元前201年（汉六年），因功被封为周吕侯。公元前198年（汉九年）死去。吕释之参加丰沛起义以后，一直随刘邦打进咸阳。之后，又奉刘邦之命回丰邑护卫刘邦老父和吕雉。公元前201年（汉六年）封为建成侯，公元前192年（汉惠帝三年）死去。从公元前205年（汉二年）四月以后的两年多时间内，吕雉一直在楚军中做人质。直到公元前203年（汉四年）九月，楚汉签订以鸿沟为界中分天下的停战协定以后，吕雉才与太公一起回到刘邦身边。以后，在楚汉战争和建国以后的七八年中，吕后与萧何一起坐镇后方，安抚百姓，筹措军资，有力地支援了对楚军和异姓诸侯王的斗争。公元前196年（汉十一年）冬天，在刘邦至邯郸率军平定陈豨叛乱的时候，吕后与萧何一起，用计擒斩了与陈豨内外勾结、阴谋在首都发动叛乱的淮阴侯韩信。同年二月，在吕后由长安来洛阳的途中，碰到被刘邦流放前往蜀郡青衣的彭越。当彭越向吕后哭诉他的冤情后，吕后毅然将其带回洛阳，然后上奏刘邦，重新审理彭越，于三月份将其处死，并夷其三族。吕后的这些活动说明，她在刘邦生前就表现了卓越的政治眼光、杰出而干练的才能和刚毅的性格。当然，她对于政敌的残酷无情、心狠手毒，也使满朝文武震惊和恐惧。在刘邦晚年要废掉刘盈的太子地位时，她一方面利用当时对自己有利的形势，利用自己的政治影响，使张良、周昌和叔孙通等人在刘邦面前据理力争，一方面又利用自己与刘邦的夫妻关系和感情上的丝缕，对刘邦苦苦哀求，终于保住了刘盈的太子地位，也保住了自己皇太后的宝座。总之，在刘邦逝世前的10多年间，吕后追随刘邦，为汉皇朝的建立和巩固作出了自己的贡献。因此，叔孙通说她与刘邦是"攻苦食啖"的患难夫妻。司马迁说她"为人刚毅，佐高祖定天下"[1]。这些皆非阿谀之词。

南朝"南山四皓"画像砖

刘邦逝世之后，吕后当政。她基本上执行了刘邦所制定的路线和政策，使西汉皇朝在稳定中继续前进，社会经济也维持了继续向上发展的势头。

从政治上看，吕后对朝中主要官员的任用，基本上遵循了刘邦的遗嘱。公元前193年（汉惠帝二年）相国萧何死后，曹参继任相国，进一步在全国范围内推行黄老政治，使汉皇朝的形势更趋稳定。公元前190年（汉惠帝五年）曹参病逝。第二年，陈平和王陵分任左右丞相，周勃为太尉。这一批刘邦时代的功臣宿将相继执改，而吕后对他们又能任之以专，这是保持汉皇朝政局稳定和政策连续性的最重要的条件。

在吕后当国的15年中，刘邦时期制定和推行的一整套轻徭、薄赋、节俭、省刑的政策，不仅得到贯彻执行，而且某些方面还有所发展和创新。公元前192年（汉惠帝三年）春天，"发长安六百里内男女十四万六千人城长安，三十日罢"。公元前190年春正月，"复发长安六百里内男女

---

[1]《史记·吕太后本纪》。

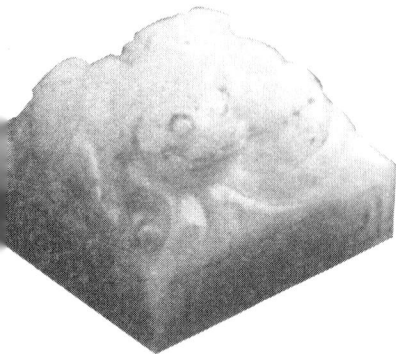

"皇后之玺"玉玺

十四万五千人城长安,三十日罢"[1]。这些徭役的征发都是严格按照当时的政策规定执行的,征发的人数和服役的期限都没有超出政策的规定。公元前183年(高后五年),汉政府又初"令戍卒岁更"[2],使汉代的兵役从继承秦代的不计时限改变为正常的一年一轮换的制度,这对需要休养生息的劳动人民是有利的,因为起码可以使他们的生产时间得到基本的保证。与此同时,汉政府还采取了一些奖励发展生产的措施,如公元前191年(汉惠帝四年),诏令各郡国"举民孝弟力田者,复其身"[3]。其中虽将孝弟等封建伦理信条放在第一位,但其实际意义还在于"力田"一项。"复其身"对自耕农的生产积极性显然是一种很大的鼓励。公元前191年(汉惠帝四年)三月,诏令"省法令妨吏民者,除挟书律"[4]。公元前187年(高后元年)"除三族罪、妖言令"[5]。前一诏令的头一句话比较笼统,具体内容亦难于考究。但其中必然省掉《汉律》中所承袭《秦律》的一些严酷律条。前一诏令的第二句话和后一诏令比较具体,它说明在刘邦时代,刑律中还是承袭了秦朝思想文化专制主义的某些内容。"挟书律"、"妖言令"的被废除,表明统治者对文化思想控制的松弛,这对汉初诸子思想的一度活跃,显然是起了促进的作用。

在国内民族关系上,吕后大体上继承了刘邦时期的政策。公元前192年(汉惠帝三年)春天,以宗室女为公主,嫁于匈奴的冒顿单于,目的是继续以"和亲"换取汉皇朝最需要的和平。但是,因为此时的匈奴正处在它的极盛时期,冒顿单于骄横无理,在刘邦逝世以后,他派遣使者,致书吕后,对她大加污辱。吕后审时度势,权衡利弊,宁愿自己受辱也不愿衅自我开。这种处理办法正反映了她不凡的眼光和气度。吕后把汉皇朝的江山社稷看得比自己的面子更重要,正说明她是以大局为重的。不过,吕后在对匈关系上坚持衅不我开的原则,并不意味着在一切问题上都要对匈奴妥协退让。她一直注意在力所能及的范围内加强边防,同时命令汉军严阵以待,对匈奴的侵扰相机抵抗。公元前183年(高后五年)九月,吕后就命令"河东、上党骑屯北地"[6]悄悄地在军事上加强了对匈奴的防卫力量。

[1]《汉书·惠帝纪》。
[2]《史记·汉兴以来将相名臣年表》。
[3]《汉书·惠帝纪》。
[4]《汉书·惠帝纪》。
[5]《汉书·高后纪》。
[6]《汉书·高后纪》。

在战略上对匈奴采取守势的同时，此时的汉皇朝还竭力搞好同东南方越族的关系。在这以前，公元前202年（汉五年），刘邦封越族首领无诸为闽越王，以闽中郡为封地。公元前192年（汉惠帝三年）五月，吕后又立闽越的另一个首领摇为东海王，以东瓯（今浙江温州）为治所。由此进一步稳定了对东南沿海地区的统治。不过，吕后在处理与南越的关系上却发生了重大失误。本来，在刘邦统治时期，由于陆贾的出使，更主要因为汉皇朝的声威，南越王赵佗接受刘邦的封号，称臣内附。汉中央政府与南越政权已经建立了较为融洽的关系，经济文化的联系大大加强。公元前183年（高后五年），吕后误听有些臣子的不负责的建议，下令断绝与南越的贸易往来，严禁中原地区的铁器输往南越。由于当时南越的绝大部分铁器依靠中原输入，吕后此举引起了赵佗极大的愤怒。赵佗宣布脱离汉皇朝独立，自称南越武帝，发兵进攻长沙国，侵占数县。公元前181年（高后七年）吕后遣将军隆虑侯周灶率兵迎击南越的进攻。由于天气酷热，士卒多染疾疫，汉军的攻势始终没有越过南岭，两军在前线形成对峙局面。第二年，吕后病逝，汉军后撤。赵佗乘汉军无暇南顾的机会，一面以武力相威胁，一面用财物行贿赂，使闽粤、西瓯骆（今福建一带）归附于它，建立起东西万余里的独立政权，给汉皇朝的南方边境造成很大威胁。直到汉文帝即位以后，于公元前179年（汉文帝元年）再次派陆贾出使南越，晓之以理，动之以威，恢复贸易往来，才使赵佗取消帝号，重新内属。显然，吕后对南越采取的方针是错误的，它使双方受损，徒增纷扰，给当时安定的政治形势罩上了一层暗淡的阴影。不过，因为与南越武装冲突规模不大，时间不长，还不足以动摇汉朝安定的根基。

总起来看，吕后当国的15年中，汉皇朝基本上保持了刘邦统治时期奠定的经济文化向上发展的势头，成为从刘邦到文景时期必不可少的过渡环节。作为汉皇朝封建政权的主要操持者，吕后的功绩还是应该肯定的。当然，我们并不主张把这一时期汉皇朝稳定发展的全部功劳都归到她一个人的名下。历史条件的制约，刘邦、萧何既定政策的深入人心，曹参、陈平、周勃、王陵等元勋大臣的立

"皇后之玺"玉玺印文

于关键岗位上的柱石作用,都是不容忽视的重要因素。但吕后的作用毕竟是第一位的。尽管司马迁和班固对吕后的所作所为并不完全持肯定态度,但对吕后统治时期的政局国势,还是发出了由衷的大致相同的赞扬:"孝惠皇帝、高后之时,黎民得离战国之苦,君臣俱欲休息乎无为,故惠帝垂拱,高后女主称制,政不出房户,天下晏然。刑罚罕用,罪人是希。民务稼穑,衣食滋殖。"[1]

但是,由于吕后在当国时期培植起一个吕氏外戚集团,因而加剧了统治阶级的内部矛盾。所以在她死后,马上就酿成了刘氏皇族集团与吕氏外戚集团的流血斗争。

公元前195年(汉十二年)四月,刘邦刚刚死去,吕后立即密谋诛杀一批元老重臣,因郦商的劝阻而作罢,但她还是急不可待地杀害了在改易太子风波中几乎使她失败的刘邦宠妃戚夫人及其儿子赵王刘如意。又企图毒死刘肥,逼得刘肥献出成城郡作为鲁元公主的汤沐邑以求得免祸。公元前188年(汉惠帝七年)八月,惠帝病逝,吕后临朝称制。她立即任命自己的侄儿吕台、吕产和吕禄为将,掌握了南北军的统帅权。紧接着,胁迫陈平、周勃等元勋,同意她封诸吕为王。公元前181年(吕后七年),她免去反对封诸吕为王的王陵的右丞相之职,在晋升陈平为右丞相的同时,任命亲信审食其为左丞相,使其成为汉朝中央政府的第二号首脑,实际上控制了全国的行政大权。在此之前,她已下诏追封其父吕公为吕宣王,其兄为悼武王,为封活着的诸吕做好铺垫。之后,她就封吕台为吕王,吕台死后,又命其子吕嘉继承王位。公元前184年(吕后四年)四月,又封自己的妹妹、樊哙夫人吕媭为临光侯,封昆弟子吕他为俞侯,吕更始为赘其侯,吕忿为吕城侯。吕媭为侯,这是吕后封女人为侯爵之始,也是唯一的一次封女人为侯。公元前182年(吕后六年)十月,吕后以吕王嘉"居处骄恣"为口实,废掉了他的王位,封死去的肃王吕台弟吕产为吕王。公元前181年(吕后七年)二月,改封吕产为梁王,为帝太傅,留京师襄理政事。稍后,吕后又封吕禄为赵王,追尊其父吕释之为赵昭王。公元前180年(吕后八年)十月,吕后再封吕台之子东平侯吕通为燕王,其弟吕庄为东平侯。

萧何像

[1]《史记·吕太后本纪》。

从公元前188年惠帝死去,到公元前180年吕后病逝,8年之中,吕后共在其宗族至亲中封了张偃、吕台、吕嘉、吕产、吕禄、吕通六人为王,吕种、吕平、吕婴、吕他、吕更始、吕忿、吕庄等10余人为侯,再加上其他异姓的亲信封侯者20人左右,共封30余人。这些王、侯之中,除个别刘氏宗族心向刘氏集团之外,其余绝大部分都是吕后的私党。以这些人为核心,再加上朝内外一部分攀龙附凤的文武官员,组成了吕氏外戚集团,在一段时期内掌握了汉皇朝的绝大部分权力,成为当时政治的重心。

曹参像

吕后的封王诸吕,虽然与刘邦的"白马之盟"相悖谬,但作为一个事实上掌握了国家最高权力的封建帝王,吕后可以拥有与刘邦同等的权力。正像刘邦可以封王诸刘一样,她封王诸吕似乎也无可厚非。不过,吕后此举却加剧了吕氏集团与刘氏集团的矛盾,终于酿成了一场流血的政变,这是吕后始料不及的。吕后封王诸吕和使吕氏集团占据汉皇朝权力的要津,势必排斥刘氏贵族及其他功臣宿将的仕途,这自然会引起他们的不满与反抗。况且,在吕氏集团之中,除了吕泽和吕释之外,其他人既没有什么战功,亦没有多少才干,他们的被封与升迁,完全靠着裙带关系。而王陵、赵尧之类的功臣反而遭到排斥和打击,这更容易引起人们的愤激之情。吕后对吕氏宗亲的偏爱实际上给他们遗下灭族的大祸。从这一方面看,吕后此举实在是一种失策。因为就两个集团的力量对比而言,吕氏集团与刘氏集团实在不可同日而语。当然,在吕后健在的时候,凭着她的威望、智谋和权力,自然成了诸吕的靠山,谁也无可奈何。但是这一靠山却不能构成永久的防线,一旦吕后死去,吕氏宗族马上就会陷于灭顶之灾。汉皇朝是刘邦及其文臣武将经过艰苦奋斗缔造的。刘邦死后,留下了一个强大的以刘姓诸侯王和功臣宿将为核心的统治集团。由于切身利害所关,他们对于任何危及刘氏皇统的行为决不会袖手旁观。陈平、周勃等人用虚与委蛇的办法骗过了吕后的眼睛,使自己得以留在关键的岗位上,为日后诛杀诸吕创造了有利条件。吕氏拉拢刘氏贵族的作法也没有成功。如刘泽被封为琅邪王,刘章和刘兴居等人获得侯爵又入宫宿卫,同时还被配以吕氏宗女为妻,

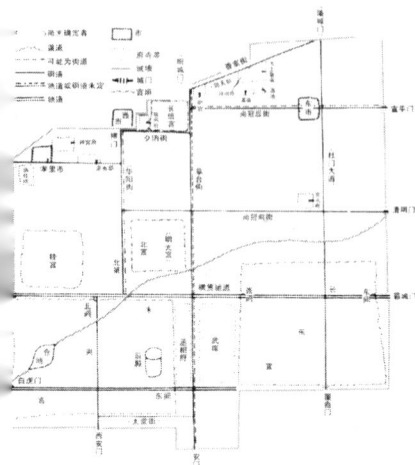

汉代长安城区画略图

所有这些厚爱,除了给他们涂上一层保护色之外,并没有征服他们的心。有一次,刘章入侍吕后宴饮,吕后令他为酒史。刘章请求说:"臣将种也,请得以军法行酒。"得到吕后同意后,又"请为太后言耕田歌"。吕后一向把他当做小儿看待,就取笑他说:"顾而父知田耳。若生而为王子,安知田乎?"刘章则一本正经地回答:"臣知之。"接着就唱道,"深耕穊种,立苗欲疏,非其种者,锄而去之"。吕后已听出来他的话中有话,一时沉默不语。不一会,诸吕中有一人醉,逃酒,刘章遂即拔剑追斩之。还报说:"有亡酒一人,臣谨行法斩之。"吕后左右皆大惊,但已许其军法从事,对他也无可奈何。史称"自是之后,诸吕惮朱虚侯,虽大臣皆依朱虚侯,刘氏为益强"[1]。这说明刘章等人并没有接受吕后的拉拢,他们的占据要津,同样为诛杀诸吕创造了条件。而且,还应该看到,就总的力量对比而言,刘氏集团远比吕氏集团强大。不仅从中央到地方的绝大部分刘氏诸侯王和各级官吏都拥护刘氏集团,就是因为传统形成的人们的习惯心理,也对刘氏集团有利。既然天下是一个名叫刘邦的人从马上奋斗来的,任何外姓人的染指都似乎是当时人们的心理所无法接受的。在这种形势下,刘、吕两个集团的斗争结果也就容易判定了。

事实上,在吕后极力加强吕氏集团力量的时候,刘氏集团也并没有消极地等待宰割。他们或者如王陵公开站出来"面折廷争",对封王诸吕表示强烈的义愤和反对,或者如陈平、周勃表面上顺从吕后的意旨,以保住自己的地位和权力,以便潜伏下来,待机而动,或者如刘泽、刘章、刘兴居之类,"身在曹营心在汉",时刻监视着诸吕的行动。他们积聚力量,窥伺机会,准备在时机成熟时对吕氏集团发动致命的一击。在吕后进入暮年,而诸吕的权势也达到顶点的时候,陈平与周勃通过陆贾往来密切,达成默契,刘氏诸侯王也操练士马,虎视眈眈。刘氏集团与吕氏集团的斗争正一步步接近爆发的临界点。

公元前180年(吕后八年)七月,年近七旬的吕后病势沉重。她预感到自己将不久于人世,也清楚地知道刘氏集团决不甘心于屈居吕氏集团的统治之下。她死之后,两大集团必将有一场你死我活的斗争。因而精心地做了应变

[1]《史记·齐悼惠王世家》。

的准备。她任命赵王吕禄为上将军，统帅北军，吕产统帅南军，控制了首都和宫廷的卫戍部队。她谆谆告诫吕禄和吕产说："今吕氏王，大臣弗平，我即崩，帝年少，大臣恐为变。必据兵卫宫，慎毋送丧，毋为人所制。"[1]不久，吕后死去。大概是为了缓和矛盾，临死前她还"遗诏赐诸侯王各千金，将相列侯郎吏皆以秩赐金。大赦天下"[2]。而且没有忘记以吕产为相国，以吕禄女为帝后，为巩固吕氏的权力做了最后的努力。但是不管怎样，吕后之死，还是为刘氏集团向吕氏集团发动进攻提供了一个良好的契机。刘氏集团加快了准备政变的步伐。吕禄、吕产企图入据未央宫发动政变，来至殿门，即被卫兵阻止，不得入内。吕产一边在宫门外徘徊，一边思谋对策。恰在此时，周勃与刘章率兵入宫，正碰上吕产，一场激战将吕产杀死。接着，发兵分路捕杀诸吕在京师的宗族，"无少长皆斩之"。吕禄、吕通被诛杀、吕媭被笞杀，张偃的鲁王之位亦被废掉。接着，陈平、周勃又遣刘章以诸吕被诛告齐王，令准备入长安诛杀诸吕的齐军撤退回国。就这样，以周勃、陈平为首的刘氏集团，几天之内，通过一场宫廷政变，便痛快淋漓地扫荡了吕氏集团。当他们举杯庆祝胜利的时候，又思谋对少帝以及淮阳王、常山王、济川王等人的处理。他们明白，少帝及诸王，毕竟为吕后所立，与诸吕关系密切，一旦他们长大，对自己十分不利。于是就以其非惠帝子为理由，一一加以诛杀。可怜这几个无辜的少年，都作为两大集团斗争的牺牲品，悲惨地死于利刃之下了。其实，从情理推断，这几个人作为惠帝的亲生儿子恐怕是没有问题的。

陈平、周勃等人完成了诛杀诸吕的历史性重任以后，又经过一番策划，从刘邦的下一代中挑选代王刘恒继承了皇帝位。由此，西汉的历史开始迈向兴旺发达的全盛时期。"文景之治"正是作为这个时期的先导而载入史册的。历史已经证明，陈平、周勃等对于继任皇帝的选择是正确的。

吕氏集团在与刘氏集团的斗争中所以一败涂地，原因并不费解。吕氏集团是依靠裙带关系勃兴起来的。他们之中，除了吕后、吕泽、吕释之有些本事和功劳之外，其余吕台、吕产、吕禄、吕通等人，都是既无功劳又无本事，他

陕西咸阳杨家湾出土的西汉步兵持盾兵俑

[1]《史记·吕太后本纪》。

[2]《史记·吕太后本纪》。

西汉彩绘陶奁——气功入静图

们仅仅是靠着吕后当国的时机,因利乘便地暴发起来,因而在整个统治集团中没有多大势力和影响。吕后在世一天,他们的地位和权力可以维持一天,吕后一旦死去,他们就难以存在。与之相反,刘氏集团的核心是陈平、周勃等追随刘邦创建汉皇朝的功臣宿将,还有实力强大的刘氏宗室贵族。他们的力量远远超过吕氏集团。当时,刘氏宗室贵族有9人为王,数十人为侯,占据了比汉朝中央直辖的地区还要广阔的土地,拥有一支可观的军事力量。他们与汉朝中央虽然也有不少矛盾,但在天下姓刘还是姓吕的抉择面前,他们与汉朝中央还是会团结一致的。另外,当时从中央到地方的大部分官吏都是刘邦留下来的。他们的进退荣辱与刘氏皇朝紧密相连。这些人结合在一起,便形成了维护刘氏皇统的巨大力量。以周勃、陈平等为核心的刘氏集团的主要代表人物,差不多都经历过各种复杂的政治和军事斗争,经验丰富,老谋深算。在实力、能力和影响上,是少不更事的诸吕难以比拟的。当吕后健在的时候,他们碍于君臣名分,也慑于吕后的威势,虽然对诸吕的飞黄腾达十分不满,也只得虚与周旋、隐忍不发。但决不甘心长期屈居于吕氏集团的淫威之下。所以,待到吕后一死,他们就迅即发难,把诸吕一一送上断头台。同时,更应该看到,在刘、吕两个集团的斗争中,整个形势对刘氏集团是有利的。汉皇朝建立以后,实行了一系列轻徭薄赋、与民休息的政策,使广大劳动人民从秦末的苦难中解脱出来。他们自然把这一切都与刘邦及其子孙联系在一起,把刘氏皇朝看做今日安定生活的象征。因而任何危及刘氏皇朝安全的活动都是得不到广大人民拥护的。所以,刘氏集团对吕氏集团的斗争,在一定程度上得到了劳动人民的拥护。这一点,与西汉末年王莽篡政时期的形势决然不同。那时候,刘氏皇朝的统治已经历了200多年,其残暴、贪婪、腐朽和无能已使它在广大劳动人民和绝大部分地主阶级中失掉了最后一点威信。只有改朝换代才能使历史出现新的转机,几乎成为人们一致的看法。正因为如此,所以当王莽篡汉立新之时,除了极少数的刘氏宗室贵族和个别拥刘派的地主官僚们发出了一点微弱的反抗之外,绝大部分刘氏宗族和地主阶级都表示了拥护的态度。吕氏集团所遇到的形势与西汉末年截然相反：地主阶级和广大劳动人民希望在刘氏皇统下继续已经开始的经济恢复和安定的生活，他们恰恰把吕氏集团的专权和异动看成这种历史趋向的障碍。因而对诛除吕氏集团采取了竭诚拥护的态度。周勃入主北军，一声号令，全军左袒，正显示了人心的向背。这一点，应是吕氏集团迅速垮台的最重要的原因。另外，陈平、周勃等人，由于在吕氏当国时善于保护自己，使吕后误将他们看做自己的拥护者，因而保留了自己手上不少权力。吕后逝世前，他们就为诛杀诸吕秘密做了不少准备，等到吕后一死，他们就更进一步加快了政变的步伐，其中心是夺取对南北军的指挥权。当诸吕感到危险而图谋发难时，胜负形势已定。诸吕集团与刘氏集团相比，政治经验、计谋韬略都相差甚远。吕后在世时，大权在握，吕氏虽数人称王，但他们既缺乏政治才能又没有治军经验，未能在整个统治集团中树立起不可动摇的威望。而且，由于他们长期处于被人们歌颂谄媚的地位，对于吕后死后自己的处境缺乏清醒的认识，麻痹大意，没有及时采取措施以巩固自己的权力和加强自己的防卫，对周勃、陈平、刘章等人的密谋失去了敏锐的洞察力。再者，整个吕氏集团中没有产生出一位有魄力、有能力的众望所归的领袖人物，也就不能在危险袭来时团结一致，及时做出决断，因而贻误战机，愈来愈陷于被动。吕后死后，吕禄、吕产等如果紧紧掌握南北军，时刻警惕刘氏集团的动向，同时实行一些争取民心的政策，在刘氏皇统下维持一个时期的吕氏专政并非没有可能。但是，诸吕在政策上没有争取民心的任何措施，在军事上也没有坚决有力的部署，而享乐奢靡却依然如故。在南北军的指挥权随时有可能被夺取的情况下，吕禄居然还有心思出外打猎。气得他的姑母吕媭大骂："若为将而弃军，吕氏今无处矣。"乃悉出金玉宝器散堂下，曰："毋为他人守也。"[1]他们不仅做不到居安思危，连居危思危也做不到。这种情况给刘氏集团在眼皮下密谋政变创造了条件。最后，还应该看到，吕氏集团内部组织也不严密，不少人在关键时刻叛离而去。郦寄本是吕氏集团中人，可是经周勃、陈平等略施小技之后，他就背叛吕氏，做了刘氏集

西汉帛画导引图（复原图）

[1]《史记·吕太后本纪》。

西汉帛画导引图（长沙马王堆汉墓出土）

团的内应。吕氏集团用笼络手段网罗党羽的策略也没有成功。吕后以吕氏女嫁于刘泽、刘章等刘姓贵族，同时给予他们王、侯的封爵，希望他们死心塌地归附吕氏。结果适得其反。做了吕氏女婿的刘章利用其夫人的关系最早侦悉了吕氏集团的阴谋，而被封为琅邪王的刘泽又最早与齐王起兵揭出讨伐吕氏集团的旗帜。他们的活动力加速了吕氏集团的灭亡。

不过，应该公正地说，刘、吕两个集团的斗争反映的是统治阶级的内部矛盾。由于这场斗争是局限在上层统治集团的小范围内，且历时较短暂，又未造成大规模的流血冲突，因而并未给整个社会带来混乱，也没有影响汉皇朝已经开始的恢复生产和发展经济的历史进程。所以，就汉初政治史而言，刘、吕两集团的斗争，不过是一段小小的插曲。但是，对于吕后本人来说，又是一件大事，是吕后评价中必须涉及的问题。封王诸吕，扶持吕氏集团，是吕后政治生涯中的一个失误，但大体上不影响对吕后的肯定评价，因为一个最基本的史实是，在吕后执掌朝政的15年中，刘邦、萧何等拟定的轻徭、薄赋、节俭、省刑的政策得到了进一步的贯彻执行，汉皇朝经济文化向上发展的势头并没有减弱，封王诸吕并没有影响汉初既定政策的实施。因此，应该说，吕后对历史发展的贡献构成了她一生活动的主要方面。当然，吕后作为一个临朝称制的女主，一方面表现了超人的远见卓识和杰出的政治才能，另一方面也表现了具有鲜明个性特征的剥削阶级的凶险、阴毒和女人为争风吃醋而产生的强烈的嫉妒。对待异姓诸侯王，她那除恶务尽的思想和行动远远超过刘邦，使人想起法家刻薄寡恩的品性，对戚夫人和赵王刘如意的令人发指的虐杀，使人看到发疯般的嫉妒和复仇心理，而对其他刘氏宗室贵族为所欲为的处置和诛杀，又使人想到"家天下"观念下帝王们无以复加的自私和无情。在吕后身上，罩在封建道德上面的那一层温情脉脉的面纱几乎被全部撕去了。正因为吕后的活动反映了封建统治阶级赤裸裸的自私和凶残的一面，而它又是在一个女人的身上表现出来，因而为后来的思想家、政治家和史学家所不容。虽然司马迁和班固尚能对吕后作出某些公正的评价，但后来随着封建专制主义的加强和封建意识形态的强化,对吕后的评价便越来越贬低了。这显然是一种封建的偏见。因为其着眼点是封建道德而不是真实历史。从历史唯物主义观点出发,应该说,第一,吕后的所作所为是可以理解的。在当时的历史条件下,作为一个爬到封建权力峰巅的妇女,为了维护自己的地位和权力,她似乎也只能这样做。可以设想,如果戚夫人鼓动刘邦改易太子获得成功,她作为临朝称制的女主在刘邦之后执掌大汉皇朝的权柄,那么,吕后、刘盈以及吕氏宗族的下场,恐怕也不会美妙。此类斗争在封建时代屡见不鲜,它构成了封建统治阶级内部争夺财产和权力的一项重要内容。在此问题当然对吕后不应该唱赞美诗,但亦不必过于苛求。第二,吕后是一个权势欲极强的皇后,但和后来的王莽、武则天还有些不同。不管后人对她的作为如何义愤填膺,但有一个基本事实是谁也否认不了的,就是她始终没有废汉自立,而是维持了刘氏的皇统,其临朝称制的身份是皇太后而不是皇帝。看来她对其封王的兄弟子侄也没有进行代汉称帝的教导。在她死后吕氏集团的蠢动,实际上是在刘氏集团咄咄逼人的攻势下诱发出来的。迄今为止,还没有什么史料说明吕氏要代汉称帝。他们不过是想通过一次军事政变巩固自己已经得到的权势,以便在不改变刘氏皇统的前提下继续吕氏集团的专权。第三,在刘邦之后由吕氏当国是历史的正确选择。她是当时统治集团中能够挑选出来的最好的统治者之一。在刘邦的后辈中,刘肥年龄最大,但非嫡长子,且能力与威望均不足以副人君之任。刘盈之外的其他儿子,皆非刘邦嫡长子而又年龄较小。既然刘邦在世时改易太子的谋划未能成功,刘邦死后他们之中的任何人自然更无当国之望。刘盈是刘邦的法定太子,吕后是刘邦的法定皇后,"仁弱"的刘盈为皇帝既是顺理成章,吕后的当国也就是天经地义。而在当时的统治集团中,无论就威望、能力和为满朝文武接受的程度来看,实在也无出吕后之右者。因此,吕后在刘邦之后当国,就成为维持汉皇朝稳固和安定的最重要的因素。即使张良、陈平、周勃、王陵等一批坚定的保皇派,对吕后本人也是竭诚拥护的。因为他们也明白,在当时的历史条件下,汉

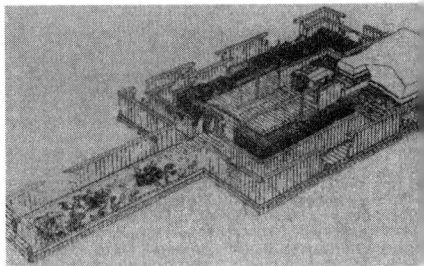

北京大葆台一号汉墓墓室结构示意图

皇朝没有任何人可以取代吕后的地位。吕后的当权既然是历史的正确选择，她也就在特定时期完成了历史赋予的使命，即在稳定中求发展，在贯彻刘邦的既定方针中求创新，以便为汉皇朝的进一步发展创造条件。吕后的许多活动，表面上看似乎是她主观愿望的实践，实际上她的一切活动都受到当时历史条件的制约。这些条件是：秦末农民战争和楚汉战争造成的客观环境；刘邦等一批创业者制定的大政方针；刘邦生前安排在各个重要岗位上的功臣宿将；已经安定下来并且希望继续安定的人民，等等。吕后充分利用这些条件，顺应历史的潮流，小心翼翼地在刘邦确定的轨道上行进，使汉皇朝的政治、经济和文化稳步向前发展，从而起到了从刘邦至文、景时期过渡的桥梁作用。因此，吕后是一个对汉初历史发展作出了重大贡献的值得肯定的历史人物。

花瓣纹圆形瓦当

四　"汉承秦制"

刘邦虽然打着"伐无道，诛暴秦"的旗号最后推翻秦皇朝并在颁布"约法三章"的同时宣布了废除秦苛法的命令，但是，当他继秦之后建立起又一个新皇朝时，他却发现自己必须继承这个被他推翻的皇朝的绝大部分制度。原因非常简单，因为刘邦推翻的仅仅是一个使社会矛盾和阶级矛盾急剧激化的封建统治集团，却无法改变当时封建社会的经济基础和阶级关系，因而在政治、法律等上层建筑领域中也就只能因袭秦皇朝所建立的制度并使之进一步完善化。"汉承秦制"并不是由某个人的好恶决定的。从根本上说，乃是一种历史的必然趋势。

刘邦建立的汉皇朝进一步完善秦皇朝开始在全国实行的专制主义中央集权的行政体制。其基本内容就是"皇帝有至高无上的权力，在各地方分设官职以掌兵、刑、钱、谷等事，并依靠地主、绅士作为全部封建统治的基础"[1]。

在汉皇朝，皇帝同样拥有至高无上的权力，并有标志这种权力的一套独一无二的名号。据蔡邕《独断》记载：

> 秦承周末，为汉驱除，自以德兼三皇，功包五帝，故并以为号。汉高祖受命，功德宜之，因而不改也。

[1] 《毛泽东选集》合订本，人民出版社1966年版，第587页。

汉天子正号曰皇帝，自称曰朕。臣民称之曰陛下。其言曰制诏，史官记事曰上，车马衣服器械百物曰乘舆。所在曰行在，所居曰禁中，后曰省中。印曰玺。所至曰幸，所进曰御。其命令一曰策书，二曰制书，三曰诏书，四曰戒书。

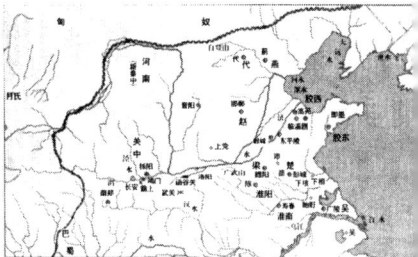

汉初封建图

与此相适应，皇帝的亲属也有一套独有的尊号。如皇帝父曰太上皇，母曰皇太后，妻曰皇后，子曰皇太子、皇子，女曰公主，孙曰皇孙，等等。这一套连带的尊号，在刘邦统治时期大体上都确定下来了。

其中"太上皇"这一称谓，在中国历史上为刘邦所首创。公元前201年（汉六年），刘邦住在栎阳，"五日一朝太公"，对其父亲尽人子之礼。这时，太公的家令对太公说："天亡二日，土亡二王。皇帝虽子，人主也，太公虽父，人臣也。奈何令人主拜人臣！如此，则威重不行。"后来刘邦又去朝见父亲时太公就居然执人臣之礼，"太公拥篲，迎门却行"。这使刘邦惊异不止，赶忙"下扶太公"。太公却一本正经地说："帝，人主也，奈何以我乱天下！"刘邦感到有点过意不去，就在五月间下诏尊太公为太上皇：

> 人之至亲莫亲过父子，故父有天下传归于子，子有天下尊归于父，此人道之极也。前日天下大乱，兵革并起，万民苦殃，朕亲被坚执锐，自帅士卒，犯危难，平暴乱，立诸侯，偃兵息民，天下大安，此皆太公之教训也。诸王、通侯、将军、群卿、大夫已尊朕为皇帝，而太公未有号，今上尊太公曰太上皇。[1]

第二年，因太公思念家乡，刘邦又特在郦邑以丰邑旧貌筑城，并迁诸故旧居此，以讨太公的欢心。太公死后，命曰"新丰"[2]。

刘邦作为皇帝，总揽了一切行政、立法、司法、财政和军事大权。如果说，在楚汉战争的年代里，他为了战争的需要，曾经给予诸如韩信、萧何以"先斩后奏"等便宜行事的权力，那么，到全国统一以后，这种权力就再也不交给任何人了。所有任免、赏罚和生杀予夺之权都操在皇帝之手。例如韩信之被执与后来被杀于长乐宫钟室，就是刘邦的意旨。而堂堂相国萧何仅仅因为向刘邦请求以上林苑

[1]《汉书·高帝纪》。

[2]《史记·正义》引《括地志》云："新丰故城在雍州新丰县西南四里，汉新丰宫也。太上皇时凄怆不乐，高祖窃因左右问故，答以平生所好皆屠贩少年，酤酒卖饼，斗鸡蹴鞠，以此为欢，今皆无此，故不乐。高祖乃作新丰，徙诸故人实之，太上皇乃悦。"

黄肠题凑墓

土地周济贫民,就被下狱治罪,封建皇帝的威严、气势和无边的权力在刘邦身上得到了充分的体现。

为了使整个国家机器正常运转,刘邦在进驻汉中之后,就建立了一套简易的管理军事、行政、司法和财政的官僚机构,保证了楚汉战争的胜利。不过在这一时期,由于汉政权的一切活动都是围绕着军事运转,所以存在着机构不健全、官职任免混乱和职责不清等许多问题。例如,在此期间同时有着丞相头衔的就有萧何、韩信、曹参等多人,其实真正履行丞相职责的只有萧何一人。太尉一职也由周勃、卢绾、樊哙等同时担任,御史大夫也是一时二人并任。至于官职名称更是混乱,楚制、秦制杂用,没有统一的制度。显然,这时候某些官职的任命只是刘邦对其臣子功劳的酬赏,而不是让被任命者真正履行该官职所应承担的职责。楚汉战争结束,西汉皇朝正式建立以后,这种非常时期出现的官职不协调的混乱局面也宣告结束。刘邦在萧何等人的赞襄下,损益秦制,建立了一整套从中央到地方的官僚机构。

在中央,建立了以丞相为首的中央政府,其主要官职是:

丞相,其职责是"掌丞天子助理万机",相当于后世之政府首脑,负责管理封建国家的一切行政军务,地位在百官之上。刘邦初即位时置一丞相,汉十一年更名相国。

太尉,是皇帝的最高军事顾问。

御史大夫,位上卿,"掌副丞相"及国家的图籍秘书,监察百官。

后人称以上三官为"三公",其实他们的权力并不是平行的。在汉初,丞相的权力远远超过太尉和御史大夫,实际上是皇帝之下的一元化官僚机构的首领。在"三公"之下,依照秦制设立了所谓"九卿"和其他各类官员,分别管理封建国家和宫廷事务。这些官员主要是:

奉常(后改为太常),掌宗庙礼仪。

郎中令(后改为光禄勋),掌宫殿掖门户。

卫尉,掌宫门卫屯兵。

太仆,掌皇帝舆马。

廷尉,掌刑狱。

典客(后改为大行令,又更名大鸿胪),掌外交及国内少数民族事务。

宗正,掌皇帝亲属。

治粟内史(后改为大农令,又更名大司农),掌封建国家财政。

少府,掌皇帝私人财政。

除了以上"九卿"之外,还有掌京师治安的中尉(后改名执金吾),掌宫廷建筑的将作少府(后改名将作大匠),掌皇后、太子家事的詹事,掌少数民族事务的典属国,主管京师行政事务的内史,主管列侯事务的主爵中尉,等等。所有这些官吏都由皇帝任免和调动,概不世袭。并且在这些主管官吏下面还各有一大批属官掾史,协助其管理各项具体事务。

以上这些官职,大都从秦官因袭而来。刘邦死后,西汉的行政机构虽然有着程度不同的变化,但终两汉之世,大体上都是这个基本模式。刘邦时期的汉朝中央官制与秦朝时一样,也体现了专制与集权的特点。其突出表现是没有一个机构可以限制或监督皇帝的权力,恰恰相反,而是有众多的机构专门为皇帝及其家族服务。奉常、郎中令、卫尉、太仆、宗正、少府,这"九卿"中的六卿,在很大程度上都是为皇帝及其家族服务的。其余詹事、将作少府等也大都属于此类官员。所谓"宫中府中,俱为一体"[1]。这说明,封建国家与皇帝是密不可分的。

在地方行政体制方面,汉朝也承袭秦制,设立郡县二级管理机构。郡设郡守,为一郡的最高行政长官,有丞为其辅佐,边郡设长史掌兵马。郡还设郡尉,辅佐郡守,掌管一郡的军事。另外,郡守还有一大批属吏各司其事。

郡以下设县,其行政长官,万户以上为令,万户以下为长,下设丞、尉等属官协助令长管理全县的行政、司法、财政和军事等方面的事务。县以下设乡,乡官有三老、啬夫、游徼等,其中三老掌教化,啬夫管司法、收租税,游徼管治安等事务。乡以下为里,里有里正,里以下就是什伍组织。另外,县以下还有亭一级组织,由县尉领导。亭设亭长,主要职务是负责邮传、维持交通治安,有时也兼管民事。郡县的长吏由皇帝任命和升迁黜陟。他们必须忠实地

文帝九年编钟

[1]《三国志·诸葛亮传》。

西汉张掖都尉启信

贯彻执行汉朝中央的政策法令。这样一套从中央到地方的严密行政制度，保证了西汉皇朝对全国各地的有效的控制。

西汉皇朝在基层实行的什伍组织，实际上是一种人口和财产登记的编户制度。萧何一进入咸阳，什么也不顾，抢先把秦丞相、御史府中的律令、图籍收藏起来。以后咸阳虽遭项羽火劫，但刘邦却能尽知天下户口多少、强弱之处。汉朝的编户制度就是根据秦制而建立起来的。按照规定，一切民户都要进行登记，包括户主的姓名、性别、年龄、家内人口及土地财产，作为征收赋税和征发兵役徭役的根据。户籍上一般还登记身长、肤色等状貌，作为人口逃亡时缉捕的材料。不在户籍的人叫做"无名数"，丢掉户籍流亡，就成为"流民"。"无名数"和流民在西汉法律上都被认为是犯罪的人。工商业者另立户籍叫做"市籍"。凡是属于"市籍"的人都要受到政治上、经济上的限制和监督。这种编户制度加强了对全国人民的统治。

西汉皇朝建立以后，刘邦在实行军队复员的同时，又因袭秦制，建立了一支常备军作为整个封建政权的支柱。汉初的兵役制度为征兵制，规定男子20岁傅籍为"正"（即登记为正丁），从正丁中挑选一部分身强力壮者服兵役，每年八月到郡参加"都试"（即军训），然后服役2年，一岁做卫士，一岁做材官、骑士或楼船士。遇有战事，需随时应征，至56岁免役。汉初的军队分四个兵种，材官是步兵，骑士是骑兵，车士是车兵，楼船士是水兵。大体上三辅和西北边郡地区多骑士，内郡多材官，沿江海地区多楼船士。车士在汉初还存在，以后被逐渐淘汰。汉代军队分中央军与地方军两部分，皆有较为严密的组织。遇有重大军事行动，临时任命将军，组织中央和地方的军队出征。将军以下有部、曲、屯等组织。其编制是将军——（部）校尉、军司马——（曲）军侯——（屯）屯长。郡县兵的组织系统是：郡守、尉——县令（长）——县尉。在边郡地区，组织略有不同，其系统是：郡守、尉——侯官—侯长——燧长。险要之处又设有障、塞，大者曰障，小者曰塞，置有障尉、塞尉。障塞尉与侯官，侯长系统不同，均直属于守、尉。在军队的部署上，西汉皇朝坚持内重外轻的原则，把最精锐的军事力量安放在京师及其周围地区。在汉武帝以前,为了警备首都和保卫皇帝的安全,设置了郎中令、卫尉和中尉三个统兵官。郎中令是皇帝的卫士长,其下有一支由郎官组成的卫队,其实是一支贵族兵,担任宫殿门户及宫殿内的守卫。卫尉统辖的军队叫做南军,担任宫城(指未央宫)城门及宫城内的警卫任务,为皇帝的近卫军。南军士兵来自汉中央的直辖郡县。中尉统辖的军队叫做北军,担任京师的守备任务。北军士兵主要来自京师长安及其周围地区。京师的卫戍部队所以置南北两军而不由一军独自承担,显然有使二军互相牵制的意图。汉朝军事制度的确立和完善,使它经常保持着强大的军事力量。既可镇压农民阶级的反抗,又可抑制地方势方的蠢动,还可以对周边少数民族的侵扰进行有效的防卫。因而,这支军队成为国家安全的重要保证。

西汉建国以后,还进一步制定和完善了法律。刘邦入关灭秦之后,宣布了废秦苛法和"约法三章"。这在当时对于稳定社会秩序取得关中地区地主阶级和广大劳动人民的拥护都起了较好的作用。但是,随着时间的推移,刘邦及其同僚发现,"约法三章"失之太简,难以完全适应西汉建国以后巩固和加强封建统治的需要。"其后四夷未附,兵革未息,三章之法不足以御奸",于是刘邦命萧何等"攈摭秦法,取其宜于时者,作律九章"[1],制定了最初的《汉律》。不过,这个《汉律》的全部条文,同《秦律》一样,已大部亡佚。大体说来,它废除了《秦律》的某些过于严酷的条款,特别是除去了二世统治时期赵高新增加的苛法。但却保留了《秦律》的大量的基本条目。同时,又根据统治的需要,新增加了《兴律》、《户律》和《厩律》三章,与原来的六章合在一起,成为《九章律》。后来,叔孙通又作了《傍律》18篇,作为《九章律》的补充。显然,《汉律》与《秦律》有着一脉相承的关系。所以,鲁迅正确地指出,汉律"还是秦法"[2],而陈天华亦指出,秦朝的"诽谤之诛,夷族之法,终汉之世未尝去也"[3]。

与萧何制定《汉律》差不多同时,刘邦还命令韩信等人制定了军法,叔孙通等人制定了各种礼乐制度,张苍等人制定了历法和度、量、衡等各种章程,从而使西汉的各

西汉博弈老叟

[1]《汉书·刑法志》。

[2] 鲁迅:《而已集·小杂感》,《鲁迅全集》第三卷,人民文学出版社1959年版,第399页。

[3] 陈天华:《陈天华集·中国革命史论》,湖南人民出版社1982年版。

西汉铜马

种规章制度初具规模。

在选官制度方面,汉初也基本上沿袭了秦制,选取官吏的主要途径是军功。汉朝建国以后的各级官吏,大都来源于军功。这些官吏,除张良、张苍、叔孙通等少数人外,一般都没有多少文化知识,在行政管理等事务中的弱点逐渐暴露出来。后来,刘邦大概也发现了这个问题,于是便想法改变官吏的结构。首先采取的办法就是下诏在全国求贤,其目的显然是要网罗在野的知识分子,以充实各级官僚机构。公元前196年(汉十一年)二月,刘邦颁布了一个情恳意切的诏书,诏书说:

> 盖闻王者莫高于周文,伯者莫高于齐桓,皆待贤人而成名。今天下贤者智能岂特古之人乎? 患在人主不交故也,士奚由进! 今吾以天之灵,贤士大夫定有天下,以为一家,欲共长久,世世奉宗庙亡绝也。贤人已与我共平之矣,而不与我共安利之,可乎? 贤士大夫有肯从我游者,吾能尊显之。布告天下,使明知朕意。御史大夫(周)昌下相国(萧何),相国酂侯下诸侯王,御史中执法下郡守,其有意称明德者,必身劝,为之驾,遣诣相国府,署行、义、年。有而弗言,觉,免。年老疾病,勿遣。[1]

刘邦在下达这个诏令的第二年就死去了,因而它的实际作用在刘邦之世并不显著。但是,这一诏令却有着重要的意义,因为它创立了由皇帝下诏求贤的制度,这个制度终西汉之世一直在推行,成为汉世选拔人才的一个重要途径,特别在汉武帝时期,通过这一途径选取了不少有用人才,从而形成了西汉历史上人才辈出、功业兴盛的一个黄金时代。

上面我们简要叙述了西汉建国初期制定和完善各种政治法律制度的情况,这些制度的建立和完善,使封建国家走上了正常稳定的发展轨道,也奠定了此后西汉乃至整个中国封建社会政治制度的基础。

西汉初年的中央与地方行政体制,大体上都是沿袭秦制或稍加变通。这套专制主义中央集权制度的建立和完善,对于巩固和加强汉皇朝的统一,维持和平与安全的

---

[1]《汉书·高帝纪》。臣瓒曰:"周昌已为赵相,御史大夫是赵尧耳。"

社会秩序以及恢复发展生产,繁荣经济都具有积极意义。不过,汉初地方行政体制与秦皇朝也有较大的不同之处,这就是汉初在实行郡县制的同时,还实行了封国制度。如上所述,在楚汉战争中,刘邦为了分化瓦解项羽集团,调动各地实力派共同对项羽作战,陆续分封了八个异姓诸侯王。但刘邦此举显然是权宜之计,所以他在建国以后的六、七年中,通过包括武力在内的各种手段,扫除了除长沙王吴芮之外的其他异姓诸侯王。这对维护统一、加强中央集权是完全必要的。但是,刘邦在消灭异姓诸侯王的过程中,却又陆续分封了九个同姓诸侯王国。刘邦这样做,主观上是接受秦亡的教训,"惩戒亡秦孤立之败"。他认为秦皇朝灭亡的原因是,"窃自号为皇帝,而子弟为匹夫,内亡骨肉本根之辅,外亡尺土藩翼之卫"[1],所以决定分封自己的兄弟子侄为诸侯王,使之分布关东地区,据土抚民,以作为汉中央的屏藩,巩固刘氏皇朝的统治。刘邦封同姓王是从公元前200年(汉七年)开始的,起因是前一年的田肯建议。前201年十二月,刘邦以"伪游云梦"之计擒韩信后,田肯对刘邦说:"陛下得韩信,又治秦中。秦,形胜之国,带河山之险,悬隔千里,持戟百万,秦得百二焉。地势便利,其以下兵于诸侯,譬犹居高屋之上建瓴水也。夫齐,东有琅邪、即墨之饶,南有泰山之固,西有浊河之限,北有勃海之利。地方二千里,持戟百万,悬隔千里之外,齐得十二焉。故此东西秦也。非亲弟子,莫可使王齐矣。"[2]这里田肯讲的虽然只是齐王的人选,但却开启了刘邦大封同姓诸侯王的先河。自此以后,刘邦在消灭异姓诸侯王的同时,陆续分封了九个同姓诸侯王国。

荆王刘贾,是刘邦叔父的儿子。大概在丰沛起义之后,他即追随刘邦。公元前206年(汉元年),他随刘邦还定三秦,被任为将军。在率兵平定塞王司马欣封地后,又随刘邦东出函谷关,同项羽作战。公元前204年(汉三年),他奉刘邦之命,率步兵二万、骑数百,渡白马津,入楚军后方,往来游击,"烧其积聚,以破其业,无以给项王军食"[3],大大牵制了楚军西进的力量,为改变楚汉战争前期楚强汉弱的形势作出了较大的贡献。公元前202年(汉五年),刘邦率汉军主力追楚军至固陵,刘贾奉命渡过淮河,围寿

西汉鼠吃葡萄

[1]《汉书·诸侯王表》。

[2]《史记·高祖本纪》。

[3]《汉书·荆燕吴传》。

西汉兵士立俑

春(今安徽寿县),使人招降楚大司马周殷,然后与英布一起率九江兵北上,参加了最后围歼楚军的垓下之战。项羽灭亡之后,他又与卢绾一起南击临江王共尉,平定该地。刘贾因战功卓著,又与刘邦同宗,因而在公元前201年(汉六年)一月,被立为荆王,以故东阳郡、鄣郡、吴郡53县为封地。公元前195年(汉十二年),英布反叛,首先进击刘贾的封国,刘贾不敌,败退至富陵(今江苏洪泽县境),为英布兵所杀。从此国除。

代王刘仲名喜,是刘邦的二兄,公元前201年(汉六年)一月被立为代王,以云中、雁门、代郡53县为封地。同年,匈奴进攻代国,刘仲不能守,弃国间道归洛阳,被废为郃阳侯。公元前196年(汉十一年)春,刘邦破陈豨军,定代地,另立子刘恒为代王。刘恒为薄姬所生。立王17年后,即公元前180年(吕后八年),吕后死去,周勃、陈平等共定谋,诛杀诸吕,迎立代王为皇帝,是为孝文帝。

楚王刘交是刘邦的同父异母弟,是刘邦兄弟四人中年龄最小的一个。他年轻时,好读书,"多材艺"。曾与鲁国儒生穆生、白生、申公等同受《诗》于浮丘伯。丰沛起义后,刘交一直跟随刘邦南征北战。灭秦后,被刘邦封为文信君,跟随刘邦入蜀汉,还定三秦,参加楚汉战争。刘邦做皇帝以后,他与卢绾一同担任刘邦的侍卫之臣,"出入卧内,传言语诸内事隐谋"[1]。公元前201年(汉六年),楚王韩信被废黜后,刘交被立为楚王,以砀郡、薛郡、郯郡36县为封地。他到楚地以后,招穆生、白生、申公为中大夫。高后时,遣子至长安跟浮丘伯学《诗》,他自己对《诗》也很有研究,曾为《诗》作传。汉文帝时,其孙刘戊袭王位。景帝时,刘戊参与刘濞发动的七国叛乱,兵败自杀。汉宣帝时,袭王位的刘延寿因谋反被废黜,国除。

齐王刘肥是刘邦最年长的儿子,其母是刘邦做亭长时的"外妇"曹氏。公元前201年(汉六年)立为齐王,"食七十城,诸民能齐言者皆予齐王"[2]。由于齐国占地广阔,土地肥饶,刘邦对其治理特别重视,派曹参为相国。曹参在齐国,推行"黄老之治",使其政治、经济都走上稳定发展的轨道。在平定异姓诸侯王和反击匈奴的斗争中,齐国之军成为重要的辅助力量。在刘邦、吕后当国时期,齐国都是

[1]《史记·楚元王世家》。
[2]《史记·齐悼惠王世家》。

汉皇朝在东方的重要屏障。公元前193年(汉惠帝二年)，刘肥入朝，因与惠帝宴饮时失君臣之礼，"亢礼如家人"，引起吕后震怒，阴谋以鸩酒除掉他。刘肥听从其内史勋(《汉书》作士)的计谋，献阳城郡为鲁元公主的汤沐邑，才得以脱身返国。刘肥于公元前189年(汉惠帝六年)死去。其子孙世袭国，至公元前166年(汉文帝十四年)齐文王死，无子，国除。

四神青龙纹瓦当

赵王刘如意，是刘邦戚姬所生的儿子。公元前198年(汉九年)赵王张敖被废黜后，封为赵王，刘邦为了保护他免遭吕后迫害，特命周昌为王国相。公元前195年(汉十二年)，刘邦死去，吕后即将赵王征至长安加以鸩杀，国除。淮阴王刘友，是刘邦姬妾所生子。公元前196年(汉十一年)立为王。赵王刘如意被杀以后，他被徙为赵王。刘友不爱吕后给他强行安排的吕氏王后和姬妾，被吕后怒而招至京师，活活饿死。

梁王刘恢，也是刘邦姬妾所生的儿子。公元前196年(汉十一年)，梁王彭越被诛后，刘恢被立为梁王。赵王刘友死后，吕后又徙刘恢为赵王。同年，因受吕后挟持，不得自由，愤而自杀，国除。

燕王刘建，也是刘邦姬妾所生子。公元前195年(汉十二年)，燕王卢绾叛逃匈奴后，刘建被立为燕王。公元前181年(吕后七年)死去，吕后杀死其美人子，国除。

淮南王刘长，是刘邦与赵王美人所生的儿子。公元前196年(汉十一年)，刘邦在击灭淮南王英布以后，立他为淮南王，据九江、庐江、衡山、豫章四郡。因刘长早年失母，为吕后养大，与她关系亲近，因而在吕后当国时得以保存。刘长"有材力，力能扛鼎"[1]，孝文帝即位，自以为最亲，横行不法。由于汉文帝曲加优容，刘长"益骄恣，不用汉法，出入称警跸，称制，自为法令，拟于天子"[2]。公元前174年(汉文帝六年)，因勾结闽越、匈奴谋反事发，绝食而死。其子刘安嗣爵，公元前122年(汉武帝元狩元年)，因谋反被诛，国除为九江郡。

吴王刘濞，是刘邦兄刘仲之子。公元前196年(汉十一年)秋，刘邦亲征淮南王英布时，20岁的沛侯刘濞从骑将随之出征，破布军于蕲西。其时荆王刘贾为布军所杀，无

[1] 《史记·淮南王列传》。
[2] 《史记·淮南王列传》。

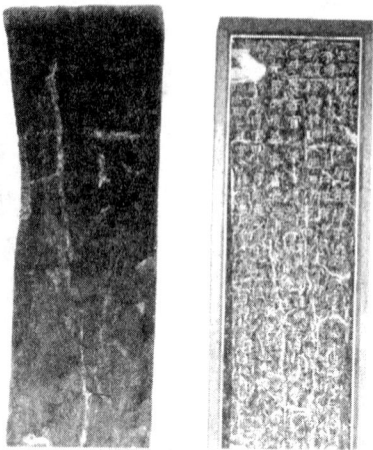

石门展室摩崖石刻

子嗣爵。刘邦认为吴、会稽等东南诸郡民风轻悍，不立一个壮年王子于此地不易镇抚，因为自己的儿子大都年少，就决定封刘濞为吴王，王三郡53城。刘濞受王印后，刘邦召见他，发现他有"反相"，就抚摸着他的背告诫说："汉后五十年东南有乱者，岂若邪？然天下同姓一家也，慎无反！"刘濞叩头于地说："不敢。"[1]孝惠帝后时国内安定，吴国开发豫章的铜矿，冶铜铸币，又煮海水为盐，很快富强起来。汉文帝时，刘濞妄自尊大，称病不朝，与汉中央开始有了矛盾，由于文帝对他一再优容，双方的矛盾没有激化。汉景帝时，刘濞"益骄溢，即山铸钱，煮海水为盐，诱天下亡人，谋作乱"[2]，终于在公元前154年（汉景帝三年）正月，联合楚、胶西、胶东、淄川、济南、赵等封国，发动了大规模的武装叛乱。但由于违背历潮流，不得民心，仅三个月即被汉中央讨平，刘濞也落了个身死国除的结局。

　　刘邦时期分封的同姓诸侯王国，共有九个。"自雁门、太原以东至辽阳，为燕、代国；常山以南，太行左转，度河、济、阿、鄄以东薄海，为齐、赵国；自陈以西，南至九疑，东带江、淮、谷、泗，薄会稽，为梁、楚、淮南、长沙国；皆外接于胡越。而内地北距山以东尽诸侯地，大者或五六郡，连城数十，置百官宫观，僭于天子。汉独有三河、东郡、颍川、南阳，自江陵以西至蜀，北自云中至陇西，与内史凡十五郡"[3]。大体上说，这些诸侯国囊括了今日中国的辽宁、河北、山西北部，山东、江苏、安徽、河南东部，安徽、浙江、江西、湖南、湖北东部，即长江、黄河中下游的大部分地区。汉中央直接控制的地区只有关中、巴蜀以及今河南、湖北、山西的一部分。汉初，同姓诸侯王的存在，的确起到了屏藩汉朝中央的作用。正如班固所说："高祖创业，日不暇给，孝惠享国又浅，高后女主摄位，海内晏如，亡狂狡之忧，卒折诸吕之难，成太宗之业者，亦赖之于诸侯也。"[4]这是因为，王国初封之时，大部分诸侯王年龄尚小，权柄操在刘邦派出的担任傅相的元勋大臣手里，所以他们与汉朝中央的矛盾尚不十分尖锐。在平定异姓诸侯王、诛除诸吕和对匈奴的斗争中，各诸侯国也都派兵遣将，协助汉中央作战，起了些好的作用。但是，应该看到，刘邦认为秦朝

[1]《史记·吴王刘濞列传》。
[2]《史记·吴王刘濞列传》。
[3]《史记·汉兴以来诸侯王年表》。
[4]《汉书·诸侯王表》。

灭亡的原因之一是没有分封子弟为主的观点并不完全正确,他由此出发而分封同姓诸侯王的措施,其消极作用大于积极作用,因为这种措施本身就造成了分裂割据的因素。后来,随着诸侯王国经济、军事实力的发展,年龄逐渐增大的诸侯王们的野心也急剧膨胀。因而他们的存在也就越来越造成了对西汉中央集权的严重威胁。"然诸侯原本以大,末流滥以致溢,小者淫荒越法,大者睽孤横逆"[1]。以致后来在文、景、武三代,汉中央不得不花费很大精力去对付他们,最后甚至不得不诉诸流血的军事行动,解决了诸侯王国的问题。

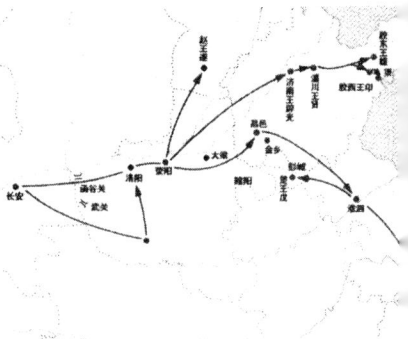

七国之乱图

西汉建国以后,刘邦除了分封同姓诸侯王之外,还论功行赏,从公元前202年(汉五年)到前195年(汉十二年)七八年间,一共封了137个侯。[2]由于这时候"大都名城民人散亡,户口可得而数裁十二三",所以获得侯爵者所得到的封户,大者不过万家,小者五六百户。此外,还给一部分没有侯爵的人以食邑若干户的赏赐。刘邦这样做,主要是为了酬赏那些在战争中立功的文臣武将,同时也是为了满足当时人们的心理和舆论的要求。张良、韩信等人就多次对刘邦说,文臣武将之所以甘愿跟随你南征北战,不避矢石,冒死犯难,其动力就是"日夜望咫尺之地",而刘邦战胜项羽的重要原因之一也就是他能不吝惜土地,慷慨以赏臣下。刘邦在其封爵之誓中说:"使黄河如带,泰山若厉,国以永存,爰其苗裔。"[3]即受封者子子孙孙都可永享其封地。对于这种分封的办法,刘邦自己认为是很好的。公元前195年(汉十二年)三月,他在一次诏书中说:

> 吾立为天子,帝有天下,十二年于今矣。与天下之豪士贤大夫共定天下,同安辑之。其有功者上致之王,次为列侯,下乃食邑。而重臣之亲,或为列侯,皆令自置吏,得赋敛,女子公主。为列侯食邑者,皆佩之印,赐大第室。吏二千石,徙之长安,受小第室。入蜀汉定三秦者,皆世世复。吾于天下贤士功臣,可谓亡负矣。[4]

事实上,与分封同姓诸侯王一样,这种功臣封侯并世袭的制度,也种下了日后分裂割据的因素,它与统一集权的郡县行政体制是很不协调的。因此到西汉文帝以后,尤

[1]《汉书·诸侯王表》。
[2] 加上外戚及王子侯16人,共143人。
[3]《汉书·高惠高后文功臣表》。
[4]《汉书·高帝纪》。

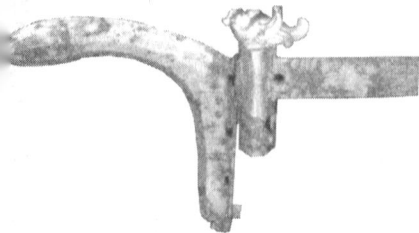

西汉鎏金带禽鸳鸯戈

其是汉武帝时代，对侯国的削除也就成为巩固和加强中央集权的一个重要内容。"故逮文、景四五世间……列侯大者至三四万户，小国自倍，富厚如之。子孙骄逸，忘其先祖之艰难，多陷法禁；殒命亡国或亡子孙。讫于孝武后元之年，靡有孑遗耗矣"[1]。

西汉皇朝在对秦朝制度和政策的继承上，还有迁徙豪强一项。

公元前200年（汉七年）七月，奉刘邦之命出使匈奴的娄敬回到长安以后，向刘邦提出了迁徙豪强以实关中的建议。他说：

> 匈奴河南白羊、楼烦王，去长安近者七百里，轻骑一日一夜可以至秦中。秦中新破，少民，地肥饶，可益实。夫诸侯初起时，非齐诸田，楚昭、屈、景莫能兴。今陛下虽都关中，实少人。北近胡寇，东有六国之族，宗强，一日有变，陛下亦未得高枕而卧也。臣愿陛下徙齐诸田，楚昭、屈、景，燕、赵、韩、魏后，及豪杰名家居关中。无事，可以备胡，诸侯有变，亦足率以东伐。此强本弱末之术也。[2]

刘邦立即同意娄敬的这项建议，并任命他主持此项工作。娄敬于是一次将东方六国旧贵族及其后裔10余万口迁至800里秦川，让他们散居于长安附近地区。公元前198年（汉九年）十一月，刘邦再一次"徙齐、楚大族昭氏、景氏、怀氏，田氏五姓关中，与利田宅"[3]。

刘邦继承秦制搞了两次迁豪，其子孙把迁豪和徙民综合在一起又进行过多次，直到汉哀帝时才宣布彻底终止此项政策，前后持续了差不多200年的时间。那么，刘邦为什么毫不迟疑地接受娄敬的建议，继续秦皇朝的迁豪政策呢？第一，与秦朝迁豪的原因一样，也是为了消除政治上的潜在危险，六国旧贵族及其依附之富商大贾，虽然经过秦始皇时期的二次迁徙，但漏网之鱼尚多。这些人在秦末农民战争中依然表现出相当大的力量。娄敬所谓"诸侯初起时，非齐诸田，楚昭、屈、景莫能兴"，就是指的这种情况，项梁叔侄所代表的楚国旧贵族的力量，田广、田荣、田横所代表的齐国旧贵族复兴故国的不屈气概，刘邦当

[1] 《汉书·高惠高后文功臣表》。
[2] 《史记·刘敬列传》。
[3] 《史记·高祖本纪》。

然都记忆犹新。一有风吹草动,他们之中还可能出现揭竿而起的领袖人物。让这类人物散在全国各地,刘邦恐怕是寝食不安的。将这些危险人物迁到自己的眼皮底下监视起来,就等于解除了一大块心病。因而娄敬的建议一经提出,刘邦没有丝毫犹豫就答应照办了。第二,为了充实关中以防备匈奴的侵扰。关中地区经过秦末农民战争和楚汉战争的破坏,土地荒芜,人口减少。而且由于关中北距匈奴较近,容易遭受匈奴的攻击。将六国旧贵族迁到这里可以化不利因素为有利因素,一方面可以增加关中的人口,加速这里的开发,而且六国旧贵族及其依附者都有较雄厚的经济实力,能够使关中经济得到较快的发展,从而增强抵抗匈奴的力量。另一方面又可以使离心因素变成向心因素,达到"无事,可以备胡,诸侯有变,亦足率以东伐"的"强本弱末"的目的。这个政策经过刘邦后代子孙的继续实施,的确收到了较好的效果,原来预期的目的基本上都达到了。关中地区的经济得到较快的发展,成为汉皇朝的中心区域。在对异姓诸侯王和同姓诸侯王的斗争中,尤其是平定吴楚七国之乱和后来反击匈奴的斗争中,这里都成为汉皇朝的战略总后方。与秦末农民起义时的情况不一样。当吴楚七国之乱爆发时,六国旧贵族及其后裔们,基本上都没有加入叛军的行列。这一事实表明,迁豪政策是一项卓有成效的政策,它的确起到了巩固统治、加强中央集权的重要作用。后来,汉武帝的重要谋臣主父偃说:"天下豪杰兼并之家,可徙茂陵,内实京师,外销奸猾。"[1]《汉书》的作者班固也说:"汉兴,立都长安,徙齐诸田,楚昭、屈、景及诸功臣家于长陵。后世世徙吏二千石、高赀富人及豪杰并兼之家于诸陵。盖亦以强干弱枝,非独为奉山园也"[2]。由于大量富豪集中于京师及其周围诸陵,关中地区的经济出现了空前的繁荣,史载"关中之地,于天下三分之一,而人众不过什三,然量其富,什居其六。"[3]当非虚语。王夫之在《读通鉴论》中,痛斥迁豪是一种"虐政",显然是一种错误的看法。

伍伯画像砖

[1]《汉书·主父偃传》。
[2]《汉书·地理志》。
[3]《史记·货殖列传》。

汉文帝像

第二节　黄老政治与西汉初期的繁荣

一　黄老政治与文景盛世

刘邦生当战国末年和秦汉之际，他目睹了武力在统一全国和创建一个新皇朝的事业中所起的至关重要的作用。更因为他在秦朝"以法为教"、"以吏为师"的时代氛围里做过多年亭长，耳濡目染，使他对法家思想笃信不疑。所以在反秦战争、楚汉战争中，他对儒生不屑一顾。他不仅骂之为"竖儒"，而且弄出"以儒冠为溺器"的恶作剧。当陆贾在其面前谈论《诗》、《书》时，他仍然不耐烦地大骂："乃公居马上得之，安事《诗》、《书》?"[1]后来，尽管陆贾宣扬仁、义和"无为"理论的《新语》让其折服，叔孙通为之制定的朝仪使之体会了"知为皇帝之贵"[2]，因而有晚年以太牢之礼曲阜祭孔的盛举，但他并没有从思想的意义上认识儒学的价值。刘邦死后，在战国时期的齐学中有重要地位的黄老之学走进了汉皇朝的庙堂，成为惠帝、吕后、文帝、景帝时期近60年间汉皇朝政治上的指导思想。由此形成了汉初的黄老政治支配政坛的局面。开启此一局面的关键人物并不是一位思想家，而是刘邦那个布衣将相群体中战功卓著的将军，汉皇朝的第二任丞相曹参。

曹参(? —前190年)，秦沛县(今属江苏)人，刘邦的同乡好友，参与刘邦领导的丰沛起事反秦后，在反秦战争、楚汉战争中立下赫赫战功。西汉建立后，曹参担任齐王刘肥的相国。他虚心向治黄老之学的胶西盖公请教，"盖公为言治道贵清净而民自定，推此类俱言之"[3]，大大发挥了一通我无为而民自化，我好静而民自正的思想，这一点正与曹参的思想相契合。曹参于是待盖公以殊礼，让他做了自己的政治顾问。自此，曹参就采用黄老之术治齐，齐国也就成了他推行黄老政治的最早的实验基地。曹参相齐四年，他精心推行轻徭、薄赋、节俭、省刑为主的各项政治经济政策，与民休息，使百姓有较充分的时间发展生产，安排生活，以恢复遭受战争破坏的社会经济。这种打着"无为"旗号的政策恰恰反映了时代的要求和人民的愿

[1]《史记·陆贾列传》。
[2]《史记·叔孙通列传》。
[3]《史记·曹相国世家》。

望。"故相齐九年,齐国安集,大称贤相"[1]。黄老政治在齐国结出了累累硕果。

汉十二年(前195年),刘邦病逝。此前,吕后问他萧何之后汉朝的丞相人选,他明确点出曹参。惠帝二年(前193年)七月,汉丞相萧何在病逝前夕,与惠帝达成遴选曹参为继任丞相的共识。曹参继任丞相后,把黄老思想推广为治理全国的原则,"举事所变更,一遵萧何约束"[2],使刘邦萧何制定和推行的那一套行之有效的与民休息的政策较好地继续下去。曹参的行政原则是以不变政策求稳定,在稳定中求发展,用发展促稳定。他选用"木拙于文辞"的"忠厚长者"为丞相府吏员,放手让他们依据已有制度和既定政策处理各种事务,他高拱无为,官务清闲,日日以饮酒为乐,以致汉惠帝对他的作为也难以理解。后来,君臣之间有如下一段对话:

> 曹参谢曰:"陛下自察圣武孰与高帝?"上曰:"朕乃安敢望先帝乎!"参曰:"陛下观臣能孰与萧何贤?"上曰:"君似不及也。"参曰:"陛下之言是也。且高帝与萧何定天下,法令既明,今陛下垂拱,参等守职,遵而勿失,不亦可乎?"上曰:"善,君休矣!"[3]

表面上看,曹参似乎是十分消极地躬践老子的"无为而治",而这恰恰是对秦朝"有为而治"深刻反思的结果。实际上,曹参的无为也并非无所作为,放弃政府对社会的管理职能,而是在执行既定政策的前提下,以一定程度的放任主义给百姓创造较为宽松的发展生产、安定生活的环境。这在当时应该就是最高明的治国方略了。曹参任汉丞相只有短短的三年,尽管看起来没有什么显著的建树,但却自觉地确立了黄老思想作为汉帝国政治上的指导原则,也就在事实上为汉皇朝日后的繁荣创造了条件,其功绩是不可磨灭的。当时的民谣这样歌颂他:"萧何为法,觏若画一,曹参代之,守而勿失,载其清静,民以宁一。"[4]

西汉初年黄老思想之所以成为统治者的治国方略,当然是由于统治者的自觉选择,这种选择自然也与当国者先后任丞相的曹参、陈平、王陵以及窦太后、文帝、景帝的个人喜好有关,但最主要的还是黄老思想的主要内容

刘恒去世前一年群臣上寿刻石,
汉初篆体

[1]《史记·曹相国世家》。
[2]《史记·曹相国世家》。
[3]《史记·曹相国世家》。
[4]《史记·曹相国世家》。

汉景帝刘启像

适应了当时客观形势的需要。黄老思想是以传说中的黄帝和真实的老子命名的思想体系，是综合战国时的齐国道家学派和楚国老庄道家学派而在秦汉之际形成的新道家学派。其思想集中体现在马王堆帛书《经法》、《十大经》、《称》、《道原》四书佚书以及陆贾《新语》、刘安《淮南子》和司马谈的《论六家要指》中。黄老思想除坚持先秦道家"道法自然"和"无为"的基本理念外，与原始道家已有许多不同，如其强烈的尊君观念就背离了原始道家的无政府主义。西汉初年治黄老的黄生与《诗》博士、儒生辕固有一场关于"汤武革命"的辩论，黄生否认"汤放桀，武王伐纣"的正义性，认为那是颠倒君臣关系的"犯上作乱"之举。他振振有词地说：

> "冠虽敝必加于首，履虽新必冠于足。"何者？上下之分也。今桀、纣虽失道，然君上也，汤、武虽圣，臣下也。夫主有失行，臣不正言匡过以尊天子，反因过而诛之，代立南面，非杀何也？[1]

辕固针对黄生君臣关系绝对固定论的说教，提出有力的反驳："必云是，是高皇帝代秦即天子位，非邪？"显然，黄生君臣不能易位的观点尽管对当今皇帝有利，但却有一个致命的弱点，即将当今皇朝的建立置于一个非法的境地。这时，汉景帝出来打圆场，认为这一问题没有必要辩出是非曲直："食肉毋食马肝，未为不知味也；言学者毋言汤武受命，不为愚。"[2]其实，汉景帝在骨子里是认同黄生观点的，因为君臣不易论意味着汉朝统治的永存。应该说，黄老之学所以受到汉初统治者的垂青，是因为它适应了汉初国家和百姓在长期战乱后要求社会稳定、与民休息、发展生产、安定民生的愿望，其中包含着对秦朝因"极武"二世而亡的深刻反思。陆贾的《新语》对黄老的治国之道概括了三条原则，一是去"极武"而行"仁义"，二是"闭利门"、"尚德义"，三是"诛佞臣，求圣贤"，即把道家的"无为而治"，儒家的"道德仁义"，法家的"赏善罚恶"等结合起来，其最高理想就是一幅"无为"社会的蓝图：

> 君子之为治也，块然若无事，寂然若无声，官府若无吏，亭落若无民。闾里不讼于巷，老幼不愁于庭，近者无所议，远者无所听。邮驿无夜行之

---

[1]《汉书·儒林传》。

[2]《汉书·儒林传》。

吏，乡间无夜名之征。犬不夜吠，乌不夜鸣。老者
息于堂，丁壮者耕耘于田。在朝者忠于君，在家者
孝于亲。于是赏善罚恶而润色之，兴辟雍庠序而教
诲之，然后贤愚异议，廉鄙异科，长幼异节，上下
有差，强弱相扶，小大相怀，尊卑相承，雁行相
随，不言而信，不怒而威，岂恃坚甲利兵，深刑刻
法，朝夕切切而后行哉？[1]

石门石刻展室

这种"无为"的社会理想，正为西汉初年轻徭、薄赋、节俭、
省刑为内容的与民休息政策提供了理论上的指导原则。
在黄老思想指导下的黄老政治，对西汉初年社会经济的
恢复发展起了积极的作用，铸造了著名的文景盛世。

　　为了提高农民的生产积极性，实现生产者与生产资
料的结合，汉初统治者两次下令免奴婢为庶人。一次是高
帝五年（前202年），下令"民以饥饿自卖为人奴婢者，皆免
为庶人"[2]。这就使秦朝末年和农民战争以及楚汉战争期间
卖身为奴的相当一部分人，恢复了庶人的身份，成为国家
的编户齐民。因这个诏书而获得解放的，主要是私人奴
婢。40年以后，文帝后元四年（前160年），又下令"免官奴
婢为庶人"[3]，由此而获得解放的，大概有几十万人。这两个
诏书，虽然还没有规定全盘废除奴隶制残余，但却使相当
数量的奴婢获得自由。这样做，一方面使封建国家得到一
大批直接控制的劳动力，从而增加了缴纳租税和服徭役
的人数；另一方面也刺激了这批人的生产积极性，从而为
农业生产的发展，创造了活力。与此相联系，前202年，刘
邦下达了"故秦苑囿园池，令民得田之"[4]的诏书。又于前
202年下诏"复故爵田宅"："诸侯子在关中者，复之十二
岁，其归者半之。民前或相聚保山泽，不书名数，今天下已
定，令各归其县，复故爵田宅，吏以文法教训辨告，勿笞
辱。……军吏卒会赦，其亡罪而亡爵及不满大夫者，皆赐
爵为大夫。故大夫以上赐爵各一级，其七大夫以上，皆令
食邑，非七大夫以下，皆复其身及户，勿事。""七大夫，公
乘以上，皆高爵也。诸侯子及从军归者，其多高爵，吾数诏
吏先与田宅，及所当求于吏者，亟与。爵或人君，上所尊
礼，久立吏前，曾不为决，甚亡谓也。异日秦民爵公大夫以
上，令丞与亢礼。今吾于爵非轻也，吏独安取此！且法以有

[1]《新语·至德》。

[2]《史记·高祖本纪》。

[3]《史记·孝文本纪》。

[4]《史记·高祖本纪》。

徐州出土西汉楚王墓兵马俑

功劳行田宅,今小吏未尝从军者多满,而有功者顾不得,背功立私,守尉长吏教训甚不善。其令诸吏善遇高爵,称吾意。且廉问有不如吾诏者,以重论之"[1]。这个诏书的内容,比较复杂,但主要倾向还是清楚的。一是用复故爵田宅吸引那些聚保山泽的农民回到自己的田园,重新确立对封建国家的隶属关系,增加政府控制的人口。二是以爵七大夫为界,对立有军功的人,进行优待,大力培植军功地主,使他们成为封建国家的阶级支柱。所有以上措施,尽管主要是对地主阶级有利,对贫苦农民也有一定的好处,因为它毕竟为实现生产者与生产资料的结合,创造了条件。

一方面是劳动人民的极度贫困,使剥削遇到了难以逾越的天然界线,另一方面,为了给这些刚从战争苦难中侥幸活过来的农民以复苏的机会和希望,汉初封建国家赋税和徭役的剥削与秦末相比,实在是减轻了许多。请看史书的记载吧。

《汉书·食货志》:"汉兴,接秦之敝,诸侯并起,民失作业而大饥馑。凡米石五千,人相食,死者过半。高祖乃令民得卖子,就食蜀汉。天下既定,民无盖藏,自天子不能具醇驷,而将相或乘牛车。于是约法省禁,轻田租,什五而税一,量吏禄,度官用,以赋于民。而山川园池市肆租税之入,自天子以至封君汤沐邑,皆各为私奉养,不领于天子之经费。槽转关东粟,以给中都官,岁不过数十万石。孝惠、高后之间,衣食滋殖。文帝即位,躬修俭节,思安百姓。"

《汉书·高帝纪》:二年(前205年)二月,"蜀汉民给军事劳苦,复勿租税二岁。关中卒从军者,复家一岁"。

七年(前200年),"民产子,复勿事二岁"。

八年(前199年)春三月,"令吏卒从军至平城及守城邑者,皆复终身勿事"。

十年(前197年)二月,"诏曰:'欲省赋甚。今献未有程,吏或多赋以为献,而诸侯王尤多,民疾之。令诸侯王、通侯常以十月朝献,及郡各以其口数率,人岁六十三钱,以给献费。'"

十一年(前196年)六月,"令士卒以入蜀、汉、关中者,

[1]《汉书·高帝纪》。

皆复终身"。

《汉书·惠帝纪》：元年(前194年)，"减田租，复十五税一"。

四年(前191年)春正月，"举民孝弟力田者，复其身"。

《汉书·文帝纪》：二年(前178年)，"赐天下民今年田租之半"。

十二年(前168年)，"赐民今年租税之半"。

十三年(前167年)，"除田之租税"。

《汉书·贾捐之传》："至孝文皇帝，闵中国未安，偃武行文，则断狱数百，民赋四十，丁男三年而一事。"

《汉书·景帝纪》：元年(前152年)五月，"令田半租"。

以刘邦为首的汉朝地主阶级当权派，是由农民起义领袖转化而来的。他们成为地主阶级的总代表以后，锦衣玉食，自然有数不尽的荣华富贵。但是，在刚刚复苏的社会经济条件制约下，其浮华奢侈，毕竟有一个发展过程。汉初统治阶级的节俭之风，虽然不能说与文、景等皇帝的以身作则、大力提倡毫无关系，但它到底是由社会经济所决定，而反过来又对整个社会产生了好的影响，因为它与薄赋有着直接的关系。从高帝到文、景，田租、口赋、算赋逐年减轻，全部免掉的情况也有数起。自公元前156年起，三十税一成为定制。虽然"免租""复身"的主要对象是从军的士卒，而减轻田租的主要受益者，是占田较多的地主，但相当一批受田的自耕农，也从中得到一些好处。这对稳定农民生活，提高他们的积极性，显然是有利的。至于减轻徭役，更给劳动人民提供了较充足的生产时间，对社会的安定，也起了重要作用。汉朝初年的徭役，除了较秦代为轻外，额外的征发，基本上停止了。例如"更卒"规定成年男子每年服役一月，还可以出钱代役。惠帝时，有两次修长安城的记载，都没有超过役期："三年春，发长安六百里内男女十四万六千人城长安，三十日而罢"，"五年春正月，复发长安六百里内男女十四万五千人城长安，三十日罢"。显然，汉初的徭役，规模既小，而又有节制，还从不超役期，取信于民，这样做自然是深得民心的。

秦代的严刑峻法，曾是激起农民起义的重要原因。秦末农民战争中"伐无道，诛暴秦"的呼喊，其重要内容是反

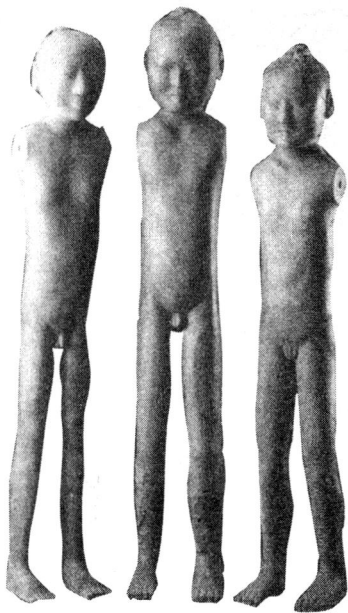

汉景帝墓出土的彩绘陶俑

汉景帝墓彩绘陶俑出土情景

对苛法酷刑。刘邦深知此中奥秘，入关之后，立即宣布约法三章，"蠲削繁苛"，废除了秦律。建国以后，萧何损益秦律，制定了汉律九章，虽然汉律的全部条文不得而知，但较秦为轻，当可肯定。因为汉初的诸多措施，都是打着"与民更始"的旗号、反秦之道而行之的。从刘邦到文帝，《汉书》记载减刑的诏令有五次：

高帝五年（前202年）春正月，"令曰：兵不得休八年，万民与苦甚，今天下事毕，其赦天下殊死以下"[1]。

惠帝四年（前191年）"三月甲子，皇帝冠，赦天下，省法令妨吏民者，除挟书律"[2]。

高后元年（前187年）春正月，"诏曰：'前日孝惠皇帝言欲除三族罪，妖言令，议未决而崩，今除之'"[3]。

文帝元年（前179年）十二月，"尽除收帑相坐律令"[4]。

文帝十三年（前167年）五月，"除肉刑法"[5]。

汉代的法律，基本内容都是从秦律继承而来，出于地主阶级对劳动人民进行专政的需要，它甚至原封不动地抄袭了秦律不少严酷的条款，如三族罪、妖言令、挟书律、什伍连坐法，等等。

但随着时间的推移，此类严酷的法令，基本上被废除了。而在减刑方面，文景两代做的较多。这样，与秦相比，法律对劳动人民的戕害，汉初还是减轻了一些。由于生产发展，剥削减轻，劳动人民的生活大体上得到了温饱，社会秩序安定，因铤而走险触犯刑律者，大大减少。所以，到文景时期，每年天下断狱很少，成为古人称赞的"太平盛世"了："及孝文即位，躬修玄默，劝趣农桑，减省租赋。而将相皆旧功臣，少文多质，惩恶亡秦之政，论议务在宽厚，耻言人之过失。化行天下，告奸之俗易。吏安其官、民乐其业，畜积岁增，户口寝息、风流笃厚，禁网疏阔。选张释之为廷尉，罪疑者予民，是以刑罚大减，至于断狱四百，有刑措之风。"[6]

在中国封建社会里，农业是最主要的经济部门，是其他社会经济部门发展的基础。工商业，尤其是与社会生产和一般人民生活联系较少的工商业的畸形发展和繁荣，必然对农业的发展带来危害。这种道理，商鞅时代的理论家已经认识到了，此后，"重本抑末"，就成为封建国家长

[1]《汉书·高帝纪》。
[2]《汉书·惠帝纪》。
[3]《史记·吕太后本纪》。
[4]《汉书·文帝纪》。
[5]《汉书·文帝纪》。
[6]《汉书·刑法志》。

期奉行的发展国民经济的指导原则。战国时期,工商经济一度十分活跃,秦朝建立之后,依然把"重本抑末"作为既定国策。汉初统治者继承了这个政策。高帝八年(前199年),令"贾人毋得衣锦绣绮縠絺纻罽,操兵,乘骑马"[1],又"重租税以困辱之"[2]。吕后执政时,大概出于活跃社会经济的考虑,稍稍放宽了对商贾的限制,但仍然规定"市井之子孙亦不得仕宦为吏"[3]。文帝在位期间五次下诏劝课农桑,重申重本抑末的政策。后元元年(前163年)三月,下了这样一个诏书:"间者数年比不登,又有水旱疾疫之灾,朕甚忧之。愚而不明,未达其咎。意者朕之政有所失、而行有过与?乃天道有不顺,地利或不行,人事多失和,鬼神废不享与?何以至此?将百官之奉养或费,无用之事或多与?何其民食之寡乏也!夫度田非益寡,而计民未加益,以口量地,其于古犹有余,而食之甚不足者,其咎安在?无乃百姓之从事于末以害农者蕃,为酒醪以靡谷者多,六畜之食焉者众与?"[4]这里,文帝那种小心翼翼,兢兢业业,关心民瘼,希望百姓获得温饱的心情,跃然纸上。他多次指出农为"天下之大本","民所恃以生","道民之路,在于务农",表现了对农业生产重要性的清醒认识。汉景帝时,曾二次下诏,要求各级官吏劝课农桑,重申重本之策,严禁官吏经商盘剥百姓。在公元前142年的一次诏书中说:"雕文刻镂,伤农事者也,锦绣纂组,害女红者也。农事伤则饥之本也,女红害则寒之原也。夫饥寒并至,而能亡为非者寡矣。……今岁或不登,民食颇寡,其咎安在?或诈伪为吏,吏以货赂为市,渔夺百姓,侵牟万民。县丞,长吏也,奸法与盗盗,甚无谓也。其令二千石各修其职,不事官职耗乱者,丞相以闻,请其罪。"[5]应该承认,在需要恢复和发展农业生产的日子里,从政策上规定有利于农业生产的措施,控制工商业的发展规模,是有好处的。尽管到封建社会后期,重本抑末的政策阻碍了资本主义萌芽的成长,但在汉初实行这种政策,起码利大于弊。

　　当然,汉初的统治政策依然是地主阶级的政策,与秦王朝的政策相比,仅有好坏之别,优劣之分,而在阶级本质上则是完全一致的。尽管这套与民休息的政策给农民也带来了不少好处,但带给地主阶级的好处则更大。它培

西汉羽人骑马玉雕

[1]《汉书·高帝纪》。
[2]《汉书·平准书》。
[3]《汉书·平准书》。
[4]《汉书·文帝纪》。
[5]《汉书·景帝纪》。

文君当垆卖酒图

植了个新兴的军功地主阶层，使他们的经济力量得以迅速成长，成为西汉前期整个地主阶级的当权派。它也给豪族地主和其他地主提供了一个不受干预的和平发展环境，因而经济力量也逐步膨胀起来，从而在汉武帝以后，取代军功地主成为地主阶级的当权派。荀悦在《汉纪·文帝纪》中一针见血地说："官家之惠，优于三代，豪强之暴，酷于亡秦。……务除租税，适足以资豪强耳。"汉代的"轻刑"不能说毫无进步意义，对劳动人民也的确有些好处。但也应该看到，"轻刑"的程度是微小的。

请看丞相张苍、御史大夫冯敬根据汉文帝的"其改肉刑，有以易之"的诏旨制定的新办法吧："当黥者，髡钳为城旦舂，当劓者，笞三百，当斩左趾者，笞五百，当斩右趾者……弃市。"[1]无怪乎有人尖锐地指出，文帝的废除肉刑，是"外有轻刑之名，内实杀人"[2]了。

非常明显，汉初统治者在黄老思想指导下实行的轻徭、薄赋、节俭、省刑为内容的政策，是"惩恶亡秦之政"，"务在宽厚"，即接受了强大的秦王朝被农民起义颠覆的教训，而被迫采取的政策，是秦末农民战争的间接作用。正是这些政策，调整了封建生产关系中那些不利于生产力发展的环节，使西汉的社会经济，在文景时期，出现了一个高度繁荣的局面。史书记载，文帝时，"专务以德化民，是以海内殷实，兴于礼仪"[3]。

"汉兴，扫除烦苛，与民休息。至于孝文，加以恭俭。孝景遵业，五六十载之间，至于移风易俗，立民醇厚。"[4]到公元前140年，雄才大略的汉武帝即位的时候，就出现了我国封建经济的第一个繁荣时期。在《史记·平准书》中，对于当时的繁荣景象有这样一段脍炙人口的描述：

> 至今上即位数岁，汉兴七十年之间，国家无事，非遇水旱之灾，则人给家足，都鄙廪庾皆满，而府库余货财。京师之钱累钜万，贯朽而不可校。太仓之粟陈陈相因，充溢露积于外，至腐败不可食。众庶街巷有马，阡陌之间成群，而乘字牝者傧而不得聚会。守闾阎者食粱肉，为吏者长子孙，居官者以为姓号。故人人自爱而重犯法，先行谊而绌耻辱焉。

[1]《汉书·刑法志》。
[2]《汉书·刑法志》。
[3]《史记·律书》。
[4]《汉书·景帝纪》。

应该承认,这段绘形绘色的描述尽管不无夸大之处,但大体上是符合事实的。这种繁荣局面的出现,应归功于辛勤劳动的人民,也应归功于刘邦及其后继者执行的政策。正是刘邦及其后继者在秦朝二世而亡这一鲜血教训的启导下,在农民战争所创造的历史条件的制约下,制定了一系列顺应历史潮流的政策,从而铸造了我国封建社会的第一个盛世——文景之治。"周云成康,汉言文景,美矣"[1]。

二　吴楚七国之乱与诸侯王的削弱

上面提及,刘邦"惩亡秦之弊",在诛除异姓诸侯王的同时,分封了九个同姓诸侯王,将关中、巴蜀、三河(河东、河内、河南)、东郡、颍川、南阳之外的广土众民都交给了封为诸侯王的兄弟子侄统治。尽管刘邦、吕后统治时,因诸侯王年龄尚小,王国相傅又多为同刘邦一起创业的武力功臣,因而与汉朝中央尚能相安无事。吕后死后,在诛除吕氏集团的斗争中,诸侯王们也起到了辅弼朝廷的作用。然而,诸侯王作为割据势力毕竟有自己的独特利益,他们与汉中央的矛盾不仅不可避免,而且随着他们势力的膨胀必然走向激化。

汉文帝统治时期(前179—前157年)的20多年间,由于提倡"无为而治"的黄老政治得以全面贯彻,加之文帝以外藩继大统,鉴于朝廷中央实力有限,不愿恶化与诸侯王的关系,对他们采取了比较优容的政策,从而使诸侯王的势力迅速发展起来。本来,在惠帝、吕后时,高帝所封立的诸侯王国中已有燕、赵、梁、淮阳、衡山等被削夺或绝祀,只有吴、齐、楚、淮南、长沙等国尚存,文帝如不再分封新的诸侯王,同时对现存诸侯王国采取抑制的政策措施,诸侯王国的势力不致坐大到不可收拾的地步。然而,一方面,由于分封诸侯王的制度是皇族内部分配财产权力的一种为各方认可的制度,另一方面,文帝又错误地认为被封为王的刘氏宗室贵族会成为皇权的奥援。因此,文帝登基后,非但没有抑制现有的诸侯王国,反而不断地分封新的诸侯王,终文帝之世,诸侯王国几近20个,它们是:吴、楚、燕、赵、梁、淮阳、河间、城阳、齐、济北、淄川、胶东、胶西、济南、淮南、衡山、庐江等,数目远远超过高帝时期。这

晁错像

[1]《汉书·景帝纪》赞。

长信宫灯以宫女持灯为其造形

些诸侯王国在对其特别有利的条件下势力急剧膨胀,他们跨州兼郡,连城数十,宫制官制仿同京师,俨然皇帝的气派。有的甚至"不用汉法","自为法令,拟于天子"[1],严重的妨碍了汉中央集权和统一。尽管文帝对他们采取优容政策,但他们欲壑难平,妄图从反叛朝廷中获取更大更多的利益。公元前177年(文帝三年)五月,济北王刘兴居乘文帝北上太原督师抵御匈奴之机发动叛乱,虽经柴武统帅的10万大军迅速平定,刘兴居亦自杀身亡,但此事表明,这些诸侯王为了自身的利益,是不惮与朝廷兵戎相见的。接着,淮南王刘长也举起了反叛的旗帜。刘长为刘邦少子,自恃与文帝最亲,"骄蹇,数不奉法",亲手杀死辟阳侯审食其,因文帝曲予回护,未被治罪。他由此更加骄横不法,"出入警跸,称制,自作法令"[2],进而驱逐朝廷为淮南国任命的官吏,自置二千石的傅、相。文帝仍然曲予优容,不予治罪,仅以劝谏,冀其悔悟。但刘长铁了心,终于在公元前174年(文帝六年)密谋勾结匈奴和棘蒲侯柴武等发动叛乱。事泄,被处以削爵流放罪,刘长在流放途中绝食而死。济北王和淮南王的反叛表明诸侯王国的坐大已严重威胁到汉朝廷的统一和集权,朝野有识之士开始为朝廷思谋对策。时任梁王太傅的洛阳少年才俊贾谊向文帝呈送了后来命名为《治安策》的上疏。尖锐指出诸侯王国势力的膨胀犹如胫大如腰,指大如股,"平居不可屈信(伸)","失今不治,必为痼疾,后虽有扁鹊,不能为已"。他提出的对策是"众建诸侯而少其力"[3],即在各封国内划出大小不等的地盘分封该诸侯王的子孙为王,从而使诸侯王国日趋变小,无力与朝廷对抗,只能乖乖地服从统治。贾谊的意见被文帝采纳,不久下诏分齐国为六,淮南为三。不料此举引起诸侯王的猜忌与不安,反而激化了他们与朝廷的矛盾,加速了实施叛乱的步伐。

　　汉景帝(前156—前145年)时期爆发的吴楚七国之乱是以吴王刘濞为领袖和谋主发动的。刘濞是刘邦兄刘仲之子,公元前196年(汉高帝十一年)被封为吴王。吴国地处长江下游,气候良好,土地肥沃,境内富盐铁之利,因而不收赋而国用富饶,由此引来天下的亡命罪犯为之效力。文帝时,作为诸侯王国中仅次于齐国的大国,吴国蓄积了

[1]《史记·淮南衡山列传》。
[2]《汉书·淮南衡山济北王传》。
[3]《汉书·贾谊传》。

足以与朝廷抗衡的巨大的经济实力。不久,刘濞因其子在长安被杀而心生"怨望",故意"称疾不朝"。文帝不予计较,还赐其几杖,力图缓和矛盾。但这并没有消除刘濞的反叛意识和进行反叛的谋划。景帝继位后,曾为太子家令的晁错先被任为内史,很快又升任御史大夫,成为参与朝廷决策的重要人物。还在任太子家令时就主张"削诸侯"并且极"言吴可削"的晁错,立刻向景帝上"削藩策",建议以诸侯王犯法为由大规模削减他们的封地。他针对刘濞"诱天下亡人谋作乱"的现实,直言不讳地指出:"今削亦反,不削亦反。削之,其反亟,祸小;不削,反迟,祸大。"[1]景帝采纳晁错的建议,先向实力较弱的楚王刘戊、赵王刘遂、胶西王刘卬开刀,削去他们一郡或若干县的封地。此一举措令诸侯王们感到逼近自己的危险,决心以武力对抗。公元前154年(前景帝三年),刘濞秘密联络楚、赵、胶西、胶东、淄川、济南六个诸侯国,策划共同举兵向朝廷发难。当年冬天,朝廷下令削去吴国的会稽、豫章郡,刘濞遂与六国一起,以诛晁错,"清君侧"相号召,公开起兵发动了叛乱。一时间,关东地区峰烟滚滚,叛军攻势凌厉,朝廷面临十分严峻的形势。景帝为了应对危机,命太尉周亚夫等率军分别进击吴楚等诸侯联军和赵国与齐地的叛军。正当朝廷官军与叛军激烈鏖战之时,曾做过吴王相的袁盎向景帝进言,荒谬地认为吴楚七国之乱是晁错的削藩策引发,要求以牺牲晁错换取七国罢兵。景帝以为牺牲晁错会平息朝廷与七国间的兵火,下令将他腰斩于东市。晁错的牺牲并没有换来七国的罢兵言和,面对朝廷派来的和谈使者袁盎等人,刘濞自称"东帝",执意要同朝廷一争高下。妥协的路走不通,景帝只能督责周亚夫等武力平叛。由于周亚夫等将帅的正确指挥,再加上将士用命,更由于七国叛乱不得人心,仅仅经过三个月的对战,叛军即土崩瓦解。吴王刘濞落荒逃至东越,被东越人诱杀献首汉朝廷。楚王刘戊兵败自杀。在栾布等统帅的官军的围攻下,齐、胶东、胶西、济南、淄川等国的叛军亦一败涂地,齐王、胶西王畏罪自杀,胶东王、淄川王、济南王一一伏法。栾布攻齐取胜后,转兵北上,与将军郦寄合军围攻赵都邯郸,最后引水灌城,城破后赵王也自杀身亡。吴楚七国之

虎牛祭盘

[1]《汉书·荆燕吴传》。

西汉南越王金印

乱三月即告平息,说明分裂割据不得人心,在人心思定,休养生息的社会大环境下,反叛中央,破坏统一和安定的活动是注定要失败的。

平定七国之乱后,汉景帝趁热打铁,进一步采取削弱和控制诸侯王的措施。首先是继续推行"众建诸侯而少其力"的政策,陆续在吴、楚、齐、赵旧地分封13位皇子为诸侯王,使诸侯王国的封地日益缩小,谁也无力与朝廷对抗。其次是从制度上贬抑诸侯王的地位和权力。公元前145年(汉景帝中元五年),景帝下诏:"令诸侯王不得复治国,天子为置吏,改丞相曰相,省御史大夫、廷尉、少府、宗正、博士官,大夫、谒者、郎诸官长丞,皆损其员。"这一诏令,实际上剥夺了诸侯王在其封国内行政抚民的权力,这一权力由朝廷任命的官吏行使。如此一来,诸侯王也就成了"衣食租税"的大地主了。同时,改易诸侯王国的官名,削减大批官吏,使诸侯王地位大大降低,他们在规模和仪制上也就无法与朝廷抗衡了。自此以后,诸侯王的地位仅相当于郡守却没有郡守的权柄,朝廷的诏令能够通过朝廷任命的官吏畅通无阻地推行,一度困扰朝廷的诸侯王国不奉诏命,甚至分庭抗礼的局面基本结束了。

三 "和""安"胡、越

当刘邦在残破的中原大地上开始创建西汉皇朝的时候,从广阔的北部草原地区崛起的匈奴族,正虎视眈眈地注视着万里长城以南的肥田沃野。如何处理汉与匈奴这两个民族的关系,成为关系大汉皇朝安危的重大问题。

秦末农民战争爆发以后,防守长城一线的秦军大部撤回内地对付起义军。匈奴骑兵再次乘机南下。这时候,匈奴杰出的领袖冒顿自立为单于,他东向击破东胡王,西向击走大月氏,南并楼烦、白羊河南王。"悉复收秦所使蒙恬所夺匈奴地者,与汉关故河南塞,至朝那、肤施,遂侵燕、代,是时汉兵与项羽相距,中国罢于兵革,以故冒顿得自强,控弦之士三十余万"[1]。此时的匈奴已建立起较完备的奴隶制国家政权,控制了东起大兴安岭,西抵帕米尔高原,北至贝加尔湖,南达长城一线的广袤万里

[1]《史记·匈奴列传》。

的辽阔地区,成为汉皇朝的北部劲敌。公元前201年(汉六年)九月,匈奴骑兵突然大举南下,将韩王信包围于马邑(今山西朔县)。韩王信投降以后,引匈奴骑兵长驱南下,直至晋阳(今山西太原)城下。汉皇朝的北部边疆出现十分危机的形势。公元前200年(汉七年)十月,刘邦率30万大军北伐,企图一举战胜匈奴。战争开始后,汉军虽然在铜鞮(今山西沁县境内)、晋阳等地取得连战皆捷的胜利,并乘胜直下楼烦(今山西神池),但因为时值隆冬,"大寒雨雪,卒之堕指者十二三"[1],给继续战斗带来了意想不到的困难,形势已变得对汉军十分不利。然而,刘邦此时已被轻而易举取得的一些小胜利冲昏了头脑,没有看到匈奴还没有发挥出的巨大军事潜力,继续率大军北进,结果中了匈奴诱敌深入的诡计,被匈奴30多万精锐骑兵包围于白登(今山西大同西北)七昼夜,"汉兵中外不得相救",陷入极大的困境。

西汉南越王金印文:"文帝行玺"

后来全赖陈平秘计,通过贿赂匈奴阏氏,劝说冒顿"解围之一角",刘邦才得以逃脱。这次战役的失利使刘邦清醒了,他意识到当时汉皇朝的国力还难以与匈奴在战场上一决胜负,对于匈奴必须暂时采取妥协退让的政策。刘邦率兵回到广武(今河南荥阳北)时,老老实实地向劝阻他不要轻举冒进的娄敬承认错误。白登一战,成为刘邦转变对匈奴政策的事要契机。

刘邦北伐匈奴失败以后。匈奴更加紧了对汉皇朝北部边境的侵扰。刘邦于是向娄敬求教对付匈奴的方略。娄敬指出,汉皇朝刚刚建立,百姓还没有从战乱中恢复过来。匈奴是一个武力强大的游牧民族,显然难以用武力战胜它。唯一的办法是采取"和亲"政策,以汉室公主嫁于匈奴单于,同时略以财物满足其贪欲,以此缓和匈奴的进攻,换取汉皇朝边境的暂时安宁,刘邦基本上同意了娄敬的建议,认为这是当时唯一可行的办法,但由于受到吕后等的从中阻挠,"和亲"政策没有立即付诸实施。公元前197年(汉十年)九月,代相陈豨反叛,与逃亡匈奴的韩王信合谋侵扰代郡,刘邦令樊哙率兵征讨,在收复了代、雁门、云中等郡县以后,即对匈奴采取守势,没有出塞追击。但是,由于此时投降匈奴的汉将较多,匈奴利用他们不断

[1]《史记·匈奴列传》。

南越式陶鼎

地南下侵扰,代郡等地深受其害。刘邦为了缓和这种敌对局面,决定实施"和亲"政策。他命娄敬为和亲使者,将宗室女翁主嫁于匈奴冒顿单于为阏氏。同时每年给予匈奴一定数量的"絮缯酒米食物",与匈奴单于"约为兄弟"。"和亲"政策实行以后,匈奴对北部地区的侵扰有所收敛,边境地区的紧张局势有所缓和。与此同时,刘邦也加强了北部地区的防卫。他多次派出周勃、樊哙等名将,对叛降匈奴的韩王信、陈豨、卢绾等人进行了毫不妥协的反击,将韩王信和陈豨杀死。他还把自己的儿子刘恒封为代王,刘建封为燕王,以功臣宿将为辅佐,率大军进驻北部边防前线,对匈奴进行积极的防御。

由于刘邦对匈奴采取了以"和"、"安"为主的积极防御政策,因而终刘邦之世,虽然匈奴的侵扰一直没有间断,但大规模的入侵却没有发生。匈奴对汉皇朝的危害基本上被控制在最小的程度之内了。

不可否认,刘邦当时对匈奴所实行的"和亲"政策,是在汉匈力量对比对汉朝不利的情况下实行的,因而不可避免地带上屈辱妥协的色彩。但是,在当时的历史条件下,它又是可供选择的最好的政策。由于这个政策的实施,使汉匈两大民族之间在一段时期没有爆发大规模的战争,这就为汉皇朝赢得了开国初期具有重要意义的和平环境,从而保证了休养生息政策的实施。使百姓得到安宁,生产事业得到发展,国力也随之逐步增强,为日后以武力反击匈奴积聚了力量。刘邦首创的这一"和亲"政策,在惠帝、吕后和文、景时期都得到了继承。惠帝当国时期,冒顿单于曾致书吕后,加以侮辱,吕后隐忍不发,卑词回书,不与计较。文、景时期,"复修和亲"。虽然其间匈奴有几次较大规模的侵扰,但文、景二帝都从积极防御的目的出发,对其进行了有节制的武装反击,没有主动扩大战争规模。一旦形势略有好转,即再重申"和亲",主动修好。由于惠、文、景几代较好地继承了刘邦的"和亲"政策,就使广大中原地区在和平的环境里获得发展生产、繁荣经济的良好机会。经过汉初六十余年的和平发展,到汉武帝即位,西汉皇朝终于达到了它在政治、经济和军事的强盛时期,转变对匈奴政策的条件成熟了。于是,汉武帝也就毅然改变了对匈奴屈辱妥协的政策,把训练有素的汉军开上前线,在大漠南北同匈奴展开了生死搏斗。事实上,没有汉初60年的"和亲"所赢得的和平,也就不会有汉武帝时期对匈奴武装斗争的胜利,应该说,刘邦对匈奴的"和亲"政策,尽管蒙上了一层屈辱的阴影,但显示的却是刘邦及其臣僚们的远见卓识。后来的不少的政治家和思想家,从中国传统的夷夏之辨出发,往往对"和亲"政策发出非议。例如司马光就这样评论汉初的"和亲":

> 建信侯 (指娄敬) 谓冒顿残贼,不可以仁义说,而欲与为婚姻,何前后之相违也!夫骨肉之恩,尊卑之叙,唯仁义之人为能知之,奈何欲以此服冒顿哉!盖上世帝王之御夷狄也,服则怀之以德,叛则震之以威,未闻与为婚姻也。且冒顿视其父如禽兽而猎之,何有于妇翁!建信侯之术,固已疏矣;况鲁元已为赵后,又可夺乎?[1]

这种观点,表面上看似乎也不无道理,但却忽略了"和亲"政策在缓和汉匈矛盾中的一定作用,更没有注意到历史条件对西汉统治者的制约作用,从而流于一种不切实际的空论。

在妥善处理了与匈奴的关系之后,刘邦又本着"和"、"安"的原则处理了与南越的关系。从远古时候起,越族就居住在今日的两广地区,他们开发着祖国的南疆,发展了独特的南越文化。秦始皇统一六国后,进兵南越,在那里设置南海、桂林、象等郡,实行对南越的直接统治。同时从中原徙民50万,与越人杂处,把中原先进的生产技术和文化传至南越,加强了民族融合。秦二世时,南海尉任嚣在临死前,对龙川(今广东龙川)令、真定人赵佗说,

> 闻陈胜等作乱,秦为无道,天下苦之,项羽、刘季、陈胜、吴广等州郡各共兴军聚众,虎争天下,中国扰乱,未知所安,豪杰畔秦相立。南海僻远,吾恐盗兵侵地至此,吾欲兴兵绝新道,自备,待诸侯变,会病甚。且番禺负山险,阻南海,东西数千里,颇有中国人相辅,此亦一州之主也,可以立国。郡中长吏无足与言者,故召公告之。[2]

南越文帝九年句鑃

[1] 《资治通鉴》卷一二《汉纪四》。
[2] 《史记·南越列传》。

言讫,即命赵佗行南海尉事。不久,任尉死,赵佗一方面切断与中原地区的联系,一方面以武力兼并桂林和象郡,自立为南越武王。汉皇朝建立以后,刘邦忙于整顿内部及对付匈奴,没有即刻解决南越问题。

公元前 196 年(汉十一年)五月,刘邦为了"和集百越,毋为南边患害",乃下诏立赵佗为南越王,命陆贾作为汉中央的使者去南越,赐赵佗印绶。陆贾来到南越以后,赵佗以越人的装束、礼仪,"魋结箕踞见陆生"。陆贾对此虽然心里很不高兴,但隐忍不发,而是语重心长地对赵佗说:

七牛铜贮贝器

> 足下中国人,亲戚昆弟坟墓在真定,今足下反天性,弃冠带,欲以区区之越与天子抗衡为敌国,祸且及身矣。且夫秦失其政,诸侯豪杰并起,唯汉王先入关,据咸阳。项羽背约,自立为西楚霸王,诸侯皆属,可谓至强。然汉王起巴蜀,鞭笞天下,劫略诸侯,遂诛项羽灭之。五年之间,海内平定,此非人力,天之所建也。天子闻君王南越,不助天下诛暴逆,将相欲移兵而诛王,天子怜百姓新劳苦,故且休之,遣臣授君王印,剖符通使。君王宜郊迎,北面称臣,乃欲以新造未集之越,屈强于此。汉诚闻之,掘烧王先人冢,夷灭宗族,使一偏将将十万众临越,则越杀王降汉,如反覆手耳。[1]

这一席话,晓之以理,动之以情,临之以威,说得赵佗"蹶然而起坐",对陆贾连连称谢,自责久居蛮夷之地,已忘记了中原的礼仪,实在不应该。接着,赵佗笑着问自己若与萧何、曹参、韩信等人相比,谁的本事更大一些。陆贾故意恭维说他的本事似乎更大一点。赵佗进而又问自己与刘邦相比怎样,陆贾则乘机极力宣传刘邦的雄才大略和汉皇朝的兴旺昌盛,示意赵佗要正确地认识自己,不要夜郎自大。陆贾说:

> 皇帝起丰沛,讨暴秦,诛强楚,为天下兴利除害,继五帝三王之业,统理中国。中国之人以亿计,地方万里,居天下之膏腴,人众车舆,万物殷富,政由一家,自天地剖泮未始有也。今王众不过数十万,皆蛮夷,崎岖山海间,譬若汉一郡,王何乃比于汉。[2]

[1]《史记·陆贾列传》。
[2]《史记·陆贾列传》。

赵佗毕竟是中原之人,对光辉灿烂的中原文化制度有着自然的向往与追求,而陆贾的雄辩和才华更使他心悦诚服。他留陆贾在南越住了数月之久,尽力款待,二人反复交谈,关系越来越亲密,他对陆贾的尊敬与佩服也与日俱增。最后他感慨系之地说:"越中无足与语,至生来,令我日闻所不闻。"[1]赵佗赠送陆贾价值数千金的金银珠宝,表示感谢。陆贾承刘邦之诏拜赵佗为南越王,向汉皇朝称臣奉约。陆贾的出使获得了成功,重新恢复了中原地区与南越之间断绝的政治、经济和文化上的联系,安定了汉朝南边的局势。陆贾返回长安复命,刘邦十分高兴,立即任命他为太中大夫,作为对他出使成功的酬赏。

吕后统治时期,因禁止将铁器销往南越,使西汉皇朝与南越关系恶化,双方甚至兵戎相见。赵佗乘机北进,占据了闽越、西瓯骆等地,势力大增。他拒绝向汉皇朝称臣,自号南越武帝。公元前179年(汉文帝前元年),汉文帝即位以后,决心缓和与南越的紧张关系。他一面为赵佗在真定的祖坟置守邑"岁时奉祀",同时赐给他的昆弟以官位爵禄,一方面接受陈平推荐,重任陆贾为太中大夫,命他再次出使南越。陆贾带着文帝给南越王赵佗的赐书和大量礼品又一次到南越,顺利地完成了预计的使命。赵佗下令国中曰:"吾闻两雄不俱立,两贤不并世。皇帝,贤天子也。自今以后,去帝制黄屋左纛。"[2]恢复向汉中央称臣。汉与南越关系再次畅通了。

四　生产发展与经济繁荣

在秦末农民战争的推动下,刘邦及其后继者实行了一系列顺应历史发展和人民意愿的政策,在黄老政治形成的休养生息的社会大环境中,劳动人民的生产积极性和创造性被大大激发出来,由此创造出中国封建社会第一个经济繁荣的高峰,史称"盛世"的"文景之治"。这个盛世一直延续到汉武帝前期,时间达六七十年之久。在这一时期,不仅社会安定,百姓大都能生活在温饱线上,而且农业、手工业和商业也都较前有了显著的发展,城乡经济都呈现了空前的繁荣局面。

汉铜兵马阵

[1]《史记·陆贾列传》。
[2]《史记·南越列传》。

杨家湾汉兵马俑

1，农业生产力的发展和农业生产的繁荣

铁器和牛耕，曾是春秋时期农业中获得的促使奴隶制生产关发生变革的基本的生产要素。但截至秦统一，铁器和牛耕的使用，也仅限于中原地区，到了西汉时期，才得到较广泛的推广。北起辽东半岛，南至四川、云南、广东，西至甘肃、新疆，解放后都有铁制农具的出土。不仅种类比过去增多，制作技术也有不少改造。翻土用的犁头、镬、铲，锄草用的锄，收割用的镰，都用铁来制造。辽宁省辽阳市北郊三道壕出土的铁犁铧，比战国时期的铁铧，上口宽度加大，因而破土深，效率也提高了。陕西省礼泉县王相村等地，不仅发现了铁铧，而且还发现了铁铧壁，这样就能把犁地与起垄两道工序，一次完成，大大提高了劳动生产率。牛耕的技术也有很大改进，从西汉初到西汉末，牛耕的方式由"二牛三人"，发展到"二牛二人"，继而又发展到"一牛一人"，同样提高了劳动生产率。同时，此期还发明了耧播技术，三足的耧车，使播种技术完成了一次重大改革。施肥和灌溉，进一步受到重视，除了兴修六辅渠、白渠等河渠灌溉网之外，还发明了井渠灌溉；在耕作技术上"代田法"和"区田法"的发明，说明精耕细作技术的发展。在农产品的加工方面石磨、风车、木碓、水碓磨的发明和使用，说明人们正设法从繁重的杵臼劳动中解放出来。由于生产力的发展和人口的不断增加，汉代劳动人民垦田的速度，大大加快了。到西汉末年平帝时期，全国耕地面积达到 8 270 536 顷，人口接近六千万，人均土地约14亩。在北方，黄河流域的农业较前有了显著的发展，"关中之地，于天下三分之一，而人众不过什三，然量其赋，什居其六"[1]。在南方，原来比较落后的江淮流域和巴蜀之地，更有了明显的进步。在广漠的中国原野上，北方种植着粟、麦、大豆、高粱、麻等农作物，南方则大量种植水稻，农作物的单位面积产量也不断提高，粮食的亩产量，最高者已到500斤左右了。

2，手工业的发展和商业的繁荣

钢铁冶炼业的水平，几乎可以作为封建社会每个时期手工业发展水平的标志，也可以作为每个时期农业生产水平的标志。因为它不仅为农业提供最主要的工具，也

[1]《汉书·食货志》。

为其他手工业提供工具。汉代冶铁业是规模最大的手工业部门。西汉初期,南阳的宛城,巴蜀的临邛,赵国的邯郸,齐国的临淄,都是著名的冶铁中心。汉武帝以后,冶铁收归官营,在全国有49个地方设立铁官,管理官营冶铁。北到辽东,西到陇西,东南到淮水,西南到川、滇,到处都有冶铁作坊,日夜炉火熊熊地从事冶炼。这一时期发明的低温炼钢法,标志着中国的冶炼技术走在全世界的最前列。冶铁之外,采铜、铸币、纺织、制盐、木器、竹器、车马器、漆器、金银器等等,都有较大的发展,留下了一大批精美绝伦的工艺品。尽管汉初统治者施行重本抑末的政策,但由于交换是社会经济发展的重要条件,在农业和手工业发展的基础上,汉代的城市和商业也有较大的发展。"用贫求富,农不如工,工不如商,刺绣文不如倚市门"的谚语,正是反映了商业的发展。当时市场繁荣,货物种类繁多,《汉书·食货志》记载的商品就达数十种之多,很多大商人"贾郡国,无所不至",通过赢利,积聚了数以千万计的巨大财富。西汉时期,繁荣富丽的城市,灿若繁星,不仅中原地区原有的著名城市如长安、洛阳、临淄、邯郸等,超过昔日的繁盛,而且在江淮地区和南方、西南也崛起了一批新的城市,如江陵、合肥、番禺、成都,都成为区域性贸易的中心。

　　经过农民战争的洗礼,通过汉初统治政策的调整,更重要的是由于农民的辛勤劳动,汉初的社会经济很快走上了复苏之路。"孝惠、高后之间,衣食滋殖",文帝时"天下殷富,粟至十余钱。鸣鸡吠狗,烟火万里"[1]出现一片和平安宁和兴旺的景象。经过60多年的发展,到汉武帝初年,西汉经济的发展达到顶峰。《史记·平准书》、《汉书·食货志》对这一时期的繁荣状况那一段脍炙人口的描述,大体上是符合事实的,因为在一种正确的政策下,农业经济的恢复,往往是很快的。而随着农业经济的恢复,手工业、商业和城市也必然走向繁荣。不过,应该指出的是,造成汉初经济繁荣局面的最根本的原因是秦末农民战争,创造这个繁荣局面的是手足胼胝的劳动人民,而他们在这个繁荣局面下得到的东西,不过是"做稳了奴隶",暂时稍稍可以温饱而已。当然,也不能抹杀刘邦、文景以及当时其

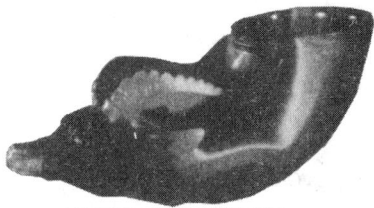

兽首玛瑙环

[1]《汉书·律书》。

子母豹铜饰牌

他帝王将相起的积极历史作用。否则,繁荣与他们那神圣的帝号联在一起,就是不可思议的。只是,他们的作用,应该在历史的天平上找到恰如其分的位子:他们是在农民战争创造的严酷的历史条件制约下,在秦朝灭亡这血的教训的启导下,顺应历史潮流而成为时代的不自觉的工具。他们的可贵之处,恰恰在于他们能够顺应历史潮流。

第三章　西汉中期的鼎盛

（前140—前48年）

第一节　全面强化中央集权的政治制度

一　武帝登基与统治思想的转变

西汉皇朝从建立到文景时期，近70年的时间，其间虽然经历了与异姓诸侯王和同姓诸侯王的斗争，经过了吕、刘两个集团争夺最高统治权的斗争，但基本上是在黄老思想指导下政治稳定和经济发展的时期，并且导向了文景之治的空前繁荣。到公元前140年汉武帝继位时，汉皇朝的力量已大大增强，国家财政充裕，兵强马壮。以汉武帝为代表的汉朝当权派，面对蒸蒸日上的政况国势，跃跃欲试地想来一番大作为，以创立震古烁今的伟业。这时候，他们感到黄老"无为"的理论对自己是一种束缚，应该毫不吝惜地予以抛弃。恰在此时，以董仲舒思想为代表的经过改造的儒家思想以统一集权的政治理念为汉代统治者转变政策提供了理论上的支持。

公元前140年继帝位的刘彻是景帝与后宫王美人生的儿子，4岁时被立为胶东王。景帝最初确立的太子刘荣生母是宠妃栗姬。按照正常的皇位继承程序，刘彻本来是排不上号的。可是，因为景帝的姐姐、大长公主刘嫖欲嫁女阿娇给刘荣遭栗姬拒绝，双方关系交恶，而王美人却痛快地答应阿娇嫁给自己的儿子。刘嫖硬是说动景帝使栗姬失宠，并废太子刘荣为临江王，同时使王美人得立为皇后，刘彻也就顺理成章地被立为太子。景帝崩逝后，他得以继立为皇帝，以16岁的少年天子成为大汉皇朝的舵

汉武帝像

上林苑位置图

手。

汉武帝尽管在黄老之学大盛的氛围中度过了少年时代，但此时儒道互黜之风却愈演愈烈。特别是原始儒学在广泛吸收其他学派思想因子的基础上，经几代人的努力，即将在董仲舒那里完成推陈出新的改造，因而使武帝在太子时代受到儒学越来越大的影响。他的老师、太子太傅卫绾就是儒生。在卫绾等的教导下，汉武帝接绪乃祖刘邦，向儒学急剧倾斜。公元前140年（建元元年）冬十月，登基伊始的汉武帝即下诏"举贤良文学方正直言极谏之士"，自此时起，在景帝时已任博士的董仲舒三次参加举贤良文学对策，全面阐述了他那一套经过整合的儒学理论，得到武帝的赏识和共鸣。就在这一年，已升任丞相的卫绾上奏"所举贤良，或治申、商、韩非、苏秦、张仪之言，乱国政，皆请罢"[1]，得到武帝的首肯，这就是最早"罢黜百家"的动议。不久，董仲舒在对策中再次明确建议："诸不在六艺之科孔子之术者，皆绝其道，勿使并进。"[2]被武帝采纳，于是"罢黜百家，独尊儒术"的思想文化政策出台，标志着西汉的统治思想开始了由黄老之学向儒学的转变。由于这一转变得到了田蚡和窦婴等朝廷重臣的支持，一时间，转变的势头较猛。但这种转变遭到具有摄政身份的太皇太后窦氏的抵制。窦太后笃信黄老之学，曾命令对黄老之学持非议之论的《诗》博士辕固与野猪搏斗。建元二年（前139年），钟情儒学的御史大夫赵绾和郎中令王臧奏请上书不必奏事窦太后，企图排除窦太后对武帝行政的干预。不料此举引起窦太后的震怒，赵绾与王臧被下狱致死。聪明的汉武帝坚持不与自己的祖母发生正面冲突，而是凭借自己的年龄优势耐心等待时机。公元前136年（建元五年）春，他下诏置《诗》、《书》、《礼》、《易》、《春秋》等五经博士，将儒学推尊为唯一的官方认可的学说。第二年，窦太后寿终正寝，再也无人能干预武帝的行动。他与卫绾、董仲舒、田蚡、窦婴等合力推行的"罢黜百家，独尊儒术"的统治思想转变最终完成了。这一转变在中国封建社会政治史和思想史上都具有重要意义，它不仅使武帝找到了他实行的一系列加强统一集权的制度和政策的理论支撑，而且还为此后2 000多年的中国封建社会找到了较

[1]《汉书·武帝纪》。
[2]《汉书·董仲舒传》。

为适宜的官方意识形态。这一意识形态在汉代以后尽管不断有所变异,但其基本思想内涵却一直保持了稳定。

二　建立中朝制度　削弱相权

汉武帝登基后,即从政治、经济和思想上全面加强中央集权。在汉朝中央,全面加强中央集权的标志是"中朝"的建立。本来,在秦朝和西汉前期,中央官制是作为政府首脑的丞相全面负责制。丞相"掌丞天子,助理万机"[1],丞相府成为国家政务的运转中枢。国家大政方针的决策权以及全国的行政、司法、财政,甚至军事大权都集中在丞相手上。皇帝的主张如果得不到丞相的同意也往往难以实行。如景帝与窦太后欲立王皇后之兄王信为侯,因丞相周亚夫坚持刘邦所定的"非有功不侯"的原则而作罢。武帝即位之初,丞相田蚡大权独揽,几乎将武帝架空了。下面一则故事颇具典型性:

> 　上初即帝位,富于春秋,蚡以肺腑为相,非痛折节以屈之,天下不肃。当是时,丞相入奏事,所言皆听。荐人或起家至二千石,权移主上。上乃曰:"君除吏尽未?吾亦欲除吏。"[2]

雄才大略的汉武帝决不允许丞相事事掣肘,他决心削弱相权,使丞相和他领导的丞相府失去对于国家大政方针的决策权,变成乖乖听命于自己的等因奉此的执行机构。为此,他必须在丞相府之外建立一个如身使臂的机构。这个机构就是以尚书台为依托逐步建立和完善的"中朝"。

尚书作为官职最早见于秦朝,在那里,它是少府的属官,有尚书令、尚书仆射、尚书丞和左右诸曹吏,有自己的一套办事机构。但在整个政府机构中并不重要。"秦变周法,天下之事皆决丞相府,置尚书于禁中,有令丞,掌通章奏而已"[3]。显然,此时的尚书不过是皇帝与丞相间的传达吏而已。西汉从建立到武帝前,尚书的职掌基本上没有变化。汉武帝为了加强君权,削弱相权,开始增强尚书的权力,使它办的事越来越多,地位自然日趋重要。它由过去的"通章奏"进而"拆阅章奏"、"裁决章奏",再进一步就是直接"下章"了。尚书令及其属官尽管在武帝时逐渐位高

初唐画的《张骞出使西域辞别汉武帝图》敦煌壁画（莫高窟第323窟）

[1]《汉书·百官公卿表序》。
[2]《汉书·田蚡传》。
[3]《唐六典》卷一《尚书都省》。

权重,成为汉朝中央决策圈子里的人物,但秩级不高,大都在600石至千石之间。他们作为皇帝的秘书班子虽然能得到许多额外收益,因而忠心耿耿为皇帝服务,但由他们指挥位尊秩高的丞相毕竟不那么方便。武帝于是任命朝中重臣以大司马大将军的身份领尚书事,成为中朝的首领。如武帝晚年,霍光以大司马大将军的官职领尚书事,权倾朝野。武帝崩逝后,他辅佐昭帝,一言九鼎。昭帝病逝后,在废立昌邑王和立宣帝问题上,所有朝中官都唯其马首是瞻。此后,中央的高级官吏外加"领尚书事"、"平尚书事"、"视尚书事"或"录尚书事"来主持或兼管尚书台的工作。这些人并不是尚书令,而是皇帝在尚书台的代理人或高级顾问。如此,这些高级官员既可保持原来的禄位,又能参与国家的重大决策,使中朝与丞相为首的外朝的关系较易协调。

　　武帝通过建立中朝及逐步强化的尚书台机构,将中央政府置于自己的卧榻之侧,从而达到了集权的目的。与此同时,相权却处于步步削弱中。武帝前,西汉丞相权位既重,礼遇亦隆。如特赐萧何"剑履上殿,入朝不趋,奏事不名"[1]。丞相晋见皇帝时,"御坐为起,车舆为下"。丞相有疾,皇帝法驾亲至问候,丞相病逝,"车驾往吊,赠棺、敛具、赐钱、葬地。葬日,公卿以下会焉"[2]。中朝建立后,丞相的决策权被夺走,终武帝之世,丞相的地位每况愈下。公孙弘之后,"李蔡、严青翟、赵周、石庆、公孙贺、刘屈氂继踵为丞相。自蔡至庆,丞相府客馆丘虚而已。至贺、屈氂时,坏以为马厩、车库、奴婢室矣。唯庆惇谨,复终相位,其余尽伏诛云"[3]。这时,不仅过去对丞相的礼遇不见了,而且常当面受斥责,动辄治罪,不少丞相在位时被处死,致使很多臣子视丞相为畏途。

三　强化法律　加强监察

　　公元前206年十月,当刘邦在咸阳以南的枳道旁接受秦王子婴的投降而进入秦都后,出于高扬反暴秦旗帜的需要,宣布废除秦朝苛法,并与民约法三章。但不久,就发现约法三章失之太简,难以规范极其复杂的社会生活,于是诏令萧何"作律九章"。内容除了盗、贼、囚、捕、杂、具等

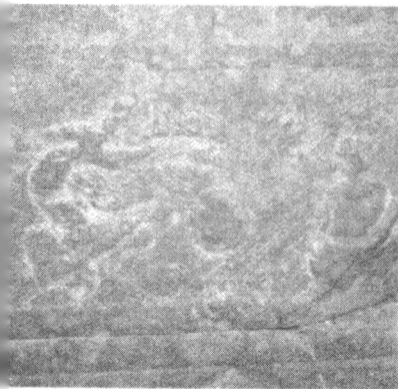

蹴鞠石雕

[1]《史记·萧相国世家》。
[2]《汉书·翟方进传》注引《汉旧仪》。
[3]《汉书·公孙弘传》。

六律外,还增加了关于婚姻、赋税等内容的户律,关于擅兴徭役等内容的兴律,以及关于畜牧马牛之事的厩律。与此同时,还令叔孙通作了关于朝仪规定的《傍章律》18篇。景帝时,晁错任内史,对汉律作了部分更定。以九章为代表的汉律基本上继承了秦律繁密苛酷的特点。高帝之后,随着黄老政治的推行,才逐步废去那些特别严酷的条款。如惠帝除挟书律,高后除三族罪和妖言令,文帝除收孥相坐律令和处以族灭之刑的诽谤妖言罪。其后,汉律大体沿着轻刑的方向不断修改,"断狱数百,几至刑措"[1]。但到汉武帝时期,出于加强专制统治的需要,使汉朝的法律又转向严密苛酷。《汉书·刑法志》指出:

> 及至孝武即位,外事四夷之功,内盛耳目之好,征发烦数。百姓贫耗,穷民犯法,酷吏击断,奸轨不胜。于是招进张汤、赵禹之属,条定法令,作见知故纵,监临部主之法,缓深故之罪,急纵出之诛。其后奸猾巧法,转相比况,禁罔寝密。律令凡三百五十九章,大辟四百九条,千八百八十二事,死罪决事比万三千四百七十二事,文书盈于几阁,典者不能遍睹。

武帝时期法律的烦密苛酷一直沿续下来,从其后代皇帝的诏书也可以反映出来,如元帝曾下诏说:"今律令烦多而不约,自典文者不能分明,而欲罗元元之不逮,斯岂刑中之意哉!"[2]成帝在诏书中也说:"今大辟之刑千有余条,律令烦多,百有余万言,奇请他比,日以益滋,自明习者不知所由,欲以晓谕众庶,不亦难乎!于以罗元元之民,夭绝无辜,岂不哀哉!"[3]武帝后的汉律尽管与秦律更加接近,但也有明显不同,这就是汉律把调整礼仪规范与刑律结合在一起,甚至"以《春秋》决狱",明显显示了儒家的思想影响。张汤任廷尉和御史大夫时,就专门任儒生为属吏,以便在执法时随时附会经书义理。

西汉法律至武帝时堪称完备。除正式的律外,令、科、比等具有法律效力。所谓令即皇帝的诏令,它不仅可以补充现行的法律条款,而且时常改变,甚至取消某些法律条款。如酷吏杜周在回答人们对他断狱"不循三尺法"而任意胡为的责难时,坦率地说:"三尺安在哉?前主所是,著

河北满城中山靖王石墓中厅

[1]《汉书·文帝纪》。
[2]《汉书·元帝纪》。
[3]《汉书·成帝纪》。

洛惠渠龙首坝

为律。后主所是,疏为令,当时为是,何古之法乎?"[1]皇帝的诏令数量很多,调整的范围也十分广泛。如为指导审判程序颁有《廷尉挈令》;为加强对犯人的管理震慑,颁有《狱令》和《箠令》;为保卫皇帝安全,颁有《宫卫令》;为征收赋税,颁有《田令》;为使仓库管理有章可循,颁有《金布令》;为了压制和榨取工商业者,颁有《缗钱令》和《告缗令》;为使官吏子弟荫袭官吏有法可依,颁有《任子令》;还有为祭祀宗庙颁布的礼仪《祠令》和《斋令》等等。这些诏令经丞相副署下达,从中央政府一直下达到乡、亭、烽、燧。除律令外,科、比也是汉朝法律的重要组成部分。科即"课","课其不如法者罪责也"[2],见于《晋书·刑法志》记载的汉科有"登闻道辞"、"考事报谳"、"使者验贿"、"擅作修舍"、"平庸作脏"、"投书弃市"等。所谓比即"以例相比况"[3],凡律无正条者,比附以为罪。西汉比的应用十分广泛,有决事比、死罪决事比、辞讼比三类。科、比繁多,必然给官吏的贪赃枉法创造便利条件,"奸猾巧法,转相比况","罪同论异,因缘为市","所欲活,则傅生议;所欲陷,则予死比"[4],司法的"公正"肯定要大打折扣了。

武帝以前,虽然汉律朝轻刑方向倾斜,但在司法实践中,酷刑从未断绝。文帝宣布废除肉刑,可《汉书·刑法志》却说他"外有轻刑之名,内实杀人"。武帝当政后,随着法网日趋繁密,死刑的处决方式也更加残酷。秦朝时实行的车裂、磔、镬、抽胁、囊扑、弃世、腰斩、夷三族等酷刑几乎全部恢复了,肉刑中的宫刑也保留下来。大史学家司马迁就是在武帝时因为李陵讲了几句公道话而被判处宫刑的。另外,西汉的刑徒几乎全盘从秦朝继承而来,城旦舂、鬼薪白粲、耐、罚作等经常使用,还配以夺爵、除名、籍没等刑罚。

在强化法律的同时,汉武帝还大力加强监察制度。在秦朝和西汉前期,国家的监察工作是由御史大夫、御史中丞、监(郡或军)御史、督邮、廷掾等机构和官员执行的。丞相、郡守、县令长等中央政府和地方政府的各级主官也负有对下属的监察之责。

西汉皇朝是在惠帝时逐步恢复秦朝的御史监郡制度的,但在实行过程中出现了不少问题。因为此时的监郡御

---

[1]《汉书·杜周传》。
[2] 刘熙:《释名》。
[3]《汉书·刑法志》颜师古注。
[4]《汉书·刑法志》。

史与丞相府派出的丞相史在郡中共行监察之权，因职事重叠，各自为政，往往产生矛盾，不易协调。又因无固定监察区，容易造成疏漏，对郡县官吏的监察难以奏效，吏治方面的问题日趋严重。武帝即位后，为了加强中央集权，首先增加派遣官员对地方的"巡行"。如元狩元年（前122年）、元狩三年（前120年）、元狩六年（前117年）、元鼎二年（前115年）就分别派遣谒者、博士、大夫等人"分循天下"，或"存问致赐"，或"存问鳏寡废疾"，或救济灾民，或举孝悌力田等等。从元鼎四年（前113年）起，汉武帝自己也多次大规模"巡狩"，视察地方，结果发现郡国存在不少严重问题：

> 天子始巡郡国，东渡河，河东守不意行至，不办，自杀。行西踰陇，陇西守以行往卒，天子从官不得食，陇西守自杀。于是北出萧关，从数万骑，猎新秦中，以勒边兵而归。新秦中或千里无亭徼，于是诛北地守以下，而令民得畜牧边县。[1]

郡国存在如此多的问题却得不到监郡御史的举报，表明监郡御史已形同虚设。汉武帝一气之下，下令于元封元年（前110年）废去监郡御史。为了更好地加强对郡国守相的监察，又于元封五年（前106年）下令在全国设置十三部州刺史，即司隶、豫州、冀州、兖州、徐州、青州、扬州、益州、凉州、朔方州、并州、幽州、交州。除在司隶部设司隶校尉外，其余十二部均设秩六百石，位下大夫、"秩卑"、"任重"的刺史一人，通称十三部刺史。这十三部刺史上受中央的御史大夫、御史中丞统辖，对下分别监察各州所辖的二千石的郡国守相。作为单纯的监察官员，其时郡国的监察一开始就以明确规定的"六条"问事：

> 刺史班宣，周行郡国，省察治状，黜陟能否，断治冤狱，以六条问事，非条所问，则不省。一条，强宗豪右田宅逾制，以强凌弱，以众暴寡。二条，二千石不奉诏遵承典制，倍公向私，旁诏守利，侵渔百姓，聚敛为奸。三条，二千石不恤疑狱，风厉杀人，怒则任刑，喜则淫赏，烦扰苛暴，剥截黎元，为百姓所疾，山裂石崩，祆祥讹言。四条，二千石选署不平，苟阿所爱，蔽贤宠顽。五

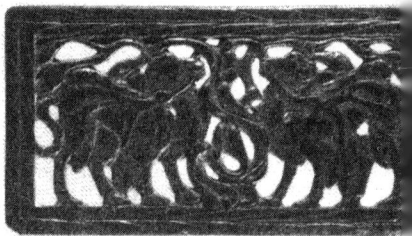

西汉鎏金双驼饰牌

[1]《史记·平准书》。

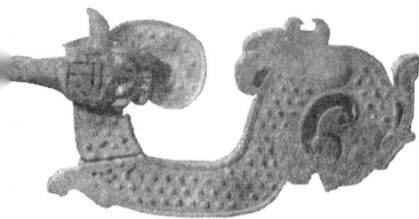
广州南越王墓出土金玉龙形带钩

条，二千石子弟恃怙荣势，请托所监。六条，二千石违公下比，阿附豪强，通行货赂，割损正令也。[1]

从"六条"规定以及西汉时期刺史活动的史实看，刺史监郡制度的确是秦汉时期封建国家监察制度的重大变革，与原有的御史监郡制度相比，有着显著的不同。首先，刺史是单纯的监察官而非行政长官，它不仅与拥有行政、司法、财政、军事诸权的郡守不同，而且也与拥有兵权、人事权等的监御史不同。它以朝廷颁布的"六条"规定对所部郡国守相进行监察，不准滥用权力。"六条"规定中除第一条是纠察强宗豪右的非法活动外，其余都是针对二千石的郡国守相。凡是严格按"六条"办理，就受到奖赏；反之，如追求"六条"以外的权力，就受到惩罚。前者如朔方刺史翟方进，"居官不烦苛，所察应条辄举，甚有威名，再三奏事，迁为丞相司直"[2]。后者如豫州刺史鲍宣，"举措烦苛，代二千石署吏听讼，察过诏条"[3]，结果被丞相司直举劾，受到免职的惩罚。可见刺史的权力是受到严格约束的。其次，刺史秩仅六百石，只相当于低级的县令，其秩级是相当卑微的，但因其隶属于御史中丞，掌握监察大权，可以毫无顾忌地举劾二千石的郡国守相，其权力又是相当重大的，再加上赏赐丰厚，就使大部分刺史忠于职守，戮力为朝廷服务，因而收到很好的效果。王鸣盛指出：

> 刺史……其权甚重而秩则卑。盖所统辖者一州，其中郡国甚多，守相二千石皆其属官，得举劾。而秩仅六百石，治状卓异，始得擢守相。如《魏相传》：相为扬州刺史，考案郡国守相，多所贬退。居部二岁，征为谏大夫，复为河南太守。《何武传》：武为刺史，所举奏二千石长吏，必先露章，服罪者亏除免之；不服极法奏之，抵罪或至死。而《王嘉传》云：司隶部刺史察过悉劾二千石益轻，或持其微过，言于刺史司隶。众庶知其易危，小失意则离畔，从守相威权素夺也。《京房传》：房奏考功课吏法，时部刺史奏事京师。上召见诸刺史，令房晓以课事，刺史以为不可行。房上弟子晓考功课吏事者中郎任良、姚平，愿以为刺史，试考功法。石显疾房欲远之，建言宜试以房为郡守。元帝

[1]《汉书·百官公卿表》注。
[2]《汉书·翟方进传》。
[3]《汉书·鲍宣传》。

于是以房为魏郡太守，得以考功法治郡。房自请愿无属刺史。可见守相畏刺史如此。[1]

刺史不仅对郡守二千石察之甚严，而且对封王的宗室贵族也加以严格监视，使之不敢轻举妄动、反叛朝廷。对此，王鸣盛同样也有很好的说明：

历考诸传中，凡居此官者，大率皆以督察藩国为事。如《高五王传》：青州刺史奏菑川王终古罪。《文三王传》：冀州刺史林奏代王年罪。《武五子传》：青州刺史隽不疑知齐孝王孙刘泽等反谋，收捕泽以闻。又昌邑哀王之子贺既废，为宣帝所忌，后复继封豫章，为海昏侯，扬州刺史柯奏其罪。《张敞传》：拜冀州刺史，既到部，而广川王国群辈不道，贼发不得。敞围王宫搜得之，捕格断头，悬王宫门外。因劾奏广川王削其户。盖自贾谊在文帝时，已虑诸国难制。吴楚反后，防禁益严。部刺史总率一州，故以此为要务。[2]

正因为刺史秩卑、权重，再加上赏厚，使他们大都能兢兢业业地尽责尽力，对加强中央集权起了重要的作用。正如顾炎武所指出的，"夫秩卑而命之尊，官小而权之重，此小大相制、内外相维之意也"[3]。再次，刺史作为中央派出的监察官，不仅设置固定治所，便于就地监察和吏民检举告发，而且定期巡行所部郡国，便于实地考察郡国守相治绩，广泛接触吏民百姓，能够更加有效地实现对二千石的监察。刺史"行部"的时间一般在八月，"诸州常以八月巡行所部郡国，录囚徒，考殿最，初岁尽诣京都奏事"[4]。此时正值秋收，也是各郡国编制"上计"簿籍的日子，正好可以对守相一年的政绩进行全面考核。正因为刺史具有以上这些特点和优点，因而在设立这一制度的汉代，特别是西汉中期以后，对于澄清吏治，加强中央集权，维持整个官僚体制的有秩序的运转，起到了积极的作用。正如朱博所指出的：

汉家至德溥大，宇内万里，立置郡县。部刺史奉使典州，督察郡国，吏民安宁。故事：居部九岁，举为守相，其有异材功效著者辄等擢，职卑而赏厚，咸劝功乐进。[5]

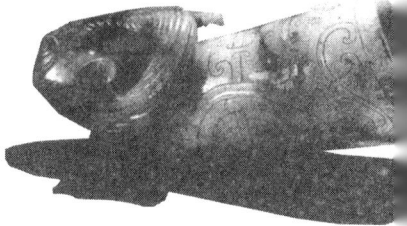

羊角玉杯

[1]《十七史商榷》卷一四《刺史权重秩卑》。
[2]《十七史商榷》卷一四《刺史察藩国》。
[3]《日知录》卷九《部刺史》。
[4]《后汉书·百官五》。
[5]《汉书·朱博传》。

西汉龙形灯，南越王墓出土

西汉时期，曾出现一批奉诏察举、守正不阿的刺史，在各自的官位上作出了显著的政绩，受到吏民的爱戴与怀念。如翟方进为朔方刺史，"居官不烦苛，所察应条辄举，甚有威名"[1]。显然，刺史在其作为监察官设立之时，在吏治较为清明的大环境下，的确起到了它应起的作用，收到了预期的效果。

四　继续削弱诸侯王

吴楚七国之乱以后，由于汉景帝采取了一系列削弱诸侯王国的政策，诸侯王国已无力公开以武力与朝廷叫板，其尾大不掉之势基本解决。然而，这决不意味着朝廷与诸侯王国的矛盾已经完全彻底的解决。因为作为一种割据势力，其与朝廷统一集权的矛盾始终存在。汉武帝继位时，边远地区尚存在南越、东越、闽越等少数民族为主体的异姓诸侯国，内地的刘氏诸侯王国尚有河间、赵、中山、广川、常山、燕、代、清河、鲁、胶东、胶西、齐、临淄、济川、济东、济北、山阳、城阳、梁、江都、楚、淮南、衡山、长沙等。这些诸侯王国的力量尽管已无法与七国之乱前吴、齐等国相比，但作为异于朝廷的割据力量，他们还不时弹奏出与朝廷的统一集权不谐的音符。例如，以小小的诸侯王国的力量谋叛朝廷虽几如以卵击石，其失败是必然的，但仍有些诸侯王蠢蠢欲动，觊觎皇位，做蹑足九五的美梦。淮南王刘安招集宾客编撰《淮南子》一书，鼓吹"君道无为"，为谋叛作舆论准备，并于元朔五年（前124年）秘密赶制战具，积蓄金钱，实施谋反计划。衡山王刘赐与刘安勾结，也加入谋叛行列。元狩元年（前122年），已经刻好皇帝印玺，准备发难的淮南王阴谋败露，被武帝查处。淮南王与同他勾结图谋不轨的衡山王都自杀身死。武帝借此机会，对牵进淮南王与衡山王案子的列侯、二千石高官以及其他达官贵人都加以严惩，由此使诸侯王的势力又受到一次重大打击。淮南、衡山的谋叛胎死腹中，说明此时的诸侯王国已经没有力量掀起反抗朝廷的狂风恶浪了。

诸侯王国虽然无力与朝廷对抗，但没有停止与朝廷的斗争。吴楚七国之乱后，朝廷采取措施对诸侯王削地夺权，一些诸侯王为了摆脱朝廷命官的控制，利用各种办法

[1]《汉书·翟方进传》。

向朝廷任命的傅、相开刀，如胶西王刘端"杀伤二千石甚众"，赵王刘彭祖的相无人在位子上超过二年，大都被他捏造罪名杀死或判刑[1]。更多的诸侯王横行不法，骄奢淫逸，奸污妇女，草菅人命，无恶不作。如济川王刘明"射杀其中尉"，济东王刘彭离"骄悍，昏莫私其奴亡命少年数十人行剽，杀人取财物以为好。所杀发觉者百余人，国皆知之，莫敢夜行"[2]，诸侯王们成为地方上恶势力的代表，其违法犯禁的活动必然激化与当地百姓的矛盾，成为地方上的不稳定因素。汉武帝时期的中大夫主父偃建议朝廷实行"推恩令"，继续削弱诸侯王：

> 古时诸侯地不过百里，强弱之形易制。今诸侯或连城数十，地方千里，缓则骄奢易为淫乱，急则阻其强而合纵以逆京师。今以法割削，则逆节萌起，前日晁错是也。今诸侯子弟或十数，而嫡嗣代立，余虽骨肉，无尺地之封，则仁孝之道不宣。愿陛下令诸侯得推恩分子弟，以地侯之。彼人人喜得所愿，上以德施，实分其国，必稍自销弱矣。[3]

武帝采纳主父偃建议，将《推恩令》作为朝廷的一项法令在各诸侯王国实施。这项法令实际上是贾谊"众建诸侯而少其力"建议的延伸和法律化。《推恩令》的广泛而规范的实施，使已经变小的诸侯王封国中又划出不少小的侯国，实际上是在推恩的名义下进一步分割其土地和权力。这样，实力弱小的诸侯王再也难以兴风作浪了。与此同时，汉武帝也不放弃对侯国的削弱，他不时借口诸侯国所献的助祭的"酎金"缺斤短两或成色不足而削地夺爵。如元鼎五年（前112年）一年之中就有106个列侯因"酎金"之罪被剥地夺爵。这一数字差不多是当时列侯之半。汉武帝还"作左官之律"[4]，规定不准任何人私自充当诸侯官吏，以防诸侯延揽人才，结党营私。又重申并严格执行武帝以前制定的附益阿党之法[5]，从重制裁朝中和王国中与诸侯结党营私的官员，从而将诸侯王置于孤立无援并时刻受到监视的境遇中。由于采取了以上一系列措施，到武帝后期，诸侯王的地位和实力受到了前所未有的削弱。他们之中，大者不过一郡，小者只有数县，且只能衣食租税而不治民，并被置于严格的监视之中，已经没有力量也没有条

[1]《汉书·景十三王传》。

[2]《汉书·文三王传》。

[3]《汉书·主父偃传》。

[4] "左官"是指在诸侯王那里任职的官，《汉书·诸侯王表序》服虔注："仕于诸侯为左官，绝不使仕于王侯（当做朝廷）也。"应劭注："人道尚右，今舍天子而仕诸侯，故谓之左官也。"颜师古注："左官犹左道也……汉时依上古法，朝廷之列以右为尊，故谓降秩为左迁，仕诸侯为左官也。"由于史料阙失，"左官之律"的具体内容今天已无从考究，但从以上三家注来看，至少有两点是明确的：第一，王国官吏的秩级低于朝廷官员，同时受到歧视。第二，在王国任官者，以后任职朝廷要受到诸多限制。"左官之律"的作用看来主要是限制诸侯王延揽优秀人才，以削弱其政治势力。

[5] "附益阿党之法"的具体内容今日也难以考究。《汉书·诸侯王表序》张晏注："律，郑氏说，封诸侯过限曰附益。或曰阿媚王侯，有重法也。"颜师古注："附益者，盖取孔子云'求也为之聚敛而附益之'之义也，皆背正法而厚于私家也。"这显然是对诸侯王追求法外的经济利益的限制。至于"阿党"，张晏也有解释："诸侯有罪，傅相不举奏，为阿党。"目的是限制王国官吏与诸侯王互相结党营私谋取政治特权或背叛朝廷。

西汉兽面形灯,南越王墓出土

件与朝廷分庭抗礼了。武帝之后,终西汉之世,诸侯王国再也没有给朝廷造成大的麻烦,汉兴以来困扰朝廷的诸侯王国的问题总算较好地解决了。

五　重用酷吏　搏击豪强

西汉建国后实行的黄老政治虽然对安定民生,发展生产、繁荣经济起了显著的积极作用,但是,这种"无为"、"放任"的统治政策也给地方豪强势力的坐大提供了适宜的环境和条件。这些地方豪强在汉代文献中被称为"豪门"、"豪右"、"豪宗"、"豪猾"、"大姓"、"大家"。他们的主要来源是战国时期东方六国贵族的后裔以及依附于他们的强宗大姓。这些人尽管在秦朝迁豪徙民时遭受一定程度的打击,但在刘邦"复故爵田宅"政策的优渥下,他们逐步恢复了昔日的富裕。汉初数次迁豪徙民,使原齐国、楚国的旧贵族田氏、屈、昭、景氏以及韩、赵、燕、魏等的贵族之后和"豪杰名家"等10余万口迁至关中,在"与利田宅"[1]的优惠政策下,他们在关中的肥田沃野上如鱼得水般地发展起来。留在关东的六国旧贵族及其他豪强大姓,在汉初的适宜环境中逐渐恢复元气。暴富的汉朝的新贵族官僚们的家族及其依附势力更是不断壮大,到文景时期,尤其是武帝时期,豪强势力成为诸侯王国之外又一影响汉朝廷集中统一的因素。这些豪强势力在各地横行乡里,兼并土地,包揽词讼,侵吞小民,甚至对抗官府,"武断乡曲",严重妨碍了国家政令的贯彻执行。如外戚武安侯田蚡"治宅甲诸第,田园极膏腴"[2]。他的同党颍川灌夫"家累数千万,食客日数十百人,陂池田园,宗族宾客为权力,横于颍川"[3]。著名的酷吏宁成,因犯法定成死罪。逃回故里后,发誓说:做官不到二千石,做商人赚不到千万,誓不为人!"乃贳贷陂田千余顷,假贫民,役使数千家"[4]。后来,他真的致产千金,并与游侠勾结,横行乡里。每逢外出,数十骑前呼后拥,其威风超过太守。又如"济南瞷氏,宗人三百余家,豪猾,二千石莫能制"[5]。赵国人卓王孙,在秦时被逼迁往蜀地,后在临邛冶铁致富,"有僮千人,田池射猎之乐,拟于人君"[6]。这些人不仅欺压百姓,而且逃避赋税,蔑视官府,他们"滞财役贫,车毂百数,废居居邑,封君皆低

[1]《汉书·高帝纪》。
[2]《汉书·田蚡传》。
[3]《汉书·灌夫传》。
[4]《史记·酷吏列传》。
[5]《史记·酷吏列传》。
[6]《汉书·食货志》。

首仰给焉。冶铸鬻盐，财或累万金，而不佐公家之急"[1]，"往者军阵数起，用度不足。……大抵逋逃，皆在大家，吏正畏惮，不敢笃责"[2]。显然，如果放任他们发展下去，将严重影响国家的统一和稳定。汉武帝在削弱诸侯王的同时，也将打击的矛头指向了豪强。他打击豪强的主要方略是放手任用酷吏，施以酷烈的杀伐手段。西汉一代见于记载的酷吏共18人，其中事迹最详博、典型的有12人，他们都是汉武帝的臣子。所谓"酷吏"就是"以酷烈为声"[3]的官吏，他们不仅以残酷的手段屠戮百姓，也以同样的手段镇压和打击不法的豪强贵族，即所谓"刻轹宗室，侵辱功臣"[4]。酷吏们胆大包天，他们敢于蔑视封建法律任意胡为。在行政和治狱过程中，既用合法手段，更用非法手段。如张汤治狱就不是以事实为根据，以法律为准绳，而是一切服从"上意"："奏谳疑，必奏先为上分别其原，上所是，受而著谳法廷尉絜令，扬主之明。奏事即谴，汤摧谢，乡上意所便。……所治即上意所欲罪，予监吏深刻者；即上意所欲释，于监吏平者。"[5]周阳由治狱，同样是"所爱者，挠法活之；所憎者，曲法灭之"[6]。酷吏治狱特别残酷无情。"曾是强国，掊克为雄，报虐以威"[7]。宁成"其治如狼牧羊"，在他做关东都尉时，郡国出入关者纷纷相告："宁见乳虎，不值宁成之怒。"义纵"以鹰击毛挚为治"，"以斩束缚为务"，"诛杀甚多"。在其做定襄太守时，一日杀了400余人，"郡中不寒而栗"[8]。正因为治狱特别残忍，所以严延年号"屠伯"，郅都号"苍鹰"，王温舒手下的那批属官也被人骂作"虎冠之吏"。汉武帝看中的正是酷吏的这些秉性，所以放手让他们对付豪强。张汤和赵禹应武帝之命定律令时，"务在深文"，"钼豪强并兼之家，舞文巧诋以辅法"。王温舒做河南太守时，"捕郡中豪猾，相连坐千余家"，全部杀掉，"至流血十里"[9]。在酷吏的重击下，再辅以"算缗"、"告缗"的经济措施，豪强们显然受到一次沉重的打击，他们的活动自然有所收敛，这对武帝贯彻其集中统一的政策是有利的。酷吏队伍的情况是复杂的，他们之中有"斩伐不避权贵"的尹赏，"直法行治，不避贵戚"的义纵，"勇有气，公廉，不发私书，问遗无所受，请寄无所听"，"奉职死节官下，终不顾妻子"[10]的郅都，以及死后家无余财的张汤等，不过，酷吏

彩绘骑马俑

[1]《汉书·食货志》。

[2]《盐铁论·末通篇》。

[3]《史记·酷吏列传》。

[4]《汉书·酷吏传》。

[5]《汉书·张汤传》。

[6]《汉书·酷吏传》。

[7]《汉书·叙传》。

[8]《汉书·酷吏传》。

[9]《汉书·酷吏传》。

[10]《汉书·酷吏传》。

中更多的是胁肩诌笑,阿谀献媚,贪赃枉法之徒。他们以人主的眼色行事,纵横捭阖,毫无操守,视法律作废纸,以人命为儿戏,将贪婪残暴的剥削阶级本性发挥到极致。如杜周就是一个大贪污犯。他开始做官时,全部家当就是一匹马。后来他两个儿子也因利乘便地做了郡守,晚年就"家訾累巨万"了。王温舒"多诌,善事有势者;即无势,虽贵戚,必侵夺"[1]。田延年也是一个私吞"僦值"(运费)3 000万的贪饕者。他们惩治豪强的惊人之举从一定意义上讲是武帝的"以毒攻毒"之策,因而不少酷吏下场并不美妙,不少人死于非命[2]。还有,酷吏中不少人也是豪强,有的是先做酷吏,后成豪强。诚如范文澜所言:"酷吏就是做官的豪强,豪强就是不做官的酷吏,归根都是吃农民的母老虎。"[3]

第二节　全面强化中央集权的财政经济措施

汉武帝即位初,面对的是累百巨万,"累朽而不可校"的京师之钱和多如山积"腐败而不可食"的太仓之粟。他一改文景之时的节俭之风,以好大喜功的大有为政治开始了自己波澜壮阔、雄奇瑰丽的政治生涯,祖宗的积累如流水般花去。其中特别巨大的开支除征伐匈奴、通西南夷的巨额军费和筑城治河的公共工程经费外,再就是武帝为首的皇室贵族穷奢极欲的大量靡费。如征发匈奴的战争前后持续了40多年(前133—前87年),其间伴随着众多的筑城、转漕等的徭役,人力、物力、财力的消耗不可胜数。仅元朔五年(前124年)一次赏赐卫青击匈奴功劳的黄金即达20余万斤,元狩四年(前119年)奖励卫青、霍去病黄金50万斤。如果算上战争的消耗,那肯定是一个天文数字。所以到元朔六年(前123年),掌管国家财政的大司农就向武帝报告"赋税既竭,不足以奉战士"了。汉武帝是历史上有数的几个奢侈享乐著称的皇帝,他一生不停地建造壮丽的宫室、亭台楼榭和离宫别馆。如元鼎二年(前115年)"起柏台,作承露盘"。元封二年(前109年)在长安作飞廉、桂馆,在甘泉作益寿、延寿馆,作通天台。太初元年(前

桑弘羊像

[1]《汉书·酷吏传》。
[2] 孟祥才:《论西汉的酷吏》,《文史哲》1981年第6期。
[3]《中国通史简编》修订本第二编,人民出版社1949年版,第40页。

104年)作建章宫。在此前还两次修浚昆明池。这些工程都是穷极壮丽,巧夺天工,靡费之大,不可胜计。汉武帝与秦始皇一样,宠方士,好神仙,发疯般地追求长生不老之术和炼金术,被李少君、少翁、栾大、公孙卿之类骗子一骗再骗而不觉悟。为此而浪费的人力财物不计其数。这样一来,汉皇朝的财政在武帝登基不到20年就出现了危机。与此同时,在黄老政治放任政策下"专巨海之富,擅鱼盐之利"的大工商主们却迅速积累起巨量的财富,"富数千万","大者倾郡,中者倾县,下者倾乡里者,不可胜数"[1],但却"不佐国家之急"。为了解决国家的财政危机,汉武帝决定实行由国家控制利源的财经政策,其中重要的一项是使大工商主们吐出他们积聚的财富。

汉五铢钱

一　统一货币

货币是一般等价物,既是流通手段,更是财富的象征。货币制度的好坏,不仅关系到每个百姓的日常生活,关系到社会经济的稳定,更关系到国家财政的安危。汉承秦制,使用黄金和铜钱两种货币。只是黄金的称量改为周制,以一镒为一斤(秦改为镒,重20两),值钱一万。汉初,货币主要由郡国铸造。也允许私人铸造。吴国是铸币大国,文帝的宠臣邓通是铸币大户,因而一时有"吴、邓之钱遍天下"的说法。多头铸币不仅造成币制的混乱,也造成诸侯王势力的膨胀和富商大贾渔利的良机。为此,景帝中元六年(前144年)曾下令禁止民间私铸货币,但直至武帝时,民间私铸仍难禁止。为了打击"浮淫并兼之徒"利用私铸货币发财和扰乱经济秩序,武帝在元狩四年(前119年)下诏"造金及皮币以足用"[2],同时重申"盗铸诸金钱者罪皆死"[3]的法令。但由于此时三铢、四铢、白银、皮币和黄金各类货币混用,其比值又不尽合理,更增加了币制的混乱,而私铸也难以禁止。为此,武帝又下诏,令郡国铸五铢钱,"周廓其质,令不可得磨取鋊"[4]。目的是以有廓之钱防止盗铸,但仍然不能解决问题。汉武帝于是在元鼎四年(前113年)下诏,"废天下诸钱,而专令水衡三官作"[5]。即由中央垄断铸币权,而以水衡都尉下属的均输、钟官和辨铜三官为专门的铸币机构,全国各地都需"输其铜入三官"[6]。至此,

[1]《史记·货殖列传》。
[2]《汉书·武帝纪》。
[3]《史记·平准书》。
[4]《汉书·食货志》。
[5]《盐铁论·错币》。
[6]《史记·平准书》。

汉代作为赏赐用的金五铢

武帝统一货币的工作最后完成。由于朝廷垄断了货币的铸造，控制了全国最重要的利源，不仅在一定程度上缓解了国家的财政危机，而且有助于稳定社会经济秩序。因为三官铸造的五铢钱"重如其文"，且工艺复杂而规范，伪造既困难，成本也很高，私铸已无利可图。民间私铸被制止，大工商主利用铸钱谋取暴利的途径也阻塞了。更由于五铢钱信用高，得到社会普遍认可，因而广泛流通，对维系社会经济的正常秩序起了重要作用。汉武帝统一货币是中国货币史上最重要的成功范例。由于五铢钱质量稳定，信用卓著，成为中国古代流通时间最长的货币之一，直到魏晋南北朝时期它还在使用。

二　盐铁官营与平准均输

盐、铁的制造销售既关系到千家万户，又是重要的利源，在自然经济条件下显然是国民经济的重要部分之一，如何掌控它们是国家财政经济政策的主要内容。

西汉初年，盐铁由私人经营，国家除收税外不加干涉。在黄老政治的放任政策下，一批经营盐铁的工商主迅速暴富，成为积钱数千金"与王者埒富"、"拟于人君"的大财东。随着财政危机的加剧，武帝君臣将目光投向了盐铁，决心从工商主手中将这一巨大利源夺回来。汉武帝任用从事此一事务的官员是大司农属下的大农丞东郭咸阳和孔仅以及任侍中的桑弘羊。东郭咸阳和孔仅出身盐铁商人，桑弘羊乃"洛阳贾人之子"[1]，都是"言利事析秋毫"的洞明世事的财税专家。他们经过一段时间的悉心谋划，在元狩五年（前118年）拟定了一个盐铁官营的计划，通过大司农颜异呈送汉武帝。其要点是：煮盐、冶铁收归政府管理经营，收入"属大农佐赋"；"愿募民自给费，因官器作鬻盐，官与牢盆。浮食奇民欲擅斡山海之货，以致富羡，役利细民。其沮事之议，不可胜听。敢私铸铁器鬻盐者，钛左趾，没入其器物，郡不出铁者，置小铁官，使属在所县"[2]。这一计划虽然遭到盐铁商人和部分反对"与民争利"的知识分子的反对，但因关乎国计民生，汉武帝还是在元狩六年（前117年）毅然批准了这一计划，令孔仅和东郭咸阳"乘传举行天下盐铁，作官府，除故盐铁家富者为吏"[3]，即在全

[1]《汉书·食货志》。
[2]《汉书·食货志》。
[3]《汉书·食货志》。

国各地建立盐铁专卖的机构，任用经营盐铁致富的工商主为专任官员，全力经营盐铁业。其后，国家在27郡设盐官36，在40郡设铁官48，将这一巨大产业纳入国家垄断经营的轨道。

运城盐池

盐铁官营的最大好处是将这一巨大利润收归国库，既缓解了政府的财政危机，又打击了大工商主，抑制了他们势力的膨胀，对稳定社会秩序也有积极作用。不过，垄断经营盐铁的弊端也是显而易见的，这就是为了维护垄断利润而抬高价格，这种负担最终转嫁到普通百姓身上。当价格涨到百姓难以承受时，他们不得不退到以"木耕手耨"和"淡食"的窘况。《盐铁论》记载的贤良文学们已指出了这一点。

汉武帝在实行盐铁官营的同时，又推行了均输平准政策。元封元年（前110年），著名理财专家桑弘羊"为冶粟都尉，领大司农"，开始了长达30年之久的执掌汉帝国财经大权的显赫生涯。也就在这一年，他筹划的在全国推行均输平准政策的计划得到了武帝的批准。据《汉书·食货志》记载，其内容是：

> 弘羊以诸官各自市相争，物以故腾跃，而天下赋输或不偿傭费，乃请置大农部丞数十人，分部主郡国，各往往置均输盐铁官，令远方各以其物如异时商贾所转（贩）者为赋，而相灌输。置平准于京师，都受天下委输。召工官治车诸器，皆仰给大农。大农诸官尽笼天下之货物，贵则卖之，贱则买之。如此，富商大贾无所牟大利，则反本，而万物不得腾跃。故抑天下之物，名曰"平准"。

对均输与平准的解释，学术界多有歧义。胡寄窗认为，均输"是将各郡国应缴之贡物，按照当地市价，折合为当地商人一向所贩运出境的丰饶而廉价之土特产品，交缴于均输官。再由均输官将这些廉价土特产品运往贵价地区出售。这样，既可免除各郡国输送贡物入京之烦费，又可避免贡物到京师后得不偿失。同时，封建官府不费一文资本即可换取土产品以辗转贸易而获得巨大利润"[1]。这种办法，不但可以增加政府的财政收入，也能减少郡国的人力物力负担，尽管后来在执行过程中产生了"百姓贱卖

[1] 胡寄窗：《中国经济思想史》，上海人民出版社1963版，第99—100页。

井盐生产画像砖

货物以便上求","吏恣留难,与之为市"等弊端,但总体看不失为利国便民的好办法。平准与均输相表里,办法是充分利用均输积聚到京师的大量物资调节市场,其目的一是利用价值法则平抑京师的物价,稳定市民的生活,二是使"富商大贾无所牟大利",打击其囤积居奇,贱买贵卖扰乱市场的行径。显然,均输与平准都是桑弘羊运用价值法则,以政府调换的手段增加财政收入和稳定经济运行的措施,其主导作用是积极的。

三 算缗告缗

上面提到,富商大贾和高利贷者利用西汉初年比较宽松的社会环境放手经营,在较短时间内迅速富起来。他们一方面"不佐国家之急",不愿为武帝开疆拓土的事业作贡献,另一方面又以财力侵吞小民,挟持王侯贵戚,成为危害社会稳定的因素。当汉武帝君臣思谋如何克服财政危机的时候,他们不约而同地将目光投向了富商大贾和高利贷者那鼓鼓的钱袋。于是,在元狩四年(前119年)颁布了算缗和告缗令:

> 诸贾人未作贳贷卖买,居邑贮积诸物,及商以取利者,虽无市籍,各以其物自占,率缗钱二千而算一。诸作有租及铸,率缗钱四千算一。非吏比者,三老北边骑士,轺车一算;商贾人轺车二算;船五丈以上一算。匿不自占,占不悉,戍边一岁,没入缗钱。有能告者,以其半畀之。贾人有市籍,及家属,皆无得名田,以便农。敢犯令,没入田货。[1]

以上算缗告缗令的内容可以归结为:一、让商人及高利贷者自报财产数额,政府据以收取营业税,每2 000收一算(120文)。二、对手工业者收取营业税,每4 000收一算。三、对非官吏所拥有的车船收资产税。四、不如实呈报资产数额,一经发现,财产尽皆没收,当事人罚戍边一年。有揭发者,以没收财产的一半作为奖赏。五、禁止市籍商贾占有土地,犯者没收土地和财产。这种矛头指向富商大贾的举措自然也招来不少反对意见,但由于关乎国家财税大计,武帝还是毫不动摇地加以推行。他特别鼓励"告

[1]《汉书·食货志》。

缗",并于元狩六年(前117年)任命杨可专门主持此事,目标就是使那些腰缠万贯的富商大贾和高利贷者一夜之间倾家荡产。算缗告缗取得了显著的效果,到元鼎二年(前115年)"杨可告缗遍天下,中产以上大氏皆遇告。杜周治之,狱少反者。乃分遣御史廷尉正监分曹往,即治郡国缗钱,得民财物以亿计,奴婢以千万数,田大县数百顷,小县百余顷,宅亦如之。于是商贾中家以上大氏破,民媮甘食好衣,不事畜臧之业,而县官以盐铁缗钱之故,用少饶矣"[1]。算缗告缗政策的推行,实际上是财产的一次大转移,由富商大贾和高利贷者手中转移到汉政府的国库里,因为数量特别巨大,对缓解政府的财政危机肯定起了积极作用。

秋凤楼

汉武帝时期的财政经济政策还有酒专卖一项,是桑弘羊任大司农时于天汉三年(前98年)实行的,当时叫"酒榷"。内容是禁止民间私自酿酒,由官府自行酿造。这一政策自然遭到同是酒的酿造者和消费者的贵族、地主、大工商主的反对。"酒榷"实行18年后,桑弘羊又建议废止,准许民间自行酿造,而缴纳酒税每"升四钱"[2]。此后,酒税就成为重要税源之一。另外,移民边区屯垦的建议虽然出自景帝时的晁错,但武帝时代大力推行了这一措施。元朔二年(前127年)"募民徙朔方十万口"。元狩四年(119年)又组织"关东贫民徙陇西、北地、河西、上郡、会稽凡七十二万五千口"[3]。桑弘羊掌管财政大权后,开始大规模移民屯垦玉门关以西地区。如元鼎六年(前111年)分武威、酒泉郡之地设置张掖和敦煌郡,并移民充实新设的两郡,又在征和四年(前84年)提出屯垦塔里木盆地中心轮台的主张。武帝时期大规模的军屯和民屯除了对战胜匈奴和维持西域的军事意义外,对缓解庞大的军费开支也具有积极作用。

武帝时期实行的统一货币、均输、平准、算缗、告缗以及酒专卖等财政经济政策,其核心是加强财经的中央集权,将主要利源都集中于国库,在不增加直接税的前提下,通过增加间接税提高国家的财政收入,收到了"民不益赋而天下用饶"[4]的效果,为汉武帝"外事四夷,内兴功作"的功业提供了强有力的财政支持,虽然客观上加重了百姓的负担,但其主导作用还是值得肯定的。

[1]《汉书·食货志》。
[2]《汉书·昭帝纪》。
[3]《汉书·武帝纪》。
[4]《汉书·食货志》。

黄河大堤护堤的丁字坝

四 兴修水利和改进推广农业技术

在封建社会自然经济占主导地位的条件下，农业是最重要的经济部门，是天下衣食之源。因此，汉朝统治者一直实行"重本抑末"和在一定程度上"抑兼并"的经济政策，目的就是稳定农业的主要生产者小农。同时也注意兴修水利及推广农业技术。汉武帝时期这些方面都取得了显著成绩。

汉武帝时修建的水利工程首推黄河堤防。因为黄河经常泛滥成灾，对黄河中下游的主要农业区造成严重危害。文帝时，黄河在酸枣（今河南延津西南）决堤。武帝元光三年（前132年）春，黄河从顿丘（今河南濮阳西）决口，经瓠子河东南注入巨野泽。洪水漫溢，受灾地区达16郡。武帝征调10万人堵决口，仍然时堵时决，灾祸连连。元封二年（前109年），武帝又征发数万人堵瓠子堤决口，他亲临督导，并令随护人员中自将军以下皆负薪柴参加筑堤工程，又命砍淇园之竹以补薪柴之不足。这次堵决口成功，武帝十分高兴，命筑房宣宫于瓠子堤上，以为纪念。但不久，黄河又从馆陶（今属河北）决口。汉政府这次采用分流疏导的办法治河，从决口处开挖了一条屯氏河，深广与黄河相等，东北向经魏郡、清河、信都、渤海等郡入海。自此至元帝永光五年（前39年）黄河又一次在清河灵鸣犊决口之前，六七十年黄河下游未造成大的水患。武帝时治理黄河取得的阶段性成功，为豫及冀、兖、徐等州的农业生产的发展提供了较好的环境和条件。

武帝时期，黄河筑堤主要是为了防止水患，而在其他地区开凿的大量沟渠则主要为了兴运输和灌溉之利。元光中（前134—前130年），武帝接受大司农郑当时的建议，命齐人水工徐伯主持，引渭水穿渠至长安，转而东向，开挖了一条直达黄河，长约300里的漕渠，既方便了漕运，节省了从黄河运往长安物资的时间和人力，又使渠两边万顷良田得到灌溉。其后，又接受庄熊罴的建议，引洛水沟通临晋（今陕西大荔东）和重泉（今陕西蒲城南），修建了类似后世新疆坎儿井的龙首渠，使周边万顷卤地得到灌溉,成为亩产10石的良田。兴修水利对于农业生产的显著成效引起了官民的进一步关注,"自是之后,用事者争言水利,朔方、西河、河西、酒泉皆引河及川谷以溉田;而关中辅渠、灵轵引诸水;汝南、九江引淮;东海引巨定;泰山下引汶水;皆穿渠为溉田,各万余顷。佗小渠披山通道者,不可胜言"[1]。武帝时期的水利灌溉工程,遍及今日之陕西、甘肃、安徽、山东等地,但最集中的还是以长安为中心的关中地区。关中从战国时起就成为秦国的腹地,这里土壤肥沃,有着发展农业生产的优越条件。秦国早在这里开凿了郑国渠等水利设施,扩大了灌溉面积,使关中成为最富庶的地区之一。西汉建立后,关中成为三辅重地,其水利建设自然更受到朝廷的关注。在武帝时期的水利建设热潮中,关中的成就为全国之冠。除原有沟渠得到疏浚、继续发挥效益外,还开凿了漕渠、龙首渠、六辅渠、灵轵渠、成国渠、沣渠、白渠等漕运和灌溉渠道。其中尤以六辅渠和白渠发挥了最大的灌溉效益。

六辅渠是元鼎六年(前111年)左内史兒宽奏请武帝在郑国渠上游南岸开凿六条平行的渠道,使原郑国渠灌溉不到的南部高地变成水浇地,粮食产量大大提高。

白渠是中大夫白公在太始二年(前95年)奏请武帝开凿的一条灌溉渠。该渠西起谷口(今陕西泾阳西北),与泾水相接,东至栎阳(今陕西临潼东北),与渭水相连,利用自然落差,引洛水东流注入渭水,全长200余里,以抬高渠口水位的办法,使渠边高仰之地得以灌溉。白渠修成后,在关中水利设施中发挥了最大的效益,周围百姓收获了丰收的喜悦,他们因而作歌颂扬了这条为他们带来衣食之饶的渠水:

> 田于何所,池阳、谷口。郑国在前,白渠起后。举臿为云,决渠为雨。泾水一石,其泥数斗。且溉且粪,长我禾黍。衣食京师,亿万之口。[2]

汉武帝时期,统治者对农业生产的关注还体现在推广先进农业技术方面,其突出事例是赵过创造的代田法的应用和推广。

武帝末年,著名农业技术专家赵过任搜粟都尉,他总结历代劳动人民的耕作经验,创造了代田法。《汉书·食货

汉渠,汉武帝时在宁夏修建的引黄渠——汉渠遗迹

[1]《史记·河渠书》。
[2]《汉书·沟洫志》。

织女石像

志》对其有详细记载：

> 过能为代田，一亩三甽。岁代处，故曰代田，古法也。后稷始甽田，以二耜为耦，广尺深尺曰甽，长终亩。一亩三甽，一夫三百甽，而播种于甽中。苗生叶以上，稍耨陇草，因隤其土以附苗根。……言苗稍壮，每耨辄附根，比盛暑，陇尽而根深，能风与旱，故儥儥而盛也。其耕耘下种田器，皆有便巧。率十二夫为田一井一屋，故亩五顷，用耦犁，二牛三人，一岁之收常过缦田亩一斛以上，善者倍之。过使教田太常、三辅，大农置工巧奴与从事，为作田器。二千石遣令长、三老、力田及里父老善田者受器，学耕种养苗状。民或苦从牛，亡以趋泽，故平都令光教过以人挽犁。过奏光以为丞，教民相与庸挽犁。率多人者田日三十亩，少者十三亩，以故田多垦辟。过试以离宫卒田其宫壖地，课得谷皆多其旁田亩一斛以上。令命家田三辅公田，又教边地及居延城。是后边城、河东、弘农、三辅、太常民皆便代田，用力少而得谷多。

代田法是赵过创造并在关中西北地区广泛推广的一种旱地耕作种植方法，以深种培土的方法保持水分，以甽、垄每年互换的办法休息地力，在少雨干燥的西北地区这是比较适宜的耕作技术。与此相配套，赵过还致力于田器的改进，以二牛三人的"耦犁"翻土、播种，大大提高了劳动生产率。为了推广先进农具与耕作技术，他一面"置工巧奴与从事，为作田器"，即研究制造新的农具，一面通过令长、三老、力里及里父老善田者试验推广。为解决农民少牛耕田的困难，他又以一位名叫光的农耕专家为丞，教民以人力挽犁的技术，使不少荒田得到垦辟。赵过还让守卫离宫的士卒们在离宫周围的空地上试验代田法，取得亩增产一斛的显著成效，进而在三辅以及居延、其他边城和河东、弘农等地推广，收到很好的效果。赵过代田法等先进农耕技术的扩广，对于延缓武帝后期农民的贫困化趋势起了积极作用。后来，成帝时期的氾胜之在代田法的基础上又创造了区种法，将汉代精耕细作的农耕技术提高到一个新的水平。

第三节　密切与边疆各民族的联系
加强中外经济文化交流

一　全力反击匈奴

汉高帝在进击匈奴的白登之役失败后，接受娄敬的
建议,对匈奴采取"和亲"政策,竭力维持"和"、"安"局面。
惠帝、吕后、文帝、景帝时期,在对匈奴关系上大体延续了
高帝时期的政策。在汉朝国力较弱,恢复发展生产极需维
持周边地区和平环境的情势下,"和亲"政策不失为一种
明智的选择。然而,这毕竟是一种带有屈辱色彩的政策。
尽管在一个时期使汉匈关系处于比较缓和的局面,但并
未完全阻止匈奴的侵扰。以游牧为生,在中国北部苦寒的
大草原上艰难生存的匈奴人,不时将贪婪的目光投向长
城以南汉族人民经营的富庶的农业区,总想以劫掠的手
段轻而易举地获取财富。面对不时出现的边患,汉朝的不
少有识之士恳请朝廷改变对匈奴和亲、互市的被动政策,
在适当时机予以反击。晁错曾上书景帝,建议募民实边,
对匈奴采取积极防御,相机出击的政策。汉武帝继位后,
开始仍执行和亲政策,"明和亲约束,厚遇关市,饶给之"[1],
但匈奴仍不时侵扰,制造边患。有鉴于此,汉武帝在元光
二年(前133年)下诏让臣下讨论对匈奴的和战问题。御史
大夫韩安国等主和,理由是匈奴骑兵剽悍凶猛,"至如风
猋,去如收电",汉兵与之对战,难以取胜。大行王恢力主
以武力反击匈奴,其理由,一是不能容忍匈奴入侵造成的
灾难:"今边境数惊,士卒伤死,中国槛车相望,此仁人之
所隐也。"二是以秦击匈奴取胜为证,认为以今日汉之国
力,完全能够在战场上角胜匈奴:"夫匈奴独可以威服,不
可以仁畜也。今以中国之胜,万倍之资,遣百分之一以攻
匈奴,譬犹以强弩射且溃之廱也,必不留行矣。"[2]他主张以
"诱而致之边"的策略,主动对匈奴施以打击。汉武帝采取
王恢的建议,使"马邑豪聂壹"伪降匈奴,引诱匈奴人南侵
进入汉兵伏击圈,然后以重兵给以致命打击。汉武帝任命
卫尉李广为骁骑将军,太仆公孙贺为轻车将军,大行王恢

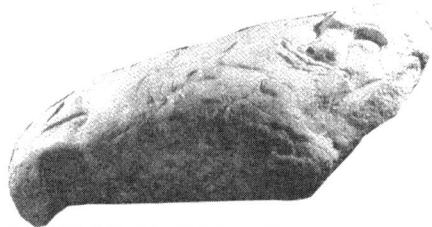

霍去病墓前石雕石刻人与熊

[1] 《汉书·匈奴传》。
[2] 《汉书·韩安国传》。

霍去病墓前石雕石刻跃马

为将屯将军,太中大夫李息为材官将军,御史大夫韩安国为护军将军,监领诸将。发车骑材官30余万,隐匿于马邑(今山西朔县)周边的山谷中,单等匈奴人进入伏击圈。匈奴单于为聂壹说动,率精骑10万入雁门关武州塞(今山西左云),行至距马邑百余里处,发现沿途放牧者皆老弱之人,遂识破汉兵设伏之谋,迅速退兵出塞。汉兵追之不及,无功而返。自此,汉匈间的和亲关系破裂,双方展开了较长时期的武装斗争,直至元狩四年(前119年)双方关系相对缓和。15年中,多次交战,其中规模较大者有三次战役。

第一次,元光六年至元朔二年(前129—前127年)。元光六年(前129年),匈奴由上谷(今河北怀来东南)大举入侵。武帝命车骑将军卫青出上谷,骑将军公孙敖出代郡(今河北蔚县东北),轻车将军公孙贺出云中,骁骑将军李广出雁门(今山西左云西),四路各万人并击匈奴。此役除卫青一路小胜外,公孙贺无功而返,公孙敖、李广则败而归。第二年(元朔元年),匈奴连侵辽西(今辽宁义县西)、渔阳(今北京市密云西),杀辽西太守,掳掠数千人。武帝派卫青出雁门,李息出代郡,击退入侵的匈奴人。元朔二年(前127年),匈奴再次侵入上谷、渔阳一带,杀掠吏民千余人。卫青奉命率军出云中,沿黄河北岸西进,至高阙(今内蒙古潮格旗东南)后,转而沿黄河南下,在陇西(今甘肃临洮一带),击破匈奴楼烦王、白羊王所部,俘数千人,羊百万头,夺取河南地,重筑朔方(今内蒙古乌拉特前旗东南)城。后汉政府在此建立朔方和五原(今内蒙古包头市西)郡,修缮秦时的长城及临河诸要塞,又募民10多万于此屯垦,巩固了汉军的这一前沿阵地。河南地在秦代曾由蒙恬率军从匈奴手中夺回,秦末农民战争期间又被匈奴重新占领。此次汉军夺回河南地,巩固地占领河套这一十分富庶的地区,从此解除了匈奴对首都长安的威胁,是对匈奴战争的重大胜利。河南地的夺回,也使汉军获得了出击匈奴的前进基地,掌握了战场上的主动权,改变了汉军的不利态势。

第二次,元狩元年至元狩二年(前122—前121年)。前一次战役结束后,尽管匈奴人受到重创,但他们不甘心失败，仍不断南下侵扰，"匈奴比岁入代郡、雁门、定襄、上郡、朔方，所杀略甚众"[1]。元狩元年(前122年)，匈奴再次入侵上谷。第二年春天，骠骑将军霍去病奉命率大军自陇西远征。过焉支山深入匈奴千余里，转战至皋兰山(今甘肃临夏南)，大破匈奴浑邪王部，俘获其子并缴获休屠王祭天金人。当年夏，武帝命四路大军分道进击匈奴。西路霍去病、公孙敖两支大军从北地(今甘肃庆阳西北)出发西进，东路张骞、李广两支大军从右北平(今辽宁凌源)出发北征。东路军战果不大，西路军捷报频传。霍去病出北地向西北进军，长驱2000余里，过居延海，转战至祁连山，击杀匈奴单桓王和酋涂王及其下属3万余人，逼使匈奴浑邪王杀死休屠王后率众4万余人降汉。武帝封浑邪王为漯阴侯，并把归附的匈奴人分置于陇西、北地、上郡、朔方、云中五郡原塞外和黄河以南之间的地区，"因其故俗为属国"，号五属国，设属国都尉进行管理。这次对匈奴战役的胜利是汉军对匈奴的第二次沉重打击，从匈奴手中夺取了河西走廊并在那里设置了著名的河西四郡武威、张掖、酒泉、敦煌，打通了通往西域的道路，为汉皇朝开拓和经营西域创造了十分有利的条件。

第三次，元狩三年至四年(前120—前119年)。元狩三年(前120年)秋天，匈奴入侵右北平和定襄(今内蒙古和林格尔北)二郡，杀掠千余人。第二年，汉武帝谋划实施了反击匈奴的最大一次战役，发精骑10万，和负从马14万匹，让卫青、霍去病各领其半。另以数十万步兵运转军需物资紧随其后。卫青从定襄出兵，千里奔袭，直至漠北，与匈奴单于统率的主力相遇。卫青以刚武车(战车)围成营寨，督率将士与匈奴人激烈搏战，自昼至暮，血战竟日，会大风飙起，飞沙走石，两军对面难相见，卫青挥军自左右翼包围单于营垒，戮力冲杀。匈奴大败不支，单于率数百骑突围遁逃。卫青穷追不舍，至天明，不见单于踪迹，大军进至寞颜山赵信城，因周围无敌情，遂留驻一日后返回。此次战役中，霍去病从代郡、右北平出兵，北进两千余里，与匈奴左贤王接战，使之大败遁走。霍去病督军北上，封狼居胥山，禅姑衍山(均在今内蒙古乌兰巴托东)，在观赏了瀚海(贝加尔湖)的壮丽波涛后凯旋而归。在此次战役

霍去病墓前石雕石刻卧象

[1]《汉书·卫青霍去病传》。

霍去病墓前石雕石刻

中，卫青"行捕斩首虏凡九千级"，霍去病"得胡首虏凡七万余人"，取得了较卫青更辉煌的战果。第三次战役，汉军对单于和左贤王统率的匈奴精锐施以毁灭性打击，取得了决定性的胜利，自此之后，"匈奴远遁，而幕南无王庭。汉渡河自朔方以西至金居，往往通渠置田官，吏率五六万人，稍蚕食，地接匈奴以北"[1]。这样，汉军就在东起云中，西至酒泉、敦煌的数千里的国防线上，大体以原长城为依托，筑塞成守，移民屯垦，建立起比较有效的防御体系。尽管终武帝之世匈奴的侵扰还时有发生，但一方面由于匈奴的力量大大削弱，另一方面由于汉军常备不懈，匈奴侵扰所造成的危害程度已经大大降低了。

从元鼎元年（前116年）至太初四年（前101年）的10多年间，汉匈双方都因此前持续多年的战争付出了沉重的代价，因而谁也无力发动大规模的战争行动，于是出现了恢复"和亲"的试探。但因匈奴坚持武帝以前的条件，仍然要将汉朝置屈辱的地位，而武帝则要求匈奴"南面而臣于汉"[2]，和亲终未能恢复。不过，此期双方虽有小规模的冲突，而大的军事行动却没有发生。天汉元年（前100年），武帝被贰师将军李广利征大宛取得的胜利冲昏了头脑，决定以胜利之师征伐匈奴。从此至后元二年（前87年）汉匈双方的战事又急剧升级。在这一阶段的战争中，汉军胜少败多。天汉二年（前99年），李陵率领的5000步兵与匈奴单于统率的10余万精骑激战于浚稽山（今蒙古境），李陵兵败被俘，投降了匈奴。征和三年（前90年），武帝命李广利统兵7万战匈奴，军出五原，在羊句山大败匈奴军，乘胜追至范夫人城（今蒙古达兰扎达加德西）。正在此时，李广利与丞相刘屈氂密谋立李夫人（李广利之妹）之子昌邑王为帝的事情败露。李广利希冀以战功减轻武帝对他的惩罚，于是督军穷追匈奴至郅居水（今色楞格河）。在匈奴的猛烈反击下，疲惫的汉军只好退至乌邪燕然山（今蒙古杭爱山）。接着，汉军又遭到单于指挥的5万铁骑的围攻。对自己未来怀着极度恐惧的李广利选择了可耻的投降。李广利征伐匈奴的失败，标明汉军已难以发动大规模的进攻。此时，晚年的汉武帝已决意恢复与民休息的政策，不再轻率出兵。昭帝执行武帝休养生息政策，对匈奴取守势。宣

[1]《汉书·匈奴传》。
[2]《汉书·匈奴传》。

帝时,匈奴五单于争立,呼韩邪单于失败后,率部众归降汉朝,并亲至甘泉宫朝见宣帝。宣帝让其率众居漠南,驻光禄城(今内蒙古固阳西南)。元帝时,在呼韩邪单于的请求下,汉匈又恢复了和亲关系。王昭君嫁给呼韩邪单于,留下了两个民族友好和睦相处的佳话。至今在呼和浩特南部留有一座高大的坟墓,它就是名为"青冢"的昭君墓,千百年来以其独特的魅力任人凭吊。从昭宣直至王莽建立新朝,七八十年间,因匈奴的侵扰引发的边患消除了,汉匈两族人民一起生活在和平的阳光下, 共同从事经济文化的创造。这一和平局面的形成,武帝功不可没。对此,《汉书·匈奴传赞》有一个比较中肯的评论:"至孝宣之世,承武帝奋击之威,直匈奴百年之运,因其坏乱几亡之际,权时施宜,覆以威德,然后单于稽首臣服,遣子入侍,世称藩,宾于汉庭。是时边城晏闭,牛马布野,三世无犬吠之警,黎庶无干戈之役。"

霍去病墓前石雕石刻伏虎

　　匈奴同汉族一样,自古以来就是中华民族的一员,在中国北部广袤的原野上创造了独具特色的草原文化,对祖国历史和文化的发展作出了贡献。因此,汉匈两个民族的斗争是国内民族之间"兄弟阋于墙"的斗争。但这并不是说二者的斗争就毫无是非可言。匈奴作为一个游牧民族的本分应是守住草原繁衍生息,可是,它的上层当权集团在其力量强大时总是觊觎中原农业区汉族人民创造的财富,因而不时驱使部众南下劫掠,这自然给汉族人民的生命财产带来巨大损失。所以,汉武帝发起的对匈奴的讨伐战争就具有保卫先进经济和文化的正义性质。正是由于武帝时期大规模地对匈战争的胜利,才为武帝以后汉匈间和平局面的出现和两个民族文化的优势互补创造了条件。因此,武帝的对匈奴战争从总体上是应该肯定的,在这场战争中涌现出来的智勇双全的军事统帅卫青、霍去病等人及其功业也是应该肯定的。而陷在匈奴19年、九死一生、艰苦备尝,始终拒不投降,最后荣归故里的苏武也无愧于民族英雄的崇高荣誉。

二　凿通西域　开辟丝绸之路

在汉武帝那可圈可点的巨大功业中,凿通西域,使天

砖范刻文

山南北广袤的土地归入汉帝国的版图;开辟丝绸之路,建立起第一条中西文化交流的通道,无疑是最具震撼力的篇章。西汉时期的西域,是指玉门关(今甘肃敦煌西北)、阳关(今甘肃敦煌西南)至葱岭之间的广大地区:"在匈奴之西、乌孙之南。南北有大山,中央有河,东西六千余里,南北千余里。东则接汉,陁以玉门、阳关、西则限以葱岭。其南山,东出金城,与汉南山属焉。"[1]以后,人们将西域的范围扩大,葱岭以西的中亚地区也包括在内了。武帝时期,西域大戈壁大大小小傍河而生的绿洲上和天山南北的牧场上,分布着众多少数民族建立的以国为名的政权,共36个。至西汉末的哀、平之际,又分裂为55国。它们之中,最大的国家有60万人以上,最小的只有一、二百人,相当于中原地区的一个小村落。其中乌孙、大宛、大月氏、康居、龟兹、鄯善、于阗、沙车、疏勒、焉耆、车师等是人口较多影响较大的国家。西域诸国以农业、畜牧业为生,由于各自为政,互不统属,形不成统一的力量,所以很快被匈奴控制。匈奴西边日逐王在西域设僮仆都尉进行统治,对各国百姓施以沉重剥削。它们虽对匈奴的控制不满,但也无力摆脱控制。"西域诸国,各有君长,兵众分弱,无所统一,虽属匈奴,不相亲附"[2]。从西汉建国至汉武帝之时,汉朝的势力仅至临洮(今甘肃岷县)。匈奴不仅控制了河西走廊,而且控制了整个西域,从西北方向对汉朝形成巨大威胁。汉武帝及其臣子们认识到,要取得对匈奴战争的胜利,必须夺回河西走廊并使"匈奴右臂"的西域脱离匈奴的控制。由此,引出了霍去病指挥汉军在祁连山麓驱逐匈奴出河西走廊的鏖战和张骞通西域的伟大壮举。

武帝即位之初,即从匈奴降者那里得知西域的大月氏与匈奴有宿仇。因为当年匈奴攻破月氏时,杀月氏王,"以其头为饮器"[3]。后月氏大部分辗转西迁至大夏故地(今塔吉克、阿富汗和印控克什米尔),称大月氏,小部分留居塞王故地(今新疆伊犁附近),称小月氏。武帝欲通使联络大月氏,因为此去必须通过匈奴控制的河西走廊,路途横亘着太多艰险,就公开招募敢于冒险的智能之士前往。汉中人张骞此时正在汉宫廷做郎官,他欣然应募,成为通西域的主角。建元三年(前138年)汉武帝以张骞为正使,堂

1《汉书·西域传》。
2《汉书·西域传》。
3《汉书·张骞传》。

邑氏的奴婢,名叫甘父的匈奴人为副使,带领百多人的队伍,踏上了出使西域的艰难而悲壮的旅程。他们从陇西(今甘肃临洮)出发,很快进入匈奴人控制的河西走廊,被匈奴人截获,送到单于那里。单于当然不愿意汉与月氏通使,就将张骞与他的使团扣留,他让张骞娶胡妇生子,目的是使其永留匈奴,断了通使西域的念头。张骞稽留匈奴10年,但他"持汉节不失"[1],一刻也没有忘记自己肩负的神圣使命。10年后的一天,张骞与他的使团得机逃脱匈奴控制,西行数十日到大宛(今塔吉克斯坦),受到友好的接待。在大宛帮助下,张骞一行经康居(今吉尔吉斯斯坦)来到大月氏(今阿富汗)。此时的大月氏已居大夏之地过上安定富足的生活,不愿再报匈奴戮其王之仇。张骞等在大月氏住了一年多,始终未说动大月氏,只得踏上返国之路。他们从西域通河西走廊的南路沿南山(今昆仑山)北麓经羌中(今新疆若羌南)东返,又被匈奴截获,滞留一年多。不久匈奴单于死,其内部混乱,张骞与胡妻及堂邑父乘机回到长安。这一年是元朔三年(前126年),距其离开陇西西行,时光已经流去13载的岁月。当年同他一起出使的100多人,只有他同堂邑父二人回到长安。张骞出使西域是一次艰苦卓绝的破冰之旅。他之得以生还,除了为国建立功业的坚强信念,坚忍不拔的毅力之外,还得益于他"宽大信人"[2]的品格得到了包括匈奴在内的各少数民族的信任与喜爱,因而能多次获得他们的帮助,即使与汉朝为敌的匈奴也视他为不可多得的人才,没有危及他的生命。同时,张骞还有一个忠实而能干的副使堂邑父,作为一个匈奴人,他重使命超过自己的生命,紧紧追随张骞,患难与共,生死与共,在缺衣少食的最困难的日子里,他以精湛的射术猎取禽兽,从而使二人熬过了多次濒临死亡的时刻。他们二人都是成功的英雄。张骞这次出使西域尽管没有达到联合大月氏共击匈奴的目的,但对西域的地理民情、政治军事情况有了较多的了解,他向武帝君臣所作的出使报告,大大扩展了汉人的地理概念,使当时的中国人第一次知道了中亚的情况和南亚的身毒(印度)"去蜀不远",张骞凿通西域后,中国与中亚、南亚的官方往来和民间贸易不断增强,一条中西经济文化交流的桥梁第一

匈奴双豹袭鹿铜饰牌

[1]《汉书·张骞传》。

[2]《汉书·张骞传》。

匈奴古墓杂技壁画

次架设起来。

张骞归来,因功被任命为太中大夫,堂邑父亦被封为奉使君。此后七八年间,张骞多次被任命为将军奔赴对匈奴战争的最前线,也曾出现在通往西南夷的道路上。元狩年间,汉对匈奴的战争已取得决定性胜利,河西走廊夺回,"幕南无王庭",但西域仍在匈奴掌控中,成为匈奴进攻汉朝的基地。为了将匈奴势力驱逐出西域,也为了打通中国与中亚的联系以便获得那里的奇珍异宝,武帝决定派张骞再次出使西域。这次出使的直接目的是联络乌孙。乌孙此时正居于伊犁河流域,同支持它与大月氏争斗的匈奴间出现裂痕,"不肯朝会匈奴"[1],甚至兵戎相见。因此张骞建议武帝联络乌孙,一方面可"断匈奴右臂",一方面可争取整个西域归附汉朝:

> 今单于新困于汉,而昆莫地空。蛮夷恋故地,又贪汉物,诚此时厚赂乌孙,招以东居故地,汉遣公主为夫人,结昆弟,其势宜听,则是断匈奴右臂也。既连乌孙,自其西大夏之属皆可招来而为外臣。[2]

元狩四年(前119年),张骞以中郎将的职衔率吏士300人、马300匹,牛羊万头,金币帛等财物"数千巨万",第二次出使西域。顺利抵达乌孙后,因正值其内乱,联络它共击匈奴的目的虽然没有达到,但沟通了汉与乌孙的联系,此后双方使者来往不断,关系日臻密切。而此次随张骞出使的多位副使通过乌孙分赴大宛、康居、大月氏、大夏、安息、身毒、于阗、扫弥等国,宣扬了汉朝的强大富庶以及通使友好的愿望,西域诸国与汉帝国开始了正式往来。张骞于元鼎二年(前115年)返回,被拜为大行,成为汉朝对外联系的主官。第二年病逝,结束了他艰险神奇的一生。由他开创的"凿空"西域的事业被他的后辈继续下去并发扬光大,"博望侯"(张骞的封号)永远成为中外经济文化交流的旗帜。

张骞第二次通西域后,武帝一面不断派使团前往西域诸国,加强彼此的联系,密切关系,一面派军征伐那些臣服匈奴、与汉朝为敌的国家。元封三年(前108年),汉武帝派大将赵破奴与多次充任汉朝使者的王恢率数万郡兵

[1]《史记·大宛列传》。
[2]《汉书·张骞传》。

和少数民族兵组成的"属国骑"进攻听命匈奴的楼兰和姑师并取得胜利,扫除了通往西域的障碍。乌孙鉴于汉帝国的强大,为了摆脱匈奴控制,主动请求与汉和亲,"愿得尚汉公主,为昆弟"[1]。元封六年(前105年),乌孙献汉朝良马千匹,汉朝则将江都王刘建之女细君嫁于乌孙王昆莫为右夫人,后来又嫁给昆莫的孙子岑陬为妻。细君死后,汉朝又将楚王刘戊之女解忧嫁岑陬,岑陬死后,解忧再嫁继位的岑陬叔父之子翁归靡。这两位汉家女儿及其生育的子女都为加强汉与西域各族的友好关系作出了不可替代的贡献。

张骞通西域图

在征服楼兰、姑师和与乌孙建立友好关系后,为了打败与匈奴关系密切的大宛和从那里取得汗血马,汉武帝发动了对大宛的战争。太初元年(前104年),武帝命贰师将军李广利率"属国六千骑及郡国恶少年数万人"[2]出征大宛。但由于盐水以西不少小国受匈奴控制闭城自守,不提供饮食,给汉军造成无数困难,士卒大量减员,待攻至郁城(今吉尔吉斯斯坦境),仅剩数千人。李广利知道难以胜取,只得引兵而还。太初四年(前101年),武帝命李广利再次进攻大宛。这次出兵6万人,牛10万头,马3万匹,骆驼、驴等万头。这次沿途进展较顺利,除轮台不睬汉军被攻破"屠之"外,其余诸国皆迎来送往,提供方便。但由于路途遥远,水土不适,汉军途中损失仍然惨重,到达大宛时,士卒只剩下3万人,出发时的另外3万人永远埋骨于沿途的荒野了。汉军在大宛城下遇到顽强抵抗,激战40余日也未能取胜。后大宛贵族杀掉国王求和,汉军算是勉强取得了胜利,所得到的战利品不过是3 000多匹马而已。不过,汉军对大宛的胜利客观上有助于削弱匈奴在西域的势力,"匈奴失魄,奔走远遁"[3],西域不少小国纷纷与汉朝入质通好,汉朝乘机在敦煌以西设置亭障,派兵戍守屯田,同时设置"使者校尉",为通往西域的汉朝使团提供服务,汉与西域的关系进一步密切了。征和四年(前89年),汉军又攻破车师,更加巩固了汉朝在西域的地位。

汉武帝以武力为后盾,以战争和外交手段相结合,经过50年的势力,终于使汉皇朝的势力深入西域,不仅断"匈奴右臂",使西域诸国摆脱了匈奴的奴役,稳定了汉帝

[1]《汉书·西域传》。
[2]《汉书·李广利传》。
[3]《盐铁论·西域》。

滇王之印

国的西北边陲，而且开辟了一条中西经济文化交流的大道。中国先进的冶铁技术、纺织技术和其他农业生产技术传入西域，促进了西域生产力水平的提高，西域的葡萄、苜蓿、胡桃、石榴、胡萝卜、大蒜、西瓜、芝麻以及汗血马、驴、骆驼等输入中国，大大丰富了中原各族人民的物质生活。中国的丝绸在传入西域后又经中亚传到了欧洲，这条中西交流的通道也就被西方人命名为"丝绸之路"。千百年来，响彻大漠的驼铃声奏响的是中西经济文化交流的友谊之歌。

汉武帝以后，汉皇朝继续经营西域。本始二年（前72年），汉宣帝命田广明、赵充国、田顺、范明友、韩增五将军率军15万骑，校尉常惠持节护乌孙兵，共击在车师屯田的匈奴人，使其败走。但不久，匈奴又与车师王乌贵结为婚姻，与汉朝为敌。地节二年（前68年），宣帝命侍郎郑吉屯田渠犁（今新疆库尔勒），为进攻车师做准备。秋后，郑吉指挥屯田卒1500人和西域诸国兵万人共击车师取胜，郑吉因功升司马，任护鄯善（今新疆若羌一带）以西使者，护卫南道。神爵二年（前60年），匈奴日逐王先贤掸降汉。至此，匈奴势力基本上退出西域，汉朝在西域的统治稳固下来。郑吉因功并护卫车师以西的北道，因而号曰都护。宣帝封郑吉为安远侯，统一管理西域，设都护府于乌垒城（今新疆轮台东），郑吉任第一任都护。都护及其副贰校尉都是秩比二千石的郡守级的高官，其下由丞、司马、侯千人，组成都护府，全面管理西域事务，"镇抚诸国，诛伐怀集"，"汉之号令班西域矣，始自张骞而成于郑吉"[1]，至此天山南北的广大西域第一次纳入了中国的版图，大汉帝国的军旗第一次插上了帕米尔的雪峰。

三　经营闽越、南越、西南夷

位于今日浙江南部的东瓯，位于今日福建的闽越，位于今日两广和越南北部的南越居住着以越族为主的少数民族。秦朝统一后，即在这些地方设郡县进行治理，秦汉之际，它们乘中原混乱之际又自行独立。汉初，高帝鞭长莫及，就册封其为王，允许它们暂时处于半独立状态。武帝为加强中央集权，将其一一消灭，纳入郡县管理。

[1]《汉书·郑吉传》。

秦末农民起义爆发后，闽中郡的越人首领无诸和摇率本族人先是追随鄱阳令吴芮反秦，继而又追随刘邦战胜项羽。汉初，刘邦立无诸为闽越王，领有闽中郡故地，都东冶(今福建福州)。惠帝时立摇为东海王，都东瓯(今浙江温州)，故亦称为东瓯王。吴楚七国之乱时，东瓯支持吴王刘濞，闽越静观其变。吴王失败后，东瓯转而附汉中央，诱杀吴王于丹徒(今江苏镇江东)。吴王子子驹逃亡闽越，鼓动闽越攻击东瓯。武帝建元三年(前138年)，闽越围攻东瓯，东瓯求救于汉。武帝命严助发会稽兵渡海救援，未至而闽越退兵。东瓯王请求汉朝廷允许他们举国迁徙内地，经武帝批准，东瓯4万余人北徙江、淮之间，逐渐融合到汉族之中。建元六年(前135年)，闽越发生内乱，余善杀兄闽越王郢后投降朝廷。武帝立无诸孙繇君丑为越繇王，立余善为东越王。元鼎五年(前112年)，南越反叛。东越王余善一面假惺惺要求随楼船将军杨仆击南越，一面暗中与南越勾结。南越平定后，余善竟于元鼎六年(前111年)公开举起反叛旗帜，进攻白沙(今江西永修东)、武林(今江西余干北)、梅岭(今江西广昌西)，杀汉军三校尉。他刻"武帝"玺自立，占有今之福建以及浙江大部和江西一部。武帝命横海将军韩说、楼船将军杨仆和中尉王温舒、越侯等分四路从东西两面发起进攻，于元封元年(前110年)冬攻入东越。繇王居股杀余善降，东越灭亡。越繇王居股被改封为东成侯，奉原闽越祭祀，其封国亦被取消，闽越、东越之民也被徙至江、淮之间[1]。

武帝建元中南越的第一代国君赵佗死后，其孙赵胡继立，派太子婴齐入长安为质，进一步密切了汉越关系。赵胡死，婴齐继位。婴齐死后，太子赵兴继位。元鼎四年(前113年)，武帝遣使安国少季至南越，"往谕王、王太后以入朝，比内诸侯"，即给其与内地诸侯王同等的地位与待遇，这是武帝在解决了内地诸侯王的问题后，乘机削弱南越王割据权力的措施。面对强大的汉朝廷，出身于邯郸樛氏女的王太后明白只能妥协，不能对抗，于是劝王及群臣"求内属"，"即因使者上书，请比内诸侯，三岁一朝，除边关"，放弃了部分自主的权力。武帝允准，仍让其保留了多于内地诸侯王的权力："赐其丞相吕嘉银印，及内史、中

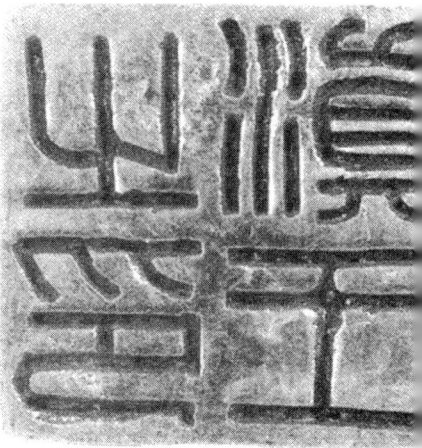

"滇王之印"印文

[1]《史记·东越列传》。

牵牛石像

尉、太傅印,余得自置。除其故黥劓法,用汉法,比内诸侯。"[1]丞相吕嘉认为如此大大削弱了南越的独立性,于是发动叛乱,攻杀南越王赵兴、太后及汉使者,立赵佗之孙术阳侯赵建德为南越王,发兵对抗汉军,将韩千秋率领的2000汉军消灭。元鼎五年(前112年)秋,武帝命卫尉路博德为伏波将军,主爵都尉杨仆为楼船将军,率江淮以南10万楼船之师前往征讨,另从零陵、巴蜀征调几路大军前往配合,分进合击。元鼎六年(前111年),杨仆、路博德两军先后赶至番禺,并力攻城,仅经一夜的战斗,城中越人即开城投降,吕嘉同亲信数百人逃往海中,也未逃脱被俘的命运。南越自赵佗自立为王,传五世、四王,延续93年。南越灭亡后,汉朝以其地置九郡,即南海(治番禺,今广州)、郁林(治布山,今广西桂平西)、合浦(治合浦,今广东合浦北)、珠崖(治瞫都,今海南海口南)、儋耳(治儋耳,今海南儋耳西北)、苍梧(治今广西梧州)、交趾(治今越南河内)、九真(治今越南清化西北)、日南(治今越南广治西北)。

从汉初至武帝时期,越族在今之两广、福建、浙江等地建立的三个半独立政权南越、闽越、东瓯在武帝元鼎年间一一败亡,使该地区重新纳入汉皇朝的郡县体制之内,由此使汉皇朝的诏令和各项政策得以迅速贯彻,加强了中央集权和国家的统一。同时,更加促进了该地区与中原的经济文化交流,越族的大量内迁和汉族向越族地区的迁徙,既加速了民族融合,更加快了对越族地区的开发,使这些地区的经济和文化逐步与中原地区一体化,扩大了中华主流文化的覆盖范围。

秦汉时期,在今之四川西部、南部和云南、贵州地区,生活着数以十计的少数民族,统称"西南夷"。其中,居于今之贵州的夜郎,居于今之云南的滇,居于今之西川西昌的邛都,居于今之云南西北部的嶲、昆明,居于今之四川西部的徙、筰都,冉駹以及居于今之四川、甘肃交界处的白马等,人数较多,是这些少数民族的代表。秦朝虽在这里设立过一些行政机构,但并没有形成有效的管理。秦时"尝破,略通五尺道,此诸国颇置吏焉"[2]。西汉初,因忙于处理诸侯王等内部事务和迫在眉睫的匈奴问题,也由于经

[1]《史记·南越列传》。
[2]《史记·西南夷列传》。

济力量与军事力量较弱,无暇顾及西南夷问题,因而放任各族君长自行管理。但民间的商贸往来还是频繁的进行,"巴蜀民或窃出商贾,取其笮马、僰僮、髦牛,以此巴蜀殷富"[1]。

建元六年（前135年），大行王恢奉武帝之命进击东越,取胜后,派番阳令唐蒙出使南越,吃到蜀产的枸酱,才知道有一条自蜀经夜郎,由牂牁江（今贵州北盘江）直至南越番禺的商贸通道。唐蒙上书武帝,建议联络夜郎,以其10余万精兵制约南越。武帝命唐蒙为郎中将,率官兵千人,后勤人员万人从巴笮关（今四川合江）进入夜郎,会见夜郎侯多同,"蒙厚赐,喻以威德,约为置吏,使其子为令。夜郎旁小邑皆贪汉缯帛,以为汉道险,终不能有也,乃且听蒙约"。唐蒙回报,武帝在该地设犍为郡（今四川宜宾），并"发巴蜀卒治道,自僰道指牂牁江",修筑了自巴蜀至夜郎腹地的道路。又接受蜀人司马相如的建议,任其为中郎将前往西夷邛、笮等族,晓谕汉朝廷意旨,使他们归顺,在那里设一督尉、十余县,由蜀郡管理。后因专力对付匈奴,武帝接受公孙弘等人的意见,"罢西夷,独置南夷夜郎两县一都尉,稍令犍为自葆就"[2]。

元狩元年（前122年），张骞自西域返汉后,建议武帝派人寻找经蜀地通往身毒的道路。汉武帝派王然于等人奉命完成这一任务,至滇,被滇王当羌羁留。后陆续派出10多位使者前往,皆在昆明被阻,由蜀通身毒的目的没有达到。

元鼎五年（前112年），越南丞相吕嘉反叛,武帝派使者征调犍为郡夷兵进击越南,且兰军趁机反叛,杀汉史及犍为太守。第二年,汉军平定南越,又回军平定且兰和南夷,以其地置牂牁郡。夜郎王开始追随南越,后见南越灭亡,赶快入朝表明臣服之意,被武帝封为夜郎王。在诛杀追随南越反叛的且兰、邛君、笮侯后,"冉駹皆震恐,请臣置吏"[3]。武帝就势在西南夷地区设置郡县,派官直接管理。以邛都为越嶲郡（治今四川西昌）、笮都为沈黎郡（治今四水汉源东北）、冉駹为汶山郡（治今四川茂汶）、白马为武都郡（治今甘肃西和南）。这时,只有滇王不肯臣服。元封二年（前109年），武帝发巴蜀兵击灭与滇王沆瀣一气的劳

博南古驿道

1 《史记·西南夷列传》。
2 《史记·西南夷列传》。
3 《史记·西南夷列传》。

深、靡莫,以大军压境,滇王只得举国降汉。汉以其地置益州郡(治今云南晋宁东),同时赐滇王印(此印已于1958年在晋宁出土),仍令其治民。至此,西南夷的大部分已进入汉朝的郡县体制内,尽管还保留了一些少数民族首领的地位和权力,但汉朝的政令和政策已得到贯彻,这既加速了这些地区经济文化的发展,也加速了这些少数民族融入中华民族大家庭的步伐。

四　征伐卫氏朝鲜的战争与中朝经济文化交流

长白山连绵起伏,鸭绿江奔腾不息。中朝两国的先民在各自迎来文明曙光的时候起,就在我中有你,你中有我的互动中开始了密切的经济文化交流。

朝鲜传说他们的第一代国王是檀君,中国的《史记》则记载商纣王的臣子箕子在商朝灭亡后被周武王封到朝鲜作了国王,成了那里的第一代国君。汉初,原燕人卫满带领一批中国人流亡到朝鲜,不久即取代朝鲜的准王成了那里的国君:

> 朝鲜王满者,故燕人也。自始全燕时尝略属真番、朝鲜,为置吏,筑鄣塞。秦灭燕,属辽东外徼。汉兴,为其远,难守,复修辽东故塞,至浿水为界,属燕。燕王卢绾反,入匈奴,满亡命,聚党千余人,魋结蛮夷服而东走出塞,渡浿水,居秦故空地上下鄣,稍役属真番、朝鲜蛮夷及故燕、齐亡命者王之,都王险。[1]

显然,卫满与他的"聚党千余人"融入了朝鲜民族。汉武帝时期,卫满的孙子右渠继承王位,他"所诱汉亡人滋多,又未尝入见"[2],还阻拦半岛上的其他小国与汉交往。元封二年(前109年),武帝派涉何入朝责让右渠,右渠不肯臣服。涉何返程中杀朝方送行人员,谎报"杀朝鲜将"。武帝认其有功,任命他为辽东东部都尉。朝鲜怨恨涉何,发兵将其击杀。汉与朝鲜关系恶化,终致兵戎相见。武帝发兵5万,分两路征伐朝鲜。一路由楼船将军杨仆统帅,从齐地渡渤海直攻王险;一路由左将军荀彘指挥,自辽东南下,向朝鲜进兵。第二年,右渠政权内部分化,大臣韩阴、王唊、路人等降汉,尼谿相参杀右渠投诚。汉武帝分朝鲜为真番、

持杖跪坐铜男俑

[1]《史记·朝鲜列传》。
[2]《史记·朝鲜列传》。

临屯、乐浪、玄菟4郡，封参等5人为侯。这4郡除玄菟在今之辽宁新宾一带外，其余三郡都在北朝鲜境内。此一时期，不少汉人到3郡履职，一些商人也随之迁往3郡，随着时间的推移，他们也逐步融入朝鲜族。

卫满代准王统治朝鲜后，准王率部分臣民数千人逃到了汉江以南，攻破马韩，自立为辰韩的国王。准的后代死灭后，马韩人复合立为王。当时汉江之南有三国，即马韩、辰韩和弁韩。三国中马韩力量最强大，其首领被立为辰王，成为三国的领袖。三国中，辰韩与中国的血缘联系最密切。《后汉书·东夷传》记载：

> 辰韩，耆老自言秦之亡人，避苦役，适韩国，马韩割东界地与之，其名国为郡，弓为弧、贼为寇，行酒为行觞。相呼为徒，有似秦语，故或名之为秦韩。

汉皇朝在北朝鲜设郡县管理，与汉江之南的三韩也发生了密切的联系，双方经济文化交流频繁，先进的汉文化对朝鲜的历史发展产生了广泛而深刻的影响。朝鲜与三韩都模仿秦汉两朝建立自己的政治制度和法律制度。首领称王，其下有相、卿等官。"乐浪朝鲜民犯禁三条：相杀以当时偿杀；相伤以谷偿；相盗者男没入为其家奴，女子为婢，欲自赎者，人五十万"。后来"犯禁浸多，至六十余条"[1]。很明显，"犯禁三条"与刘邦的"约法三章"有亲缘关系，那60多条律令产生的背景可能是萧何的"九章律"和张汤、赵禹在武帝时定的309章的汉律。

中国的物质文化对朝鲜半岛的影响更为明显。例如，公元前10世纪左右，中国的制造青铜器的原料和技术就传到朝鲜和三韩，差不多同时，中国稻米的种植技术也传到那里，从而使朝鲜半岛的居民找到了一种长期食用的农作物，在其饮食结构中一直占有比较重要的地位。公元前4世纪以后，随着燕人的势力进入朝鲜，中国的冶铁技术传入朝鲜和三韩。这里考古发掘出土的公元前4世纪以后的铁器农具有锄具、犁铧、镰刀；武器有短剑和枪尖等。铁器的使用大大提高了劳动生产率，使稻米的产量明显增长，由此进一步促进了古朝鲜与三韩社会的分化和文明的发展。在这一时期的考古发掘中还出

持杖跪坐铜女俑

[1]《汉书·地理志》。

西汉玉杯

土了不少战国时期齐、燕等国使用的货币"明刀钱",证明中朝之间的商贸活动是比较发达的。从战国到秦汉时期,中国输入朝鲜和三韩的主要货物是青铜器、铁器和饮食器皿等,朝鲜输入中国的主要是人参、貂皮等土特产品。

从先秦到秦汉时期,中国对朝鲜的影响越来越巨大和深入,尤其是汉武帝在朝鲜设立郡县直接管理的地区更加明显。"在那里中国人的生活方式和制度逐渐地而且不可抗拒地渗入古朝鲜的社会结构中"。"与私有财产意识高度发达的中国人的密切接触,加速了古朝鲜社会的瓦解过程"。"中国人辖区的影响在一些临近的国家也可以感觉到。在这些地区,文化影响最为重要,因为高度发达的中国文化之果十分令人艳羡。例如半岛南部韩国的首领大多数愿意接受象征对乐浪当局臣服的官职、印玺和礼服"[1]。

第四节　"轮台诏"与"昭宣中兴"

一　"海内虚耗,户口减半"——汉武帝末年社会矛盾的加剧

汉武帝是继秦始皇之后又一个雄才大略、功业显赫的伟大帝王。在他在位的54年中,全力打造大有为政治,将西汉的历史推向一个璀璨的顶峰。你看,他抑三公,任尚书,大大加强了皇帝专权,他推行"左官律"、"附益法"、"推恩令",最后解决了诸侯王割据称雄的问题;他设十三部刺史监察郡县,大大加强了中央集权;他实行盐铁官营、酒专卖、统一货币、平准均输、算缗告缗等一系列政策,加强了经济上的集中统制;他一反和亲政策,北伐匈奴,基本上解除了来自北方的武力威胁;他大力经营西南夷,在边远的滇、川、黔地区设置郡县,促进了那里的封建化进程和经济文化的发展;他派张骞通西域,把大汉帝国的军旗插上了帕米尔高原,使清脆的驼铃声昼夜响彻丝绸之路的上空。汉武帝的这些措施,提高了中华民族的声威,使古老的中国文明远播海外。但是,这些足以使炎黄

[1] 李基白著,历帆译:《韩国史新论》,国际文化出版公司1994年版,第23页。

子孙引为自豪的辉煌成就,却是以"海内虚耗,户口减半"为代价的。汉武帝建立了永垂青史的英雄业绩,但也成为导致西汉社会由盛及衰的转折人物。

汉武帝统治时期,汉代社会矛盾趋向尖锐化,这固然有历史发展积累的因素,但与汉武帝本人好大喜功,"内兴功业,外攘夷狄"有着更直接的关系。

汉武帝从继承帝位到他71岁逝世,50多年间,几乎无日不在用兵。所有这些战争,都造成了将士的死亡,财物的消耗,加重了劳动人民的赋税、徭役和兵役的负担。

汉武帝对东瓯、闽越与南越的用兵规模较小,成绩很大,完成了秦始皇没有完成的对东南和南方的统一。但即使对南越的小规模用兵,也是出师10万,兵分四路,浴血战斗达一年之久,财政开支与士卒伤亡也是相当可观的。

汉武帝对"西南夷",更多地使用政治手段达到使其归属的目的。为了修筑沟通巴蜀和西南夷的道路,"发巴蜀广汉卒,作者数万人,治道二岁,道不成,士卒多物故,费以亿万计"[1]。以后,又两次发巴蜀之兵讨伐西南夷,搞得巴蜀民怨沸腾。

西汉铜马与铜俑

汉武帝对匈奴的战争持续的时间最长,战争规模最大,造成的损失也最严重。元光二年(公元前133年),一次出兵30万。前128—前117年间,又频频出兵,每次都兵分多路,数以万计,损失士卒十数万人,战马10余万匹。以后二三十年间,仍然不断地出击。公元前99年李广利率三万骑出酒泉,天山一战,士兵死亡十之六七。第二年,再出兵20余万,分三路进攻匈奴,无功而返。公元前91年,又遣李广利等率兵14万人分三路出击,被匈奴打得大败,李广利投降。

汉武帝的这些征伐战争造成了社会财富的巨大消耗,使汉皇朝的财政几乎面临崩溃。《汉书·食货志》对此曾做了十分详尽的叙述:

> 武帝因文景之畜,忿胡、粤之害,即位数年,严助、朱买臣等招徕东瓯,事两粤,江淮之间萧然烦费矣。唐蒙、司马相如始开西南夷,凿山通道千余里,以广巴蜀,巴蜀之民罢焉。彭吴穿秽貊、朝

[1]《汉书·司马相如传》。

西汉粉彩骑俑

鲜，置沧海郡，则燕齐之间靡然发动。及王恢谋马邑，匈奴绝和亲，侵扰北边，兵连而不解，天下共其劳。干戈日滋，行者赍，居者送，中外骚扰相奉，百姓抏敝以巧法，财赂衰耗而不澹。入物者补官，出货者除罪，选举陵夷，廉耻相冒，武力进用，法严令具，兴利之臣，自此而始。其后卫青岁以数万骑出击匈奴，遂取河南地，筑朔方。时又通西南夷道，作者数万人……悉巴蜀租赋不足以更之，乃募豪民田南夷，入粟县官，而内受钱于都内。东置沧海郡，人徒之费疑于南夷。又兴十余万人筑卫朔方，转漕甚远，自山东咸被其劳，费数十百巨万，府库并虚。乃募民能入奴婢得以终身复，为郎增秩，及入羊为郎，始于此。此后四年，卫青比岁十余万众击胡，斩捕首虏之士受赐黄金二十余万斤，而汉军士马死者十余万，兵甲转漕之费不与焉。于是大司农陈臧钱经用，赋税既竭，不足以奉战士。有司请令民得买爵及赎禁锢免臧罪；请置赏官，名曰武功爵。级十七万，凡直三十余万金。……其明年，票骑仍再出击胡，大克获。浑邪王率数万众来降，于是汉发车三万辆迎之。既至，受赏，赐及有功之士。是岁费凡百余巨万。……天子为伐胡故，盛养马，马之往来食长安者数万匹，卒掌者关中不足，乃调旁近郡。而胡降者数万人皆得厚赏，衣食仰给县官，县官不给，天子乃损膳，解乘舆驷，出御府臧以澹之。其明年，山东被水灾，民多饥乏……乃徙贫民于关以西，及充朔方以南新秦中，七十余万口，衣食皆仰给予县官。数岁，贷与产业，使者分部护，冠盖相望、费以亿计，县官大空。

为了挽救"外事四夷"造成的如此严重的财政危机，汉武帝任用桑弘羊进行了一系列的财政改革。虽然史册赞扬桑弘羊的做法使"民不益赋而国用富饶"，但所有庞大的财政开支最终一定要通过不同的中间环节转嫁给广大人民。

如果说汉武帝的"外事四夷"还有不少积极意义的

话，那么，他的穷奢极欲只能给整个社会带来灾难性的后果。他喜好声色狗马，大造离宫别馆。一个上林苑，周围数百里，囊括了几个县的土地。《汉书·扬雄传》载："武帝广开上林，南至宜春、鼎湖、御宿、昆吾，旁南山而西，至长扬、五柞，北绕黄山，濒渭而东，周袤数百里。穿昆明池象滇河，营建章、凤阙、神明、馺娑、渐台、泰液象海水周流方丈、瀛洲、蓬莱。游观侈靡，穷妙极丽。"这样的一个苑囿，"坏人冢墓，发人室庐"，使数以万计的农户破产失业，诚如东方朔所沉痛劝谏的："上乏国家之用，下夺农桑之业，弃成功，就败事，损耗五谷。"[1]在这个幅员广大的苑囿里，到处建有不同风格的宫室，掩映在花草树木湖水之中，宛如仙境。建章宫是这样的穷极壮丽："度为千门万户。其东则凤阙，高二十余丈。其西则唐中，数十里虎圈。其北治大池，渐台高二十余丈，命曰太液池。……其南有玉堂，壁门、大鸟之属。立神明台，井榦楼，度五十丈，辇道相属焉。"[2]

秦始皇的阿房宫亦不过如此吧！汉武帝就不断变换着宫室，过着极其荒淫无耻的生活。据《武帝故事》一书记载："起明光宫，发燕、赵美女二千人充之。率取年十五以上、二十以下，满四十者出嫁。掖庭令总其籍，时有死出者补之。凡诸宫美人可有七八千。……常从行郡国，载之后车，与上同辇者十六人，员数恒使满，皆自然美丽，不假粉白黛黑。侍衣轩者亦如之。上能三日不食，不能一日无妇人。"汉武帝频繁对外用兵，除了开拓疆域的用意之外，还有搜寻珍奇异物供自己享受的目的。班固在《汉书·西域传赞》中就指明了这一点："孝武之世……天下殷富，财力有余，士马强盛，故能睹犀布瑇瑁，则建珠崖七郡；感枸酱竹杖，则开牂牁越巂；闻天马蒲陶，则通大宛安息。自是之后，明珠、文甲、通犀、翠羽之珍，盈于后宫；蒲稍、龙文、鱼目、汗血之马，充于黄门；巨象、狮子、猛犬、大雀之群，食于外囿。殊方异物，四面而至。"

汉武帝同秦始皇一样，喜欢到处巡行。他即位之后，即连年出巡。北至塞外，南至湘衡，东至大海，西至陇西，都留下了他的足迹。每次出游，都带着庞大的队伍，陆上旌旗蔽空，水上舳舻百里，所过之处，大事铺张，闹得鸡犬

苏武牧羊图

[1]《汉书·东方朔传》。
[2]《资治通鉴》卷二二《汉纪一三》。

西方人穿中国的丝织服装

不宁。他还特别喜欢在外国使臣面前炫耀自己的富有和奢华。《史记·大宛传》记载:"是时上方数巡狩海上,乃悉从外国客,大都多人则过之,散财币以赏赐,厚具以饶给之,以览示汉富厚焉。于是大觳抵,出奇戏诸怪物,多聚观者,行赏赐,酒池肉林。令外国客遍观各仓库府藏之积,见汉之广大,倾骇之。"上面曾提到,汉武帝对匈奴降者的赏赐之厚,待遇之优,简直超过了对待自己那些在前线经年厮杀的战士。这种处处摆阔气,讲排场,甚至打肿脸充胖子的行径背后,隐藏着劳动人民的多少斑斑血泪。

与秦始皇一样,汉武帝既追求极度奢靡的生活,又希望这种生活永久继续下去,为此,还发疯般地追求长生不老之术,到处供奉天地日月星辰以及其他名目繁多的神灵怪异。他的周围麇集着一大群齐燕的方士、巫女,向他宣扬海上蓬莱仙境、地上昆仑瑶池等虚无缥缈的仙境,以及形形色色炼丹、辟谷等成仙之术。他相信长陵巫女神君的鬼话,让她招引神仙。又将李少君和齐人少翁、栾大、公孙卿等方士奉为上宾。封少翁为文成将军,奕大为乐臣侯、五利将军,妻以公主,任公孙卿为郎,供给大量的金钱财物,任其恣意挥霍,屡屡受骗上当而仍执迷不悟。

汉武帝平日的生活,从饮食、服饰、车马、宫室,无不极尽奢靡之能事,一个马鞍子也要雕成价值连城的稀世之宝。"武帝时,身毒国献连环羁,皆以白玉作之,玛瑙石为勒,白光琉璃为鞍,鞍在闇室中,常照十余丈,如昼日。自是长安始盛饬鞍马,兢加雕镂,或一马之饰值百金。"[1]由于汉武帝带头穷奢极欲,贵族、官僚、地主、富豪群起效尤。正如东方朔所说,"上为淫侈如此,而欲使民独不奢伪失农,事之难也。"[2]鲁恭王刘余,喜欢斗鸡、鹅、雁,热衷养孔雀和鸂鶒,为此一年费去二千石粮食[3]汉武帝的宠臣韩嫣喜欢玩弹弓,弹丸以金铸成,每天要弹出十多枚。长安为此编出歌谣说:"苦饥寒,逐金丸。"居住在韩嫣附近的儿童,每看到他出来打鸟,就群起紧紧追赶,看到金弹弹出落地,就一窝蜂般地去抢拾[4]茂陵有一个叫袁广汉的豪富,有财巨亿,家僮八九百人。他在北邙山下修建了一处园林,东西宽四里,南北长五里。构石为山,高10余丈。引水为渠,绕山蜿蜒数里。园中养鹦鹉、紫鸳鸯、牦牛、青兕

1《西京杂记》卷二。
2《汉书·东方朔传》。
3《西京杂记》卷二。
4《西京杂记》卷四。

等珍禽异兽。在河中的沙洲上,种满了奇树异草,引得江鸥、海鹤纷纷前来居住、产卵、繁衍下一代。山上山下,楼台殿阁,徘徊连属,重阁修廊,弯弯曲曲,简直仙境一般。一个人从早到晚,也难以全都游遍[1]。整个统治阶级如此的铺张浪费,纸醉金迷,必然想方设法地增加剥削,带给劳动人民日甚一日的苦难。汉武帝时期,封建国家对劳动人民的赋役剥削显著增加了。幼儿3岁开始缴纳口钱(原规定7岁),并增加3文的"补车骑马"。算赋也在原额以外加征30文。服役的年龄也突破了原有规定(23岁—56岁),应征服兵役和徭役的人中,不仅有十二三岁的童子,还有65岁的老人。"田鱼重税,关市急征,泽梁毕禁,网罟无所布,耒耜无所设,民力竭于徭役,财用殚于会赋,居者无食,行者无粮,老者不养,死者不葬,赘妻鬻子,以给上求,犹弗能赡"[2]。不仅如此,由于地主豪富勾结官府,偷税逃役,把大量赋役转嫁到劳动人民头上,进一步增加了劳动人民的苦难,加速了他们的破产流亡。正如《盐铁论·未通》所说:"往者军阵数起,用度不足,以赀征赋,常取给贱民。田家又被其劳,故不齐出于南亩也。大抵逋赋,皆在大家,吏正畏惮,不敢笃责,刻急细民,细民不堪,流亡远去。中家为之包出,后亡者为先亡者服事。录民数创于恶吏,故相仿效,去尤甚而就少愈。"

玉门关遗址

　　为了维护汉皇朝的专制统治,镇压劳动人民的反抗,保证赋税的收取和徭役的征发,汉武帝还进一步强化了封建法律,大大加重了刑罚,文景时期的"省刑"被抛到了九霄云外。为了与强化封建法律相适应,汉武帝愈来愈多地任用酷吏,作为加强专制主义中央集权、对付豪强和镇压人民的工具。结果是"亡义而有财者显于世,欺谩而善书者尊于朝,悖逆而勇猛者贵于官"[3]。他们积极协助汉武帝追逐法外的权力,蔑视法律,任意胡为,以杀伐为手段,治狱特别酷烈。他们的积极作用虽然也有一点,但由于其主要杀戮镇压的对象是劳动人民,所以这种肆无忌惮的迫害必然激化阶级矛盾。

　　当时的广大劳动人民,不仅受到封建国家沉重的赋税和徭役的剥削,而且还时时受到各地骑在自己头上的贵族、官僚、地主和商人的肆意掠夺和盘剥。这其中的典

[1]《西京杂记》卷三。

[2]《淮南子·本经训》。

[3]《汉书·贡禹传》。

阳关遗址

型，如杀人越货的济东王刘彭离，贪得无厌的赵王刘彭祖，任意侵占百姓田产的淮南王刘安，大放高利贷的旁光侯刘殷，骄奢淫逸的武安侯田蚡，威风超过郡守的逃逸酷吏宁成，富埒王侯的铁商、盐商、粮商、放高利贷者孔仅、卓王孙、曹邴、刀间、周师史等。他们的存在犹如章鱼的巨大吸盘，不断吮吸着小民的最后一滴血。

在封建国家、贵族、官僚、地主和富商大贾层层盘剥下的广大劳动人民，特别是农民，自然过着十分艰窘的生活。还在号称"盛世"的汉景帝时期，著名政治家晁错就在一篇上书中描绘了一幅自耕农生活的辛酸图："今农夫五口之家，其服役者不下二人，其能耕者不过百亩，百亩之收不过百石。春耕夏耘，秋获冬藏，伐薪樵，治官府，给徭役，春不得避风尘，夏不得避暑热，秋不得避阴雨，冬不得避寒冻，四时之间亡日休息，又私自送往迎来？吊死问疾，养孤长幼在其中。勤苦如此，尚复被水旱之灾，急征暴虐，赋敛不时，朝令而暮改。当具有者半价而卖，亡者取倍称之息，于是有卖田宅鬻子孙以偿责者矣。"[1]到了汉武帝的时候，劳动人民的生活更加艰难了。在其即位之初，"河南贫人伤水旱万余家，或父子相食"[2]。建元年间，"数年岁比不登，民待卖爵赘子以接衣食"[3]。历史仿佛开玩笑一样，在汉武帝进一步迈开他的步子前进时，触目惊心的煞风景的灾难老是如影相随：

武帝建元三年（前138年）春，"河水溢于平原，大饥，人相食"[4]。

武带元狩元年（前122年）十二月，"大雨雪，民冻死"[5]。

武帝元鼎二年（前115年）三月，"大雨雪。夏，大水，关东饿死者以千数"[6]。

武帝元鼎二年（前115年），"平原、勃海、泰山、东郡普被灾害，民饥死于道路"[7]。

武帝元鼎三年（前114年）三月，"水冰。四月雨雪，关东十余郡人相食"[8]。

元封二年（前109年），"大寒，雪深五尺，野鸟兽皆死，牛马皆踡跼如猬，三辅人民冻死者十有二三"[9]。

人祸加天灾，逼使百姓流离失所。到元封四年（前107

---

[1]《汉书·食货志》。
[2]《汉书·汲黯传》。
[3]《汉书·严助传》。
[4]《汉书·武帝纪》。
[5]《汉书·武帝纪》。
[6]《汉书·武帝纪》。
[7]《汉书·魏相传》。
[8]《汉书·五行志》。
[9]《西京杂记》卷三。

年），关东流民已达200万口，这些由于沉重的赋役和官僚、地主、大工商主剥削而失去土地、无衣无食、备受生活熬煎的流民，本身就是一座又一座的火药库，随时可以酿成反抗朝廷的猛烈爆炸。随着各种社会矛盾的不断激化，到武帝后期，农民起义的星星之火已经在关中和其他不少地方燃烧起来。天汉二年（前99年）前后逐渐汇聚组合成几支较大的起义军。如活跃于南阳的梅免、白政起义大军，驰骋于原楚国旧地的殷中、杜少起义军，战斗在泰山周围的徐勃起义军，冲杀在燕、赵地区的坚庐、范生起义军等，它们自立名号，攻城略地，洗劫府库，释放囚徒，杀死郡守县令，搅得统治者坐卧不宁。汉武帝诏命御史中丞、丞相长史、绣衣使者督率郡守县令全力镇压，又制定对各级官吏实行连做的"沈命法"："群盗起不发觉或发觉而捕弗满品者，二千石以下至小吏主者皆死。"[1]在绣衣御史暴胜之等人的监察督责下，在关东的地方官卖力的镇压下，加之又实行了一些缓和社会矛盾的政策，到太始二年（前95年），农民起义军基本上归于沉寂。这些起义军虽然失败了，但它推动历史发展的作用还是明显的。它一方面给西汉皇朝以沉重打击，一方面也给了处在飘飘然、昏昏然状态的汉武帝一副清醒剂，使之在洋洋盈耳的臣子们的颂歌之外，也听到了百姓愤怒的吼声，在客观上形成推动汉武帝在晚年转变政策的巨大力量。

提英木古城遗址

二　"戾太子之狱"和"轮台诏"

在汉武帝晚年，他面对的不仅有日趋激化的社会矛盾，尤其是剥削阶级与被剥削阶级不断激化的矛盾，而且还有统治集团争权夺利的内部矛盾。这一矛盾最后酿成了征和二年（前91年）汉武帝与其太子父子相残的一幕悲剧，史称"戾太子之狱"。

汉武帝的太子刘据是皇后卫子夫在元朔元年（前128年）为他生下的长子。在相当长的时间内，刘据的太子地位是相当巩固的。这是因为，一、它是武帝下诏预立的法定继承人，已布告天下，在全国臣民中有着广泛影响。二、在他周围形成了一个强有力的权势集团。他的舅父卫青在其出生前已任车骑将军，主持对匈奴的军事。元朔五年

[1]《史记·酷吏列传》。

交河故城

（前124年）又升任大司马大将军，成为朝廷最高决策机构中朝的首领。元狩元年（前122年），他的表兄霍去病任骠骑将军，在对匈奴战争中屡建奇功。后来也官至大司马，成为朝廷重臣。10多年的对匈奴战争，使汉皇朝取得了开疆拓土的巨大胜利，也造就了以卫青、霍去病为代表的军人权势集团。其中李广、张骞、公孙贺、李蔡、曹襄、韩朔、苏建、李息、公孙敖、李沮、张次公、赵信、郭昌、荀彘、路博德、赵破奴等，皆有名于时。他们或出将入相，或为九卿郡守，一时间成为朝廷的中心。有这样的权势集团为后盾，刘据的太子地位，自然是深固不摇。三、相当长的时间内，汉武帝对太子寄予厚望，加意培养，期盼他成功接班。"少壮，诏受《公羊春秋》，又从瑕丘江公受《谷梁》。及冠就宫，上为立博望苑使通宾客，从其所好"[1]。后来，当卫皇后和太子因感到宠衰不自安时，汉武帝还特意让卫青传话给他们母子：

> 汉家庶事草创，加四夷侵凌中国，朕不变更制度，后世无法；不出师征伐，天下不安；为此者不得不劳民。若后世又如朕所为，是袭亡秦之迹也。太子敦重好静，必能安天下，不使朕忧。欲求守文之主，安有贤于太子者乎！闻皇后与太子有不安之意，岂有之邪？可以意晓之。[2]

这时，武帝不仅没有改易太子的念头，而且创造条件让他参与政务，以便在实践中增长才干，"上每行幸，常以后事付太子，宫内付皇后；有所平决，还，白其最，上亦无异，有时不省也"[3]。

然而，刘据的太子地位并不总是安于磐石，因为构成他地位稳固的那些条件并非一成不变。首先，随着对匈奴和周边少数民族战争的结束，军人权势集团的地位逐渐削弱了。元狩六年（前117年），霍去病英年早逝。元封五年（前106年），卫青病逝。皇后与太子由此失去有力的奥援。其次，随着卫子夫年老色衰，汉武帝已经移情其他宠妃王夫人、李姬、李夫人，最后是钩弋夫人。卫子夫的皇后名分虽在，但武帝对她却越来越疏远，贵为皇后想见武帝一面已非常困难。疏生隙，隙生疑，疑生怨，怨生仇。卫子夫对武帝日益增长的疑惧情绪必然传染给儿子，影响太子对

[1]《汉书·武五子传·戾太子刘据》。
[2]《资治通鉴》卷二二《汉纪》一三。
[3]《资治通鉴》卷二二《汉纪》一三。

父亲的感情。再次，到武帝晚年，太子身边出现了皇位的有力竞争者，如燕王刘旦、广陵王刘胥，特别是钩弋夫人怀孕14个月生下的刘弗陵"壮大多知，上常言'类我'，又感其生与众异，甚其爱之"[1]，更是潜在的威胁。更为严重的是，由于太子与武帝在许多重大问题上意见不尽一致，使朝臣分成了拥太子派和反太子派，"群臣宽厚长者皆附太子，而深酷用法皆毁之；邪臣皆党与，故太子誉少而毁多"[2]，特别是宵小之徒在其中拨弄是非，使父子之间的关系变得越来越冷漠，越来越敏感，越来越脆弱，越来越不可捉摸。一有风吹草动，父子都可能采取非理智的行动。恰在此时，发生了巫蛊事件。西汉盛行巫蛊术，办法是将桐木刻制的偶人作为自己仇人的象征埋入地下，意在为其下葬，然后念咒表达自己的愿望，并以祭祀祈求鬼神佑助法求成功。征和二年（前92年），发生了致丞相公孙贺一家族灭的巫蛊案。原来公孙贺因随卫青征伐匈奴有功，又与武帝有连襟之亲（其妻是卫子夫之姊），备受重用。他为丞相，其子公孙敬声为太仆，父子并居公卿位，一时宠贵莫比。但公孙敬声"骄奢不奉法"，"擅用北军钱千九百万"。案发后，公孙贺救子心切，自请捕获阳陵大侠朱安世以赎子之罪。谁知朱安世狱中上书，揭发公孙敬声"使人巫祭祠诅上"[3]，经有司按验属实，公孙贺父子死狱中，灭族。卫子夫生的诸邑公主、阳石公主以及卫青的儿子长平侯卫伉亦牵连遭诛。正当卫子夫和太子为此案一夕三惊，惴惴不安之际，与太子结怨的武帝宠臣江充借机制造巫蛊案陷害太子。江充带人亲赴太子宫，掘得桐人、帛书，并向武帝奏言太子大逆不道。由于卫子夫和太子向武帝辩白的途径被江充堵死，太子只得带兵于征和二年（前91年）七月壬午首先发难，逮捕并诛杀江充，然后攻入丞相府。武帝知悉此事后，下诏发三辅近县兵马及朝中二千石以下官员，由丞相刘屈氂统帅讨伐太子。太子亦矫制发长安都中囚徒，授以武库兵器，指令太子少傅石德统帅，与刘屈氂指挥的兵马对战。一时间，长安街头刀光剑影，杀声震天，血肉纷纶。经过五天的厮杀，太子兵败，逃出长安。武帝严令全国缉拿。太子带着家人逃亡至湖（今河南灵宝西），藏在泉鸠里一户清贫人家，后被发觉，遭到地方官吏

居延汉简

[1]《汉书·外戚传》。
[2]《资治通鉴》卷二二《汉纪一三》。
[3]《汉书·公孙贺传》。

高昌故城

围捕。太子知道难以逃脱，即"入室距门自经"，两个儿子也被杀死。在此之前，卫皇后已经被逼令自杀。此一事变的结果，是卫皇后家族及其与武帝生的儿女孙辈，除太子刘询被侥幸救出外，尽皆死于非命。当沸沸扬扬的巫蛊事件尘埃落定，许多人都不相信它的真实性，高寝郎田千秋上书为太子讼冤，使武帝清醒过来，立即晋升田千秋为大鸿胪，数月以后，又任命他代刘屈氂为丞相，封富民侯。他转而将后悔之怒转到佞臣江充身上，下令族灭其家，将其同党苏文烧死在横桥上。又命作思子宫，筑归来望思之台于太子殉难的湖县。

武帝晚年，接二连三的农民起义，再加上骨肉相残的戾太子之狱，促使他开始反思自己好大喜功的多欲政治。征和元年（前89年）三月，在泰山封禅时，对群臣说："朕即位以来，所为狂悖，使天下悉苦，不可追悔。自今有伤害百姓，靡费天下者，悉罢之。"接着，他听从田千秋的建议，罢斥方士侯神之人，醒悟地说："向时愚惑，为方士所欺。天下岂有仙人，尽妖妄耳！节食服药，差可少病而已。"[1]六月，当桑弘羊等建议派兵募民远戍轮台（今新疆轮台东）时，汉武帝否定了他们的意见，下了著名的"轮台诏"，反省自己外事四夷、内兴功业的过错，其中说："当今务在禁苛暴，止擅赋，力本农，修马复令，以补缺，毋乏武备而已。"[2]这一反思，成为他晚年转变政策的思想基础。接着，封田千秋为富民侯，又以赵过为搜粟都尉，推广代田法，发展生产，与民休息，为后来的"昭宣中兴"创造了条件。垂暮之年的汉武帝，除了对自己的一生功过进行反思外，考虑最多的就是皇位继承人选了。思之再三，他决定立年仅七岁的少子刘弗陵为太子。后元元年（前88年）七月，在他决定立刘弗陵为太子的同时，下令将其生母、年轻的钩弋夫人赐死。此一举措将朝野惊得目瞪口呆。面对臣民"且立其子，何去其母"的疑惑，武帝解释说："是非儿曹愚人之所知也。往古国家所以乱，由主少，母壮也。女主独骄蹇，淫乱自恣，莫能禁也。汝不闻吕后邪！故不得不先去之也。"[3]第二年二月乙丑，71岁高龄的汉武帝病卧五柞宫，他自知不久于人世，于是正式下诏立刘弗陵为皇太子。只隔一天，武帝即崩逝。由于武帝晚年宣布改弦更张，恢复文

[1]《资治通鉴》卷二二《汉纪一三》。

[2]《资治通鉴》卷二二《汉纪一三》。

[3]《资治通鉴》卷二二《汉纪一三》。

景时期的政策,加上顾命大臣霍光等人选举得人,就使西汉皇朝在武帝后又出现了一个较为稳定的发展时期,史称"昭宣中兴"。后来,司马光对汉武帝做了比较中肯的评价:

> 孝武穷奢极欲,多刑重敛,内侈宫室,外事四夷,信惑神怪,巡游无度,使百姓疲敝,起为盗贼,其所以异于秦始皇者无几矣。然秦以之亡,汉以之兴者,孝武能遵先王之道,知所统守,受忠直之言,恶人欺蔽,好贤不倦,诛赏严明,晚而改过,顾托得人,此其所以有亡秦之失而免亡秦之祸乎![1]

三　"昭宣中兴"

武帝之后的昭帝(前86—前81年)、宣帝(前80年—前49年)在位的近40年间,继续汉武帝晚年以"轮台诏"为标志实行的"与民休息"政策,缓和与匈奴等周边少数民族的紧张关系,缓和汉武帝时期一度激化的社会矛盾和阶级矛盾,使汉皇朝又呈现了社会安定、生产发展和经济繁荣的局面。

昭帝继位时年仅8岁,汉皇朝的大权掌握在大将军霍光、车骑将军金日磾、左将军上官桀、御史大夫桑弘羊手中。其中霍光作为武帝临终托付"行周公之事"的首席顾命大臣,在昭帝时领尚书事,成为中朝的首领,更是权倾朝野,一言九鼎,成为权力中心。霍光忠实执行武帝遗嘱,为"昭宣中兴"作出了杰出贡献。

昭、宣时期"与民休息"政策的主要内容是轻徭、薄赋、节俭、省刑和恢复对匈奴等少数民族的和亲等。请看《汉书》昭宣两个帝纪中对此类内容的记载:

> 始元元年 (前86年) 闰九月,遣故廷尉王平等五人持节行郡国,举贤良,问民所疾苦、冤、失职者。
> 始元二年 (前85年) 三月,遣使者振贷贫民毋种、食者。秋八月,诏曰:"往岁灾害多,今年蚕麦伤,所振贷种、食勿收责,毋令民出今年田租。"
> 始元年四年 (前83年) 三月,诏辞讼在后二年前,皆勿听治。秋七月,诏曰:"比岁不登,民匮

霍光像

[1]《资治通鉴》卷二二《汉纪三》。

汉武帝茂陵

于食，流庸未尽还，往时令民共出马，其止勿出。诸给中都官者，且减之。"

始元五年（前82年），夏，罢天下亭母马及马弩关。

始元六年（前81年），秋七月，罢榷酤官，令民得以律占租，卖酒升四钱。

元凤二年（前79年）六月，诏曰："朕闵百姓未赡，前年减漕三百万石。颇省乘舆马及苑马，以补边郡三辅传马，其令郡国毋敛今年马口钱，三辅、太常郡以叔粟当赋。"

元凤三年（前78年）春正月，罢中牟苑赋贫民，诏曰："乃者民被水灾，颇匮于食，朕虚仓廪，使使者振困乏。其止四年毋漕。三年以前所振贷，非丞相御史所请，边郡受牛者勿收责。"

元凤四年（前77年），毋收四年、五年口赋。三年以前逋更赋未入者，皆勿收。

元凤六年（前75年）夏，诏曰："天下以农桑为本。日者省用，罢不急官，减外徭，耕桑者益众，而百姓未能家给，朕甚愍焉。其减口赋钱。"有司奏请减什三，上许之。

宣帝本始元年（前73年）五月，租税勿收。

本始三年（前71年）五月，大旱，郡国伤旱甚者，民毋出租赋。三辅民就贱者，且勿收事，尽四年。

本始四年（前70年）春正月，诏曰："盖闻农者兴德之本也，今岁不登，已遣使者振贷困乏。其令太官损膳省宰，乐府减乐人，使归就农业。丞相以下至都官令丞上书入谷，输长安仓，助贷贫民。民以车船载谷入关者，得毋用传。"

本始四年（前70年）夏四月壬寅，郡国四十九地震，或山崩水出。诏曰："……律令有可蠲除百姓，条奏。被地震坏败甚者，勿收租赋。"

地节三年（前67年）冬十月，诏曰："……朕既不德，不能附远，是以边境屯戍未息。今复饬兵重屯，久劳百姓，非所以绥天下。其罢车骑将军、右将军屯兵。"又诏："池籞未御幸者，假与贫民。

郡国宫馆，勿复修治。流民还归者，假公田，贷种、食，且勿算事。"

地节四年（前66年）二月，诏曰："……今百姓或遭衰绖凶灾，而吏徭事，使不得葬，伤孝子之心，朕甚怜之。自今诸有大父母、父母丧者勿徭事，使得收敛送终，尽其子道。"

五月，诏曰："父子之亲，夫妇之道，天性也。……自今子首匿父母，妻匿夫，孙匿大父母，皆勿坐。其父母匿子，夫匿妻，大父母匿孙，罪殊死，皆上请廷尉以闻。"

九月，诏曰："朕惟百姓失职不赡，遣使者循行郡国问民所疾苦。吏或营私烦扰，不顾厥咎，朕甚闵之。今年郡国颇被水灾，已振贷。盐，民之食，而贾咸贵，众庶重困。其减天下盐贾。"又曰："令甲，死者不可生，刑者不可息。此先帝之所重，而吏未称。今系者或以掠辜若饥寒瘐死狱中，何用心逆人道也！朕甚痛之。其令郡国岁上系囚以掠笞若瘐死者所坐名、县、爵、里，丞相、御史课殿最以闻。"

元康元年（前65年）三月，诏曰："……加赐鳏、寡、孤、独、三老、孝弟力田帛。所振贷勿收。"

元康二年（前64年）五月下诏禁用"用法或持巧心，析律贰端，深浅不平，增辞饰非，以成其罪"的官吏。"其令郡国被灾甚者，毋出今年租赋"。

神爵元年（前61年）三月，行幸河东，诏曰："……所振贷物勿收。行所过勿收田租。"

五凤三年（前55年）三月，行幸河东，诏曰："……减天下户口钱。赦殊死以下。"

五凤四年（前54年）正月，以边塞无寇，减戍卒什二。大司农中丞耿寿昌奏设常平仓，以给北边，省转漕。

四月，诏曰："……以前使使者问民所疾苦，复遣丞相、御史掾二十四人循行天下，举冤狱，察擅为苛禁深刻不改者。"

汉茂陵，霍去病陪葬墓

楼兰故地

甘露二年（前52年）正月，诏曰："……其赦天下，减民算三十。"

十二月，匈奴呼韩邪单于款五原塞。汉匈间实现和平。

甘露三年（前51年）二月，诏"新蔡毋出今年租"。

以上文献证明，昭宣两朝基本上回归了文景时期的政策。由于轻徭、薄赋、节俭、省刑等措施的不断推行，再补以假民公田、赈贷、奖孝弟力田、特赦罪囚、抚恤鳏寡孤独等举措，尤其是不断缓和的与匈奴等周边少数民族的关系提供了一个和平和安定的社会环境，百姓们的生产和生活条件较之武帝时期又有了明显的改善。不过，汉朝在这一时期的政策转变伴随着统治集团内部统治思想的一场大辩论以及与之相联系的一连串的争权夺利的斗争。

在武帝临终前托付的四位顾命大臣中，大将军霍光和御史大夫桑弘羊之间在武帝之后汉皇朝的统治理念和政策走向问题上存在很大分歧。桑弘羊是一位理财专家。武帝时期掌管汉皇朝的财政大权达30年之久，为这一时期外攘夷狄、内兴功作的大有为政治提供了巨大的财政支持，其功不可没。然而，这一巨大的财政开支最终都转嫁到一般百姓身上，由此引发的阶级矛盾和社会矛盾的激化使汉皇朝面临着空前的危机。汉武帝晚年已觉悟到必须恢复文景时期的与民休息政策，而霍光正是这一政策的忠实执行者。桑弘羊在武帝生前提出轮田屯戍和增加口赋等的建议被否定后，仍旧坚持武帝前期大有为政治的理念和政策。由于二人背后都有一批坚定的支持者拥护者，双方的斗争就不可避免。昭帝始元五年（前82年），霍光接受谒者杜延年的建议，以昭帝名义发布诏书，令三辅、太常举贤良、郡国举文学共60多人。这些儒学知识分子都是"仁政"统治理念和政策的拥护者，霍光的坚定支持者。第二年，霍光又以昭帝名义命丞相田千秋和御史大夫桑弘羊共同召集这60多位贤良文学。就汉皇朝的统治思想和政策进行了一场大辩论。因为这场辩论围绕着盐铁官营等政策进行，所以史称"盐铁会议"。宣帝时命桓宽对这次会议的内容作了一次梳理归纳，这就是留传后世的《盐铁论》一书。《盐铁论》详细记载了贤良文学同桑弘羊之间针锋相对的辩诘。在统治思想上，贤良文学以"德治"、"仁政"批判桑弘羊坚持的"严刑峻法"，以"仁义"批判桑弘羊的"权"和"利"只能由国家掌控而不能让与百姓的观念。贤良文学对盐铁官营、酒专卖、均输平准等经济财政政策所产生的弊端进行了淋漓尽致的揭露和批判。指出这一政策一方面造成官商勾结发大财，一方面使广大百姓得到"木耕手耨，土耰啖食"[1]的苦果。在对匈奴问题上，贤良文学批判桑弘羊坚持的一以贯之的战争观点，主张恢复"偃兵休士，厚币结和亲"[2]的既往方略。尽管双方的观点都有正确的方面，也都有偏颇之处，但总体上看，贤良文学的观点虽不乏迂腐之气，然而在当时的历史条件下，他们却是对与民休息政策的积极回应，为这一政策的实施提供了比较适宜的理论，他们提出的一些建议如假民公田、减免赋税徭役、降低盐价、贷种子、口粮给贫苦农民，整顿吏治等也逐步付诸实行。

　　盐铁会议以后，桑弘羊与霍光的矛盾进一步发展。为了对付霍光，桑弘羊参加了燕王刘旦和盖长公主（皆为武帝子女）、左将军上官桀、车骑将军上官安等的夺取皇位的政变阴谋。元凤元年（前80年）九月，这一阴谋败露，昭帝下诏将上官桀、上官安父子、桑弘羊和盖长公主的面首丁外人等诛杀，刘旦自缢身死。宣帝即位后，统治集团内部争夺财产和权利的斗争依然存在。两朝为大司马大将军的霍光权侔人主，炙手可热。他的儿子、女婿、姻亲故旧也跻身高官行列，小小女儿也嫁与宣帝为妃，形成了一个把持朝政的利益集团。霍光夫人为了使自己的女儿晋升皇后，竟勾结女侍医淳于衍毒死宣帝皇后许氏。地节二年（前68年）霍光死去，宣帝开始裁抑霍氏集团的权力。霍光之子、继任大司马大将军的霍禹等意识到逼近自己的危险，秘密策划废宣帝自立的阴谋。地节四年（前66年）七月，霍禹等的密谋泄露，宣帝下令诛杀了霍光夫人、霍光儿子大司马大将军霍禹、霍去病之孙冠阳侯霍云、乐平侯霍山、霍光的两个女婿度辽将军范明友、长信少府邓广汉以及其他亲信中郎将任胜、骑督尉赵平等，汉皇朝的权柄

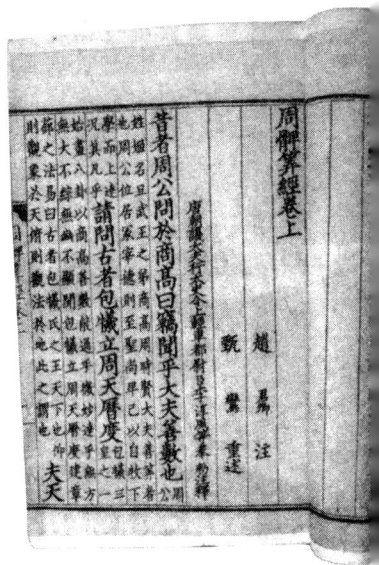

《周髀算经》卷首（宋刻本）

[1]《盐铁论·水旱》。
[2]《盐铁论·击之》。

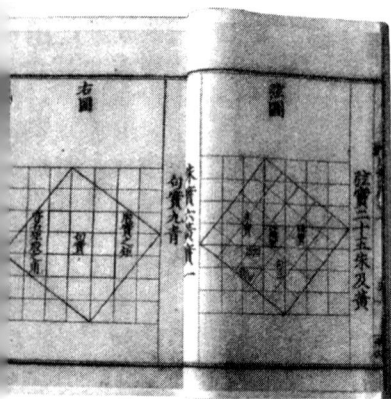

《周髀算经》（宋刻本）

才真正从霍氏集团那里回到刘氏皇帝的手中。

宣帝刘询是戾太子之孙，戾太子之狱发生后，他幸免于难，在继位前一直生活在民间，所以"知民事之艰难"[1]。继位特别是亲政以后，更加努力地推行与民休息的政策，尤其重视官吏的选拔，经常亲自过问亲民官吏刺史、太守的委任和考察。他说："庶民所以安其田里而亡叹息仇恨之心者，政平讼理也。与我共此者，其唯良二千石乎！"由于宣帝的着意选任和启导，宣帝一朝就成为循吏辈出的时代。西汉一代见于记载的循吏共17人。其中，文景时期3人，武帝时期3人，其余11人都是宣帝的臣子。他们是赵广汉、韩延寿、尹翁归、严延年、张敞、王成、黄霸、朱邑、龚遂、郑弘、召信臣。与酷吏以"刑杀为威"的行政理念不同，循吏们是以"民本"、"仁政"、"教化"为行政理念，追求的是"所居民富，所去见思，生有荣号，死见奉祀"[2]的崇高目标。他们关心民瘼，同情百姓疾苦，轻徭役，薄赋敛，省刑罚，兴修水利，劝课农桑，推广先进农业技术，抚恤鳏寡孤独，尽量为百姓创造良好的生产条件和生活条件。因而得百姓的拥护，愿意在他们治下生活。王成为胶东相时，"流民自占八万余口"[3]。龚遂被任命为渤海（今河北沧州一带）太守时，该郡出现大量武装反叛官府的民众，形势非常紧张。龚遂拒绝官兵护卫，单车赴任。至郡即停止对起义百姓的追剿，宣布凡持田器耕作者皆为良民。结果很快平息动乱。循吏们都严格执法，刚正不阿，平反冤案，还弱势百姓以公道。如黄霸为廷尉正，"数决疑狱，庭中称平"[4]。循吏们都能廉洁自律，不贪污，不受贿，清贫自守。黄霸在左冯翊管理钱谷，"簿书正，以廉称"[5]。朱邑"为人淳厚，笃于故旧，然性公正，不可以交私"，身为北海（今山东潍坊一带）太守多年，"居处俭节"，"家无余财"[6]。正是他们，支撑昭宣时代地方吏治的相对清明局面。

昭宣两朝近40年间，由于恢复了文景时期与民休息的政策，更由于昭、宣二帝和霍光、张敞、黄霸、龚遂、召信臣等中央和地方官吏的认真、执着、努力，就使这一时期成为西汉历史上继文景之治后又一个社会安定、生产发展、经济繁荣、政治清明、百姓相对能安居乐业的时代。因此，修《汉书》的班固对其发出了由衷的赞美：

[1]《汉书·循吏传》。
[2]《汉书·循吏传》。
[3]《汉书·循吏传》。
[4]《汉书·循吏传》。
[5]《汉书·循吏传》。
[6]《汉书·循吏传》。

　　［昭帝］承孝武奢侈余敝师旅之后，海内虚耗，户口减半，光知时务之要，轻徭薄赋，与民休息。至始元、元凤之间，匈奴和亲，百姓充实。举贤良文学，问民所疾苦，议盐铁而罢榷酤，尊号曰"昭"，不亦宜乎！[1]

　　孝宣之治，信赏必罚，综核名实，政事文学法理之士咸精其能，至于技巧工匠器械，自元、成间鲜能及之，亦足以知吏称其职，民安其业也。遭值匈奴乖乱，推亡固存，信威北夷，单于慕义，稽首称藩。功光祖宗，业垂后嗣，可谓中兴，侔德殷宗、周宣矣。[2]

西汉甲胄武士俑

[1]《汉书·昭帝纪》赞。
[2]《汉书·昭帝纪》赞。

青铜斧车

第四章　西汉后期社会矛盾的加剧和新朝代汉后的农民战争

（前48—25年）

第一节　社会阶级矛盾的发展

一　土地奴婢问题日趋严重

汉武帝统治时期,西汉皇朝虽然在政治、军事、经济和文化方面都有很大的发展, 但封建社会内部固有的矛盾也走向激化。武帝晚年已经意识到这一问题, 因而有"轮台罪己之诏"的颁布。他辞世之后, 当权的霍光等人小心翼翼地继续其缓和阶级矛盾的政策, 后世史家就以"昭、宣中兴"概括了这近40年比较稳定发展的历史。不过, "昭、宣中兴"并未从根本上解决西汉皇朝百年来积累的矛盾, 宣帝以后的元、成、哀、平时期（前48年—公元5年）的50多年间, 西汉皇朝就在阶级矛盾和统治阶级内部矛盾的迅速激化中走向灭亡。而其中变化的关键是元帝统治时期。从指导思想上看, 元帝开始改变武帝"内法外儒"的传统, 而纯任儒术。还在他为太子时, 就向宣帝建议:"陛下持刑太深,宜用儒生。"结果受到宣帝的斥责:"汉家自有制度,本以霸王道杂之,奈何纯任德教,用周政乎!""乱我家者,太子也"[1]!宣帝不幸而言中。元帝继位后,其任用的高级官吏绝大部分都是儒生。他们与元帝一起,全面改变武帝以来的政策。如基本上放弃打击豪强和商人的政策,缩减官营事业。初元五年(前44年),罢"齐三服官、北假田官、盐铁官、常平仓"[2]。又实行奖励高利贷的政策、对地主贵族的复除政策、卖官鬻爵以及大量赏赐勋戚贵宠的政策等等, 从而使商人豪强地主势力迅速膨胀起

[1]《汉书·元帝纪》。
[2]《汉书·元帝纪》。

来。在对外关系上，则采取收缩政策。初元三年(前42年)，罢珠厓、儋耳二郡。由于元帝时政策的变化，一方面促使政治日益腐败，进一步激化了地主阶级与农民阶级的矛盾，另一方面也使地主阶级的力量迅速扩张，加快了其内部的分化。贵族官僚地主、儒家地主、世家豪族以及商人地主等，彼此间不断地进行着激烈的斗争和分化组合，使社会矛盾更加复杂化、尖锐化。

西汉骑士猎鹿鎏金扣饰

　　促成社会矛盾日益尖锐的首先是土地问题。本来，经过秦末农民战争以及汉初的政策调整，西汉前期的编户齐民大都得到一小块土地，再加上当时人口较少，封建剥削较轻，军功地主和豪族地主的贪欲多少受到一些限制，所以土地问题并不突出和严重。但是，由于土地是封建社会最重要的生产资料，是财富的象征和标志，因而不断增加土地就成为各类地主和富商大贾刻意追求的目标。兼并———一种凭借政治经济势力的强买和变相霸占——成为他们获取土地的主要手段。而势小力薄，在沉重的赋税徭役和天灾人祸冲击下不断破产的小农，就成为土地兼并的牺牲品。这样一来，封建土地私有化的不断加深与土地的不断集中相表里，成为封建社会的基本经济规律。在中国封建社会的历史上，除了大规模的农民起义和农民战争暂时对土地兼并有所抑制之外，封建统治阶级自身采取的任何政策和措施都无法阻止这一倾向的发展。在汉武帝时董仲舒就已经觉察到土地集中和贫富分化所引起的潜在危机，惊呼"富者田连阡陌，贫者无立锥之地"，"邑有人君之尊，里有公侯之富"[1]，希望汉武帝采取措施加以限制，但却没有引起汉武帝的注意。由于汉武帝及其子孙没有采取任何限制兼并的措施，昭、宣之后土地兼并更加剧烈地发展。甚至皇帝也带头兼并土地作为自己的私田。谷永在一次上书中就直言不讳地批评汉成帝"弃万乘之至贵，乐家人之贱事；厌高美之尊称，好匹夫之卑字"，"置私田于民间，畜私奴车马于北宫"[2]。皇帝带头，诸侯王、列侯、公主、外戚、功臣在其封地和封地以外的地方群起效尤，竞相兼并土地，"田宅无限，与民争利"[3]。佞臣董贤22岁被任命为大司马，一次从哀帝那里获得2 000顷土地的封赏。外戚王莽之家，一门十侯，五大司马，获爵位者几十

[1] 《汉书·食货志》。

[2] 《汉书·五行志》。

[3] 《汉书·哀帝纪》。

铜贮贝器

人,一次次的封赏使大量的土地成了他们家的私产。元始三年(公元3年),王莽一次就得到29 600顷土地的赏赐。而在此前一年,他为了献媚元后,曾带头拿出30顷土地以"赈济贫民",可见其土地数量之多。除了通过封赏这种"合法"途径获得土地之外,他们更多的是通过强占、贱买等种种非法手段,千方百计地攫取土地。如王莽的叔父、红阳侯王立通过南郡太守李尚,"占垦草田数百顷,颇有民所假少府陂泽,略皆开发"[1]。除皇帝、贵族和外戚等占有大量土地外,一般官僚地主也利用权势和财力,大量兼并土地。成帝时丞相张禹就是一个特别热衷于兼并土地的官僚商人地主的典型。《汉书·张禹传》说他"为人谨厚,内殖货财,家以田为业。及富贵,多买田至四百顷,皆泾渭溉灌,极膏腴上贾"。到他年老时,又看中了平陵肥牛亭地方的土地,汉成帝竟答应了他的请求,下令"平陵徙亭它所",将这块土地白白送给了他。

遍布乡野的中小地主,也利用他们在地方上的权势,包揽词讼,侵吞小民,兼并土地。力量不断膨胀的富商大贾,更利用他们经营工商业和高利贷获得的大利,勾结官府,广置田宅,"关东富人益众,多规良田,役使贫民"[2]。土地兼并日益剧烈的结果,是大量农民的破产。这些失去土地的农民,除沦为地主的奴婢、依附佃农,受其役使外,就是大批地变成流民。西汉后期,流民问题,史不绝书,始终是令统治者头痛的社会问题。因为生产者与生产资料分离,一方面激化了地主与农民的矛盾,另一方面也减少了封建国家的赋税收入,激化了封建国家与大土地所有者的矛盾。

与土地兼并和农民的大批破产相联系,奴婢问题也是西汉后期阶级矛盾激化的一个重要原因。秦汉两代都处在中国封建社会的初期阶段,虽然封建的生产关系已在社会经济领域占了主导地位,但是,作为封建生产关系补充的奴隶制残余依然严重地存在着,不仅封建国家在官营工商业和军事徭役中大量使用奴隶劳动,而且在皇室、贵族、官僚、豪族地主和富商大贾那里,也役使着大量的奴婢从事各种各样的劳动。西汉后期,畜奴和买卖奴婢的现象更为严重,"置奴婢之市,与牛马同栏"[3],成为司空

[1]《汉书·孙宝传》。
[2]《汉书·陈汤传》。
[3]《汉书·王莽传》。

见惯的事情。再加上封建法律日趋繁密苛酷,因犯罪而被罚做官奴的人数不断增加。这个时期奴婢的数量究竟有多少? 史籍中找不到明确的记载。翦伯赞的估计是数十万[1],胡寄窗认为应在230万左右[2],还有人估计更多一些,总之是一个相当可观的数字。历史记载中提到的某些贵族、官僚、地主和富商所占有的奴婢数量之多是十分惊人的。如王氏五侯"僮奴以千百数"[3]。王商"宗族权势,合赀巨万,计私奴以千数"[4]。史丹"僮奴以百数,后房妻妾数十人"[5]。奴婢生活在社会最低层,服最重的苦役,吃最粗劣的食物,可以随便买卖,生活与生命均无保证。根据汉朝法律,主人只要向官府事先打个招呼, 就可以任意杀死自己的奴婢而不用偿命。西汉后期,越来越多的农民因"犯罪"或破产而变成封建国家、贵族、官僚、地主和富商大贾的奴婢,必然产生极其严重的社会后果。一方面,这些奴婢的相当部分不事社会生产而为剥削阶级从事家内杂役,使社会必要劳动力减少, 势必相应增加封建国家和地主阶级对非破产农民的剥削,另一方面,又使封建国家直接控制的服役纳税人数减少, 严重地影响封建国家的财政收入。更重要的是,奴婢的大量存在和不断增加构成了阶级矛盾激化的重要因素。

猪虎搏斗铜饰

二　统治阶级的残酷剥削、奢侈淫乐与政治的腐败

随着土地兼并的激烈发展和奴婢数量的不断增加,汉皇朝把越来越沉重的赋税和徭役加到还未破产的农民头上。汉武帝以后,官僚机构不断膨胀,国家的财政开支迅速增加。例如,汉初"漕转关东粟以给中都官,岁不过数十万石", 到武帝时就增至600万石。[6]哀帝时官僚总数达130 289员[7],开支势必远远超过武帝时的总量。与此同时,后宫嫔妃和外戚中封侯获爵者不断增加, 政府财政开支势必也要增加。所有这一切开支,自然都加到劳动人民特别是农民身上。汉代农民所负担的田租,虽然从景帝二年(前155年)规定三十税一后没再变动,但是,西汉后期,由于"强民有所隐藏,而弱民兼赋",如上地方官额外的敲诈勒索,"乡部私求,不可胜供",实际上农民所交的田租远远超过三十税一。"田虽三十而以顷亩出税,乐岁粒米狼

[1] 《关于西汉的官私奴婢问题》,《历史研究》1954年第4期。
[2] 《中国经济思想史》中册,上海人民出版社1963年版,第150页。
[3] 《汉书·元后传》。
[4] 《汉书·王商传》。
[5] 《汉书·史丹传》。
[6] 《汉书·食货志》。
[7] 《汉书·百官公卿表》。

西汉虎噬鹿铜扣饰，云南滇人青铜器

庆而寡取之，凶年饥值而必求足。加之以口赋更徭之役，率一人之作，中分其功。农夫悉其所得，或假贷而益之。是以百姓疾耕力作，而饥寒遂及己也"[1]。这说明，田租仍然是压在农民身上的沉重负担。同时还应该看到，即使田租完全按规定征收，真正得到实惠的也主要是大土地所有者。因为大量农民破产后变成佃农或奴婢，地主对佃农的剥削通常超过5/10。王莽改制令中讲的"豪民侵陵，分田劫假，厥名三十，实十税五"，就反映了当时地主对佃农剥削的真实情况。东汉的荀悦在《汉纪》中则进一步指出，西汉减轻田租实际上便利了豪强富人对土地的兼并："古者什一而税，以为天下之中正也。今汉民或百一而税，可为鲜矣。然豪强富人，占田愈侈，输其赋大半。官收百一之税，民输大半之赋，官家之惠，优于三代，豪强之暴，酷于亡秦。是上惠不通，威福分于豪强也。文帝不正其本，而务除租税，适足以资豪强耳。"田租之外，汉代劳动人民还要交纳算赋和口赋，由于它们数额较大并且是不问财产多寡的单纯人头税，吃亏的自然是无地和少地的农民了。除此而外，昭、宣以后的西汉政府还经常有临时性的加征摊派，如成帝时，丞相翟方进就搞了不少名目的临时苛捐杂税。后来，汉成帝在罢免他的丞相职务时，宣布他的罪状是："百僚用度各有数，君不量多少，一听群下言，用度不足，奏请一切增赋，税城郭堧及园田，过更，算马牛羊，增益盐铁，变更无常。"[2]

按照汉代徭役制度的规定，成年男子每年要为封建国家服徭役一月，一生服兵役二年。由于贵族、官僚及其他权势之家都享有免役的特权，而豪强地主和富商大贾又可以通过入粟、入钱买爵得到免役的权力，即使一般中小地主也可以交纳更赋而逃脱徭役。这样，汉代的徭役在实际上就大部分落到了贫苦农民的身上，"常有更赋，罢癃咸出"。更严重的是，西汉后期的统治者越来越不按政策办事，官府往往任意拖长服役的时间和年龄，有的人在边境地区连续服役3年以上也得不到轮换。依照规定，56岁应该免除徭役，可在居延汉简里，居然可以看到56岁以上服役的老兵。武帝以后，虽然同匈奴的战争规模缩小，但终昭、宣之世，却一直没有停止下来。元帝时经过"昭君

[1] 《盐铁论·未通》。
[2] 《汉书·翟方进传》。

和蕃"，尽管停止了对匈奴的战争，可是与边境其他少数民族间的冲突仍然时有发生，不少青壮年男子长期出征，战死疆场，如珠崖之役，"护军都尉、校尉及丞凡十一人，还者二人，卒士及转输死者万人以上，费用三万万余"[1]。越到西汉后期，兵役徭役就越发成为广大农民谈虎色变的沉重负担。

在《秦律》的基础上制定的《汉律》，是封建国家和整个地主阶级对劳动人民进行压迫和剥削的工具，鲜明地体现着地主阶级对农民阶级专政的本质。因此，即使封建国家大力表彰的那些所谓"循吏"也不过是严格按照地主阶级的法律办事而已。汉武帝一朝及其后，经过张汤、赵禹等人损益的汉代法律，律令愈益繁密，刑罚更加酷烈。从中央到地方，酷吏贪官，上下勾结，狼狈为奸，罗织罪名，贪赃枉法，严刑逼供，草菅人命，杀人如麻。元帝时，丙显为太仆10余年，"与官属大为奸利，臧千余万"[2]。安定郡五官掾张辅怀虎狼之心，贪污不轨，"一郡之钱尽入辅家"[3]。成帝时的将作大将陈万年"佞邪不忠，妄为巧诈，多赋敛，烦徭役，兴卒暴之作，卒徒蒙辜，死者连属，毒流众庶，海内怨望"[4]。栎阳令"治行烦苛适罚作使者千人以上；贼取钱财数十万，给为非法；卖买听任富吏，贾数不可知"[5]。汉元帝自己在其诏书中也承认法律的繁密苛酷给百姓带来很大危害，"今律令烦多而不约，自典文者不能分明，而欲罗元元不逮，斯岂刑中之意哉"[6]！越来越多的劳动人民因触犯那些多如牛毛的律令而被治罪。"郡国被刑而死者岁以万数，天下狱二千余所，其冤死者多少相覆"[7]。对此，以荒唐淫侈著称的汉成帝在其诏书中也发出了"殆苛暴深刻之吏未息，元元冤失职者众"[8]的悲叹。但是，由于地主和农民两个阶级的矛盾日趋激化，汉皇朝用以对付农民的刑罚当然不会减轻。此后，汉成帝接二连三的诏书所反映的，恰恰是冤杀无辜这一现象的日甚一日的发展，"数敕有司，务行宽大，而禁苛暴，迄今不改。一人有辜，举宗拘系"[9]。"今大辟之刑千有余条，律令烦多，百有余万言，奇请它比，日以益滋，自明习者不知所由，岂不哀哉"[10]！

西汉后期，整个统治集团奢侈淫乐、腐化堕落之势已不可遏止。"日撞亡秦之钟，听郑卫之乐"[11]的汉元帝，耽于

西汉云南滇人青铜器

[1]《汉书·贾捐之传》。
[2]《汉书·丙吉传》。
[3]《汉书·王尊传》。
[4]《汉书·陈汤传》。
[5]《汉书·薛宣传》。
[6]《汉书·刑法志》。
[7]《汉书·刑法志》。
[8]《汉书·成帝纪》。
[9]《汉书·成帝纪》。
[10]《汉书·刑法志》。
[11]《汉书·薛广德传》。

西汉陶"灭火东井"井户及滑轮、水罐

声色,大小政事都委任宦官石显,赏赐石显的钱财竟达1万万。后宫的嫔妃已达3 000人,增加到14个级别。皇帝不能遍幸,只好请画工图形,以便其按图召见。嫔妃们为了得见"圣颜",千方百计贿赂画师,"多者十万,少者亦不减五万"[1]。宫人大增,费用自然也要增长,"故时齐三服官输物不过十笥,方今(元帝)齐三服官作工务数千人,一岁费数巨万。蜀广汉主金银器,岁各用五百万。三工官工费五千万,东西织室亦然"[2]。汉成帝的荒唐奢靡更是超过其父。他以歌伎赵飞燕为皇后,委政事于外戚王氏一家,自己终日追逐声色狗马。宫内的娱乐、园林、美女玩腻了,就昼夜微服出游。"与群小相随,鸟集杂会,饮醉吏民之家"。臣子们奏事时往往找不到皇上。为了死后的享受,他下令停止已经营10年,花费巨亿的初陵,在霸城东20里的低洼之地营建昌陵,"取土东山,与粟同价","因下为高,积土为山,发徒赵邑,并治宫馆,大兴德役,重增赋敛,征发如雨,役百乾谿,费疑辅山,靡敝天下,五年不成而后反故"[3]。成帝荒唐一生,连个儿子也没有,由藩王而继大统的汉哀帝,其荒淫无耻较之成帝更有过之而无不及。

年轻的郎官董贤,就因为胁肩谄笑,媚颜十足,几年之内被提升到位列三公的大司马。为了表示对他的厚爱,哀帝不仅为之建造了富丽堂皇的府第,还在初陵旁边为他预修了豪华的陵园。皇宫的器物他可以任意取用,国家武库的兵器他也可以随意拿来武装自己的卫士家兵。他经常与哀帝同枕共眠,享尽人间的富贵荣华。到哀帝去世,董贤夫妇在王莽的威逼下双双自杀时,从他家搜出的财物达43万万,相当于全国一年赋税收入的一半。

以诸侯王、列侯、外戚、公卿官僚等为代表的上层统治集团,一方面凭借权势,拼命兼并土地,聚敛财富,一方面竞相挥霍享受,肆意淫乐。例如成、哀时期,外戚王氏一家贵倾朝廷。曲阳侯王根贪邪不正,"藏累巨万,纵横恣意",修建了皇宫般的宅第,游观射猎之时,猎奴被甲护卫,于离宫住宿,令水衡供应饮食,征百姓修缮道路。他的弟弟王凤也是"馆第僭于京师,嫱姬丽于宫掖。瑰赂南金,弥玩于王府;缇绣雕文,被饰于土木,高廊洞门,极夏屋之盛,文马朱轩,穷车服之靡,自古擅骄,未有如斯之例"[4]!王

[1] 《西京杂记》卷二。
[2] 《汉书·贡禹传》。
[3] 《汉书·谷永传》。
[4] 王嘉:《拾遗记》。

氏五侯"争为奢侈，赂遗珍宝，四面而至；后庭姬妾，各数十人，僮奴以千百数，罗钟磬，舞郑女，作倡优，狗马驰逐"[1]。王立父子甚至还"藏匿奸猾亡命，宾客为群盗"[2]。一般官僚地主，也竞相效尤。大官僚张禹妻妾成群，"内奢淫，身居大第，后堂理丝竹管弦"[3]，晚年牙齿脱尽，全靠人乳为生。史丹也是僮奴成群，妻妾数十，"内奢淫，好饮酒，极滋味声色之乐"[4]。在奢靡之风愈演愈烈的情况下，拥有巨资的富商大贾更是一股推波助澜的势力。如成都的罗裒、临淄的姓伟、洛阳的张长叔、薛子仲，"赀亦至千万"。京师长安及近郊的杜陵、长陵、平陵等地方的樊嘉、挚纲、如氏、直氏、王君房、樊少翁、孙大卿等，也都是资财千万的大商人。罗裒不仅垄断了巴蜀的盐井之利，而且还通过贿赂王根和元后的外甥淳于长，"依其权力，除贷郡国，人莫敢负"[5]。这些富商大贾一面通过种种手段大量吮吸着人民的膏血，一面过着奢靡淫逸的生活，败坏着社会风气。连荒淫之极的汉成帝也不得不发出这样无可奈何的哀叹："方今世俗奢僭罔极，靡有厌足，公卿列侯亲属近臣，四方所则，未闻修身遵礼，同心忧国者也。或乃奢侈逸豫，广务第宅，治园池，多畜奴婢，被服绮縠，设钟鼓，备女乐，车服嫁娶葬埋过制，吏民慕效，寖以成俗，而欲百姓俭节，家给人足，岂不难哉！"[6]显然，包括皇帝在内的不少统治集团的人物也都看到了本阶级加速腐化的趋势，但谁也没有办法阻止这种趋势的发展，因为剥削阶级本质使他们无力自拔。但是，统治阶级的加速腐化就意味着剥削的加剧，意味着劳动人民苦难的加深以及阶级矛盾的激化。

三　"七死"、"七亡"笼罩下人民的苦难与反抗

汉武帝以后，在土地兼并剧烈发展，封建剥削日趋沉重，封建法律更加繁密苛酷的情况下，广大劳动人民的生活自然是每况愈下。就在号称"中兴"的宣帝统治时期，不少地方已经出现"父子共犬羊之裘，食草莱之食"[7]的悲惨景象。元帝继位以后，劳动人民的处境更是艰难。初元二年（前47年），元帝在诏书中也不得不承认："灾异并臻，连年不息。……间者岁数不登，元元困乏，不胜饥寒，以陷刑辟。"[8]御史大夫贡禹在奏疏中更具体地指出："农夫父子，

汉代铜漏壶

[1]《汉书·元后传》。
[2]《汉书·元后传》。
[3]《汉书·张禹传》。
[4]《汉书·史丹传》。
[5]《汉书·食货志》。
[6]《汉书·成帝纪》。
[7]《汉书·魏相传》。
[8]《汉书·元帝纪》。

女坐俑

暴骨中野，不避寒暑，摔草耙土，手足胼胝。已奉谷租，又出稾税，乡部私求，不可胜供。故民弃本逐末，耕者不能半。贫民虽赐之田，犹贱卖以贾，穷则起为盗贼"，"今民大饥而死，死又不葬，为犬猪所食。人至相食"[1]。"今关东连年饥馑，百姓乏困，或至相食，此皆生于赋敛多，民所共者大，而吏安集之不称之效也"[2]。成帝时，劳动人民的生活状况进一步恶化："建始元年以来，二十载间，群灾大异，交错蜂起，多于《春秋》所书。""百姓财竭力尽，愁恨感天，灾异屡降，饥馑仍臻。流散冗食，馁死于道，以百万数。公家无一年之畜，百姓无旬月之储，上下俱匮，无以相救"[3]。连汉成帝也不得不承认，他的统治面临着十分严峻的形势："灾异数见，岁比不登，仓廪空虚，百姓饥馑，流漓道路，疾疫死者以万数，人至相食，盗贼并兴。"[4]谏大夫龚胜在一次上书中，直言不讳地说，百姓贫困的原因是由于"制度太奢，刑罚太深，赋敛太重"[5]。北地太守谷永则进一步指出："诸夏举兵，萌在民饥馑而吏不恤，兴于百姓困而赋敛重，发于下怨离而上不知。"[6]但是，这时的西汉皇朝犹如一个病入膏肓的垂危老人，尽管不少人都看到了问题的症结所在，可是谁也没有办法来限制统治阶级的贪欲，因而也就无法改变这种严峻的局面。

到哀帝统治时期，"岁比不登，天下空虚，百姓饥馑，父子分散，流漓道路"[7]，更是年复一年的重现。司隶校尉鲍宣在一次上书中，以凝满血泪的笔触，描绘了劳动人民在"七死"、"七亡"的苦难境遇中绝望挣扎的情景：

> 凡民有七亡：阴阳不和，水旱为灾，一亡也；县官重责更赋租税，二亡也；贪吏并公，受取不已，三亡也；豪强大姓蚕食无厌，四亡也；苛吏徭役，失农桑时，五亡也；部落鼓鸣，男女遮逃，六亡也；盗贼劫掠，取民财物，七亡也。七亡尚可，又有七死：酷吏殴杀，一死也；治狱深刻，二死也；冤陷无辜，三死也；盗贼横发，四死也；怨仇相残，五死也；岁恶饥饿，六死也；时气疾疫，七死也。民有七亡而无一得，欲望国治，诚难；民有七死而无一生，欲望刑措，诚难。此非公卿守相贪残成比之所致邪？

[1]《汉书·贡禹传》。
[2]《汉书·匡衡传》。
[3]《汉书·谷永传》。
[4]《汉书·薛宣传》。
[5]《汉书·龚胜传》。
[6]《资治通鉴》卷三三《汉纪二四》。
[7]《汉书·孔光传》。

今贫民食菜不厌，衣又穿空，父子夫妇不能相保，诚可为酸鼻。陛下不救，将安所归命乎！[1]

鲍宣这个声泪俱下的陈奏，给我们留下了一幅西汉末年劳动人民苦难生活的图画。鲍宣不仅是一个诚实而清醒的臣子，更是地主阶级和汉皇朝长远利益的真正代表。他衷心希望在当时握有最高权柄的汉哀帝，运用自己的威权，惩处那些贪残的公卿守相。但是，他看不到，贪官污吏的总根子就是汉哀帝。作为刘氏皇朝中腐朽势力的集中代表，他根本就无意也不可能解决这些问题，广大劳动人民为了从"七死"、"七亡"中求得生存，就只能采用暴力手段铤而走险了。

从元帝开始，史籍中就常有"盗贼并起"、"盗贼不禁"的记载，说明农民起义已经不断出现，至成帝时形成了一个高潮。

一个有象征意义的事件发生在建始三年（前30年），这年夏天关内大水，七月的一天，虒上的一个小女孩呼喊着大水到来的消息，没有受到任何阻拦就到了宫室重地的未央宫。随着她的呼喊，官吏百姓纷纷跑上城墙。这场虚惊透出的是人心思乱的消息。

建始四年（前29年），距首都长安咫尺的终南山上，以傰宗为首的数百人的起义队伍，树起了反抗的战旗，搅得京师日夜不宁，成帝任命故弘农太守傅刚为校尉，率千余人的"迹射士"跟踪追捕，历时1年，仍无法消灭起义军。后来改任王尊为京辅都尉，行京兆尹事，督责兵卒戮力围剿，才把起义镇压下去。

河平三年（前26年）九月，东郡茌平（今山东东阿附近）侯母辟兄弟5人聚众起义。他们自称将军，率义军攻破县城，焚烧官府，逮捕官吏，夺取印绶。一时间，搞得东郡惶惶不安。

阳朔三年（前22年）六月，颍川（今河南禹县）铁官徒申屠圣等180多人起义。他自称将军，指挥义军夺取武库兵器，杀掉官吏。他们采取游击战术，转战9郡，将围捕的官军打得落花流水。后来西汉政府遣丞相长史、御史中丞等中央大吏督兵围剿，才把起义镇压下去。

鸿嘉三年（前18年），益州广汉郡（今四川金唐）爆发

摇钱树陶插座

[1]《汉书·鲍宣传》。

西汉金银镶嵌铜车饰

了郑躬领导的起义。郑躬自称"山君",率起义军夺取兵器,攻破官府,释放囚徒。所到之处,吸引了不少贫苦农民,第二年,队伍发展到1万多人,转战广汉郡4个县,使官军疲于奔命。后来,起义军在广汉太守赵护和益州刺史孙宝剿抚并用的两手政策下归于失败。

永始三年(前14年)十一月,尉氏(今属河南)儒生樊并等13人起义。他们以奇袭手段杀死陈留太守,释放囚徒,夺取武库兵器,俘获一大批官吏,使全郡为之震动。但很快失败了。十二月,山阳(今河南焦作附近)铁官徒苏令等228人起义。他们自称将军,攻杀长吏,转战19个郡国(一说40个郡国),使东郡太守、汝南都尉等朝廷命官都做了刀下之鬼。这次起义虽然于第二年即被镇压下去,但他们"轻量大臣,亡所畏忌","匹夫与上争衡"[1]的反抗精神却使统治者心有余悸。

此后不久,地处首都西郊的右扶风鄠县(今陕西户县)爆发了梁子政领导的起义。他们占据终南山,与追剿的官军坚持了好几个月的战斗。

在黄河中下游地区接二连三发生起义的时候,长江流域的江夏(今湖北新洲)、南郡(今湖北江陵)也燃起了反抗的怒火。更使西汉统治者胆战心惊的是祸起肘腋。京师贫苦市民的年青一代组织起来,使一些官吏一夜之间横尸街头。为了给自己壮胆,每逢夜幕降临,长安城头枹鼓不绝。害怕遭袭击的官军一夕数惊,惶恐不安。

成帝死后,更加荒唐的汉哀帝在动荡不安中登上汉皇朝的宝座,西汉国势更是江河日下。

建平四年(前3年)正月,不少地方突然出现了"祠西王母"的活动。百姓三五成群,每人持稾一束或梜(蔴杆)一支,辗转相传,道路之上,数以千计的男女,有的被发赤足,闯关越墙,着魔般行色匆匆地赶路。有的坐车骑马,日夜奔驰,经过36个郡国,将稾或梜传至京师。这年夏天,京师及附近的百姓纷纷聚会里巷阡陌,敲锣击鼓,歌舞呼号,祭祀这谁也说不清来路的西王母。[2]这一颇具神怪色彩的事件说明,人民郁积的反抗怒火可以借助任何事情喷发出来。在哀帝统治的6年中,虽然规模较大的农民起义缺乏记载,但遍布全国的零星起义却愈来愈多,不胜枚

[1]《汉书·梅福传》。
[2]《汉书·哀帝纪》颜师古注认为西王母即元后寿考之象,恐不确。

举，"盗贼浸多，岁以万数"[1]。元寿二年(前1年)在汉皇朝统治腹心的三辅地区，农民起义军居然把汉武帝的茂陵也加以焚烧，其时，熊熊燃烧的大火映红了几十里外的未央宫，使统治者颤悚不已，惊恐万状。不久，活跃于陇西(今以临洮为中心的甘肃南部地区)、北地(今宁夏南部、甘肃东部地区)、西河(今陕西、山西交界地区)的数支起义队伍，"越州度县，万里交结，或从远方，四面会合，遂攻取库兵，劫略吏人"[2]，统治者费了很大力气，也未能完全把他们消灭，仅能阻止他们汇合成更大规模的起义而已。

彩绘陶壶

汉哀帝是一个短命的皇帝，即位不过6年就死去了，幼小的平帝继位，政权落到王氏外戚集团手中，社会危机进一步加剧，小规模的农民起义接连不断。元始三年(公元3年)，阳陵(今西安北)任横等人起义，他们夺取兵器，攻破官府，释放囚徒，使长安为之震动。这次起义虽然很快被镇压下去，但其他地方风起云涌的斗争却预示着更大的反抗风暴即将来临。对此，申屠刚在一次上书中忧心忡忡地说："今(指平帝即位时)承衰乱之后，继重敝之世，公家屈竭，赋敛重数。苛吏夺其时，贪夫侵其财，百姓困乏，疾疫夭命。盗贼群辈，且以万数，军行众止，窃号自立，攻犯京师，燔烧县邑。乃至讹言，积弩入宫，宿卫惊惧，自汉兴以来，诚未有也。"[3]

西汉末年的农民起义虽然次数多、地域广、持续的时间也较长，但从总体上观察，还是处于比较低级的阶段。这主要表现在：第一，规模小，最大的不过万人，坚持时间最长的也仅仅年余。各支起义军大都囿于自己所在的地方，彼此之间缺乏联系，始终未能形成一支或几支足以推翻西汉封建统治的军事力量。第二，他们的斗争目标主要是解决眼前的生活问题，还没有提出推翻西汉皇朝的口号，更没有想到要建立一个与之对立或取而代之的政权。他们自立的最高名号是"将军"和"山君"。说明大起义的条件还不够成熟。这些起义虽然一一失败了，但它们杀掉了一批在地方上为害酷烈的贪官污吏和地主富豪，局部地改造了地方的封建官府，从而使压迫剥削有不同程度的减轻，如孙宝在益州，肖育在南郡，都实行了一些缓和矛盾的措施，农民的处境有所改善。这些起义也推动了地

[1]《后汉书·梁统传》。
[2]《后汉书·梁统传》。
[3]《后汉书·申屠刚传》。

贝壳彩绘狩猎图

主阶级内部矛盾的发展。不管王莽的"新政"应该如何评价,它的出现无疑是受了农民起义的推动。而且还应该看到,所有这些失败的起义,都是以后新朝大规模农民起义风暴的前奏。

四　地主阶级的改革与改制思潮

西汉皇朝自中期以后,由于以土地和奴婢问题为主要内容的社会危机日趋严重,农民起义接二连三地发生,使统治集团中的不少人也感到汉皇朝难以照旧统治下去。其中,维护刘氏皇统的一部分思想家和政治家提出了不少改革方案,希望通过调整政策达到缓和矛盾、挽救危机的目的。一部分对刘氏皇朝失去信心的思想家和政治家,则鼓吹通过易姓改制即建立一个新皇朝来摆脱危机。

还在汉武帝统治时期,董仲舒就已经觉察到土地和奴婢问题的严重性,并提出了"限民名田以澹不足,塞兼并之路","去奴婢,除专杀之威"[1]的限田限奴的建议,但在当时似乎没有引起任何反响。到西汉后期,土地和奴婢问题的严重性已经引起了不少人的关注。元帝时御史大夫贡禹多次上书,建议大量遣散宫女,并将国家控制的诸官奴婢10万余人"免为庶人"[2]。元帝仍置之不理。哀帝刚继位,大司马师丹就提出了限田限奴的建议。哀帝大概想给臣民一个与民更始的好印象,立即发出诏书说:"诸侯王、列侯、公主、吏二千石及豪富民多畜奴婢,田宅亡限,与民争利,百姓失职,重困不足。其议限列。"[3]于是师丹与丞相孔光等人一起,经过斟酌损益,拿出了一个限田限奴的方案:"诸王、列侯得名田国中,列侯在长安及公主名田县道,关内侯、吏民名田,皆无得过三十顷。诸侯王奴婢二百人,列侯、公主百人,关内侯、吏民三十人。年六十以上,十岁以下,不在数中。贾人皆不得名田、为吏,犯者以律论。诸名田畜奴婢过品,皆没入县官。……掖庭宫人年三十以下,出嫁之。官奴婢五十以上,免为庶人。"[4]显然,这是一个充分考虑了大土地所有者和奴婢占有者利益的方案,它在承认和照顾他们根本利益的前提下,在承认土地和奴婢买卖的前提下,要求对土地和奴婢的拥有量加以适当的限制。这个方案一公布,立即引起了巨大的社会反响,

[1]《汉书·贡禹传》。
[2]《汉书·哀帝纪》。
[3]《汉书·哀帝纪》。
[4]《汉书·哀帝纪》。

"时田宅、奴婢价为减贱",它在一定程度上得到了广大劳动人民的拥护。如果这个方案真正得到贯彻执行,至少可以延缓土地集中和奴婢增加的速度,使尖锐的阶级矛盾趋于缓和。但它却遭到当时宗室贵族及哀帝外戚丁、傅等新暴发户的极力反对,"丁、傅用事,董贤隆贵,皆不便也"[1],官僚地主和富商大贾也群起反对。哀帝本来就缺乏改弦更张的诚意和勇气,现在面对一片反对之声,只得下了一个"且须后"的诏书,将这个方案束之高阁。此后,哀帝不仅只字不再涉及土地和奴婢问题,而且以一次赏赐宠臣董贤2 000顷土地表示了对那个改革方案的完全否定。这说明,尽管朝野不少有识之士看到土地和奴婢问题的严重性,并试图予以解决,但由于当时反对的力量异常强大,"积习已久,强者怙之"[2],看来由刘氏皇朝的执政者进行改革之路是难以走通的。与此同时,以贡禹、谷永、薛宣等一大批臣子提出的诸如抑制外戚、惩罚奸佞、裁汰冗员、轻徭薄赋、节俭省刑、奖掖廉吏、拔擢贤才等建议,也通通变成了纸上具文。

明仇英绘"汉宫春晓图"

　　面对刘氏皇朝的日益昏愦腐朽和劳动人民日益激烈的反抗,一部分儒生出身的地主阶级知识分子认为"汉德已衰"、"气数已尽",希望另有"贤德"的人来取代刘氏的帝位,以维护整个地主阶级的统治。就是当权的豪族地主和在经济上有很大势力的富商大贾也对刘氏皇朝失去了信心。他们希望通过一次和平的改朝换代以巩固地主阶级的统治。这样,在汉代中期以后,在朝野一部分人中便产生了"改制"的思潮。这种思潮与战国以来开始流行,中经董仲舒加以系统完善的"天人感应说"、"五德终始说"和"三统三正说"结合起来,在舆论上产生了越来越大的力量和影响。

　　还在汉昭帝元凤三年(前78年),春秋学家、符节令眭弘就借泰山莱芜山南"大石自立"和昌邑与上林苑"枯柳再生"之事,上书朝廷,说:"先师董仲舒有言,虽有继体守文之君,不害圣人之受命。汉家尧后,有传国之运,汉帝宜谁差天下,求索贤人,禅以帝位,而退自封百里,如殷周二王后,以承顺天命。"[3]当时秉政的大将军霍光看到这个要昭帝自动下台让位的上书后,立即指使廷尉以"妄说妖言

[1]《汉书·食货志》。
[2] 王夫之:《读通鉴论》卷五《哀帝》,中华书局1975年版,第125页。
[3]《汉书·眭弘传》。

汉代兽面纹玉铺首

惑众，大逆不道"的罪名将眭弘杀掉。汉宣帝时，儒生出身的司隶校尉盖宽饶以其廉洁的品行和雷厉风行的政风赢得了朝野的赞誉。他见宣帝倚重刑罚，任用宦官，十分不满，上书指责宣帝"方今圣道寖废，儒术不行，以刑余为周召，以法律为诗书"，又征引《韩氏易传》，大胆提出了"让位传贤"的建议："五帝官天下，三王家天下，家以传子，官以传贤，若四时之运，功成者去，不得其人则不居其位。"[1] 当宣帝将其上书交朝中二千石以上官员讨论时，执金吾一口咬定盖宽饶是讽喻宣帝将皇位传给自己，当然是"大逆不道"。尽管有人出来为他说情，但盖宽饶最后还是落了个"引佩刀自刭北阙下"的下场。大概是眭弘和盖宽饶的惨死使后来人接受了教训，他们不再鼓吹"异姓受命"，改而宣传由汉朝皇帝自己来一次"再受命"，"再受命"显然可以使汉朝皇帝易于接受，但其中隐含的那个"汉朝气数已尽"的观念仍然时刻使他们面临杀头的危险。元帝在位时，以治《齐诗》闻名被征为郎官的儒生翼奉，曾多次为元帝推衍灾异。有一次，他委婉地建议元帝用迁都的办法"与天下更始"，"今汉取天下，起于丰沛，以兵征伐，德化未洽，后世奢侈，国家之费当数代之用，非直费财，又乃费士。孝武之世，暴骨四夷，不可胜数。有天下虽未久，至于陛下八世九主矣，虽有成王之明，然无周召之佐，今东方连年饥馑，加之以疫疾，百姓菜色，或至相食。地比震动，天气混浊，日光侵夺。繇此言之，执国政者岂可以不怀怵惕而戒万分之一乎！故臣愿陛下因天变而徙都，所谓与天下更始者也。天道终而复始，穷则反本，故能延长而无穷也。今汉道未终，陛下本而始之，于以永世延祥，不亦优乎"[2]！元帝虽然没有接受他的建议，但因为他处处为汉祚的绵延献计筹策，也没有责怪于他。汉成帝继位后，齐人甘忠可撰写了《天官历包元太平经》12卷，在其中鼓吹"汉家逢天地之大终，当更受命于天"[3]。他招收门徒，传授自己的学说。后来被中垒校尉刘向告了一状，结果以"假鬼神罔上惑众"的罪名下狱致死。但他的几个弟子夏贺良等人依然私下传授这套理论，哀帝建平二年（前5年），经司隶校尉解光、黄门侍郎李寻和甘忠可弟子、时任长安令的郭昌等从中说项，久病乱求医的汉哀帝召见了夏贺良。夏建

---

[1]《汉书·盖宽饶传》。
[2]《汉书·翼奉传》。
[3]《汉书·李寻传》。

议他"改元易号"再受命,说:"汉历中衰,当更受命。成帝不应天命,故绝嗣。今陛下久疾,变异屡数,天所以谴告人也,宜急改元易号,乃得延年益寿,皇子生,灾异息矣。"[1]哀帝决定试一试,于是下了"改元易号"的诏书:"惟汉兴至今二百载,历纪开元,皇天降非材之右,汉国再获受命之符,朕之不德,曷敢不通夫受天之元命,必与天下自新。其大赦天下,以建平二年为太初元年,号曰陈圣刘太平皇帝。"[2]过了一个多月,哀帝的宿疾如故,而因为建议被采纳而忘乎所以的夏贺良又提出更换当朝官吏的建议,遭到大部分朝官的激烈反对,哀帝也因其法术不灵而产生怀疑,下诏收回改制的成命,同时将夏贺良一伙交"廷尉杂治"。夏贺良及其党徒皆被冠以"执左道,乱朝政,倾覆国家,诬罔主上"的罪名被杀掉。夏贺良与汉哀帝共同导演的这幕"再受命"的喜剧仅仅一个多月就偃旗息鼓。至此,通过刘氏皇帝自己"再受命"而改变运气,摆脱危机的希望也在不少人心目中破灭了。人们转而把这种希望寄托在"易姓变号"的改朝换代上。恰在此时,在汉代政坛上新起的王莽成了众望所归的人物。

车马过桥画像砖

第二节　王莽改制

一　王莽代汉

王莽(前45—23年),字巨君,济南人,是战国时齐国王族田氏的后裔。由于他的姑母王政君是汉元帝的皇后,所以其家族在元、成时期成为最显赫的外戚贵族。在汉成帝时期,王氏家族一门十侯、五大司马,形成了势倾朝野的当权集团。这就为王莽代汉铺平了道路。而王莽幼孤,颇读诗书,结交儒生,好为"激发之行",又使他在统治阶层中负有盛名,成为朝野注目的可以代汉的人物。绥和元年(前8年),当他38岁的时候,击败了有可能执政的王家外甥淳于长,代其叔父王根秉政,做了大司马大将军,掌握了汉皇朝的实权。后来,虽然由于哀帝的继位使他在与丁、傅外戚集团的斗争中一度受挫,被迫蛰居6年,但到元寿二年(前1年)哀帝死去,他又东山再起,重新当上大司

[1]《汉书·李寻传》。

[2]《汉书·李寻传》。

马大将军。接着,他一面立9岁的汉平帝作为傀儡,一面清除政治上的反对派,"附顺者拔擢,忤恨者族灭"[1],大权在握,成了事实上的汉朝皇帝。之后,他利用当时今文经学泛滥形成的对"天命符瑞"的迷信,精心导演了一幕代汉自立的闹剧,由事实上的皇帝变成了真正的皇帝。

元始元年(1年),王莽胁迫元后封自己为太傅、"安汉公",取得了当年周公在成王初期的权力。第二年,他把自己的女儿安排为汉平帝的皇后,进一步用双重裙带关系巩固了自己的权力和禄位。元始四年(4年),他又讽元后加封自己为"宰衡,位上公"。接着,再以"加九锡"的封赏使他具有近于皇帝的威仪。

元始五年(5年)十二月,王莽为了扫清他登上真龙宝座的障碍,以进寿酒为名鸩杀了年仅14岁的汉平帝,选择了2岁的孺子婴为帝位继承人。紧接着,王莽又援引"周公践祚"的古例,挟持元后封他做"摄皇帝"。第二年五月,再晋为"假皇帝"。十一月,他借着梓橦无赖哀章献上的符命,将"孺子加元服,复子明辟"的誓言抛到九霄云外,于公元9年(始建国元年)元旦举行了登基大典,改国号为"新",完成了代汉的最后一幕。

王莽的代汉之所以顺利地获得成功,最重要的原因是当时刘氏皇朝的腐败无能造成了整个社会对改朝换代的向往。而王莽在执掌汉朝大权后的所作所为,又使他几乎成为社会各阶级所瞩望的代汉人选。

西汉在文、景、武帝诸朝对食封的同姓诸侯王和军功地主采取削弱打击的政策,虽然对巩固和加强西汉皇朝的中央集权统治起了一定的作用,但也给商人地主势力的膨胀提供了某些有利条件。汉元帝以后,西汉皇朝开始走下坡路。经济上占有相当优势的商人地主势力也日益想在政治上大显身手。这种情况引起了儒宗地主和官僚豪强的不满。他们时刻准备对富商大贾进行反击。王莽正是作为这个集团的代表而执掌西汉朝政的。而王氏外戚集团几十年辅政的结果,迅速壮大了自己的力量,使之成为西汉末期的政治重心,从而为王莽的代汉创造了比较坚实的基础。

西汉彩绘骑马武士俑

[1]《汉书·王莽传》。

在王莽当政的平帝时期的5年中,西汉皇朝相对地保持了政治上的稳定和社会秩序的安宁。这一时期,王莽虽然事事专权,但却不像丁、傅外戚集团和董贤那么贪婪侈靡。他对地主阶级的各个集团和阶层,除了政治上的反对派之外,大都采取了安抚或收买的政策。正因为如此,在历经哀帝当国的混乱之后,地主阶级的各阶层几乎都把稳定封建秩序的希望寄托于王莽,而王莽在平帝时的一些行政措施,也的确给了他们这种希望之光。所以,即使对王莽口诛笔伐的班固,对他这一时期的活动也发出了有节制的赞美之词:"孝平之世,政自莽出,褒善显功,以自尊盛。观其文辞,方外百蛮,亡思不服,休征嘉应,颂声并作。"[1]

西汉双人舞盘鎏金铜扣饰

在西汉一代,朝廷通过察举、征辟、荫子等办法选取官吏,这种权力一般都操在从中央到地方的各级官吏手里。汉武帝实行"罢黜百家,独尊儒术"的政策以后,在太学学习的博士弟子也成为官吏的重要来源。但因名额较少,且立为学官的又仅仅是今文的五经,这样,不少中小地主阶级的知识分子就不易跻入汉皇朝的庙堂。王莽当政以后,把古文经立为学官,大量增加博士弟子员名额,广建辟雍、学舍,征召"异能之士",通过这些办法,为广大知识分子提供了更多的做官从政的机会。这样,王莽就在很大程度上,扩大了统治基础,赢得了地主阶级各个阶层的好感。

对汉皇朝的宗室贵族,王莽在即真做皇帝之前就采取笼络手段,用爵位利禄进行收买。元始五年,王莽一次就在宗室贵族中封了36个列侯,其余的人也各有赏赐。一时显得王莽对他们的关心超过了刘氏皇帝,因而相当一批汉宗室贵族把玉莽当成了他们利益的代表。所以当王莽即真做皇帝的时候,就出现了班固痛心疾首的现象:"汉诸侯王厥角稽首,奉上玺韨,惟恐在后,或乃称美颂德,以求容媚。"[2]

土地兼并和越来越多的农民破产沦为奴婢,是西汉末期最严重的社会问题。在贵族官僚、各类地主和富商大贾拼命兼并土地和买奴蓄奴的恶浊风气里,王莽一反流俗,数让封邑,献田献钱,存问孤寡,赈济贫民,还曾逼使

[1]《汉书·平帝纪》。
[2]《汉书·王莽传》。

陶住宅模型

杀死奴婢的儿子自杀偿命。这在当时贫苦无告的劳动人民中自然产生了良好的印象，从而把改变自己悲惨处境的希望寄托在他的身上。元始四年(4年)，王莽下令在长安建立市常满仓，储备大量的谷物，这对于那些在水旱灾疫相继的岁月里因谷价昂贵而受到饥饿威胁的城市贫民，无疑也是一副有力的兴奋剂，他们自然也倾向于王莽。

当然，在已经形成的既定历史趋势下，王莽虚伪奸诈的品格和手段在代汉过程中无疑也发挥了重要作用。为了实现代汉的既定目标，他进行了长时期的准备工作，每一步行动都经过深思熟虑，找到相应的借口，千方百计地加以文饰，同时增强朝野对于改朝换代的心理承受能力。所以，等到他最后废掉孺子婴南面称孤时，除了个别刘氏贵族和忠于刘汉皇朝的地主官僚们进行微弱的反抗外，基本上没有遇到什么阻力。

王莽依靠外戚关系，使用各种手段，轻而易举地夺取了政权，兴高采烈地登上了新朝皇帝的宝座。但是，他究竟能将这个皇帝位子占据多久，却不取决于他的手段如何高明，而是决定于他对西汉皇朝长期积累的社会矛盾采取什么样的解决办法。"周公恐惧流言日，王莽谦恭未篡时，向使当初身便死，一生真伪复谁知"[1]诗人的愤怒来源于对王莽背叛"臣子事君以忠"的封建道德信条。其实，王莽篡汉本身并不构成什么罪恶。他的新朝所以成为一个短命王朝，是因为他制定的一系列解决社会矛盾的方案恰恰对这些矛盾起了火上加油的作用。

二　王莽的"新政"及其失败

王莽建立新朝以后，立即依照《周礼》设计了一套披着复古外衣的改造蓝图。主要内容有王田奴婢政策、五均六筦之法、币制改革、官制改革和制礼作乐等。

始建国元年(9年)，王莽颁布了实行王田奴婢政策的法令：

> 古者，设庐井八家，一夫一妇田百亩，什一而税，则国给民富而颂声作。此唐虞之道，三代所遵行也。秦为无道，厚赋税以自供奉，罢民力以极

---

[1] 白居易《放言五首》，载《全唐诗》卷七。

欲，坏圣制，废井田，是以兼并起，贪鄙生，强者
规田以千数，弱者曾无立锥之居。又置奴婢之市，
与牛马同栏，制于民臣，颛断其命。奸虐之人因缘
为利，至略卖人妻子，逆天心，诖人伦，缪于"天
地之性人为贵"之义。……汉氏轻田租，三十而税
一，常有更赋，罢癃咸出，而豪民侵陵，分田劫
假。厥名三十税一，实什税五也。父子夫妇终年耕
芸，所得不足以自存。故官者犬马余菽粟，骄而为
邪；贫者不厌糟糠，穷而为奸。俱陷于辜，刑用不
错。……今更名天下田曰"王田"，奴婢曰"私
属"，皆不得买卖。其男口不盈八而田过一井者，
分余田予九族邻里乡党。故无田，今当受田者，如
制度。敢有非井田圣制，无法惑众者，投诸四裔，
以御魑魅，如皇祖考虞帝故事。[1]

陶水榭。绿釉，水榭模型

　　王莽在诏令中指出了西汉末年土地高度集中，赋役
剥削严重，奴婢与牛马同栏的悲惨社会现实，说明他对面
临的社会矛盾有着比较清醒的认识，也希望通过改制来
解决这些问题。但是，由于王田奴婢政策本身违背了社会
发展的客观规律，其失败又是必然的。

　　从战国时起，封建土地国有制通过授田制和军功赐
田等方式逐步转变为土地私有制。此后，土地的私有化程
度随着历史的发展而不断加深，因而出现了剧烈的土地
兼并。到西汉末年，封建土地私有制已是占主导地位的土
地所有制形式。

　　王莽的王田制，实质是要变地主阶级土地私有制为
封建的土地国有制。这个制度的基本要点是：土地所有权
归国家，禁止土地买卖，"男口不盈八，而田过一井（900
亩）者"退出超额部分，无田农民按一夫一妇授田百亩。这
个制度表面看起来似乎可以解决当时土地高度集中的问
题，但实行起来却遇到许多难以克服的矛盾。第一，王田
制尽管对大土地所有者作了妥协，规定只要男口盈八，土
地就可达到或超过900亩，但王田政策还是不可避免地遭
到大土地所有者的反对。因为无论如何，那些膏腴万顷的
大地主，总要有一部分或大部分土地被收归国有的。第
二，从春秋末年起，田亩制度有很大变化，已不再是"方里

[1]《汉书·王莽传》。

绿釉陶楼

而井,井九百亩"了。如赵过的代田就是240步为亩,还有480步为亩的。而且,田亩是按阡陌计算并设立疆畔道路的。所以,即使按一夫百亩计算并分配土地,也无法恢复井田制。何况,井田制到这时已是人言言殊,莫得其究竟了。第三,王田制缺乏相应的执行机构,核实土地和户口,进行土地分配。按照王莽的诏令,大户要把多余的土地自行分给九族邻里乡党,而他们的户口中往往包括族人、奴婢和依附农,无法核实有多少男口,核实了也无法析户析产。别说是奴婢了,依附农也是难以自立的。还有不少农民,土地不足百亩,要不要补足其差额呢?第四,土地和户口是封建赋役制度的依据,改变田制就要相应的改变赋役制度。在王莽的王田制中,这些问题是没有解决、也是无法解决的。总而言之,王田制在实行过程中必然遇到的不可克服的矛盾将使王莽束手无策。最重要的是,到王莽的时代,地主土地私有制已经历了数百年的发展,土地占有情况十分复杂,想凭一纸命令重新授田,势必引起难以平息的混乱,给社会带来动荡和不安。而土地不准买卖的规定更难以行得通。因为自从地主阶级的土地私有制产生以后,土地买卖就成为它的必然伴侣。一方面,贵族官僚、豪族地主和富商大贾占有土地的欲壑是永远无法填满的,购买(这种购买往往与政治特权相结合,表现出强购,低价购进的兼并色彩)是他们经常使用的获取土地的方式。当王田政策公布之后,他们在奋力抵制的同时,必然是力图迅速卖出多余的土地。另一方面,拥有一小块土地的编户农民在赋役和高利贷的重压下走向破产的命运又是必然的。在荒年恶岁,他们不得不出卖自己的土地以抵偿债务,而在另外的情况下,他们中的有些人随着经济状况的好转又希望购进一些土地。王田政策公布后,一时地价低廉,他们中的殷实户自然愿意乘机买进土地。不准买卖土地的法令,既使大土地所有者不满,也使部分农民产生反感。因此,这一条款在实行过程中几乎遇到来自所有阶级和阶层的不满与反对。最后,由于王田制中有"男口不盈八"之类的灵活规定,就给执行政策的各级官吏以上下其手、营私舞弊、贪赃枉法的充分机会。这也不能不给政策的执行带来许多意想不到的困难。

从现有史料看,王莽的王田政策曾一度推行。地皇二年(21年),公孙禄在批评王莽的政策时就指出:"明学男张邯、地理侯孙阳造井田,使民弃土业。"[1]由于王田政策存在一系列难以克服的矛盾,强制推行的结果是引起了巨大的社会动乱。"制度又不定,吏缘为奸,天下謷謷然,陷刑者众"[2],"农商失业,食货俱废,民涕泣于市道。坐卖买田宅奴婢铸钱抵罪者,自公卿大夫至庶人,不可胜数"[3]。尽管王莽一开始就以严酷的法令惩办反对王田制的吏民,但由于这个政策既不符合客观实际,又无法满足农民的土地要求,再加上整个地主阶级的反对,这个政策很快就终止执行了。

从政策条文看,王莽的奴婢政策只对私奴适用、与官奴婢毫不相干。王莽实行这个政策的主观意图,是阻止劳动者主要是农民的进一步奴婢化,以解决农村劳动力的不足,从而保证封建国家的赋役征发。但是,这个政策同样也存在不可克服的矛盾。改奴婢为"私属",不准买卖,实质上是冻结现状,承认奴婢存在的合法性,最多不过是将奴婢改变为农奴而已。而且,在奴婢政策中并未规定奴婢后代的身分,他们的后代仍然是要当奴婢的,只不过世代奴婢改名世代"私属"罢了。一方面承认奴婢存在的合法性,另一方面又禁止奴婢买卖,这与王田政策一样是行不通的。既然土地集中的问题无法解决,就不能阻止农民脱离土地,而在使用奴婢仍然合法的情况下,也就无法阻止破产农民沦为奴婢。而且,由于贵族官僚、豪族地主和富商大贾像兼并土地一样热衷于奴婢的追求,在奴婢政策颁布之后,又必然使他们要求调整自己所拥有的奴婢数量。这样,奴婢买卖反而较平时更加兴旺。纵使法令禁止买卖奴婢,公开的买卖也必然转化成秘密的黑市交易。这从因买卖奴婢触犯刑律人数之多就可充分反映出来。奴婢所有者因王莽的政策损害了他们的利益而归怨王莽,奴婢也因这个政策没有从根本上改善其境遇而对王莽没有好感。所以王莽在始建国四年(12年)宣布废除王田政策的同时,也取消了禁止买卖奴婢的法令。历史证明,一方面,王莽限制私人扩大奴婢占有的办法根本行不

猪圈

[1]《汉书·王莽传》。
[2]《汉书·王莽传》。
[3]《汉书·食货志》。

桑园画像砖

通。另一方面,他又通过十分酷烈的法令制造大量的国有奴婢,"吏民抵罪者浸重"。在新朝统治下,每天都有众多的人因触犯王田奴婢、五均六筦、铸钱等法令被罚作官奴。所以王莽事实上不仅没有取消奴隶制残余,反而使之扩大化了。

王莽的王田奴婢政策,集中反映的是他作为封建帝王的利益,本质上是宗法地主的利益。它基本上是脱离实际的复古主义的空想,在实际上还不如一定程度的限田限奴方案更有现实意义,更不如西汉政府曾实行过的"假民公田"或"赋民公田"等措施对生产的发展有利。由于这个政策在一定程度上损害了豪族地主的利益,因而在他们看来王莽是"逆子",它同样更损害了广大农民的利益,所以在他们眼里王莽是灾星。这样,王莽自己就把自己孤立起来,当初拥护他上台的几乎所有阶级和集团都开始怀疑和反对他了,王莽也逐渐由踌躇满志变得一筹莫展。3年以后,始建国四年(12年),代表豪族地主的区博上书说:"井田虽圣王法,其废久矣。周道既衰,而民不从。秦知顺民之心可以获大利也,故灭庐井而置阡陌,遂王诸夏,迄今海内未厌其弊。今欲违民心,追复千载绝迹,虽尧舜复起,而无百年之渐,弗能行也。天下初定,万民新附,诚未可实行。"[1]王莽眼看王田奴婢政策事实上业已破产,也只得下诏加以废止:"诸名食王田,皆得卖之,勿拘以法。犯私买卖庶人者,且一切勿治。"[2]这表明,王莽在被现实碰得头破血流之后,只得老老实实地向土地兼并者和奴婢所有者屈服了。明代学者邱浚对王田奴婢政策的失败提出了颇有见地的看法,他说:"井田既废之后,田不在官而在民,是以贫富不均。一时识治体者咸慨古法之善而卒无可复之理,于是有限田之议,均田之议,口分世业之法。然皆议之而不果行,行之而不能久。何也?其为法虽各有可取,然不免拂人性而不宜于土俗,可以暂而不可以常也。终莫若听民自便之为得也。"[3]恩格斯指出:"当一个国家内部的国家政权同它的经济发展处于对立地位的时候——直到现在,几乎一切政治权力在一定的发展阶段上都是这样——斗争每次总是以政治权力被推翻而告终。"[4]王莽设计的王田奴婢政策,尽管至今还引起某些历史学家的

[1]《汉书·王莽传》。
[2]《汉书·王莽传》。
[3]《大学衍义补》卷一四"制民之产"。
[4]《反杜林论》,载《马克思恩格斯选集》第3卷,人民出版社1972年版,第222—223页。

赞叹,但由于它违背了客观经济规律,其失败是必然的。

王莽实行王田奴婢政策,本来是为了维护和巩固封建统治,但结果适得其反:它不仅激化了新皇朝与广大劳动人民的矛盾,也加剧了统治阶级的内部斗争。原来拥护他代汉自立的剥削阶级的集团和阶层,看到王莽复古主义的狂想给自己带来意想不到的危害,因而逐渐对王莽产生离心倾向。后来在反对王莽的起义队伍中,混入一大批刘氏宗室贵族、豪族地主和富商大贾的代表,对王田奴婢政策不满是主要原因。广大农民和奴婢通过王田奴婢政策的推行和废止,也逐渐认清了王莽的真面目,从而打消了对他的幻想,开始酝酿对王莽的武装反抗。

黄河金堤

在颁布王田奴婢政策的第二年,玉莽又颁布了他的城市经济政策:五均赊贷之法。五均是由政府对工商业经营和对物价进行统制与管理。它的执行集中在几个主要城市——长安、洛阳、邯郸、临淄、宛、成都。这些地方设立五均司市师,其主要任务是:第一,平抑物价;第二,以成本价格收购滞销的重要民用商品,使生产者不致受损;第三,经管赊、贷两种经济活动。王莽这些对工商业经济活动的管制措施,后来发展为六筦:即盐、铁、酒由政府专卖,铜冶钱布由国家铸造,山林湖沼由国家管理,五均、赊贷由政府办理。总起来看,这些国家对工商业等经济活动的管制措施,主要内容都是汉武帝的工商政策中所固有的,目的是抑制富商大贾的过分剥削,将工商利润收归国家。政策本身并不错,但执行的结果却证明它是一个以聚敛财富为目的的搜刮政策。这是因为,王莽任用的主持这些事业的官员,绝大部分是原来的大工商主。如拥资5 000万的临淄姓伟、家资10万的洛阳张长叔、薛子仲等人,都当上了经办六筦的羲和命士,进一步打破了汉初禁止工商业者做官的法令。这类人本来就是囤积居奇,贱买贵卖,哄抬物价并以高利贷对人民进行掠夺的老手,而今穿上政府官员的服装,便更加肆无忌惮地以权谋私、贪赃枉法、巧取豪夺。他们"乘传求利,交错天下,因与郡县通奸,多张空簿,府藏不实,百姓愈病"[1]。愈到后来,五均愈成了官僚、豪富互相勾结鱼肉人民的手段,六筦更成了剥削人民的工具。例如六筦规定的税收名目之繁多、制度之繁

[1]《汉书·王莽传》。

西汉女坐俑

琐，就创下了空前的历史纪录："工商能采金银铜连锡登龟取贝者，皆自占司市钱府，顺时气而取之。""又以周官税民，凡田不耕为不殖，出三夫之税；城廓中宅不树艺者，出三夫之布；民浮游无事，出夫布一匹。其不能出布者，冗作，县官衣食之。诸取众物鸟兽鱼鳖百虫于山林水泽及畜牧者，嫔妇桑蚕织纴纺绩补缝，工匠医巫卜祝及它方技商贩贾人坐肆列里区谒舍，皆各自占所为于其所在之县官，除其本二，计其利，十一分之，而以其一为贡。敢不自占，自占不以实者，尽没入所采取，而作县官一岁"[1]。这其中有些税收项目是针对工商业者的，这当然是必要的。但更多的则是榨取劳动人民。农民因无力耕种要交税，离开土地的流民要交税，凡到山林湖池畜牧、打猎、渔采者，养蚕纺织的妇女，手工匠人、小商贩，以至巫、医、卜祝、方士等人，都要取其赢利的1/10交税。由于这些人本小利微，这种税收对他们来说是不堪负担的。相反，对那些本大利丰的富商大贾就有利得多。天凤四年（17年），王莽正式设立羲和命士，专门监督五均六筦的执行。同时，还下令重六筦之法："每一筦下，为设科条防禁，犯者罪至死，吏民抵罪者浸众。"由于法令繁苛，"民摇手触禁，不得耕桑，徭役烦剧，而枯旱蝗虫相因。……吏用苛暴立威，旁缘莽禁，侵刻小民。富者不得自保，贫者无以自存，起为盗贼"[2]。纳言官冯常上书王莽，要求他停止执行五均六筦之法。王莽非但不听，还下令免除其职务。接着任命酷吏侯霸等分督6尉、6队，给予他们类似汉刺史那样的权柄，变本加厉地继续推行。直到地皇三年（22年），即王莽垮台的前一年，他才下令废除此法。但为时已晚，它所激化的阶级矛盾只有通过农民战争去求得暂时解决。

在王莽众多的经济改革措施中，货币改革是最混乱最荒唐的。从居摄二年（7年）他宣布进行第一次货币改革起，到地皇四年（23年）王莽灭亡，10多年间，他4次下诏改革币制，5次下诏重申币制改革的命令，而每次改革差不多都是以小易大、以轻易重，运用政治权力加重对人民的剥削。

第一，王莽的币制改革是以劫掠为手段，以聚敛财富为目的。他宣布将黄金、白银收归国有，不予兑换，是一种公开的强盗行径,一种明火执仗的抢劫。例如,在第一次币制改革时,用新铸的重12铢的大泉兑换50枚重五铢的钱,就是相差20多倍的不等值兑换。以后的每次改革中,各种类型货币的比值都十分不合理。第三次改革中发行的货泉,重一铢的小泉值一,重12铢的大泉就定值50,比值相差4倍多。其布货中重15铢的小布值100,重23铢的次布则值900,比值相差7倍多。类似例子不胜枚举。金属货币作为一般等价物之所以起价值尺度的作用,是由它本身含的金属量决定的。同一种币材的货币,不管其种类有多少,每一种的金属含量与其价值量的比必须是相等的。币值大于金属量就等于货币贬值。王莽用任意规定币值的办法造成货币贬值,并用这种办法对工商业者和劳动人民进行劫掠。这就使货币失去价值尺度的作用。因此,尽管王莽应用严刑峻法强制推行新币,依然遭到劳动人民剧烈地反抗,私铸货币的事情层出不穷,什么办法也难以禁止。

西汉拂袖舞俑

　　第二,币材太滥,品类太杂,徒然制造了不少矛盾和混乱。在通常情况下,流通中存在两种不同币材的货币已与货币作为价值尺度的职能相矛盾。而王莽一次竟用5种不同的币材、6种不同的货币和28个品类同时投入流通,把早已被历史淘汰的龟、贝、羊皮等重新拿来使用,而各类货币之间的比价又无合理规定,也难以得出合理比价。这种币制改革给社会经济生活只能带来灾难性的后果。

　　第三,改革频繁,手续烦琐。社会经济生活要求一个长期使用的稳定货币,经常改革货币是币制政策的大忌。可是王莽在6年之中就进行了4次改革币制,其变动之速在中国封建社会的历史上创造了空前绝后的纪录。第4次币制改革以后,王莽为了防止废币和私钱的流通,还规定了非常烦琐的检查制度。官吏和百姓由一地到另一地,要检查布钱和符传(官府颁发的证明文件),否则,旅店不准住宿,关隘予以扣留。甚至政府官员出入宫门,也要检查验符。

　　这样繁苛的禁令,必然给社会经济的正常运行,尤其是流通带来很大困难。

　　总之,王莽的币制改革完全凭自己的意志、愿望和行

东门市画像砖

政命令办事,全然不顾货币运动的客观规律。在一次又一次地触了霉头之后,他却一次又一次地求助于苛法酷刑。第二次币制改革后紧接着颁布了流放法。第四次币制改革后又接着颁布了连坐法:"一家铸钱,五家坐之,没入为奴婢。"[1]虽然如此,工商业者和一般劳动人民对王莽的币制改革仍然进行着毫不妥协的反抗,盗铸和其他触犯禁令者比比皆是。结果是"民犯盗铸,伍人相坐,没入为官奴婢。其男子槛车,儿女子步,以铁锁琅当其颈,传诣钟官,以十万数。到者易其夫妇,愁苦死者十六七"。"每易一钱,民用破业"[2]。由于私铸钱犯罪者太多,于是出现了"徒隶殷积,数十万人,工匠饥死,长安皆臭"[3]的惨状。

由于王莽的币制改革从根本上违背了货币运动的客观规律,因而它失败的命运就是不可挽回的。正如彭信威在《中国货币史》中指出的:"中国历代币制的失败,多有别的原因,而不是制度本身的缺点。只有王莽的宝货制的失败,完全是制度的失败。"王莽的币制改革,不仅给当时的人民带来极大的损害,也是使其统治陷于崩溃的重要原因。可以这样说,王莽通过币制改革进行劫掠的目的基本达到了,直到临死前他府库里还存着60万斤黄金。但另一个意想不到的结果也随之而来,这就是人民的起义与王莽的灭亡。

除了以上经济领域的改革之外,王莽在政治方面也进行了一系列的所谓改革,始建国四年(12年)、天凤四年(17年),王莽两次裂地分封、授民授茅土,用理想化的周代分封制欺骗他的臣僚。实际上根本行不通。自秦皇朝建立专制主义中央集权的行政体制以后,郡县制就是比较适合政情的地方行政体制。王莽异想天开地想在中央集权制度已经确立200多年以后,全面恢复西周的分封制,一下子在全国建立2 000多个大小不等的封邑,实在是历史的大倒退。实际上王莽也并不想把土地和人民真正授予他的爪牙。授封仪式举行后,他以"图簿未定"为理由,不让他们得到封地。这样一来,就使那些获得爵位而无实职的新贵们陷入窘境,生活无着,苦不堪言,从而对王莽产生了巨大的离心倾向,促成了统治集团的分裂。

天凤元年(14年),王莽仿照《周官·王制》数次下令更

[1]《汉书·王莽传》。
[2]《汉书·王莽传》。
[3]《后汉书·隗嚣传》。

改中央和地方官制,如在中央建立了四辅、三公、四将、九卿、六监。四辅是太师、太傅、国师、国将,虽位冠百官,但无治事之权,是安置德高望重的老臣们的虚衔。三公是大司马、大司徒和大司空,虽承自汉制,但权力已大为削弱。四将是卫将军、前将军、更始将军和立国将军,皆为掌兵之官,其中更始将军最重要,多次衔王莽之命指挥重大的军事行动。九卿是丞相司直、大司马司允、大司空司若(以上称三孤),更名汉代的大司农为羲和,再更为纳言;大理为作士;太常为秩宗;大鸿胪为典客;少府为共工;水衡都尉为予虞,以上为六卿,与三孤合称九卿。每一卿下置大夫3人,一大夫置元士3人,凡27大夫,81元士。九卿在三公领导下负责中央各部门的具体政务。另外,王莽又将汉代太仆更名为太御,卫尉为太卫,执金吾为奋武,中尉为军正,光禄勋为司中,又新置大赘官,"主乘舆服御物",以上为六监,亦称六司,专为宫廷皇帝服务。地方行政方面,在全国设9州,125郡,2 203县,州牧成为一州的最高民政和军事长官,权力较汉代大大加强。郡的长官依据地理位置和重要程度称卒正、连率、大尹,后又加号将军,县令、县长称县宰。他又数次下令重划行政区,增加官吏员额,实行官吏职务世袭和俸禄随地方税收浮动的制度。这一方面是稽古以示新,一方面是为满足臣僚们的贪欲和权势欲。王莽满以为,如此一来,其爪牙们必将人人心满意足,从而死心踏地为他效忠了。其实,王莽恰恰弄巧成拙:它既加重了对劳动人民的剥削,又加剧了王莽统治集团的矛盾,而官职和爵位的世袭更加速了王莽集团的腐败。尽管王莽的新朝改变的仅仅是汉朝的形式而没有改变豪族地主统治的本质,但贵族和官僚却凭空增加了许多。汉皇朝旧贵族依然如故,王莽朝的新贵族却陡然增加了一大批:从哀章之类的无赖到王盛之类的卖饼儿,转瞬之间,都蟒袍玉带地跻身于王莽的新贵之列了。这些饿狼似的统治者,每人都想谋个理想的位子肆意盘剥以满足私欲。王莽增加官位并实行世袭自然投其所好,但却给劳动人民带来更多的灾难。本来一县有一位县宰,现在一县分为六县,凭空又添上五位劫掠者,一国三公,十羊九牧,劳动人民的痛苦就可想而知了。加之王莽又时常更换官员,每

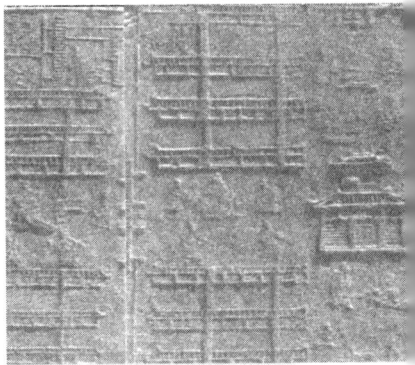

市井图画像砖

汉代铜四人博戏俑

一位新官到任后的第一件要事就是搜刮，而且恨不得洗劫一空。待到新的调令来到时，他们已是腰缠万贯，趾高气扬地准备到新地方重操屠刀了。但是，王莽的爪牙们却每每因地盘大小不一，地方贫富不等一面归怨王莽，一面进行数不清的明争暗斗，造成吏治败坏，贪赃枉法成风，犹如催化剂一样地加速了农民起义的爆发。

王莽上台以后，一直醉心于制礼作乐。从天凤二年（15年）起，王莽纠合了一批公卿大夫、文人学士，从早到晚，坐而论道，力图根据《周礼》损益出一套新朝的礼乐制度。结果是议来议去，连年不决。由于王莽只着眼于这类装潢门面的繁文缛礼，致使中央和地方一般行政狱讼都无人管理。有的县，县官数年空缺，由郡守兼理。各级地方官吏贪残害民之事层出不穷。王莽为了监视郡县官吏而派到各地去的中郎将、绣衣执法，更是利用权势安插私人，与郡县守令互相勾结，横行无忌。而派往各州郡"劝农桑，班时令，案诸章"的十一公士，实际上以钦差大臣自居，颐指气使，收取贿赂，冤杀无辜。以上这些官吏，你来我往，竞相盘剥，搅得各地鸡犬不宁，怨声载道。

新朝建立后五六年间，一直没有制定官吏的俸禄制度，这样，一切贪污窃盗都在事实上取得了合法地位。直到天凤三年（16年），王莽才公布了一个极其烦琐的俸禄制度。规定从四辅公卿大夫到一般臣僚，共分10个等级，俸禄最低者一岁66斛，以上依此递增，到四辅岁入万斛。同时又规定，郡县守令等地方官的俸禄以该地方税收的多少为差。王莽以为只有如此，才能使群僚们人人忠于职守，兢兢业业，励精图治。殊不知，这实际上等于给了各级官吏以利用职权，敲诈勒索的特权。实行这种俸禄制度，不仅王莽国库里的钱粮布帛越积越多，而且官吏的口袋里也愈装愈满，但遭殃的却是劳动人民。俸禄制度所展示的王莽新朝，犹如一面大吸血网。王莽是一个高高在上的大饕餮者，他手下的官僚是大小不等的中小型饕餮者，群起劫掠，锱铢必尽，他们加给劳动人民的，只能是日甚一日的苦难。

公正地说，王莽在代汉前办了一些好事，他看到土地兼并的危害，奴婢问题的严重，注重吏治，发展教育，统一度量衡等,都应该得到历史的肯定。但是,由于王莽的政策违背了经济发展的客观规律,不能顺应生产力发展的要求;有些政策因用人不当而变质,因而先后宣告失败。王田奴婢政策因受到来自各个阶级的反抗早已停止执行,因而土地兼并只能更加剧烈地进行,私奴婢增加之势无法遏止,官奴婢又因苛酷的刑罚而大量增加。五均六筦在富商大贾摇身一变而来的羲和命士等的主持下, 变成了对广大劳动人民残酷无情的劫掠, 而频繁的货币改革则几乎变成了封建国家对劳动人民和工商业者的明火执仗的抢劫。所有这一切,都从不同方面加速了农民同主要生产资料土地的分离,造成了社会经济生活的极度混乱,使社会生产遭到严重的破坏。这样一来,必然使西汉末年已经十分尖锐的阶级矛盾进一步激化。广大劳动人民除了以武装反抗死里求生外,再也没有别的道路可走了。

新莽"始建国元年"铜方斗

三　大汉族主义的民族政策

中国自古以来就是一个多民族的国家,以经济、文化为纽带结合在一起的中华民族有着巨大的向心力和凝聚力。尽管在秦和西汉前期,虎踞中原的中央政权与周边少数民族,尤其是匈奴发生过相当激烈的战争,但是,由于各族劳动人民之间有着和平交往的美好愿望,而经济文化的强大纽带还是使各民族走到和平相处、互通有无、共同发展的道路上来。汉昭帝恢复"和亲"政策后,汉匈之间就出现了"城关不闭、牛马蔽野、边境晏然"的局面。张骞奉汉武帝之命凿通西域以后, 加强了汉与西域各少数民族的友好往来, 著名的丝绸之路成为欧亚之间各国人民传播文化和友谊的国际通道。汉与东北、西南诸少数民族也都建立了和平友好的交往。这种民族关系,对于促进各民族经济文化的发展和边疆地区的开发, 对于促进中华民族的巩固、扩大和发展都是有好处的。可是,王莽上台伊始,就继承历史上"内诸夏而外夷狄"的大汉族主义政策,强调"天无二日,土无二王",诬蔑少数民族首领称王是"违于古典,谬于一统"。出于专制主义和民族自大狂的需要, 不惜诉诸武力把污辱和征伐加在周边少数民族头上。始建国元年(9年),王莽派出12个五威将,分别到匈

新莽地皇年间包芒、蓐收壁画

奴、西域和其他周边少数民族,对其首领更换名称、印绶。如把西南的句町王以及西域30多个国家的国王一律降为侯。他们到匈奴单于庭,授单于新的印信,把"玺"改成"章"。单于看了很不满意,执意索回旧的印玺。五威将陈饶当场把旧玺推碎。单于大怒,出兵进犯内地,从此开启了王莽朝廷与匈奴持续多年的战争。而由王被贬为侯的西南、西域等诸国的首领,都先后宣布脱离新朝,并乘机骚扰边境。从此,新朝与周边民族就处于战争之中。可是,当那位在匈奴制造事端的陈饶回到长安以后,却得到了王莽加封的"威德子"的褒奖。王莽对周边民族轻开边衅,使他吞下了一枚致命的苦果:长年的边陲战争严重削弱了王莽的力量,加剧了国内的阶级矛盾,是其走向灭亡的重要原因。正如王夫之所指出的:"莽之召乱,自伐匈奴始,欺天罔人,而疲敝中国,祸必于此而发。"[1]

始建国二年(10年)冬,王莽更匈奴单于名为"降奴服子",极尽污蔑之能事。同时在东西绵延3 000多里的边境上分6路出兵,对匈奴进行全面的讨伐战争。为了进行这场战争,王莽共募天下的囚徒、丁男、甲卒30万人。从全国各地征调军需供应,自江淮一直到北部边防前线,道路之上,监督行军和运饷的使者,出征的士卒、运送军需物资的役夫,络绎不绝。这一不义战争,给全国人民带来空前的浩劫。30万大军屯驻边境,勒索钱粮,抢劫财物,搅得那里鸡犬不宁,而王莽派到边郡监军的中郎将、绣衣执法等人,又与带兵将领互相勾结,索取贿赂,劫掠百姓,大肆敲剥,更使那里雪上加霜。内地各郡县则催征军需,锱铢必尽,不少农民和手工业者被逼得家破人亡,纷纷投入流民队伍,酝酿着反对王莽的起义。天凤六年(19年),已经进行了10年的对匈奴战争消耗了大量的民脂民膏,而为了继续这场不义战争,王莽再次下令在全国大征兵,大募天下丁男及死罪囚、吏民奴,起名"猪突豨勇",作为前锋遣送边境。同时下诏征收天下吏民财产的1/30作为军赋,勒令公卿至郡县官吏都按俸禄分别保养军马。这样,王莽就借战争之机对全国人民进行了一场空前的大劫掠。与对匈奴进行战争的同时,王莽也挑起

[1] 王夫之:《读通鉴论》卷五《王莽》,中华书局1975年版,第139页。

了与东北、西域和西南的少数民族的战争。在东北,他指使严尤诱杀了高句骊侯驺,更其国名为下句骊,又破坏了与夫余、秽貊的友好关系。在西域,由于王莽政策的错误,再加上匈奴的威胁利诱,绝大部分国家都投靠了匈奴。西汉中后期100多年中经过艰苦努力建立起来的中原与西域的友好关系,至此被彻底破坏。从此以后,直至东汉前期60年间,内地通向西域的道路绝而不通。王莽对东北、西域和西南诸少数民族的战争,同样给各族人民带来难以想象的灾难。终年征发,民不堪命,青壮年战死在前线,老弱妇幼辗转沟壑。以对益州句町用兵为例,开始,"出入三年,疾疫死者什七,巴蜀骚动"[1]接着,又发动20万人进行更大规模的战争,"士卒饥馑,三岁余死者数万"[2]。财物的征敛和损失更是惊人,"赋民财什取五,益州虚耗而不克"[3]。后来更"调发诸郡兵谷,复訾民取十四,空破梁州,功终不遂"[4]。王莽对匈奴、东北、西域和西南诸少数民族的战争一直持续了10多年,基本上与新朝政权相始终。与王莽的愿望相反,这些祸国殃民,破坏民族友好关系的战争,不仅未能给他带来财富、威势和光荣,恰恰相反,它促使民族矛盾和阶级矛盾进一步激化,为大规模农民战争的爆发创造了条件,成为王莽政权灭亡的重要原因,在中国国内民族关系的历史上,王莽的新朝无疑是黑暗的一页。

新莽天凤元年(14年)的量器湿仓平斛

四　王莽的暴政加速了农民起义的爆发

在封建社会里,地主阶级是封建生产关系的代表。当阶级矛盾和社会矛盾特别尖锐,生产关系阻碍生产力的发展时,代表统治阶级的国家可以在一定范围和一定程度上,对生产关系和上层建筑的某些环节加以调整,从而给生产力以继续发展的余地,但是,封建国家对生产关系和上层建筑的调整既是有条件的,又是有限度的。王莽实行"新政",并非没有缓和阶级矛盾和社会危机的诚意,但结果却适得其反。王莽作为代表封建国家的最高统治者履行自我调节的失败,恰恰成为农民起义的催化剂。

失败的改革往往比不改革的结果更坏。由于王莽的

[1]《汉书·西南夷两粤朝鲜传》。

[2]《汉书·西南夷两粤朝鲜传》。

[3]《汉书·西南夷两粤朝鲜传》。

[4]《汉书·西南夷两粤朝鲜传》。

王莽像

1《汉书·王莽传》。
2《汉书·王莽传》。
3《后汉书·光武帝纪》。
4《后汉书·杨彪传》。
5《汉书·食货志》。

"新政"几乎全部失败，因而旧有的矛盾不仅没有缓和反而更加尖锐。天凤元年(14年)，"缘边大饥，人相食"[1]。之后，灾荒和疾疫就开始由边郡向内地蔓延。四方进入关中的流民达数十万，啼饥号寒之声震撼宫阙。面对这种情势，王莽也假惺惺地从事救灾工作，一方面"多遣大夫谒者分教民煮草木为酪，酪不可食，重为烦费"[2]，用最荒唐的办法欺骗那些嗷嗷待哺的饥民。一方面对那些流入关中的流民，也煞有介事地设官赈济，但由于救济的钱粮本来就少得可怜，再加上大小官员的贪污中饱，结果造成"饥死者十七八"的惨状。由于饥荒年复一年，"天下旱蝗，黄金一斤易粟一斛"[3]。就是昔日富饶的关中地区，也已经是"民庶涂炭，百不一在"[4]了，而且由于王莽总是想方设法把财富最大限度地集中在自己手里，也损害了部分小吏和富人的利益，使朝野上下都陷入了苦难之中："民摇手触禁，不得耕桑，徭役烦剧，而枯旱蝗虫相因。又因制作未定，上自公侯，下至小吏，皆不得俸禄，而私赋敛，货赂上流，狱讼不决。吏用苛暴立威，旁缘莽禁，侵刻小民。富者不得自保，贫者无以自存，起为盗贼，依阻泽，吏不能禽而覆蔽之，浸淫日广，于是青、徐、荆楚之地往往数万。战斗死亡，缘边四夷所系虏，陷罪，饥疫，人相食，及莽末年，而天下户口减半矣。"[5]《后汉书》的《刘平传》和《赵孝传》等，都以令人发指的笔触，记载了或一人或数以十计的人被宰杀而食的惨绝人寰的悲剧。

由于王莽的倒行逆施，到新朝末年，社会经济已经全面崩溃，挣扎在死亡线上、朝不保夕的劳动人民，除了用最激烈的斗争手段去争取生存的权利以外，再也没有其他的生路了。后来，在农民起义队伍里，冯衍曾对更始政权的尚书仆射鲍永讲了一大段话，对王莽暴政促成农民起义的爆发作了集中的概括，他说："伏念天下罹王莽之害久矣。始自东部之师，继以西南之役，巴、蜀没于南夷，缘边破于北狄，远征万里，暴兵累年，祸挐未解，兵连不息，刑法弥深，赋敛愈重。众强之党，横击于外，百僚之臣，贪残于内。元元无聊，饥寒并臻，父子流亡，夫妇离散，庐落丘墟，田畴芜秽，疾疫大兴，灾异烽起。于是江湖之上，海岱之滨，风腾波涌，更相骈藉，四垂之人，肝脑涂地，死亡之数，不啻太半，殃咎之毒，痛入骨髓，匹夫僮妇，咸怀怨怒。"[1]王莽篡政称帝不久，农民起义的星星之火就已经在各郡燃起。之后，越烧越旺，变成燎原之势，终于使王莽同他的新朝陷于灭顶之灾。伟大的农民起义和农民战争，继秦末以后，又一次显示了旋乾转坤的巨大威力。

新莽铜嘉量铭

第三节　新朝末年的农民战争与东汉皇朝的建立

一　赤眉起义

由于王莽的新朝是通过篡政的办法从刘氏皇室夺取的，因而对王莽的反抗首先来自刘氏贵族和拥刘派的官僚地主。从居摄元年（6年）到天凤三年（16年）的10年中，虽然也有零星的农民起义，但刘氏贵族和拥刘派官僚地主的反莽起事占了主导地位。其中主要的有：居摄元年安众侯刘崇在南阳的起兵、居摄二年东郡太守翟义的起兵和东郡都尉刘宇、武平侯刘璜的起兵、始建国元年（9年）徐乡侯刘快在即墨（今山东莱西县境）、汉宗室刘都在真定的起兵。这些反莽起事由于规模较小，行动分散，更加上缺乏群众基础，因而被王莽在反掌之间一一平定。

农民反抗王莽的起义最早爆发于居摄二年（7年）。这一年，距长安近在咫尺的槐里（今陕西兴平）爆发了赵明、霍鸿领导的起义。他们杀死右辅都尉和盩县（今陕西武功与眉县之间）县令，队伍发展到10多万人，历时一年之久才被镇压下去。

天凤元年（14年）[2]，琅邪海曲（今山东日照）爆发了吕母领导的起义。吕母之子原为海曲县吏，为县令冤杀。吕母散尽家财，广结贫苦少年，以酤酒营利购买兵器，聚众百人，一举攻下海曲县城，杀死县令。这支义军很快发展成数万人的队伍，转战于琅邪附近海边，屡败官军。吕母死后，他们汇入赤眉军。天凤四年（17年）临淮（今江苏泗县附近）瓜田仪起义，在会稽（今江苏苏州）地区坚持了数

[1]《后汉书·冯衍传》。
[2]《汉书·王莽传》记载为公元17年，此从《后汉书·刘盆子传》。

西汉错金铁尺

年之久的斗争。以上这些起义虽然大部分都失败了,但它们构成了新末农民大起义的前奏曲,预示着更大风暴的来临。

天凤四年(18年),琅邪人樊崇在城阳国的莒(今山东莒县)聚众百人起义,他们以泰山为根据地,转战青、徐等地,不到一年即发展成上万人的大军。不久,琅邪人逄安、东海(今山东郯城)人徐宣、谢禄、杨音等也率领一支义军来归,接受樊崇领导,队伍扩大到数万人。这是新朝末年最纯朴的一支农民起义队伍。他们"以言辞为约束,无文书、旌旗、部曲、号令",规定了最简单明了的纪律:"杀人者死,伤人者偿创",他们也没有显赫而复杂的官号和爵级,"其中最尊者号三老,次从事、次卒史,汎相称曰巨人"[1]。地皇三年(22年),他们杀死王莽派到东方率兵围剿他们的太师羲仲景尚,接着,又与王莽派遣的更始将军廉丹、太师王匡指挥的10多万官军对战。樊崇为了使义军战士在与官军作战时易于识别,下令全军官兵一律将眉毛染成红色,由此,这支起义军在历史上就被称为"赤眉军"。廉丹、王匡统帅的官军纪律败坏,所过之地,烧杀抢掠,无所不为,关东地区的百姓深受其害。有一首民间歌谣说:"宁逢赤眉,不逢太师!太师尚可,更始杀我。"[2]由于人心向着赤眉军,赤眉军在与官军的战斗中连连获胜。无盐(今山东东平县境)一战,杀死廉丹,王匡落荒而逃,十数万官军土崩瓦解。接着,赤眉军攻莒城,战东海(今山东郯城),转而挥军南下西进,与莽军激战于彭城(今江苏徐州)、沛郡(今安徽濉溪)、汝南(今河南上蔡),获得一系列胜利。之后,经郾(今河南郾城)、颍(今河南禹县),入据陈留(今河南开封附近)。稍事休整后,又千里远袭,攻克鲁城(今山东曲阜)。再转军西向,攻破濮阳。这时,王莽新朝已宣告灭亡。从公元17年到23年,五年之中,赤眉军转战青、徐、豫、兖数州,屡破强敌,迭克名城,基本上消灭了新朝在这些地区的军事力量,有力地支援和配合了绿林军与河北诸路起义军对新朝官军的战斗,在推翻新皇朝的斗争中作出了不可磨灭的贡献。它自己也发展成百万人的大军。但是,由于新朝已经灭亡,各支起义队伍失去了共同的斗争目标,后来,赤眉军与绿林军

[1]《后汉书·刘盆子传》。
[2]《后汉书·刘盆子传》。

由互相猜忌发展到互相火并，开始了新末农民战争中令人痛心的一页。

二　绿林起义与新莽政权的覆亡

在南郡（今湖北江陵）和南阳郡（今属河南）之间，有一座绿林山，附近劳动人民大都依阻山泽，靠渔采为业。天凤元年（14年）以后，这里久旱不雨，百姓困苦不堪，群入野泽，掘凫茈而食。新朝官吏不仅不予赈济，反而强征山泽之税。天凤四年（17年），新市（今湖北京山县境）人王匡、王凤乘机鼓动起义，被推为领袖。不久，马武、成丹、王常等人也加入起义队伍。他们以绿林山为根据地，四处出击，吸引大批贫苦百姓，队伍迅速发展壮大。地皇二年（21年），绿林军与荆州地区的官军在云杜（今湖北京山）、竟陵（今湖北潜江）、安陆等地数次大败官军，获得大批战利品，队伍发展到5万多人。地皇三年（22年），正当王莽派遣的纳言将军严尤、秩宗将军陈茂率军扑向南阳的时候，绿林山下疾疫流行，近半数义军战士染病死去。为了求得生存和进一步发展，起义军分成两支离开绿林山。一支由王常、成丹率领，南渡汉水，在南郡一带活动，称下江兵。一支由王匡、王凤、马武、朱鲔、张卬等率领，北上南阳，称新市兵。七月，平林（今湖北随县境）人陈牧、廖湛等领导千人起义，拉起一支队伍，称平林兵。从此，三支义军互为犄角，纵横驰骋于荆州所属的南郡、江夏和南阳三部，使前来围剿的官军疲于奔命。不久，以刘玄、刘縯和刘秀等为首的南阳地主武装也加入了起义军。地皇四年（23年）正月，起义军在淯阳（今河南新野县境）等地大败官军，基本上掌握了南阳一带战场上主动权。二月，各路义军为了协同作战，共同推翻王莽政权，决定建立自己的政权。但这个政权的首领应该属谁？起义将领与南阳地主集团发生了分歧。南阳地主集团欲立工于计谋、有较强能力的刘縯为皇帝。农民领袖虽然也同意立汉宗室之人为帝，但不愿受南阳地主集团的代表刘縯的控制，他们选中了懦弱无能的刘玄。刘縯、刘秀为首的南阳地主集团很不高兴，故意寻出理由加以反对："诸将军幸欲尊立宗室，甚厚！然今赤眉起青、徐，众数十万，闻南阳立宗室，恐赤眉复有所

西汉木尺

铜卡尺

立,王莽未灭而宗室相攻,是疑天下而自损权,非所以破莽也。春陵去宛三百里耳,遽自立,为天下准的,使后人得承吾敝,非计之善者也。不如且称王以号令,王势亦足以斩诸将。若赤眉所立者贤,相率而往从之,必不奇吾爵位,若无所立,破莽,降赤眉,然后举尊号,亦未晚也。"两种意见相持不下,最后张卬拔剑击地定音。他们共推刘玄为天子,在淯水河畔举行登基仪式,建元更始,任命刘良为国三老、王匡为定国上公、王凤成国上公、朱鲔为大司马,刘缤为大司徒,陈牧为大司空,其余皆任为九卿将军。绿林军内部立皇帝的斗争,反映了农民领袖与南阳地主集团的矛盾,也埋下了日后更始政权内部分裂和火拼的种子。

更始政权建立之后,挥军北上,向王莽统治的腹心地区进兵。四月,王莽派遣他最得力的爪牙大司空王邑去洛阳,与司徒王寻一起,纠合郡兵40多万,号"虎牙五威兵",扑向绿林军,妄图在河南地区一举消灭义军。这时候,王凤、刘秀等率领的一支义军,由南阳北上,连破昆阳(今河南叶县)、定陵(叶县东)和郾城。五月,王邑、王寻督兵从颍川出发,汇合严尤、陈茂两支官军,兵锋直指义军据守的昆阳。由于莽军来势汹汹,人数且10倍于义军,有些义军将领缺乏战胜敌人的信心和决心,要求分散弃城南逃。只有刘秀沉着坚定,分析形势说:"今兵谷既少,而外寇强大,并力御之,功庶可立;如欲分散,势无俱全。且宛城未拔,不能相救,昆阳即拔,一日之间,诸部亦灭矣。今不同心胆,共举功名,反欲守妻小财物邪!"[1]刘秀说服了义军将领,使之坚定了据守昆阳的决心。然后,他安排王凤、王常率9 000人坚守昆阳,自己则与五威将李轶率13骑勇士,乘夜色冲出南门,到南方搬取援兵。王邑、王寻、严尤等指挥10万大军包围昆阳后,严尤向王邑建议说,昆阳城小而坚,攻克不易。义军领袖在宛城,应对昆阳取守势,集中兵力攻下宛城。这样,昆阳就会不战而降。严尤的战略思想显然很厉害,但骄傲轻敌的王邑根本听不进去。他得意洋洋地说:"吾昔围翟义,坐不生得,以见责让。今将百万之众,遇城而不能下,非所以示威也。当先屠此城,蹀血而进,前歌后舞,顾不快邪!"[2]于是指挥莽军"围城数十重,列营百数,钲鼓之声闻数十里"。他们或掘

[1]《后汉书·光武帝纪》。
[2]《后汉书·光武帝纪》。

地道,或用撞车,轮番猛烈攻城。城中"积弩乱发,矢下如雨",连打水都必须"负户而汲"。但小小昆阳,犹如一枚钢钉,屹立不动,紧紧吸住了10多万大军。刘秀等到定陵和郾城以后,决定把这里征募的全部义军开赴昆阳参加决战。当有的义军将领要求留下部分士卒看守财物时,刘秀说:"今若破敌,珍宝万倍,大功可成;若无所败,首领无余,何财物之有?"[1]六月,刘秀率援军驰赴昆阳。他自率步骑千余人为前锋,向王邑派出的数千莽军奋力冲杀。刘秀一马当先,呼叫着冲进敌阵,斩首数十级。莽军败退,刘秀乘胜挥军再冲敌阵,斩杀数千人。原来对敌人还有些胆怯的将领,在刘秀勇敢精神的感召下,"胆气益壮,无不一当百"。接着,刘秀又与敢死之士3 000人,在城西越水猛冲敌人防守最严的地段,打得莽军连连退避。王邑选取精锐将卒万余人,专门对付刘秀统帅的义军,又经过一番十分激烈的较量,莽军在一片混乱中败退,刘秀乘胜追击,杀死主将王寻。这时,城中义军亦鼓噪而出,内外夹击,呼声震天地。莽军兵败如山倒,争相逃命,人马互相践踏,百里战场,死伤枕藉。此时,天气骤变,暴风骤雨,电闪雷鸣,屋瓦横飞,滍水横流,溃败的莽军争渡逃命,数以万计的士卒淹死在河中,积尸堵塞河道,河水为之不流。王邑、严尤和陈茂等人乘轻骑踏着死尸渡过滍水,逃往洛阳。40多万莽军就这样一败涂地,义军取得了空前的大胜利,获得的军需物资堆积如山,搬运一月有余,尚未搬完。

昆阳之战是中国历史上著名的以少胜多的战役,是新末农民战争历史的转折点。这次战役消灭了王莽最主要的军事力量。如果说,在此之前,莽军还掌握着部分的军事主动权,在东、南、北三个战场都还能够进行局部反攻的话,那么,此次战役之后,它就完全丧失了军事上的主动权,在各个战场都陷入了被动挨打的局面。在此以前,王莽统治集团虽然已经是四分五裂,但臣下大规模离叛的事件尚未出现。昆阳之战以后,由于王莽的失败已成定局,王莽的中央和地方官吏纷纷倒戈相向,自谋出路。一时间,独立自保者有之,密谋政变者有之,投降义军者有之,很快出现一个鸟兽散的局面:"于是海内豪杰翕然

跪坐俑

[1]《后汉书·光武帝纪》。

绿林、赤眉、铜马起义图

响应，皆杀其牧守，自称将军，用汉年号，以待诏命，旬月之间，遍于天下。"[1]

昆阳之战以后，刘秀乘战胜之威，率兵北进，很快占领父城(今河南平顶山市附近)等五县，前锋进逼洛阳。更始帝刘玄调遣义军，兵分两路，向王莽的腹心地区进兵。一路由王匡率领，进攻王莽在东方的重镇洛阳，打开自东向西进攻长安的道路。一路由申屠建、李松率领，沿汉水向武关进发，打开由南方通向长安的道路。这时，析县(今属河南)人邓晔、于匡起兵响应义军，猛攻武关，降其都尉朱萌，攻右队(即弘农郡)，杀其大夫宋纲。紧接着，又攻克湖县(今河南灵宝西)，兵锋直逼长安。华阴一战，打败王莽"九虎"指挥的官军。邓晔开武关迎接义军，与李松率领的3 000前锋部队会合后，猛攻渭口京师仓。接着，兵分两路西进。一路由王宪指挥，进入左冯翊，下频阳(今陕西蒲城、耀县之间)、高陵，从北面进攻长安。一路由韩臣等率领，绕京师仓西边，在新丰(今陕西临潼附近)打败波水将军窦融指挥的莽军，直抵长安城下。这时关中的大地主纷纷组织武装，自称汉将军，参加义军行列。数不清的各路义军将长安团团围住，四面攻击。九月一日，义军首先攻破长安东北的宣平门，突入城中，很快肃清城中残敌。第二天，攻入皇城，在渐台把王莽碎尸万段。九月五日，李松、邓晔、赵萌、申屠建等统帅的义军主力到达长安，他们将王莽的首级传送更始帝刘玄驻地宛城，更始帝下令将其悬于城头，四乡人民潮水般涌来聚观，有人将王莽头颅取下来，用刀子切下王莽的舌头，以发泄对王莽善于说谎的切齿之恨。

王莽可以靠阴谋诡计篡夺汉皇朝的政权，也能够依靠自己手中的武装力量，镇压刘汉宗室贵族和拥刘派官僚地主的反叛，但是，由于他实行的一系列政策激怒了人民，在排山倒海的农民革命队伍面前，他的骗术和武力也就失去了效力。王莽暴政的覆灭，是继陈胜、吴广起义之后，农民战争在中国封建社会的历史上奏出的又一支响彻云霄的凯歌。

---

[1]《汉书·王莽传》。

三　群雄并起的河北义军

正当赤眉军崛起海岱，绿林军驰骋江汉，打得王莽官军顾此失彼、狼狈不堪的时候，在黄河南北的平原和山野中，雨后春笋般地又出现了数十支农民起义队伍。他们"或以山川土地为名，或以军容强盛为号"，"众合数百万"[1]，到处扫荡新朝的地方武装，基本上消灭了王莽在这一带的军事力量。他们的斗争沉重打击了王莽的统治，客观上支援了赤眉、绿林两支起义军对王莽政权的斗争，在新莽末年的农民战争史上写下了光荣的一页。

河北起义军以活动于鄡（今河北束鹿县境）的铜马为代表，见于史籍记载的其他几支是活动于鲁国（今山东曲阜）一带的檀乡；活动于平原（今属山东）一带的富平、获索；活动于馆陶（今属河北）一带的高湖、重连；活动于临平（今河北晋县）一带的五校；活动于常山（今河北石家庄附近）一带的大枪；活动于隆虑（今河南林县）一带的尤来；活动于河内（今河南武陟）一带的上江、大肜、铁胫、五幡；活动于轵（今河南济源）一带的青犊；活动于河、济一带的城头子路；以及活动于东海（今山东郯城）的刁子都等部。这些起义军，大者数十万，小者万余人。他们时聚时合，飘忽不定，打官府，劫仓库，杀官吏，掠财物，不断地同官军和各种类型的地主武装斗争。他们虽然沉重地打击了王莽政权，但缺乏建立自己政权和根据地的思想。建武二年（26年）十一月铜马、青犊、尤来等余部曾共立孙登为"天子"，打算在上郡（今陕西延安）建立政权，但很快就垮台了。他们之中，除城头子路自称"都从事"，刘诩自称"校三老"之类的小吏外，其余各部首领连个名号也没有留下。他们拉起队伍的主要目的是解决生活问题。他们或据地自保、或四处游击，从来没有夺取全国政权的宏图远略，也没有主动联合成一支统一的大军。王莽政权灭亡以后，面对刘秀为首的新的封建政权的残酷镇压，他们也未能组织统一的有效的反抗。结果有的被屠杀，有的被打散，有的被招降，有的被收编，总之被各个击破，悲惨地走向失败。在这一过程中，刘秀运用镇压和欺骗的两手政策，通过大量招降、收编起义军壮大了自己的力量，因而

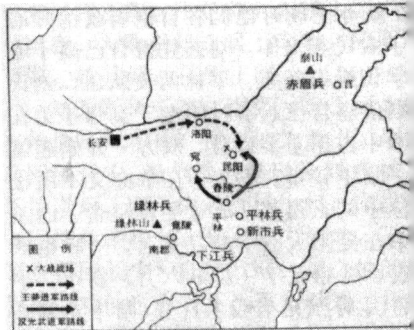

昆阳之战形势图

[1] 《后汉书·光武帝纪》。

获得了"铜马皇帝"的徽号。

四　刘秀在河北的活动与东汉政权的建立

刘秀是汉皇朝的宗室贵族,家居南阳蔡阳(今湖北襄樊东),本人是一个豪族地主。曾在长安太学读书,又曾做过粮食投机商,"卖谷于宛"。地皇二十二年(22年),与其兄刘縯共同在宛城起兵反莽,并加入绿林军。刘秀多谋善断,机智勇敢,体恤士卒,纪律严明。他统帅的部队成了一支战斗力很强、颇得民众拥护的劲旅。在战斗中,刘秀总是身先士卒,率队冲杀,因而成为义军中很负众望的将领,昆阳之战集中反映了他的军事才能。后来,在更始政权内部争夺权力的斗争中,面对刘玄杀死自己亲兄长刘縯的深仇大恨,他冷静分析形势,"深引过","饮食言笑如平常",从而蒙住了刘玄的眼睛,保住了自己的地位。十月,他奉命持节渡河,脱离牢笼,在河北独立发展:"所到郡县,辄见二千石,长吏、三老、官属,下至佐史,考察黜陟,如州牧行部事。辄平遣囚徒,除王莽苛政,复汉官名,吏人喜悦,争持牛酒迎劳。"[1]这些措施显示了刘秀超出赤眉绿林诸将领和更始君臣的卓越军事才能和政治谋略,在一定程度上赢得了民心,也使风雨飘摇中的王莽官吏归诚于他。更始二年(24年)正月,刘秀经邯郸、真定,北循蓟(今北京市)的时候,虽然遭到地方实力派王郎、刘接的攻击,一时狼狈不堪,岌岌可危,但由于他的政策深得民心,很快战胜王郎,在以邯郸为中心的河北地区立住脚跟。不久,他拒绝接受刘玄给予的萧王的封典,正式脱离更始自行其是了。之后,在一年多时间内,他一面袭击更始政权的尚书令谢躬,吞并他统帅的绿林军,一面调兵遣将,东征西讨,全力对付以铜马为代表的河北各路起义军。他巧妙地运用镇压和怀柔的两手政策,连续消灭了铜马、高湖、重连、大肜、青犊等数十万义军,把他们改编成日后统一全国的基本军事力量。紧接着,他又北向击破尤来、大枪、五幡等部义军,基本上控制了河北地区,成为拥有数十万武装和广土众民的举足轻重的力量。由于他本人出身于豪族地主,做过太学生,他的手下又有着邓禹、任光、邳彤、刘植、耿纯、吴汉、寇恂、耿弇、陈俊、马武等一

汉光武帝像

[1]《后汉书·光武帝纪》。

大批出身豪族、饱读诗书的文臣武将,这就使刘秀集团的
政治经验、行政能力和军事谋略都显然优于其他任何军
事集团。他在据有河北的地盘和掌握一支可观的军事力
量之后,就在将领们的拥戴下,假借"刘秀发兵捕不道,四
夷云集龙斗野,四七之际火为主"的赤伏符,于公元25年
的六月,在鄗(今河北柏乡县境)即位做了皇帝,建立了东
汉皇朝。十月,刘秀攻克洛阳,决定把这里作为都城。这时
候,赤眉军已经攻入长安,消灭了更始政权。其他各地的
割据者也在拼命经营自己的地盘,称帝称王者遍布全国,
刘秀要想重新统一中国,还需作一番艰苦的努力。

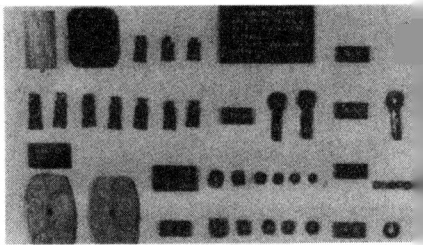

纷杂而凌乱的王莽货币

五　绿林、赤眉军的相继失败与东汉的统一

公元23年建立的更始政权,内部矛盾重重,潜伏着许
多危机。这个政权的支柱虽然是绿林军,但其中却混入了
不少刘氏宗室贵族和拥刘的官僚地主。因而,其中不仅有
贵族地主与农民将领的矛盾,也有贵族地主内部的矛盾。
刘玄在与刘縯兄弟争夺皇位的斗争中, 由于得到农民将
领的支持而取得胜利,并在公元23年的六月将刘縯杀死,
除掉了政敌。但是,刘玄本人并不代表农民利益,而且懦
弱无能。既无开国帝王的气魄、眼光和政治谋略,又缺乏
驾驭群臣的才能。当举行登基大典朝见群臣的时候,他
"羞愧流汗,举手不能言"。更始二年(24年)二月,他在长
安长乐宫朝见百官时,又是"羞怍,俛首刮席不敢视"。而
在后至的将领拜见他的时候,他的问话"虏掠得几何"[1],
这使昔日王莽宫廷的郎吏们也惊得目瞪口呆。

刘玄入主长安以后,既没有制定统一中国的方略,也
没有调兵遣将进行统一的军事行动, 更没有宣布扫除王
莽积弊、与民更始的政策, 而是忙于大封诸王和尽情享
乐。他一下封了20个占地广阔、权力很大的诸侯王,无形
中增加了更始政权内部的分裂因素。由于他没有制定严
格的纪律以约束将领和士兵,致使更始政权的吏治一败
不可收拾。刘玄无视更始政权的矛盾和危机,而认为大功
告成,可以尽情享受了。他将政事委给李松、赵萌,娶赵萌
女为皇后, 又接收王莽后宫的全部姬妾,"日夜与妇人饮
谯后庭。群臣欲言事,辄醉不能见。时不得已,乃令侍中坐

[1]《后汉书·刘玄传》。

陶范与铜钱，王莽时铸造

帷内与语"[1]。赵萌专权放纵，随意杀戮部下，搞得朝政日非，诸将离心。那些被封为王的将领，李轶、朱鲔等擅命山东，王匡、张卬等专权三辅，他们任人唯亲，凭好恶滥赏爵位和官职。得到官职的人，日行市中，耀武扬威，横行无忌，以致怨声载道。时有民谣讽刺说："灶下养，中郎将；烂羊胃，骑都尉，烂羊头，关内侯。"[2]很短的时间内，更始政权从上到下已是一片混乱，而农民军将领与刘氏贵族和官僚地主分子之间也互相猜忌和倾轧。有个地主分子李淑向刘玄建议："陛下定业，虽因下江平林之势，斯盖临时济用，不可施之既安，宜厘改制度，更延英俊，因才授爵，以匡王国。"[3]这样，更始政权内部就更加四分五裂，它很快丧失了昔日的战斗力，失败的命运也就不可挽回了。

当更始政权日趋腐化的时候，刘秀正打着"复汉兴刘"的旗子在河北东征西讨，而实力与绿林军相匹敌的赤眉军也正向长安进军。本来，在更始元年刘玄定都洛阳的时候，已进至陈留、淮阳一线的赤眉军领袖樊崇，曾应召带将帅20余人到洛阳朝见更始帝，被封为列候。但因为没有获得实质性的官位和权力，他们怏怏不乐，返回部队之后，就采取了与绿林军对立的立场。更始三年（28年）正月，赤眉军南北两路汇合弘农后，即向刘玄的统治中心长安进军，经过两次激战，赤眉军乘胜抵达华阴。

在赤眉军步步进逼，长安岌岌可危之际，更始政权的内部斗争也尖锐起来。王匡、张卬从河东地区（今以临汾为中心的山西南部）被刘秀部将邓禹打败后，逃回长安。张卬与诸将密谋，认为赤眉军旦暮可至长安，与其困守长安一座孤城，被动挨打，不如劫掠城中财物，弃城东归南阳，再谋发展。张卬劝说刘玄实行这一计划，被刘玄严词拒绝。刘玄命令王匡、陈牧、成丹、赵萌等率兵屯新丰（今陕西临潼附近），抵抗赤眉军。张卬、廖湛、胡殷、申屠建等与御史大夫隗嚣合谋，打算乘立秋日更始出猎祭兽的机会，以武力将其劫持，逼迫他接受东归南阳的计划。此谋泄露后，刘玄杀死了申屠建。于是张卬与廖湛、胡殷等发兵劫掠市肆，焚烧宫门，与拥护刘玄的军队激战于宫中。刘玄大败，只得于第二日带车骑百余人东奔新丰归依赵萌。经此次事变，他对原绿林军将领王匡、陈牧、成丹等人

[1]《后汉书·刘玄传》。
[2]《后汉书·刘玄传》。
[3]《后汉书·刘玄传》。

更加不相信，又用阴谋手段杀害了陈牧和成丹。王匡一气之下，率军归长安，与张卬合军，同刘玄对战。李松、赵萌率军攻打据守长安的张卬、王匡，双方在长安内外，连战月余，力量都受到很大损失。王匡、张卬退出长安后，刘玄复入据长安。更始政权内部的这场斗争，实际上是原绿林军领袖与刘氏宗室贵族地主集团的火拼。这场斗争严重削弱了更始政权的军事力量，给正在向长安进军的赤眉军创造了有利条件。

新莽铜环权

当赤眉军进至高陵的时候，王匡等率部迎降，连兵进攻长安。刘玄令李松出城迎战，李松兵败被俘。李松之弟李汜时任城门校尉，为了挽救其兄的生命，开城迎接赤眉军，于是赤眉军顺利地占领了长安。刘玄从长安逃至高陵，由于失败之势已成，他只得于建武元年（25年）十月向赤眉军投降，被封为长沙王。不久，即被赤眉军首领谢禄缢杀于长安郊外。刘玄建立的更始政权仅仅经过三个年头便宣告灭亡了，而曾经作为这个政权支柱、在推翻王莽新朝的斗争中立下最大功勋的绿林军也基本上瓦解了。

赤眉军在更始元年与更始政权联合的希望破灭后，即采取了与之敌对的立场，决定进军长安。更始三年一月，在攻占弘农以后，赤眉军的领袖们为了健全组织，乃分万人为一营，共有众30营，营置三老、从事各一人。然后浩浩荡荡杀奔华阴。这时，军中的齐巫假托城阳王刘章亡灵，声言"当为县官，何故为贼"，意思是要赤眉军领袖们建国立号。被刘玄杀死的方望（他曾立孺子婴为帝对抗更始）之弟方阳乘机对樊崇等人说："更始荒乱，政令不行，故使将军得至于此。今将军拥百万之众，西向帝城，而无称号，名为群盗，不可以久。不如立宗室，扶义诛伐，以此号令，谁敢不服？"[1]樊崇等深以为然。六月，至郑（今陕西华县），决定立刘氏宗族刘盆子为帝，自号建世元年。赤眉军初起时，经过泰山郡式县，将城阳王刘章的后人刘盆子及其二兄刘恭、刘茂收罗军中。刘恭后随更始帝，被封为式侯，刘盆子和刘茂则在赤眉军中跟随校尉卒史刘侠卿"主刍牧牛"，号曰"牛吏"。樊崇等从军中找到城阳王后裔70多人，又从这些人中选出与城阳王血统最近的刘盆子、刘

[1]《后汉书·刘盆子传》。

新莽时期瓦当(一)

茂和西安侯刘孝,以"探札"的办法选取皇位继承人。结果年纪最轻的15岁的刘盆子被选中立为皇帝。史书记载,当刘盆子探札得符,群臣都在他面前跪拜称臣的时候,他"被发徒跣,敝衣赭汗,见众拜,恐畏欲啼"[1],将札符"折弃之"。他虽然被硬立为皇帝,但仍不时与牧牛的伙伴们玩耍游戏。这一幕用"探札"确立皇帝的闹剧,不管今日看起来多么荒唐可笑,但却是最真实的历史。赤眉军建立了以刘盆子为皇帝的政权,义军领袖徐宣被推为丞相,樊崇为御史大夫,逢安为左大司马,谢禄为右大司马,自杨音以下皆封为列侯。

更始三年(25年)九月,赤眉军攻下长安后,刘盆子入居长乐宫。这时候,"诸将日会论功,争言欢呼,拔剑击柱,不能相一"[2]。军队纪律也开始败坏,劫掠之事,时有发生,"盆子惶恐,日夜啼泣"。他的哥哥为之谋划,坚决要把皇帝位子让出来。樊崇等人不允许。赤眉军虽入据长安,但面临着十分严峻的形势:长安周围还被更始的旧部占据着,陇西一带是割据者隗嚣和窦融的天下。背后,尾随赤眉军进入关中的邓禹所率之兵也逼近长安。而筑堡自卫的地主武装更在长安四郊与赤眉军为敌。数十万赤眉军屯驻一座孤城,粮秣供应也难以为继。赤眉军为了摆脱困境,决定放弃长安,向西进军。一方面扫除更始政权的残余势力,一方面筹集军粮。离开长安以前,他们略取城中珍宝,然后放火焚烧宫室,雄伟壮丽的西汉皇城,顿时化为一片火海。这时,赤眉军"众号百万",自终南山北麓迤逦西行,至郿(今陕西郿县县境),经过激战,杀死守城的更始将军严春,继而入安定(今宁夏固原)、北地(今甘肃庆阳)两郡,后经乌氏、泾阳(今甘肃平凉)转战至阳城、番须的时候,遇到大雪,"坑谷皆满,士多冻死"[3]。向陇西进军,又遇到割据者隗嚣的截击,只得回军长安。这时候,邓禹率领的汉军已乘赤眉西进的机会占领长安。得到赤眉回军的消息以后,立即派兵在郁夷(今陕西宝鸡县境)阻击赤眉军,被赤眉军打败。邓禹只得退兵立阳(今陕西淳化北)。九月,赤眉军再次进入被洗劫一空的长安城。不过,第二次进入长安的赤眉军面临着比前一次入长安时更为严峻的形势。半年之中,赤眉军在苦寒风雪中转战数

[1]《后汉书·刘盆子传》。
[2]《后汉书·刘盆子传》。
[3]《后汉书·刘盆子传》。

千里,士卒疲惫不堪,又没有筹到粮食。虽然他们派兵发掘西汉皇帝的陵墓,收取不少宝物,但依然没有摆脱饥饿的威胁。而且,此时的长安,东、北两面有邓禹统帅的汉军进逼,南面有汉中延岑、更始将军李宝带领的两支军队的威胁,军事形势对赤眉军十分不利。为了打破敌人的包围,逢安率10万赤眉军进击屯驻杜陵(今西安市南)的延岑。两军方酣战中,邓禹乘长安空虚,率兵偷袭,打进城中,与谢禄指挥的赤眉军激战于槀衍。结果邓禹失败,退出长安。与此同时,逢安也打败延岑军,逼降了李宝。但不久,逢安因麻痹大意,误中李宝与延岑联合夹击的阴谋,在又一次的激战中被打得大败,10万精锐之师死于混战之中,逢安仅与数千兵卒退回长安。此时,形势愈发对赤眉军不利,"三辅大饥,人相食,城廓皆空,白骨蔽野"[1],关中的地主阶级更是"聚为营保","坚壁清野",使赤眉军的粮食供应更加困难。建武二年(286年)十二月,赤眉军只得退出长安,打算东返故乡,再谋发展。这时候,一年前号称百万之众的赤眉军,仅剩下20万人。在东返的路上,由于饥饿的威胁和不断遭受汉兵的袭击,不少人离队逃跑了。

　　正在赤眉军归心似箭地急急东返之时,刘秀已经制定了聚歼计划:他命令破奸将军侯进屯兵新安(今河南渑池东),命令建威大将军耿弇屯兵宜阳(今河南宜阳西),在赤眉军东返时必经的两条大路上埋伏下重兵。建武三年(27年)正月,邓禹率兵袭击进至湖(今河南灵宝西)的赤眉军,再次被赤眉军打败。闰正月,赤眉军进至崤底(今河南渑池西),遭到刘秀的征西大将军冯异指挥的汉军的突然袭击,损失惨重。刘秀得到赤眉军逼近的消息,立即亲自指挥大军在宜阳布阵堵截。赤眉军惊魂未定,又在宜阳遇上了刘秀指挥的大军,"惊震不知所为",只得遣刘恭接洽投降。在得到"待汝以不死"的保证之后,刘盆子及丞相徐宣等30余人"肉袒降","积兵甲宜阳城西,与熊耳山齐"[2]。还拥有10万之众的赤眉军就这样失败了。后来,樊崇、逢安等为了挣脱囚徒般的生活,曾密谋东山再起,举兵反抗东汉皇朝,但由于计事不密,更因为当时已不存在农民大起义的形势,他们的反抗活动只能以失败而告终,

新莽时期瓦当(二)

[1]《后汉书·刘盆子传》。

[2]《后汉书·刘盆子传》。

新莽时期瓦当（三）

这两位曾经叱咤风云的农民领袖也牺牲在刘秀的屠刀之下。

赤眉军继吕母之后，崛起于海岱之间，在将近10年的岁月里，驰骋齐、鲁，血战黄、淮，苦斗关中，英勇顽强，所向披靡，最后发展成近百万人的大军，在推翻王莽新朝的斗争中作出了巨大的贡献。赤眉的主要领导者虽然大部分都是目不识丁的纯朴农民，但经过战争实践的锻炼，摸索出一套避实击虚、迂回奇袭的战略战术，在对王莽官军、更始汉军和刘秀军队的战斗中取得过一连串的胜利，为后来的农民战争积累了宝贵的经验。但是，由于赤眉军本身存在着许多难以克服的局限和不足，在推翻王莽政权之后没有自找到一条成功地建立和巩固政权的道路。

王莽政权灭亡以后，全国出现了四分五裂的政治局面，阶级矛盾和社会矛盾也异常复杂和尖锐。赤眉、铜马等农民军要求继续进行反封建斗争但却失去了主要打击目标，而绿林军拥戴的更始政权变成了割据称雄的封建军事集团。这时候，不仅以统一全国为己任的刘秀所建立的皇朝是封建政权，而且全国各地以各种名目乘时而起的那些军事割据者所建立的，也是大小不等的封建政权。因此，新朝灭亡以后各个军事集团之间的斗争，虽然一部分还具有农民起义军反封建的性质，如赤眉、铜马等反抗刘秀镇压的斗争，但绝大部分则是统一与割据的斗争。而刘秀最后削平群雄、完成统一大业的最根本的原因，就在于他顺应了走向统一的历史潮流。

公元23年昆阳大捷之后，王莽政权覆灭的命运已成定局。在此情势下，各地的刘氏贵族、官僚和地主分子纷纷扯起反莽的旗帜。这些人或拥兵自重，或混入起义军，或归附刘秀，结局各有不同。更始政权占领长安以后，又有一批地方实力派人物拥兵割据，"是时长安政乱，四方背叛。梁王刘永擅命睢阳，公孙述称王巴蜀，李宪自立为淮南王，秦丰自号楚黎王，张步起琅邪，董宪起东海，延岑起汉中，田戎起夷陵，并置将帅，侵略郡县"[1]。刘秀建立东汉皇朝以后，面临着十分严峻的政治形势，一方面要镇压农民起义军余部，一方面要对付割据称雄的势力。从建武元年至建武十六年（25—40年），经过10多年的战争，刘秀

[1]《后汉书·光武帝纪》。

镇压了以赤眉、铜马为代表的农民起义军,次第平定了渔阳的彭宠、秦郡的秦丰、梁地的刘永、齐地的张步、庐江的李宪、天水的隗嚣、巴蜀的公孙述、五原的卢芳,完成了统一全国的伟业,以刘邦事业继承者自居的刘秀,实际上建立的是一个新的皇朝。

新莽时期瓦当(四)

刘秀重新统一中国的条件是新末农民战争创造的。这个战争以雷霆万钧之势推翻了拥有全国政权、掌握百万武装的新莽皇朝。刘秀乘战乱之机加入农民起义队伍,扩大了自己的影响,抓到了一支武力。与更始政权分道扬镳以后,又在经营河北的过程中,用软硬兼施的办法收编了大量的农民军,掌握了南向争夺天下的最重要的资本。

在新末农民战争中崛起的十数个封建武装集团之中,刘秀的确是其中的佼佼者。从封建正统史家的观点看,刘秀作为刘氏宗族的后裔,使其拥有战胜群雄的政治优势。其实,当时卷入农民起义队伍的刘氏后裔不下千百人,就他们与西汉天子的血缘关系而论,刘秀并不是最亲近的。因此,血统并不是他取得胜利的根本原因。刘秀高于其他割据者的地方,恰恰在于他有着超越所有其他人的政治眼光,实行了比其他人更高明的政策。他首先打出了废除新朝苛法的旗号,数次颁行释放奴婢的诏令,这些措施为他赢得了民心。对比之下,赤眉、绿林、铜马等农民起义军不仅在反莽战争中没有提出如此顺应民心的政策,而且在新朝灭亡以后,更失去斗争方向,逡巡犹豫,不知所措。其他割据的军事集团绝大部分也只是满足于据地自守,既提不出适应时代需要的政治纲领,又缺乏统一中国的宏图远略,在刘秀的有计划的军事进攻面前只能以失败而告终。

刘秀军事集团的文臣武将大部分出身于豪族地主,不少人还是经学世家,其文化素养、政治经验和军事谋略都明显高于其他任何集团。刘秀本人具有杰出的政治头脑和卓绝的军事才能,并且知人善任,善于集思广益,不仅在政治上制定了一系列的适合实际情况的政策,军事上也制定了一套正确的战略战术。在王莽政权灭亡之前,他指挥了著名的昆阳之战,创造了以少胜多的奇迹,在起义军中建立了很高的威信。其兄刘缤被杀后,他表现出惊

沂南画像石墓中的祠堂图

人的镇定,不仅解除了刘玄的怀疑,免遭毒手,而且还取得信任。之后,他脱离刘玄,到河北地区单独发展势力。羽翼丰满后,即毅然同更始政权决裂。在自己的力量小于更始和赤眉军时,他埋头苦干,收集地主武装,逐次消灭或改编以铜马为代表的河北起义军。待到在河北建立起较巩固的根据地,有了一支可观的军事力量以后,他就揭出自己的旗帜,正式登基称帝。又利用"民心思汉"的倾向,把自己的一切行政措施都说成是"复高祖之业",竭力创造汉朝中兴的气氛。然后,他挥军渡过黄河,攻取洛阳,建立自己的政治中心。他坐镇洛阳,一面注视着赤眉军和更始政权之间一亡一伤的火拼,一面派出邓禹等将领率军队尾随赤眉军进入关中,相机寻找歼灭赤眉军的机会。再后,在赤眉回军山东的路上,他部署重兵以逸待劳,最后轻而易举地在宜阳招降了赤眉军的10万兵马。至此,刘秀不仅消灭了他统一道路上最大的军事障碍,而且取得了黄河中游从关中到河北、河南的最富庶地区。从而使他在政治、经济和军事方面对其他割据者形成了绝对优势。而后,在10年左右的时间内,他用各个击破的办法,从容坚决地逐次消灭了各地方的割据者,成为逐鹿中原的胜利的英雄。

刘秀虽然不是农民起义军的领袖,但在侧身农民起义队伍的时候,又的确对农民战争的胜利发挥过别人无法取代的积极作用。尽管他最后镇压了赤眉、铜马等多支农民起义军,表现了地主阶级鲜明的阶级立场,可是他同时却又顺应"民心思汉"的历史趋势,利用农民战争创造的有利条件,充分发挥自己的主观能动性,完成了统一大业,成为一匡天下的英雄,做了封建社会又一个繁荣时期的导向人物,他的贡献是值得充分肯定的。

汉代计量衡器,铁尺、权、铜量

第五章　东汉前期的政治与经济

(25—105年)

第一节　发展生产　安定民生

在中国封建社会，任何农民起义和农民战争都无法使农民获得自身的解放，其失败是必然的；但是，作为封建社会农民与地主两个阶级斗争的最高形式，其对历史发展所起的巨大推动作用却是其他任何力量都无法替代的。以绿林、赤眉、铜马等为代表的新末农民战争推动历史前进的作用，既表现在它对以王莽为代表的封建统治的直接打击上，又曲折地体现在东汉皇朝所实行的一系列政策之中。

新末农民战争推动历史发展的直接作用是巨大而明显的。在漫长的中国封建社会里，农民阶级总是在最关键的时刻，表现出自己作为推动历史发展的巨大动力。西汉末年，以土地兼并和大量自耕农沦为奴婢为主要内容的阶级矛盾日益尖锐，西汉皇朝危机四伏，风雨飘摇。不少有头脑的地主阶级政治家和思想家虽然看到了这些矛盾并制定了具体的限田限奴方案，结果却一一失败了。

王莽以篡政为契机，希图通过一整套新政措施来缓和这些矛盾，但是，由于他从根本上违背了经济发展的客观规律，他的新政也只能以失败而告终。当统治阶级面对日趋激化的阶级和社会矛盾束手无策时，农民英雄们用暴力手段为解决这些矛盾做了可贵的努力，并且取得了地主阶级任何集团不能取得的显著成果。

这次农民起义和农民战争，经过英勇顽强的六年血

建武十一年大司农斛量器

战,一举推翻了王莽为首的封建皇朝统治,摧毁了从中央到地方的绝大部分封建政权。赤眉军"攻郡县,杀长吏及府椽史"[1],"贼暴纵横,残灭郡县"[2],沉重地打击了封建统治,扫荡了当时社会上阻碍生产力发展的那些最腐朽的因素,创造了一个对农民阶级来说相对宽松一些的社会环境,封建的绳索较以前有所松弛。

在农民战争的过程中,地方上的地主豪绅,富商大贾,成为农民军攻击的对象。他们有的死于农民军的枪刀之下,有的被洗劫一空而失去昔日的威风,更多的举宗流亡,徙往他乡。如关中的地主富豪很多迁往巴蜀和陇西。"关中豪杰吕鲔等往往拥众以万数,莫知所属,多往归(公孙)述,皆拜为将军"[3]。而在更始政权亡于赤眉军以后,"三辅耆老士大夫皆奔归(隗)嚣"[4]。这样一来,在农民战争洗礼过的地区,压在农民头上的地主和富豪必然大大减少。

更重要的是,由于地主和富豪的大量被杀和逃亡,土地占有关系势必发生变化。农民在战争中或在战争后,通过种种手段和途径重新获得一小块土地,又有着比战争前改善了的生产条件,他们以一小块土地为基地,努力生产,顽强对抗着重新开始的土地兼并,成为东汉初期社会经济走向繁荣的最主要的推动力。经过农民战争,有不少佃农夺得了土地,变成了自耕农,还有不少官私奴婢挣脱了枷锁,夺取了土地,成为自由人。东汉以后,中国封建社会中的奴隶制残余逐步减少,显然与这次农民战争有着直接关系。

最后,更重要的是,这次农民战争更新了封建皇朝,使一批远较王莽新朝官吏开明、廉洁的地主阶级的文武之士成为新皇朝的当权派,而农民战争所创造的条件和社会环境,又迫使这些新的统治者一面暂时容忍或认可农民战争所留下的那些积极成果,一面又主动地进行一些有利于发展生产的政策调整,从而或多或少地保留了农民战争的一些成果。刘秀在建立东汉政权以后所推行的政策,都是在此条件和背景下出台的。

一　释放和禁止虐杀奴婢

自耕农因破产而沦为奴婢是西汉末年阶级矛盾激化

[1]《后汉书·刘茂传》。
[2]《后汉书·周党传》。
[3]《后汉书·公孙述传》。
[4]《后汉书·隗嚣传》。

的重要原因之一，也是王莽的新政想解决而没能解决的问题之一，同样是导致新末农民战争的主要原因之一。长期生活在农村，以后又投身农民起义军的刘秀对此问题显然不能熟视无睹，要想赢得民心，夺得并巩固政权，他必须拿出妥善解决这一问题的办法。刘秀在做皇帝以后，13年中，共颁布了9次关于释放和禁止虐杀奴婢的诏令。《后汉书·光武帝纪》依次作了记载：

东汉光和二年大司农平斛量器

建武二年（26年）五月癸未，诏曰："民有嫁妻卖子欲归父母者，恣听之。敢执拘，论如律"。

建武六年（30年）十一月丁卯，"诏王莽时吏人没入为奴斗婢不应旧法者，皆免为庶人"。

建武七年（31年）五月甲寅，"诏吏人遭饥乱及为青、徐贼所略为奴婢下妻，欲去留者，恣听之。敢拘制不还，以卖人法从事"。

建武十一年（35年）春二月己卯，诏曰："天地之性人为贵，其杀奴婢，不得减罪"。

同年八月癸亥，诏曰："敢灸灼奴婢，论如律，免所灸灼者为庶民。"同年十月午"诏除奴婢射伤人弃市律"。

建武十二年（36年）三月葵酉，"诏陇、蜀民被略为奴婢自讼者，及狱官未报，一切免为庶人"。

建武十三年（37年）冬十二月甲寅，"诏益州民自八年以来被略为奴婢者，皆一切免为庶人；或依托为人下妻，欲去者，听之；敢拘留者，比青、徐二州以略人法从事"。

建武十四年（38年）十二月癸卯，"诏益、凉二州奴婢，自八年以来自讼在所官，一切免为庶人，卖者无还直"。

从公元26年至38年的13年中，伴随着统一战争的全过程，刘秀9次下诏，宣布释放奴婢和禁止虐杀奴婢的命令。细察其条文，可以看出，所有这些诏令，并不是全盘废除奴隶制残余，其释放的对象都是有着严格限制的。建武二年的诏令，虽然是面向全国的，但所释放的奴婢限于"嫁妻卖子"，即私人买卖的奴婢，官府拥有的罪奴不在其列。建武六年释放的奴婢主要是王莽时期吏人没入不应

东汉建武廿一年乘舆斛量器

旧法者,对象显然是官奴婢,但严格限定在王莽时因触犯新朝律条被罚作奴婢者。建武七年诏令释放的奴婢主要是吏人因饥饿沦为奴婢以及赤眉军在东方造反时期被掠卖的奴婢。建武十一年发布的三条诏令,是对有关奴婢问题法律条文的重大修改。建武十二年的诏令释放的奴婢限定在陇、蜀被掠卖者。建武十三年的诏令释放的奴婢,限定在建武八年以后益州民被掠卖者。建武十四年诏令释放的奴婢,限定在益、凉二州自建武八年以后本人向官府提出诉讼者。这些诏令所释放的主要是私人奴婢,而且还附加了时间、地域等条件,说明刘秀的释奴令是不彻底的,他无意宣布彻底废除当时社会上残存的奴婢制度。尽管如此,还是应该肯定,刘秀颁布的这些政策措施,较之西汉时期的奴婢政策,较之王莽新政所推行的奴婢政策,都要进步得多。因为它明确、具体,比较容易操作。西汉末年严重的奴婢问题,通过农民战争的巨大冲击,经过刘秀颁布的这些诏令,终于获得了部分的解决和缓解。由于刘秀一系列诏令的实行,王莽执政以来因种种原因变成奴婢的"吏人",基本上都得到了解放;全国各地嫁卖的妻子大部分获得了解脱;巴蜀、陇西、凉州等地在公孙述、隗嚣统治时期被掠卖为奴者也大多数得到解放。对于还没有获得解放的奴婢,其法律地位也得到相应的提高,进入了"天地之性人为贵"之列,奴婢的主人再也不能像以前那样随心所欲地杀戮和虐待他们了。这些措施,虽然还做不到彻底废除奴隶制残余,但却标志着中国封建皇朝奴婢政策的重大转折。因为中国奴隶社会进入封建社会尽管经过春秋战国时期500余年的漫长岁月,其间也伴随着武装斗争和变法的风风雨雨,然而,由于封建统治者基本上是由奴隶主转化而来,他们有意识地保留了不少奴隶制的残余,这样,在中国的封建社会里就拖上了一条长长的奴隶制残余的尾巴,作为封建生产关系的补充而长期存在。因此,消除奴隶制残余就不是一朝一夕可以完成的。"天地之性人为贵"观念的提出,说明社会上大多数人已经认识到奴婢也是人,对他们的使用不应违背当时社会认可的人道标准,但是,真正在法律上做出彻底消除奴婢制度的规定,还须经历长时期的努力。正因为如此,刘秀的上述政策措施就值得充分肯定。随着这些诏令的实施，一大批因种种原因被卖为奴婢的妻子儿女回到父母和丈夫的身边，重享天伦之乐；不少被掠卖的奴婢重新变成了具有自由人身份的庶人，这不仅提高了他们的生产积极性，也增加了由国家直接控制的劳动人口，既为国家增加了税源与服役的人手，又增强了整个社会的安定因素。

东汉大吉买山地记

二　约法省禁

西汉自武帝信任张汤、赵禹等人，条定法律，一改文、景时期约法省刑的传统，使法律沿着繁密苛酷的路子发展。王莽时期的严刑峻法更是统治阶级残害劳动人民的重要手段，也是导致阶级和社会矛盾激化的重要原因。长期生长在民间的刘秀对此肯定有很深的感触。所以他登上帝位以后，立即打出废除王莽苛政的旗号争取民心。"初，光武长于民间，颇达情伪，见稼穑艰难，百姓病害，至天下已定，务用安静，解王莽之繁密，还汉世之轻法"[1]。尤其在全国统一前，其政策更是务为宽大。从建武二年至二十四年的20多年中，他下达了7次大赦的诏令。从建武三年到三十一年的近30年间，他下达了11次减刑的诏令。这些诏令的内容是：

　　建武二年（26年）三月乙未，诏曰："顷狱多冤人，用刑深刻，朕甚愍之。孔子云：'刑罚不中，则民无所措手足。'其与中二千石、诸大夫、博士、议郎议省刑法。"[2]

　　建武三年（27年）七月庚辰，诏曰："吏不满六百石，下至墨绶长、相，有罪先请。男子八十以上十岁以下，及妇人从坐者，自非不道，诏所名捕，皆不得系。当验问者即就验。女徒雇山归家。"

　　建武五年（29年）五月丙子，诏曰："久旱伤麦，秋种未下，朕甚忧之。将残吏未胜，狱多冤结，元元愁恨，感动天气乎？其令中都官、三辅、郡、国出系囚，罪非犯殊死一切勿案，见徒免为庶人。务进柔良，退贪酷，各正厥事焉。"

　　建武六年（30年）五月辛丑，诏曰："惟天水、陇西、安定、北地吏人为隗嚣所诖误者，又三

[1]《后汉书·光武帝纪》。
[2]《后汉书·光武帝纪》。

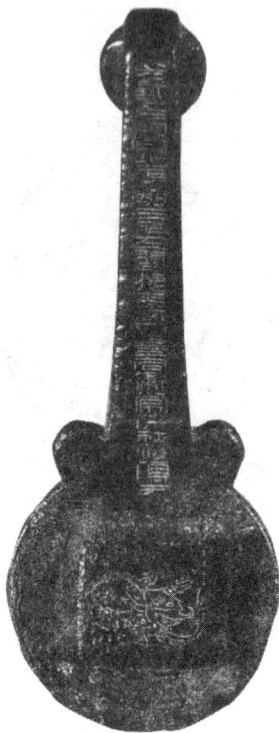

东汉镶嵌四神纹带钩

辅遭难赤眉，有犯法不道者，自殊死以下，皆赦除之。"

同年秋九月庚子，"赦乐浪谋反大逆殊死以下"。

建武七年（31年）正月丙申，"诏中都官、三辅、郡、国出系囚，非犯殊死，皆一切勿案其罪。见徒免为庶人。耐罪亡命，吏以文除之"。

建武十八年（42年）四月甲戌，诏曰："今边郡盗谷五十斛，罪至于死，开残吏妄杀之路，其蠲除此法，同之内郡。"

建武二十二年（46年）九月戊辰，诏曰："其死罪系囚在戊辰以前，减死罪一等；徒皆弛解钳，衣丝絮。"

建武二十八年（52年）十月癸酉，"诏死罪系囚皆一切募下蚕室，其女子宫"。

建武二十九年（53年）二月丁巳，"遣使者举冤狱，出系囚"。

同年四月乙丑，"诏令天下系囚自殊死以下及徒，各减本罪一等，其余赎罪输作各有差"。

建武三十一年（55年）九月甲辰，"诏令死罪系囚皆一切募下蚕室，其女子宫"。[1]

为了维护社会秩序的稳定和百姓的安宁，封建国家必须有一部健全的法律，有一套保证这一法律实施的制度。不过，任何法律都具有二重性，一方面它体现掌握了国家权力的统治阶级的意志，是一个阶级对另一个阶级的专政；另一方面它又体现那个时代的"公正"原则，毫不客气地对违反者进行惩罚。对触犯法律者的量刑有一个宽严的"度"，过与不及都达不到维护社会安定的目的。历史上，法家主张"不分贵贱亲疏，一断于法"，在量刑上主张"轻罪重罚"。儒家力主德治，强调教化，倡导"德主刑辅"，在量刑上主张"宽大"。一般说，当社会处于阶级矛盾比较缓和，经济繁荣的盛世，"轻刑"的主张往往占上风。而一旦阶级矛盾尖锐，被压迫阶级的反抗日趋激烈时，"治乱世者用重刑"的主张就会得势。上面提到，西汉自武帝以后，刑罚日益加重，阶级矛盾也日益激化，终于导致

[1] 以上引文均出自《后汉书·光武帝纪》。

新末农民起义的爆发。刘秀明于此，多次发布大赦和减刑的诏令，对于争取民心，取得统一战争的胜利显然起了重要作用。

从现有的史料看，刘秀建立东汉政权以后，并没有制定一部新的法律，只是在废除新朝法律、恢复西汉法律的基础上，沿着轻刑、减刑的方向加以损益，这大概就是《后汉书》没有《刑法志》的原因。如果与西汉末年，尤其是王莽统治时期比较，可以发现，东汉初年大赦、减刑的次数不仅增多了，而且多是实质性的赦与减，这应该是缓和阶级矛盾和社会矛盾的一项重要措施。不可否认，在封建社会触犯刑律的，虽然也有封建官吏和地主豪绅，但是，作为地主阶级对农民阶级和手工业者的专政，劳动人民触犯刑律者，应该是大多数。刘秀所实行的大赦和减刑措施，对劳动人民无疑是有好处的。它保存了一部分社会生产力，对于恢复发展生产和安定社会秩序显然是有利的。

东汉镶嵌神兽纹牛灯

三　裁并郡国　减省官吏

中国封建社会的官僚机构一直被一个怪圈所困扰。作为被封建经济基础所决定的上层建筑的核心，它必须与这个基础相适应并为之服务，但是，它自身的发展变化规律最后一定又要破坏它的基础，并在社会大震荡中分崩离析。官僚机构的自发要求是无限制地膨胀，由此引起各级官吏人数的无限扩张。伴随着这些官僚队伍的享受欲望的无限增长，其结果必然是加重对劳动人民的剥削。直到有一天，经济基础无法承载这个日益庞大的以官僚机构为核心的上层建筑时，其倒塌的日子也就到来了。几乎每一个封建皇朝的官僚机构都要经过精简——膨胀——崩溃这样的三部曲。

刘秀明白，经过新末农民战争的洗礼，经过刘秀与各割据势力之间战争的破坏，东汉初年面临着人口减少、生产萎缩、经济凋敝、赋税锐减的局面，当时的社会已无法承载一个庞大的官僚机构，只有加以裁并减省才能与之相适应。为此，刘秀采取了一系列的措施。

建武六年（30年），刘秀刚刚平定关东的割据势力，陇

水车,一种连续提水工具

西与巴蜀尚在割据者手中。为了安定已经占领的地区,刘秀在这年的六月发布了一个裁并郡国、减省官吏的诏书:

> 夫张官置吏,所以为人也。今百姓遭难,户口耗少,而县官吏职所置尚繁,其令司隶、州牧各实所部,省减吏员。县国不足置长吏可合并者,上大司徒、大司空二府。[1]

二府经过研究,"于是条奏并省四百余县,吏职减损,十置其一"。这是刘秀对行政机构和官吏队伍的一次大整顿,这对东汉朝廷实现精简,从而比较高效地运转具有重要意义。之后,刘秀继续简政、裁兵、减吏。建武七年(31年)二月,罢护漕都尉官。三月,下诏:"今国有众军,并多精勇,宜且罢轻车、骑士、材官、楼船士及军假吏,令还复民伍。"[2]又于同年裁撤长水、射声二校尉官以及他们统帅的士卒。建武九年(33年),裁撤关都尉和他统帅的士卒。下一年,又撤销定襄郡,将其合并于西河。建武十一年(33年)四月,减大司徒司直官。同年将朔方牧并入并州牧。建武二十年(44年),将五原郡并入河东郡。建武二十二年(46年),因匈奴北徙,"诏罢诸边郡亭候吏卒"[3]。另据《后汉书·百官志》记载,从中央到地方,自西汉以来设置的官员省并很多。例如,太常属官中省去太宰、均官、都水、雍太祝、五畤令各一尉,太卜令省并入太史。光禄勋的属官中省去左右曹、请室令、羽林令,以及车、户、骑三将。卫尉的属官中省去旅贲令、卫士一人丞。太仆的属宫中省去六厩令、牧师苑等。大鸿胪的属官中省去驿官、别火二令、丞以及郡邸长、丞。宗正的属宫中省去都司空令、丞。大司农设在地方上的属官如盐官、铁官皆划归地方郡县管理,省去均输等官。少府在秦和西汉时负责收取山泽鱼盐市税,经管皇室的财政,故机构庞大。东汉时,它不再管理税收,所以省去的官员比较多:"少府本六丞,省五。又省汤官、织室令、丞,又省上林十池监、胞人长丞、宦者、昆台、饮飞三令,二十一丞。又省水衡属官令、长、丞、尉二十余人。"在执金吾的属官中,式道、左右中候三者合一,省去中垒,寺互,都船令、丞、尉及左右京辅都尉。其余中央机构及三辅也省去一些官吏。地方郡县除并省400多处之

---

[1]《后汉书·光武帝纪》。
[2]《后汉书·光武帝纪》。
[3]《后汉书·光武帝纪》。

外,官员亦有所省并。"建武六年,省诸郡都尉,并职太守,无都试之役。省关都尉"。其余郡国官员在西汉景帝以后已大大省并,东汉基本沿袭旧制。侯国官员省去行人、洗马、门大夫,千户以上侯国仅值家丞、庶子各一人,不满千户者连丞也不设置了。当然,在刘秀明令撤销的机构中,有个别的后来又恢复了,他还根据需要,设置了几个新的机构和官职,但从总体上看,刘秀真正做到了精兵简政。

水排模型

由于大量的机构、官吏被裁撤,一方面大大提高了官府办事的效能,简化了办事手续,加速了国家机器的运转效率,"时兵革既息,天下少事,文书调役,务从简寡,至乃十存一焉"[1];另一方面大大减省了国家的财政开支,为减轻对百姓的剥削创造了条件。由于实行精兵政策,东汉皇朝减少了国家常备兵的数量,裁并了地方主要是郡一级设置的军事机构和军事官员,这不仅减省了国家的财政开支,而且保证了有更多的稳定的劳动力在农业生产第一线,这对东汉初期农业生产的较快恢复和经济的走向繁荣无疑起了极大的促进作用。对此,《后汉书·百官志》赞扬他说:"世祖中兴,务从节约,并官省职,费减亿计,所以补复残缺,及身未改,而四海从风,中国安乐者也。"

四 轻徭薄赋 救灾恤贫

王莽统治时期,由于频繁的征伐,再加上连年不断的战争,搞得民穷财尽,社会经济近于崩溃。尽管如此,东汉政权建立后,为了削平割据势力,赢得统一战争的胜利,刘秀在其管辖的地区,也只能尽快恢复赋役制度,尽量向百姓征收较多的粮食、钱物,以支持战争的巨大消耗。不过,亲身经营过农业,对农民疾苦有着较深了解的刘秀明白,要想取得战胜其他割据势力的胜利,要想取得百姓的拥护,关键是减轻他们的赋役负担并为之创造一个和平、安定的生产和生活环境。所以,一旦条件允许,刘秀就毫不迟疑地推行一些轻徭薄赋、救灾恤贫的政策措施。上面提到的那些裁并郡国、减省官吏以及其他精兵简政的措施,显然为轻徭薄赋等政策的实施创造了条件。刘秀根据可能,不断地推行一些免役、免赋或减轻赋役以及救灾恤

[1]《后汉书·光武帝纪》。

翻车

贫等措施。建武五年（29年），刘秀平定了淮阳和齐地的割据者，中原广大地区基本上恢复了和平局面。刘秀就在这一年，"诏复济阳二年徭役"[1]。济阳是其父当过县令而又是自己出生地的一个小县，本是不足道的，但是，此一举措却是一个重要信号，它表明此类问题已进入刘秀思考和解决的范围，而当时的条件也已经允许他考虑解决此类问题了。果然，由此开始，刘秀加快了轻徭薄赋、救灾恤贫的步伐。第二年正月，他下诏改春陵乡为章陵县，"世世复徭役，比丰、沛，无有所豫"，以显示对自己故乡的关切之情。五天以后，就下达了在全国恤贫的诏令：

> 往岁水旱蝗虫为灾，谷价腾跃，人用困乏。朕惟百姓无以自赡，恻然愍之。其令郡国有谷者，给禀高年、鳏、寡、孤、独及笃癃、无家属贫不能自存者，如律。二千石勉加循抚，无令失职。[2]

这年十二月，刘秀又下达了一个恢复田租三十税一的诏令。而在此以前，刘秀在其统治区实行的是什一之税。诏书说："顷者师旅未解，用度不足，故行什一之税。今军士屯田，粮储差积。其令郡国收见田租三十税一，如旧制。"[3]这一诏令，是刘秀赋税政策中的重大举措。这一政策的实施，一方面向世人表明刘秀是西汉皇朝的忠实继承者，另一方面也宣告了中原地区由战时状态回复到和平状态。这一税收制度的实行，显然使全国拥有土地的百姓松了一口气。过去一般论者都以荀悦的以下一段话为根据，说明此政策的受益者为地主阶级尤其是那些大土地所有者："古者什一而税，以为天下之中正也。今汉氏或百一而税，可谓鲜矣。然豪强富人，占田逾侈，输其赋太半。官收百一之税，民输太半之赋，官家之惠，优于三代，豪强之暴，酷于亡秦。上惠不通，威福分于豪强也。文帝不正其本，而务除租税，适足以资豪强耳。"[4]如此税收政策，土地越多受益越大，这是不言而喻的。但是，由此认为劳动农民从中得不到一点实惠恐怕也不符合事实。因为在中国封建社会里，农民群体的大多数应是拥有一小块土地的自耕农，他们的安危直接关系着社会稳定的大局。东汉初年，自耕农的人数肯定占到人口的多数，由于他们是此一税收政策的受益者，自然增强了他们对东汉政权的向心

[1]《后汉书·光武帝纪》。
[2]《后汉书·光武帝纪》。
[3]《后汉书·光武帝纪》。
[4] 荀悦：《前汉纪》卷八。

力,对于社会的稳定起着至关重要的作用。实行此一税收政策,可能一时使东汉政府的财政收入有所减少,但它所带来的综合效益必然是十分巨大的。建武十九年(43年)九月,刘秀南巡至汝南南顿(今河南项城西),因为这里是其父为官的地方,在该地吏民的请求下,他答应减免该县两年的田租。第二年,又下诏"复济阳县徭役六岁"。建武二十二年(46年)九月,南阳一带发生地震,给百姓生命财产造成巨大损失。刘秀立即下诏,对受灾百姓进行救济:

东汉刺绣云纹粉袋

> 日者地震,南阳尤甚。夫地者,任物至重,静而不动者也。而今震裂,咎在君上。鬼神不顺无德,灾殃将及吏人,朕甚惧焉。其令南阳勿输今年田租刍稿。遣谒者案行,其死罪系囚在戊辰以前,减死罪一等;徒皆弛解钳,衣丝絮。赐郡中居人压死者棺钱,人三千。其口赋通税而庐宅尤破坏者,勿收责。吏人死亡,或在坏垣毁屋之下,而家羸弱不能收拾者,其以见钱谷取佣,为寻求之。[1]

刘秀晚年,连续实施赐爵恤贫的措施,如建武二十九年(53年)二月庚申,下诏"赐天下男子爵,人二级;鳏、寡、孤、独、笃癃,贫不能自存者粟,人五斛"。第二年的五月,又下达了同一内容的诏令。七月,下令免除济阳县当年的徭役。建武三十一年(55年)五月戊辰,下诏"赐天下男子爵,人二级,鳏、寡、孤独、笃癃,贫不能自存者粟,人六斛"。第二年(中元元年)四月,下令"复嬴、博、梁父、奉高,勿出今年田租刍稿"[2]。以上这些政策措施,目的是为百姓特别是广大农民创造一个较好的生产条件与生活环境,以促进生产的发展和社会的安定。这个目的基本上达到了。与以上政策措施相配合,刘秀还继承西汉的政策,实行军士屯垦和移民实边。西汉武帝打通西域的陆上交通以后,派兵至西域戍守。为了解决军粮供应,下令军队屯田,后来在河西走廊及其他边防前线,凡条件许可的地方,都实行军队屯田,不仅解决了戍边将士的粮秣供应,而且加速了边疆地区的开发。刘秀在削平了中原地区的割据者之后,除集中一部分精锐力量对付陇西的隗嚣和巴蜀的公孙述之外,另一部分军士已没有作战任务,而边

[1]《后汉书·光武帝纪》。

[2]《后汉书·光武帝纪》。

东汉"延年益寿大宜子孙"锦

境地区的汉军大部分采取守势，刘秀即不失时机地将他们转为屯田的军队。

建武六年恢复田租三十税一的制度，其重要理由就是军士屯田使国家的财政状况有了较大好转。其后，屯田的制度在东汉坚持下来，显然对减轻国家的财政负担有着长远的积极意义。

刘秀称帝以后的10多年中，一直忙于讨伐割据势力的斗争，从一定意义上讲，其经济与政治措施都是为军事斗争服务的。早期的移民，不少是配合裁并郡县的行动，也有的是为了避开少数民族的侵扰。例如，建武九年（33年）春，"徙雁门吏人于太原"，就是为了减少匈奴的侵害。第二年，因裁撤定襄郡（今山西大同以西地区），下令"徙其民于西河"（今山西离石一带），也与同匈奴的斗争有关。建武十五年（39年）二月，为了进一步方便对匈奴的防御斗争，又下令徙雁门、代郡、上谷三郡民于常山关、居庸关以东地区。建武二十年（44年），裁撤五原郡，"徙其吏人置河东"。建武二十二年（46年），匈奴北徙，北部边障紧张形势缓和。建武二十五年（49年），南匈奴"奉藩称臣"，北匈奴向北远遁千里，东汉与匈奴的关系出现重大转折，由对峙、战争转向和平共处。第二年，刘秀令南匈奴人居云中郡，设置使匈奴中郎将，对其进行管理。同时，令以前陆续迁往内地和其他地区的云中、五原、朔方、北地、定襄、雁门、上谷、代郡等8郡的百姓迁回原地。又遣谒者分头督率弛刑的罪犯前往边地，修缮城池。同时，又令其他流落内地的边郡百姓，一律返回原来的地方，"皆赐以装钱，转输给食"。这是一次大规模的徙民实边的活动，既加速了边郡地区的开发，也加强了那里的防卫力量，巩固了边防，为整个东汉皇朝的稳定发展作出了重要贡献。

刘秀建国以后，通过以上诸多政策措施的实施，在相当的范围内调整了生产关系中与生产力不相适应的部分。这个调整，有的是恢复被王莽废除的西汉的制度与政策，有的是废除王莽的制度与政策，还有的是根据新的情况制定的新的政策措施。通过调整，王莽时期极度紧张的社会矛盾和阶级矛盾得以缓和，社会恢复了稳定，百姓的生活环境和生产条件得到了改善，从而为东汉初期生产的恢复发展和经济的繁荣创造了条件。刘秀的后继者继续实行他的政策，同时着手解决他来不及解决的一些重要问题。例如，刘秀曾多次下令释放囚徒，减轻罪罚和刑期。明帝在位时期，也发布过6次减刑的诏令，特别是增加减罪戍边的政策，即使是死罪囚徒，也可以减死一等，戍边赎罪。如永平八年（65年）冬十月诏："三公募郡国中都官死罪系囚，减罪一等，勿笞；诣度辽将军营，屯朔方、五原之边县，妻子自随，便占著边县；父母同产欲相代者，恣听之，凡徙者，赐弓弩衣粮。"[1]永平九年（66年）、永平十六年（73年），明帝又两次下达类似的诏令。章帝即位后，也6次下达诏令，减轻刑罚，以戍边抵死罪。其中建初七年（82年）七月的诏书说："天下系囚减死一等，勿笞，诣边戍，妻子自随，占著所在；父母同产欲相从者，恣听之，有不到者，皆以乏军兴论。"[2]以后，因汉羌关系紧张，减死戍边者大都徙往金城郡（今兰州以西至青海湖附近）。和帝在位的10多年间，也发布过4次减刑的诏令，其与以前不同的是对戍边者增加了"免归田里"的规定。如永元元年（89年）十月，"令郡国弛刑，输作军营，其徙出塞者，刑虽未竟，皆免归田里"[3]。同时还规定了残废、老小和妇女减刑的制度，如永元十一年（99年）二月下诏："郡国中都官徒及笃癃老小女徒各除半刑，其未竟三月者，皆免归田里。"[4]这些政策显然是对刘秀时期政策的继承与发展，对缓和阶级矛盾，巩固边防和开发边境地区都有积极意义。刘秀的后继者也继承和发展了他有关轻徭薄赋的政策。如章帝为了奖励增殖人口，于元和二年（85年）正月下诏，对产子和怀孕者减免租算，"人有产子者复，勿算三岁"，"诸怀妊者，赐胎养谷，人三斛，复其夫勿算一岁"[5]。和帝时，曾4次下令减免田租、刍稿，其中有两次减免全国田租之半。这些措施较之刘秀的政策又前进了一步。更重要的是土地问题。因土地兼并而导致的土地集中是西汉末期阶级矛盾尖锐化的根本原因之一。王莽企图通过复古的"王田"政策加以解决，结果被碰得头破血流。农民战争之后，无地少地的农民虽然通过种种途径得到了部分土地，但仍有部分农民没有土地或很少有土地。如何使生产者与生

东汉"延年益寿"锦

[1]《后汉书·明帝纪》。
[2]《后汉书·章帝纪》。
[3]《后汉书·和帝纪》。
[4]《后汉书·和帝纪》。
[5]《后汉书·章帝纪》。

产资料相结合是安定社会秩序的根本因素，也是东汉统治者需要解决的重大问题。可惜此一问题刘秀没有来得及解决就死去了。他的子孙以"假民公田"或"赋民公田"的办法使问题得到了部分解决。如汉明帝在永平九年（66年）四月下诏，令"郡国以公田赐贫人各有差"。永平十三年（70年），著名水利专家王景主持修好了卞渠的千里大堤后，明帝又下诏，"滨渠下田，赋与贫人。无令豪右，得固其利"[1]。汉章帝踵其后，于建初元年（76年）七月下令将上林苑的田地"赋予贫人"。元和元年（84年）二月，再次下诏曰：

> 令郡国募人无田欲徙它界就肥饶者，恣听之。到在所，赐给公田，为雇耕佣，赁种饷，贳与田器，勿收租五岁，除算三年。其后欲还本乡者，勿禁。[2]

元和三年（86年）二月，章帝在出巡途中，又诏令常山、魏郡、清河、巨鹿、平原、东平诸郡国，要求将各辖区的未垦辟的肥田"悉以赋贫民，给与粮种，务尽地力，勿令游手"[3]。汉和帝时也曾5次下达"假民公田"或"赋民公田"的诏令。刘秀的后继者，主要是明、章二帝，通过以上措施使部分无地少地的农民得到了一些土地，实现了劳动者与生产资料的结合，缓解了土地占有不均的矛盾，从而使西汉中期以来严重的流民问题得到了暂时的解决。

五 任用循吏 发展生产

在东汉初年恢复发展生产的进程中，刘秀及其后继者有意识地选用的一批循吏起了很大的作用。他们的事迹值得一书。如邓晨为汝南太守，"兴鸿郤陂数千顷田，汝土以殷，鱼稻之饶，流衍它郡"[4]。李忠为丹阳太守，大力发展生产，"垦田增多，三岁间，流民占著者五万余口"[5]。杜诗任南阳太守，"善于计略，省爱民役。造作水排，铸为农器，用力少，见功多，百姓便之。又修治陂池，广拓土田，郡内比室殷足。时人方于召信臣，故南阳为之语曰：'前有召父，后有杜母。'"[6]张堪任渔阳太守，"乃于狐奴开稻田八千余顷，劝民耕种，以致殷富。百姓歌曰：'桑无附枝，青穗两歧，张君为政，乐不可支。'"[7]卫飒为桂阳太守，"凿山通道

东汉铜马

[1]《后汉书·明帝纪》。
[2]《后汉书·章帝纪》。
[3]《后汉书·章帝纪》。
[4]《后汉书·邓晨传》。
[5]《后汉书·李忠传》。
[6]《后汉书·杜诗传》。
[7]《后汉书·张堪传》。

五百余里,列亭传,置邮驿"[1],使地处深山中的三县百姓免除了"发民乘船"的"传役"。后来茨充继卫飒为桂阳太守,"教民种殖桑拓麻纻之属,劝令养蚕织履。民得利益焉"[2]。任延任武威太守,"河西旧少雨泽,乃为置水官吏,修理沟渠,皆蒙其利"[3]。鲍昱任汝南太守时,"郡多陂池,岁岁决坏,年费常三千余万。昱乃上作方梁石洫,水常饶足,溉田倍多,人以殷富"[4]。章帝时也有几个循吏,在发展生产方面做出了突出成绩。如秦彭任山阳太守,"兴起稻田数千顷,每于农月,亲度顷亩,分别肥瘠,差为三品,各立分簿,藏之乡县。于是奸吏跼蹐,无所容诈。彭乃上言,宜令天下齐同其制。诏书以其所立条式,班令三府,并下州郡"[5]。王景任庐江太守时,当地"百姓不知牛耕,致地力有余而食常不足。郡县有楚相叔孙敖所起芍陂稻田,景乃驱率吏民修起芜废,教用犁耕。由是垦辟倍多,境内丰给"[6]。张禹任下邳相时,"徐县北界有蒲阳坡,傍多良田,而埋废莫修。禹为开水门,通引灌溉,遂成熟田数百顷。劝率吏民,假与种粮,亲自勉劳,遂大收谷实。邻郡贫者归之千余户,室庐相属,其下成市。后岁至垦千余顷,民用温给"[7]。马稜任广陵太守,"时谷贵民饥,奏罢盐官以利百姓,赈贫羸,薄赋税,兴复陂湖,溉田二万余顷,吏民刻石颂之"[8]。

以前,人们在历史研究中比较注重封建皇朝及其各级官府对劳动人民压迫剥削的功能,这当然是对的。不过,在正常情况下,封建皇朝及其官府还有组织引导社会生产的功能。这种功能突出体现在一些担任地方官的循吏身上。东汉初年的循吏在这方面的事功十分显著,这一时期的生产发展和经济繁荣是和他们的名字连在一起的。

东汉初年社会生产的发展,表现在农业技术基础的加强、生产工具的改进、水利事业的兴修、人口与垦田数量的增加、手工业的进步以及经济区域的变化等许多方面。大量的汉画像石和出土的文物提供了生动的证明。如耕作工具,东汉发明了操作灵活、便于在小块农田上耕作的短辕一牛挽犁[9],比以前使用的长辕二牛抬杠式的挽犁要进步得多。同时,在四川乐山崖基石刻画像中见到的曲柄锄,是除草的重要工具。在四川绵阳和牧马山崖墓中发

东汉铜马

[1]《后汉书·卫飒传》。
[2]《后汉书·卫飒传》。
[3]《后汉书·任延传》。
[4]《后汉书·鲍昱传》。
[5]《后汉书·秦彭传》。
[6]《后汉书·王景传》。
[7]《后汉书·张禹传》。
[8]《后汉书·马稜传》。
[9]《陕北东汉画像石选集》,文物出版社1959年版。

贮藏粮食的陶仓

现的铁制钩镰,是用于收割的重要工具。在灌溉方面,也有不少新创造,如四川彭山和成都等地发现的东汉墓葬里,可以看到不少水田和池塘组合的模型,出水口处的闸门,通向田间的自流灌溉水渠,设计得十分精巧和科学。上面提到的邓晨、杜诗等人都在其任职的地方修建陂塘,这是中国历史上较早出现的水库,对灌溉农田起了很大作用。考古工作者已经在寿县发现了东汉芍陂的遗址。农产品加工工具也有显著进步,如用水力推动的碾米工具水碓,用风力推动的磨面工具石磨等,都有陶制模型出土。另外,牛耕技术从东汉初年即逐渐由中原向江南和北方以及西北的黄土高原推广。任延任九真太守,王景任庐江太守,其政绩之一就是推广牛耕技术。陕西绥德县东汉王得元室宅画像石上的牛耕图、米脂县东汉墓室门上的牛耕图,都证明陕北高原上已普遍推广了牛耕技术。

东汉初年手工业的进步突出表现在冶铁技术的提高和铁器的推广方面。例如,南阳地区在太守杜诗指挥下冶铁工人发明的水力鼓风炉(水排),"用力少,见功多,百姓便之"[1],是世界冶铁史上的巨大进步。此项技术,欧洲人直到12世纪才开始应用,比中国晚了1 000多年。同时,东汉还掌握了层叠铸造的先进技术,河南温县出土的一座洪范窑,其中有500多套铸造车马零器件的叠铸泥范。在浇铸技术方面也由双孔浇铸改为单孔浇铸,从而大大提高了生产效率,节约了原料。冶铸技术水平和效率的提高,大大增加了铁器的产量,促进了铁器的普遍使用。考古材料证明,铁制工具和生活用品已经普及到当时社会生产和生活的各个领域。

以上事实说明,刘秀自建立东汉皇朝之后,在进行紧张复杂的军事斗争的同时,也逐步在上层建筑与经济基础的领域里进行了一系列的政策调整,既保留了农民战争所取得的某些胜利成果,又消除了生产关系中与生产力发展不相适应的一些环节,从而为东汉初年生产力的发展和社会经济的繁荣创造了较好的条件。明帝时,"天下安平,人无徭役,岁比登稔,百姓殷富,粟斛三十,牛羊被野"[2]。劳动人民终于又过上了相对安定的生活。历史的灾难虽然总是给人类社会造成巨大的损失,也总是得到

[1]《后汉书·杜诗传》。
[2]《后汉书·明帝纪》。

合理的补偿。王莽制造的历史灾难恰恰由东汉初年的繁荣做了补偿。这里既体现了农民战争推动历史前进的巨大动力，也显示了刘秀等这类帝王将相的不可替代的历史作用。

第二节　加强集权　完善制度

一　恢复封国爵邑制　约束外戚勋贵

西汉皇朝建立以后，刘邦君臣"惩亡秦孤立之弊"，总结秦朝灭亡的教训，在地方行政体制上实行郡国并行制。尽管景帝时发生的吴楚七国之乱暴露了宗室封王制度的弊端，但是，终西汉之世，宗室封王、疏属封侯、功臣封侯的制度却一直延续下来。之所以如此，就是因为这一制度能较好地满足宗室贵族和功臣宿将们对权力和财产再分配的要求，同时，如果措置适当，对拱卫中央集权也能起到有益的作用。刘秀建立东汉皇朝后，打出的是"复西京旧制"的旗号，其中的一项内容即恢复封国爵邑制度。他下诏封赏的第一个诸侯王是做过更始皇帝的刘玄。建武元年（25年）九月，当赤眉军进入长安，刘玄失魂落魄地逃到高陵的消息传到刘秀的驻地河阳（今河南孟县西）的时候，刘秀立即发布了一个诏令："更始破败，弃城逃走，妻子裸袒，流冗道路。朕甚愍之。今封更始为淮阳王。吏人敢有贼害者，罪同大逆。"[1]其实，刘秀对刘玄这位同宗兄弟并没有多少好感。相反的还有着铭记不忘的仇隙。刘玄不仅杀掉了刘秀的兄长刘縯，而且还与刘秀兵戎相见。那么，刘秀又为什么将第一个王的封号送给刘玄呢？因为此时的刘玄已经失势并且危在旦夕，已经失去了与刘秀争夺天下的力量与能力，对他的封赏没有实质意义，倒是可以显示刘秀的以德报怨和宽宏大度。特别是更始政权在东方还有不少残余势力，刘秀此一举措能够赢得他们的好感，以便他们顺利归附刘秀，以减少统一道路上的阻力。实际上，刘玄不久即被赤眉军处死，所以此一封赏也就仅仅停留于一纸诏书了。后来，"淮阳王更始"被司马光用来作为公元23年至24年两年编年史的年号，这是刘秀

汉明帝刘庄像

[1]《后汉书·光武帝纪》。

无法想到的。建武二年（26年）正月初一，大司马吴汉率九将军进击檀乡起义军于邺东，大获全胜。七天以后，刘秀大封功臣，数十个将军们皆得到列侯的赏爵，最大的封邑达四县。同时下诏说：

> 人情得足，苦于放纵，快须臾之欲，忘慎罚之义。惟诸将业远功大，诚欲传于无穷，宜如临深渊，如履薄冰，战战栗栗，日慎一日。其显效未酬，名籍未立者，大鸿胪趣上，朕将差而录之。[1]

看得出来，刘秀之所以在战争还在激烈进行、胜利前景还不明朗的时候，如此大度地封赏他的文臣武将，目的就是让他们死心塌地地为东汉皇朝服务，特别是为统一战争贡献自己的鲜血和生命。

　　此后，刘秀对宗室贵族和功臣宿将们不断封王封侯。其中，刘氏宗室贵族因血缘的亲疏、功劳的大小得到不同等级的封爵；文臣武将，或因谋略，或因战功，获得大小不等的食邑；而一些归服的地方实力派、古圣先贤的后裔、敌对阵营叛降的文武之士，也都得到了相应的封赏。例如，割据渔阳的彭宠被他的苍头子密谋杀害，当这位苍头带着彭宠与其妻子的头颅投奔刘秀时，他得到的是"不义侯"的封号。还是在建武二年四月，刘秀下诏封叔父刘良为广阳王，封刘缤的儿子刘章为太原王、刘兴为鲁王，封春陵侯的嫡子刘祉为城阳王，五月，又封原更始所封元氏王刘歙为泗水王，故真定王刘杨的儿子刘得为真定王，原周王室的后裔姬常为周承休公。六月，再封宗室刘终为淄川王。十二月，刘秀下了一道诏书，对被王莽所废的所有宗室列侯恢复爵位："惟宗室列侯为王莽所废，先灵无所依归，朕甚愍之。其并复故国。若侯身已殁，属所上其子孙见名尚书，封拜。"[2]刘秀封赏宗室贵族的举措同样显示了他的高明。刘良是刘秀的叔父，虽然当年曾反对他们兄弟起兵反莽，后来又跟随刘玄去了长安，但是，刘玄失败后，他立即转归刘秀，况且对刘秀兄弟有养育之恩。封他为王，对于在臣民中树立刘秀敬老的形象显然是十分重要的。至于封刘缤的两个儿子为王，更是表现了刘秀不忘手足之情。封其他宗室为王，特别是恢复被王莽废掉的宗室封侯者的爵位，一下子拉近了刘秀与刘氏宗室贵族的距

灵台遗址

[1]《后汉书·光武帝纪》。
[2]《后汉书·光武帝纪》。

离。要知道这些人有10余万人,分布于全国各地,在当地
百姓中有着或大或小的影响。刘秀的封赏使他们归心于
东汉朝廷,由此影响一大批百姓向东汉政权靠拢,对刘秀
取得统一战争的胜利显然起了促进作用。建武十二年(36
年),吴汉等统帅的汉军平定巴蜀,全国又归于统一。此
后,刘秀认为用封爵激励文武臣僚为自己拼命的时代已
经结束。

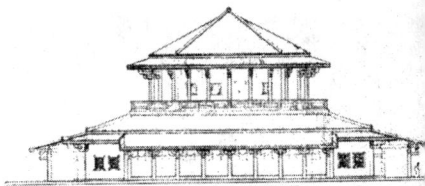

明堂辟雍复原图

　　由于和平时代的到来,这些获得封爵的宗室王侯和
功臣宿将们开始追求声色犬马奢侈享乐的生活。因此,必
须抑制他们的权力,对他们进行规范化的管理。建武十三
年(37年)二月,刘秀下诏,以"袭爵为王,不应经义"为理
由,将四个封王的宗室贵族降为侯爵,即将长沙王刘兴降
为临湘侯,真定王刘得降为真定侯,河间王刘邵降为乐成
侯,中山王刘茂降为单父侯。这几个人当时虽然因各种各
样的原因被封为王,但由于他们与刘秀的血缘关系已经
相当疏远,刘秀认为没有必要再保留他们的王爵。至此,
宗室及王莽时代绝国而封侯者已达137人。接着,刘秀又
决定在皇帝之下不再设王的封号,下诏降赵王刘良为赵
公,太原王刘章为齐公,鲁王刘兴为鲁公。由于在此以前
泗水王刘歙、淄川王刘终、城阳王刘祉已经死去,所以决
定把西汉时设立的九个诸侯王国取消,将其辖区并入邻
近的郡治。其中广平国并入巨鹿,真定国并入常山,河间
国并入信都,城阳国并入琅邪,泗水国并入广陵,淄川国
并入高密,胶东国并入北海,六安国并入庐江,广阳国并
入上谷。至此,东汉皇帝以下,连一个诸侯王也没有了。四
月,大司马吴汉自蜀地凯旋回京,刘秀举行盛大宴会为将
士庆功,庆祝全国统一。同时"班劳策勋",为功臣们"增邑
更封"。到这时已有365人获得爵邑,其中有外戚恩泽侯45
人。刘秀削去诸侯王的王爵,封功臣为列侯,既使宗室贵
族中无法形成与朝廷对抗的力量,也对立下功勋的文武
臣僚予以应得的奖赏,使之进一步增强对汉中央的向心
力,这对巩固和加强中央集权是有明显好处的。不过,刘
秀和他的亲信臣子们也发现,随着刘秀诸皇子日渐长大,
如何使他们在权力和财产再分配中各得其所又能保持父
子兄弟之间的协和关系,已经提上了历史的日程。吴汉自

蜀返京以后,就上书请求封皇子,刘秀不同意。吴汉连续几次上书后,刘秀乃于建武十五年(39年)下诏要群臣议决一个方案。这年三月,大司空窦融、固始侯李通、胶东侯贾复、高密侯邓禹等人将他们研究的意见上奏:

> 古者封建诸侯,以藩屏京师。周封八百,同姓诸姬并为建国,夹辅王室,尊事天子,享国永长,为后世法……今皇子赖天,能胜衣趋拜,陛下恭谦竟让,抑而未议,群臣百姓,莫不失望。宜因盛夏吉时,定号位,以广藩辅,明亲亲,尊宗庙,重社稷,应古合旧,厌塞众心。[1]

刘秀同意封拜诸皇子的奏议,于当年四月下诏封刘辅为右翊公,刘英为楚公,刘阳为东海公,刘康为济南公,刘苍为东平公,刘延为淮阳公,刘荆为山阳公,刘衡为临淮公,刘焉为左翊公,刘京为琅邪公。刘秀虽然废除了王一级的爵位,但此处的公仍相当于王。后来,到建武十七年(41年)十月,刘秀又下令恢复王爵,凡称公者又一律改称王了。

据宋代熊方所著的《补后汉书年表》统计,刘秀一朝共封同姓王侯28人,异姓侯者107人,加上承袭祖、父爵位者,共174人。由于刘秀是创业帝王,因而受封的王侯在东汉一朝数量最多。但是,光武一朝的诸侯王国并没有形成如同西汉前期那样与汉中央对抗的割据势力,基本上没有造成对中央集权的威胁,东汉朝廷与诸侯王们大体上维持了一种相安无事的局面。之所以出现这种局面,首先,是由于刘秀分封的诸侯王大都占地很小,一般不过一小郡,所能动员使用的人力物力都很少,他们的力量,与当年刘邦分封的连城70的齐国,连城50的吴国等相比,实在不可同日而语。其次,这些封国大都集中于今日之河北、河南、山东、安徽一带,既处于首都洛阳的严密控制之下,又穿插于朝廷直辖的郡县之间,处于各地地方官的监视之下,使他们很难连成一气反叛朝廷。再者就是刘秀对受封王侯实行了严格的管理限制措施。建武二十四年(48年)七月,刘秀"诏有司申明旧制阿附蕃王法"[2],依法对诸侯王进行管理。这里刘秀所申明的旧法,就是汉武

汉代小石桥,明代重修

[1]《后汉书·光武帝纪》。
[2]《后汉书·光武帝纪》。

帝在同诸侯王斗争时制定的"左官之律"和"附益阿党之法"。

　　正由于刘秀从分封诸侯王之始就注意限制他们的权力,加之以"左官之律"和"附益阿党之法"严加管理,特别是因为东汉朝廷掌握着专制主义的中央权力和强大的军事力量,刘秀本人又有着创业帝王的崇高威望,所以诸侯王们大都老老实实地奉公守法,运用法定的权力,享受法定的待遇,不敢胡作非为。如刘良虽然是刘秀的叔父,先封广阳王,后徙为赵王,再后降为公。这位老人,一点不敢显露对刘秀的不满,小心翼翼地执臣子之礼,"频岁来朝"。刘秀的族兄刘祉被更始帝封为定陶王,赤眉军入长安后,他立即"间行亡奔洛阳",是宗室贵族中第一个投奔刘秀的人,被封为城阳王,受到宠幸。他同样奉命惟谨。建武十一年(35年),刘祉生病后,即"上城阳王玺绶,愿以列侯奉先人祭祀"[1],死后葬在洛阳,其子也降为侯爵。刘秀的族父刘敏被封为泗水王,其子刘终封为淄川王,父子俩同样是诚惶诚恐安分守己,并在建武十年(34年)先后死去,其子孙也被降为侯爵。比较而言,刘秀对兄长刘缜的两个儿子刘章和刘兴是另眼看待的。刘秀不仅分别封其为太原王和鲁王,而且还任命他们做地方官,以锻炼他们的能力和才干。二人都做过郡守,颇有政声,但他们无一人敢越权自恣。后来刘兴徙为北海王,明帝继位后,对这位兄长更加敬重,"每有异政,辄乘驿问焉"。刘兴死后,继承王位的儿子刘睦依然效法老子的榜样,办事谨慎小心,惟恐行为不慎招来祸殃。本来,刘睦才华横溢,颇有名士气质,未继位为王前也是率性而行,广结天下文人学士,"睦少好学,博通书传,光武爱之,数被延纳。显宗之在东宫,尤见幸待,入侍讽诵,出则执辔。中兴初,禁网尚阔,而睦性谦恭好士,千里交结,自名儒宿德,莫不造门,由是声价益广"。但是,继王位后,他就像变了一个人似的。史书上说:

　　　　永平中,法宪颇峻,睦乃谢绝宾客,放心音乐。然性好读书,常为爱玩。岁终,遣中大夫奉璧朝贺,召而谓之曰:"朝廷设问寡人,大夫将何辞以对?"使者曰:"大王忠孝慈仁,敬贤乐士。臣

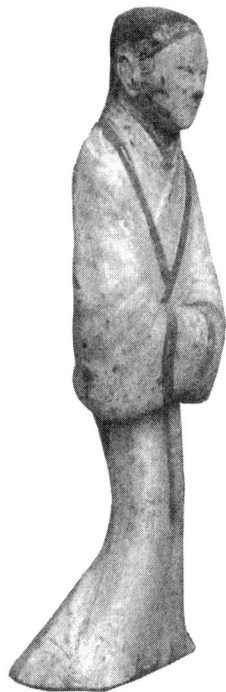

汉代女侍立俑

[1]《后汉书·宗室四王三侯列传》。

汉代男侍立俑

虽蝼蚁，敢不以实？"睦曰："吁，子危我哉！此乃孤幼时进趣之行也。大夫其对以孤袭爵以来，志意衰惰，声色是娱，犬马是好。"使者受命而行。其能屈伸若此。[1]

在东汉初年的特定政治环境里，刘睦的表现是比较典型的，他代表的却是大多数诸侯王的心态。他们终日战战兢兢，不求有功，但求无过，只希望朝廷把自己看成胸无大志的浪荡公子，能保一生平安也就行了。他们的这种表现，正是刘秀对待诸侯王的政策造成的。分封诸侯王，赏赐他们封国爵邑，这在当时是朝廷上下、臣民百姓都认可的一种财产与权力再分配的制度。这种制度本身就存在中央与地方对抗的弊端，与加强专制主义中央集权的要求是矛盾的。但是，当时谁也没有提出废除这一制度。因此，封建皇帝及其臣子们只能在承认这一制度的前提下，最大限度地抑制其消极作用。刘秀对诸侯王的管理一方面压抑了他们的创造活力，另一方面也使他们的活动构不成对中央集权的威胁，从总体上看对东汉初期的社会稳定是有利的。

中国历代封建皇朝，都有一个由皇帝的母族、妻族以及公主的夫家组成的外戚集团。这个集团中人，凭借与皇帝的裙带关系，通过皇帝的封赏，迅速成为富贵一时的暴发户。他们利用权势横行不法，贪污受贿，成为当时社会上重要的腐败源之一。在皇帝周围，除外戚外，还有由高官显宦组成的勋贵集团，这些人及其子弟宗族亦往往凭其权势攫取法外特权，成为另一个腐败根源。历史上一切明智的皇帝都明白，为了抑制腐败之风的蔓延，维持社会的安定，获得百姓的拥护，必须对外戚勋贵及其家族的活动加以严格约束。

刘秀对外戚是信任和重用的，东汉政权建立初期，他封赏的外戚恩泽侯就多达45人。如舅父樊氏一家5人封侯，妻子阴氏一家4人封侯。外戚中有些人被委任为侍中、卫尉，参与机密，"委以禁兵"。帝婿梁松任虎贲中郎将，刘秀对其"宠幸无比"，临死前，还要他"受遗诏辅政"[2]。但是，作为中兴之主的刘秀对待外戚毕竟是清醒的，对他们的信任和重用是有原则的。刘秀在位期间，外戚的官位严格

[1]《后汉书·宗室四王三侯列传》。
[2]《后汉书·梁松传》。

限制在九卿以下，"后族阴、郭之家，不过九卿。亲属荣位不能及许、史、王氏之半耳"[1]。同时，对犯法的外戚及其宾客一般不曲予回护，并支持主管官员对其绳之以法。如董宣任洛阳令时，湖阳公主苍头白日杀人，藏匿公主府中，官吏无法将其逮捕归案。董宣乘这个苍头为公主驾车外出之际，"于夏门亭候之，乃驻车叩马，以刀画地，大言数主之失，叱奴下车，因格杀之"[2]。湖阳公主恼羞成怒，立即跑到刘秀那里告状，刘秀派人召来董宣，"欲箠杀之"。《后汉书·董宣传》以十分传神的笔调记叙了刘秀、董宣和湖阳公主三个人的一番对话，使后世读者如见其人，如闻其声：

汉代播种工具——耧车

> 宣叩头曰："愿乞一言而死。"帝曰："欲何言？"宣曰："陛下圣德中兴，而纵奴杀良人，将何以理天下乎？臣不须箠，请得自杀。"即以头击楹，流血被面。帝令小黄门持之，使宣叩头谢公主，宣不从，强使顿之，宣两手据地，终不肯俯。主曰："文叔为白衣时，藏亡匿死，吏不敢至门。今为天子，威不能行一令乎？"帝笑曰："天子不与白衣同。"因敕强项令出。赐钱三十万，宣悉以班诸吏。由是搏击豪强，莫不震栗，京师号为"卧虎"。歌之曰："枹鼓不鸣董少平。"

这里，刘秀认识到"天子不与白衣同"，说明他意识到作为总揽全局的皇帝必须公平执法，对外戚勋贵的偏私必然导致民心离散的后果。他对董宣的褒奖等于向外戚勋贵们示意，任何人违背汉家法度都将受到惩罚。当时还有一个广汉太守蔡茂，也是一位颇有政绩的官吏，"时阴氏宾客在郡界多犯吏禁，茂辄纠案，无所回避"[3]。刘秀对董宣的处置使蔡茂似乎摸到了刘秀的脉搏，他不失时机地上书刘秀，提出了"欲令朝廷禁制贵戚"的建议：

> 臣闻兴化致教，必由进善；康国宁人，莫大理恶。陛下圣德系兴，再隆大命，即位以来，四海晏然。诚宜夙兴夜寐，虽休勿休。然顷者贵戚椒房之家，数因恩势，干犯吏禁，杀人不死，伤人不论。臣恐绳墨弃而不用，斧斤废而不举。近湖阳公主奴杀人西市，而与主人共舆，出入宫省，逋罪积日，

---

[1]《后汉书·明帝纪》注引《东观记》。
[2]《后汉书·董宣传》。
[3]《后汉书·蔡茂传》。

陶践碓和风车

冤魂不报。洛阳令董宣，直道不顾，干主讨奸。陛下不先澄审，召欲加箠。当宣受怒之初，京师侧耳；及其蒙宥，天下拭目。今者，外戚骄逸，宾客放滥，宜敕有司案理奸罪，使执平之吏永申其用，以厌远近不缉之情。[1]

刘秀认为蔡茂的建议很有道理，遂即予以采纳。以后，尽管外戚勋贵作奸犯科之事仍时有发生，但刘秀从不姑息纵容，一般都能支持地方官依法严惩。建武二十四年(48年)，又一董宣式的人物虞延当上了洛阳令。首都是达官贵人麇集的地方，他们横行不法的事自然层出不穷。外戚阴氏有一宾客马成，"常为奸盗"，被虞延收审。阴氏屡屡致书虞延，为马成求情。虞延不仅不为所动，而且每获一书，即对马成加箠二百。阴皇后之弟阴就十分生气，认为虞延不识抬举。遂向刘秀告状，"请延多所冤枉"。刘秀为察看实情，"临御道之馆，亲录囚徒"。虞延出迎，向刘秀报告人犯案情，并向人犯宣布：凡案情可从轻发落者居东，从重发落者居西。马成立即趋向东列，虞延上前抓住他，怒斥曰："尔人之巨蠹，久依城社，不畏熏烧。今考实未竟，宜当尽法！"马成大呼冤枉，执戟的郎吏以戟刺虞延，喝令他放开马成。刘秀明白虞延是秉公执法，对马成说："汝犯王法，身自取之！"支持虞延对他的惩办。数天后，马成依法伏诛。刘秀此举产生了良好的效果，"于是外戚敛手，莫敢犯法"[2]。比较而言，刘秀一朝的外戚大都能约束自己的亲属和宾客，行动还算谨慎，违法乱纪之事相对于东汉后期少得多。例如，郭后的兄弟郭况为帝之妻弟，封阳安侯，任大鸿胪。"帝数幸其第，会公卿诸侯亲家饮宴，赏赐金钱缣帛，丰盛莫比，京师号况家为金穴"[3]。或许是由于郭后被废为中山太后的原因，这位国舅爷尽管受到宠幸，但行动小心，并未有违法乱纪之事发生。刘秀外戚中最显赫的两家是樊氏与阴氏。这两家除阴氏宾客马成一案外，其他宗族宾客大都在严格约束下循规蹈矩地生活，没有做出太多犯法之事。樊宏是刘秀的舅舅，在故乡湖阳(今河南新野东)有相当的影响。刘秀称帝，"拜光禄大夫，位特进，次三公"，封长罗侯，后又转封寿张侯，受到很高的礼遇。但樊宏"谦柔畏慎，不求苟进"，不敢仗势胡作非为。他还时

[1]《后汉书·蔡茂传》。
[2]《后汉书·虞延传》。
[3]《后汉书·皇后纪》。

常告诫儿子说:"富贵盈溢,未有能终者。吾非不喜荣势也,天道恶满而好谦,前世贵戚皆明诫也。保身全己,岂不乐哉!"他是一个似乎参透了富贵盈虚的人物,在权势荣华面前一直保持着清醒的头脑;在刘秀面前,恭谨地尽臣子之礼;在群臣面前,不显示丝毫的特殊性和优越感。每当朝会,"辄迎期先到,俯伏待事,时至乃起"。"所上便宜及言得失,辄手自书写,毁削草本。公朝访逮,不敢众对"。正由于樊宏自己处处小心,事事留意,以身作则,因而"宗族染其化,未尝犯法"。樊宏的作为赢得了刘秀的敬重。樊宏病重时,刘秀亲自登门探视,并在其家留宿。当刘秀问他还有什么要求时,他诚恳地说:"无功享食大国,诚恐子孙不能保全厚恩,令臣魂神惭赴黄泉,愿还寿张,食小乡亭。"[1]樊宏这段话为自己画上了一个圆满的句号。正因为他一生谦恭谨慎,才能做到生荣死哀,成为严格自我约束、长保富贵的典型。刘秀废郭后为中山太后之后,立阴丽华为皇后,其外家阴氏自然尊贵莫比了。不过,阴丽华的兄弟们一般都还能自我约束,成为与樊宏相伯仲的典型。阴识是阴皇后同父异母的兄长,建武元年(25年)被任骑都尉,封阴乡侯,随刘秀征伐。第二年,"以征伐军功增封",这在别人乃是求之不得的事,阴识却叩头婉言谢绝,理由是:"天下初定,将帅有功者众,臣托属掖廷,仍加爵邑,不可以示天下。"[2]刘秀十分欣赏他的谦逊风格,任命他为关都尉,委以镇守函谷关的重任。建武十五年(39年),改封原鹿侯。刘庄立为太子后,刘秀又升任阴识为执金吾,同时负辅导太子之责。对这位国舅爷,刘秀的信任超出一般,"帝每巡郡国,识常留镇守京师,委以禁兵"。尽管如此荣宠,但阴识仍然恪守臣规,"入虽极言正议,及与宾客语,未尝及国事"。正因为如此,阴识得到刘秀的特别敬重,"常指识以敕戒贵戚,激励左右焉"[3]。阴识的弟弟阴兴,是阴皇后的同母兄弟。建武二年(26年),任黄门侍郎,守期门仆射,跟随刘秀南征北战,无微不至地照料刘秀的行军作战,特别是饮食起居。"兴每从出入,常操持小盖,障翳风雨,躬履涂泥,率先期门。光武所幸之处,辄先入清宫,甚见亲信"。他"虽好施接宾,然门无侠客"。他虽重朋友之情,但举荐人才讲究原则。同郡的张宗,上谷的鲜于

东汉铜弩

[1]《后汉书·樊宏传》。
[2]《后汉书·阴识传》。
[3]《后汉书·阴识传》。

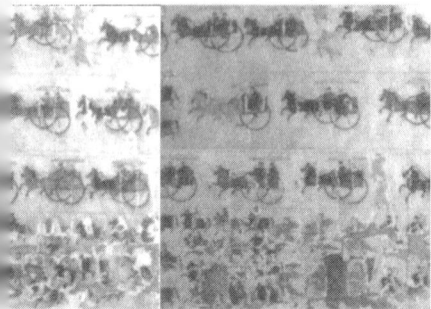
车马出行图（摹本）

衰与他的私人感情都不好,可是,阴兴了解他们的才干对国家有用,还是毫无保留地推荐他们,使之各得其职。张汜、杜禽是和他感情融洽的好朋友,但"华而少实",不堪大用。他只是在钱财上接济二人,却始终不推荐他们做官,"是以世称其忠平"。他个人生活节俭,不事奢华,"第宅苟完,裁蔽风雨"。建武九年(33年),升任侍中,赐爵关内侯。不久,刘秀召见阴兴,欲实封他为列侯,将印绶摆到他面前,却被婉言谢绝了。理由是:"臣未有先登陷阵之功,而一家数人并蒙爵土,令天下觖望,诚为盈溢。臣蒙陛下、贵人恩泽至厚,富贵已极,不可复加,至诚不愿。"刘秀见阴兴的态度十分真诚,也就没有坚持封赏。事后,他的姐姐阴丽华问他为什么坚辞到手的富贵,他说:"贵人不读书记邪?'亢龙有悔'。夫外戚家苦不知谦退,嫁女欲配侯王,取妇眄睐公主,愚心实不安也。富贵有极,人当知足,夸奢益为观听所讥。"[1]阴丽华被其弟的这段极富哲理的话深深感动,以后,不仅自己"深自降挹",在后宫谦恭礼让,而且也不再为自己的宗亲谋取高官厚禄。建武十九年(43年),阴兴升任卫尉,负责皇宫的守卫,并辅导皇太子。第二年夏天,刘秀因患风眩病,怕不久于人世,即命阴兴领侍中,受顾命之托。不久,刘秀康复,召见阴兴,打算以他代吴汉为大司马。面对三公的高位,阴兴"叩头流涕",坚决辞谢,说:"臣不敢惜身,诚亏损圣德,不可苟冒。"[2]刘秀见阴兴的辞让发自至诚,也就没有再勉强他。实在说来,阴兴当时无论就资历、威望、战功和能力,都不足以当大司马的重任,他的辞让应该说是明智之举。

刘秀在位的30多年中,由于他接受外戚王莽篡政的教训,有意识地抑制外戚势力的膨胀;也由于樊、阴等外戚之家接受历史上外戚贪权暴富、极奢而亡的教训,也有意识地谦让自抑;再加上东汉初年的社会环境,政风比较清廉,民风比较纯朴,因而整个外戚勋贵集团的腐败之风处于被抑制的状态。这反过来又有助于维持一个较好的政风与民风,对生产的发展、社会的安定都是有利的。

---

[1] 《后汉书·阴兴传》。
[2] 《后汉书·阴兴传》。

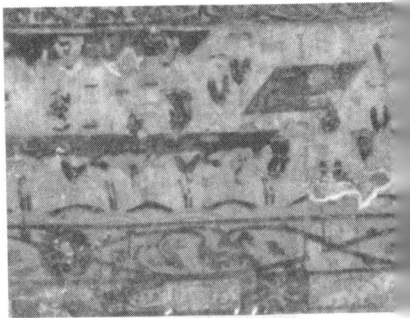

宴饮观舞，东汉壁画

二　中央与地方行政体制的恢复与变革

秦皇朝统一全国以后，在中央实行丞相制，地方实行郡县制。西汉前期，中央仍实行丞相制，地方则改为郡国并行制。汉武帝在政治上加强专制主义中央集权，设立中朝，丞相的权力被大大削弱，原来意义上的丞相制度已不复存在。成帝时正式设置三公官，即丞相、大司马、大司空。哀帝元寿二年(前1年)改丞相为大司徒。刘秀在高邑登基后，于建武元年的七月陆续任命邓禹为大司徒，王梁为大司空，吴汉为大司马，算是复西京之旧。由于处于创业的战争年代，刘秀任命最多的是各种名目的大将军和将军，实际上有点像刘秀总揽全局的战时内阁。建武二十七年(51年)五月，刘秀下诏更改三公的名称："昔契作司徒，禹作司空，皆无'大'名，其令二府去'大'。"[1]又改司马为太尉，这样，三公就成了司徒、司空和太尉了。自从武帝设立中朝后，丞相的权力已被大大削弱。成帝正式设立三公官，被削弱的丞相权力又一分为三。刘秀继续强化中朝的权力，三公(领尚书事的太尉除外)就变成等因奉此的执行官员，在封建国家的重大决策中越来越变得无足轻重了。有一个数字比较能说明问题：在刘秀一朝，担任大司徒和司徒的官员共10人，他们是邓禹、伏湛、侯霸、韩歆、欧阳歙、戴涉、蔡茂、玉(音肃)况、冯勤、李䜣；担任司空的共9人，他们是王梁、宋弘、李通、马成、窦融、朱浮、杜林、张纯、冯鲂；担任大司马和太尉的共3人，他们是吴汉、刘隆、赵熹，合计22人。他们之中，列名云台28将的仅4人，只占1/7；列名32功臣者只7人，占不到1/4。而作为国家行政运转总枢纽的司徒，10人之中仅1人为云台28将中的成员。这已足以说明他们在刘秀心目中的地位了。

东汉的中央政府，从组织形式上看还是由三公九卿组成，但职掌较西汉时已经发生了较大的变化。由于太尉多领中朝事务，其权力远远超过司徒，关于其职掌，《后汉书·百官志》本注曰："掌四方兵事功课，岁尽即奏其殿最而行赏罚。凡郊祀之事掌亚献；大丧则告谥南郊。凡国有大造大疑，则与司徒、司空通而论之。国有过事，则与二公

[1]《后汉书·光武帝纪》。

君车出行，东汉壁画

通谏争之。"太尉的属员有长史1人，掾吏属24人，令史及御属23人。太尉府办事机构分工细密，犹如一个中央政府："西曹主府史署用。东曹主二千石长吏迁除及军吏。户曹主民户、祠祀、农桑。奏曹主奏议事。辞曹主辞讼事。法曹主邮驿科程事。尉曹主卒徒转运事。贼曹主盗贼事。决曹主罪法事。兵曹主兵事。金曹主货币、盐、铁事。仓曹主仓谷事，黄阁主簿录省众事。"[1]实际上，在西汉时这些政务本来是丞相府管辖的。

与太尉的位尊权重相反，东汉时由丞相转化来的司徒所主管的事务不仅少得多，而且多数属礼仪性的。《后汉书·百官志》本注曰："掌人民事。凡教民孝悌、逊顺、谦俭、养生送死之事，则议其事，建其度。凡四方民事功课，岁尽则奏其殿最而行赏罚。凡郊祀之事，掌省牲视濯，大丧则掌奉安梓宫。凡国有大疑大事，与太尉同。"司徒属官有长史1人，掾属31人，令史及御属36人。本来还有一个重要的丞相司直，建武十八年（42年）也被刘秀下令裁掉了。

司空也是三公官，其职责，《后汉书·百官志》本注曰："掌水土事。凡营城起邑、浚沟洫、修坟防之事，则议其利，建其功。凡四方水土功课，岁尽则奏其殿最而行赏罚。凡郊祀之事，掌扫除乐器，大丧则掌将校复土。凡国有大造大疑，谏争，与太尉同。"其属官有长史1人，缘属29人，令史及御属42人。司空由御史大夫转化而来，尽管官位较以前为尊，但权力却大大削弱了。御史大夫拥有的为皇帝起草诏、诰、命、令、制、敕之类文告的职能和监察百官等重要权力都被取消了。较之司徒，司空作为三公之一更是无足轻重了。

三公之下，东汉仍设诸卿分掌皇室和国家的各项事务。他们是：

掌礼仪祭祀的太常。

掌宫殿门户的光禄勋。

掌宫门卫士及宫中徼循事的卫尉。

掌车马的太仆。

掌平狱的廷尉。

掌诸侯及四方归义蛮夷事务的大鸿胪。

[1]《后汉书·百官志一》。

掌皇室宗族亲属事务的宗正。

掌国家钱谷金帛货币事务的大司农。

掌皇帝私人财政和皇室事务的少府。

掌宫外警戒、非常水火之事的执金吾。

掌辅导太子的太子太傅。

掌奉宣中宫命的大长秋。

掌修作宗庙、宫室、陵园建筑的匠作大将。

掌洛阳城门12所的城门校尉，其属官有司马、12城门候等。

掌监五营的北军中候，其属官有屯骑校尉、越骑校尉、步兵校尉、长水校尉、射声校尉等。

以上中央政府的办事机构，都是自西汉继承而来。刘秀从精兵简政的原则出发，对其中机构吏员进行了省、并、裁、撤，使之适应东汉初年的国情。刘秀对东汉中央行政体制的改革，大体上是沿着汉武帝开启的削弱三公，加强中朝的方向进行的。

在秦朝的官制中，尚书原属少府，有自己的办事机构，官员有尚书令、尚书仆射、尚书丞及左右诸曹吏等，其地位并不重要，正如《唐六典》所云："秦置尚书禁中，有令、丞，掌通章奏而已，事皆决于丞相。"西汉武帝以前，尚书职权一如秦时。武帝为加强专制主义中央集权，建立中朝，将朝廷的决策权从丞相那里收回自己手中，尚书成为中朝的办事机构，以大司马大将军等领尚书事，作为中朝的首领。自此，尚书的职权开始扩大，员吏也逐步增加。汉成帝时置尚书5人，1人为仆射，4人分曹办事，正式成为宫廷内的办事机构。卫宏《汉旧仪》载："尚书四人，为四曹。常侍曹尚书，主丞相、御史事；二千石曹尚书，主刺史、二千石事；民曹尚书，主庶民上书事；主客曹尚书，主外国四夷事。成帝初置尚书，员五人，有三公曹，主断狱事。"[1]这表明，此时尚书的职权已经相当广泛，从中央到地方，从官府到民间，从内地到边境，从国内到国外，几乎所有的事情都管到了，但实权还不大，因为其权限只是"通掌图书、秘记、章奏及封奏，宣示内外而已，其任犹轻"[2]。刘秀建立东汉以后，接受王莽篡政的教训，特别注意防范大臣专权，在削弱三公职权的同时，将国家大权尤其是重要军国

门卒，东汉壁画

<hr>

[1] 孙星衍等：《汉官六种》，中华书局1990年版，第64页。

[2] 《通典》卷二二《职官》。

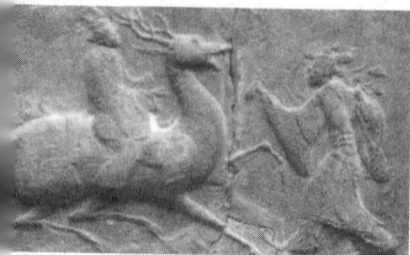

四川戏鹿画像砖

大事的决策权完全集中于宫廷,尚书台权力膨胀,正式成为国家政务的中枢。正如仲长统所说:

> 光武皇帝愠数世之失权,忿强臣之窃命,矫枉过直,故不任下,虽置三公,事归台阁。自此以来,三公之职,备员而已。[1]

《通典》卷二二也指出:

> 后汉,(尚书)则为优重,出纳王命,敷奏万机,盖政令之所由宣,选举之所由定,罪赏之所由正。斯文昌天府,众务渊薮,内外所折衷,远近所禀仰。

自东汉初年开始,从机构的统属上看,尚书仍然是少府的属官,但实际上它已从少府分离出来,变成直隶于皇帝的尚书台。此后,尚书台就和称为外台的谒者,称为宪台的御史,合称三台,其中尚书的地位最为重要。章帝时,陈忠对"三府任轻,机事专委尚书,而灾眚变咎,辄切免公台"的情形很看不惯,于是上书为三公鸣不平,认为尚书权重"非国旧体":

> 臣闻"君使臣以礼,臣事君以忠"。故三公称曰冢宰,王者待以殊敬,在舆为下,御坐为起,入则参对而议政事,出则监察而董是非。汉典旧事,悉相所请,靡有不听。今之三公,虽当其名而无其实,选举诛赏,一由尚书,尚书见任,重于三公,陵迟以来,其渐久矣。[2]

尽管陈忠为三公的处境鸣不平,但这正是刘秀所希望和追求的目标。从刘秀开始,尚书们即参与国家重大决策,有权拆阅章奏,裁决章奏,下达章奏,即出纳王命。正如李固所说:

> 今陛下之有尚书,犹天之有北斗也。斗为天喉舌,尚书亦为陛下喉舌……尚书出纳王命,赋政四海,权尊势重,责之所归。[3]

而且,尚书台还逐渐侵夺朝廷的其他权力,如选举、任用、考课官吏之权以及刑狱诛赏之权,成为凌驾于三公九卿之上的最高权力机关了。正因为如此,尚书台的主要官员也就成为凌驾于百官之上的权势集团。应劭《汉官仪》云:

> 三公、列卿、将、大夫、五营校尉行复道中,

[1]《后汉书·仲长统传》。
[2]《后汉书·陈忠传》。
[3]《后汉书·李固传》。

遇尚书令、仆射、左右丞，皆回车豫避。卫士传不
得近台官，台官过，乃得去。[1]

尚书台的机构在秦和西汉时期规模不大，刘秀当国时期，
它变成具体而微的朝廷中枢机构，规模较前大大扩展了。
大概在东汉皇朝的机构中，惟一没有精简反而增加员额
的也就是尚书台了。尚书令是尚书台的主官，秦时秩六百
石，武帝时秩千石。东汉时因职尊权重，秩级也提高了。据
应劭《汉官仪》记载：

尚书令，主赞奏，总典纲纪，无所不统，秩千
石。故公为之，朝会不下陛奏事，增秩二千石。天
子所服五时衣赐尚书令。

尚书令……每朝会，与司隶校尉、御史大夫中
丞，皆专席坐，京师号曰三独坐，言其尊重如此。[2]

尚书令的属官有尚书仆射，为尚书令的副职，"署尚书事，
令不在则奏下众事"[3]。另有诸曹尚书，分曹办事，武帝时4
人，成帝时增1人，刘秀时增至6人。《后汉书·百官志三》记
载：

尚书六人，六百石。本注曰：成帝初置尚书四
人，分为四曹：常侍曹（世祖改曰吏曹）尚书主公
卿事，二千石曹尚书主郡国二千石事，民曹尚书主
凡吏上书事，客曹尚书主外国夷狄事。世祖承遵，
后分二千石曹，又分客曹为南主客曹北主客曹，凡
六曹。

应劭《汉官仪》记载成帝时增三公曹尚书为5人，与卫宏
《汉旧仪》同。《通典》卷二二则认为东汉尚书为五曹6人：

后汉尚书五曹六人，其三公曹尚书二人（掌天
下岁尽集课州郡），吏曹（掌选举斋祠。后汉志谓
之常侍曹，亦谓之选部），二千石曹（掌中都官水
火、盗贼、辞讼、罪法，亦谓之贼曹），民曹（掌
缮理功作，盐池苑囿），客曹（掌羌胡朝贺，法驾
出则护驾。后汉光武分二千石曹及客曹为南主客、
北主客二曹）。两梁冠，纳言帻，或说有六曹。

分曹办事的六曹尚书经过魏晋南北朝时期的演变，就转
化成隋唐时期的六部尚书，从内容到形式，都是中央政务
的总汇了。尚书令的属官还有尚书丞、尚书郎、尚书令史

四川汉画像砖

[1]《汉官六种》，中华书局1990
年版，第140页。
[2]《汉官六种》，中华书局1990
年版，第140页。
[3]《后汉书·百官志三》。

四川渔筏画像砖

等多员,共同组成了一个规模比较庞大,分工比较细密的总揽全国政务的办事机构。

尚书台虽然逐渐演变为国家政务的枢纽,尚书的实际职权也高于三公,但是,尚书台在形式上一直作为少府的下属机构,尚书也是少府的属吏,且秩仅千石,这就使其在行政时遇到低级官员指挥高级官员的矛盾。为解决这一矛盾,自汉武帝起,实行由中央高级官吏,如大司马大将军等九卿以上官员领、平、视、录尚书事的制度,即由这些高级官员代表皇帝兼管或主持尚书台的工作。刘秀也继承这一制度。终东汉之世,直到曹操以丞相总理国政前,实行的都是以太傅或太尉,有时是二者共同录尚书事的制度。

“虽置三公,事归台阁”。秦汉时期的中央行政体制经过200多年的演变,到刘秀建立东汉发展到一个新阶段。其标志就是尚书台制度的确立。从汉武帝建立内、外朝制度到刘秀使尚书台成为全国政务的枢纽,100多年间,封建皇朝中央行政体制的变化显示的是专制主义中央集权逐步强化的轨迹。刘秀作为一个创业之主,面临着在王莽政权灭亡后的混乱局面下完成封建统一,重建封建的上层建筑,全面恢复封建秩序的历史重任。在此非常时期,事务纷繁,千头万绪,客观形势要求他集中权力,统一意志。因此,尚书台制度在刘秀一朝确立,既是其自身演变的结果,更是时代条件使然。这一制度,尽管有其与生俱来的皇帝独裁、近臣弄权等弊端,当时和后世的政治家、思想家也不止一人对其提出过十分尖锐的批评,但是,应该承认,此一制度至少在刘秀时代所起的作用是积极的。它使刘秀依靠此一机构,比较及时有效地指挥了东汉建立后的各项行政事务的运作,迅速恢复了生产和生活秩序,使整个社会走上了安定有序的发展轨道。

刘秀登基伊始,即忙于统一全国的大业,专注于紧张、激烈、瞬息万变的军事行动,无暇顾及地方行政系统的变革。他所到之处,只是宣布恢复西汉的行政系统,几乎所有归附的地方官员都留任原职,仅在原地方官被杀或缺员的地方才选派手下的文武官员前去任职。这样做的好处是基本上保持了地方行政运作的连续性,减少了不必要的混乱。直到建武六年(30年)，刘秀在平定关东地区的割据势力，稳定了他在中原广大地区的统治以后，才能够腾出手来进行地方行政的一些改革。这年六月，他厉行简政，宣布并省400余县，吏员减少9/10，使地方各级行政机构大大精简。全国统一以后，刘秀在地方行政方面也"复西京之旧"，分全国为13州部，首都地区属司隶校尉部，其余12州：豫州部辖郡国6，冀州部辖郡国9，兖州部辖郡国8，徐州部辖郡国5，青州部辖郡国6，荆州部辖郡国7，扬州部辖郡国6，益州部辖郡国12，凉州部辖郡国12，并州部辖郡国9，幽州部辖郡国11，交州部辖郡国7，共有郡国98，其中诸侯王国27，郡71。加上司隶部所辖的7个郡级单位，共105，较西汉平帝时的103郡国多出两个，可见东汉减少的是县级行政单位；郡国变动不大。

四川骆驼载乐画像砖

　　西汉时的司隶部辖京兆尹、左冯翊、右扶风、河东、弘农、河南、河内，刘秀虽将首都自长安迁至洛阳，但司隶部的辖区没有改变。不过，因为首都迁至洛阳，洛阳所在的河南郡改为河南尹，主官秩级提高到中二千石。原三辅名称不改，只将其主官之秩降至二千石。汉武帝初置刺史13人，秩六百石。成帝时改称州牧，秩增至二千石。建武十八年(42年)，复名刺史，秩仍六百石。

　　刘秀建国后，郡一级的官吏一如西汉，只个别属吏作了省并和调整。郡国以下的行政单位是县、邑、道、侯国。基本单位是县，公主所食汤沐邑称邑，少数民族聚居区曰道，侯的封地名侯国。这些单位的主官，大者置令1人(侯国曰相)，秩千石。其次置长，四百石。再小一点的也置长，三百石。他们的职责是："皆掌治民，显善劝义，禁奸罚恶，理讼平贼，恤民时务，秋冬集课，上计于所属郡国。"[1]显然，县一级的主管长官全面负责一县事务，举凡民政、司法、治安、财政，几乎无所不管。县令长的属员有丞1人，尉大县2人，小县1人。关于其职责，本注曰："丞署文书，典知仓狱，尉主盗贼。凡有盗发，主名不立，则推索行寻，案察奸宄，以起端绪。"[2]丞、尉以下，还置有诸曹掾史。其中重要的有职总内外的功曹，监乡五部的廷掾。其他诸曹犹如郡中的曹史，与郡中有关部门对口办理相应的事务，如主管民政的户曹、田曹、时曹、水曹、将作掾；主管财政的仓曹、金

[1]《后汉书·百官志五》。
[2]《后汉书·百官志五》。

陕西虎纹画像砖

曹；主管交通邮传的集曹、法曹、邮书掾、道桥掾、厩啬夫；主管军事的兵曹、库啬夫、尉曹；主管司法、治安的贼曹、狱掾史、狱司空、传舍、候舍吏、守津吏、市掾、盟掾等。另外还有门下亲近吏以及各种名目的散吏等。县级行政对上承接郡府下达的任务，对下督导乡亭办理最繁杂具体的各项事务，在地方行政体制中是承上启下的重要一环。

县以下有乡、亭、里的组织。

乡的主管长官是啬夫，啬夫分有品级、秩禄的有秩啬夫和无品级的啬夫，他们全面负责一乡的民政、税收、司法、治安等各项事务。三老是一个没有俸禄的荣誉性职务，由当地年高德劭的老人担任，任务是对乡中百姓进行教化。游徼是由县直接派往各乡进行巡察的员吏，任务是稽查盗贼。乡中还有乡佐之类少吏，协助啬夫处理乡的所有事务。亭是负责治安和邮驿等事务的机构，大都设在城镇乡里的水陆交通要冲。亭的主吏是亭长，职责是"求捕盗贼，承望都尉"[1]，由县尉领导。由于其设置在城镇和交通线上，所以治安的任务比较突出，还要负担邮驿和接待过往的官员。乡以下就是民户的里和什伍组织："里有里魁，民有什伍，善恶以告。本注曰：里魁掌一里百家。什主十家，伍主五家，以相检察，民有善事恶事，以告监官。"[2]里和什伍作为最基层的组织，把百姓编制在一起，让他们互相监督，实行连坐，以维护封建国家的统治秩序。

刘秀建立东汉政权以后，在地方行政方面着力实行精兵简政的政策，裁并县级机构，减少官吏员额，以便减少行政运作费用和提高工作效率。在郡、县、诸侯王国等的机构设置、职司分工以及行政法规等方面则基本上继承西汉，没有大的变动。刘秀登基以后，充分利用原有的基层政权和基层官吏为自己服务，在较短的时间内建立起一套从上到下的行政系统，理顺了上下左右的关系，使东汉皇朝的各种政令得以顺利贯彻执行。这对于东汉皇朝迅速有效地实行对全国的统治，较快地稳定秩序，安定民生，发展生产，应该说是有利的。

三　厉行监察　澄清吏治

刘秀建立东汉政权后，在恢复从上到下的行政体制

[1]《后汉书·百官志五》。
[2]《后汉书·百官志五》。

的同时,也恢复了从上到下的监察系统。刘秀从小生活在下层,他知道地方吏治的好坏与社会稳定、国家安危的关系,因而从一开始就比较注意对各级官吏的监察,努力营造一个清明的吏治局面。

秦和西汉时期,封建国家的最高监察官员是御史大夫。他的属员御史中丞是具体执行监察权力的官员。成帝时,御史大夫改为司空,成为正式的三公后,他本身的监察职能反而严重弱化,而中央的最高监察官实际上也就是御史中丞了。东汉建立后,御史中丞成为少府的属官,其监察的职能却没有改变。《后汉书·百官志三》在少府的属官条下记载:

> 御史中丞一人,千石。本注曰:御史大夫之丞也。旧别监御史在殿中,密举非法。及御史大夫转为司空,因别留中,为御史台率,后又属少府。

东汉时期的御史中丞虽属少府,但实际上有相当大的独立性。刘秀赋予他很高的地位和权力。正如上面已经指出的,御史中丞与尚书令、司隶校尉在朝会时享有"专席独坐"的权力,他领导的御史台也是与尚书台、谒者外台鼎足而立的三台之一,又称宪台。他的职责除掌握国家的图籍秘书(由兰台令史具体负责)外,主要任务是行监察大权。他外督部刺史,监察地方郡县官吏,内领侍御史,对中央的各级官员进行监察。《后汉书·百官志》记载:

> 治书侍御史二人,六百石。本注曰:掌选明法律者为之。凡天下诸谳疑事,掌以法律当其是非。
> 侍御史十五人,六百石。本注曰:掌察举非法,受公卿群吏奏事,有违失举劾之。凡郊庙之祠及大朝会、大封拜,则二人监威仪,有违失则还、劾奏。

御史中丞的中心任务就是监察,从宫内到宫外,从殿中到官府,从中央到地方,所有朝廷命官全在其监察之列。刘秀不仅建立御史台这一最高监察机构,而且积极支持御史中丞为首的监察官员行使权力。如对杜诗纠办非法官吏的支持就是一个典型的例子:

> 建武元年,岁中三迁为侍御史,安集洛阳。时将军萧广放纵兵士,暴横民间,百姓惶扰,诗敕晓不改,遂格杀广,还以状闻。世祖召见,赐以棨

汉代铜镜

汉代太医丞印

载，复使之河东，诛降逆贼杨异等。[1]

为了执行对地方郡国官员的监察，刘秀全面恢复十三部刺史。其中监察首都及周围七郡的是司隶校尉，也是在朝会时享有"专席独坐"殊荣的高官之一。秩级比其他部刺史高。《后汉书·百官志四》记载其职责与属吏的情况是：

> 司隶校尉一人，比二千石。本注曰：孝武帝初置，持节，掌察举百官以下，及京师近郡犯法者。元帝去节，成帝省，建武中复置，并领一州。从事史十二人。本注曰：都官从事，主察举百官犯法者。功事从事，主州选署及众事。别驾从事，校尉行部则奉引，录众事。簿曹从事，主财谷簿书。其有军事，则置兵曹从事，主兵事。其余部郡国从事，每郡国各一人，主督促文书，察举非法，皆州自辟除，故通为百石云。假佐二十五人。本注曰：主簿录阁下事，省文书。门亭长主州正。门功曹书佐主选用。孝经师主监试经。月令师主时节祠祀。律令师主平法律。簿曹书佐主簿书。其余都官书佐及每郡国，各有典郡书佐一人，各主一郡文书，以郡吏补，岁满一更。司隶所部郡七。

由于司隶校尉的监察区是首都及其周围七郡，这些地方聚集了一大批达官贵人，横行不法之事时常发生，所以这一职务十分重要。司隶校尉处此要害部位，被皇帝授以监察的全权。不仅下察地方郡守，上察中央百官，包括三公、诸侯王、太后等，而且涉及政治、经济和生活的方方面面。司隶校尉选举得人，对于抑制诸侯王、外戚、权臣等的违法犯罪，澄清吏治，维护首都及其周围地区的社会秩序具有积极作用。刘秀既注意司隶校尉的人选，也支持司隶校尉行使监察权。建武十一年（35年），刘秀任命鲍永为司隶校尉。他上任伊始，就弹劾刘秀的叔父赵王刘良"大不敬"。事由是在城门与右中郎将张邯争道，并诘责城门候岑尊。刘良虽是刘秀的叔父，所犯之事亦非杀人越货抗旨违法，但刘秀却没有曲意维护，而是支持了鲍永对刘良的弹劾。此举取得的效果是很好的，"由是朝廷肃然，莫不戒慎"。在刘秀的支持下，鲍永更是无所顾忌地行使监察权，"乃辟扶风鲍恢为都官从事，恢亦抗直不避强御，帝常曰：

'贵戚且宜敛手，以避二鲍。'其见惮如此"[1]。

刘秀登基后，大概因为处于战时，且又以洛阳为首都，司隶校尉辖区一时还未确定，所以没有立即恢复司隶校尉的官职。但刺史一职一开始就继承下来。《后汉书·百官志五》记载：

> 外十二州，每州刺史一人，六百石。本注曰：秦有监御史，去临诸郡，汉兴省之，但遣丞相史分刺诸州，无常官。孝武帝初置刺史十三人，秩六百石。成帝更为牧，秩二千石。建武十八年，复为刺史，十二人各主一州，其一州属司隶校尉。诸州常以八月巡行所部郡国，录囚徒，考殿最。初岁尽诣京都奏事，中兴但因计吏。
>
> 皆有从事、假佐。本注曰：员职略与司隶同。无都官从事，其功曹从事为治中从事。

刘秀建立东汉政权之初，因系战时，州牧仍循成帝之旧。大概此期州牧之权不仅仅在监察，一州的军国大事均可过问。如此集中事权，提高效率，在战争年代显然是十分必要的。但是，在刘秀平定巴蜀，统一全国后，各项事业逐步走上正常化的轨道，至此，建立完备的监察系统对各级官吏进行经常有效的监督就十分必要了。正是在此情势下，刘秀于建武十八年（42年）复改州牧为刺史，目的大概就是强调和强化其作为监察官的职能。如西汉一样，东汉的刺史也以"六条"问事，在严格的法规制约下活动，对郡国守相起着有效的监察作用。刺史以下，郡县也有自己的监察官员。郡守既是行政长官，也对其属下官员特别是县令长实行全面监督。不过，由于郡守的事务太多，于是设督邮一职专司监察。一般每郡分三、四、五部，每部辖三、四、五或更多的县，设一督邮对属县官员进行监察。县令长作为县一级的主要行政长官，同时也兼司监察之责。县令长的属官中有廷掾一职，也是专司监察的官员，如同督邮一样分部对乡、亭的官吏进行监察。刘秀恢复了自西汉中期以来建立的自上而下的一套行之有效的监察制度，对东汉初年保持较清明的吏治起了积极作用。

东汉初年，由于新末农民战争对西汉末年至王莽时代社会积累的腐败因素进行了一次大扫荡，由于东汉皇

武威仪礼汉简

[1]《后汉书·鲍永传》。

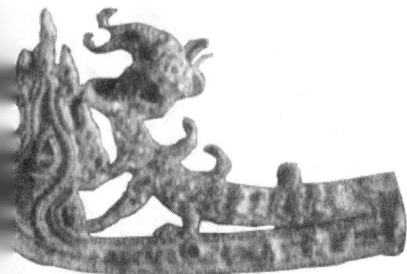

东汉龙形金片饰

朝自皇帝至各级官吏都在一定程度上接受了西汉与王莽新朝灭亡的教训，还由于刘秀恢复了自上而下的监察机构，积极支持监察官员履行监察之权，所以刘秀在位时期以及明、章二代出现了政治比较清明的局面。一批忠于皇帝、爱护百姓、严格执法、敢作敢为的官吏出现在各级官位上，以他们的聪明才智和卓然不群的政绩，为光武、明、章三代谱写出封建"盛世"的一页。除上面已经提到的如董宣、杜诗、鲍永等人外，还有相当一批人在刘秀及稍后的时代里为朝廷创立了显著的政绩，为黎民百姓留下了不尽的思念。例如：

扶风茂陵人郭伋，建武五年（29年）接任彭宠之乱刚结束的渔阳太守。在任五年，他抚循百姓，消弥反叛，整勒士马，抵御匈奴，结果是"民得安业"，"户口增倍"。以后任职颍川、并州，"所过问民疾苦"，深得百姓拥戴。[1]

南阳宛人张堪，随大司马吴汉征蜀，供应军需，襄赞帷幄，立下不世之功。任第一任蜀郡太守，"成都既拔，堪先入据其城，检阅库藏，收其珍宝，悉条列上言，秋毫无私。慰抚吏民，蜀人大悦"[2]。后转任渔阳太守，"捕击奸猾，赏罚必信，吏民皆乐为用"。又加强边防，备战备荒，八年之中，"匈奴不敢犯塞"。后来，蜀郡计掾樊显当着刘秀的面赞扬张堪说："渔阳太守张堪昔在蜀，其仁以惠下，威能讨奸。前公孙述破时，珍宝山积，卷握之物，足富十世，而堪去职之日，乘折辕车，布被囊而已。"[3]刘秀听罢，十分感动。正当下令征其入京师加以重用时，张堪病逝于任上。

京兆长陵人第五伦也是一个清正廉洁、直言敢谏、有守有为的好官。他历仕光武、明、章三朝，留下了良好的政绩。刘秀朝，他先为乡啬夫，"平徭赋，理怨结，得人欢心"。后任京兆尹阎兴的主簿，"时长安铸钱多奸巧，乃署伦为督铸钱掾，领长安市。伦平铨衡，正斗斛，市无阿枉，百姓悦服"。建武二十七年（51年），举孝廉，任职淮阳国。二十九年（53年），随王至京师，见刘秀，一番问答，刘秀发现他是个难得的人才。复单独召见，"与语至夕"。刘秀以开玩笑的口吻问他："闻卿为吏箠妇公，不过从兄饭，宁有之邪？"第五伦坦然回答："臣三娶妻皆无父。少遭饥乱，实不敢妄过人食。"刘秀欣赏他的才干与品格，任命他为会稽

[1]《后汉书·郭伋传》。
[2]《后汉书·张堪传》。
[3]《后汉书·张堪传》。

太守。到任后,他破除迷信,发展生产,使百姓得以安居乐业。永平五年(63年),第五伦因坐法被朝廷征去京师受审。他登车之际,当地民众"老小攀车叩马,啼呼相随,日裁行数里,不得前,伦乃伪止亭舍,阴乘船去。众知,复追之。及诣廷尉,吏民上书守阙者千余人"[1]。后来第五伦被赦免,"迁蜀郡太守。蜀地肥倍;人吏富实,掾史家货多至千万,皆鲜车怒马,以财货自达。伦简其丰瞻者遣还之,更选孤贫志行之人以处曹任,于是争赇抑绝,文职修理"。在明、章二帝时历任郡守、大司农、司空等职,对限制外戚之权,实行宽松之政等问题都提出了很好的建议。"奉公尽节,言事无所依违",是公认的公正无私的好官。但他自己仍承认有私心:

> 或问伦曰:"公有私乎?"对曰:"昔人有与吾千里马者,吾虽不受,每三公有所选举,心不能忘,而亦终不用也。吾兄子常病,一夜十往,退而安寝;吾子有疾,虽不省视而竟夕不眠。若是者,岂可谓无私乎?"[2]

承认有私心而又能正确地处理公私关系的官员,在当时的社会里绝对是凤毛麟角,所以第五伦的表现实在是难能可贵!

会稽山阴人钟离意少时为郡督邮,建武十四年(38年),"会稽大疫,死者万数,意独身自隐亲,经给医药,所部多蒙全济"[3]。不久,举孝廉,任职大司徒侯霸府。在押送刑徒去河内的途中,他不仅要求弘农郡属县为刑徒制衣御寒,而且解去刑徒桎梏,使之自行赶路,结果全部如期到达目的地。后任瑕丘令,行政宽厚。明帝即位后,升任尚书。其时,交趾太守张恢坐贪污伏法。明帝下令将没收张恢的钱财珠玉赐予群臣。钟离意将得到的珠矶全部扔到地上,也不对皇帝的赏赐表示感谢。明帝问他为什么,他回答说:"臣闻孔子忍渴于盗泉之水,曾参回车于胜母之间,恶其名也。此臧秽之宝,诚不敢拜。"明帝叹曰:"清乎尚书之言!"[4]钟离意忠正不阿,敢于谏争,对明帝乐于田猎,大起宫室,都提出过批评。还多次提出爱民宽刑,以缓和阶级矛盾与社会矛盾的建议。

南阳安众人宋均,先在刘秀一朝任谒者,受命监马援

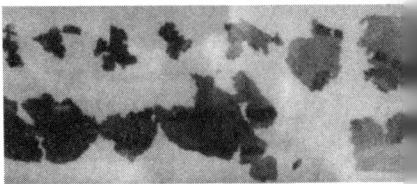

旱滩坡带字纸

[1] 《后汉书·第五伦传》。
[2] 《后汉书·第五伦传》。
[3] 《后汉书·钟离意传》。
[4] 《后汉书·钟离意传》。

东汉"宜子孙"金饰

军,进击反叛的武陵蛮。马援病殁后,他矫命善后,平息了武陵蛮的叛乱,得到刘秀的嘉奖。后转升九江太守,郡内的浚遒县有唐、后二山,百姓祭祀如神。众神巫借机为二山神娶百姓中的青年男子为夫,娶青年女子为妻,一年换一次,凡被娶者不能再婚嫁。以前的守令谁也不敢禁绝此种迷信活动。宋均知道后非常生气,于是下令告四方:"自今以后,为山娶者皆娶巫家,勿扰良民。"[1]由此这一伤天害理的活动遂告终止。明帝时曾任东海相、尚书令、司隶校尉与河内太守等职,做了不少好事,深得民心。

河内修武人卫飒,建武初任桂阳太守。"郡与交州接境,颇染其俗,不知礼则。飒下车,修庠序之教,设婚姻之礼。期年间,邦俗从化"。"飒理恤民事,居官如家,其所施政,莫不合于物宜。视事十年,郡内清理"[2]。为边远地区的开发作出了重要贡献。

南阳宛人任延,建武初年被任为九真太守。当时这里比较落后,盛行母系氏族社会遗风,"无嫁娶礼法,各因淫好,无适对匹,不识父子之性,夫妇之道"。任延于是下书属县,要求男女各以年龄相配,贫穷无钱下聘礼者,令各级官吏省下部分俸禄加以赈济。"同时相娶者两千余人。是岁风雨顺节,谷稼丰衍。其产子者,始知种姓。咸曰:'使我有是子者,任君也。'多名子为'任'"[3]这一切,对于促进当地生产的发展与文明的进步都起了积极作用。任延在九真做太守四年,调离后,九真吏民为他立祠纪念。后转任武威太守,赴任前,刘秀亲自召见,君臣有一段对话:

> 帝亲见,戒之曰:"善事上官,无失名誉。"延对曰:"臣闻忠臣不私,私臣不忠。履正奉公,臣子之节。上下雷同,非陛下之福。善事上官,臣不敢奉诏。"帝叹息曰:"卿言是也。"[4]

当时,武威郡的长史田绀出自郡中大姓,其子弟宾客横行不法,为害一方。任延收系田绀,将其父子宾客五六人处以极刑。田绀之子田尚聚党羽数百人乘夜袭击郡城,被任延镇压。"自是威行境内,吏民累息"。

南阳新野人樊晔,是刘秀少年时代的好朋友。建武初年,征为侍御史,转为河东都尉。上任前,刘秀在云台召见他,畅叙旧情。当年刘秀曾因事被拘于新野,其时樊晔为

[1]《后汉书·宋均传》。
[2]《后汉书·卫飒传》。
[3]《后汉书·任延传》。
[4]《后汉书·任延传》。

管理市场的小吏,即"馈饵一笥",送给危难中的刘秀。此时,已经贵为天子的刘秀仍然不忘当年樊晔的恩德。设盛宴款待他,赐"乘舆服物",还开玩笑说:"一笥饵得都尉,何如?"樊晔"顿首辞谢"。樊晔是一个雷厉风行、敢于执法的好官。他到河东后,立即诛讨横暴乡里的大姓马适匡等人,杀一儆百,使郡中治安状况大大好转。樊晔的声名也远播朝野。陇西隗嚣的割据势力被荡平后,那里社会秩序混乱,刘秀于是任命樊晔为天水太守。樊晔"为政严猛,好申韩法,善恶立断。人有犯其禁者,率不生出狱,吏人及羌胡畏之。道不拾遗"。由于他施政酷烈,使天水的社会秩序很快改观,甚至出现过这样的景观:行旅之人夜宿客店,竟将行李置于道旁,曰"以付樊公"!凉州百姓为他编了一首歌谣:

> 游子常苦贫,力子天所富。宁见乳虎穴,不入冀府寺。大笑期必死,怒怒或见置。嗟我樊府君,安可再遭值![1]

河内怀人李章,是在刘秀经营河北时就跟定他从事征伐的。刘秀即位以后,任命他为阳平县令。当时,"赵、魏豪右往往屯聚,清河大姓赵纲遂于县界起坞壁,缮甲兵,为在所害"。不将这些地方势力打下去,地方上就无法恢复秩序。李章到任后,大摆宴席,召赵纲前来赴宴。赵纲根本不把这个小小的县令放在眼里。他"带文剑,被羽衣",率从卒百余人赶到县衙。李章在宴会厅周围埋伏下士兵。他对赵纲一行热情招待,并亲自陪赵纲饮酒。李章乘其不备,挥剑斩杀赵纲,伏兵同时动手,把赵纲从卒全部杀死。接着,又率手下士卒,急驰奇袭赵纲的坞壁,将其彻底平毁。由此,其他豪右行动亦为之收敛,阳平一带的治安好转,官府重新树立了权威。不久,李章转任琅邪太守。这时,毗邻的北海郡安丘县大姓夏长思等反叛,囚禁北海太守处兴,并占据营陵城与官军对抗,气焰十分嚣张。李章听说后,立即率兵千余人驰赴安丘城消灭叛军。其掾史劝阻说:"二千石行不得出界,兵不得擅发。"李章按剑,怒曰:"逆虏无状,囚劫郡守,此何可忍!若坐讨贼而死,吾不恨也。"[2]遂引兵直抵安丘城下,募勇敢之士焚烧城门,与叛军一番激战,斩夏长思及叛兵300余人,并缴获牛马500余

东汉铜出行车马仪仗

[1]《后汉书·樊晔传》。

[2]《后汉书·李章传》。

东汉砖画上林苑斗兽图

头,将处兴也解救出来。他的原则坚定性和紧急情况下通权达变的灵活性,受到刘秀的褒奖。

尽管刘秀在位期间官吏队伍中不乏贪赃枉法之徒,官场的腐败之事屡屡发生,但是,应该承认,由于受各种因素构成的历史大环境的制约,由于刘秀逐步恢复和完善了监察制度和各种法规,还由于刘秀麾下的各级官吏大都具备较高的素质,因而形成刘秀朝及东汉初年政治清明的局面。这一局面所提供的社会环境,反过来又促进了生产的恢复和经济文化的发展与繁荣。

四 "退功臣,进文吏"、"以经治国"

刘秀从公元22年参加反莽起事,公元25年在河北高邑登基,到公元36年(建武十二年)消灭割据蜀地的公孙述,统一全国,前后15年左右,他是靠血与火的激烈征战创立帝业的。在此过程中,他仰仗的是一大批足智多谋、骁勇善战、忠心如铁、不怕牺牲的文武臣僚,特别是那些将军们。刘秀对他们充分信任,赋予大权,放手使用,仅赐予他们的将军名号,据粗略统计,就不下几十个,如建威大将军、建义大将军、强弩大将军、虎牙大将军、征南大将军、西州大将军、横野大将军、振威将军、强弩将军、征虏将军、诛虏将军、捕虏将军、骁骑将军、讨虏将军、破虏将军、辅威将军、刺奸将军、武威将军、游击将军、平狄将军、孟津将军、都护将军、中坚将军、扬化将军、伏波将军、扬武将军、汉忠将军、偏将军等[1]。从登基到全国统一,刘秀陆续封了100多个侯,对立下不等功勋的各类臣僚给予大小不同的封赏。刘邦建立西汉后毅然杀死对项羽不忠但对自己刀下留情的丁公,以示惩戒。刘秀却封刺杀彭宠的家奴为"不义侯",以表示不忘任何人的功劳。对于一些战争中牺牲或病卒的将领,他更是厚加恩赏,或亲临葬仪,或给予褒谥,或抚恤家属,使之备极荣衰。如建武十一年(35年),来歙在征蜀之战中被刺客暗杀,刘秀闻讯后哀伤流涕,一面命太中大夫赠来歙中郎将,征羌侯印绶,谥曰节侯;一面派谒者护持丧事。当其灵柩运抵洛阳时,刘秀"缟素临吊送葬"。不仅命其子嗣爵,还封其弟为宜西侯。后来又让自己的孙女、明帝的女儿武安公主嫁给了来歙的孙

[1]《东汉会要》卷一九。

子来稜。另一著名将领岑彭在征蜀中被刺杀后,刘秀遂即将邛谷王任贵所献的财物珍宝全部转赠给岑彭的妻子。建武九年(33年),征虏将军祭遵病逝于征讨隗嚣的前线。由于他一贯廉约小心,克己奉公,平日所得赏赐尽都分与士卒,死时家无余财。因而刘秀对他葬仪的安排特别隆重。祭遵灵枢送至河南县(今洛阳附近)时,刘秀令百官迎接,他自己则"车驾素服临之,望哭哀恸。还幸城门,过其车骑,涕泣不能已。丧礼成,复亲祠以太牢,如宣帝临霍光故事。诏大长秋、谒者、河南尹护丧事,大司农给费"[1]。博士范升见刘秀如此悼念祭遵,于是上书,既表彰祭遵的品行功际劳,又颂扬刘秀的仁恩厚德,要求制定褒显功臣的规章制度:

> ……礼,生有爵,死有谥,爵以殊尊卑,谥以明善恶。臣愚以为宜因遵毙,论叙众功,详案《谥法》,以礼成之。显章国家笃古之制,为后嗣法。[2]

范升的奏章迎合了刘秀的心理,刘秀于是将其公诸公卿。祭遵临葬前夕,刘秀又一次前去吊唁,赠以将军、侯的印绶以及朱轮容车,同时令校尉率骑士400人,全副武装,以兵车军阵为之送葬,谥曰成侯。葬毕,刘秀亲至其墓前凭吊,并"存见夫人室家"。以后朝会时,刘秀还多次对着臣子们叹息说:"安得忧国奉公之臣如祭征虏者乎!"[3]刘秀在功臣面前,一般不摆皇帝的臭架子,有时还开个玩笑,其乐融融,显示了君臣之间亲密无间的关系。对功臣们小小不言的过失,也多加原谅,不予惩治。远方贡献的珍异之物,往往先送功臣列侯,自己很少留下享用。

刘秀虽然对功臣十分优宠,但在战争结束,全国统一,朝廷的主要任务转到安定民生、发展经济的轨道上以后,在对待功臣问题上,他却与乃祖刘邦采取了截然不同的政策。刘邦重用功臣,任以要职,直至文、景时期,仍是"公卿皆武力功臣"。刘秀根据功臣的不同情况,采取了区别对待的政策。(一)根据国家政务的需要,留下少数几个最受信任、能力卓越且又德高望重的臣子在身边,与自己一起谋议国家大事。他们是李通、邓禹和贾复。这三个人的共同特点是与刘秀的关系特别亲密,但律己甚严,功高不震主,又淡泊权势,不贪恋官位。邓禹与赤眉军作战失

东汉铜出行车马仪仗

---

[1]《后汉书·祭遵传》。

[2]《后汉书·祭遵传》。

[3]《后汉书·祭遵传》。

东汉飞马纹鎏金铜带饰（一对）

利后，自动辞去大司徒职务。全国统一以后，又罢去右将军之职，仅"以特进奉朝请"，此后再不担任任何实职性的官职。"禹内文明，笃行淳备，事母至孝。天下既定，常欲远名势。有子十三人，各使守一艺。修整闺门，教养子孙，皆可以为后世法。资用国邑，不修产利。帝益重之"[1]。李通是刘秀妹妹宁平公主的丈夫，因而"特见亲重"。刘秀做皇帝后，先任卫尉，"建武二年，封固始侯，拜大司农。帝每征讨四方，常令通居守京师，镇抚百姓，修宫室，起学官"。后转任前将军。"时天下略定，通思欲避荣宠，以病上书乞身"。结果是非但未能卸去前将军之职，反而升为大司空。然而李通"性谦恭，常欲避权势"，"自为宰相，谢病不视事，连年乞骸骨"[2]。两年后，刘秀终于允准他辞去大司空之职，"以特进奉朝请"。贾复是一员屡建战功的骁将，曾任执金吾、左将军。建武十三年（37年）封为胶东侯以后，"复知帝欲偃干戈，修文德，不欲功臣拥众京师，乃与高密侯邓禹并剽甲兵，敦儒学。帝深然之，遂罢左右将军。复以列侯就第，加位特进"[3]。正因为这三个人竭力避开权势，刘秀对他们特别放心，也就留在身边做了"治而议"的高级参谋。"是时列侯惟高密（邓禹）、固始（李通）、胶东（贾复）三侯与公卿参议国家大事，恩遇甚厚"[4]。（二）对需要重兵镇守的边防重镇或战略要地，仍然以久经考验的武力功臣前去驻守。如令王常率兵屯固安，防御投靠匈奴的卢芳。以邓晨为汝南太守，巩固洛阳的东南屏障。以臧宫为广汉太守，安定新抚的蜀地的秩序。以李忠为丹阳、豫章太守，全力经营长江中下游地区。以景丹为弘农太守，守卫首都的西部门户。以王梁为河南尹，负责首都外围的卫戍。以王霸任上谷太守20多年，守卫东北边防。以杜茂为大将军，率重兵屯晋阳、广武一带，防备匈奴的南侵，等等。这些握有重兵的功臣宿将镇守边防或战略要地，既发挥了他们的特长，又使他们不能干预中央的重大决策和正常吏治。（三）对绝大多数功臣不"任以吏职"，而是让他们"列侯奉朝请"，优游岁月，以终其天年。"以天下既定，思念欲完功臣爵土，不令吏职为过，故皆以列侯就第也"[5]。云台28将中的多数人都归入这个行列。这样做，一方面避免了功臣因不胜吏职而遭惩罚和因惩罚功臣而给刘秀带来的尴尬；

[1]《后汉书·邓禹传》。
[2]《后汉书·李通传》。
[3]《后汉书·贾复传》。
[4]《后汉书·贾复传》。
[5]《后汉书·贾复传》注引《东观记》。

另一方面又防止了因功臣任吏职而堵塞进贤之路，为大批文化素养较高的儒生进入官场创造了条件。应该承认，刘秀此举是非常高明的。它使大部分参与创业的功臣享尽荣华富贵而终其天年，从而避免了西汉初年出现的大杀功臣，"狡兔死而走狗烹"的悲剧。同时，它又使东汉建国之初就拥有一支文化素养较高的官吏队伍，对于提高行政效率显然是有好处的。这正是范晔所赞扬的"高秩厚礼，允答元功，峻文深宪，责成吏职"[1]。

东汉铜独角兽

　　刘秀在公元25年登基做皇帝后，当务之急需要解决的重大问题有三个：一是继续进行军事行动，削平遍及全国各地的割据者，完成统一大业。此事主要由刘秀的那些将军们完成。二是在已经占领的地区恢复秩序，使行政体制正常运转。这就需要一大批官吏。鉴于王莽篡政的教训，刘秀不愿让外戚盘踞要津；忌于功臣执政易于形成尾大不掉之势，他又不愿多用元勋宿将。因此，他就把目光转向朝野的大批知识分子，即召"天下俊贤"。首先，他在建武五年（29年）下令恢复太学，招收天下青年知识分子到首都读书，为各级官吏准备一个源源不断的后备队伍。其次，刘秀宣布恢复并完善西汉已经实行的察举制度。建武六年（30年）十月，他下诏"敕公卿举贤良、方正各一人"。第二年四月，他又下诏，令"公、卿、司隶、州牧举贤良、方正各一人，遣诣公车，朕将览试焉"[2]。由此，每年一次的选举就成为定制。孝廉与茂才在西汉时已经成为选举中的重要科目。孝廉由郡太守察举，汉武帝时已定为岁举。所举荐人员现职官吏较少，基本上是城乡中较有名望的知识分子。茂才本名秀才，东汉为避刘秀讳改为茂才。茂才由丞相、御史、列侯中二千石及刺史察举，所举者大部分是现职官吏。不过，自汉武帝时起终西汉一代，茂才一直属于特举，还未形成严格的制度。刘秀将茂才定为岁举，一年由州进行一次。这样，郡举的孝廉和州举的茂才就成为东汉各级官吏的重要来源。虽然后来流弊甚多，但还是选拔了一大批文化素质较高，熟悉政务，"晓习故事"的官员。三是随时征召在社会上有声望的退职官吏，特别是那些不仕王莽，保持节操的特立独行之士和学识著于乡里的儒生。正如《后汉书·儒林传》所说：

[1]《后汉书·马武传》。
[2]《后汉书·光武帝纪》。

带舵东汉陶船

　　昔王莽、更始之际，天下散乱，礼乐分崩，典文残落。及光武中兴，爱好经术，未及下车，而先访儒雅，采求阙文，补缀漏逸。先是四方学士多怀协图书，遁逃林薮。自是莫不抱负坟策，云会京师，范升、陈元、郑兴、杜林、卫宏、刘昆、桓荣之徒，继踵而集。

正因为采取了以上的政策措施，就使一大批文吏相继进入了刘秀的东汉皇朝机构和各级地方机构，成为行政官吏的主要成分。这些人无显赫的功勋，通过各种渠道得到梦寐以求的官位，势必抱着感恩戴德的心情兢兢业业地为东汉皇朝服务，他们的忠贞是无可怀疑的。这些人绝大部分有较高的文化素养，有不少人有着基层小吏的工作锻炼，对政务比较熟悉，能够较好地履行自己的职责，有助于全国各级行政系统正常有序地运转。正因为这些人没有显赫的功劳，与刘秀也缺乏战争年代生死与共的感情联系，因而，一旦他们贪残渎职，犯法违纪，刘秀就可以毫不犹豫地对其绳之以法。这对于严肃政纪、澄清吏治的好处是不言而喻的。

　　自汉武帝接受董仲舒的建议，实行"罢黜百家，独尊儒术"的思想文化政策以来，儒家思想就成为封建社会的指导思想，儒学的特殊形式——经学成为官方学术，经学在国家的政治和社会生活中发挥着越来越重要的作用，形成经学治国的独特时期。所谓"以《禹贡》治河，以《洪范》察变，以《春秋》决狱，以三百篇（《诗》）谏书"[1]，就是经术治国的写照。经术治国自汉武帝发其端，昭、宣时期进一步发展，元、成至东汉前中期达到极盛时期。刘秀建立东汉以后，所实行的许多政治、经济和文化教育政策，大都以儒学的理论作为根据。例如，刘秀登基伊始，迫切需要恢复各种礼乐制度。对礼乐制度素有研究的张纯特别受到倚重。"纯仕朝历世，明习故事。建武初，旧章多阙，每有疑义，辄以访纯，自郊庙婚冠丧纪礼仪，多所正定。帝甚重之，以纯兼虎贲中郎将，数被引见，一日或至数四"[2]。建武二十六年（50年），刘秀下诏给张纯说："禘、祫之祭，不行已久矣。'三年不为礼，礼必坏；三年不乐，乐必崩。'宜据经典，详为其制。"[3]张纯依据《礼》"三年一祫，五年一禘"

[1] 皮锡瑞：《经学历史》，中华书局1959年版。
[2] 《后汉书·张纯传》。
[3] 《后汉书·贾复传》。

的规定,为刘秀制定了禘、祫之礼。与此同时,刘秀为了以轻刑代替王莽时期的严刑峻法,也引证经书为根据。如建武二年(26年)三月下诏让朝中官员议决减省刑法时,引证的就是孔子的话:"刑罚不中,则民无所措手足。"建武六年(30年)十月,在下诏公卿举贤良方正,要求"有司修职,务遵法度"时,引用的是《诗·小雅·十月之交》的"日月告凶,不用其行"[1]。其时,梁统曾经建议用重刑,刘秀没有同意。以后明、章二帝也仍然沿着轻刑的路子走下去。在用人原则、政策、选举方式上,更是根据经学提出了一套完整的理论与方法。无论察举、征辟,还是考试,其对象大都是通经之士,选取的标准则是"孝悌廉公之行"。刘秀在经济上也继续执行西汉以来的"重本抑末"政策,其主要理论根据是《尚书·洪范》的"古者急耕稼之业"。当时的著名思想家桓谭就说:"夫理国之道,举本业而抑末利,是以先帝禁民二业,锢商贾不得宦为吏,此所以抑并兼长廉耻也。"[2]经学治国在文化教育上的表现最为充分。一方面,"独尊儒术"是汉武帝以后的文教政策,经学既是统治思想,也是衡量知识分子的惟一标准。刘秀不仅自己在太学受《尚书》,做皇帝后还聘桓荣等名儒教太子读经书。另一方面,学校教育的主要内容也是经学。建武五年(29年)恢复的太学,陆续恢复的地方各级官学,还有遍布城乡的各类私学,所传授的都是经学。特别是由于刘秀继承西汉以来的传统,把通经与仕进结合起来,在"退功臣"的同时引进了大批通经的"文吏"。这些文吏,少部分是提拔的现职低级官吏,大部分来自官立与私立学校的学生。按照规定,不仅太学的博士弟子员通一艺即可以做官,州郡官学的学生成绩优异者亦可补吏。如任延任武威太守时,"造立校官,自掾史子孙,皆令诣学受业,复其徭役。章句既通,悉显拔荣进之"[3]。在私学受业的大量青年知识分子,可以通过明经一科入仕。在富贵利禄的导向下,绝大部分青年知识分子都将读经作为进身之阶。刘秀在位时期以及其后的东汉前中期,经学的发展达到辉煌的顶峰,其原因即在于此。正如皮锡瑞在《经学历史》中所说:"在上者欲持一术以耸动天下,未有不导以利禄而翕然从之者。"由于刘秀大力提倡和实施经学治国,自东汉开国时起,经学

孝堂山石祠

[1]《后汉书·光武帝纪》。
[2]《后汉书·桓谭传》。
[3]《后汉书·任延传》。

的影响渗透到社会生活的各个方面。从衣、食、住、行，到婚丧、祭祀等社会风俗的方方面面，包括各种复杂的人际关系，无不打上经学的印记。在当时农业宗法社会的条件下，经学作为一种上层建筑，既适应了这个社会的需要，又促进了这个社会的稳定与发展，从总体上看，其积极作用是主要的。

第三节　经济的恢复与发展

一　"度田"失败和田庄的发展与繁荣

东汉皇朝建立以后，尽管战乱远未敉平，在十多年的岁月中刘秀是在军书旁午中度过的，但是，他针对当时的现实，分别轻重缓急，陆续推行了一系列政治、经济和社会政策，总的目标是"解王莽之繁密，还汉世之轻法"，绝大部分取得了成功。这既是他最后战胜所有割据势力、取得统一大业成功的重要原因，更是他恢复秩序，安定民生，促进生产发展与经济繁荣的重要条件。然而，这其中，却有一项对东汉皇朝说来至关重要的政策失败了，这就是"度田"。在两汉之际长达20多年的战乱中，人口死亡、流亡的情况比较严重，土地占有关系也发生了较大的变化，特别在战争激烈进行的地区更是如此。东汉建立之初，有一部分在战乱中获得土地的农民，为了逃避和减轻赋役负担，不愿如实地向官府呈报自家的土地与户口。有很多豪族地主为了逃避赋役负担，更不愿如实地呈报自己拥有的土地和庇荫的人口。"是时，天下垦田多以不实，又户口年纪互有增减"[1]。这样一来，就使东汉政府直接控制的土地和人口远远低于实有的数字，这当然也就使封建皇朝的赋税收入和徭役征发受到很大影响。为了增加国家控制的土地和人口，增加国家的赋税收入和服役人口，刘秀在建武十五年（39年）发布了以清丈土地和核实户口为内容的"度田"令："诏下州郡检核垦田顷亩及户口年纪，又考实二千石长吏阿枉不平者[2]"。这项法令既损害了部分农民的利益，引起他们的不满和反抗；又损害了隐瞒了大量土地和人口的豪族地主的利益，也引起了他们

东汉式盘

[1]《后汉书·刘隆传》。
[2]《后汉书·光武帝纪》。

的不满与反抗。官与"民"的矛盾骤然激化了，负责实施此项政策的中央主管官员和地方郡县长吏，立即被卷入到矛盾的旋涡中去。

东汉政权的阶级基础是豪族地主阶级，它的各级官吏基本上都是通过"任子"、"征辟"、"察举"等途径从这个阶级中选拔出来的。这些官吏当然不愿意损害自己的阶级利益。因而"度田"一开始实施便弊窦丛生了。首先遇到的棘手问题是在河南和南阳地区无法认真推行这个政策。河南地处洛阳周围，布满了朝廷当政大臣的田庄。南阳是刘秀的故乡，在朝中举足轻重的南阳集团中的达官贵人、刘秀的亲族姻戚的田庄在这里更是星罗棋布。这里的地方官，谁也不敢对他们的土地、户口进行认真查核。不久，这里的问题就暴露了。当时，各郡都派遣官吏入京奏事。刘秀见陈留的一个小吏在奏牍上写着"颍川、弘农可问，河南、南阳不可问"一行字，不明其意，就追问此牍从哪里来，是什么意思，这个小吏不敢说实话，就撒谎说是在洛阳的长寿街上拾来的。刘秀见问不出所以然，十分震怒。这时，他的儿子，12岁的刘庄正在帷幄后面听到父亲与奏事吏对话，于是插话说："吏受郡敕，当欲以垦田相方耳。"刘秀见儿子答话，就问他："既如此，何故言河南、南阳不可问？"刘庄从容回答说："河南帝城，多近臣，南阳帝乡，多近亲，田宅逾制，不可为准。"[1]刘秀立即命虎贲将对陈留吏严加审讯，其实情果如刘庄所言。其他地方在实施"度田"政策的过程中出现的问题并不比河南、南阳少。不少刺史、郡守、县令等地方官员，也与各地的豪强地主相勾结，上下其手，营私舞弊。一方面大量隐瞒豪族地主的土地和人口，另一方面，又使用移花接木的办法，把豪族地主的赋役负担转嫁到一般农民头上，不仅清丈农民们的每一块小得可怜的土地，而且连住宅和村落都丈量在内。这自然引起广大农民的不满与反抗。《后汉书·光武帝纪》注引《东观记》载："刺史太守多为诈巧，不务实核，苟以度田为名，聚人田中，并度庐屋里落，聚人遮道啼呼。"《后汉书·刘隆传》亦记载："刺史太守多不平均，或优饶豪右，侵刻羸弱，百姓嗟怨，遮道号呼。"刘秀了解实情后，下令严惩有关主事和舞弊的官员。第一个受到惩罚的

东汉骑马铜人

[1]《后汉书·刘隆传》。

河南南阳女娲画像

是大司徒欧阳歙。他是欧阳生的8世孙,世传伏生的《尚书》,为当时儒宗,历任河南尹、扬州牧、汝南太守,"推用贤俊,政称异迹"。建武十五年(39年)正月晋升大司徒,六月,实施度田令,十一月即以赃罪下狱处死。从现有史料看,此案扑朔迷离。欧阳歙下狱之时,"诸生守阙为歙求哀者千余人,至有自髡剔者"[1]。17岁的平原礼震自动系狱,上书求为欧阳歙代死。其上书中称颂他"学为儒宗,八世博士",并说处死他会"上令陛下获杀贤之讥,下使学者丧师资之益"[2]。欧阳歙死后,他的掾史、著名儒生陈元上书为之辩冤。刘秀似乎也有点后悔,"乃赐棺木,赠印绶,赗缣三千匹"。但为了推行"度田",刘秀也顾不得许多了。第二年九月,河南尹张伋以及其他问题严重的10余个郡守被下狱处死,其余牵连在内,遭下狱或免官者不下数百人。在惩办有关官员的同时,刘秀又一次重申"度田"的诏令。但是,刘秀低估了豪族地主反抗的力量,也低估了农民阶级保护自己利益的意志。就在处死张伋等人不久,不少地方爆发了豪族地主以及农民的武装反抗。"郡国大姓及兵长、群盗处处并起,攻劫所在,杀害长吏。郡县追讨,到则解散,去复屯结。青、徐、幽、冀尤甚"[3]。面对东方燃起的反抗烈火,尤其是豪族地主的异动,刘秀再也不敢坚持推行"度田"的政策了。因为当时全国刚刚实现统一,百废待兴,维持国家的和平和社会的安定是压倒一切的任务。为了稳定新皇朝这个大局,刘秀只得对豪族地主采取妥协让步政策。在此前提下,刘秀采用镇压与怀柔相结合的两手政策,将各地的武装反抗平定下去了:

> 冬十月,遣使者下郡国,听群盗自相纠擿,五人共斩一人者,除其罪。吏虽逗留回避故纵者,皆勿问,听从禽讨为效。其牧守令长坐界内盗贼而不收捕者,又以畏懦捐城委守者,皆不以为负,但取获贼多少为殿最,惟蔽匿者乃罪之。于是更相追捕,贼并解散。徙其魁帅于它郡,赋田受禀,使安生业。[4]

总起来看,政策有其宽大的一面,亦有其狡诈残酷的一面。原因就在于和刘秀对立的不仅有一般的农民,还有豪

[1]《后汉书·欧阳歙传》。
[2]《后汉书·欧阳歙传》。
[3]《后汉书·光武帝纪》。
[4]《后汉书·光武帝纪》。

族地主。结果是,刘秀放弃了"度田",豪族地主也放弃了对东汉皇朝的武装反抗。从此以后,东汉皇朝完全成了豪族地主利益的忠实代表,后来,刘秀在总结自己的统治经验的时候,曾说:"吾理天下,亦欲以柔道行之。"[1]这句话的内涵比较丰富,其中显然应该包括对豪族地主采取的妥协、让步、姑息的政策。

二桃杀三士画像砖

　　刘秀"度田"半途而废的原因比较复杂。这其中,除了受制于求稳求安的基本国策之外,也有着对战后获得一小块土地的农民妥协的成分,但主要是对豪族地主妥协的结果,标志着豪族地主的胜利。与西汉初期当权的刘邦集团中人绝大部分出身于社会下层不同,以刘秀为首的东汉创业集团中人大都出身于豪族地主,他们维护这个集团的利益在很大程度上是出于阶级的意志。因此,从东汉皇朝建立起,豪族地主就在政治和经济上占了举足轻重的地位,并且获得了很快的发展。这样一来,东汉皇朝的阶级矛盾从一开始就不像西汉皇朝那么缓和,因而生产力的发展不如西汉迅速,经济没有达到西汉那样繁荣的程度,也没有达到西汉立国的规模,终东汉之世,既没有出现"文景之治"那样的盛世,更没有产生出如汉武帝那样雄才大略和气度恢宏的皇帝。在经历了光武帝后期和明、章两朝40年左右的短暂繁荣之后,从和帝开始即步入了它的衰败期,外戚、宦官交替擅权,政权的腐败日甚一日,农民起义的星星之火开始在辽阔的中国大地上不时地闪现了。

　　东汉皇朝建立以后,一方面,在农民战争造成的既定环境的制约下,加上刘秀的一系列政策措施的效应,就为小农经济的发展创造了比较有利的条件,因而社会生产的发展呈上升之势。另一方面,东汉皇朝也为豪族地主经济的发展提供了更多的有利条件,因而使大地主田庄经济的发展比西汉时期更加迅速。这互相矛盾着的两种倾向日益剧烈的冲突,成为当时社会矛盾的重要内容之一,并引发和制约着其他一系列的矛盾。汉章帝以后,东汉的社会矛盾和阶级矛盾沿着逐步激化的方向发展。土地的兼并与集中,地主官僚的横暴与贪婪,封建官府的残暴与腐朽,广大劳动人民的贫困与死亡,以及民族关系的紧张

[1]《后汉书·光武帝纪》。

东汉陶楼彩绘收租图

与武装冲突的连绵不断，就把东汉皇朝拖入长期的动荡和不安之中。显然，刘秀从求稳求安出发停止"度田"，只能取得短暂的成效，他留给子孙的却是长期的震荡和不安。

东汉与西汉，同处于中国封建社会的初级阶段，地主与农民的阶级对立和阶级斗争，制约和左右着其他各种矛盾和斗争，社会的阶级结构大体上是相似的。但是，由于时代的变迁和政治的、经济的乃至思想文化的各种因素的变异，东汉与西汉的阶级关系、阶级结构也发生了一些明显的变化。无论是统治阶级的地主还是被统治阶级的农民，经过数十代的更新以及在更新过程中的崛起、破产、没落、重整以后，其成分都发生了一些变化。例如，西汉初年，地主阶级的当权集团主要由军功地主所组成，而东汉初年的当权集团却主要由豪族地主集团组成，因为在刘秀创业集团中立下功劳的那些人绝大部分出身于豪族地主。豪族地主自封建社会诞生以来就存在了，他们或来自春秋战国失势王族的后裔，或来自经营工商业发家致富而又投资土地的富豪，或来自丧失官位的权势之家等等，在西汉中期以前，他们属于富而不贵者之列。西汉中期以后，随着军功地主集团的没落，布衣将相之局也告结束。新的选官制度使出身于豪族地主的青年知识分子逐渐成为官僚队伍的主体。官僚、地主、大工商业者三位一体，构成了西汉中期以后势力强大的豪族地主集团，更由于他们大部分出身于经学世家，有条件长期参与政治，因而成为地主阶级中比较稳定的当权集团。东汉建立以后，这个集团的势力有着更迅速的发展，从而使地主阶级的构成较前期发生了较明显的变化。

"度田"失败以后，刘秀和以后的东汉朝廷再也没有采取有力而行之有效的抑制兼并措施，由此，土地兼并迅速发展，豪族地主占有的土地数量不断增加。贵族、外戚、官僚、地主，通过霸占、侵吞、强买等各种手段，一面兼并农民的土地，一面也互相兼并。前面提到的河南、南阳刘秀"近臣"和"近亲"、"田宅逾制"的情况，就是比较典型的事例。刘秀一朝，共有同姓诸侯王、侯者58人，异姓侯者174人，他们从封建国家得到封赏的土地就是一个很大的数目。这些人对封赏的土地犹嫌不足，还不时将兼并的触角伸向四面八方，通过各种途径扩大自己的私田。外戚樊宏是一个比较典型的豪族地主，未贵之前已经先富起来，"开广田土三百余顷"，"富拟封君"。外甥刘秀做皇帝以后，他获得侯爵，富贵无比。外戚阴识之家，西汉宣帝时已经"暴至巨富，田有七百余顷，舆马仆隶，比于邦君"[1]。东汉建立后，他家出了一位皇后，自然是贵而更富了。外戚马援，以亡命北地放牧起家，"有牛马羊数千头，谷数万斛"。跟定刘秀后，求得在上林苑屯田的特权，其致富的速度更是今非昔比。他的儿子马廖、马防兄弟，更加贵宠莫比，"奴婢各千人以上，资产巨亿，皆买京师膏腴美田，又大起第观，连阁临道，弥亘街路，多聚声乐，曲度比诸郊庙。宾客奔凑，四方毕至。京兆杜笃之徒数百人，常为食客，居门下，刺史、守、令多出其家"[2]。其他官僚地主对土地同样是孜孜以求。如大司马吴汉的妻子就是一例："汉尝出征，妻子在后买田业。汉还，让之曰：'军师在外，吏士不足，何多买田宅乎！'遂尽以分与昆弟外家。"[3]一些文人学士，舞文弄墨，四处钻营，一旦做官，也是忙于兼并田宅。对此，著名的思想家王充以辛辣的笔触描述道：

> 文史幼则笔墨，手习而行，无篇章之诵，不闻仁义之语。长大成吏，舞文巧法，徇私为己，勉赴权利。考事则受贿，临民则采渔，处右则弄权，幸上则卖将；一旦在位，鲜冠利剑，一岁典职，田宅并兼。[4]

富商大贾则利用其财力，以放高利贷的手段兼并土地。与刘秀同时代的桓谭记其目睹的情况说：

> 今富商大贾，多放钱货，中家子弟，为之保役，趋走与臣仆等勤，收税与封君比入，是以众人慕效，不耕而食，至乃多通侈靡，以淫耳目。[5]

占有大片土地的贵族、官僚、地主、富商组成了东汉地主阶级的上层集团豪族地主，他们大都以田庄的形式对所占有的土地进行经营。与西汉中前期相比，东汉田庄在土地的经营形式上有着许多新的特点。如果说，田庄的经营方式在西汉后期已经出现，那么，在刘秀统治的东汉初期它就进入了长足发展阶段，而自东汉后期至魏晋南北朝，

彩绘车马人物镜

[1] 《后汉书·阴识传》。
[2] 《后汉书·马防传》。
[3] 《后汉书·吴汉传》。
[4] 《论衡·程才篇》。
[5] 《后汉书·桓谭传》。

鎏金中国文字博局纹镜

就达到了它发展的典型形态阶段。汉桓帝时期,著名政论家崔寔写了《四民月令》,对东汉田庄的情况作了比较真实的记载:田庄是一个集生产、生活、教化为一体的自给自足的社会实体,它一般拥有大片的土地,有一个被高大的围墙和防御设施环绕的庄园。在广阔的田野上种植着小麦、大麦、粟、黍、粳稻、大豆、小豆等粮食作物,以及胡麻、蓝等经济作物。这里的园圃中种植着瓜、韭、瓠、葱、蒜、姜、芋等蔬菜,还种植术、艾、乌头、冬葵、葶苈等药用植物;并采集各种动植物药材,配制成各种药品。这里的渠边、路旁、山坡以及其他非耕土地上,还种植着各种松、柏、桐、漆、梓、榆、柳、桑、竹以及杏、桃、枣等果树。田庄上养着马、牛等耕畜以及猪、羊、鸡、鸭等家畜家禽,还种植着苜蓿等饲料作物。田庄上有各式各样的手工业作坊,自己养蚕、缫丝、制絮、织布、染色,制作衣服、鞋子,制造农具、兵器以及各种油、酱、酒、醋、饴糖等食物。除田庄内部的居民进行交换外,田庄主还派人员外出经营商业,同时购置供自己享用的各种器物珍玩。由于田庄从事多种经营,各类生产生活资料大部分可以自给,与外部的交换很少,因而形成一个比较封闭的社会实体。田庄上的生产者绝大部分是具有不同依附性身份的宗族、宾客、徒附、奴婢,其中宗族人数最多,他们与田庄主同宗,是从事农业生产的主要力量。由于田庄主利用血缘宗亲关系作为统治的手段,因而田庄之上笼罩着一层温情脉脉的纱幕。田庄主经常施展一些小恩小惠的手段,进行一些社会互助和赈济贫弱之类的活动,使田庄上的劳动者大都不脱离生产,能维持最低生活,因而阶级矛盾比较缓和。又因为田庄主一般都有较高的文化素养,比较善于经营,并且有一定程度的计划性,所以田庄的生产能够较好地进行。特别是动乱的年代,地主的田庄一般能够维持正常的生产。所以,田庄的存在对促进生产的发展是有利的。同时,封建国家对一般自耕农的剥削率往往超过田庄主对其依附农民的剥削率,尤其是土地兼并和繁重的徭役,使田庄也就成为破产农民的逋逃渊薮之一,其劳动者中的徒附、奴婢等大都由这种破产的农民转化而来。田庄还有着自己的武装力量——部曲,足以自卫。正因为如此,田庄的存在和发展对于封建国家来说就成为一种分裂的因素,对于农民起义来说又成为一种抑制的因素。到东汉中期以后,田庄经济加快了膨胀的速度,一些田庄主的享乐和威势令人侧目,这就使当时的政治家和思想家经常对它进行义正词严的谴责:

> 豪人之室,连栋数百,膏田满野,奴婢千群,徒附万计。船车贾贩,周于四方;废居积贮,满于都城。琦赂宝货,巨室不能容;马牛羊豕,山谷不能受。妖童美妾,填乎绮室;倡讴妓乐,列乎深堂。宾客待见而不敢去,车骑交错而不敢进。三牲之肉,臭而不可食;清醇之酎,败而不可饮。睇盼则人从其目之所视,喜怒则人随其心之所虑。此皆公侯之广乐,君长之厚实也。[1]

田庄之上尽管笼罩着温情脉脉的纱幕,正常年景下生产者的生活也能够勉强维持,但是,田庄上的贫富分野、阶级对立还是十分鲜明的。崔寔曾以对比的手法,深刻地描绘了一边是荒淫无耻、暴戾凶残,一边是终日劳苦、饥死相随的阶级对立的情景:

> 上家累巨亿之资,户地侔封君之土,行苞苴以乱执政,养剑客以威黔首,专杀不辜,号无市死之子。生死之奉,多拟人主。故下户踦足区,无所踦足,乃父子低首,奴事富人,躬帅妻孥,为之服役。故富者席余而日织,贫者蹑短而岁踧;历代为虏,犹不赡于衣食。生有终生之勤,死有暴骨之忧。岁小不登,流离沟壑,嫁妻卖子。其所以伤心腐藏,失生人之乐者,盖不可胜陈。[2]

东汉初期,田庄经济的发展还处在这种经济形式的初级阶段:在其内部,田庄主与依附农民的矛盾发展得还不够充分,田庄内部的阶级斗争也还不够激烈。但是,如果我们将视野扩大到全国范围,就可以看到,豪族地主势力的膨胀以及与之相联的田庄经济的发展,恰恰成为东汉一朝各种阶级矛盾和社会矛盾激化的重要原因。一方面,田庄经济的发展与豪族地主土地兼并的剧烈相一致,土地兼并造成了自耕农的破产以及他们向田庄依附农民的转化,由此激化了地主与农民的矛盾。另一方面,自耕农的

伍子胥画像镜

[1]《后汉书·仲长统传》。
[2] 崔寔:《政论》,载《全后汉文》卷四六。

汉代铜羽人

破产、流亡和向依附农民的转化，又减少了封建国家直接控制的土地和人口。这势必影响到封建国家的赋税收入和徭役征发。为了保证财政收入，封建官府与豪族地主又一起向自耕农民转嫁赋税和徭役。如此一来，必然日甚一日地更加重了还未破产的自耕农的负担，从而使封建国家与广大农民的矛盾一天比一天激化。与此同时，也势必加剧封建国家与豪族地主之间的矛盾。东汉皇朝就在这一对矛盾左右下艰难前进，而最后，也是由于这一对矛盾的进一步激化而导致灭亡。

二 农业生产的发展

东汉农业的发展突出表现在农业技术水平的提高、水利事业的发展和江南的开发。

农业技术水平的提高首先表现在牛耕的推广和新农具的出现。西汉时期使用牛耕的地区集中在黄河中下游。东汉各级政府都重视牛耕技术的推广，不少边远地区开始使用牛耕，如今之陕西绥德、米脂等地发现的东汉画像石已有牛耕图。庐江（今安徽六安、安庆一带）太守王景教民牛耕，使该郡"垦辟倍多，境内丰给"[1]。九真（今越南中部地区）太守任延在"不知牛耕"为何物的当地百姓中推广牛耕，使该郡"田畴岁岁开广，百姓充给"[2]。由此，牛的重要性成为官民的共识，东汉政府也有保护牛耕的法令[3]。与牛耕相适应，东汉的耕作工具较前有所改进。陕西绥德东汉王得元墓画像石出现短辕一牛挽犁，较之西汉时期普遍使用的长辕二牛抬杠式挽犁可以大大提高生产效率，是不小的进步。此外，中耕除草的中耕工具曲柄锄，用于收割的大型农具35厘米的铁钩镰在四川乐山和绵阳等地的东汉画像石上已经展现出来。

东汉的农业栽培技术也有明显进步。如《四民月令》中已记载了水稻的插秧技术，《广志》记载了再生稻和双季稻的栽培技术。《四民月令》还记载了根据不同土壤、不同作物采用不同种植密度的技术等等。

东汉的水利事业也取得了明显的成就，治理黄河是其中的重要一项。公元1世纪初，黄河在魏郡（今河北、河南交界处）决口，南移夺汴渠（又称汴河）自千乘（今山东

[1]《后汉书·循吏列传》。
[2]《后汉书·循吏列传》。
[3]《三国志·魏书·陈矫传》。

高青北)入海。由于原汴渠河道狭窄,加之无堤防,黄河之水犹如脱缰野马,在兖、豫两州的平原沃野纵横驰骋,泛滥成灾,使广大百姓深受其害。明帝永平十二年(69年),著名水利工程专家王吴、王景奉命督治黄河。他们总的构想是河、汴分流,以堤固河,为此,修筑了自荥阳(今河南荥阳东)至千乘海口的千里大堤,使河水在堤内流淌,汴渠的漕运功能得以恢复。在治河过程中,王景有不少创造,他全面勘察黄河自荥阳以东流经之地的地势,"凿山阜,破砥碛,直截沟涧,防遏冲要,疏决壅积,十里立一水门,令更相洄注,无复溃漏之患"[1]。这样,以堤束水,以水冲沙,河道不致淤塞,一般洪水不能决溢。洪水特大时,则通过十里一个的水门将水放入河、汴两堤之间的蓄洪区,减缓洪峰对大堤的压力。由于此次治河设计合理,构思巧妙,加上施工质量优良,就使此后800年间黄河安澜,没有形成大的水灾。

长沙马王堆1号墓第三重木棺的漆画摹本(一),盖版画像

中国疆域辽阔,好多地方雨水稀少或降雨量不均衡。因此,从春秋战国时起,不少地方就修建农田水利灌溉设施。东汉时期,农田水利建设也取得显著成就。如邓晨任汝南(今河南许昌、漯河、安徽阜阳一带)太守时,就督率官民修复了西汉后期湮废的鸿隙陂,灌溉数千顷良田。后鲍昱为太守时,又对该工程加以改进,"作方梁石洫","灌田倍多,人以殷富"[2]。其后,太守何敞又在汝南修复铜阳旧渠,开垦良田3万余顷。南阳(今属河南)太守杜诗也在当地修复原有陂池,导民开出不少良田。会稽(今浙江福建大部分地区)太守马臻在该郡山阴(今浙江绍兴)治理镜湖,筑围堤350里,汇聚泉水36股,灌溉农田9 000余顷,旱涝保收。另外,庐江(今安徽六安、安庆一带)的芍陂,下邳(今江苏邳县南)徐县(今江苏泗洪南)的蒲阳陂等,也是东汉有名的农田水利工程。位于今之安徽寿县的芍陂遗址已于近年被发掘出来,其规模的宏大令人叹为观止。在修复、新建陂池等工程的同时,秦与西汉时期在关中修建的"穿渠灌溉"工程那样的水利设施在东汉更有遍地开花之势,除了关中地区外,黄河中下游的河东、太原、上党、山阳、赵、魏等郡,黄河上游的河西地区以及江南的广大地区,此类工程也大量出现。

[1]《后汉书·循吏列传》。
[2]《后汉书·申屠刚鲍永郅恽列传》。

长沙马王堆1号墓第三重木棺的漆画摹本(二),头部挡板画像

东汉农业生产的发展还体现在江南地区的开发。尽管江南地区土地肥沃,雨量充沛,但在东汉前一直没有得到较好的开发。在人们心目中,那是不适宜人类生存的荒蛮之地,瘴疠之气弥漫,猛兽长蛇出没。所以,景帝的儿子刘发被封为长沙王,封地几乎囊括了今之湖南的大部分地区,他仍然感觉委屈。因为这里人口稀少,农业经营粗放,经济远较中原欠发达。可是到了东汉后期,由于北方人口不断迁入,先进的农具和耕作技术不断传入,江南地区逐步加快了开发的步伐,人口和垦田数字较西汉成倍甚至数倍的增加。如扬州人口从320万增至430万,益州人口从470万增至720万,荆州人口从350万增至620万,而豫章一郡人口竟由35万增至166万。与南方人口成倍增加的势头相反,北方各郡除帝乡南阳外,终东汉之世,几乎都在不同程度的减少,如西汉时期三辅人口达240万,东汉末减少到50万,并州则由330万减至不足70万。南北人口增减出现如此大的反差,根本原因在于北方自西汉末年,尤其是王莽新朝统治时期,战争连年不断,水旱蝗等灾害频频发生,再加上赋役苛重,造成不少地方"城邑丘墟"[1],人们的生产条件和生存环境每况愈下。百姓一方面大量死亡,一方面成群迁离故土。与北方相反,江南此期战乱较少,东汉时期不少江南地方官推广先进耕作技术,组织兴建农田水利工程,大大改善了生产条件,因此不断吸引北方人口来此安家落户。如建武时期李忠任丹阳(今安徽宣城)太守时采取优惠措施招民垦殖,"三岁间流民占著者五万口"[2]。人口的增加自然带来垦田数目的增长。《后汉书·循吏列传》中所载任职江南的地方官,其政绩中不少都有垦田增加的记载。东汉时期江南人口和垦田的增加,使中国的经济区域布局开始发生变化。在黄河中下游继续作为重要农业经济区存在的情况下,长江中下游也作为重要的农业经济区悄然崛起。这就为东汉以后魏晋南北朝时期江南经济的更大发展奠定了基础。在中国经济重心由北向南转移的千年历程中,东汉时期的江南已经从起跑线上迈出了重要的一步。

[1]《后汉书·隗嚣公孙述列传》。

[2]《后汉书·任李万邳刘耿列传》。

三　手工业技术水平的提高

东汉时期手工业中不少门类的技术水平较西汉时期有显著提高，以造纸技术为代表的多项创造发明永远载入人类科学技术发展的编年史。

东汉时期，铁制工具在农业和手工业领域得到普及与推广，巨大的市场需求促进了冶铁技术的提高。其中首屈一指的是以水力为动力的鼓风设备水排的发明，其发明者是东汉初年任南阳太守的杜诗。他"造作水排，铸为农器，用力少，见功多，百姓便之"[1]。在此之前，冶铁的鼓风设备是使用马力的马排和使用人力的人排，成本高而效率低。水排的发明找到了一种廉价的自然力，不仅大大提高了生产率，而且可以带动更大的皮囊，提高炉温，使冶铁的质量进一步提高。这一技术发明欧洲到12世纪才开始使用，比中国晚了1 000多年。

东汉已经开始用煤（石炭）炼铁[2]，这对提高炉温同样具有关键意义。而"叠铸"（多层铸范重叠）技术的改进，一次可以铸造几个或多个铸件，既使生产效率大大提高，也使铸件更加统一和规范。1974年9月，河南温县出土了500多件铸造车马零件的叠铸泥范，约36种器形。共用一个总浇口浇铸，一次可以铸造几十个铸件[3]。

东汉的炼钢术也有不少重要发明，其中的铸铁脱碳制钢工艺和炒钢技术在当时居于世界的领先水平。如郑州市博物馆收藏的6件铁剪刀，就有铸件脱碳淬火而成，硬度与弹性都达到较高水准的。另外，西汉末年发明的"炒钢"技术，即将生铁加热炒炼使之脱碳成钢的技术，在东汉时期也得到进一步的提升和应用。这一技术的广泛应用，使大量价廉质优的熟铁和钢的生产成为可能，对于钢铁工具在农村和城市生产和生活中的进一步普及起了推动作用。这一技术在欧洲直到18世纪才在英国出现，比中国差不多晚了1 800年。

在东汉，还发明了以反复锻打炒钢的方法得到含炭量高而杂质少的优质钢的技术。因为锻打的次数往往是数十甚至过百，所以这一技术又称之为"百炼钢"。这一技术主要用于名剑宝刀等武器的制造。1974年山东苍山汉

长沙马王堆1号墓第三重木棺的漆画摹本（三），足部挡板画像

[1]《后汉书·郭杜孔张廉王苏羊贾陆列传》。

[2]《巩县铁生沟》，文物出版社1962年版。

[3]《河南省温县汉代洪范窑发掘简报》，《文物》1976年第4期。

长沙马王堆1号墓第三重木棺的漆画摹本(四),左侧壁板画像

墓中出土的一把环首钢刀[1],1978年江苏徐州驼龙山汉墓出土的一把钢剑[2],1961年在日本奈良出土的钢刀[3],就是"百炼钢"的代表作。

东汉的纺织业较前也有较明显的发展。这主要体现在纺织原料产地的扩大,产品数量的增加和质量的提高。种桑养蚕技术最早出现在黄河流域,直到西汉也还是在这一地区。东汉时期,种桑养蚕技术开始向黄河上游的西北地区、长江以南和巴蜀地区推广。如内蒙和林格尔的东汉墓壁石中有采桑图[4],甘肃嘉峪关出土的汉晋时期画像砖中亦有桑蚕生产的画面[5]。这一时期,巴蜀已成为重要的桑蚕生产基地,四川各地不断出土具有桑蚕内容的画像砖就是明证。光武帝时,茨充任桂阳(今湖南广东交界处)太守,"教民种植桑柘麻纻之属,劝令养蚕织屦,民得利焉"[6]。自此以后种桑养蚕技术逐步在江南得到推广。东汉以后,江南日渐成为我国蚕丝的主产区。东汉纺织品产量较西汉有明显增加,除了官营手工业作坊如齐三服官等大量生产外,传统的自耕农家庭妇女纺织也提供农村市场上所需的大部分产品,而豪族地主田庄在东汉时也成为纺织品生产的重要基地。崔寔《四月民令》专门记述了田庄上的"蚕妾"从养蚕、缫丝直到染色的纺织品生产的全过程。在产量增加的同时,品种也增加了许多。如蜀地的蜀锦,会稽的越布,西南少数民族地区的木棉织物,西域地区的棉织品等,都各具特色,赢得了消费者的青睐。东汉纺织品数量的增加突出表现在消费规模的扩大。东汉皇室从皇帝到贵族以及其他达官贵人、地主富商,无不消耗大量的丝织品,桓帝一次可赏赐董卓"缣九千匹"[7]。安帝赏给诸侯王的丧仪也是动辄3万匹,5 000匹。一些贵族官僚之家往往积存多如丘山的纺织品,他们家的奴婢也能穿上华美的丝织品,"媵御数百,无不兼罗纨"[8]。

东汉纺织业的技术水平和产品质量都有明显提高。东汉末年的杰出科学家马钧发明了高效率的织绫机,简化踏具,改造综线运动机件,提高工效5倍。一批驰誉全国的名牌产品行销许多地方。齐地(今山东临淄)的刺绣,襄邑(今河南睢县)的织锦在秦和西汉时期就十分有名,"齐郡世刺绣,恒女无不能;襄邑俗织锦,恒妇无不巧"[9]。而华

---

[1] 刘心健、陈自经:《山东苍山发现东汉永初纪年铁刀》,《文物》1974年第12期。
[2] 徐州博物馆:《徐州发现东汉建初二年五十炼钢剑》,《文物》1979年第7期。
[3] 梅原末治:《奈良县栎本东大寺古坟出土汉中平纪年铁刀》,日本《考古学杂志》(1962年)48卷2号。
[4] 吴荣曾:《和林格尔汉墓壁画中反映的东汉社会生活》,《文物》1974年第1期。
[5] 《嘉峪关汉画像墓砖》,《文物》1972年第12期。
[6] 《后汉书·循吏列传》。
[7] 《后汉书·董卓列传》。
[8] 《三国志·魏书·杜袭传》。
[9] 《论衡·程材篇》。

丽的蜀锦更是后来居上,受到消费者的欢迎,到三国时,已成为蜀汉对吴国和魏国输出的主要产品。麻纺织品越布这时的花色品种都较前有明显突破,成为与齐冰纨和蜀锦齐名的名牌产品。东汉纺织品的染色技术也大为提高。染色的原料大都从植物提取。如红颜色取自茜草,蓝颜色取自靛蓝草,这些取自植物的颜料经与矿物中的矾石融合,就可以染出色泽鲜丽的各种颜色,从而使人们的衣物帷帐绚丽斑斓,光彩夺目。

长沙马王堆1号墓第三重木棺的漆画摹本(五),右侧壁板画像

西汉时期,造纸术已发明,但因价格昂贵,尚难在民间普及,书写材料仍以竹、木简和缣帛为主。东汉和帝时,宦者令蔡伦设计了以树皮、麻头、破布为原料造纸的工艺,使价廉质高的纸的生产成为可能。造纸术的发明是中国对世界文明的巨大贡献。造纸术在晋朝时传入朝鲜,隋唐时传入日本,唐朝时传入阿拉伯世界,到公元10世纪就传到了欧洲。纸的发明和大量生产为广大人民提供了价廉物美的书写和印刷材料,从而为文化的传播创造了有利条件。

漆器是中国古代劳动人民的重大发明之一, 东汉时期在社会生活中仍广泛应用。不仅在国营作坊中生产许多美免美伦的漆器供皇室贵族使用, 而且大量的民间作坊也生产许多精美的漆器在社会上销售。豪族地主的田庄上也设立漆器作坊,生产供自己用的器物。蜀郡(今四川西部)、广汉郡(今四川西北部)是著名的漆器生产基地。如今之四川出土的一件漆盘,是东汉蜀郡卢氏作坊生产。其上的铭文标明,同一型号的漆器共生产了1 200件,可见规模之大。

东汉的制盐业也相当发达。由于东汉朝廷对盐业生产不再实行官营政策,允许民间私自制造,政府仅收取税费,从而使盐业得到较快的发展。沿海地区以海水制盐的行业比西汉更发达,内地的池盐、井盐制造业也有长足的进步。如四川发现的许多东汉时代的画像砖,就有不少使用机械提取卤水的画面。河东(今山西)地区的池盐只通过晒就能制成,煮的工序已经省略了。由于盐的大量生产,东汉盐价远比西汉时期低廉。如虞诩任太守的武都郡(今甘肃东南部)最低时每斤盐价仅四钱左右。

蔡伦像

东汉的酿酒业也是重要的手工业部门，达到相当大的规模。东汉朝廷主管皇室用酒的太官、汤官，每年用于酿酒的费用是2万万。由于东汉政府放弃了酒的专卖制度，民间酿酒比较普遍，几乎每个田庄都自行酿造所需用的酒。这一时期，酒的酿造技术也有明显提高，如用曲量大大下降。西汉酿造6斛6斗酒需曲1斛，东汉时仅需30斤。"九酿酒法"提高了酒的度数，使酒味更加香美淳厚。

四　商业的发展和城市的繁荣

东汉政府基本上放弃了西汉武帝时期实行的盐铁官营、酒专卖以及平准、均输之类抑制私人工商业的政策，因而使私人商业特别是豪强地主经营的商业较西汉有了明显的发展。王符曾尖锐指出当时从事商业活动的人太多，尤其在城市"舍农本，趋商贾"的人越来越多："今察洛阳，资末业者什于农夫，虚伪游手什于末业。……天下百郡千县，市邑万数，类皆如此。"[1]发了财的富商大贾，成了社会上最有势力的阶层，"众人慕效"的对象。他们"多放贷钱，中家子弟，为之保役，趋走与臣仆等勤，收税与封君比入"[2]。在他们的影响下，下层百姓，甚至士兵都投入商业活动，"浮船长江，贾作上下"[3]。商品种类繁多，凡社会生产和生活需要的物资都在经营之列，但数量最大的还是人们不可须臾离开的盐、铁和粮食。所以，经营这三种货物而发财者大有人在。如两汉之际的第五伦就"尝与奴载盐，北至太原贩卖"[4]。建武初年，卫飒为桂阳（今湖南广东交界处）太守，其属县耒阳（今属湖南）"出铁石，他郡民庶常依因聚会，和为冶铸"[5]。刘秀起事前曾"卖谷"。后来做到渔阳太守的彭宠亦"转以贸谷"。边境地区与少数民族的贸易也很兴旺，中山（今河北涞源、唐县、望都、定县一带）商人张世平、苏双因在涿郡（今河北涿州）贩马"家资千金"[6]。

农业、手工业的发展，商业的繁荣，必然使城市富丽繁盛。东汉时期，除西汉时期已经繁荣的长安、临淄、邯郸等继续繁荣外，还有一批新的城市崛起。洛阳是一座古老的城市，西周时期已作为东都出现在黄河之滨。东汉时期它作为首都成为全国政治、经济、文化中心，其声光超过

[1]《后汉书·王充王符仲长统列传》。
[2]《后汉书·桓谭冯衍列传》。
[3]《三国志·吴书·孙休传》。
[4]《东观汉纪·第五伦传》。
[5]《后汉书·循吏列传》。
[6]《三国志·蜀书·先主传》。

了西汉时作过首都的长安。它"外统京畿，兼古六乡六遂之土。其民异方杂居，多豪门大族，商贾胡貊，天下四会，利之所聚"[1]。成都地处天府之国的中心，土地肥美，灌溉方便，秦与西汉时期已是发达的农业区。东汉时期，它又成为发达的纺织业中心，闻名遐迩的蜀锦远销西域诸国，城内商贾云集，车水马龙，"列隧百重，罗肆巨千，贿货山积，纤丽星繁"，"货殖私庭，藏镪百万"[2]。随着江南的开发，长江流域也出现了一批繁荣富丽的都市，如吴郡的治所吴县(今江苏苏州)既是水陆交通的要冲，又是江南最大的纺织业中心和长江下游的商贸中心，其繁华娇丽已超过北方的许多城市。左思的《吴都赋》以铺张扬丽的笔触描绘了它娇美富丽的容貌：

造纸生产过程示意图

> 煮海为盐，采山铸钱。国税再熟之稻，乡贡八蚕之绵。……开市朝而并纳，横阐阓而流溢，混品物而同塵，并都鄙而为一。士女伫眙，商贾骈坒，纻衣绤服，杂沓傺萃。轻舆按辔以经隧，楼船举帆而过肆，果布辐凑而常然，致远流离与珂珬。杂贿纷纭，器用万端，金镒磊砢，珠琲阑干，桃笙象簟，韬于筒中，蕉葛外越，弱于罗纨。……挥袖风飘，而红尘昼昏，流汗霡霂，而中逵泥泞。富中之盯，货殖之选，乘时射利，财丰巨万。

此外，在边境与少数民族商贸来往频繁的地方，也发展起来一些比较繁荣的城市。远在大西北的武威郡治姑藏(今甘肃武威)就是其中之一。它"通货胡羌，市及四合，每居县者，不盈数月辄致丰积"[3]。可以想见，在这个边贸城市，不断奏响的驼铃声、马嘶声以及胡语、汉语交织的喧嚣、争艳斗奇的各民族服饰和与之相匹配的不同肤色面孔，构成了独特的氛围与景观。

第四节　东汉前期的民族政策与对外关系

一　匈奴、乌桓与鲜卑

中国自古就是一个多民族的国家。从汉朝起居于中原地区的汉民族是上古以来许多民族与华夏民族融合的

---

[1] 《三国志·魏书·傅嘏传》。
[2] 左思：《蜀都赋》。
[3] 《后汉书·郭杜孔张廉王苏羊贾陆列传》。

武威仪礼汉简（部分）

结果。在中国的边疆地区，一直活跃着许多少数民族，它们与汉民族一起，共同创造着我国灿烂的历史与文化。因此，历代中原皇朝都与周边少数民族发生这样那样的关系。有亲情融融的"和亲"，有源源不断的经济文化交流，也有怒气冲冲的对峙和血雨腥风的战争。匈奴是长期生活在我国北部的一个游牧民族，远在商周时期即与中原地区有着密切的交往。从战国到秦朝和西汉时期，汉匈关系在战争与和亲交替中发展。王莽篡汉以后，轻启边衅，又使汉匈关系骤然紧张起来，连天的狼烟又遮蔽了和平的阳光。当刘秀忙于统一战争时，匈奴又步步南下，与北部地区的割据势力相勾结，再次威胁到中原地区的安全。刘秀统一中国后，处理汉匈关系又提上了重要的议事日程。

建武初年，匈奴单于舆当政。彭宠据渔阳反叛以后，即投靠匈奴以为奥援。匈奴也以彭宠为其东部的代理人，侵占了原燕国北部不少地方。在西部，匈奴扶植起另一个代理人卢芳。卢芳字君期，安定三水（今宁夏同心东）人，居左谷中。王莽篡政以后，他看到"天下咸思汉德"，于是就诈称自己是汉武帝的曾孙刘文伯招摇撞骗。王莽末年，乘中原农民起义如火如荼之际，卢芳趁机与三水属国的羌胡起兵，在安定一带建立起割据政权。刘玄定都长安以后，任命卢芳为骑都尉，授予他镇抚安定以西的权力。刘玄失败以后，三水豪杰们一起计议，认为卢芳既是刘氏子孙，理应继承大统，于是共立卢芳为上将军、西平王，遣使与西羌、匈奴和亲。匈奴单于正想在汉人中寻一代理人，乘中原混乱之机攫取更多的土地和人口，决定接纳卢芳。于是命句林王将数千骑迎接卢芳。卢芳即与其兄卢禽、弟卢程一起进入匈奴控制区。单于立卢芳为汉帝，任命卢程为中郎将，先率匈奴骑兵返回安定，成为背靠匈奴的一个割据势力。此前，五原（今内蒙古包头一带）人李兴、随昱，朔方（今内蒙古磴口一带）人田飒，代郡（今山西阳高一带）人石鲔、闵堪等各自起兵称将军，割据一方。建武四年（28年），单于命无楼且渠王入五原塞，与李兴等人和亲，告诉他们欲令卢芳返回汉地做皇帝，得到李兴等人的赞同。第二年，李兴、闵堪率兵至单于庭，迎卢芳入塞，建都九原（今内蒙古包头西），占据五原、朔方、云中、定襄、雁门5郡，成为雄踞今之山西、内蒙古交界处的一大割据势力。他们与匈奴连兵，经常南下侵扰。建武六年（30年），卢芳一伙内哄，其朔方太守田飒、云中太守桥扈叛降，刘秀仍命其为郡守。此时，刘秀已平定关东割据势力，开始对匈奴与卢芳用兵。建武九年（33年）正月，将最易受到侵扰的雁门郡吏人撤至太原郡。六月，派大司马吴汉率四将军进击卢芳之将贾览于高柳（今山西阳高），未能取胜。八月，又遣骠骑大将军杜茂进击贾览于繁畤（今山西应县东），再一次遭受挫折。第二年正月，吴汉又一次率王霸等五将军进击贾览，双方激战于高柳。匈奴骑兵前来支援高览，被汉军击败。建武十二年（36年），卢芳与贾览共同围攻云中（今内蒙古呼和浩特西南），汉兵坚守，久攻不下。十二月，杜茂率大军与弛刑徒屯驻北部长城一线，筑亭候，修烽燧，加强守备。第二年二月，捕虏将军马武又率兵屯滹沱河一线，继续加强对匈奴的防御。卢芳见南进困难，加上内部不稳，遂即自五原逃入匈奴。在此之前，匈奴单于一面支持卢芳与东汉皇朝作对，不时侵扰边郡；一面又与东汉皇朝通使聘问，相互联络。但因此时东汉国内尚未统一，因而对匈奴采取守势，一般不主动进击。匈奴单于认为东汉朝廷软弱可欺，骄倨异常，"钞暴日增"。建武十三年（37年），匈奴大肆侵扰河东地区。东汉朝廷于是将幽州、并州边境地区居民迁到常山关、居庸关以东避其锋芒。这时，匈奴单于知道东汉朝廷对卢芳恨之入骨，就要求卢芳向东汉朝廷投降，希望以此举缓和与东汉朝廷的关系，并得到大批财帛。卢芳见匈奴人打算利用自己，就决定自动请降。建武十六年（40年）十一月，卢芳入驻高柳后，与闵堪之兄闵林共同派出使者，向东汉朝廷接洽投降。刘秀与其谋臣认为，汉军以武力消灭卢芳尚有一定困难，既然他表示投降，不如答应他的要求，利用他与匈奴人的联系，缓和边界紧张局势。于是封卢芳为代王，以闵堪为代相，闵林为代太傅，赐缯2万匹，要他们"和集匈奴"。卢芳对东汉朝廷隐瞒了匈奴让其投降的意图，匈奴单于亦不便通使向东汉朝廷说明其事。由于没有得到东汉朝廷的赏赐，匈奴人反而加剧了对边境的侵扰。此时的卢芳夹在汉匈之间，内心疑惧，于是上书刘秀，一面检讨

史晨碑（部分）

霸桥纸

自己的罪责,求得谅解;一面希望赴京朝拜,以加强与刘秀的感情联系。刘秀接书,要他明年正月来朝。当年冬天,卢芳一行来到昌平(今北京市昌平南),准备第二年一月入朝。刘秀此时对卢芳大概仍持怀疑态度,故下诏将其入朝时间再推后一年。卢芳垂头丧气地自昌平返代地后,感到自己仍然得不到朝廷信任,这个代王随时有可能被废掉,生命财产都没有保障。于是再一次反叛,出塞依归匈奴,10多年后病死。卢芳再次叛入匈奴后,汉匈关系进一步紧张起来。匈奴频频南侵。建武二十年(44年),匈奴骑兵进至上党、扶风、天水,第二年冬天,又进至上谷、中山,"杀略钞掠甚众,北边无复宁岁"[1]。正在东汉皇朝为匈奴南侵问题而积极备战、四处防范之时,匈奴内部发生了严重分裂。原来,此时当政的单于舆为了传位其子,杀死其弟右谷蠡王伊屠智牙师。这位右谷蠡王是呼韩邪单于与王昭君生的儿子,依匈奴的继承习惯,他应该继舆为左贤王,再继其单于之位。伊屠智牙师的被杀,引起了右薁鞬日逐王比的恐惧与不满。比是呼韩邪单于的孙子,其父是乌珠留若鞮单于,单于舆是他的叔父。比的不满是有原由的,因为依兄终弟及的继承方式,伊屠智牙师当立,以传子的方式,比作为这一辈的长子,应是首任人选。单于舆杀死伊屠智牙师以后,见比很少参加庭会,知道他心怀猜惧,对他不复信任,就派两骨都侯监领比所管辖的南部及乌桓兵马。建武二十二年(46年),单于舆死,其子左贤王乌达鞮侯立为单于。立后不久即死去,单于弟左贤王蒲奴继位。比未得立,心怀愤恨。恰在此时,"匈奴中连年旱煌,赤地数千里,草木尽枯,人畜饥疫,死耗太半"[2]。蒲奴单于怕汉军乘机进攻,就派出使者入渔阳郡,向汉朝廷求和亲。刘秀从来就不打算以军事手段解决汉匈关系问题,因而立即作出反应,派中郎将李茂回报匈奴。日逐王比也秘密派出其手下的汉人谋士郭衡携带匈奴地图,于建武二十三年(47年)来见西河太守,要求归附东汉朝廷。负责监视比的两骨都侯觉察其意图,就借五月龙城大会之机,向单于告密。幸亏比弟正在单于帐下服务,侦知此事,就急驰回报其兄。比于是集合自己所统辖的南八部四五万人马,严阵以待,准备杀掉龙城大会后归来的两骨都侯。两

[1]《后汉书·南匈奴列传》。
[2]《后汉书·南匈奴列传》。

骨都侯返回时,知其谋,立即驰回以告单于。单于发万骑
来攻,见比拥众自卫,力量甚强,只得作罢。建武二十四年
(48年)春天,八部大人共同议决立比为呼韩邪单于,因为
其祖父曾以此号统治匈奴,并与汉朝廷建立了良好的关
系,所以他们建议比仍袭故号。比至五原塞,向东汉朝廷
通款,"愿永为蕃蔽,扞御北虏"[1]。刘秀将此事交公卿议决,
"议者皆以为天下初定,中国空虚,夷狄情伪难知,不可
许"[2]。只有中郎将耿国力排众议,主张接纳比,答应他的要
求。耿国的建议反映了他的远见卓识,得到了刘秀的首
肯。当年冬,比自立为呼韩邪单于,自此,匈奴正式分裂为
南北二部。

　　第二年春天,南单于遣其弟莫率兵万余人突袭北单
于弟奠鞬左贤王,将其俘虏。接着,又袭破北单于帐下,得
其众万余人,马7 000匹,牛羊万头。北单于惊恐万状,北
撤千里。北部奠鞬骨都侯与右骨都侯率众3万余人归降南
匈奴。南单于又一次派出使者至洛阳,重申"奉藩称臣"的
前约,献珍宝,恳请东汉朝廷派出使者监护,并允许单于
遣子至洛阳做人质,以示与东汉朝廷永远修好的诚意。建
武二十六年(50年),刘秀派中郎将段彬、副校尉王郁出使
南匈奴,立单于庭于五原塞以西80里之地。南单于在单于
庭与汉使相见,伏拜受诏称臣。段彬回洛阳复命后,刘秀
命南单于入居云中郡。当年夏天,被南匈奴俘获的北匈奴
左贤王将其众与南部五骨都侯3万余人叛归北匈奴,后各
部互相攻击,各自为政。秋天,南单于遣子入洛阳,刘秀赐
南单于衣冠、车马、印绶、礼器、黄金、布帛、兵器、饮食器
等物,又转运河东地区米糒25 000斛,牛羊36 000头,供南
匈奴食用。同时,又命中郎将置安集掾史率弛刑徒50人,
持兵弩驻单于庭,参与其辞讼的处理,观察其动向。每年
年终,南单于即遣使入朝奏事,送侍子入朝,中郎将从事
一人带领他们赴洛阳。与此同时,东汉朝廷也派谒者送前
侍子返回单于庭。元旦,单于使者参与朝会,之后拜祠汉
皇帝陵庙,接着东汉朝廷派谒者带着赐给单于及其母、阏
氏、左右贤王与各级官员的礼物,送单于使者返回。每年
如此,成为定制。

　　建武二十六年(50年)冬天,南北匈奴一场激战,南匈

东汉龙形金片饰

[1] 《后汉书·南匈奴列传》。
[2] 《后汉书·南匈奴列传》。

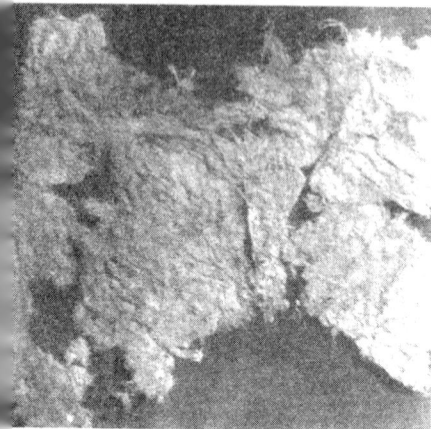

敦煌西汉马圈湾纸

奴受挫。刘秀于是下诏南单于徙居西河美稷(今内蒙古准噶尔旗以北),并命中郎将段彬、副校尉王郁留在西河监护他们。又下令西河长史将骑兵2 000,弛刑徒500人,协助中郎将卫护单于,冬天屯驻,夏天撤离,年年如此。由于汉兵与南匈奴联合对付北匈奴,缘北边八郡朔方、五原、云中、定襄、雁门、代郡、上谷、渔阳等皆控制在东汉朝廷手中。南单于也使其分居各地的部众协助东汉地方官员戍守。北匈奴单于十分惶恐,于是将以前所掠汉人释放,以表示对东汉皇朝修好之意。建武二十七年(51年),北匈奴单于派出使者到武威郡求和亲,刘秀召集群臣廷议,大家意见分歧,难以达成共识。皇太子刘庄认为应予以拒绝,刘秀认为儿子的意见颇有道理,遂即命令武威太守拒绝接受其使者。东汉朝廷的冷淡态度使北匈奴越发感到不安。第二年,北匈奴的使者径直来到洛阳,带来马与裘做贡物,乞求和亲,并请音乐,还要求率西域各国的胡商们前来贡献方物。刘秀将其要求交司徒、太尉与司空三府官员讨论,要他们研究一个比较得体的对策。司徒掾班彪认为"不宜绝北,羁縻之义,礼无不答"[1]。班彪的建议比刘庄的意见进了一步,得到刘秀的采纳,由拒绝交往开始了礼尚往来。不过因南匈奴归附,刘秀一朝基本上确定了对南北匈奴的不同政策,概括起来就是拉南拒北,对北匈奴屡屡发出的亲善信号不予积极回应,因此使东汉与北匈奴的关系始终隔膜和不信任,终于导致了汉匈间连绵不断的战争。当然,此一战争的责任主要应由北匈奴承担,但是,从刘秀一朝开始实行的政策上的偏颇也不能辞其咎。建武二十九年(53年),赐南单于羊数万头。三十一年(55年),北匈奴再一次遣使通好,东汉朝廷只以玺书报答,赐一点彩缯之类的礼物,但仍不遣使报聘。此后,东汉与北匈奴就陷入长期战争中。直至和帝永元初年,大将军窦宪等进击北匈奴,大获全胜,残部远遁西方。此一问题才告解决。

从总体上看,除了对北匈奴的政策稍有偏差外,刘秀处理汉匈关系的基本方针是正确的。东汉建立初年,刘秀专注于国内的统一事业和各项政治经济政策的实施,对匈奴采取忍让防御的策略,撤退边民,重点守备,从不主

[1]《后汉书·南匈奴列传》。

动进击，根本就不打算采取高祖白登之役那样大规模的军事行动。匈奴分裂为南北两部后，答应南匈奴入塞捍边的要求，从而在汉与北匈奴之间建立了一个缓冲区，在一定程度上减轻了北匈奴南侵造成的危害。如果此时刘秀的气度更恢弘一点，对北匈奴也采取与对南匈奴一视同仁的政策，加强彼此间经济文化的联系，使之与东汉朝廷和睦相处，通过不断的融合逐步消除民族的畛域，应该是最理想的。

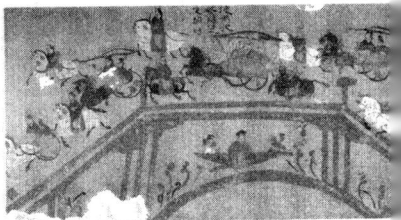

和林格尔汉墓壁画

　　刘秀在处理汉匈关系的同时，也相机处理了与匈奴关系密切的乌桓、鲜卑等少数民族与东汉朝廷的关系。

　　乌桓是生活在今之东北与内蒙古接壤地区的一个古老的民族，西汉以前称东胡。西汉初年，匈奴冒顿单于吞灭东胡，一部分残余势力退保乌桓山，此后即以乌桓名号。乌桓为游牧民族，善骑射，经常猎取禽兽。"随水草放牧，居无常处。以穹庐为舍，东开向日。食肉饮酪，以毛毳为衣。贵少而贱老，其性悍塞。怒则杀父兄而终不害其母，以母有族类，父兄无相仇报故也。有勇健能理决斗讼者，推为大人，无世业相继。邑落各有小帅，数百千落自为一部。大人有所召呼，则刻木为信，虽无文字，而部众子不敢违犯。氏姓无常；以大人健者名字为姓。大人以下，各自畜牧营产，不相徭役"[1]。以上记载表明，此时的乌桓虽然已经进入阶级社会，但还保留着浓厚的母系氏族社会的遗风。西汉前期，由于乌桓孤弱，只得"臣伏匈奴"，"岁输牛马羊皮，过时不具，辄没其妻子"[2]。汉武帝开启对匈奴的战争以后，骠骑将军霍去病扫荡匈奴左地，遂徙乌桓于上谷、渔阳、右北平、辽西、辽东5郡塞外，"为汉侦察匈奴动静"。汉设立护乌桓校尉，加以监护，目的是防止其与匈奴交通。

　　昭帝以后，乌桓逐渐强大起来，王莽统治时期，因对其处置不当，致使其依附匈奴，时常侵扰边郡。东汉初年，屡次南下劫掠，代郡以东受害尤其严重。因为乌桓"居止近塞，朝发穹庐，暮至城郭，五郡民庶，家受其辜，至于郡县损坏，百姓流亡"[3]。建武二十年（44年），匈奴与乌桓连兵，长驱南下，侵掠右扶风。当时，伏波将军马援正从交趾凯旋回朝，目睹乌桓为害，毅然向刘秀请缨，于十二月率兵屯驻襄国（今河北邢台市）。第二年秋天，马援率3 000

[1]《后汉书·乌桓鲜卑列传》。
[2]《后汉书·乌桓鲜卑列传》。
[3]《后汉书·乌桓鲜卑列传》。

"汉匈奴粟借禺鞮"铜印

骑自高柳(今山西阳高)出发,巡行雁门、代郡、上谷诸郡障塞,寻乌桓作战。因其侦悉马援意图,退避其锋,汉军未能取得较大战果。建武二十二年(46年),匈奴发生分裂。乌桓乘机袭击匈奴,北匈奴向北转徙数千里,漠南地空。刘秀对乌桓的行动大为激赏,立即赐以币帛。通过此举,东汉皇朝与乌桓的关系发生了根本性的转折,由互相敌对转为互相靠拢。建武二十五年(49年),辽西的乌桓大人郝旦等922人各率其部众归附东汉朝廷,并亲赴洛阳朝贡,献上奴婢、牛马以及弓、虎、豹、貂皮等特产。这时,东汉皇朝与周边各族普遍建立了良好的关系,朝贡的使者络绎不绝地来到洛阳。

刘秀面对此情此景,高兴极了。他下令大摆宴席,款待使者,并回赐珍宝。乌桓大人中有的要求留在中土为皇帝宿卫,刘秀就封其渠帅81人为侯王君长,要他们居住塞内,分布缘边各郡。同时,希望他们招来自己的部众,由东汉朝廷供给衣食,为东汉朝廷侦察匈奴、鲜卑人的动静,并与汉军一起讨伐匈奴、鲜卑。这时,司徒缘班彪又上书刘秀,要求设置专门官吏管理内附的乌桓人。刘秀采纳了他的建议,重新设置护乌桓校尉,在上谷宁城(今河北张家口)开营府,担负起管理乌桓的重任,同时兼领鲜卑,每年在固定时间设立互市,使汉与乌桓间进行贸易。光武、明、章三代,政治清明,国力强盛,加上汉朝廷处理乌桓事务比较得体,就使东汉朝廷与乌桓之间维持了较长期的和平与合作的局面。但是,安帝以后,随着东汉皇朝的日趋腐败,乌桓奴隶主贵族觊觎汉族财产的野心也日益膨胀。此后,东汉与乌桓的关系也就进入多事之秋,和平的互市又被劫掠和战争所代替。直到东汉末年曹操挥鞭北征,才结束了汉与乌桓的长期战争局面。

鲜卑人,也是原东胡的一支,因居于鲜卑山一带,故以其为号。鲜卑的语言风俗等都接近乌桓。因境内盛产貂、豽、鼲等珍贵的毛皮,故以出产名裘闻名遐迩。西汉初年,鲜卑被匈奴冒顿击败,远逃辽东塞外,西与乌桓为邻,还未与中原皇朝发生关系。"光武初,匈奴强盛,率鲜卑与乌桓寇抄北边,杀掠吏人,无有宁岁"[1]。为了反击鲜卑的侵扰,刘秀于建武十七年(41年)任命祭肜为辽东太守,全面

[1]《后汉书·乌桓鲜卑列传》。

主持东北边防的工作。建武二十年（44年）秋天，鲜卑万余骑进犯辽东，祭肜亲率数千精锐迎击，他身先士卒，冲锋陷阵，一下子冲垮了鲜卑人的部署，万余骑兵争相逃命，落水淹死者过半。祭肜督军穷追不舍，深入塞外，"虏急，皆弃兵裸身散走，斩首三千余级，获马数千匹"[1]。这一仗打出了汉军的威风，狠挫了鲜卑人的锐气，使之再也不敢入塞侵掠。祭肜看到匈奴、乌桓与鲜卑三族联合不易讨伐，决定拉拢鲜卑，以孤立匈奴。正在此时，匈奴分裂，无力控制鲜卑与乌桓。祭肜抓住机遇，于建武二十五年（49年）派出使者，向鲜卑人表示了结束敌对状态、友好相处的愿望，并表示，一旦归附，可以满足他们得到中原金玉绢帛的要求。鲜卑大都护偏何既慑于汉军的强大，又看到日趋衰败的匈奴不足恃，更明白归顺东汉朝廷能够获得更多的好处，于是遣使奉献，表示归顺之意。祭肜好言抚慰，厚赏财物，双方的紧张关系缓和下来。其他与鲜卑接近的高句骊等族，见鲜卑亲近东汉朝廷，也都"络绎款塞"，献上貂裘好马，以示归附诚意。刘秀加倍赏还他们，使之感到与东汉朝廷交好有利可图。其后，在偏何等的影响下，不少鲜卑邑落纷纷归顺。此后，东汉与鲜卑使者往来，双方关系日益密切。建武三十年（54年），鲜卑大人于仇贲、满头等率种人至洛阳朝贺，正式要求归属。刘秀十分高兴，即封于仇贲为王，满头为侯，承认了他们的附属地位。此后一直到明帝、章帝二朝，东汉与鲜卑都保持了良好的关系。鲜卑人不断进击北匈奴，逐步填补了北匈奴北徙后在东汉北部边障广漠地区留下的空地，维系了北部边境的和平与安宁。应该说，刘秀对鲜卑人以战促和，封赏其首领，厚馈以财物的政策是正确的，收到了数十年边境和平的良好效果，对东汉皇朝与鲜卑都是有好处的。但是，和帝以后，随着东汉政治的日益腐败和边境防卫力量的削弱，东汉皇朝逐渐失去了对鲜卑人的威慑能力。而在窦宪将北匈奴势力驱出广漠的北部边隆地区后，鲜卑人却乘机在此地区招降纳叛，迅速扩张自己的势力。桓帝时，檀石槐统一鲜卑各部，建立起东起辽东塞外，西至西域乌孙的绵延数千里的多民族联合体的政权，并不时对东汉的边境地区进行侵扰，成为令东汉朝廷十分头痛的边患。此

"汉匈奴粟借禺鞮"铜印印文

[1]《后汉书·祭肜传》。

绥德义合镇 2 号墓门额画像摹本

后,中原地区的汉族政权几经更迭,鲜卑人在北部中国却不断发展。当西晋灭亡、汉族政权南渡后,日益强大的鲜卑人终于在北部中国的舞台上演出了一幕幕威武雄壮的活剧,先后建立了前后燕、西秦、南凉、南燕 5 个政权。由鲜卑人建立的北魏在汉文化的影响下不断加速汉化的步伐,由北魏到东魏、西魏,到北齐、北周,最后转化为统一的隋皇朝;而曾经强盛一时,独领风骚的鲜卑族也最终融入了汉民族的汪洋大海。

二　东北各族、南蛮与西南夷

在中国今日之东北地区和朝鲜半岛,自远古时代就繁衍生息着许多民族,统称东夷。他们很早即与中原皇朝发生联系,彼此进行着广泛的经济文化交流。东汉时期,进一步密切了双方的关系,"自中兴之后,四夷来宾,虽时有乖衅,而使驿不绝"[1]。

位于今日吉林中部的是夫余国,它南与玄菟、高句骊为邻,东与挹娄接壤,西与鲜卑相连。这里地处广阔的平原,宜于农业生产,物产丰富,名马、赤玉、貂豽、大珠等特产尤其名闻四方。这时的夫余已经建立起奴隶制的国家,有城池、宫室、仓库、牢狱,以六畜名官,有马加、牛加、狗加等。"其俗用刑严急,被诛者皆没其家人为奴婢"[2]。建武中期,夫余国曾遣使者随东夷诸国一起贡献方物。建武二十五年(49年)夫余国王又一次遣使朝贡,刘秀也厚予回赠,此后每年朝贡不绝,基本上与东汉维系了良好关系。挹娄是殷周时期的肃慎国,居于夫余东北,此时臣服于夫余。

高句骊在辽东之东,南与朝鲜、濊貊接界,东与沃沮毗邻,北与夫余相连,地方 2 000 里,是东北地区较大的一个少数民族政权。其风俗语言接近夫余,传为夫余别种。高句骊凡有 5 族,曰消奴部、绝奴部、阪奴部、灌奴部、桂娄部。西汉时已进入奴隶社会,设置的官员有相加、对卢、沛者、古邹大加、主簿、伏台、使者、帛衣先人等。"无牢狱,有罪,诸家评议便杀之,没人妻子为奴婢。其婚姻皆就妇家,生子长大,然后将还"[3]。显然还带有不少氏族社会的遗风。汉武帝灭掉朝鲜后,高句骊变成汉皇朝的郡县。王莽时,

[1]《后汉书·东夷列传》。
[2]《后汉书·东夷列传》。
[3]《后汉书·东夷列传》。

诱杀句骊侯驺,并更名高句骊王为下句骊侯,引起高句骊人的极大不满和反抗。建武八年(32年),高句骊人知道王莽灭亡,东汉政权建立,即派出使者至洛阳朝贡,刘秀下诏恢复高句骊的王号,高句骊复为东汉的番属国。建武二十三年(47年),高句骊的蚕支落大加戴升率万余口至乐浪郡,要求内属,成为东汉郡县直辖的百姓。或许此事引起高句骊统治集团的不满,建武二十五年(49年),发兵接连侵扰右北平、渔阳、上谷、太原诸郡,当时的辽东太守祭肜运用巧妙的外交策略使一度紧张的局势缓和下来。

绥德画像石墓门额画像

高句骊盖马大山之东居住着东沃沮人,它"东滨大海,北与挹娄、夫余,南与濊貊接","土肥美,背山向海,宜五谷,善种田,有邑落长帅"[1]。汉武帝灭朝鲜后,以沃沮地为玄菟郡。后因该郡徙高句骊西北,又以沃沮为县,隶属于乐浪东部都尉。建武六年(30年)罢都尉官后,其渠帅被封为沃沮侯,后臣属于高句骊。

濊貊北与高句骊、沃沮相接,南与辰韩为邻,东穷大海,西至乐浪。武帝灭朝鲜后,分置乐浪、临屯、玄菟、真番4郡,隶属乐浪郡东部都尉。刘秀省都尉官以后,不再把这里作为郡县直辖的领土,而是封其渠帅为县侯,皆岁时朝贡。

在处理与东北各族的关系上,刘秀表现了少有的明智和大度,与王莽的大汉族主义的政策形成了鲜明的对比。东北各族发展水平不一,风俗习惯各异,距东汉皇朝的腹地又较遥远,在那里设立郡县,用治理内地的办法进行管理,显然有诸多不便。而施以武力征服更容易激起他们的反抗,勉强以武力维持统治实在是劳民伤财之举。刘秀与辽东太守祭肜对东北各族和邻国采取以维系边界稳定和平为目的的政策,在条件成熟、东汉国力能及的地方保持郡县统治,其余地方听任各族首领自行统治,不加任何干预。为此,刘秀取消了西汉时期在朝鲜北部和东北地区设置的4个郡中的2个,只保留乐浪与玄菟二郡,并且将玄菟郡西移,大大缩小了直接控制区。对其他自行统治的少数民族,本着和睦相处、互通有无的原则处理相互关系。首先是衅不自我开,真诚维系边界和平。其次,即使少

[1]《后汉书·东夷列传》。

绥德义合镇子沟墓门额画像

数民族统治者挑起冲突,也不扩大事态,尽量大事化小,小事化了。第三,对朝贡的民族政权和外国使者,热情接待,加倍回报,给予封爵,使之感受大国的气度和文化熏陶,从而增强其向心力。刘秀这样做,取得了良好效果。东北地区几十年无战事,汉与各族人民加强了经济文化交流,促进了彼此的发展。应该说,刘秀处理与东北各民族关系的政策比西汉和王莽时期高明多了。

在今之湖南西部、贵州东部、湖北西南部的崇山峻岭之中,秦汉时期居住着统称之为"蛮"的古老民族。据传说是高辛氏时槃瓠的后代,一个以狗为图腾的少数民族,其渠帅名精夫。夏、商、周三代之时,多次北上,与中原华夏族争衡。战国楚悼王时,并入楚国疆域。秦朝时,在其地置黔中郡。西汉时,改为武陵郡,郡治设在今之湖南常德。当时,虽设郡县对蛮族进行管理,但实行的却是与中原地区不同的政策,如税收,只是"岁令大人输布一匹,小口二丈,是谓賨布"[1]。蛮族民风强悍,时时有反叛之举,但终西汉之世,没有酿成大的动乱。

东汉建立以后,武陵蛮势力特盛,时常劫掠周边郡县。其时刘秀忙于统一中原和陇西、巴蜀,对它未予理会。建武二十三年(47年),武陵蛮精夫相单程等"据其险隘,大寇郡县"。此时东汉政权业已稳固,国内一片升平,边境地区亦无战事。刘秀认为解决武陵蛮的时机已经成熟,于是决定以武力征讨。遂即命武威将军刘尚率南郡、长沙和武陵兵1万余人,乘船溯沅水入武谿进击。刘尚是刘秀麾下的一员猛将,又身为宗室贵族,参加过征伐秦丰、隗嚣、公孙述等一系列的硬仗、恶仗,屡立战功。但此次率军讨伐武陵蛮却遭到全军覆没的失败,连刘尚也以身殉职。原因是他既不熟悉武陵地区的地理、气候条件,又不了解对手的习性与特点,只凭以往作战的经验,"轻敌入险",这里愈向前走,山势愈加险峻,河流千回百折,水势愈加湍激,舟船根本无法前进。蛮人知道汉军远来疲惫,不服水土,军粮不继,加上不晓路径,必然是困难重重。汉军利于速战,最怕旷日持久。蛮人于是利用他们依托乡土、熟悉地形的优势,"屯聚守险",拒绝与汉军作战。刘尚这位曾经在中原、陇西、巴蜀等地叱咤风云的大将军,面对险山

[1]《后汉书·南蛮西南夷列传》。

恶水和有些怪异的敌人,满腹韬略都失去了效用。当他见军粮近于告罄时,只得下令退却。蛮人乘此时机,充分利用自己熟悉地理环境的优势,沿路设伏,不断地对退却中的汉军施以出其不意的打击。此时的汉军本已疲惫不堪,在狭窄的山谷中遭到突然袭击时又难以展开作战,一切优势都变成了劣势。这样一来,未等这支汉军退到安全地带,就被全部消灭在这幽深奇绝的山谷中了,连身为统帅的刘尚也未能返回他的出发地。武陵蛮人乘胜追击,建武二十四年(48年),其精夫相单程等人指挥蛮军攻下了武陵郡城临沅(今湖南常德),整个武陵郡几乎全被占领。刘秀闻讯,大吃一惊,立即命谒者李嵩、中山太守马成统兵前往接战,由于仓促上阵,各方面准备工作不足,未能克复临沅。此时,62岁的伏波将军马援自动请缨。刘秀曰:"矍铄哉是翁也!"赞赏他老当益壮的精神,任命他为统帅,率中郎将马武、耿舒、刘匡、孙永等人,带领12郡募士及弛刑徒4万余人,浩浩荡荡开往五溪。第二年春天,大军至临乡,与蛮兵激战,斩获2 000余人。收复临沅后,继续沿沅水追击,抵下隽(今湖南沅陵)后,三月,从险路进至壶头,与蛮兵相持。因时值盛暑,"军士多温湿疾病",死去大半,连老将马援也以身殉职。此时,汉军同蛮军都近于筋疲力尽,谁也无力发动新的进攻。担任监军的谒者宋均明白,再继续坚持下去对汉军十分不利;而蛮军也因汉大军压境处于动摇中。在此情势下,用招降的办法能够瓦解敌军,不战而胜。他召集前线统兵将领,提出建议征求他们的意见:"今道远士病,不可以战,欲权承制降之何如?"由于此事牵扯改变朝廷的命令,谁也不敢承担责任,"诸将皆伏地莫敢应"。宋均毅然决定自己承担风险,慷慨而言:"夫忠臣出境,有可以安国家,专之可也。"[1]于是矫制调伏波将军的司马吕种守沅陵长,作为朝廷使者奉诏书进入敌营,"告以恩信",晓以利害,劝他们投降东汉朝廷。宋均则率大军紧随其后,做吕种的坚强后盾。这一招果然奏效,"蛮夷震怖",他们实在不愿与官军继续对抗,"即共斩其大帅而降"[2]。宋均进入敌营,宣布解散蛮军,让他们各自返乡;同时,安排好各地的行政官员,重新实施对蛮族聚居区的管理。一场令朝廷震动,郡县不安的蛮族反叛暂告

绥德王得元墓后室门额画像

[1]《后汉书·宋均传》。

[2]《后汉书·南蛮西南夷列传》。

绥德刘家沟墓门额画像

平息，并且终光武之世未再出现动乱。在处理此一事变中，洞察时势、勇于负责的宋均立下了不可磨灭的功勋。

除武陵蛮外，还有居住在今湖北西南部的巴郡南郡蛮。战国时期纳入秦国版图后，秦对其实行有别于关中郡县的统治政策，如任命其君长为当地官吏，赋税也反映地域特点："其君长岁出赋二千一十六钱，三岁一出义赋千八百钱。其民户出幏布八丈二尺，鸡羽三十镞。"[1]西汉时，对南郡蛮的统治办法沿袭秦朝不变。东汉建立后，也是沿袭旧例循而不改。建武二十三年(47年)，南郡的潕山蛮雷迁等反叛，劫掠周围百姓。刘秀遣武威将军刘尚率万余人将其讨平，并将该部7 000多人迁至江夏郡安置，又称沔中蛮。

在今之四川阆中一带，还居住着一支板楯蛮。其人勇敢善战，俗喜歌舞，曾在楚汉战争中为刘邦立下战功。刘秀建立东汉后，板楯蛮也曾在其郡守的统帅下，为刘秀统一中国出过力。桓帝以后，板楯蛮曾发动反叛朝廷的起事，此时的东汉皇朝已经是日薄西山了。

在今之四川西部、云南和贵州的大部分地区，秦汉时期居住着众多的少数民族，分别建立过夜郎国、滇国、邛都国、莋都国、冉駹国、白马国，以及巂、昆明诸部落，历史上统称西南夷。东汉建立后，刘秀基本上沿袭以前的政策，实施对该地区各少数民族的统治。

古夜郎国在今贵州西南部，是一个比较贫瘠的地方。汉武帝平定该地后，设牂柯郡，夜郎侯迎降有功，赐予王印绶。东汉建立后，公孙述割据巴蜀地区，牂柯大姓龙、傅、尹、董等与郡功曹谢暹拒绝公孙述的管辖，为东汉皇朝保境安民，并派出使者，从番禺江辗转到洛阳奉贡，得到刘秀的嘉奖。东汉之世，这里的经济文化都有所发展。

位于今之云南的滇国，据记载是战国楚将庄蹻建立的政权。汉武帝平定该地后，设立益州郡。王莽篡政后，益州夷栋蚕、若豆等起兵杀郡守，与越巂姑复夷人大牟联兵反叛。王莽遣宁始将军廉丹发巴蜀10余万人前往讨伐，未能取胜。后以广汉文齐为太守，"造起陂池，开通溉灌，垦田2000余顷。率厉兵马，修障塞，降集群夷，其得其和"[2]。公孙述割据巴蜀后，文齐拒不臣服。得到刘秀复汉的消息，

1 《后汉书·南蛮西南夷列传》。
2 《后汉书·南蛮西南夷列传》。

立即遣使间道前往,表示归顺。刘秀平定公孙述后,任文齐为镇远将军,封成义侯。建武十八年(42年),益州夷渠帅栋蚕与姑复、滇池、昆明等部落联兵反叛,杀死益州长史。太守繁胜督兵镇压,被夷人打败,只得向北撤退,固守朱提(今云南昭通)。第二年,刘秀命武威将军刘尚等人,征发广汉、犍为、蜀郡人以及朱提夷,合兵1 3000人,前往平叛。大军渡过泸水(即金沙江),进入益州。叛夷见大军至,纷纷弃垒奔走。建武二十年(44年),汉兵与栋蚕夷等连战数月,皆破之。明年正月,追至不韦(今云南保山北),斩栋蚕夷帅以下7 000余人,生俘5 700人,马3 000匹,牛羊3万多头。益州又恢复了和平与秩序。由于此后东汉朝廷对夷人的政策比较得体,所以直至灵帝以前益州夷人都与汉人和睦相处,经济文化得到较快发展,民族之间的畛域也逐渐淡化了。

羌人墓葬

秦汉时期,在今之云南西南部的中缅交界地区,生活着哀牢夷人。因他们"散在谿谷,绝域荒外,山川阻深,生人以来,未尝交通中国"[1]。建武二十七年(51年),哀牢王贤栗率其种人户2 770、口17 659,至越嶲太守郑鸿处归降,请求内属。刘秀即封贤栗等为郡长,此后每年都到洛阳朝贡。明帝时,在哀牢夷聚居区设立永昌郡,管理该地的行政事务。该地气候温和,土地沃美,物产丰富,有得天独厚的矿产和动植物资源。刘秀及其子孙在那里设官治理,加强了汉夷之间的经济文化联系,对那里的开发与社会进步起了积极作用。并且,还通过该地与南亚诸国长期联系的方便条件,沟通了东汉与南亚诸国和欧洲的联系。

秦汉时期,在今之四川西昌彝族居住区生活着邛都夷。汉武帝时,于其地设置了越嶲郡。更始二年(24年),邛都夷人长贵率其种人攻杀太守枚根,自立为邛谷王,领太守事。不久,又归降公孙述。刘秀平定公孙述后,正式封长贵为邛谷王。建武十四年(38年),长贵派使者至洛阳上三年计,刘秀授予长贵越嶲太守印绶。建武十九年(43年),益州夷反叛,刘秀命武威将军刘尚率兵征讨,路经越嶲郡。"长贵闻之,疑尚既定南边,威法必行,己不得自放纵,即聚兵起营台,招呼诸君长,多酿毒酒,欲先以劳军,因袭击尚"[2]。刘尚知悉长贵的阴谋,于是先下手分兵取邛都(今

[1]《后汉书·南蛮西南夷列传》。
[2]《后汉书·南蛮西南夷列传》。

汉西域诸国图

四川西昌），杀掉长贵，将其家属迁至成都，从而平息了一场还未发动的叛乱。另外，在今四川西部的康定、雅安一带，还居住着莋都夷人，武帝时归蜀郡管辖。东汉建立后沿袭旧制。终东汉之世，该夷虽有几次叛离，但与汉人已建立起越来越密不可分的关系。

在今之四川的西北部阿坝藏族羌族自治州一带，秦汉时居住着冉駹夷人。汉武帝开通此地以后，曾设立汶山郡进行管理。宣帝时又将其并人蜀郡，设北部都尉以司管理之职。"其山有六夷七羌九氐，各有部落。其王侯颇知文书，而法严重。贵妇人，党母族"[1]。带有浓厚的母系氏族社会遗风。该地区山高林密，气候恶劣，但有丰富的自然资源和名贵的土特产品。刘秀灭公孙述后，沿袭西汉的统治办法，由蜀郡负责管理冉駹夷。终东汉之世，冉駹一直与蜀地的汉族人友好相处，共同开发着这块神奇的土地。

在今之四川、甘肃交界地区，秦汉时期聚居着白马氐人。汉武帝开通此地以后，将广汉郡西部与之合并，新设立武都郡进行管理。这里"土地险阻，有麻田，出名马、牛、羊、漆、蜜"[2]，是半农半牧区。氐人"勇戆抵冒"，具有很强的反抗精神。王莽篡政后，氐人叛离。建武初年，他们又归附陇西隗嚣和巴蜀的公孙述。刘秀讨平隗嚣后，氐人酋豪又背叛公孙述，归降东汉朝廷。时任陇西太守的马援建议刘秀恢复酋豪们王侯君长的头衔，赐以印绶。不久隗嚣的族人隗茂反叛攻杀武都太守。氐人大豪齐钟在各部氐人中素有威信，他与郡丞孔奋合力，利用氐人的力量一举击杀隗茂，协助东汉朝廷恢复了在武都的秩序。

刘秀与东汉朝廷对总称南蛮与西南夷的众多少数民族所采取的统治方略，基本上因袭于西汉，继承多于创新。以和安为目的，以怀柔为手段，注意照顾他们的利益，封赏他们的首领，并尽量利用其领袖人物担任当地的行政长官。在此基础上，兴办学校，加强经济文化交流，以促进汉民族与当地民族的互相了解与融合。这个政策基本上是成功的。两汉时期是中原的汉民族与南方和西南的少数民族互相接触、交流和融合的重要时期。经过400多年不断地经济互补和文化渗透，这里的少数民族都成为中华民族大家庭中不可分割的一员。

[2]《后汉书·南蛮西南夷列传》。
[3]《后汉书·南蛮西南夷列传》。

三　西羌与西域

东汉皇朝近200年间，虽然国内民族问题十分复杂，从北部边陲到南方、西南的险山恶水，从东北的苍莽森林到西北的浩瀚沙漠，汉民族与少数民族之间，几乎都发生过血雨腥风的战争，但是，最使东汉当政者头痛的却是旷日持久的对羌战争。这个战争从刘秀一朝开始，一直到最后的献帝一朝，几乎没有停止过。战争吞噬着无数的生命和大量的社会财富，使民族矛盾、阶级矛盾、统治阶级的内部矛盾日益激化，成为东汉皇朝走向灭亡的重要原因之一。

新疆库车龟兹故城遗址

羌人是中国最古老的民族之一，在《尚书》、《诗经》等文献中已有记载。西周以后的史乘中，更是不绝于书。秦汉时期，它集中聚居于河湟一带，即今之兰州至青海湖的黄河与湟水的河谷地区。因为它以游牧为主，陇西周围的广大地区也留下了它的足迹。《后汉书·西羌传》对该民族的特点、习性作了如下记述：

> （西羌）南接蜀、汉徼外蛮夷，西北接鄯善、车师诸国。所居无常，依随水草。地少五谷，以产牧为业。其俗氏族无定，或以父名母姓为种号。十二世后，相与婚姻，父没则妻后母，兄亡则纳釐嫂，故国无鳏寡，种类繁炽。不立君臣，无相长一，强则分种为酋豪，弱则为人附落，更相抄暴，以力为雄。杀人偿死，无它禁令。其兵长在山谷，短于平地，不能持久，而果于触突，以战死为吉利，病终为不祥。堪耐寒苦，同之禽兽。虽妇人产子，亦不避风雪。性坚刚勇猛，得西方金行之气焉。

显然，羌人此时虽然已进入阶级社会，但母系氏族社会的遗风还相当浓厚。秦朝统一全国后，"使蒙恬将兵略地，西逐诸戎，北却众狄，筑长城以界之，众羌不复南度"[1]。西汉初期，匈奴强盛，臣服诸羌。汉景帝时，羌人中的研种、留何率种人要求为汉守陇西塞，汉朝廷接受其要求，将留何等迁徙于狄道、安故，至临洮、氐道、羌道诸县，即今甘肃临洮以南至舟曲的南北狭长地区。后来，汉武帝开拓疆土，征伐四夷，北攻匈奴，西逐诸羌。于是渡黄河、湟水，修

[1]《后汉书·西羌传》。

匈奴古墓壁画牧羊图

筑令居塞，打通河西走廊，设置武威、张掖、酒泉、敦煌4郡，西出玉门关，将匈奴与羌人隔断。此后，羌人不断反叛，与西汉皇朝进行过一系列战争。直至元帝以后，羌人的反抗才告平息。王莽建立新朝后，推行大汉族主义的民族政策，引起周边少数民族的普遍反抗。众羌据西海周围，不断对汉族聚居地区劫掠。王莽灭亡以后，更始、赤眉火并于关中地区，无暇他顾。诸羌肆无忌惮，屡屡侵扰金城（今甘肃兰州周围地区）、陇西（今甘肃临洮周围地区）等郡。此时，割据陇西地区的隗嚣无力对付羌人，就与他们联合，共同抗拒汉兵的进击。建武九年（33年），隗嚣失败，诸羌也表示归附东汉皇朝。这时，司徒掾班彪建议，沿袭西汉旧制，设立护羌校尉对羌人进行管理。刘秀接受班彪的建议，任命牛邯为护羌校尉。但不久牛邯死去，刘秀也就撤销了这一官职。其后不久爆发的羌人之乱，说明刘秀在此问题上的失误。刘秀此时注意的中心大概是巴蜀的公孙述问题，他没有看到羌人问题是乱源之一，也就没有采取防患于未然的措施，更没有考虑安抚羌人的长久之计。建武十年（34年），先零羌与其他诸种结合起来，一面"营堑自守"，防备官军进击，一面寻找机会，侵扰金城和陇西。而这里，正是汉军进攻巴蜀的战略后方。羌人的反叛干扰了汉军进击公孙述的军事行动。中郎将来歙奉命大修攻具，率虎牙大将军盖延、武威将军刘尚以及太中大夫马援等，督军进攻占据金城地区的羌人，大获全胜，"斩首虏数千人，获牛羊万余头，谷数十万斛"[1]。当时陇西虽然平定，但饥民流离，社会秩序混乱。来歙命令打开仓库，转运米粮，很快使饥民安定下来，社会秩序也恢复了正常，整个凉州地区与外界的联系也畅通了。来歙知道，羌人的反叛时刻可能发生，朝廷在陇西一带的统治还很不稳固，必须有一个熟悉此地地理民情而且足智多谋的官员主持这里的军政大计，才能维系这里的安全与稳定，而最恰当的人选就是马援。因为马援曾在陇、汉间经营牧业，到过许多地方，不仅对这里的山川形势了然于胸，而且也熟悉羌人的脾性风情，特别是他忠于朝廷，宽容部下，爱护百姓，并且有着超人的谋略和勇毅。经来歙推荐，刘秀任命马援做了陇西太守，全权主持对付羌人的工作。

[1]《后汉书·西羌传》。

马援针对羌人民风剽悍、狠勇好斗的特点,制定了以战求和的对羌斗争策略。建武十一年(35年),马援率步骑3 000人,奇袭进入临洮的先零羌,一举获胜,斩首数百级,获马牛羊万余头,逼使守塞的8 000羌人向马援投降。此时,有数万羌人据守浩亹(今甘肃永登西)隘口,四处抄掠,与官军对抗。马援与扬武将军马成督兵进击。羌人将妻子和辎重都留屯于允吾谷(今甘肃兰州西),防守较弱,马援率兵从偏僻小道悄悄接近允吾谷,打得羌人措手不及,损失惨重,只得远徙唐翼谷中,马援穷追不舍。羌人将精兵屯聚北山,严阵以待,摆开与官军决战的架势。马援将计就计,在北山的正面摆开阵势,慢慢向前推进,以吸引羌人的注意力。与此同时,另遣数百骑精锐绕到山后,乘着夜色,接近敌人,发起突然攻击。"乘夜放火,击鼓叫噪"[1],羌人惊恐万状,四散奔逃。马援挥兵掩杀,前后夹击,共斩首千余级, 收其大批谷粮畜产。此役中马援身先士卒,"中矢贯胫",依然从容指挥,直至结束战斗。这时,东汉朝臣中在对羌策略上发生了分歧。一部分人认为金城郡破羌(今青海乐都以东)以西地方"途远多寇",建议放弃,只坚守破羌一线也就可以了。马援不同意上述意见,他向刘秀建言说,破羌之西的许多城池仍然完好坚固,可以作为固守的据点:那里土地肥沃,灌溉也比较便利,驻守士卒军粮不成问题。如果该地弃置不守,羌人盘踞湟水两岸,就会造成无穷的后患。刘秀肯定马援的意见,于是下诏武威太守,令其将因躲避羌人掳掠而迁至那里的金城郡居民悉数遣回,共有3 000多人回到故乡。马援奏请刘秀任命金城各级官吏,组织百姓"缮城郭,起坞候,开导水田,劝以耕牧"[2],使郡中百姓生活安定,生产发展,增强了与羌人斗争的力量。与此同时,又使归附的羌豪杨封游说塞外诸羌部落前来要求和亲,以缓和汉羌之间的关系。通过这些措施,对羌诸部落进行分化,以减缓对官军的压力。建武十三年(37年),武都(今甘肃西南部)的参狼羌与塞外诸羌部落联合反叛,杀该郡长史。马援率兵4 000余人前往进击,在氏道县(今甘肃礼县北)与羌相遇。羌人占据山上险要地形,准备迎击官军。马援知道羌人凭险固守,官军如采取强攻的策略很难取胜。但如果断其水草之源,他们就

北庭故城遗址

[1]《后汉书·马援传》。

[2]《后汉书·马援传》。

班超像

难以坚持,自行瓦解。他于是出其不意地夺取了山下水草丰美之地,对山上羌人采取围而不打的策略。羌人求战不得,人马俱陷入困境。其豪帅明白遇到的马援是一个难于对付的人物,只得率数10万羌人逃到塞外,剩下的万余羌人向马援投降,陇右的羌患基本上结束了。马援对羌人的斗争之所以取得成功,是因为他采取了正确的斗争策略,每次战役的谋划与指挥都比较高明。特别是,在取得胜利后他没有采取扩大战果的方针,而是适可而止,采取守势,并以和亲缓和关系。当时东汉皇朝虽已建立10多年,但一直没有停止的统一战争消耗了大量国力,此时不宜扩大对羌人的战争,维持和平对双方都有好处。此后直到刘秀晚年,近20年的时间里汉羌间基本无战事,这个局面是马援造成的。

马援离开陇西后,尽管汉羌之间维持了较长时间的和平局面,但由于双方的经济文化交流和彼此了解不够,二者的矛盾并未减缓,建武末年又爆发了激烈的战争。羌人虽是一个民族,但种落复杂,内部斗争也很激烈。其中烧当羌一支至其玄孙滇良,一直聚居于黄河以北的大允谷一带,人数较少,比较贫弱。而先零、卑湳诸部则较为富强,数次对烧当加以欺凌。滇良父子在诸羌其他部落中颇有恩信,于是便联合附近诸部,从大榆突袭先零、卑湳,获胜,杀其3 000人,掠取大量财物,并占夺了其居地大榆中(今甘肃兰州东),开始强大起来。不久,滇良之子滇吾代其父成为该部首领,他深孚众望,又有一定的军事才干,当其与东汉朝廷作对时,汉羌关系自然进入多事之秋。中元二年秋天,滇吾与其弟滇岸率步骑5 000人进攻陇西塞,刘盱遣兵先击之以枹罕(今甘肃临夏东),未能取胜,又与之激战于允街(今甘肃永登南),复为羌人战败,损失士卒500余人。滇吾一支的胜利使其他诸部受到鼓舞,纷纷起来与汉军为敌,攻击汉人居住地,掠取财物。东汉朝廷遣谒者张鸿指挥诸郡兵进击羌军,先战允吾(今甘肃兰州西),再战唐谷(今青海乐都西),皆为羌人所败。张鸿及陇西长史田飒战死。与此同时,前来参战的天水郡兵与羌人牢姐种战于白石(今甘肃临洮东),亦遭遇惨败,1 000多士卒战死沙场。自此以后,终东汉之世,羌人之患始终未能消解,特别是和帝以后,愈演愈烈。这既有东汉朝廷政策上的失误,也有羌族酋豪贪欲恶性膨胀的原因。然而,它给东汉皇朝所造成的破坏和影响却是巨大的。正如范晔所说:

> 羌戎之患,自三代尚矣。汉世方之匈奴,颇为衰寡,而中兴以后,边难渐大。朝规绥御之和,戎帅骞然诺之信。其内属者,或侘傺于豪右之手,或屈折于奴仆之勤。塞候时清,则愤怒而思祸;桴革暂动,则属鞬以鸟惊。故永初之间,群种蜂起。遂解仇嫌,结盟诅,招引山豪,转相啸聚,揭木为兵,负柴为械。毂马扬埃,陆梁于三辅;建号称制,恣睢于北地。东犯赵、魏之郊,南入汉、蜀之鄙,塞湟中,断陇道,烧陵园,剽城市,伤败踵系,羽书日闻。并、凉之士,特冲残毙,壮悍则委身于兵场,女妇则徽缧而为虏,发冢露胔,死生涂炭。自西戎作逆,未有陵斥上国若斯其炽也。[1]

两汉时期,自玉门关往西,直至今日的巴尔喀什湖以东以南,天山南北的广漠土地,统称之为西域。汉武帝时,经过张骞两次艰苦卓绝的出使和数以万计的将士们的流血牺牲,这片广阔而神奇的土地终于插上了大汉的国旗,成为汉皇朝领土的一部分。而由长安向西迤逦延伸,越葱岭,入中亚,直到地中海东岸的著名的丝绸之路,也第一次使古老的中国与遥远的欧洲联系起来,成为第一条沟通东西方文明的伟大通道。当年,那响彻沙漠万里晴空的驼铃声,奏出的是中外经济文化交流的瑰丽的交响曲。西域内属时,有大小36国。西汉朝廷在那里设置都护、校尉之类的官员加以监护。哀、平之时,36国又自相分割为55国。具有代表性的是,以今之新疆若羌为中心的鄯善,以今之且末为中心的且末,今之民丰以北、已经淹没在大戈壁中的精绝,以今之于田为中心的拘弥,以今之和田为中心的于阗,以今之莎车为中心的莎车,以今之喀什为中心的疏勒,以今之哈密为中心的伊吾,以今之吐鲁番为中心的车师前部,以今之奇台为中心的车师后部,以今之乌鲁木齐为中心的东且弥,以今之焉耆为中心的焉耆,以今之库尔勒为中心的尉犁,以今之库车为中心的龟兹,以今之

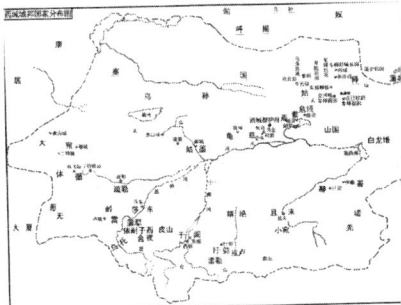

西域城邦国家分布图

---

[1]《后汉书·西羌传》论。

库车（龟兹）故城，丝绸之路北道重镇

温宿为中心的姑墨，以今之乌什为中心的温宿，以及位于今之哈萨克斯坦与新疆交界处的乌孙和位于今之吉尔吉斯斯坦的大宛等。王莽篡汉以后，推行歧视少数民族的错误政策，将西域的国王一律贬为侯，由此引起他们的不满与反抗，更由于匈奴插手其间，西域诸国便纷纷倒向匈奴，中断了与中原皇朝的联系，万里丝绸之路的驼铃声也沉寂下来。但是，匈奴对西域的统治十分残酷，"敛税重刻，诸国不堪命"[1]。前后对比，他们更怀念中原皇朝的监护。建武中期，当西域诸国知悉大汉皇朝复兴的消息后，都极为振奋，奔走相告，"皆遣使求内属，愿请都护"[2]。一个具有重要意义的大事需要刘秀决策：接受还是拒绝。"光武以天下初定，未遑外事，竟不许之"[3]。应该说，刘秀在处理中原皇朝与周边少数民族的关系上，这是一次最大的失策。这次错误决策给东汉皇朝造成了不可弥补的损失。首先，它使西域诸国失望，使丝绸之路中断的状况又延续了20多年。西域诸国冒着被匈奴制裁的危险，自愿请求归附，说明他们对汉文化的向往和对汉皇朝的信任与依赖。他们希望得到东汉皇朝的保护，也希望东汉皇朝成为他们诸国间的仲裁者，以便协调他们之间的关系，解决他们之间的矛盾，维系诸国间的和平与秩序。同时，西域诸国也热切希望重开丝绸之路，因为他们不仅可以从中得到自己喜爱的中原产品，也能够从过境贸易中得到实惠。对东汉皇朝来说，经营西域，不仅可以宣扬国威，加强东西方经济文化交流，而且也不会耗费太多的人力、物力。以后班超一行人在西域的活动完全可以证明这一点。刘秀拒绝西域诸国的要求，也就失掉了中原皇朝势力重返西域的最好机会。而由于没有中原皇朝在那里的制衡作用，西域诸国互相攻击吞并，破坏了那里的和平与秩序。"会匈奴衰微，莎车王贤诛灭诸国，贤死之后，遂更相攻伐。小宛、精绝、戎卢、且末为鄯善所并。渠勒、皮山为于阗所统，悉有其地。郁立、单桓、孤胡、乌贪訾离为车师所灭。后其国并复立"[4]。如果东汉皇朝及早进入西域，以上情况应该是可以避免的。其次，不利于东汉对匈奴的斗争。自战国以降，匈奴就成为中原皇朝最大的威胁。而西汉时期匈奴也曾胁迫西域诸国与汉朝廷作对，给西汉对匈奴的斗争

[1]《后汉书·西域传》。
[2]《后汉书·西域传》。
[3]《后汉书·西域传》。
[4]《后汉书·西域传》。

造成不少困难。后来,西域内属,与西汉同心合力对付匈奴,成为西汉战胜匈奴的一人助力。东汉建立后,解除匈奴对北部边隘的威胁是当务之急。而当时西域却控制在匈奴手里。如果刘秀接受西域的要求,切断西域与匈奴的关系,肯定能够为战胜匈奴创造有利条件。计不出此,匈奴仍然可以挟持西域与东汉皇朝对抗,无形中增加了战胜匈奴的困难。刘秀之后,匈奴还时时胁迫西域诸国侵扰河西地区。"永平中,北虏仍胁诸国共寇河西郡县,城门昼闭"[1]。第三,不利于东汉朝廷对羌人的斗争。西域紧靠河西四郡,西域归附,河西四郡的安全也就有了保证。而河西四郡,绵延于羌人的北方,是同羌人斗争的前哨阵地之一。西域不归附,河西夹在西域与羌人之间,处于腹背受敌的地位,在对羌人的斗争中就难以发挥最大的作用。东汉建立初期,刘秀对周边少数民族采取以和求安,多一事不如少一事的政策,从总体上看虽然比较正确,但是,在具体处理与每个周边少数民族的关系时,就应该考虑不同情况,采取有区别的政策。西域诸国自动请求内属,接受其要求显然利多弊少。刘秀对此顾虑重重,比之乃祖刘邦与汉武帝,就略逊一筹了。明帝时已经觉察到刘秀对西域政策的失误,于是简命将帅,北征匈奴,屯田伊吾卢,重新与西域沟通了联系,中断了65年之久的丝绸之路也恢复了昔日的繁荣。特别是和帝时班超在西域卓有成效的工作,使西域50余国悉数内属,东汉与外部世界的联系超过了西汉时期。"其条支、安息诸国至于海濒四万里外,皆重译贡献。九年,班超遣掾甘英穷临西海而还。皆前世所不至,《山经》所未详,莫不备其风土,传其珍怪焉"[2]。其时,中国人第一次观览地中海的波涛,中华民族的声威也震撼了罗马王庭。但是,由于东汉皇朝在章帝以后即被外戚、宦官的交替擅权所困扰,东汉朝廷对西域的政策又不能一以贯之,因而东汉难以稳定对西域的监护,造成"自建武至于延光,西域三绝三通"的局面。与西汉对西域的经营相比,实在逊色多了。

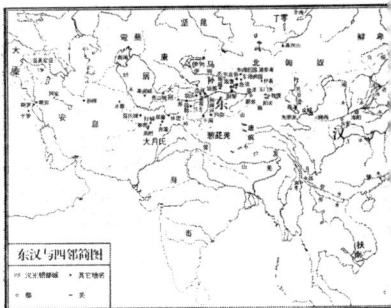

东汉与四邻简图

四　三韩、倭国与交趾

刘秀及其后继者,除了处理了大量的与周边少数民

[1]《后汉书·西域传》。

[2]《后汉书·西域传》。

族的关系以外,还处理了与外国的一些关系。

在今之朝鲜半岛南部有三韩,即马韩、辰韩、弁韩。马韩在西部,有54国,北与乐浪接壤,南与倭相望。辰韩居东部,有12国,北面与濊貊为邻。"辰韩,耆老自言秦之亡人,避苦役,适韩国,马韩割东界地与之"[1]。弁韩在半岛最南端,亦有12国,其南与倭相望。三韩78国,实际上是78个邑落,大者上万户,小者数千家。三韩中以马韩最大,共立其种为辰王,尽王三韩之地。三韩农业生产比较发达,居民皆能歌善舞。其社会已发展到奴隶制阶段,但还保留着氏族社会的遗风。建武二十年(44年)韩国廉斯人苏马谡等到乐浪郡,向东汉皇朝贡献,表示臣属之意。刘秀封苏马谡为汉廉斯邑君,使其归乐浪郡管辖,四时朝谒。东汉末"韩、濊并昌盛,郡县不能制,百姓苦乱,多流亡入韩者"[2]。

在朝鲜半岛东南大海中的今之日本列岛上,有"依山岛为居"的倭人,凡百余国。国皆称王,其大倭王居邪马台国。远在秦朝时期,徐福就曾率领数以千计的中国人远航到这里,并在此定居。汉武帝灭朝鲜后,倭人中有30多国与汉皇朝发生了联系。此时的倭国已进入阶级社会,不过保留许多原始社会的遗风。《后汉书·东夷列传》记载:

> 土宜禾稻、麻纻、蚕桑,知织绩为缣布。出白珠、青玉。其山有丹土。气温腝,冬夏生菜茹,无牛马虎豹羊鹊。其兵有矛、楯、木弓、竹矢或以骨为镞。男子皆黥面文身,以其文左右大小别尊卑之差。……有城栅屋室。父母兄弟异处,惟会同男女无别。国多女子,大人皆有四五妻,其余或两或三。……又俗不盗窃,少争讼,犯法者没其妻子,重者灭其门族。……灼骨以卜,用决吉凶。

建武中元二年(57年),倭奴国遣使至洛阳,奉贡朝贺。刘秀赐给该国王"汉倭奴国王"金印,以表示东汉皇朝与倭奴国的君臣隶属关系。这颗金印后来在日本九州福冈县志贺岛崎村出土,是中日两国悠久的历史文化联系的见证。

秦汉时期,中国与今之越南、当时的交趾建立了远较朝鲜、日本更密切的关系。交趾很早就与中国发生了联系。《礼记》上已有关于它的记载。战国时,它曾向楚国朝

"汉倭奴国王"金印

[1]《后汉书·东夷列传》。
[2]《后汉书·东夷列传》。

贡。以后，"秦并天下，威服蛮夷，始开领外，置南海、桂林、象郡"[1]。象郡的一部分即已深入交趾。西汉前期，赵佗自立为南越王，辖今之两广与交趾。汉武帝灭南越后，以其地分置9郡，其中交趾、九真、日南3郡，就设置在今之岘港以北的越南领土。但其时该地原始居民还处在较低的社会发展阶段，"凡交趾所统，虽置郡县，而言语各异，重译乃通。人如禽兽，长幼无别"[2]。后来，汉皇朝将中原罪徒一批批地迁到那里，与之杂居，该地才逐渐开化。东汉建立后，刘秀沿袭西汉对交趾地区的统治办法，"锡光为交趾，任延守九真，于是教其耕稼，制为冠履，初始媒娉，始知姻娶，建立学校，导之礼义"[3]，尤其是循吏任延为九真太守时，传播中原的耕作技术和先进文化，千方百计改变那里落后的风俗习惯，作出了突出的政绩，深受当地百姓的爱戴。建武十二年（36年），九真徼外蛮里张游率领他的部族内属，被刘秀封为归汉里君。第二年，徼外蛮夷向东汉朝廷献上白雉、白菟。说明这里的蛮夷向往发达的汉文化。建武十六年（40年），交趾女子征侧、征贰利用当地百姓对东汉地方官员的不满，发动了反抗官府的武装起义。一时声势浩大，占领了65城，征侧自立为王。刘秀知悉后，决定以武力镇压反叛。"乃诏长沙、合浦、交趾具车船，修道桥，通障路，储粮谷"[4]，做好用兵的准备。建武十八年（42年），遣伏波将军马援、楼船将军段志率长沙、桂阳、零陵、苍梧等4郡兵万余人进击交趾反叛武装。第二年四月，征侧、征贰被杀死，其部众降散。接着，又讨平了九真郡都阳等人的反叛。为了防止死灰复燃，将当地蛮夷渠帅300余人迁至零陵郡（今湖南、广西交界地区）。"援所过辄为郡县治城郭，穿渠灌溉，以利其民。条奏越律与汉律驳者十余事，与越人申明旧制以约束之，自后骆越奉行马将军故事"[5]。由于马援制定并实行了一些符合当地情况、反映百姓意愿的政策措施，大大缓和了地方官府与百姓的矛盾。所以，自此以后，直至和帝永元十二年（100年）近60年间，交趾、日南、九真等南越3郡一直比较安定。生产发展，文化进步，社会的文明程度也大大提高，南越的历史也就在此时进入了封建社会。

"汉倭奴国王"金印印文

[1] 《后汉书·南蛮西南夷列传》。

[2] 《后汉书·南蛮西南夷列传》。

[3] 《后汉书·南蛮西南夷列传》。

[4] 《后汉书·南蛮西南夷列传》。

[5] 《后汉书·马援列传》。

汉绿釉博山盖奁

第六章 东汉后期社会阶级矛盾的激化和黄巾起义

（105—184年）

第一节 外戚宦官交替擅权与政治的加速腐败

一 外戚、宦官交替擅权

东汉光武、明帝、章帝三个皇帝当政的60多年间，是这个皇朝最兴旺发达的时期。尤其是明帝、章帝在位的永平、建初时期，创造了几乎堪与西汉"文景之治"相媲美的"盛世"。不过，东汉的"盛世"无论就时间、规模、气势，还是就水准、成就、影响而言，都较西汉略逊一筹。和帝时期（89—104年）开始走下坡路，安帝（105—125年）继位后更是滑入了衰颓的快车道。中经顺帝、冲帝、质帝、桓帝、灵帝，最后在献帝时期形成军阀混战割据局面到三国鼎立的嬗变。公元220年，曹丕以一出"禅让"的闹剧实现了以魏代汉，刘氏皇统也就在这一年画上了一个句号。

和帝以后的东汉政治最显著的特点是外戚和宦官的交替擅权。

元兴元年（105年），27岁的和帝病逝，26岁的太后邓绥立幼子刘隆即帝位，是为殇帝，其时他生下仅百余日。邓太后临朝，任命其兄邓骘为车骑将军，议同三司（即没有三公的官位而拥有三公的权力和待遇），"仪同三司始自骘也"[1]。其他兄弟邓悝为虎贲中郎将，邓弘、邓闾为侍中。邓氏外戚控制了朝政。刘隆即位不到一年即病逝，邓后又立章帝之孙、刘庆之子刘祜为帝，是为安帝。安帝继位时年仅13岁，朝政自然掌握在邓太后及邓氏外戚手中。邓太后出身名门，为东汉开国元勋、太傅邓禹的孙女，知

[1] 《后汉书·邓寇列传》。

书达理,工于心计。在其临朝期间(105—121年)尚能抑制邓氏外戚、笼络士人,关心民瘼,倡导节俭,政治上不太荒唐,因而保持了全国的稳定局面。但是,邓氏外戚的独擅朝政既加剧了与其他勋戚的矛盾,也加剧了与形同傀儡的安帝的矛盾。邓太后为了巩固权位,往往倚任"家卧之内"的宦官,如蔡伦就成为她信任的重要人物。安帝年少时,尚能安于傀儡地位,随着年龄的增长,他必然要求从邓氏外戚手里夺回那本属于自己的权力。由于当时他深居宫中,可以依靠的力量首先是宦官。安帝于是与宦官江京、李闰以及乳母王圣等秘密筹划,伺机诛除邓氏外戚集团。永宁二年(121年)邓太后一死,安帝在宦官的参与下,立即下令将邓骘免官、抄产。将邓氏为官封侯者一律免为庶人。宦官江京、李闰等因功封侯,晋升中常侍,进入朝廷的最高权力圈。他们与安帝外戚勾结,把持朝廷,为非作歹,加速了东汉政治腐败的步伐。

沂南收获宴享画像砖

　　安帝诛除邓氏外戚后,皇后阎氏外戚乘势入主中枢。她的兄弟阎显、阎景、阎耀、阎晏"并为卿校,典禁兵"[1],连他们未成年的儿子也"并为黄门郎"。阎皇后依靠其兄弟子侄,勾结帝舅大将军耿宝,以及宦官和乳母王圣之女伯荣等,弄权营私,贪贿枉法,使东汉朝廷陷入乌烟瘴气之中。

　　延光四年(125年)安帝在外出巡行途中,突然死于叶县(今属河南)。阎后乘此时机,与其兄车骑将军阎显密谋,立章帝孙济北惠王之子北乡侯刘懿(一名犊)为帝,同时捏造罪名,将妨碍她专权的大将军耿宝贬为则亭侯,逼其自杀。将宦官、中长侍樊丰、虎贲中郎将谢恽、侍中周广等下狱致死,将大将军长史谢恽、黄门侍郎樊严处以髡钳之刑,又将在安帝时红极一时的王圣母女流放雁门。这样,就使在安帝时与阎氏享分权力的宦官、内侍集团的主要成员被消灭净尽,东汉朝廷的权力完全落入阎氏外戚集团的掌控中:阎太后临朝,车骑将军阎显辅政,阎景为卫尉,阎耀为城门校尉,阎晏为执金吾,一时间"兄弟权要,威福自由"[2],东汉朝廷又形成阎氏外戚擅权的局面。然而,这一局面很快消失。因为在这一局面形成的同时,以孙程为首的宦官正在策划一起诛除阎氏外戚集团的政变

[1]《后汉书·皇后纪》。
[2]《后汉书·皇后纪》。

黄釉浮雕尊

阴谋。

　　原来，被阎皇后立为皇帝的北乡侯刘懿一直处于病中，眼看不久于人世。阎显等遂与亲信宦官江京等密谋从济北、河间二王之子中选取皇位继承人。而此时，被阎后废为济阴王的原安帝太子刘保成为孙程等拥立的对象。孙程是安帝时的中黄门，他见少帝刘懿病笃，即与济阴王谒者长兴渠、宦官中黄门王康、太官丞王国等谋划扶刘保为帝。延光四年（125年）十月二十七日少帝病死，十一月二日孙程即与王康等18人盟誓。四日夜，孙程等持兵发动政变，先将党与阎氏外戚的宦官江京等斩首，接着胁迫另一权宦共立刘保为皇帝，他就是顺帝。之后，又将卫尉阎景、车骑将军阎显等阎氏外戚一网打尽。政变成功后，顺帝封孙程、王康、王国等19人为侯，拜孙程为骑都尉，不少宦官窃居要津，朝政由外戚转入宦官手中。宦官出身卑微，一旦权在手，恨不能一夜暴富，贪赃枉法较外戚有过之而无不及。孙程死时，请求传封于其弟，顺帝不仅批准，还封其养子为侯。此后，宦官养子袭爵成为定制。宦官专擅朝政，只能进一步加深东汉政治的腐败与黑暗。

　　顺帝以宦官发动的政变上台，自然对他们充满感激与信任，但是，宦官的专擅却引起官僚和士人的不满与抵制。因为在他们看来，"刑余之人"的宦官只配做宫中的奴才为皇帝从事洒扫庭除的服务，现在竟高居官僚士人头上颐指气使，发号施令，实在是"有亏圣政"了。左雄、李固等官僚士人代表上书要求"罢退宦官，去其权重"[1]，以儒学名士，清流官僚代替他们秉政。然而，官僚士人的力量不足以与宦官抗衡，他们只能借助外戚的力量抑制宦官势力的膨胀。而顺帝继位后恰恰为梁氏外戚进入庙堂创造了条件。永康三年（128年），即顺帝继位第三年，梁商之女梁妠与其姑姑一起入宫，成为年仅13岁的顺帝的贵人。本来就是贵族之家的梁氏由此更加富贵起来。梁商很快由执金吾而大将军，他联合官僚士人和部分依附的宦官，不断削弱宦官的权柄。永和四年（139年）又一举粉碎了宦官中常侍张逵等的废立阴谋，进一步巩固了自己的权力。梁商死后，其子梁冀由河南尹升任大将军，另一儿子梁不疑继任河南尹，由此进入了梁氏专擅朝政的时期。

[1]《后汉书·李杜列传》。

建康元年（144年），33岁的顺帝病死。梁妠无子，立虞贵人所生年仅2岁的刘炳为帝，梁妠以太后临朝，大将军梁冀、太尉李固、太傅赵峻参录尚书事，处理政务。刘炳即位不到一年即死去，梁太后与梁冀又策立8岁的刘瓒继位，他就是质帝。此时的梁冀专横自恣，连年少的质帝也看不下去。本初元年（146年）闰六月的一天，质帝目送梁冀走下朝堂的背影，说了一句"真是跋扈将军"，即被梁冀遣人毒死。质帝死后，太尉李固等大臣主张立"年长有德"的清河王刘蒜为帝，梁冀则力主立准备与其妹结姻的蠡吾侯刘志继帝位，双方展开激烈斗争。梁冀于是挟持梁太后策免太尉李固，以对其俯首帖耳的司徒胡广继任太尉，共同将刘志推上帝位。他就是桓帝。建和元年（147年）七月，桓帝益封梁冀万三千户，弟不疑，梁蒙，子梁胤皆封侯，八月，又立梁冀之女为皇后。至此，梁冀完全控制了东汉的朝政，外戚的专擅也达到了峰巅。

汉陶都树

梁冀拥立成功后，即挟持桓帝对反对派大施报复。他首先逼迫可能对其构成威胁的清河王刘蒜自杀，接着又捏造罪名，将清流派官僚的领袖李固、杜乔以及李固的两个儿子下狱处死。和平元年（150年）二月梁太后病逝后，梁冀更是大权独揽。不仅封户增至3万，而且为其妻争得了襄城君的封号和大长次主的待遇，岁入达5 000万。面对梁冀不可一世的气势，桓帝只得尽量满足他的欲求。元嘉元年（151年），赐梁冀"入朝不趋，剑履上殿，谒赞不名"，准其"每朝会，与三公绝席，十日一入，平尚书事"[1]。梁冀的势力遍布朝内外，连皇帝的一举一动也在他的监视之下。由于所有官员的升陟黜迁全在其掌控之中，百官只能唯其马首是瞻，奉命唯谨，予取予求。朝廷和地方官员稍有得罪，即遭诛杀。如宛（今河南南阳）令吴树、辽东太守侯孟、郎中袁著等，或因不顺从其旨意，或因拜官未登门致谢，或因上书揭露其丑行，尽皆被送入死亡之域，无一幸免。与擅权相联系的是敛财和腐化，梁冀、孙寿夫妇及其兄弟子侄，在这方面创造了东汉历史上空前的纪录。

梁氏外戚专擅东汉朝政20余年，建立起东汉历史上最大的外戚权势集团。他们一家先后有7人封侯，3人为皇后，6人为贵人，2人为大将军，封夫人、女食邑者7人，尚公

[1]《后汉书·梁统列传》。

主者3人,任卿、将、尹、校者57人,梁氏宗族简直是无人无官,无人无爵。梁冀的儿子梁胤"面目丑陋,不胜冠带,道路见者,莫不嗤笑"[1],简直像个丑八怪。可是年仅16岁就当上了河南尹。梁氏一家"穷极满盛,威行内外,百僚侧目,莫敢违命,天子恭己而不得有所亲豫"[2]。显然,刘氏皇朝已经变成梁家天下了。

物极必反。桓帝虽为梁冀所立,但他却压根不愿在梁冀的淫威下过傀儡皇帝的日子。时刻伺机诛除梁氏一家。和平元年(150年)梁太后死去。延熹二年(159年)桓帝梁皇后亦死去。就在这一年,桓帝与5个任中常侍的宦官唐衡、单超、具瑗、左悺、徐璜啮臂出血盟誓,共诛梁氏。八月丁丑,具瑗突然率禁军千余人包围梁冀府第,收其大将军印绶。梁冀自知末日来临,夫妻双双自杀。梁、孙两家宗族无少长皆弃市,与之有牵连的公卿列校、刺史二千石数十人被处死。故吏宾客数百多人被免官,"朝廷为空"。消息传出后,"官府市里鼎沸,数日乃定,百姓莫不称庆"。没收梁氏家财,数额达30万万,"以充王府,用减天下租税之半。散其苑囿,以业穷民"[3]。

梁冀集团的诛除尽管给百姓带来了一线希望,然而,他们很快就发现,东汉的政治状况非但没有好转,反而陷入更浓重的黑暗。因为代替梁氏外戚擅权的是更恶劣腐败的宦官集团。因诛除梁氏有功,唐衡、单超、具瑗、左悺、徐璜5人同日封侯,世谓之"五侯",掌握了朝廷的大权。他们的同伙小黄门刘普、赵忠等8人也封侯,进入权力决策圈,"自是权归宦官,朝廷日乱矣"[4]。这群宦官中,单超权位最高,被任为车骑将军,位三公。"五侯"中的其他4人也是专权自恣,凶恶贪残,被百姓骂为"左回天(指左有回天之力)、具独坐(谓具瑗骄贵莫比)、徐卧虎(言徐璜凶似卧虎)、唐两堕(说唐衡随心所欲)。这些人的贪婪残暴远远超过外戚集团:"皆竞竞起第宅,楼观壮丽,穷极伎巧。金银罽眊,施于犬马。多取官人美女为姬妾,皆珍饰华侈,拟则宫人。其仆从皆乘牛车而从列骑。又养其疏属,或令嗣异姓,或买苍头为子,并以传国袭封。兄弟姻戚皆宰州临郡,辜较百姓,与盗贼无异。"[5]

永康元年(167年)十二月,桓帝以36岁之年而死。因

汉玉狮

[1]《后汉书·梁统列传》。
[2]《后汉书·梁统列传》。
[3]《后汉书·梁统列传》。
[4]《后汉书·宦者列传》。
[5]《后汉书·宦者列传》。

其无子,窦太后与其父城门校尉窦武拥立刘苌之子、12岁的刘宏继帝位,是为灵帝。朝政由此落入窦氏外戚手中。窦武任大将军,士人陈蕃任太傅,共主朝政。窦武、陈蕃等联合官僚士人中的耿直派官吏,密谋诛除宦官中常侍曹节、王甫等人,因计事不密,被宦官侦知。建宁元年(168年)八月,曹节等宦官挟持灵帝,劫持窦太后,率禁军捕杀窦武等。窦武与其侄窦绍指挥北军五校士与之对战,兵败自杀。陈蕃率官署诸生80余人持刀突入承明门,与宦官指挥的禁军搏战,也兵败被杀。东汉朝廷又被曹节、王甫为首的宦官集团控制,灵帝成为他们手中的傀儡。王甫、曹节死后,宦官横行的局面并未改变,张让、赵忠等12个宦官又被封侯,他们“父兄子弟步列州郡,所在贪残,为人蠹害”[1]。灵帝作为宦官手中的玩偶,不以为耻,还公然宣称:“张常侍(张让)是我公,赵常侍(赵忠)是我母。”[2]中平五年(188年),灵帝成立了京师近卫部队西园八校尉,这支部队的指挥官却是灵帝任命的上军校尉蹇硕,此人也是宦官。桓帝、灵帝时期,虽然宦官的势力日益膨胀,熏焰张天,但官僚士人同他们的斗争一刻也没有停止。中平六年(189年),灵帝病逝,何太后临朝,其子刘辩(少帝)即帝位,其兄何进任大将军录尚书事。何进联合八校尉的副统领中军校尉袁绍等,对恶贯满盈的宦官进行了一次突袭诛杀。2 000多宦官死于袁绍的枪刀之下,甚至有些无须的男人也被误杀了。作为当时恶势力代表的宦官尽管被清除了,但腐败的东汉政权并没有因此振作起来。随着朝廷中央权力的不断弱化和州牧郡守势力的坐大,这个皇朝已陷入军阀混战的四分五裂的割据状态,末日已近在咫尺,再没有什么力量可以使之起死回生了。

二　政治加速腐败

政治腐败,是中国专制主义中央集权封建官僚政治的顽疾。经过农民战争的洗礼或者遇到”圣明天子”的干预,其腐败的程度可以有所减轻。但是,由于它是根源于封建制度的弊病,也就只能与封建社会相始终。尽管有一些头脑清醒的皇帝和政治家,看到这个问题的严重性,并做出种种努力,试图加以矫正,却不会收到显著而持久的

玉龙佩

[1] 《后汉书·宦者列传》。

[2] 《后汉书·宦者列传》。

汉玉人

效果。东汉皇朝后期政治的腐败,不仅表现在外戚专政和宦官擅权,而且也表现在整个官僚集团的贪赃枉法、凶横残暴、草菅人命、互相推诿、互相欺骗、弄虚作假、选举不实、赏罚不明、阳奉阴违、形式主义、好大喜功,等等。左雄曾对东汉政治的腐败状况做过如下入木三分的描绘:

> 汉初至今(顺帝时),三百余载,俗侵凋敝,巧伪滋萌,下饰其诈,上肆其残。典城百里,转动无常,各怀一切,莫虑长久。谓杀害不辜为威风,聚敛整辨为贤能,以理己安民为劣弱,以奉法循理为不化。髡钳之戮,生于睚眦,复尸之祸,成于喜怒。视民如寇仇,税之如豺虎。监司项背相望,与同疾疢,见非不举,闻恶不察,观政于亭传,责成于期月,言善不称德,论功不据实,虚诞者获誉,拘检者离毁。或因罪而引高,或色斯以求名。州宰不覆,竞共辟召,踊跃升腾,超等逾匹。或考奏捕案,而止不受罪,会赦行贿,复见洗涤。朱紫同色,清浊不分。故使奸猾枉滥,轻忽去就,拜除如流,缺动百数。乡官部吏,职斯禄薄、车马衣服,一出于民,廉者取足,贪者充家。特选横调,纷纷不绝,送迎烦费,损政伤民。和气未洽,灾眚不消,咎皆在此。[1]

殇帝延平元年(106年)七月,不少郡国遭受水灾,庄稼歉收。但有些地方官为了获得“丰穰虚饰之誉”,就隐瞒灾情,多报垦田和户口,使百姓深受其害。顺帝时,各州郡令谪罪百姓输钱赎罪,将收入全部贪污中饱。灵帝时太中大夫盖升因有恩于皇帝,为南阳太守时恃势聚敛,不几年积财数亿。益州(今四川)西部是出产金银货宝的地方,凡是到那里做过官的人都腰缠万贯,富历十世而不衰。桓帝的时候,河南李盛为巴郡太守,贪赃枉法,随意加重赋税,那里的老百姓编了这样的民谣讽刺他:“狗吠何喧喧,有吏来在门,披衣出门应,府记欲得钱。语穷乞请期,吏怒凡见尤。旋步顾家中,家中无可为。思往从邻贷,邻人已言匮。钱钱何难得,令我独憔悴。”[2]官吏上下竞相贪残盘剥,给广大劳动人民的生产和生活带来极大的危害。所以太学生刘陶在上桓帝书中十分沉痛地说:“今牧守长吏,上

[1]《后汉书·左周黄列传》。
[2]《华阳国志·巴志》。

下交竞；封豕长蛇，蚕食天下；货殖者为穷冤之魂，贫馁者作饥寒之鬼；高门获东观之辜，丰室罹妖叛之罪，死者悲于窀穸，生者戚于朝野。"[1]这些话并非危言耸听之词，而是当时情况的真实写照。

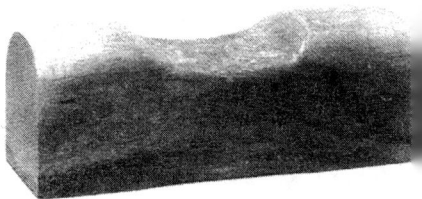

青玉枕

东汉选官，基本上沿袭西汉的征辟、察举制。由于选官的权力掌握在州郡官吏和地方豪强地主之手，因而营私舞弊、任人唯亲的请托之风越来越严重。尤其自顺帝以后，出现了"选代交互，令长月易，迎新送旧，劳扰无已，或官寺空旷，无人案事，每选部剧，乃至逃亡"[2]的情况。顺帝时，河南尹田歆是一个"循吏"。有一年，按规定河南地区须向朝廷推荐6名孝廉，田歆却得到了5个贵戚推荐其宗族亲戚的信函。他对外甥王谌叹息说："我只有推荐一名孝廉的权力了，希望你给我物色一个真正的人才报效国家。"这个故事足以说明当时的选官制度是何等糟糕了。到了光和元年（公元178年），汉灵帝公开在西邸卖官。甚至一些功臣名士，要想得到升迁，也必须先输货财。如冀州名士崔烈的司徒官，就是花了500万买到手的。其他如太尉段颎、太尉樊陵、司徒张温，虽然都是当时有名的文臣武将，他们的官位也是花了上千万的钱买来的。在这种制度和风气之下选来的官吏，其品格、德行和才干当然就可想而知了。所以当时的民谣这样讽刺这种制度下选出的官吏："举秀才，不知书，察孝廉，父别居，寒素清白浊如泥，高第良将怯如鸡。"[3]东汉末年著名文人赵壹，面对卖官鬻爵成风，有钱居高位、贤能沉下僚的形势，用如下的诗篇表达了自己的愤怒而又无可奈何的心情：

　　　　河清不可俟，人命不可延。顺风激靡草，富贵者称贤。文籍虽满腹，不如一囊钱。伊优北堂上，抗脏倚门边。

　　　　势家多所宜，咳唾自成珠。被褐怀金玉。兰蕙化为刍。贤者虽独悟，所困在群愚。且各守尔分，勿复空驰驱。哀哉复哀哉，此是命矣夫。[4]

在这种制度和社会风气下选拔出来的官吏，终日想到的是如何钻营升官，怎样聚敛发财，对正常的起码的职责，也不能履行，地方上的吏治只能陷于混乱或瘫痪："刺史守相，率多怠慢，违背法律，废忽诏令，专情务利，不恤公

[1]《后汉书·刘陶传》。
[2]《后汉书·左周黄列传》。
[3]《抱朴子·审举篇》。
[4]《后汉书·文苑列传·赵壹》。

事。细民怨结,无所控告,下土边远,能诣阙者,万无数人,其得省治,不能百一。"[1]吏治败坏的结果,必然进一步激化阶级矛盾,成为农民起义的直接导火线:"迨及乱君之为政也,户口漏于国版,夫家脱于联伍,避役者有之,弃捐者有之,浮食者有之。于是奸心竞生,伪端并作矣! 小则盗贼,大则攻劫,严刑峻法,不能救也。"[2]

汉青玉角形杯

三　统治阶级内部矛盾的加剧和"党锢之祸"

东汉皇朝自和帝以后就陷入外戚与宦官交替擅权的恶性循环中,皇帝个个昏聩无能,政治腐败日甚一日。这不仅加剧了统治集团与广大百姓的矛盾,也激化了统治集团的内部矛盾。一部分耿直的官僚与士人、太学生相结合,作为政治上的反对派,要求刷新政治,厉行改革,缓和与百姓的矛盾。他们的斗争矛头,直指擅权的外戚和宦官,对外戚尤其是对宦官的贪残横暴、腐败无能进行毫不留情的揭露和猛烈的抨击,最后酿成了一幕壮烈的"党锢之祸"。

还在和帝时期,外戚窦宪的专权就引起了官僚士人的不满。司徒袁安、司空任隗等上书直斥窦宪"劳师远征"、"缴功万里"的劳民伤财之举。此后,又有杜根、周章、杨震、李固等同外戚宦官大义凛然的斗争。安帝时,朝廷派往州郡的"徇行风俗"的8位特使之一的张纲发出了"豺狼当路、安问狐狸"的呼叫,指责梁氏外戚是"天威所不赦,大辟所宜加"[3]的祸国殃民的巨奸大憝。桓帝、灵帝之世,宦官把持朝政,狐群狗党布满朝堂,严重地阻碍了士人儒生的进身之路,"桓灵之世,柄去帝室,政在奸臣,网漏防溃,风颓教沮。抑清德而扬滔媚,退履道而进多财。力竞成俗,苟得无耻。或输自售之宝,要人之书;或父兄显贵,望门而辟命"[4]。这种状况,自然引发了清流派官僚、在野士大夫、太学生与郡国生徒的不满与反抗:"逮桓灵之间,主荒政缪,国命委于阉寺,士子羞与为伍,故匹夫抗愤,处士横议,遂乃激扬名声,互相题拂,品核公卿,裁量执政,婞直之风,于斯行矣"[5]。清流派官僚、士大夫和太学生揭露抨击外戚宦官的主要基地是太学,主要手段则是"清议"。太学是当时中国最优秀知识分子的荟萃之地,桓

[1] 王符:《潜夫论·三式》。
[2] 徐干:《中论》卷下。
[3]《后汉书·张王种陈列传》。
[4]《后汉书·党锢列传》。
[5]《后汉书·党锢列传》。

帝时已达3万人。他们集合在一起,议论政治优缺、品评朝政得失,臧否朝野人物,形成强大的舆论,称为"清议"。这种"清议"往往以极其精炼概括形象生动的文字,表达对政治问题、朝野人品的评价。如河南尹李膺,字元礼,他"养太学游士,交结诸郡生徒,更相驰驱,共为部党"[1],是士林领袖。太尉陈蕃,字仲举,尚书王畅,字叔茂,皆为刚正不阿、清名廉洁的好官,在百姓中有较高的声誉。太学生就以以下字句品评表彰他们:"天下楷模李元礼,不畏强御陈仲举,天下俊秀王叔茂"[2]。又如甘陵周福字仲进,因为在桓帝即帝位前曾做过他的老师,即位后即擢其为尚书。而同郡的房桓字伯武,素有威名,因品格和能力优异官至河南尹,二人形成鲜明对比。于是二人成为品评的对象:"天下规矩房伯武,因师获印周仲进"[3]。此类品评形成乡谚风谣,四处流传,对权宦们的声誉形成很大影响。外戚宦官中不少人劣迹斑斑,特别害怕于己不利的谣谚制造和传播,因之对清流派官僚和太学生恨之入骨,伺机加以迫害打击。

抚琴石俑

　　清流派官僚和太学生不仅以清议抨击外戚和宦官,他们一旦掌握一定的权力,即毫不留情的惩处犯法违制的外戚宦官。永兴元年(153年),朱穆任冀州刺史,毅然惩处违法越制葬父的宦官赵忠,"发墓剖棺,陈尸出之,而收其家属"[4],这一正义之举赢得士林百姓的赞誉,桓帝却在宦官的挟持下,将朱穆撤职,输作左校服役。面对此一昏聩的惩罚,太学生愤然而起,在其领袖人物刘陶的率领下集合数千人到皇宫门前请愿。他们在上书中痛陈宦官"父兄子弟布在州郡,竞为虎狼,噬食小人"的罪行以及"窃持国柄,手握王爵,口含天宪"[5]的嚣张气焰。面对数千太学生深得人心的请愿活动和义正词严的上书,桓帝只得赦免朱穆,太学生的斗争取得了胜利。延熹五年(162年),平羌有功的皇甫规征拜议郎,本当封侯,但因拒绝中常侍左悺、徐璜的索贿被诬陷入狱,轮输左校。太学生张凤等联合士大夫300余人至皇宫门前请愿,迫使桓帝将其赦免归家。太学生的斗争再次取得胜利。

　　与太学生以"清议"抨击外戚宦官相表里,一些清流派的官吏也利用手中权力多次惩办外戚宦官及其爪牙。

[1]《后汉书·党锢列传》。
[2]《后汉书·党锢列传》。
[3]《后汉书·党锢列传》。
[4]《后汉书·朱乐何列传》。
[5]《后汉书·朱乐何列传》。

说唱俑(东汉)

如杜密为北海相时,"其宦官子弟为令长有奸恶者,辄捕案之"[1]。刘祐任扬州刺史时,举奏梁冀从弟梁旻犯罪,使其伏法。任河东太守时,对县中宦官子弟"黜其权强,平理冤结"。蔡衍为冀州刺史时,不仅拒绝宦官中常侍具瑗的请托,而且将另一宦官中常侍曹腾之弟曹鼎治赃罪。李膺、陈蕃更是清流官吏的领袖,他们对官吏的斗争特别坚决果断。李膺任司隶校尉时,处死权倾一时的宦官张让之弟、野王令张朔,大大挫损了宦官的气焰,"自此诸黄门常侍皆鞠躬屏气,休沐不敢复出宫省"[2]。陈蕃任乐安太守时,拒绝梁冀请托,笞杀其使者。任大鸿胪时,为救被诬陷的李云不惜丢官。他还多次上书揭露宦官的罪恶,为被迫害的耿直官吏鸣不平。由于以李膺、陈藩为代表的清流派官吏和士大夫、太学生同声相应,同气相求,在反对宦官的统一目标下互相支援,联成一气,在桓帝延熹年间形成了松散的"党人"集团。他们一面大造反对宦官的舆论,一面在权力所及的范围对宦官大加惩罚。宦官当然不会坐以待毙,他们利用手中的权柄,挟持皇帝,随时准备进行反噬,双方斗争进入白热化阶段。

延熹五年(162年),太尉杨秉与司空周景联合上书,要求从各级官位驱除声名狼藉的宦官爪牙,得到桓帝的批准后,50多名宦官党羽从州牧郡守的位子上被赶下台。延熹八年(165年),杨秉又参奏宦官侯览之弟、益州刺史侯参"暴虐一州"、贪赃枉法的罪行,使之畏罪自杀。他又参奏与侯参案有牵连的宦官侯览和具瑗,使一人免官,一人削国。但宦官们对官僚们实施了加倍的报复,太原太守刘瓆、南阳太守成瑨被"弃市",山阳太守翟超、东海相黄浮"并坐髡钳,输作左校"[3]。由于宦官们处于"手握王爵,口含天宪"的有利地位,反对派的处境自然是十分险恶的。

延熹九年(166年),第一次"党锢之祸"发生。河内人张成是宦官的党徒。他"善说风角,推占当赦"[4],于是故意唆使其子杀人。河南尹李膺将其逮捕不久,果然遇赦。李膺却不顾赦令,毅然将其处死。宦官借机指使张成弟子牢修上书,控告李膺等"共为部党,诽讪朝廷,疑乱风俗"[5],挟持桓帝下诏大规模逮捕党人。李膺、杜密、陈翔、陈寔、范

[1]《后汉书·党锢列传》。
[2]《后汉书·党锢列传》。
[3]《后汉书·陈王列传》。
[4]《后汉书·党锢列传》。
[5]《后汉书·党锢列传》。

滂等200多人被捕入狱。不少党人面对牢狱和死亡，表现了视死如归、大义凛然的不屈意志和抗争精神。度辽将军皇甫规以自己未列入党人名单为耻，自请入狱，陈寔也自往请囚。范滂入狱后"争受楚毒"。《后汉书·党锢列传》记述其狱中受审情形：

> 王甫诘曰："君为人臣，不惟忠国，而共造部党，自相褒举，评论朝廷，虚构无端，诸所谋结，并欲何为？皆以情对，不得隐饰。"滂对曰："臣闻仲尼之言：'见善如不及，见恶如探汤'。欲使善善同其清、恶恶同其污，谓王政之所愿闻，不悟更以为党。"甫曰："卿更相拔举，迭为唇齿，有不合者，见则排斥，其意如何？"滂乃慷慨仰天曰："古之循善，自求多福；今之循善，身陷大戮。身死之日，愿埋滂于首阳山侧，上不负皇天，下不愧夷、齐。"

这是何等的壮怀激烈！由于外戚、城门校尉窦武和尚书霍谞等上书为党人辨冤，加上李膺的供词牵连到某些宦官，使他们有所顾忌，只得请求赦免党人。第二年，永康元年（167年），桓帝下诏，赦免党人，200余人解放归田里，但将其名书于三府，禁锢终身，永远不得入仕为官。

第一次"党锢之祸"虽以宦官的胜利而告终，但党人作为正义的化身却获得广泛的社会同情，名声如日中天。当范滂获释离开京师南归时，汝南、南阳的士大夫有数千辆车相迎，其盛况犹如迎接一位凯旋的英雄。"海内希风之流"更是"共相标榜"，有名的"党人"都被冠以美名排定了座次。如誉为"一世之所宗"的"三君"是窦武、刘淑、陈蕃；誉为"人之英"的"八俊"是李膺、荀翌、杜密、王畅、刘祐、魏朗、赵典、朱寓；誉为"以德行引人"的"八顾"是郭林宗、宗慈、巴肃、夏馥、范滂、尹勋、蔡衍、羊陟；誉为"导人追宗"的"八及"是张俭、岑晊、刘表、陈翔、孔昱、苑康、檀敷、翟超；誉为"以财救人"的"八厨"是杜尚、张邈、王孝、刘儒、胡母班、秦周、蕃响、王章。永康元年（167年）十二月，桓帝死去，灵帝继位。外戚窦武以大将军辅政，他起用名列"党人"的陈蕃为太傅。又将"党人"李膺、杜密、尹勋、刘瑜等引入朝堂为官，对宦官展示咄咄逼人之势。宦官自

抚琴石俑

东汉三人倒立杂技陶俑

然不甘坐等惩罚,于是以中常侍曹节、王甫为首,勾结灵帝乳母赵娆,献媚太后,将其掌控,伺机反扑。建宁元年(168年),窦武两次将诛杀侯览、曹节、王甫等宦官的谋划上奏窦太后,预定等她批准后实行。但是,因为此时太后对宦官的甜言蜜语和殷勤服务比较满意,因而对窦武的谋划心存疑惑,迟迟不予批准。不料九月,宦官已知悉这一密谋,于是先发制人,挟持灵帝发诏捕杀窦武、陈蕃等人,经过一场血战,窦武、陈蕃兵败被杀。宦官借机大捕党人。建宁二年(169年)十月,侯览指使人诬告张俭谋反,曹节上奏拘捕所有牵连其中的党人。李膺、杜密、虞放、朱寓、荀翌、翟起、刘儒、范滂等100多人被诬杀,妻子徙边。其他受牵连被处死、流放、禁锢者多达六、七百人。这就是第二次“党锢之祸”。熹平元年(172年),窦太后死去,宦官借口有人在朱雀门书写反对他们的文字,再次大捕党人。凡与宦官有隙的士人、太学生尽被拘捕,数目多达千人。熹平五年(176年),因永昌太守曹鸾上书为“党人”辩冤触犯宦官忌讳,宦官又一次对“党人”大施淫威,不仅曹鸾死于非命,而且连“党人”的门生、故吏、父子兄弟“爰及五属”也尽遭“免官禁锢”。宦官们再次弹冠相庆,为他们的胜利频频干杯。

　　两次“党锢之祸”尽管反映的是统治集团的内部矛盾,但是,清流派的官僚、士大夫和太学生毕竟代表了统治集团的健康力量,他们的被摧残殆尽,导致了宦官专擅朝政的最黑暗时代的到来。至此,东汉朝廷依靠自身力量摆脱困难的希望销蚀净尽,除了灭亡,它不会再有其他命运了。

第二节　地主阶级的贪残横暴与农民的破产流亡

一　地主阶级的贪残横暴与社会财富的迅速集中

　　“度田”失败以后,东汉政府再也没有实行什么抑制兼并的措施,土地兼并的轮子由慢及快,日甚一日地迅速转动起来。贵族、外戚、官僚、地主一齐用眼睛盯住农民那巴掌大小的一块土地,通过霸占、侵吞和强买等手段,群起而兼之。还在光武帝刘秀时期，帝城所在地的河南和帝乡所在地的南阳已经"田宅逾制"，地方官们连碰也不敢碰了。后来的情况自然是变本加厉。

首先是贵族占有大量主地。据钱大昭统计，东汉一代，共有诸侯王61人，王子侯344人，功臣侯379人，外戚恩泽侯89人，宦者侯79人，数量超过西汉。他们拥有的土地和剥削的租赋都超过西汉。如章帝时的济南王刘康"不循法度"，"多殖财货，大修宫室，奴婢至于四百人，厩马千二百匹，私田八百顷"[1]。桓帝时的绲侯刘敞，公开侵占"官民田地"，"所为多不法"。外戚樊宏是刘秀的舅父，他善于理财，擅长"合法兼并"，"课役童隶，各得其宜，故能上下戮力，财利岁倍。至乃开广田土三百余顷"[2]。在他的庄园里，"庐舍高楼连阁，陂池灌注，竹木成林，六畜牧放，鱼赢梨果，檀棘桑麻，闭门成市，兵弩器械，赀至百万。其兴功造作，为无穷之巧不时言，富拟封君"[3]。外戚阴识，其高祖阴子方在西汉宣帝时已经"暴至巨富，田有七百余顷，舆马仆隶，比于邦君"[4]。至阴识时更加富有。外戚马援，少时亡命北地放牧，"役属数百家"，"有牛马羊数千头，谷数万斛"[5]。后来做了大官，看到三辅土地肥沃，"乃上书求屯田上林苑中，帝许之"[6]。他的儿子马廖、马防兄弟，更加贵威莫比，"奴婢各千人以上，资产巨亿，皆买京师膏腴美田，又大起第观，连阁临道，弥亘街路，多聚声乐，曲度比诸郊庙。宾客奔凑，四方毕至，京兆杜笃之徒数百人，常为食客，居门下。刺史、守、令多出其家"[7]。愈到后来，恃势擅权的外戚们愈加肆无忌惮地兼并土地，外戚窦宪看中了沁水公主的园田，也要贱买过去。公主慑于他的权势，只得忍气吞声把园田让给他。后来汉章帝知道了，气愤地斥责窦宪说："今贵主尚且见夺，何况小人哉！"[8]桓帝时的外戚梁冀，甚至明目张胆地将国家和农民的土地，划作自己的禁苑，"西至弘农，东界荥阳，南极鲁阳，北连河琪，包含山薮，远带丘荒，周旋封域，殆将千里"[9]。如此大的一片地方，不用任何手续就成了他的独占品了。东汉后期，专权的宦官小人得志，凶焰张天，后来居上，成为兼并土地的一支突击力量。宦官侯览，前后夺人宅381所，田118顷。小黄门段珪，在济阳购置了大量田产。宦官黄门常侍张让等，更

陶马俑

[1]《后汉书·济南安王康传》。
[2]《后汉书·樊宏传》。
[3]《后汉书集解》引《续汉书》。
[4]《后汉书·阴识传》。
[5]《后汉书·马援传》。
[6]《后汉书·马援传》。
[7]《后汉书·马防传》。
[8]《后汉书·窦宪传》。
[9]《后汉书·梁冀传》。

石雕双人像

是"操擅王命,父子兄弟并据州郡,一书出门,便获千金"[1]。京师附近诸郡的数百万顷膏腴美田变成了他们的私产。其他官僚地主,对土地也是孜孜以求。东汉大将吴汉每逢出征,他的妻子就在家买田,阳翟的黄纲,依恃贵妃程夫人的权势,大量地"求占山泽以自营植"[2]。文人学士习文弄墨,四四钻营,为了荣华富贵,不择手段,富商大贾利用其财力,以高利贷的手段兼并土地,占有无数土地的贵族、官僚、地主、富商营建起巨大的庄园,役使着大量的依附农民和奴隶,进行生产。

由于东汉时期田庄经济的发展还处在这种经济形式的初级阶段,因而在其内部,地主与依附农民矛盾的发展,还不够充分。所以,田庄内部的斗争,也还不够激烈。但是,如果我们把视野扩大到全国范围,就可以看到豪族地主势力的膨胀和田庄经济的发展,恰恰成为东汉后期阶级矛盾激化的重要原因。田庄经济的发展与豪族地主土地兼并的剧烈相一致,土地兼并造成了自耕农的破产以及他们向田庄依附农的转化,这自然减少了封建国家直接控制的土地和人口,但是,封建国家的赋税和徭役,不但没有减少,相反却有逐渐增加之势。如此一来,不断转嫁的赋税和徭役,又必然日甚一日地加重着还没有完全破产的自耕农的负担,使封建国家与广大农民阶级的矛盾,一天比一天激化。同时,也势必加剧封建国家与豪族地主之间的矛盾。这种矛盾的发展,最后酿成了"党锢之祸"。这种统治阶级的内部斗争,既暴露了封建统治的黑暗且削弱了统治阶级的力量,从而促进了东汉末年农民起义的爆发。

东汉统治集团,因为大部分来源于豪族地主,其励精图治的精神,本来就远逊于西汉初年执政的地主阶级当权派。受其阶级属性的制约,再加上上下左右、在朝在野的豪族地主的影响,其腐化之快,也是西汉统治者所不可比拟的。汉章帝以后,整个地主阶级和封建王朝当权派的贪残横暴一天比一天发展,到桓帝和灵帝时期,已经达到登峰造极的程度了。桓帝时期,不仅官僚吏佐队伍较前成倍增加,而且宫女、宦竖等的人数更是迅速增长。魏垣曾指出当时"后宫千数","厩马万匹"。荀爽在上桓帝书中也

[1]《三国志·魏志·董卓传》。
[2]《后汉书·刘翊传》。

提到"宫女彩女五六千人，从官侍使复在其外"。他沉痛地指出，这些人"冬夏衣服，朝夕禀粮，耗费缣帛，空竭府藏。征调倍增，十而税一，空赋不辜之民，以供无用之女，百姓穷困于外，阴阳隔塞于内"[1]。灵帝时期，也是"后宫彩女数千余人，衣食之费，日数百金"[2]。比桓帝更为荒唐的是，他公开增赋，公开卖官，公开设立自己的私人金库和兼并土地。熹平六年（177年）二月，南宫、平城门和武库东垣屋崩塌，灵帝接受宦官张让、赵忠的建议，下令全国土地每亩增税十钱，作为修复宫室的费用。同时还征调太原、河东、狄道诸郡的木材、石料，令沿途州郡辗转运送京师。各地的刺史、守、令上下其手，借机"复增私调"，搞得"百姓呼嗟"，[3]怨声载道。另外，还勒索各地察举的茂才、孝廉等人，要他们出钱资助修宫室，以郡为单位，大郡二三千万，小郡也要一千万。只有先交钱，才能补官。有的人凑不足所需款项，懊恼自杀，有少数不愿昧着良心拿钱买官的人，只得自请去官返回故里。光和二年（179年），灵帝开始在西邸卖官，"自关内侯、虎贲、羽林，入钱各有差"[4]。二千石二千万，四百石四百万，无钱买官者，可以先到任，以后加倍偿还。这些卖官钱都入了灵帝的私人金库"西园"。为了迅速地积累起大量的金钱，灵帝还从司农掌握的国库中搬来金银缣帛，存入西园。他又派人到自己做皇帝前所在的河间买田宅，起府第，甚至把钱存放到宦官的家里。各郡国贡献朝廷的赋税珍奇，在运归主管部门之前，先要送一部分给汉灵帝做私人蓄藏。宦官吕强对灵帝的所作所为实在看不下去了，就上书规劝说："天下之财，莫不生之阴阳，归之陛下。归之陛下，岂有公私？而令中尚方敛诸郡之宝，中御府积天下之缯，西园引司农之藏，中厩聚太仆之马，而所输之府，辄有导行之财，调广民困，贵多献少，好吏因其利，百姓受其蔽。又阿媚之臣，奴献其私，容谄姑息，自此而进。"[5]这些中肯的规劝，对于灵帝不过是耳旁风罢了。"上有所好，下必甚焉"，皇帝带头聚敛财富，贵族、外戚、官僚地主更是群起效尤。灵帝的母亲董太后，自己收取灵帝卖官的钱财，积存起来，"盈满堂室"。诸王、公主、外戚横行不法，或白昼杀人，或劫掠商旅，或强占土地，或逼卖人口，或出卖官职，其贪残暴虐，令人发指。如

陶兵马俑

[1]《后汉书·荀爽传》。
[2]《后汉书·宦者列传·吕强》。
[3]《后汉书·宦者列传·张让》。
[4]《后汉书·灵帝纪》。
[5]《后汉书·宦者列传·吕强》。

铜鼓之王

"湖阳公主苍头白昼杀人"[1]，缯侯刘敞"所为多不法"，"侵占官民田地"[2]。汉章帝时期，窦融后裔权倾朝野，一门之中，1人为三公，2人封侯，3人尚公主，4人为二千石的大官，"自祖及孙，官府邸第相望京邑，奴婢以千数，与亲戚，功臣中莫与为比"[3]。到了和帝时期，窦宪为大将军，更加"威名大盛"。"刺史、守、令多出其门"。"权贵显赫，倾动京师"。他的宗族亲戚骄纵不法，其弟窦景唆使奴客缇骑，"侵陵小人，强夺财货，篡取罪人，妻略妇女"，致使"商贾闭塞，如避寇仇。有司畏懦，莫敢举奏"[4]。邓禹一家也是累世宠贵，到邓骘时，累计封侯者29人，为三公者2人，为大将军及其相近武职者13人，中二千石14人，列校22人，州牧、郡守48人，其余侍中、将、大夫、郎、谒者不可胜数。外戚梁冀，其权势较窦、邓二家有过之而无不及，年轻的汉质帝，就因为在群臣面前说了他一句"跋扈将军"，就被残酷地鸩杀了。为了掠取钱财，他派人到各县，捏造罪名，逮捕富人，"闭狱掠拷"，使出钱自赎，把许多人家搞得倾家荡产。扶风（今狭西兴平）富人孙奋，有钱而吝啬。梁冀卖给他一匹马，要他偿值5 000万。孙奋送了他3 000万，梁冀勃然大怒，立即诬陷孙奋的母亲曾为梁家奴婢，盗窃了梁家白珠十斛、紫金千金逃跑，以此为由，逮捕孙奋兄弟，使之毙死狱中。孙奋家的一亿七千余万家财转眼之间就这样全被掠夺，变成梁氏的家产了。其时全国各地征调的财物、贡品，运到京师以后，必须先送到梁冀的大将军府，然后将剩余者再送皇帝。梁冀还遣使出塞，交通外国，广求珍奇异物。他与妻子孙寿，对街修起富丽堂皇有如皇宫的宅第，"殚极土木，互相夸竞，堂寝者皆有阴阳奥室，连房洞户。柱壁雕镂，加以铜漆，窗牖皆有绮疏青琐，图以云气仙灵。台阁周通，更相临望，飞梁石磴，陵跨水道。金玉珠矶，异方珍怪，充积藏室。远致汗血骆。又广开园囿，十里采土一筑山，九坂，以象二崤，深林绝涧，有若自然，奇禽驯兽，飞走其间。冀、寿共乘辇车，张羽盖，饰以金银，游观第内，多从倡伎，鸣钟吹管，酤讴竟路。或连继日夜，以骋娱恣"。他在河南圈定了方圆千里的苑囿，放养许多禽兽，"人有犯者，罪至刑死"。他公开把数千余百姓掠为奴婢，名曰"自卖人"。梁冀专擅威柄，目无皇帝，成为东汉王朝

[1]《后汉书·董宣传》。
[2]《后汉书·公孙穆传》。
[3]《后汉书·窦宪传》。
[4]《后汉书·窦融传》。

真正的当国者。朝廷一应事务，一由他裁决。升迁的官吏，必须先到他家谢恩，然后再去尚书台办理手续。梁冀家前后有7人封侯，3人做皇后，6人为贵人、2人做大将军，尚公主3人，妇女称君者7人。其余卿、将、尹、校共57人。

"在位二十余年，穷极满盛，威行内外，百僚侧目，莫敢违命，天子恭己而不得有所亲豫"[1]。到梁冀被诛杀的时候，牵连被杀的二千石以上的官吏有数十人，故吏宾客被免官者达300多人，"朝廷为之一空"，衙门里几乎无人办事了。抄出的梁氏家财达30余万万，等于天下一年租税之半。

这些贵族外戚，生时权势显赫，豪华无比，死后更是大修陵墓，随葬大量珠玉珍宝。厚葬之风，愈吹愈烈，只棺材一项，费钱即以千百万计。王符《潜夫论·浮侈》曾以沉痛的笔触揭发了一具棺材耗费的巨大民力："其后京师贵戚，必欲江南檽梓，豫章梗柟，边远下土，亦竞相仿效。夫檽梓豫章所出之殊远，又乃生于深山穷谷，经历山岭；立千步之高，百丈之谿，倾倚险阻，崎岖不便，求之连日，然后见之，伐斫连月然后讫。会众然后能动担，牛列（当作引）然后能致水，泊（当作潜）溃入海，连淮逆河，行数千里，然后到雒。工匠雕治，积累日月，计一棺之成，功将千万夫。既其终用，重且万斤，非大众不能举，非大车不能挽。东至乐浪，西至敦煌，万里之中，相竞用之。此之费功伤农，可为痛心！"尽管人们对这种生产力的巨大浪费发出无限愤慨，但却无法阻止这种现象，还是变本加厉地发展下去。

贵族与外戚等专擅横暴，加剧了他们与皇权的矛盾，汉和帝委任宦官郑众等诛杀窦宪之后，宦官进入中枢机构，"手握王爵，口含天宪"。作为皇帝对付外戚的重要工具，势力迅速膨胀，成了权侔人主的统治集团，由于他们是暴发的政治势力，其凶横和贪残一点也不逊于外戚贵族集团。他们"举动回山海，呼吸变霜露。阿旨曲求。则光宠三族，直情忤意，则参夷五宗。……若夫高冠长剑，纡朱怀金者，布满宫闱；荁茅分虎，南面臣人者，盖以十数。府署第馆，棋列于都鄙，弟子支附，过半于州国。南金、和宝、

汉云南滇人贵族贮币器

----

[1]《后汉书·梁冀传》。

汉豹镇

冰纨、雾縠之积,盈仞珍藏;嫱媛、侍儿、歌童、舞女之玩,充备绮室。狗马饰雕文,土木被缇绣。皆剥割萌黎、竞恣奢欲"[1]。桓帝的时候,宦官单超、左悺、徐璜、具瑗,唐衡等5人, 因协助桓帝诛杀了外戚梁冀,同时得到了封侯的赏爵。从此,宦官更加白焰张天,权势达到了顶点。他们建造富丽如皇宫的府第,取良人美女为姬妾,奢侈荒淫。他们以疏属、异姓、苍头为养子,让其传国袭封。兄弟姻戚宰州临郡,"竞为虎狼,噬食小人","凶狡无行之徒,媚以求官,恃势怙宠之辈,渔肉百姓"[2]。单超之侄单匡为济阴太守,贪赃枉法,积财56万。灵帝时长安令扬党侍恃其父为宦官的权势,贪赃达千万。宦官王甫的养子王吉,20多岁即当上沛相。他专选剽悍吏卒,残害百姓。农民如生子因穷困弃养, 他就下令杀其父母,而且命令将尸体载车在属县示众,夏天尸体腐烂,他就用绳索穿连其骨,非游遍一郡不止。做相5年,被杀者近万人。宦官张让有一个家奴,交通货赂,炙手可热。抉风人孟佗与他结交,馈赠无数金银财宝。这位家奴无以为报,就说:"你有什么愿望,我能帮你实现。"孟佗回答说:"我只望你当众对我一拜!"某天孟佗到张让府第求见,看到张让门前求见的人已排成长龙,光车子就停了1 000多辆。这时,张让的那个家奴率领一群苍头,迎拜孟佗于众人之前。接着抬起孟佗的车子从千百辆车缝中穿过,走进张让的府第。这时候,排队求见张让的那些人,争先恐后地向孟佗的车上抛掷金银珍宝。孟佗只拿出其中一小部分送给张让,结果得到了凉州刺史的高官。

如果说贵族外戚和宦官的横暴贪残所涉及的百姓仅仅是一小部分的话,那么,遍布各地的豪强地主就是无数个直接压在农民头上的土皇帝,没有哪一个农民能够摆脱他们的鲸吞和鱼肉。还在光武帝刘秀当国的所谓政治清明时期,在地方拥有武装部曲的豪右就已经起坞筑壁,对抗官府,横行乡里、白昼杀人,临路劫财了。东汉末期更是变本加厉。高密孙氏,纵容犯法窝藏人犯,与官府顽抗。胶东人公孙卢"自为营堑",拒绝向官府交纳租税和服徭役。山阳李朔等恃其部曲,残害平民。巴郡临江(今四川忠县)人甘宁,带领一帮轻薄少年在郡内杀人越货20多年,

---

[1]《后汉书·宦者列传序》。
[2]《后汉书·朱穆传》。

官府不敢问津。在整个地主阶级如此贪婪横暴的情况下，劳动人民的生计之艰难也就可想而知了。

在中国封建社会里，每次农民战争之后建立的封建王朝，由于地主阶级经过革命的冲击，再加上统治者实行抑制兼并之类的措施，因而在王朝的初期，财富的积累还比较缓慢。东汉皇朝虽然也是在农民战争中建立的，但由于它的领导集团大都出身于豪族地主，更由于开国之初即对这个阶级实行了妥协的政策，因而东汉王朝从开始起统治阶级财富积累的速度，就是很快的。光武帝皇后郭氏的弟弟郭况"累金数亿"，"以黄金为器"。他的家里，冶金之声如雷鸣，夜以继日，巨大的藏金窟，有武士昼夜守卫。太原的荀恁，据说是一个"修清节"的人物，家里也积有资财数千万。河南洛阳人种暠有财3 000万。窦武父子兄弟，钱财无数，作乐饮宴旬月之间花掉的钱就以亿计。其他如广汉雒（今四川广汉）人折象有家僮800，资财2亿。平陵（今陕西咸阳市）人孙奋有资17 000万。东海朐（今江苏连云港市）人糜竺，"僮客万人，资产巨亿"，刘备靠了他的接济，才在困难的条件下重振旗鼓，打出一片新局面。类似的例子还有很多。与财富的迅速积累相对应的是，劳动人民更加迅速地贫困和破产。而阶级矛盾也就在两极急剧分化的过程中，一天天地走向激化了。

青铜奔马，又称"马超龙雀"

二　农民的贫困和流亡

由于阶级社会的历史是在阶级矛盾和阶级斗争中演进的，剥削阶级财富的积累必然加剧被剥削阶级的贫困。因此，即使在号称太平盛世的光武、明、章三朝，劳动人民的生活也时常受着贫困的威胁。纵然丰收之年，也有个别郡县被灾荒袭击造成饿殍满道的悲惨景象。例如明帝时豫章郡（今江西省）"遭蝗谷不收，民饿死，县数千人"[1]。王望其时任青州刺史，赴任时，"望行郡，道见饿者，裸行草食，五百余人"[2]。汉明帝在永平三年（60年）的诏书中也承认"水旱不节，稼穑不成，人无宿储，下生愁垫"[3]。章帝建初二年（77年），"比年阴阳不调，饥馑屡臻"[4]。和帝以后，东汉皇朝开始走下坡路。人口与土地逐年减少，说明生产事业

[1] 《全后汉文》卷二七，钟离意：《谏起北宫表》。
[2] 《后汉书·刘平传》。
[3] 《后汉书·明帝纪》。
[4] 《后汉书·和帝纪》。

鎏金兽形铜砚盒

在趋向萎缩。例如，和帝永兴元年（公元105年）统计，全国人口5 300多万，土地730多万顷。可是到质帝本初元年（146年）时统计全国人口已下降到4 700多万，土地也只有690万顷了。此后，历史上关于农民生活每况愈下的记载一天比一天增多。和帝初年的情况是，"比年水旱，人不收获，凉州缘边，家被凶害。男子疲于战阵，妻女劳于转运，老幼孤寡，叹息相依"[1]。整个和帝在位的25年中，有记载的灾荒即达十数起，实际上几乎年年有灾，流民也几乎遍布全国各地，从北方的九原，西方的张掖、居延、敦煌，到南方的汉阳、会稽，到处都有生活无着的流民在四处乞食。永元十二年（100年）三月，和帝在诏书中也承认"比年不登，百姓虚匮。京师去冬无宿雪，今春无澍雨，黎民流离，困于道路"[2]。

《后汉书·独行传》记载的李充，兄弟6人仅有一身衣服。崔骃写的《博徒论》，描绘了被折磨到几乎失去人形的农夫令人心酸的形象：

> 博徒见农夫戴笠持褥，以耘蓼荼，面色骊黑，手足胼胝，肤如桑朴，足如熊蹄，蒲望陇亩，汗出调泥。乃谓曰："子触热耕耘，背上生盐，胫如烧橡。皮如领革，锥不能穿。行步狼跋，蹄戾胫酸。谓子草木，支体屈伸。谓子禽兽，形容似人。何受命之薄，禀性不纯？"[3]

这一形象并非文学上的典型，实在是绝大多数农民形象的真实写照，安帝时期，流民队伍进一步扩大，东汉统治腹心的司隶部以及冀州、并州等地"民讹言相惊，弃捐旧居，老幼相携，穷困道路"[4]。再看下面触目惊心的记载吧：

> 安帝永初二年（108年）湟中诸县（今青海西宁市附近），"粟石万钱，百姓死亡，不可胜数"[5]。"会羌虏飙起，边方扰乱，米谷踊贵，自关以西，道馑相望"[6]。"时州郡大饥，米石二千，人相食，老幼相弃道路"[7]。永初三年（109年）京师及郡国四十一雨水雹。并、凉二州大饥，"人相食"。[8]

劳动人民的境况已是如此悲惨，但东汉政府的赋役剥削却更加沉重。例如，西汉政府在宣帝时每年租税收入40多万万，少府从山泽川池园林收入13万万，共53万万，

[1]《后汉书·何敞传》。
[2]《后汉书·和帝纪》。
[3]《全后汉文》卷四四。
[4]《后汉书·安帝纪》。
[5]《后汉书·西羌传》。
[6]《后汉书·马融传》。
[7]《后汉书·和帝纪》。永初二年引《古今注》。
[8]《后汉书·安帝纪》。

东汉时期的人口和垦田数目都低于西汉,但每年的租税收入却达60多万万,比西汉多出1/3。为了支持穷兵黩武的对羌战争,劳动人民更要付出难以忍受的惨重代价:"比年羌寇特困陇右,供徭赋役为损日滋,官员人债数十亿万。今复募发百姓,调取谷帛,卖什物,以应吏求。外伤羌虏,内困征赋。遂乃千里转粮,远给武都西郡。涂路倾阻,难劳百端,疾行则钞暴为害,迟进则谷食稍损,运粮散于旷野,牛马死于山泽。县官不足,辄贷于民,民已穷矣,将从谁求?"[1]顺帝时期,灾情继续发展,最富庶的荆、豫、兖、冀4州,流民较前增加,其他地区也是灾害频仍,"家贫户馑,岁不如昔"。由于劳动人民流亡较多,官府控制的户口日渐减少。各地的地方官为了赢得朝廷的欢心,在上计时"皆虚张户口,户口既少,而无赀者多,当复割剥,公赋重敛"[2]。到了桓帝、灵帝时期,东汉的统治进到它最腐朽的阶段,劳动人民的苦难也达到无以复加的地步了。历史是以日益严峻的字眼来编排东汉皇朝末期的流年的:

桓帝建和元年(147年)二月,荆、扬二州人多饿死。

元嘉元年(151年)夏四月,京师旱,任城、梁国饥,民相食。

永兴元年(153年)秋七月,郡国三十一蝗,河水溢。百姓饥穷,流冗道路,至有数十万户,冀州尤甚。

永寿元年(155年)二月,司隶、冀州饥,人相食。

延熹九年(166年)三月……司隶、豫州饥,死者什四五,至有灭户者。[3]

灵帝建宁三年(170年)春正月,河内人妇食夫、河南人夫食妇。[4]

崔寔做五原(今内蒙包头市附近)太守,见到的是"民冬月无衣,积细草而卧其中,见吏则衣草而出"[5]的凄凉景象。贾彪为新息(今河南息县)长,见到的是"小民困贫,多无养子"[6]的悲惨现实。在这种情况下,不仅社会的简单再生产无法维持,连劳动力的简单再生产也难乎为继。农民起义已被逼上历史的日程。正如刘陶在上桓帝的奏书中所说:"窃见比年以来,良苗尽于蝗螟之口,杼柚空于公私

铜摇钱树

[1]《后汉书·庞参传》。
[2]《后汉书·质帝纪》。
[3]《后汉书·桓帝纪》。
[4]《后汉书·灵帝纪》。
[5]《后汉书·崔寔传》。
[6]《后汉书·贾彪传》。

之求，所急朝夕之餐，所患靡盬之事。……今三郡(河东、冯翊、京兆)之民，皆以奔亡，南出武关，北徙壶谷，冰骇风散，唯恐在后，今其存尚十三四，军吏士民悲愁相守，民有百走退死之心，而无一前斗生之计。"[1]劳动人民长期痛苦呻吟得不到救助的时候，痛苦就会转化为愤怒，而呻吟也就会变成怒吼了！

第三节　黄巾起义的爆发与失败

一　黄巾起义的教科书——《太平经》

从汉安帝登基开始，七八十年间，农民起义的烽火几乎遍布东汉统治区的每个地方。桓帝时的刘陶就已经预言，这种农民起义对东汉皇朝必将造成致命的威胁："诚恐卒有役夫穷匠，起于板筑之间，投斤攘臂，登高远呼，使愁怨之民，响应云合，八方分崩，中夏鱼溃。"[2]东汉后期连绵不断的农民起义最后终于酿成了规模宏大的历史狂飙——黄巾农民大起义，使东汉皇朝在分崩离析中走向灭亡。

因为黄巾起义与《太平经》有着十分密切的关系，这里有必要对该书做一个简单的交代。

《太平经》的起源可以追溯到汉成帝时期。当时一个名叫甘忠可的方士造作了《天官历包元太平经》，鼓吹用异想天开的第二次再受命，挽救汉室的危机，结果被下狱处死。哀帝当国时，甘忠可的弟子夏贺良再上此书，结果演出了哀帝变成"陈圣刘太平皇帝"的受命喜剧。然而，夏贺良也因其术无效验，遭到自己老师同样的命运。东汉时，传说于吉得"神书百七十卷"号《太平清领书》。顺帝时，由其弟子宫崇献给朝廷。据李贤注，该书就是《太平经》，"后张角颇有其书焉"[3]。事实是，张角不仅"有其书"，而且其传道起事都与该书有着密切的联系。《太平经》说，"太平道，其文约，其国富，天之命，身之宝。近出胸心，周流天下，此文行之，国可安，家可富"[4]。这应该是太平道教义的根据。《太平经》谈天道、地道、人道，天神、地神、人神，又称三神为三公，这大概是张角、张梁、张宝分别称天

黄巾起义形势图

[1]《后汉书·刘陶传》。
[2]《后汉书·刘陶传》。
[3]《后汉书·襄楷传》。
[4] 王明：《太平经合校》，中华书局1960年版，第697页。

公将军、地公将军和人公将军的根据吧。其实,找出《太平经》与太平道和黄巾起义的关系并不困难,问题的症结在于说明,一部宗教的经典为什么变成了农民起义的教科书?

　　《太平经》的前身是《太平清领书》,从西汉成帝到东汉顺帝,在民间流传了一百多年的时间。在这一漫长的历史过程中,它肯定被许多人加工过,这些加工虽然没有改变这部宗教经典的神学体系,但即使从在民间争取信徒的角度出发,它也会加上某些反映劳动人民愿望并为劳动人民所乐意接受的东西。这样,呈现在后世读者面前的《太平经》就成为一个十分复杂而又矛盾的体系。它一方面有一个精心构制的有天神、地神、人神的系统的神学体系,充满着阴阳五行的图谶怪异之说,还夹杂着民间巫祝的宗教迷信,以及求神仙、寻仙药和炼丹服食等方术,另一方面又有着元气论的唯物主义因素。一方面有着董仲舒式的五德终始和"天不变道亦不变"的形而上学,另一方面又有着"阴极当反阳"、"下极当反上"的辩证法因素。一方面大力推崇汉德,称颂汉代皇帝为"圣明天子",把实现"太平盛世"的愿望寄托在当权的统治者身上,表现了维护封建统治的原则立场,一方面又以土德胜火德为根据,祈愿一次破天换地的大变革,去实现农民的均平理想等等。由于农民小生产者的局限性,他们比较容易接受宗教有神论的宣传。更由于东汉后期日益沉重的阶级压迫和剥削,使他们希望从茫茫苍天那里找到救星。《太平经》中那些曲折反映劳动人民愿望和要求的东西,使他们在无涯的苦海中仿佛瞥见遥远天际那一线微明的晨曦。在《太平经》描绘的天国里,阴阳调和,生产发展,生活富裕,"无有刑,无穷物,无冤民"[1],没有盗贼,没有夷夏之别,没有战争,国家兴盛,所有的人,从一般普通百姓到封建帝王都"可竟天年,各得其所"。这种理想描绘得愈美妙和谐,地狱般黑暗的社会现实——"风雨不调,行气转易","阴气蔽日","人民恐惧,谷少滋息,水旱无常","家事大小,皆被灾殃"——就愈加令人愤慨而难以容忍。在理想与现实的对比映照中,推翻现实凶恶污浊社会的革命热情自然会被激发出来。

飞升图

----
[1] 王明:《太平经合校》,中华书局1960年版,第206页。

《太平经》认为，自然界和人类社会是由元气的三种形体太阳、太阴、中和相互变化而成。天、地、人，日、月、星，山、川、土，父、母、子，君、臣、民"使同一忧，合成一家，立致太平"。而社会所需要经常解决的三件大事是吃饭，男女和穿衣。为了解决这三件大事，《太平经》提出"大平均"的思想，"天地施化得均，尊卑大小得一"。

"平者，言治大平均。凡事悉治，无复不平"，"调和平均，使各从其愿，不夺其所安"。比较可贵的是，在对均、平的解释中，提出了"财物共有"和"人人劳动"的思想。《太平经》卷六十七《六罪十治诀》明确指出："积财亿万，不肯救穷周急，使人饥寒而死，罪不除也。"其中还说：

> 或有遇得善富地，并得天地中和之财，积之乃亿亿万种，珍物金银亿万，反封藏逃匿于幽室，令皆腐涂。见人穷困往求，骂詈不予；既予不即许，必求取倍增也。而或但一增，或四五乃止。赐于富人，绝去贫子，令使其饥寒而死，不以道理，反就笑之。与天为怒，与地为咎，与人为大仇，百神憎之。所以然者，此财物乃天地中和所有，以共养人也。此家但遇得其聚处，比若仓中之鼠，常独足食，此大仓之粟，本非独鼠有也；少内（内应作府）之钱财，本非独以给一人也，其有不足者，悉当从其取也。愚人无知，以为终古独当有之，不知乃万户之委输，皆当得衣食于是也。[1]

这种财产共有的思想，谴责了包括皇帝在内的少数富人，揭露了他们积累亿万金银财物和粮食、自己独享甚至任其腐烂而不肯让别人分享的丑行，直斥这种人不过是仓中的大老鼠，是罪不容逭的。这里提出的天下财应共养天下人的主张，尽管还不是废除私有制，但它反对富人对穷人的过分剥削，呼吁"周急救贫"，表现了对高压下的劳动人民的同情，这很自然地能够引起劳动人民心灵的共鸣。《太平经》还宣称，"男者，乃天之精神也。女者，乃地之精神也"，"至于老长巨细，各当随其力而求其食，故万物尚皆去其父母而自衣食也"。"女之就夫家，乃当相与并力同治生，乃共传天地统，到死尚复骨肉同处，当相与并力，而因得衣食之"[2]。"耕田得谷独成实多善者？用心密，用

东汉布纹四系罐

[1] 王明：《太平经合校》，中华书局1960年版，第246—247页。

[2] 王明：《太平经合校》，中华书局1960年版，第34—35页。

力多也"[1]，"凡事相须成事者，皆两手也"[2]。"凡财物可以养人者，各当随力聚之"，"不肯力为之"而向人"求索"，"皆为强取人物，与中和为仇，其罪当死"[3]。任何这种人都要靠自己的劳动而求得生活资料的主张，实际上是否定了剥削的合理性。它要求人们将相互关系建立在劳动的基础上，也就是要求将劳动者之间的关系推广到整个社会。此外，《太平经》针对豪族地主垄断选举，任人唯亲的情况，提出举贤使能的主张。针对东汉后期刑罚残酷，诛杀无辜的情况，提出"无刑而自治"的主张。认为，"教其无刑而自治者，即其上也"，"教其小刑治之者，即其大中下也，多数功伪，以虚为实，失其法，浮华投书，治事暴用刑罚，多邪文，无真道可守者，即是其下霸道之效也"[4]。它要求减轻刑罚，即使死罪亦不要"尽灭杀"，更不要"罪及家小比伍"。针对当时社会"多贱女子而反杀之"的残害妇女的状况，提出男人继承天统，女人继承地统，杀害妇女是"断绝地统"、"灭人类"的逆天悖地之行。针对当时贵族官僚和豪族地主的奢侈腐化，提出男女衣食外，"其余皆伪之物"的禁欲主义主张。针对当时厚葬、淫祀和饮酒成风的倾向，提出了薄葬和节俭的主张。这些思想虽然不无偏颇之处，但无疑可以得到广大劳动人民的欢迎。

从以上分析可以看出，在《太平经》的宗教神学体系中，的确有不少涂抹着浓烈宗教色彩的合理内核。这些思想和主张，对当时处于死亡线上奋力挣扎的劳动人民，自然会产生巨大的吸引力。对自己苦难生活的愤怒和对未来太平世界的向往，使他们团结在张角为首的太平道旗帜下，演出了一幕反对封建压迫和封建剥削的威武雄壮的活剧。

二　"遽迤动摇，八州并起"

当太平道在东方蔓延，越来越多的劳动人民被吸引在它的周围而声势日隆的时候，历史把它的领袖张角召唤到了斗争舞台的最前列。

张角是冀州巨鹿（今河北平乡县境）人，太平道的首领。他以传教为掩护，以治病为手段，在青、徐、幽、冀、荆、扬、兖、豫等八州进行广泛的组织发动群众的活动。东晋

东汉水波纹四系罐

[1] 王明：《太平经合校》，中华书局1960年版，第415页。

[2] 王明：《太平经合校》，中华书局1960年版，第518页。

[3] 王明：《太平经合校》，中华书局1960年版，第243页。

[4] 王明：《太平经合校》，中华书局1960年版，第140页。

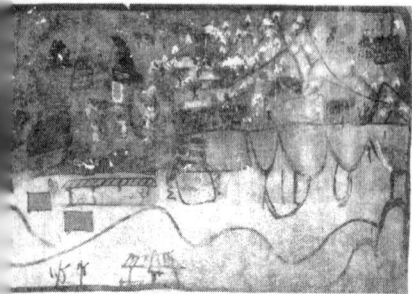

庄园农作

道士葛洪在《抱朴子》一书中说："襄者有张角、柳根、王歆、李申之徒或称千岁，假托小术，坐在立己，变形易貌，诳眩黎庶，纠合群愚，进不以延年益寿为务，退不以消灾治病为业，遂以招集奸党，称合逆乱。"[1]这里，葛洪显然把张角看成了道教中的左道旁门，这恰恰证明张角所从事的是以宗教外衣为掩护的反封建斗争。还在黄巾起义爆发前10多年间，张角就以"大贤良师"的名义，进行传教活动。他"奉事黄老道，畜养弟子，跪拜首过，符水咒说以疗病，病者颇愈，百姓信向之"[2]。他派遣八个弟子周游四方，"以善道教化天下，转相诳惑[3]"。一年的时间内，发展徒众数十万，青、徐、兖、冀等州的穷苦农民、流人和"亡命逋逃"，莫不毕应，形成天下襁负归之的局面。张角将徒众分成36方，"方，犹将军号也"。大方万余人，小方六七千，每方立渠帅。他提出的口号是"苍天已死，黄天当立；岁在甲子，天下大吉"。这里，张角受西汉以来"五德终始说"的影响，按当时传统的说法，把汉朝看作火德，认为"赤德气尽，黄德当兴"，"火德销尽，土德当代"。他以"苍天"代表汉朝，以"黄天"代表自己，向徒众明确宣布他们应该代替汉朝建立一代新的统治。根据《太平经》"甲子为初始"[4]之意，60数终，岁在甲子，指在中平元年（公元184年恰为甲子年）举行起义，开启一个新的天地。上述口号在道徒中辗转流传，人心激荡，等待一个庄严历史时刻降临的日子里，在首都的官府、寺门以及州郡官府的影壁上，几乎同时出现用白土书写的"甲子"二字。张角的弟子马元义组织荆、扬2州数万道众，相约定期会邺城（今河北磁县南）举行起义。他又数入京师，串通中常侍封谞、徐奉等为内应，共同约定三月五日内外俱起，共举义旗，给东汉官军一个措手不及的打击。谁知到了二月，张角的另一弟子济南唐周叛变，上书朝廷泄露了起义的主要机密，荒唐透顶的汉灵帝在惊悸之余，立即与文武臣僚谋划对起义者的镇压。在马元义于洛阳遭到车裂而英勇就义以后，东汉政府大小官员督率缇骑四出，在皇宫、官府、首都各个角落和洛阳周围大肆搜捕太平道道徒，一次诛杀了千余人。接着下令冀州的地方官火速缉拿张角等太平道道首。一时间，恐怖笼罩着太平道广泛传布的地区，官军兵丁四处捕

[1]《抱朴子·内篇》卷九。
[2]《后汉书·皇甫嵩传》。
[3]《后汉书·皇甫嵩传》。
[4] 王明：《太平经合校》，中华书局1960年版，第390页。

人,闹得鸡飞狗跳,民无宁日。马元义在洛阳就义的消息传到巨鹿,张角知道三月五日各地同时起义的计划已经泄露,败亡的危险使他当机立断,决定马上起义:"晨夜驰敕诸方,一时俱起。"二月的一天,仿佛魔术师从地下一下子呼唤出千军万马,"遐迩动摇,八州并起",身着黄巾的起义军战士从冀、幽、青、豫、并等州一齐向东汉政府发动了英勇的冲击,"所在燔烧官府,劫略聚邑,州郡失据,长吏多逃亡。旬日之间,天下响应,京师震动"[1]。清河和安平两地的太平道徒,也逮捕长吏,响应起义。一霎间,黄色的战旗迎着东升的旭日猎猎飘扬,标志着东汉农民起义已进入一个伟大的新时代。

宴享画像

但是,苍天虽然已经黯然失色,历史却注定黄天还不能立即代替它,苍天与黄天之间一场酷烈而殊死的斗争在中原广漠的原野上展开了。东汉政府面对黄巾从四面八方掀起的猛烈冲击,虽然也有点晕头转向,但很快就镇静下来。灵帝飞檄各州郡,"修理攻守,简练器械",同起义军进行坚决斗争。又在洛阳周围的幽谷、大谷、广城、伊阙、轘辕、旋门、孟津、小平津诸关口,设置都尉,屯驻重兵,加强首都的防卫。同时召集群臣,策划镇压起义军的方略。最后,灵帝接受皇甫规的建议,大赦被禁锢的党人,起用他们作为军事统帅督兵镇压起义军。这一措施,暂时缓和了整个统治集团和地主阶级的内部矛盾,使他们团结起来共同对付起义军。灵帝还拿出宫中聚敛的钱财作为军费,以西园厩马充军马,奖励出征的将士,同时调动全国军队,拣选将帅,很快组织起对各路起义军的围剿,激烈而残酷的搏战同时在三个主要战场上展开了。

(一)颍川黄巾军的战斗

波才领导的颍川郡(治今河南禹县)黄巾军,与同时俱起的陈郡(治今河南淮阳县)、汝南(今河南汝南县)黄巾军一起,迅速攻占了豫州的许多地方,兵锋直指洛阳,对东汉皇朝的统治构成极大的威胁。因而,东汉政府首先把最精锐的军事力量投到颍川战场。四月,左中郎将皇甫嵩,右中郎将朱儁,共发五校、骑士及所募精兵4万余人,分成两军,杀气腾腾地开到颍川前线。朱儁取胜心切,挥军急进,被迎击的黄巾军杀得人仰马翻,节节后退,皇甫

[1]《后汉书·皇甫嵩传》。

神鼎画像

嵩看到起义军士气正盛,难与争锋,立即退保长社(今河南长葛县),被波才指挥的黄巾军团团围住。在起义军猛烈攻击下,长社弹丸小城岌岌可危,官兵惊恐,朝不保夕。皇甫嵩严令官军坚守不出,等待和寻找攻破起义军的机会,波才攻城不下,就命令起义军士兵依草结营,犯了兵家大忌,给皇甫嵩制造了可乘之机。狡猾的皇甫嵩立即召集军吏密谋说:"兵有奇变,不在众寡。今贼依草结营,易为风火。若因夜纵烧,必大惊乱,吾出兵击之,四面俱合,田单之功可成也。"[1]在一个风高月黑的夜晚,皇甫嵩一面命军士持巨大的火把上城,一面指使一部分士兵乘夜潜出城外,偷袭黄巾军的营寨,纵火大呼。霎时,火把高照,战鼓震天,城下骑兵突出,杀声阵阵,起义军营寨四处起火,黄巾军在混乱中惊呼奔走,布不成战阵。正在这时,都尉曹操率领的一支兵马赶到,朱儁也指挥士卒反击,波才的这支起义军遭受重大损失,一万多名起义军战士牺牲在激烈的鏖战中。波才率领残部退至阳翟(今河南禹县)。六月,皇甫嵩、朱儁等乘胜追击,把波才的黄巾军残部消灭在阳翟,把彭脱领导的黄巾军消灭在西华。继而又围攻汝南和陈郡的黄巾军,经过四个月的战斗,豫州地区的黄巾军终于被镇压下去了。

(二)冀州黄巾军的战斗

二月,张角在巨鹿集合起义军,登台誓师,揭开了黄巾起义的战幕。张角称天公将军,其弟张宝和张梁分别称地公将军和人公将军,分别指挥起义军向东汉官军发起了猛烈进攻,很快攻占了青、徐、冀、兖、幽等州的许多地方。在冀州,安平王刘续、甘陵王刘忠被活捉。在幽州,广阳黄巾军杀死了刺史郭勋和太守刘卫。东方的天空,黄帜飘扬,劳苦大众一片欢腾。

与派出皇甫嵩,朱儁率军进攻颍川黄巾军差不多同时,东汉政府派北中郎将卢植统帅精锐的北军五校围剿冀州的黄巾军,一连数次激战,黄巾军屡屡失利,损失万余人马。张角等退保广宗(今河北威县东)城,据垒顽强抵抗。卢植"筑围凿堑,造作云梯",督率士兵猛烈攻城。正在此时,灵帝派小黄门视军,由于卢植未予贿赂,被进谗言,结果遭到免官治罪的处分。东汉政府派前中郎将董卓代

[1]《后汉书·皇甫嵩传》。

卢植指挥围剿冀州起义军的军事行动。因为董卓的军事才能远逊卢植，东汉官军在与起义军的对战中没有占到什么便宜。六月，皇甫嵩在镇压了颍川、汝南黄巾军以后，东汉政府命令他转军东向，对付东郡的黄巾军。八月，皇甫嵩指挥的东汉官军与东郡黄巾军战于苍亭（今山东阳谷县北），取得重大胜利，黄巾军首领卜己被俘。接着，皇甫嵩又根据东汉政府的命令，挥军北上，找冀州黄巾军的主力决战。十月，东汉官军进至冀州。此时，张角已经病死，冀州黄巾军由其弟张梁和张宝分别统帅。张梁一支屯驻广宗(今河北威县东)，张宝一支屯驻下曲阳(今河北晋县东)，皇甫嵩首先进攻广宗，双方交战数次，由于张梁指挥有方，起义军士兵英勇奋战，广宗巍然屹立，官军徒唤奈何。皇甫嵩屯兵坚城之下，感到难凭强攻取胜，就命令士兵休战，闭营门自守。任凭黄巾军如何叫骂挑战，也决不出战。他用这种办法使起义军松懈麻痹、失去警惕以后，一天夜里，在起义军放心酣睡之时，皇甫嵩悄悄地把官军运动到有利的进攻位置。当雄鸡的长鸣引来曙色的时候，东汉官军从四面八方杀来。黄巾军虽经仓促应战，拼死抵抗，但由于缺乏准备，遭受很大损失。从黎明战至太阳升高东南方，黄巾军已有3万士卒战死，张梁也壮烈牺牲。剩下的5万黄巾军战士看到没有取胜的希望，面对潮水般涌来的官军，毅然跳下滚滚的清河，宁愿葬身水底，也拒不做官军的俘虏。悠悠清河水，千年流不断。她是黄巾军英勇不屈、视死如归的豪迈精神的历史见证。

汉代雁鱼灯

广宗一战，改变了冀州战场上敌我力量的对比，东汉官军已经夺得战场上的主动权，张宝一军陷于孤立无援、被动挨打之势。皇甫嵩乘战胜之威，对张角"剖棺戮尸"，并将其头颅割下，送往洛阳，以发泄对黄巾军的刻骨仇恨和炫耀自己的胜利。十一月，皇甫嵩指挥东汉官军与张宝领导的黄巾军在下曲阳展开了一场激烈的鏖战。张宝牺牲在战场上，10多万起义军战士也大部分战死或被俘了。最大的这支黄巾军经过九个月的战斗，在取得了一系列的胜利之后，最后失败在皇甫嵩的屠刀下。

(三)南阳黄巾军的战斗

与张角起事冀州、波才起事颍川的同时，张曼成领导

汉代豆卮组合灯

的南阳黄巾军也树立起革命的大旗。中平元年三月,黄巾军猛攻宛城,击杀南阳太守褚贡,取得了重大胜利。从此,方圆千里的南阳郡,成了黄巾军与东汉官军猛烈搏战的疆场。张曼成屯军百多天,不断地四出进击。六月,东汉政府新任命的南阳太守秦颉,率兵奇袭宛城,张曼成牺牲,起义军受到一次严重挫折。正在此时,皇甫嵩、朱儁镇压了颍川、汝南的黄巾军,东汉政府命令朱儁率兵南攻南阳,与那里的黄巾军决战。

张曼成牺牲以后,南阳黄巾军共推赵弘为统帅,据守宛城,队伍很快发展到10多万人,继续猛烈地打击官军。六月,朱儁统帅的官兵与荆州刺史徐璆统帅的荆州兵会合,将宛城团团围住,日夜攻击。从六月至八月,宛城屹立不动,东汉政府几乎对朱儁的指挥能力失去信心,有人甚至建议征朱儁回京,另派将帅。由于司空张温的力保,朱儁才勉强保住了镇贼中郎将的官职,继续指挥攻城。十月的一天,朱儁终于得手,击杀了赵弘。但黄巾军又以韩忠为统帅,继续坚守宛城。之后,朱儁以新的策略攻城。他先是大张旗鼓地让军士在西南方向做出攻城的态势,将黄巾军主力吸引过去,然后率领精兵奇袭宛城的东北角,待黄巾军回兵救援时,汉军官兵已经蜂拥入城,韩忠只得率领残部退保宛城内的小城。其时,形势对起义军已十分不利,韩忠动摇了,派人向朱儁乞降,但被朱儁断然拒绝。韩忠只得抱着与小城共存亡的决心,激励士卒,拼死抵抗。朱儁仗着人多势众,督率官兵,轮番攻城,但迟迟不能奏效。朱儁改变策略,撤退包围的军队,诱使韩忠,韩忠见汉兵撤围,果然中计,率军突围。遭到朱儁指挥的官军的突然袭击,损失了一万余名起义军战士。突围出来的黄巾军又遭到南阳太守秦颉的袭击,韩忠也在这次遭遇战斗中壮烈牺牲。黄巾军余部共推孙夏为统帅,乘汉军大部分被吸引在自己周围而宛城空虚的机会,突然回军,再据宛城。朱儁又指挥官军尾追攻城。不久,宛城再次被攻破,孙夏率黄巾军残部退至西郊精山(今南阳市山)。朱儁穷追不舍。精山一战孙夏被杀,一万余名起义军战士壮烈牺牲,南阳黄巾军也被镇压下去了。

以张角为领袖的黄巾军起义,经过九个月的浴血奋战，在给了腐朽的东汉皇朝以极其沉重的致命一击之后而宣告失败。"苍天"尽管还没有立即死亡但已经奄奄一息，"黄天"纵然没有立得起来却建树了推动历史前进的不朽业绩。当东汉皇朝对镇压黄巾军的刽子手加官晋爵，整个统治阶级都为他们屠杀人民的胜利而弹冠相庆的时候，他们怎么也不会想到，实际上由他们镇压的对象带给他们的死亡，已经悄悄地来到了他们的身边。他们的胜利仅仅是暂时的，黄巾军余部的前仆后继的斗争，将会给他们的胜利拂上新的阴影。

朱雀灯

三　黑山起义军、黄巾军余部及其他农民起义军的反封建斗争

　　三支最大的黄巾军主力虽然被皇甫嵩、朱儁之类的刽子手纳在血泊之中，但农民英雄们反抗东汉皇朝封建统治的斗争却没有停止。

　　光和七年（184年）十月，朱儁把平定南阳黄巾军的消息奏报东汉朝廷，东汉的统治者们乐得手舞足蹈。汉灵帝于十二月发布了大赦令，并决定改元为中平元年，以庆祝他们镇压黄巾军的胜利。这些世纪末的统治者不仅未能从黄巾起义中吸取丝毫的教训，反而进一步加强对农民的剥削。中平二年（185年）下令每亩增税十钱，"以修宫室、铜人"。同时又在西园重开卖官市场，进一步加深了"使饿狼守庖厨，饥虎牧牢豚"的腐败政治，人民的反抗自然无法消歇。所以，在庆祝胜利的鼓乐还在绕梁盈耳的时候，中平二年（185年）二月，又爆发了黑山军的起义，一下子把统治者的好梦搅乱了。《后汉书·朱儁传》载："自黄巾贼后，复有黑山、黄龙、白波、左校、郭大贤、于氐根、青牛角、张白骑、刘石、左髭、丈八、平汉、大计、司隶、掾哉、雷公、浮云、飞燕、白雀、杨凤、于毒、五鹿、李大目、白绕、畦固、苦唒之徒，并起山谷间，不可胜数。其大声者称雷公，骑白马者为张白骑，轻便者言飞燕，多髭者号于氐根，大眼者为大目，如此称号，各有所因。大者二三万，小者六七千。贼帅常山人张燕，轻勇矫捷，故军中号曰飞燕。善得士卒心，乃与中山、常山、赵郡、上党、河内诸山谷寇贼更相交通，众至百万，号曰黑山贼。河北诸郡县并被其害，朝廷

山东安丘画像石墓

不能讨。"这些被统治阶级诬为"黑山贼"的农民起义军，实际上是数十支人数不等的起义队伍的泛称。是以黑山起义军为中心的多支起义军的松散联盟，他们据以活动的根据地是南北绵亘千里的西山（即今太行山），这里山谷纵横、森林茂密，易守难攻，便于迂回周旋。并且，由于它地处冀州与并州的交界处，是统治力量比较薄弱的地区，因而成为起义军比较理想的根据地。这些起义军正是凭借这里有利的地理形势，神出鬼没、积极主动地打击东汉官军，从中平二年到建安十年（205年），一直坚持了20多年的反封建斗争，继黄巾军以后，又给东汉皇朝以沉重打击。

黑山起义军公认的领袖是张燕，他是常山真定（今河北省正定县）人，原姓褚。黄巾起义爆发后，他也拉起一支队伍响应，在西山里以游击战术巧妙地打击官军。黄巾军失败后，他率众返真定，起义队伍已发展成万余人的大军。这时，博陵（今河北博野县境）人张牛角也率众起义。自称"将兵从事"，与张燕联合，推张牛角为统帅，合军进攻瘿陶（今河北柏乡县东）。张牛角被流矢所中，临死留下遗言要他的部下奉褚燕为统帅，继续斗争。为了纪念张牛角这位胸怀大度的起义军领袖，褚燕改姓张，成为这支起义军的领袖。张燕"剽悍捷速过人"[1]，他领导起义军，屡屡击败官军，成为西山数十支起义军中力量最大的一支，张燕也就成为众望所归的领袖。黑山军的活动日益剧烈，常山（今河北、山西交界处以石家庄、阳泉为中心的地区）、赵郡（今河北邢台、邯郸地区）、上党（今山西长治地区）、河内（今河南新乡地区）是他们经常活动的地区。由于他们以西山为依托，来去无常、飘浮不定，使东汉政府很难对付。灵帝一面任杨凤为黑山校尉，伺机镇压，一面送张燕一个"平难中郎将"的官位，把西山一带划为他的辖区，并允许"岁得举孝廉、计吏"，企图以此加以怀柔。张燕虽然没有拒绝"平难中郎将"的官衔，但却从不听从东汉政府的号令，仍然继续率兵攻击官军。他的活动渐渐逼近京师，使最高统治者也难以安眠。东汉政府只得任命屠杀黄巾军的刽子手朱儁为河内太守，以便堵住起义军向京师进军的道路。

[1]《三国志·魏志·张燕传》。

但是，东汉政府的政治军事形势此时正在经历重大的变化。与东汉朝廷的力量继续削弱的同时，在镇压黄巾起义中壮大起来的地方军阀，由于各地豪强地主的支持，力量进一步膨胀起来。此后，黑山起义军遇到的是较东汉官军更厉害、更凶残的对手。汉献帝初平二年（191年），黑山起义军的于毒、白绕、眭固等10余万人进攻魏郡（今河北河南交界地区），打得东汉宗室贵族、东郡王刘肱抱头鼠窜。恰在此时，曹操率兵赶到东郡，在濮阳突袭白绕部，使起义军遭受重大损失。第二年，黑山起义军于毒等部进攻东武阳（今山东莘县南）。这时，屯兵顿丘（今河南濮阳北）的曹操，挥军入西山，偷袭了于毒部设在那里的大本营。于毒闻讯，急撤东阳之兵回援本部，又被曹操预设的伏兵击败，眭固一部受到很大损失。

初平四年（198年），袁绍已是冀州牧，执掌了河北的军政全权。三月，黑山起义军于毒部与反叛的魏郡官兵联合行动，一举攻占了袁绍的老巢邺城（今河北磁县南），杀死郡守，取得重大胜利。但此时起义军内部自号"平汉将军"的陶升叛变了，他保护袁绍及其他达官贵人和其亲属，并亲自送他们到斥丘（今河北成安县），向袁绍纳款输诚，被袁绍任命为"建义中郎将"。六月，袁绍经过一番准备之后，率军奔袭于毒部设在朝歌（今河南淇县）鹿肠山的大本营。经过五日激战，于毒壮烈牺牲，其部万余人战死，这支义军基本上被消灭了。袁绍初战得手后，率军进入西山，由南而北，寻找各部起义军决战。他先进攻左髭、丈八领导的一支起义军取胜后，又连击刘石、青牛角、黄龙、左校、郭大贤、李大目、于氏根等部，残杀起义将士数万人，拆毁了这些起义军在西山的"屯壁"。之后，袁绍又与张燕率领的数万步骑精兵、以及四营屠各、雁门乌桓等激战于常山。双方连战10余日，虽然张燕等领导的起义军损失惨重，但袁绍军也被打得疲惫不堪，丧失了继续战斗的能力，双方皆退兵休战。袁绍军这次对黑山起义军的围剿，使这支起义军遭到空前的损失，多年经营的"屯壁"被拆毁，数支起义部队被消灭，一批在起义军中负有盛名的领袖英勇战死，最精锐的张燕一军也受到重创。从此，黑山起义军的力量大大削弱，再也难以向官军发动大规模

山东嘉祥宋山东王公·乐舞·庖厨画像

拜谒画像

的有效进攻了。此后，黑山起义军虽然还在继续进行反对封建统治的斗争，但也参加了一些北方军阀的争夺地域之战，如初平四年(198年)协助袁术同曹操战于匡亭，被曹操打败。建安四年(199年)，又协助公孙瓒对抗袁绍。同年四月，眭固率领的一支黑山起义军余部又协助袁绍与曹操战于射犬(今河南焦作市南)，眭固被杀，余众被打散。这一时期，只有张燕率10万部众继续坚守在西山之中，不时同北方的军阀对战。建安十年(205年)四月，曹操基本上统一了北方。张燕在形势变得越来越对自己不利的条件下，率众10多万投降了曹操，被封为列侯。至此，坚持了20多年反封建斗争的黑山起义军最后以同封建统治者妥协宣告了自己的失败。

黑山起义军虽然一度发展到百万人众，坚持了20多年的英勇斗争，给了东汉统治者及地方军阀以很大打击。但由于他们活动的主要地区是山高林密、人烟稀少的冀、并两州的交界地区，再加上他们的斗争基本上局限在军事方面，在政治上缺乏建树，后来甚至参加军阀混战，因而其影响和震动就远不如黄巾军。当然，实际上它也是作为黄巾起义的余波在历史上留下记录的。

东汉皇朝虽然在公元184年镇压了三支黄巾军的主力，但却不可能把所有信奉太平道的民众全部杀掉，更由于它无法消除激起农民造反的那些最基本的社会原因，因而以黄巾军为旗帜的起义，就不可遏止地在各地一再爆发。

灵帝中平五年(188年)十月，青州和徐州又爆发了黄巾起义。一时间，起义军攻城略地，声威大震。这时的青州刺史焦和，面对"处处飙起"[1]的黄巾军，只剩下"坐列巫史，崇祷群神"[2]。而他的军队"望寇奔走，未尝接风尘交旗鼓"就垮掉了。初平元年(190年)，焦和在一筹莫展中愁闷愤激而死，继任刺史的臧洪也缺乏对付起义军的锦囊妙计，这时黄巾军利用董卓、袁绍、曹操等军阀混战的时机，四处攻击官军，抢掠财物，取得不少胜利，迅速发展到百万之众。初平二年，黄巾军一部30万众，攻入泰山郡(今山东泰山、蒙山地区)，但被太守应劭指挥的郡兵打败而退出。同年，青、徐黄巾30万人攻入渤海郡(今河北、山东交界处

[1]《后汉书·魏志·臧洪传》。
[2]《后汉书·魏志·臧洪传》。

以沧州为中心的地区），欲西行与黑山起义军联合。在东光（河北今县）以南，遇到公孙瓒步骑2万人的迎击，一场激战，牺牲了3万多义军战士。起义军弃车万辆，希图轻装渡河西向。半渡之中，再次遭到公孙瓒的袭击，死伤数万人，鲜血染红了清河水。

初平三年（192年），曹操任东郡太守，推荐鲍信做了济北（今山东长清、肥城一带）相。这时，百万青州黄巾军进入兖州，兖州刺史刘岱不听鲍信劝告，率兵迎击黄巾军，被打得落花流水，刘岱自己也做了黄巾军的刀下之鬼。鲍信与州吏万潜到东郡迎曹操为兖州刺史。黄巾军与曹操之兵激战于寿张以东（今山东东平以南），黄巾军包围曹操之军。要不是鲍信奋力拼搏，以死相救，曹操也就成了黄巾军的俘虏。曹操突围以后，又与黄巾军数次对战，都没有讨到什么便宜。这时候，黄巾军修书给曹操，劝他不要辅佐汉室，做"逆天之大运"的蠢事，其中还说："昔在济南，毁坏神坛，其道乃与中黄太乙同，似若知道，今更迷惑。汉行已尽，黄家当立。天之大运，非君才力所能存也。"[1]黄巾军的领袖们看出"汉运已尽"，无疑是有识见的，但他们对曹操的劝告却不啻对牛弹琴。曹操得来书当然不为所动。他一面致书黄巾军劝降，一面用奇计，设埋伏，昼夜攻击黄巾军。黄巾军遭受挫折以后，边打边撤退至济北。这时严冬已到，黄巾军男女百余万，衣食无着，战又难以取胜，陷入进退维谷的境地，在曹操的劝诱下放下了战斗的武器。曹操从中选出数十万精锐，编为青州兵，在以后曹操统一北中国的征战中，这支劲旅起了很大的作用。建安二十四年（219年）曹操死去，这支由黄巾军改编而来的青州兵"皆鸣鼓擅去"。此后史书再也没有他们活动的记载，想必是逃归故里务农为生去了。

青州黄巾军的大部主力虽为曹操所改编，但其他许多地方的黄巾军仍然在不断地打击官军，执着地继续为实现"黄天当立"的理想而战斗。如中平三年（186年）赵慈领导的江夏叛兵暴动，中平四年（187年）长沙区星领导的起义，中平五年（188年）益州马相领导的黄巾起义、郭太等在西河白波谷（今山西襄汾）领导的黄巾起义以及建安年间胶东地区的多次起义，都给东汉皇朝以沉重的打击。

东汉"长安市长"印印文

[1]《三国志·魏志·武帝纪》注引《魏书》。

在以张角为代表的黄巾军被镇压以后，又接连爆发了以黑山、黄巾余部为代表的起义。这些起义次数多、地域广、持续的时间也很长，他们高举着"黄天泰平"的旗帜，胸怀"汉运已尽，黄天当立"的信念，前仆后继，英勇顽强，"殊不畏死，父兄歼殪，子弟群起"[1]，继续给了东汉统治以沉重打击。但是，这些起义又带有很明显的弱点。他们起义的时间不一，地域各异，即使在同一地区，也往往是数支起义军并起，互不统属，各自为战。这就便于东汉皇朝和各地军阀使用各个击敌的方针，将各部起义军逐一镇压，造成这种情况的原因，一是由于东汉末年的政治压迫和经济剥削特别残酷，因而起义遍及全国各地。一是因为东汉时期豪族地主的力量发展迅速，各地实力膨胀的州牧郡守逐渐成为割据一方的军阀。他们在各地实行的政策不同，再加上本来就存在的地区差异，使各地的政治经济的不平衡状态更加严重，这就必然造成时间上的此起彼伏和地域上的显著差异。

四　五斗米道与张鲁在汉中建立的政权

东汉末年，当太平道在冀、幽、青、徐、兖、豫、荆、扬等州广泛流传的时候，在西南的益州和关中的三辅地区，则有五斗米道在传经布道。五斗米道也是道教的一个分支。它的创始人是沛（今江苏丰县）人张陵。张陵又称张道陵，曾在蜀郡鸣鹤山（古今四川大邑县西北）学道，"造作道书，自称'太清元元'，以惑百姓"[2]。从受道者出五斗米，故世号"米贼"[3]。张陵死后，其子张衡在蜀中继续传其道。这时候，益州正在汉宗室刘焉的统治之下。张衡死后，其妻与子张鲁接传其道。张鲁母子与刘焉关系甚为密切，从而使五斗米道在益州传播得到了许多方便。

灵帝光和（178—183年）年间，在张角于东方酝酿起义的时候，五斗米道的另一传人张修正在汉中地区以治病为名传播他的道术。他让信道人独处静室，闭门思过。同时让鬼吏为病人请祷。办法是写简册三，其上书病人姓名及服罪之意，"其一上之天，著山上，其一埋之地，其一沉之水，谓之三官手书"[4]。使病人家出五斗米。一时信奉这一教派的人很多，"小人昏愚，竞共事之"[5]。由于张修的精

执锄陶俑

[1]《三国志·魏志·陶谦传》。

[2]《华阳国志·汉中志》。

[3]《三国志·魏志·张鲁传》。

[4]《三国志·魏志·张鲁传》引《典略》。

[5]《三国志·魏志·张鲁传》引《典略》。

心经营，五斗米道在汉中地区发展成举足轻重的势力。中平元年七月，张修率五斗米道众起义，攻略郡县，取得一连串的胜利，成为与汉中郡守相拮抗的一支重要力量。

　　初平二年（191年），刘焉为了将自己的势力扩大到汉中地区，以张鲁为督义司马、以张修为别部司马，合兵攻杀汉中太守苏固和南郑地方豪强赵嵩，夺取了汉中的统治权。张鲁采取断然措施，断绝汉中通往关中的主要通道斜谷，杀死东汉朝廷派来的使者。张鲁控制的汉中，名义上归附刘焉，实际上成为一个半独立的地方政权。张鲁与张修在汉中"行宽惠"之政，建立了政教合一的整套统治机构。他们在各地建立义舍，其中置义米、义肉，允许行人量腹取用。对于犯法者着重教化，"三原而后行刑"[1]。取消东汉旧有的官吏名称，一般信道百姓称为"鬼卒"，其上为祭酒和州头祭酒。百姓的负担也较东汉统治时期为轻，每户每年出五斗米就可以了，这个政权在很大程度上得到了劳动人民的拥护，"巴汉夷民多便之"[2]。在中原地区陷入军阀混战的血雨腥风的岁月里，这里保持了和平与安定的秩序，这对发展生产和安定人民的生活显然是有好处的。

　　汉献帝建安五年（200年），其时刘璋已代其父任益州刺史。此人阘弱无能，张鲁决定脱离他完全独立，于是袭杀别都司马张修，兼吞了他统帅的士兵和抚有的百姓。刘璋对张鲁擅自击杀张修和摆脱自己的控制十分不满，就杀死张鲁留在成都的母亲和弟弟以示惩罚。同时，又遣中郎将庞义率兵攻打汉中，结果被张鲁击败。刘璋任庞义为巴郡太守，屯兵阆中以阻止张鲁南下。至此，张鲁彻底摆脱了对刘璋的依附，成为完全独立的一个政权。此后，他虽然偶尔与已被曹操控制的东汉朝廷通使来往，但并不服从朝廷的政令。东汉政府任命张鲁为镇民中郎将、汉宁太守，以示羁縻之意。这期间刘璋又曾数次派遣庞羲、李思等督兵进攻汉中，均被张鲁打败。之后，刘璋只得任命庞羲为巴西太守，对张鲁取守势。而巴郡的不少百姓纷纷离开刘璋，归向张鲁，致使张鲁的势力逐渐扩大到巴郡的部分地区。建安二十年（215年），曹操率军西征张鲁，攻破

汉鎏金银蟠龙纹壶

[1]《华阳国志·汉中志》。

[2]《华阳国志·汉中志》。

汉鎏金嵌琉璃乳钉纹壶客酒器

汉中,张鲁遁逃巴中。此时,刘备已袭取成都,代刘璋做了益州刺史,派人规劝张鲁投降。张鲁看到当时的形势已不允许自己继续割据,几经斟酌,决定归顺曹操。他说:"宁为曹公作奴,不为刘备上客。"[1]张鲁被曹操任命为镇南将军,封襄平侯,其子5人也都得到了列侯的赏爵。张鲁从曹操那里找到了自己的归宿,他经营了20多年的政教合一的汉中政权也寿终正寝,写完了自己历史的最后一页。

政教合一的汉中张鲁政权,如果从其前身张修聚众起义建立机构算起,共经历了30多年的时间。在东汉末年军阀混战不已,黄河长江下游战事连绵不断的情况下,这里成为田园诗般的绿洲,安谧平静。四周被战争熬煎的人民纷纷到这里避难。大量劳动力的涌入,对汉中地区的开发起了很好的作用。张修和张鲁的功劳是不可磨灭的。

---

[1]《华阳国志·汉中志》。

东汉陶女舞俑

第七章　军阀混战与东汉的灭亡

（184—220年）

第一节　东汉朝廷中央权力弱化与军阀混战

一　朝廷中央权力弱化

从秦朝开始建立的专制主义中央集权的行政体制，在一般情况下，都能保证有一个强大的中央政府，依靠强有力的行政、财政和军事力量维持对全国的统治。不过，一旦皇朝中央的财政状况发生危机，无法保有一支强大的军事力量，其对地方行政的控制能力必然弱化。在这种情况下，地方势力就可能迅速坐大，历史就会出现或长或短的分裂割据局面。

东汉皇朝自和帝以后，朝政中央的权力即呈现逐步弱化之势。导致这一局面形成的原因，首先是统治集团的内部斗争销蚀了自身的力量。外戚与宦官交替擅权及其相互间的血腥斗争，尤其是清流派官僚集团和知识界精英反对外戚宦官集团的斗争引发的"党锢之祸"，使统治集团中的健康力量遭到惨重打击。当权的颟顸无能的外戚和野蛮无耻的宦竖宵小之徒，必然导致中央行政权力的胡作非为，也势必遇到来自多方面的阻碍，从而不可避免地导致中央行政权力的低能力和低效率。其次，是统治集团的腐败激化的阶级矛盾和民族矛盾所引发的起义和反抗造成军费开支大增，从而加重了政府的财政危机。从安帝永初二年（108年），至灵帝中平元年（184年）黄巾起义爆发，76年间，历史上留下记载的农民起义不下数十次。为了镇压这些农民起义，东汉政府付出了巨大的财政

东汉哺婴俑

支出。这期间,羌人等少数民族的起义更使东汉政府伤透了脑筋,遭遇了空前的财政危机。安帝永初元年(107年),爆发了羌人第一次大起义,历时11年方被镇压下去。为了进行对羌战争,"征伐不绝,水潦不休,地力不复","重之以大军,疲之以远戍,农功消于转运,资财竭于征发。田畴不得垦辟,禾稼不得收入"[1]。"边民死者不可胜数,并、凉二州遂至虚耗"[2]。

消耗军费240亿,等于东汉政府4年的全部财政收入。顺帝永和四年(139年)又爆发了历时7年的第二次羌人大起义,花去政府军费80多亿。桓帝延熹二年(159年)至灵帝建宁二年(169年)爆发了羌人的第三次大起义。这次起义尽管被残酷镇压下去,但东汉政府付出的人力、财力和物力的巨大消耗超过了前两次对羌战争。陈龟在一次上书中对征羌战争作了沉痛的描述:"战夫身膏沙漠,居人首系马鞍。或举国掩户,尽种灰灭。孤儿寡母,号哭空城。野无青草,室无悬磬。虽含生气,实同枯朽。往岁并州水雨,灾蝗互生,稼穑荒耗,租更空阙。老年虑不终年,少壮惧于困厄。"[3]与羌人起事相呼应,居住在今之湖南地区的南蛮,居住在今之湖北、四川地区的板楯蛮,终东汉之世也没有停止对东汉皇朝的反叛。为了镇压这些少数民族的起义,东汉政府同样需要付出巨大的开支。加上皇室、贵族、官僚集团日益增长的享受欲望,使国库开支愈来愈巨大浩繁。到东汉末年,中央政府的财政已到了捉襟见肘的地步。即使千方百计增加苛捐杂税,甚至卖官鬻爵,也不能改变中央财政日益吃紧的状况。一个财政入不敷出的政府必然是一个软弱的政府。当这个政府经过黄巾起义的巨大冲击后,就再也无力对地方行政实施有效控制了。

二 州牧郡守的坐大与武装割据集团的形成

一方面是东汉皇朝中央的军力、财力不断弱化,一方面是国内不断爆发的农民起义和边疆地区的少数民族起义使东汉政府焦头烂额,穷于应付。面对这种国势政况,东汉朝廷只得赋予地方上的州牧郡守越来越多的权力。由此,就使州牧郡守借机扩大权力,增强军力,扩充地盘,

[1]《后汉书·西羌传》。
[2]《后汉书·庞参传》。
[3]《后汉书·陈龟传》。

形成一个个的武装割据集团。

西汉武帝时设十三部刺史，作为监察官对全国的郡国主官分部行监察之责。从西汉至东汉前期，这种刺史监郡制度对澄清吏治、保证国家政令、军令迅速有效地贯彻执行起了良好的作用。然而，随着时事的变化，刺史逐渐被赋予"六条问事"以外的许多权力。东汉顺帝时，刺史的监察权由郡国守相扩大到州内所有朝廷命官，同时又获得选举与劾奏权，进而对地方行政事务进行干预。灵帝时期，交阯屯兵反叛，形势危急，东汉政府任命贾琮为交阯刺史，全权处理该州事务。贾琮到任后，"即移书告示，各使安其资业"[1]，同时采取一系列措施，从选任官吏到减免赋税，招抚流亡，包揽了地方的几乎一切行政事务，并涉足军事。东汉后期，刺史被广泛赋予统兵的权力。如元初六年（119年），永昌、益州、蜀郡等地的夷人反叛，与越嶲夷一起攻城略地，最后由益州刺史张乔率兵讨平。[2]桓帝建和二年（148年），白马羌反叛，进攻广汉属国，也由益州刺史率兵讨平。[3]日积月累，刺史手中掌握的权力越来越多，它也由设置之时的单纯的监察官员发展为总揽一方军政财文大权的一级行政长官了。灵帝中平五年（189年），东汉朝廷根据久已变化的实际情况，接受太常刘焉的建议，干脆改刺史为州牧，一批位尊秩高的朝廷重臣出任州牧，从内容到形式完成了刺史一职由监察官到行政长官的转化：

> 灵帝政化衰缺，四方兵寇。焉以为刺史威轻，既不能禁，且用非其人，辄增暴乱，乃建议改置牧伯，镇安方夏，请重臣以居其任。焉阴求交阯以避时难，议未即行，会益州刺史郄俭在政烦扰，谣言远闻，而并州刺史张懿、凉州刺史耿鄙并为寇贼所害，故焉议得用。出焉为监军使者领益州牧，太仆黄琬为豫州牧，宗正刘虞为幽州牧，皆以本秩居职。州任之重，自此而始。[4]

此后，尽管刺史、州牧的名称还在混用，但其秩级已经由六百石提升到二千石，权力也凌驾于郡国首相之上，成为名副其实的封疆大吏了。东汉后期，随着朝廷对地方的控制力日益弱化，而一天天强大的州牧则因利乘便地把它

东汉陶坐听俑

[1]《后汉书·贾琮传》。
[2]《后汉书·安帝纪》。
[3]《后汉书·桓帝纪》。
[4]《后汉书·刘焉传》。

东汉陶吹笙俑

们管辖的地区变成父子相袭的独立王国。特别是黄巾起义以后的形势,使州牧拼命扩大自己手中的武力和地盘,互相攻讦,争城掠地,成为割据一方的诸侯,进而觊觎朝廷中央的权力,向皇位投去贪婪的目光,东汉皇朝也就名存实亡了:"焉牧益土,造帝服于岷峨;袁绍取冀,下制书于燕朔;刘表荆南,郊天祀地;魏祖居兖,遂构皇业;汉之殄灭,祸源乎此。"[1]

与此同时,本来就握有一方军政大权的郡国首相也乘机扩大权力,扩张地盘。如公孙度是辽东太守,他乘中原爆发农民起义,朝廷鞭长莫及之机,招兵买马,扩大地盘,自称辽东侯、平州牧,擅自委派辽中、辽西太守和营州刺史,成为割据东北一隅的土皇帝。前中山相张纯和前太山太守张举,也乘机与北方的乌桓势力相勾结,公然以推翻东汉朝廷相号召,在幽燕地区建立独立王国。这些州牧郡守之所以成为割据一方的军阀集团,除了东汉朝廷中央权力弱化难以对他们构成有效的控制外,还有豪强地主势力的急剧膨胀为他们提供了社会的和经济的基础。东汉皇朝本来就是在豪强地主支持下建立起来的,建立后的东汉皇朝又为他们势力的进一步发展提供了强有力的保护。如此一来,豪族地主势力就获得了更加迅速发展的契机,不仅广占田园,役使大量依附人口,经营农林牧手工业和商业,成为富甲一方的大豪强,而且拥有私人武装部曲为之效命。在东汉末年农民起义此起彼伏的情况下,豪强地主更是拼命扩大部曲,建立坞堡,形成一支又一支的地主武装。这些武装力量往往成为从州牧郡守发展起来的大大小小的军阀军队的重要组成部分。如曹操的武装力量中就汇集了豪族地主代表人物荀彧、高柔、田畴、李典、董和、常林、王修、任峻、许褚等统领的私人武装,刘备的武装力量中也不乏糜竺之类豪族地主的部曲,而孙权在江东立定脚跟也是靠了鲁肃、甘宁等豪族地主武装的鼎力支持。

三　董卓专权与军阀混战

中平六年(189年),汉灵帝病逝。何太后与其兄大将军何进立刘辩继帝位,是为少帝。何进与袁绍密谋杀宦

[1]《后汉书·百官志五》。

官,并召地方军队进京协助。在此事变中,尽管何进先遭
宦官杀害,但西园八校尉之一的袁绍和虎贲中郎将袁术
率兵将二千多宦官全部杀死,从而结束了东汉中期以后
外戚与宦官交替擅权的历史。然而,东汉皇朝衰颓的局面
并未因此出现转机,由董卓专权引发的军阀混战很快将
它推到落幕的届临。

　　董卓(? —192年),字仲颖,陇西临洮(今甘肃岷县)
人。因从张奂征讨少数民族有功,累迁郎中、广武令、蜀郡
北部都尉、西域戊己校尉、并州牧、河东太守。中平元年
(184年),参加镇压黄巾起义,后参加讨伐边章、韩遂,任
中郎将,封邰乡侯。中平六年(189年),何进、袁绍因谋划
诛杀宦官而召地方军队入京相助。董卓借机率并州兵赶
赴洛阳,在北芒山遇到逃出京师的少帝刘辩一行。他挟持
少帝回到洛阳,收编何进之弟何苗统领的部队,又收买丁
原部将吕布,在其将丁原杀死后并吞其部属,由此掌握了
一支较大的军事力量,控制了洛阳的局面。之后,他废少
帝刘辩为弘农王,立王贵人所生陈留王刘协为皇帝,是为
汉献帝。董卓自任太尉,不久又改任相国,"入朝不趋,剑
履上殿"[1],成为专断朝政的权臣。董卓的军队多是从胡、羌
等少数民族和胡化的汉人中招募,以战争为业,军纪败
坏,烧杀抢劫,奸淫妇女,无所不为。一次董卓派兵至阳城
(今南登封),逢当地居民春季祭祀社神。董卓的部队竟突
然包围祭社的百姓,杀死全部男子,悬首车辕,劫掠妇女
财物,"歌呼而还",对外谎称击贼获胜。董卓一旦大权在
握,即对朝臣大施淫威,顺者昌,逆者亡,动辄处死,使"群
僚内外莫能自固"[2]。由此激起广大百姓和内外臣僚的愤怒
与反抗。

　　初平元年(190年)正月,以袁绍为首的山东州牧郡守
共同起兵讨伐董卓,兵锋直指洛阳,董卓决意迁都关中以
避其锋。在杀死阻谏的朝臣任琼、周珌,罢免太尉黄琬、司
徒杨彪、司空荀爽之后,于二月强迫汉献帝君臣迁都长
安。为了打消西迁之人回返的念头,董卓下令全部焚毁了
洛阳的宫室、宗庙、府库和民居,将一座千年古城化作一
片废墟,"二百里内无复孑遗"[3]。他甚至连死人也不放过,
命吕布督兵发掘全部皇陵和公卿以下官员冢墓,搜寻殉

天禄石兽

[1]《后汉书·董卓传》。
[2]《后汉书·董卓传》。
[3]《后汉书·董卓传》。

鎏金铜铺首

葬的金银珠宝。百万洛阳官民在军队的驱赶下行进在迁往长安的滚滚黄尘路上，"步骑驱蹙，更相蹈藉，饥饿寇掠，积尸盈路"[1]。百余年未闻战火的中原百姓遭遇的是一场空前的浩劫。

山东征讨董卓的诸侯联军虽然声势浩大，但"军合力不齐，踌躇而雁行"[2]，曹操、袁绍、孙坚、王匡等州牧郡守很快被董卓各个击破，只能退而以求自保。董卓稳定了在关中的统治以后，派重兵屯守潼关周围州县要隘，自任太师，以兄弟子侄任将军校尉，执掌兵权机要，"于是宗族内外，并居列位，其子孙虽髫龀男皆封侯，女为邑君"[3]，实际上将刘氏皇朝变成了董家天下。董卓自知专权暴虐不得人心，于是在长安城东的郿县建立起了城墙高厚与长安城墙一样的坞堡，其中储存的粮食可够30年食用。董卓满以为，有如此坚固的坞堡，就可以万无一失了："事成，雄踞天下；不成，守此足以毕老。"[4]然而，董卓低估了朝廷内外反对他的力量。关东讨伐他的诸侯联军尽管被阻于潼关一线，但声势未减，而朝廷内部反对他的臣僚们则不断策划诛杀他的秘密行动。初平二年（191年），发生了越骑校尉伍孚刺杀董卓未果而本人被杀死的事件。第二年四月，司徒王允利用董卓与吕布的矛盾，精心策划了诛杀董卓的行动，最后终于使董卓被杀于他赴朝会的殿门前。由于董卓人心丧尽，他的死自然变成了百姓的盛大节日。长安欢庆的人群"填满街肆"，"士卒皆呼万岁，百姓歌舞于道"。董卓宗族藏身的郿坞遂之被皇甫嵩攻下，男女老幼全都成了刀下鬼，从中搜出"金二、三万斤，银八、九万斤，锦绮缯毂纨素奇玩，积如丘山"[5]。董卓那肥胖如猪的尸体也被焚烧成灰，消失得无影无踪。

王允等以计诛杀董卓后，由于没有安抚好董卓的部属，致使他们联兵攻陷长安。初平三年（193年），他们的首领李傕、郭汜杀死王允，将汉献帝控制在自己手上。董卓旧部本来就是一批亡命之徒组成的雇佣军，军纪败坏。进入长安，更是肆无忌惮地奸淫劫掠，致使城中粮价腾跃，"人相食啖，白骨委积，臭秽满路"[6]，百姓再次遭遇劫难，惨不忍睹。

兴平元年（194年），凉州军阀韩遂、马腾率部入长安，

[1]《后汉书·董卓传》。
[2] 曹操：《蒿里行》。
[3]《后汉书·董卓传》。
[4]《后汉书·董卓传》。
[5]《后汉书·董卓传》。
[6]《后汉书·董卓传》。

接受汉献帝授予的将军职务。不久，因权利得不到满足，与李傕、郭汜部兵戎相见。长安城中，一时刀光剑影，血肉纷轮。韩遂、马腾兵败后退回凉州。李傕、郭汜两部为争夺对汉献帝和朝廷的控制权再起刀兵，双方"相攻连月，死者以万数"[1]，长安百姓再次遭受浩劫。后由屯兵弘农(今河南灵宝北)的镇东将军张济调解，双方言和，并允许汉献帝离开长安，东归洛阳。在保护汉献帝的途中，骠骑将军张济、车骑将军郭汜、后将军杨定、兴义将军杨奉、安集将军董承与屯兵曹阳(今河南灵宝北)的李傕之间再次在华阴(今属陕西)一带混战，造成朝廷"百官士卒死者不可胜数，皆弃妇女辎重，御物符册典籍，略无所遗"[2]。汉献帝在杨奉和河内太守张扬等的保护下，经过艰难的跋涉，经安邑(今山西夏县西北)，于建安元年(196年)七月抵达洛阳。此时的洛阳，屡经兵火，已是一边废墟，宫室尽毁，汉献帝只得在故中常侍赵忠旧宅暂住，百官只能"披荆棘，依墙壁间。州郡各拥强兵，委输不至，群僚饥乏，尚书郎以下自出采稆，或饥死墙壁间，或为士兵所杀"[3]，景况十分悲惨。就是在这种情况下，主政拥兵的大臣和将军们依然勾心斗角，互争雄长。为了使汉献帝有一个安静的立足之地，主政的董承就暗召已在中原具有相当实力的兖州牧曹操前来洛阳护驾。此时的曹操认识到汉献帝虽然无权无勇，但仍然是可以利用的"奇货"，抓到手上，就能"挟天子以令诸侯"，为征讨其他军阀找到一个冠冕堂皇的借口。于是欣然率兵前往。鉴于洛阳残破，一时难以恢复重建，且周围又有关西各路军阀的威胁，安全亦难以保证，就将汉献帝迁到他新开辟的许县(今河南许昌)。至此，曹操在众多军阀中拔出同列，不断创造气象万千的新局面。

　　董卓死后，其部属分化的数路军阀在关中混战的同时，关东的军阀的混战也如火如荼地进行着。本来，在董卓擅立汉献帝并将其挟持迁都长安的时候，逃出京师的西园八校尉之一的袁绍就于初平元年(190年)在渤海(他当时的职务是董卓任命的渤海太守)举起了讨伐董卓的旗帜。由于他出身于"四世三公"的名门望族，更由于董卓的专权和暴虐引来四面八方的愤怒，关东起兵讨伐董卓的地方实力派大都归附到袁绍的旗帜下。其中有，与袁绍

东汉辟邪石兽

[1]《后汉书·董卓传》。

[2]《后汉书·董卓传》。

[3]《后汉书·董卓传》。

东汉石狮

同驻河内(今河南武陟)的河内太守王匡,驻邺城(今河北临漳)的冀州牧韩馥,驻颍川(今河南禹县)的豫州刺史孔伷,驻鲁阳(今河南鲁山)的后将军袁术,驻酸枣(今河南延津)的兖州刺史刘岱,和陈留太守张邈,广陵太守张超,东郡太守桥瑁,山阳太守袁遗,济北相鲍信,前骁骑校尉曹操,以及长沙太守孙坚等。这些地方实力派拥有关东的广土民众,又手握讨伐奸佞董卓的正义旗帜,对董卓而言显然具有民心和士气的优势。然而,由于这些出身世家大族的州牧郡守都不擅长战阵,且大都思谋拥兵自重,保存实力,谁也不愿拼死力与董卓对战。所以,除了曹操和孙坚曾督兵与董卓之军进行了几次小规模的战斗外,其余的数支军队基本上作壁上观,眼睁睁地看着董卓的军队安然退至关中。这样,以袁绍为盟主的关东州牧郡守讨伐董卓的军事行动就成为一场雷声大、雨点小的虚张声势的闹剧。而在董卓退守关中后,关中讨伐董卓的联盟立即破裂,彼此间开始了争城略地的斗争。先是兖州刺史刘岱攻杀东郡太守桥瑁。接着,渤海太守袁绍与幽州的公孙瓒合谋,以武力逼使韩馥将冀州牧让与袁绍。后来,公孙瓒又与袁绍反目,双方在冀州打了近两年的拉锯战,致使该地"粮食并尽,士卒疲困,互掠百姓,野无青草"[1]。直至初平四年(193年)春天,双方才在朝廷所派使者的劝说下,罢兵言和。

公孙瓒是幽州牧刘虞的部下,他手下实力的增长引起刘虞的疑忌,公孙瓒也不服刘虞调遣,二人互相戒备,双方最后终于以兵戎相见。初平四年(193年)冬,刘虞组织10万大军进攻公孙瓒的驻地蓟县(今北京市),结果全军溃败,公孙瓒轻而易举地占有了整个幽州。公孙瓒据有幽州后,野心膨胀,意欲为帝,遂即在易京大兴土木,建筑宫室营垒。这时,刘虞的旧部联合袁绍共同对付公孙瓒,双方展开激烈搏战,互有胜负。建安三年(198年),袁绍亲率大军包围易京,以计诱使公孙瓒出战,使之兵败自杀。袁绍占领幽州,控制了冀、幽、青、并四州,一时间成为关东实力最强大的割据军阀。

在袁绍与公孙瓒鏖战幽州之时,中原地区的其他军阀也在酣战中。先是占据南阳的袁术在刘表、曹操的夹攻

[1]《后汉书·公孙瓒传》。

下向东南退却,旋即以武力夺取九江郡,自称扬州刺史,重新割据一方。紧接着,曹操、刘备、袁术、吕布等又为争夺徐州进行斗争。最后是袁术病死,曹操利用刘备擒杀吕布,占据徐州。至此,曹操已经控制了兖、豫、徐、扬四州大部分地区,成为仅次于袁绍的最大的实力派。这样,曹操与袁绍这两大军事集团为争夺关东统治权的斗争就必然提上了历史的日程。

第二节　三国鼎立局面的出现与东汉的灭亡

一　曹操、刘备和孙权三个政治军事集团的形成

曹操(155—220年),字孟德,沛国谯(今安徽亳州人),其父曹嵩是桓帝时大宦官曹腾的养子。曹操因自幼聪慧,加之政治上有靠山,二十岁即任洛阳北部尉、顿丘(今河南濮阳北)令。后因事免官。不久,因参与镇压黄巾起义有功,迁济南相,旋改任东郡太守。曹操数次任官,皆能抑制豪强,罢斥贪官,留下较好政声。灵帝末年,任西园八校尉之一的典军校尉。灵帝死后,他对董卓专权不满,遂"变异姓名,间行东归"[1],回乡后变卖家产,组织起五千人的队伍,参与了以袁绍为盟主的讨伐董卓的军事行动。初平二年(191年),在东郡(今濮阳)击溃河北黑山军白饶部,被袁绍任命为东郡太守,继而任兖州牧,击破青州黄巾军,收其众百余万口,从中挑选精锐三十万,编为"青州兵",成为曹操后来东征西讨的重要军事力量。尽管此后在与吕布的斗争中一度受挫,但至兴平二年(195年)又在兖州立定脚跟,进而向河南地区发展。建安元年(196年)二月,击破颍川、汝南一带的黄巾军,攻克许县。七月,应安集将军董承密诏,进入洛阳。九月,迁汉献帝都许县,自任大将军,专擅朝政。由于它控制了汉献帝,在政治上取得了较其他军阀不可比拟的优势。一方面使大量优秀人才归附到他的麾下,造成他幕中猛将如云、谋臣如雨的盛况,一方面又可以皇帝的名义发号施令,名正言顺地讨伐异己。由此,曹操集团步入了快速发展壮大的新阶段。

建安初年,曹操尽管取得兖、豫、徐、扬四州大部分地

官渡之战示意图

[1] 《三国志·魏志·武帝纪》。

官渡之战遗址

区,兵精将广,人才济济,但却面临着极其严重的经济财政问题。因为自黄巾起义爆发以来,十多年间,最富庶的黄河流域就陷入了连年不断的战火,大量百姓死于屠杀、饥馑,"是时天下户口减耗,十裁一在"[1],有的城市和乡村甚至百不一在,荒无人烟,"名都空而不居,百里绝而无民者,不可胜数"[2],"白骨蔽于野,千里无鸡鸣"[3]。农业生产几乎陷于停顿,社会经济全面崩溃,以劫掠为生的军阀武装也没有粮食果腹,"袁绍在河北,军人仰食桑椹;袁术在江南,取给蒲嬴"[4],一些军阀部队因乏粮而散伙。曹操认识到,不解决安定百姓、发展生产的问题,他获得地区的统治也无法巩固。为此,他在建安元年接受枣祗、韩浩的建议,开始在许县实行屯田,当年便"得谷百万斛"。以后他在其统治地区广泛推广屯田,获得极大成功,"数年中所在积粟,仓廪皆满"[5]。曹操的屯田后来形成较严密的制度。屯田分民屯和军屯两种。民屯是招抚流亡农民按军事组织严格编制,在指定地点为国家种田,中央设大司农管理全国民屯事宜,郡国设典农中郎将或典农校尉,秩级同于郡国守相,管理诸郡国屯田事务。再下设典农校尉,秩级同于县令,管理一县屯田事务。最基层为屯司马,管理称为屯田客或典农部民的五十人进行具体的生产活动。军屯是在相对稳定的区域组织士卒进行农业生产,保持原有军事编制,每营六十人,同时设置将领并行的度支校尉和度支都尉,专管屯田事宜。这些参加屯田的士卒平时种田,遇有战事必须参加作战。他们被称为屯田士或田卒。曹操实行屯田政策,将屯田客和屯田士变成国家的佃客,并强制他们为国家生产粮食,实现了生产者与生产资料的重新结合,在当时的条件下,既为流亡的农民创造了较安定的生产和生活条件,使他们免于饥馑,更使国家收获大量的粮食,加速了曹操统治区的复苏,保证了军粮的稳定供应,为曹操统一北方和进军江南奠定了坚实的经济基础。

在推行屯田的同时,曹操继续对其他割据军阀用兵。建安二年(197年),将称帝的袁术赶出淮北地区。建安三年(198年),攻取吕布占据的徐州。建安四年(199年),攻取张绣盘踞的南阳地区。至此,黄、淮中下游的广大地区

[1]《三国志·魏志·张绣传》。
[2]《后汉书·仲长统传》。
[3] 曹操:《蒿里行》。
[4]《三国志·魏志·武帝纪》注引《魏书》。
[5]《三国志·魏志·任峻传》。

尽皆为曹操控制。此时，袁绍已消灭了占据幽州的公孙瓒，完全控制了冀、青、幽、并4州，拥有10多万精兵，成为实力最雄厚的军阀。他决定乘战胜公孙瓒之威，督兵南下，一举摧毁曹操集团，推翻东汉皇朝，实现蹑足九五的迷梦。面对气势汹汹的袁绍军，曹操毫无惧意，坦然率军迎敌。因为他清醒地认识到，袁绍及其军队有许多不可克服的弱点和困难，曹军实力虽不及袁军，但能够战胜它。曹操分析说，袁绍"志大而智小，色厉而胆薄，忌克而少威，兵多而分画不明，将骄而政令不一，土地虽广，粮食虽丰，适足以为吾奉也"[1]。曹操怀着必胜的信心于建安四年八月进驻黎阳(今河南浚县东北)。它先将青州刺史、袁绍长子袁谭的军队赶到黄河以北，解除了袁军对其东北翼的威胁。九月，将主力集中官渡(今河南中牟东北)与袁军对峙。建安五年(200年)正月，又击破叛曹而据徐州的刘备，解除了曹军的后顾之忧。之后，全力在官渡一线迎敌。不久，两军在白马(今河南滑县东)接战，曹军斩杀袁军颜良、文丑两员大将，大挫了袁军的锋芒。四月，袁军渡过黄河，八月，进至官渡，双方开始了紧张的搏战。当时，袁军以10万大军对曹操的三四万兵马，且粮草充足，在军事上具有明显优势。正因此，袁绍拒绝谋士沮授以持久战拖垮曹军和许攸以奇兵突袭许都的正确建议，而是督军急攻曹军营垒。尽管攻势凶猛，战况激烈，但由于曹军拼死抵抗，曹军营垒岿然不动，使袁军陷于进退失据的困境。曹操抓住袁军对军粮疏于防范的弱点，派部将徐晃烧毁了袁军在官渡的数千辆运粮车。十月，又亲率精兵5 000人，夜袭袁军的后勤基地乌巢，烧掉万余辆运粮车。袁军将士获悉粮车遭劫，顿起恐慌，军无斗志。谋士许攸、大将张郃先后投降曹操。在曹军凌厉的攻势下，袁绍10万大军土崩瓦解。他只得带儿子袁谭和800骑士仓皇渡河逃命。袁军大量军资财物都成了曹操的战利品。官渡之战是我国历史上以少胜多的著名战例。经此一战，袁绍势力每况愈下，北中国再也没有足以与曹操抗衡的力量，这就为他统一北方奠定了基础。

官渡之战以后，曹操趁热打铁，加速了统一北中国的步伐。建安六年(201年)，击破豫州牧刘备一军，迫使其南

文姬归汉图

[1]《三国志·魏志·武帝纪》。

赤壁之战

逃依附荆州牧刘表。从建安七年（202年）至建安十二年（207年）的六七年间，曹操继续对袁绍残部和乌桓用兵。建安九年五月攻克袁氏老巢邺城（今河北磁县南）。第二年春，斩杀降而复叛的袁谭，平定青州和冀州。此后曹操将自己的大本营安放邺城，自封魏公，再晋魏王，全力经营北方。建安十年（205年）攻占幽州。建安十一年（206年），攻破并州，斩杀并州刺史、袁绍外甥高幹。幽、并二州全入曹操彀中。建安十二年（207年），曹操亲征与袁绍结盟的三郡乌桓，取胜后，接回被掳去的10多万汉人，迁乌桓于内地同汉人杂居，同时又征调善骑射的乌桓组成一支骑兵劲旅。接着，进军辽东，迫使盘踞辽东的公孙度之子公孙康杀死前来投奔的袁绍之子袁尚和袁熙并向曹操臣服。至此，曹操完成了统一北方的伟业。

应该说，在初平元年（190年）参加讨伐董卓的山东诸侯联军的队伍中，曹操率领的数千兵马是一支很弱的力量。不仅与袁绍不能比肩，就是与其他州牧、郡守相比也是小巫见大巫。因为此时的曹操没有朝廷任命的官位，仅以布衣之身跻身其他名公巨卿和将军之中，而其统率的武装也只是临时招募的5 000乌合之众。然而，经过10多年的艰难搏战，北中国数以十计的大小军阀却一一倒在他的马前，或死或降，或逸或灭，巨大的成功向这位"阉党遗丑"发出了迷人的微笑。曹操的成功除了时势导向的趋势外，更多的是他本人超出其他人的卓越的政治和军事才能。迎奉汉献帝使他获得巨大的政治资源，大兴屯田使他获得雄厚的经济基础，杰出的战略眼光和军事指挥艺术使他以少胜多，取得一系列出其不意的胜利，而"唯才是举"的选才政策，扬长避短的用人方略使他麾下不仅汇集了当时中国的各类精英，而且使他们的才能得到了最大限度的发挥。显然，占尽天时固然为曹操的成功提供了较他人得天独厚的条件，但将这些条件转化为胜利和成功还是要靠百折不回的主观努力。

刘备（161—223年），字玄德，涿郡涿县（今属河北）人，西汉景帝子中山靖王刘胜之后。到刘备这一辈早已失去贵族身份，因父早逝家贫，他不得不靠织席贩履为生。但青年时他曾靠邻人资助，求学于大学者卢植之门，又因善于结交地方豪强，使他能够组织武装力量参加镇压黄巾起义的军事行动。由此使他得以周旋于军阀之间，开始了艰难的创业活动。他先依附公孙瓒，任平原令、平原相。后转而依附徐州刺史陶谦，由陶代他从朝廷那里讨了个豫州刺史的空头衔。不久，陶谦病死，其部下遵嘱迎刘备为徐州牧，算是有了一块地盘。后徐州被吕布袭取，刘备转而投奔曹操。曹操消灭吕布后，他随曹操至许都，被任命为左将军。其间，他参与了董承诛杀曹操的谋划，未能实施。建安四年(199年)冬，他随曹操北上讨伐袁绍，奉命率军至徐州堵截袁术北上的军队。其时，董承因密谋败露被杀。刘备因牵连在内，遂干脆举起讨伐曹操的旗帜。曹操率主力攻克刘备据守的小沛和下邳，刘备只得投奔青州的袁谭。恰在此时，汝南黄巾军刘辟部再度起事，袁绍就命刘备率一支兵马与刘辟联合，开辟反击曹操的第二战场。刘备到汝南，开始独立活动。建安四年(200年)，曹操在官渡战胜袁绍后，转兵攻击刘备，刘备抵挡不住，于是南投荆州牧刘表。

赤壁之战旧址，湖北蒲圻赤壁

刘表掌控长江中游荆州8郡，地方数千里，将士10余万，是曹操之外又一实力强大的割据军阀。他对落难的刘备表示欢迎，拨给他一支军队，让其屯驻新野（今属河南），使之获得喘息之机。此后，刘备作为客军在荆州北部驻扎8年。其间，他拉拢地方豪强，礼聘各种人才，扩大军队，积蓄钱粮，为日后的发展准备条件。建安十二年(207年)，刘备接受谋士徐庶的建议，"三顾茅庐"，请出流亡隆中（今湖北襄阳西）的琅邪阳都（今山东沂南）人诸葛亮(181—243年)为谋主。从此，刘备在这位具有杰出政治军事才能的优秀政治家的辅佐下，开始了创建自己基业的新阶段。

诸葛亮在"草庐"中见到刘备之后，双方进行了一番推心置腹的长谈。诸葛亮纵论天下大事，为刘备推出了创建帝业的战略规划和具体实施方案，这就是著名的"隆中对"。其要点是：曹操占天时，已在北中国建立了较巩固的统治，"不可与争锋"。孙权在长江下游的政权"已历三世，国险而民附，贤能为之用"[1]，是联合的对象。只有荆州和巴蜀的统治者刘表和刘璋是无能之辈，刘备正可夺取两地

[1] 《三国志·蜀志·诸葛亮传》。

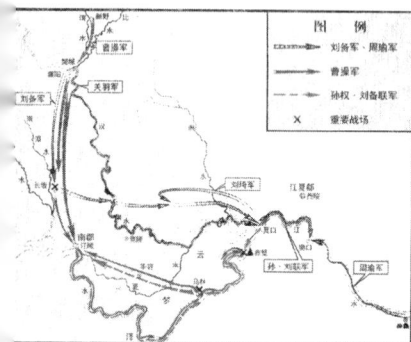

赤壁之战形势图

作为创业之资,苦心经营,一旦天下有变,即以荆州之军向宛、洛,益州之众出秦川,规复中原,复兴汉室。刘备听了诸葛亮的一番宏论,茅塞顿开,犹如拨阴霾而见阳光。其后,刘备就在诸葛亮的辅佐下,一步步实施"隆中对"所规划的创业方案,终于发展成为曹操、孙权之外又一支举足轻重的力量。

长江下游,东汉时期习惯上称江东。孙氏父子经两代人几十年的努力,终于在这里成就了一番功业。

孙坚(155—191年),字文台,吴郡富春(今浙江富阳)人。世为郡县小吏,以勇谋出众,署本郡假尉,继迁下邳丞。后追随朱儁镇压黄巾起义,因功升别部司马。中平元年(188年),因长沙爆发区星起义,朝廷任命孙坚为长沙太守,前去剿灭。孙坚在镇压了长沙、零陵、桂阳等地的起义后,被封为乌程侯。董卓专擅朝政后,孙坚参加讨伐董卓的诸侯联军,由长沙率军北上。途中攻取南阳,被袁术任命为破虏将军,领豫州刺史。孙坚驻军鲁阳,曾连续进击董卓,斩杀其都督华雄。董卓西去关中后,他奉袁术之命进击刘表,在襄阳城下被刘表部将黄祖的士卒射杀。

孙坚死后,他的两个儿子相继支撑起江东的局面。孙策(175—200年)字伯符,是孙坚的长子。10多岁即广泛结交豪杰,与周瑜等建立了生死与共的亲密关系。孙策先投奔袁术,因得不到信用,转而在江东发展,很快统一了江东各郡县。他自领会稽太守,任命亲信官员为其他郡守,又聘张昭一班人为谋士,建立了比较巩固的割据政权。建安二年(197年),袁术称帝。孙策与之公开决裂,声明拥护汉献帝为代表的东汉朝廷。此举获得曹操青睐,于是送给他一个讨逆将军的徽号,并封其为吴侯,实际上承认了他对江东的统治。建安五年(200年),孙策死于刺客之手,临终嘱张昭等东吴的文武官员辅佐其弟孙权,保守江东,徐图发展。此时归附孙权的鲁肃也建议对曹操取守势,巩固江东,向长江中游的荆州发展,在江南建立自己的基业。

孙权(182—252年),字仲谋,是孙坚的次子。他从其兄孙策手中接手江东时,已抚有六郡地盘,但内部尚不巩固,不仅境内山越等少数民族尚未臣服,下属中也有些心怀异志的反侧之人。孙权上台伊始,即集中精力整饬内部。他以武力攻灭不服调遣的庐江太守李术,全面加强对郡县的控制。同时任命张昭、周瑜、程普、鲁肃、诸葛瑾等文武臣僚担任重要职务,组成了稳定的领导核心。接着,孙权就对辖区内居住在深山险谷中的少数民族山越人不断用兵。或斩杀其首领,虏其部民为兵;或强行迁徙其民至平原,与汉族人杂居谋生;或推行屯田,将其民编制于部伍中从事农业生产。经过近40年的努力,山越人大部分融合到汉族中。孙权对山越人的征服尽管充满血腥和奴役,但仍然有着显而易见的积极意义,既巩固了孙氏对江东的统治,扩大了兵源和财源,又促进了民族的融合和对江南的开发,为后来南朝经济文化的发展创造了条件。在巩固江东六郡的同时,孙权积极向长江中游发展,由此同刘表所属的荆州最东边的江夏(郡治安陆,今湖北云梦)郡不断进行战争。从建安四年(199年)至建安十三年(208年),孙策、孙权不断进兵江夏,同江夏太守黄祖多次进行激烈的搏战。最后,终于击杀黄祖,占领了江夏,将触角伸到了长江中游。到赤壁之战前,以孙权为首的东吴集团已发展成仅次于曹操的一大割据势力。它虽然表面上仍奉着东汉皇朝的正朔,但在实际上已经是军政财文独立运作的割据势力了。

古隆中三顾堂

二 赤壁之战与三国鼎立

建安十二年(207年),曹操平定乌桓,完成了北中国的统一。第二年七月,亲率大军近20万人,长驱南下,兵锋直指刘表占据的荆州,希图一举击垮刘表,渡江吞并东吴,完成中国的统一大业。此时的孙权已经击杀江夏太守黄祖,正沿江向西进军,意在攻取荆州,将东吴的旗帜插遍江南。而此时寄刘表篱下的刘备集团也正按照诸葛亮"隆中对"规划的战略目标前进,其攫取的第一个目标也是荆州。这样,在赤壁之战前夕,荆州就成为曹、孙、刘三个集团共同争取的目标,也是当时政治军事斗争的焦点。因为荆州地控长江中游,八郡之地数千里,人口数百万,带甲十万众,是重要的战略基地。曹操夺得它,沿江东下可夺取东吴,沿江西上可夺取巴蜀,是统一中国的前进基地。孙权夺取它,可奄有长江中下游,建立对抗曹操的千

东汉石辟邪

里江防。刘备夺得它,就获得生存和发展的前进基地。当三个集团一齐将目光聚焦荆州的时候,一场决定三方未来命运的大战也不可避免。

正当曹操大军向南推进,刘表于八月病死,少子刘琮袭职。九月,曹军抵新野。懦弱无能的刘琮与其谋士经再三权衡,向曹操秘密投诚。曹军由此得以长驱直入,兵不血刃即占领襄阳。刘备仓促应对,携大量百姓逃难。当阳(今湖北荆门南)长坂一战,刘备一军被曹军打得落花流水。最后同关羽水军和刘表长子、江夏太守刘琦的万余士卒退守夏口(今湖北汉口),再退至江南的樊口(今湖北鄂城西北)。曹操轻而易举地占领了荆州所辖的江北郡县。

曹操奄有荆州大部,一时声势大震,对落荒南逃的刘备已不放在眼里,只是对东吴摆出咄咄逼人的架势,企图迫使孙权不战而降。面对曹操气势汹汹的数十万大军,孙、刘两家都感到只有联合抵抗才能免于被吞并的危险。于是,由鲁肃穿针引线,诸葛亮到柴桑(今江西九江西南)面见孙权,直陈形势,分析曹、孙、刘三方各自的优长与不足,认为只要孙刘两家凭借长江天险,联合御敌,曹操是能够打败的。诸葛亮的精辟见解坚定了孙权抗曹的决心。东吴抵抗派官员鲁肃、周瑜进一步分析了曹军的致命弱点和吴军的优长以及联合刘备的优势,更加坚定了孙权的抗曹意志。于是任命周瑜、程普为左右都督,鲁肃为赞军校尉,率军3万之众,会同刘备的军马,在赤壁(山名,今湖北嘉鱼县境)同曹军对峙。由于曹军多是北方人,不习水战,于是用铁索将战船连在一起。这就给吴军使用火攻创造了条件。周瑜接受黄盖建议,使其以诈降取得曹操信任,因而放松警惕,然后,以10只满载引火物资的大船驶向曹军水上营寨。结果是曹军中计,黄盖督率10艘大船,在距曹营二里之遥的江面上同时点火,借风势猛冲曹营。霎时,风火互助,将曹操水上船只烧光,并延及岸上营寨,"人马烧溺死者甚众"[1]。紧随其后的周瑜率孙刘联军赶到,水上岸上,杀声震天。曹军死亡大半,争相逃命。孙刘联军乘胜追击,曹操一直逃至南郡(今湖北江陵),方才稳住阵脚。他在布置好江陵、襄阳一带的防务后,率残部退回中原。第二年,周瑜夺回江陵,建立起比较牢固的长江防线,

[1]《三国志·吴志·周瑜传》。

与北退的曹军在襄阳、樊城一带对峙。

赤壁之战是中国古代一个以少胜多的著名战役。曹操乘战胜之威,恃人多势众,骄傲轻敌,对自己的缺失和敌军的优长都估计不足。待形势突变,又惊慌失措,未能从容应对,终致一败涂地,不可收拾。孙、刘两军面对强敌,能够团结一致,死里求生。周瑜、诸葛亮头脑冷静,洞悉敌我双方优长缺失,精心谋划,果断指挥。联军将士忠诚用命,拼死搏战,由此创造了军事史上以少胜多、以弱胜强的奇迹,谱写了家喻户晓的奇妙乐章。近代京剧舞台上的经典剧目《群英会》,惟妙惟肖地再现了这场惊心动魄的战争活剧,塑造了曹操、周瑜、诸葛亮等一批永垂千古的艺术形象。

赤壁之战以后,曹操认识到一时难以攻破孙刘联军,夺取江南。于是将战略重心转到巩固后方和平定怀有异志的关西军阀方面。建安十六年(211年)春,曹操派大军进击关中的马超、韩遂为首的割据军阀。当年秋,他亲临前线,使用离间计,拆散马超、韩遂之间的联盟,将其各个击破,韩遂被杀,马超逃归汉中张鲁,后又归蜀做了刘备手下的将军。与此同时,又派夏侯渊攻灭割据抱罕(今甘肃临夏)三十年的河首平汉王宋建,从而完全控制了关中和陇右(今陕、甘、青毗连地区),打开了从北面越汉中进军益州的道路。建安二十年(215年),曹操亲率10万大军征伐割据汉中的张鲁,逼使他投诚。但不久汉中为刘备夺去,曹操南下益州、奄有巴蜀的计划只能向后推迟。

刘备作为赤壁之战的胜利者之一,通过鲁肃的斡旋,取得荆州中的武陵、长沙、桂阳、零陵四郡。建安十三年(209年),荆州刺史刘琦病死,刘备正式出任荆州牧,以四郡赋税做军资,从此获得较快发展的机会。由于孙权、鲁肃坚持联刘抗曹的方针,所以一段时间内,刘备的势力在荆州得到稳定的发展。但孙权一直将荆州视为禁脔,不可能允许刘备长期占据。刘备一经占有,也决不会轻易放弃,双方的冲突终有一天会爆发。刘备、诸葛亮认识到荆州充满变数,于是将目光投向四塞之地的天府之国益州。恰在此时,益州刺史刘璋听从谋士张松建议,邀请刘备入蜀,助灭张鲁,共拒曹操。刘备借机留诸葛亮、关羽镇守荆

曹操像

汉昭帝刘备像

州,率兵入蜀。不久,刘璋发现刘备的真实意图是取己而代之,一怒之下,双方兵戎相见。经过一年的攻伐,刘备在诸葛亮的谋划下节节胜利,夺取了益州的大部分郡县,兵临成都。刘璋见大势已去,只得出降,让出了益州的统治权。刘备自领益州牧,以诸葛亮为军师,以关羽、张飞、马超、赵云等为大将,以法正、许靖、糜竺、简雍等为主要幕僚,建立起一个稳定的领导核心。至此,刘备才有了一个稳定的发展基地。当刘备攻取益州时,曹操已占领关中,夺取汉中,逼降张鲁。刘备、诸葛亮认识到汉中是益州的北部屏障,只有夺取汉中,才能保证益州的安全。于是出兵北上,先攻占巴郡、巴中、巴东。建安二十三年(218年),发动夺取汉中的战役。第二年,刘备的黄忠将军在定军山击杀曹操的汉中守将夏侯渊,夺得汉中的控制权。由于这时的曹操需在长江下游对付进攻合肥的东吴军,在长江中游对付向樊城发动攻势的关羽军,没有全力与刘备争夺汉中,由此使刘备巩固了对汉中的占领。这样,经过10多年的经营,刘备已东有荆州四郡,西有富饶且具四塞之固的巴蜀,向北则巩固地占领了汉中,有了一块可以北进汉中与曹操角力的基地,基本上实现了诸葛亮在"隆中对"中规划的前期目标。

赤壁之战以后,孙权与刘备暂时将荆州分割治理,达成妥协。在曹操无力南进的情况下,集中精力巩固江东,将岭南的交州完全置于自己的控制之下。接着,与曹操开始了对江淮间地盘的争夺。从建安十四年(209年)至建安二十一年(216年)双方为争夺合肥展开拉锯战。虽然东吴也取得一些胜利,但最终被曹操赶回江南。二者隔江长期对峙。孙权既已巩固江东根据地,向江北发展又被曹操遏止,于是转向荆州,与刘备交涉收回荆州四郡。刘备当然不愿吐出已含在嘴里的肥肉,双方的龃龉最终要诉诸武力。

建安二十四年(219年),刘备攻取汉中。一时雄心勃发,自率大军由汉中北进,命关羽向曹军驻守的襄、樊发动攻势,以实现规复中原、复兴汉室的宏伟目标。关羽在樊城大破曹军,曹操则鼓励孙权乘关羽后方空虚之机袭取荆州。孙权命部将吕蒙统兵实施此一行动,吕蒙利用关羽骄傲轻敌且后方空虚的弱点，渡江奇袭，一举成功，并擒杀败逃中的关羽。荆州四郡完全落入孙权之手。刘备不甘心关羽在荆州的失败，章武元年（221年），亲率大军回击孙权军。第二年，夷陵（今湖北宜昌）一战，被孙权部将陆逊打败。刘备在逃归路上死于白帝城（今重庆奉节）。诸葛亮承认现实，与孙权重修盟好。

曹操自建安元年迎奉汉献帝入许都，就成为东汉朝廷的实际当国者，汉献帝只不过是他手中随意玩弄的傀儡而已。曹操在建安十三年（208年）自任丞相，十八年自封魏公，二十一年自封魏王。二十五年（220年），曹操死，其子曹丕称帝，建国号魏，东汉皇朝正式灭亡。第二年，刘备在成都称帝，国号汉。八年后的229年，孙权称帝，国号吴。赤壁之战后逐步形成的三国鼎立的局面最后形成。

三　"禅让"喜剧与东汉的灭亡

曹操凭其雄才伟略，在东汉末年群雄并起，四海板荡的关键时刻，白手起家，毅然拉起一支武装，以澄清天下为己志，东征西讨，北攻南伐，胜不忘乎所以，败不灰心丧气，愈挫愈奋，坚定从容，终于将数以十计的割据军阀从北中国的地图上一一抹掉，成功地完成了统一中原的伟业。与此同时，他又实行了一系列安定民生、促进生产发展和经济繁荣的政治经济政策，使饱经战乱的北中国恢复了和平与安定。正因为如此，他手中的权力越来越大，地位越来越高，从自任丞相到自封魏王，虽然都是假献帝的诏书以行，但明眼人都知道，曹操实际上已经凌驾汉献帝之上，只要他愿意，他随时都能够将汉献帝赶下龙座，蹑足九五，名正言顺地建立起自己的新皇统。当曹操将他的魏王府变成中央政府，汉献帝愈来愈成为无足轻重的傀儡时，不仅他手下那些攀龙附凤的臣子劝他"速正大位"，连敌对的孙权也上书劝进，但曹操都不为所动。当孙权劝进的上书呈到他手上时，他以该书示群臣："是儿欲踞吾著炉火上邪？"侍中陈群、尚书桓阶在上书中明确指出："汉自安帝已来，政去公室，国统数绝，至于今者，唯有名号，尺土一民，皆非汉有，期运久已尽，历数久已终，非适今日也。"力劝曹操"畏天知命，无所与让"[1]，曹操还是不

魏文帝曹丕像

[1]《三国志·魏志·武帝纪》注引《魏略》。

孙权像

答应。夏侯惇又劝进说:"天下咸知汉祚已尽,异方代起。自古已来,能除民害为百姓所归者,即民主也。今殿下即戎三十余年,功德于黎庶,为天下所依归,应天顺民,复何疑哉!"曹操依然不答应。他的回答是:"'施于有政,是亦为政'。若天命在吾,吾为周文王矣。"[1]终曹操之世,他尽管已有皇帝之实,但无论臣下与孙权等怎么劝进,却至死没要皇帝之名,原因除了他自己所说的不愿"踞吾著炉火上"外,更重要的恐怕是不想担"篡弑"之名,因为既奉迎汉献帝于前,又篡其位于后,这样的急转弯发生在一个人身上,无论以什么样的天命做挡箭牌,也要影响自己的道德形象。王莽篡汉的前车之鉴,曹操可能还有所顾忌。不过,"吾为周文王"五字实在透出了他真实的心声:自己不便做的事,留给儿子去完成吧!

果然,建安二十五年(220年)正月庚子,曹操一死,曹丕立即启动了代汉的预案。他先即魏王之位,改元延康。之后,三月"黄龙见",四月"白雉见",八月"凤凰集",这些预示改朝换代的符瑞就被制造出来。紧接着,左中郎将李伏上表曹丕,利用谶纬神学,胡编了一套汉禅于魏、天命攸归的说辞,曹丕周围的臣子一批又一批地出来上书,一面压汉献帝禅让帝位,一面劝曹丕接受帝位。汉献帝明白自己的空头皇帝已经做到了尽头,只能予取予求,听任摆布,一次次地签发禅让帝位于曹丕的诏书,曹丕也按事先拟就的演出脚本,一次次地拒绝接受帝位。在献帝是要显示禅让帝位的"自愿之诚",在曹丕是要展示自己的"谦让之德"。当然,最后是献帝的"自愿之诚"打动了谦让有加的曹丕,他最终还是以"迫于天命"为由于这一年的十月,兴高采烈地登上了帝位,改国号为魏,建元黄初,让失去帝位的汉献帝以山阳公的封号到河内山阳(今河南焦作东)小县去度过他最后的岁月。当这出禅让喜剧在许都城外精心搭建的受禅台上有声有色的演出完毕时,曹丕对着高呼万岁的群臣讲了一句心里话:"舜、尧之事,吾知之矣。"[2]由曹丕及其臣子导演的这场禅让戏标志着历时195年的东汉皇朝寿终正寝。黄初元年由是成为三国时代的开局之年。由东汉入三国,从东汉末年的军阀混战到魏、蜀、吴三国实现区域性统一,从东汉末年的社会混乱、民

---

[1]《三国志·魏志·武帝纪》注引《魏氏春秋》。

[2]《三国志·魏志·文帝纪》。

不聊生到三国各自辖区的社会安定、生产发展,百姓过上相对安稳的生活,应该说是一个历史的进步。三国鼎立尽管仍然使中国处于分裂割据状态,但正是这三国的区域性统一成为导向西晋皇朝又一次使中国走向大统一的过渡。

三国鼎立和东亚地图

氾胜之像

第八章　秦汉时期的社会生活

第一节　衣、食、住、行

一　饮食与服饰

秦汉时期的生产较先秦时期有较大发展，加之对外交流的扩大和频繁，因而饮食与服饰较先秦更加丰富与发展。

秦汉时期的饮食因贫富和地域的不同而有很大差异。皇帝、贵族、官僚、富豪不仅一日有三餐或四餐的精美而丰富的饮食，而且中间还有各种点心水果供随时选用。一般平民百姓除一日二餐的简单饮食外，肉、菜蔬、点心、水果很少见到。

秦汉时期的食物种类，主食以五谷杂粮为主，主要品种有黍、稷、稻、粱、大豆、小豆、麦、麻、瓜等。除传统的黍、稷外，北方以小麦为主，南方以稻米为主，皆磨碎成粉做成各种食品食用。如小麦磨成面去麦皮后，可蒸成软饼或烤成胡饼，《续汉书》就记载"灵帝食胡饼，京师皆食胡饼"，这是从西域传入的一种食品。小麦还可做成饭，称"糒"或"糗"，即将去秕的小麦蒸或煮成干饭。因制作较粗糙，多为平民百姓食用。小麦亦可煮成稀饭，即粥，因稀释不用咀嚼，多为老年人和妇孺的常食。粟、黍、稻以做干饭食用为主，"公孙弘为丞相，食脱粟之饭"[1]。也用于煮粥。

除主食外，秦汉人也以副食品佐餐。副食品中的豆类已能做成豆芽、豆腐和豆豉，豆豉类似酱，是普通百姓的佐餐之物，所以销售量很大。西汉时期的樊少翁与王孙大

---

[1]《汉书·公孙弘传》。

乡就因为卖豆豉发了大财,"为天下高訾"[1]。当时蔬菜品种
已很多,主要有葵、芹、芋、韭、芜青、瓠、荸、笋、萝卜、葫
芦、藕、襄荷、菱芡、薏苡、白菜、姜等,东南亚的大蒜,西域
的胡萝卜、葱、菠菜、黄瓜以及葡萄、石榴等水果也陆续传
来。这其中,葵、芋、韭等种植较广,姜、葱、蒜等作为调味
的蔬菜,一般百姓家也经常食用。

可食用的肉类品种较多,传统的六畜马、牛、羊、鸡、
犬、豕都可食用。但由于马经常用于战争和运输,牛既是
耕畜也用于运输,所以官府有时明令禁止宰杀。猪、狗、鸡
则是经常被家养而食之的动物,其次,经常被猎而食的动
物有鹿、獐、兔、狼、鼠、雉、鹊、鹤、天鹅、鸠、鸽、麻雀、鹌
鹑、鸤鸠、凫等,水生的各种鱼、蛙、蟹、螺、蚌、蛤等也被捕
捞而食。不过,除了达官贵人之外,一般平民百姓除节日、
婚嫁等喜庆场合,食肉、鱼的机会很少。

秦汉时期的饮料有酒、浆、茶。这些饮料或佐餐或单
独饮用,在达官贵人之家已较普遍。秦汉两代皇帝在皇宫
置酒宴群臣的事经常见于记载。曹参任相国时"日夜饮醇
酒"[2],东汉经学大师郑玄能"饮酒一斛"[3]。民间婚丧嫁娶等
喜庆事也以酒佐餐。城市乡间大都有酒肆。如刘邦做亭长
时经常去王媪、武负开的小酒馆赊酒喝,司马相如落魄时
也曾同他如花似玉的夫人在临邛小城开酒馆度日。可见
饮酒之风已普及到民间。但是,因为酿酒需要粮食,且有
较高的利润,所以汉朝有时实行酒专卖的制度,有时也禁
止酿酒和饮酒。东汉末曹操任丞相时曾发布禁酒令。

浆一般用米粉或面粉加水调和而成,由于制作简单,
可能比酒更普及。《汉书·地理志》长沙国下有"茶陵",估
计当时南方一些地方开始种茶并饮用。茶在东汉时已作
为饮料被较广泛饮用。王褒《僮约》中有"武阳买茶"之句
似可证明。不过,种茶制茶作为一种产业还是从唐代发展
起来,秦汉时期的饮茶至少在中原地区的普通百姓中还
不普遍。

秦汉时期的炊具主要是灶、釜、甑,烹调蒸煮的器具
有鬲和甗,做菜煮肉的器具有鼎、敦、彝。平民百姓的上述
器具一般是陶制,亦有铁制,达官贵人一般用铁制或铜
制。盛食物的器皿,平民百姓用陶制的碗、盘、耳杯;达官

《耕织图》中的施肥情景

[1]《汉书·食货志》。
[2]《史记·曹相国世家》。
[3]《后汉书·郑玄传》。

拾粪画像砖

贵人则用漆器。进食用的筋箸即筷子已经普及。桌椅尚未普遍使用,放置碗、盘的器物称案,大多为木质,方形或长方形,质轻而小,可以用手举起。形容夫妻感情深笃的所谓"举案齐眉"的案即指此器物。达官贵人家所用案较大而精致,有精美的花纹,漆的光滑鲜亮。北京大葆台汉墓中出土的一件鎏金漆器案,不仅面绘漂亮的鹿底草叶纹,还装有四条铜马腿,实在是不可多得的艺术珍品。[1]

　　衣服的功用最早是蔽体和御寒,后来又有美观作用。但进入文明社会后,衣服又成为区分人们等级、身份的标志。秦国在商鞅变法时,就"明尊卑爵秩等级,各以差次明田宅,臣妾衣服以家次"[2]。秦朝已有自己的冠服制度,规定天子"衣服节旗皆上黑……符、法冠皆六寸",其中有"高九寸"的"通天冠",有玄色绛裳的祭祀之服。不过详情已难稽考。西汉的冠服制度承秦制而有所创新。刘邦改造楚冠而制造的刘氏冠,樊哙在战争年代所戴的樊哙冠,都曾在一部分人中盛行。不过,西汉初年大概因为百废待兴,对服制并不怎么讲究,直到景帝时才要求各级官吏"车马衣服宜称"。并且,终西汉之世似乎也没有形成严格划一的冠服制度。从西汉统治者曾数次下令禁止车服过制的情况看,说明即使有制度也比较混乱。东汉建立以后,大概还是沿用西汉的冠服制度。直到汉明帝经过一次比较大的改革后,才建立起比较稳定和完备的冠服制度。《续汉书·舆服志下》对王子至百官的祭服作了较详细的规定:"天子、三公、九卿、特进侯、侍祠侯,祀天地明堂,皆冠旒冕,衣裳玄上纁下。乘舆备文,日月星辰十二章,三公、诸侯用山龙九章,九卿以下用华虫七章,皆备文采,大佩,赤舄绚履,以承大祭。百官执事者,冠长冠,皆祗服。五岳、四渎、山川、宗庙、社稷沾秩祠,皆袀玄长冠,五郊各如方色云。百官执事,各服常袀玄以从。"另外,对天子和百官的朝服、常服也做了严格而详细的规定,使人一望即知官吏的身份与等级。

　　一般百姓的衣服比较简单,即穿不染色的麻织衣服。秦汉政府明令规定商贾、奴婢不能穿"绣衣丝履"。但这一制度经常遭破坏。王符就曾慨叹,发了财的富商大贾和富豪家中的奴婢"服文组采牒,锦绣绮纨"[3],根本无视政府的

[1]《大葆台木醇墓发掘简报》,《文物》1965年12期。
[2]《史记·秦始皇本纪》。
[3]《后汉书·王符传》。

规定。

秦汉时期普通外衣有襟无领，内衣有领。学士穿方领，一般人穿圆领。男子上身穿的短衣叫褶，下面穿的叫袴。女子上身穿的短衣叫襦，下面穿的叫裙。常服又分两大类，即长袍与短衣。长袍类有达官富豪穿的丝质单层薄长袍，叫禅衣。1973—1974年，长沙马王堆汉墓出土的一件长128厘米，袖长100厘米的禅衣总重只有40克。长袍中还有较禅衣更宽博、质量更厚重的襜褕，以及有表有里称为复衣的袍。中间再加丝棉，就是棉袍了。短衣分内衣和外衣两种。其中，内衣又分为类似今日的背心的衫（又称汗衣、汗襦）以及有表有里的夹内衣的褕。外短衣也有两种，及于膝上的绵夹衣叫襦，不加棉絮的叫袭。穿短衣时下身必须穿裤子，叫袴。达官贵人子弟多穿质地优良的纨袴，因而称"纨袴子弟"。这一称谓后来变为贬义词了。

秦汉军队有统一的着装，称军服或战袍。秦皇陵兵马俑的发现提供了研究秦朝军服的丰富的实物资料。兵马俑表明，秦军的步、骑、车兵各有不同的服装，将军、校尉、弩兵、御手等不同身份和等级的军人也各有不同的服装和装备。汉代军服基本沿袭秦朝，但等级更加严格，各类军人肩上都有标志军种等级的符号，可看作后世肩章的滥觞。

西汉铁制耕翻土器

秦汉时期的犯人皆着特殊的囚服，即一种赭色（赤褐色）的衣服。所以赭衣也就成为罪犯的代名词，《汉书·刑法志》记载秦二世时"赭衣塞路"就是极言犯人之多。秦汉时丧服皆白色，即所谓"缟素"。这时期的丧服与平民百姓平时穿的白色衣服的区别可能主要在式样的不同。

中国自古就是一个多民族的国家。秦汉时期，在汉族居住的周边地区生活着数以十计的少数民族。由于各少数民族居住区地理、气候条件不同，谋生手段各异，形成了多种多样的饮食习惯和服饰文化。他们与汉族的饮食与服饰文化互相交流和影响，为共同丰富和发展中华民族的饮食和服饰文化作出了贡献。

二 居住与交通

人类自从由森林和天然洞穴中走出来，就开始建筑

居延汉简

房屋作为遮风挡雨的居室。随着文明的发展,房屋建筑由简单到复杂日新月异地进步。到秦汉时期,经过烧制的新的建筑材料的砖、瓦等在宫殿、官府和达官贵人的府第建筑中广泛应用,其设计之科学,建筑技术之精良都达到了很高的水平。

在统一中国前,秦国已经在首都咸阳建筑了庞大的宫殿群。好大喜功的秦始皇在向东方六国进军过程中,"每破诸侯,写放其宫室,作之咸阳北陵",后来又从关中建到关外,"关中计宫三百,关外四百余"[1]。阿房宫虽然没有最后完成,但从考古发掘出的基础之宏伟壮观,已使人叹为观止。项羽打进关中,火烧咸阳,大火竟延烧了三个月,宫室之多不难想象。西汉初年,萧何主持修建了超过秦代任何宫室的未央宫供刘邦享用。汉武帝凭借祖宗积累的财力物力,征发大量民力,数十年间,不断地兴建宫殿。长安城内,数以十计的宫殿,数不清的台、观、池苑,雄伟壮丽,巧夺天工。长安城外,渭水河畔,咸阳原上,各具特色的宫观范围,迤逦数百里,在蓝天白云的映照下,蔚为壮观。东汉建都洛阳,也逐步建筑起庞大的宫观范围组成的建筑群。其中的德阳殿规模之大甚至超过阿房宫和未央宫。东汉著名文学家张衡曾在《西京赋》和《东京赋》两篇名文中对长安和洛阳两座都城宫室之巍峨壮美,苑林之秀丽旖旎作了绘声绘色、酣畅淋漓的描绘。这一时期的宫殿大都建在夯土筑就的高台上,有石础供粗圆的木桩站立,殿的四面都有檐。地面铺上方砖或空心砖,并以黑、红两种颜色的漆加以涂饰,这地面就成了"丹墀"。墙壁用灰粉刷成白色。后妃们居住的宫室墙壁涂椒泥,称"椒宫"。同时,宫室和富人居室的墙壁还往往被以文锦,称为"壁衣"。各种不同花纹和色泽的"壁衣"将宫室映衬的富丽堂皇,熠熠生辉。宫室建筑还使用许多大型金属构件,有的以金银为之,十分豪华昂贵。东汉时期开始采用抬梁式斗拱木结构,有一斗二升拱、一斗三升拱等形式,主要在宗庙和宫殿建筑中使用。壁柱除圆形方形外,也出现三角和多角等形式,显示了建筑艺术的进步。

秦汉时期大多数平民百姓的住宅与宫室建筑自然有很大的不同,一般是一堂二室的三间式建筑,墙壁夯土筑

[1]《史记·秦始皇本纪》。

成，多为木结构，形式多为方形、长方形或圆形，屋顶为悬山式或囤式，以草覆盖。贫苦百姓的住房更简陋，基本上是"茅屋草庐"，仅仅是遮风挡雨而已。有的人家连这样的住房也没有，住在看瓜养牛的小棚子里，称"瓜牛居"[1]。还有的地方，仍然住在天然洞穴里。西北黄土高原，大部分贫苦百姓都住人工挖掘的洞穴里。少数民族住房反映了地理环境和生活方式的差异。如北方以匈奴为代表的游牧民族都住在毛制的"穹庐"内，西南夷南越等则住在能避潮湿和毒蛇猛兽的干阑与井式的房屋中。

古代月饼模子

秦汉时期达官贵人住宅的豪华舒适直比皇室的宫殿。不仅建筑材料为砖瓦和名贵木料，而且形成了以堂屋为中心的由楼阁、亭榭、门阙、花园等组成的建筑群。西汉末年，"一门十侯"、五大司马的王莽家族的住宅，东汉后期外戚梁冀家的住宅，都是楼台亭阁连属，园林水榭相通的巨大建筑群，里面千门洞开，回廊百折，置身其中，犹入迷宫。四川、山东、江苏等地保留的大量汉画像石中，有不少描绘当时贵族、官僚和富豪之家生活场景的画面，可以看出当时这类住宅设计之精巧，构造之复杂及其舒适与实用了。

秦汉时期的交通较以前有明显进步，其主要表现是由国家主持修建的四通八达的道路网以及经过不断改进的各种类型的车和船等交通工具。秦朝建立后，即修建由咸阳通往关东各地的驰道，由咸阳向北通往九原郡的直道，由成都通往西南夷的五尺道。西汉时期，除对秦时道路加以维修改进外，还修了自汧(今陕西陇县南)，经回中(今陕西陇县西北)到萧关(今宁夏固原)的回中道。沿褒水、斜水自今陕西眉县越太白山至今陕西褒城附近的褒斜道，是由关中经汉中入蜀的主要通道。又拓修了秦时的五尺道，保证了由蜀至西南夷的陆路交通。东汉时期，修筑了自今山西大同向东经今河北蔚县一直延伸至今辽东的飞狐道，是与长城同一走向，用于防御匈奴和乌桓的一条大道。在岭南，开凿了联结洭、浈阳、曲江三县的五百里山道，后又开零陵、桂阳的峤道，保证了中原与岭南的交通。张骞通西域后，又开辟了自长安经河西走廊过玉门关、阳关经由天山南北分两路，迤逦向西，经中亚直达地

[1]《三国志·魏志·管宁传》注。

中海边的国际贸易通道——丝绸之路。水路交通也开发利用，黄河、长江、淮河、珠江及其支流组成了内河的交通网。黄河、渭水的漕运占有重要地位，因为它是保证西汉首都长安和洛阳物资供应的最重要的交通设施。海上运输也开辟了，北方的齐地和南方会稽，既濒临大海又有优良的港湾，是近海的运输中心。远洋运输也起步。早在秦朝，就有徐福远航日本的壮举。至东汉时，以南海番禺（今广州）为起点，中国的航船已经穿越马六甲海峡进入印度洋，通向日本、朝鲜、南亚、西南亚的海上丝绸之路已初步建立起来。

秦汉时期的运输工具，乘骑用的主要是马、驴、骡、骆驼，有时牛也用于乘骑，如刘秀参加反对王莽的起义时乘骑的就是一头牛。除乘骑外，陆地交通运输的主要工具是车，水上运输的工具是船。在沙漠和险峻的山区则用骆驼和马。车分牛车和马车，马车用于载人，牛车用于运送货物。西汉初年，经济凋敝，马的数量大大减少，因而出现"自天子不能具醇驷，而将相或乘牛车"[1]的窘况。车的种类繁多，等级差别显著。天子乘坐的叫乘舆、玉辂、金银、安车等，宽大、舒适、花纹、车饰都有特殊规定，许多部件都是金银、玉等制作。由4匹马拉驶。1980年陕西临潼秦始皇陵西侧发现了两组铜车马，构造复杂，装饰华丽，乘坐舒适，是帝王乘舆的典型标本。

一般官吏和富人出行也都有车。无盖可立可坐者称轺车，有篷有帷，可坐可卧者为辎车和辁车，由二马或一马拉驶。农村或城市运输货物多用牛车。西汉晚期出现了由人推动的独轮车，是农村一般平民百姓的主要运输工具。水上运输用船。秦汉时期有发达的造船业，长江、珠江流域和沿海有不少造船基地。1974年在广州发现了一处秦汉时期的造船工场遗址，有三个平行并列的造船台，可以同时开工建造三艘船。说明当时能够批量生产同一规格的船只。当时的船大小、规格不等。皇帝乘用的"楼船高十余丈"[2]，一般运输船长约20米，可载500至600斛。渔民或水乡居民的家用船则大小不等，载一、二十人或三四人的都有。另外，还有竹筏、皮筏等也是一些地方的民间水上运输工具。

端午龙舟节

[1]《汉书·食货志》。
[2]《史记·平淮书》。

第二节　婚、丧礼俗与社会风尚

一　婚、丧礼俗

秦汉时期,中国已是政治上统一的多民族国家,由于各地经济文化联系日益密切,人们对统一国家民族的认同感日益增强,逐渐形成了共同的心理素质,由此逐渐积淀而成了大同小异的婚、丧习俗和社会风尚。

秦汉时期是一个阶级和等级的社会,反映在婚姻上就是"门当户对",即相近的等级、相近的贫富程度之家互为婚姻,"富贵之男娶富贵之妻,女亦得富贵之男"[1]。如汉朝规定,只有列侯才能尚公主。这一时期尚无结婚年龄的规定,习惯上男子14—18岁,女子13—17岁就结婚了。由于统治者从增加劳动人手出发实行奖励生育的政策,富贵之家又祈求多子多孙,早婚也就成为当时的风俗。

《周礼》记载中国的古老婚仪有所谓纳采、问名、纳吉、纳征、请期、亲迎等"六礼"。秦汉时期婚姻之成立也大体需要经过与之相近的程序。一般婚姻的确定要经"父母之命,媒妁之言"。父母在确定子女婚姻上起重大甚至决定的作用,但子女也有一定的发言权。子女屈从父母者很多,但亦有父母尊重子女的选择权,如卓文君先是与司马相如私奔,但后来卓文君之父还是承认了他们的婚姻。至于公主自选郎君,公子私定妻子的事更是较多地见于记载。媒人在婚姻中的作用必不可少,因为作为嫁娶双方的联络人,他(她)要办的具体事务不少。由于当时人们非常看重婚姻当事人的命相和未来的富贵利禄,所以往往还要经过占卜一环辨明吉凶。上述程序完成后,男方要向女方下聘礼,聘礼多少视男子的等级地位和经济状况而定。如果是皇帝为未来的皇后下聘礼,那将是一个天文数字。如王莽的女儿被定为汉平帝的皇后,所下聘礼除各种金玉珍宝外,光聘金就是两万斤黄金。婚仪的最后一个程序是迎亲,这是整个婚仪的高潮,其中包括了许多复杂的环节和仪式。不过,一般平民百姓的迎亲之仪较达官贵人之家要简约得多。秦汉时期的婚姻形态主要是一夫一妻制,

中秋佳节,清代杨柳青年画

[1]《论衡·骨相篇》。

中秋拜月

帝王和达官贵人之家则是一夫多妻制。秦始皇、汉武帝后宫美女如云,数以千百计,高官、富豪也是妻妾成群。落后地区还有一妻多夫的情况存在,以及母女共夫。少数民族还存在兄弟共妻、父子共妻等婚俗。

与后世相比,秦汉时期的婚姻制度和习俗有自己的明显特点。一是女子对婚姻的选择有一定的自主权,"父母之命,媒妁之言"的作用还没有后世的绝对权威。与此相联系,节烈观念也较后世淡薄。妇女再嫁,男子娶再嫁之女都视为正常。皇帝娶再嫁之女,公主夫死再嫁,并不受社会舆论的谴责。如,汉景帝娶再嫁之王夫人而生武帝,湖阳公主新寡后在朝臣中选夫,都视为正常。二是在某些地区和阶层中还保存着一些比较落后的习俗。如,一夫多妻和一妻多夫,姐妹共夫,姑姑与侄女共夫以及甥舅婚,姨母外甥婚,表叔侄女婚,表兄妹婚等,在皇室和达官贵人圈中不胜枚举。这一方面反映了某些落后婚俗的影响,另一方面也反映了皇室和权势集团希望以婚姻关系维持权力和财产在本集团内部的继承和传递。

与婚俗一样,丧葬习俗更反映等级和贫富的差别。贫苦百姓"饿死于道路",死不得葬的情况屡屡见诸正史,"今民大饥而死,死又不葬,为犬猪所食"[1]。即使在承平之日,平民百姓的丧葬之俗也比较简单,不过停灵几日,以薄棺草草埋葬。皇室和达官贵人的丧葬之仪比较复杂。人初死,要淋浴饭含,饭含之物多为玉石珠贝。死者衣饰被服,犹如生前豪华。长沙马王堆汉墓的主人是侯爵夫人,其衣被之多且豪华已令人惊叹。而葬具中的金缕玉衣和银缕玉衣更使人看到王公贵族丧礼中极度奢华的一面。1968年在河北满城发掘的西汉中山王刘胜的墓,出土了两件完整的金缕玉衣,其中一件用玉2 498片,金丝1 100克。1973年,在河北保定发掘了中山孝王刘兴的墓,出土了比刘胜墓更精美的金缕玉衣。此外,在徐州和扬州的汉墓中都出土了银缕玉衣。

人死后,即向亲友宣布死讯,称"发丧"。亲友按规定前往吊唁,称"吊丧",其礼仪因等级身份和贫富程度而显出较大差异。皇帝死亡是"国丧",全国哀悼,有许多复杂的仪式。诸侯王、三公等高官的丧礼亦非常隆重。有时皇

[1]《汉书·贡禹传》。

帝临丧或派使者致礼,并赐予棺椁、明器和金钱等。等级越高停灵的时间越长,皇帝停灵十多日,达官贵人也停灵七日以上。一般贫苦百姓死后丧仪简单,停灵一二天即草草埋葬。棺椁之制的等级区别更明显。天子的棺特大,棺外有椁。平民百姓有棺无椁且棺小而薄,有的甚至以草席卷尸而葬。秦汉墓制的"黄肠题凑"属最高等级,属"天子之制",是由先秦延续下来。形式是以大量柏木将棺椁围住,使之不受潮湿和损害,"以柏木黄心至累棺外,故曰黄肠,木头皆向内,故曰题凑"[1]。陕西凤翔发掘的秦公大墓,是迄今为止发现的我国最早的黄肠题凑。1974—1975年发掘的北京大葆台西汉燕王刘旦墓,发现了完整的未遭破坏的黄肠题凑,共用15 880根长方柏木条。用料之多,规模之大,构造之精密紧凑,表明这类形制的墓穴的构建已有一套成熟的工艺。

红陶灶

　　将棺椁从停灵的厅堂运送到墓地,直到下葬,同样有一套礼仪。死亡的皇帝和高官往往有一支庞大的送灵队伍,数不清的车骑摆开数里长的仪仗,白幡招展,哀乐阵阵,形成奇特的景观。由于这一时期厚葬之风盛行,皇帝和达官贵人墓中的随葬品特别丰厚。已发掘的秦皇陵铜车马、兵马俑和徐州的汉楚王陵大量的随葬品就是证明。西汉末年的赤眉、绿林起义军发掘皇陵,目的就是搜寻随葬的金银珍宝。

二　社会风尚与习俗

《汉书·地理志》曾对风俗这样解释:

> 凡民函五常之性,而其刚柔缓急,音声不同,系水土之风气,故谓之风;好恶取舍,动静亡常,随君上之情欲,故谓之俗。孔子曰:"移风易俗,莫善于乐"。言圣王在上,统理人伦,必移其本,而易其末,此混同天下一之乎中和,然后王教成也。

　　这里,《汉书》的作者认为,所谓"风"是指各地由地理环境即"水土"的不同而形成的不同的风气。"俗"是由统治者的政治导向,人文侵染而形成的价值取向。所以,人们常说的风俗也就是特定的地理和政治人文环境中逐渐形成的具有某种稳定性和普遍性的行为方式。习俗更多

[1] 《汉书·霍光传》苏林注。

庖厨俑

地体现在统治者要求和提倡的政治信仰、社会责任和道德追求，而风尚则更多地体现在不同地域因地理条件和历史传统形成的生存模式和价值观念。

秦汉400多年间是中国封建社会的初级阶段，国家的统一，经济的发展，文化的繁荣，在各阶层人们面前展示出未来的美好前景，因而总体上人们的精神风貌是昂扬向上，积极进取，都期望为国家、民族和社会建立辉煌的功业。秦皇、汉武那气吞万里的统一宇内的气魄，一大批政治家"雄飞"世界，"扫除天下"[1]的豪情，一大批军事统帅不畏艰险，开拓疆土，立功异域，不怕牺牲，"马革裹尸"[2]的凌云壮志，一批志士仁人为了理想正义坚贞不屈、慷慨赴死的无畏精神，都是这种精神风貌的集中体现。

汉武帝实行"罢黜百家，独尊儒术"的思想文化政策，一改秦始皇"以法为教"、"以吏为师"的独尊法术的传统，使整个社会逐步形成了重视教育、尊师重道的风尚习俗，各级各类学校遍布城市乡村，朝廷设太学，立五经十四博士，经学成为官方学术，大师辈出，弟子众多，读经成为入仕的捷径，"公卿大夫士吏彬彬多文学之士"[3]。人们普遍认为，遗子千金，不如教子一经了。与教育得到社会的普遍重视相联系，从事教育的师自然得到越来越普遍的尊重，师与门生几乎形成了君臣、父子关系。由于儒家经典《诗》、《书》、《礼》、《易》、《春秋》以及《论语》、《孝经》等成为各级各类学校的教科书，因而儒学所提倡的道德观念，如忠、孝、节、义、仁、礼、智、信等，得到普遍的社会认同。忠臣孝子成为国家社会表彰的对象，志士仁人成为人们追慕的楷模。如苏武陷在匈奴19年，作为汉朝的使者，他始终忠于朝廷，无论是死亡的威胁还是富贵利禄的引诱，都不能动摇他意志的一分一毫。当垂垂老矣的苏武带着北海(今俄罗斯贝加尔湖)的风雪荣归祖国时，首都长安万人空巷迎接这位忠于汉朝的民族英雄。东汉后期，"党锢之祸"发生时，一大批勇敢地同宦官外戚进行殊死斗争的党人面临被捕杀的劫难，不少人家冒着家破人亡的危险毅然为他们提供避难所。而当案发举家遭拘时，父子兄弟竟争相承担藏匿钦犯的责任。这里显示的恰恰是对仁人志士道德人格的膜拜与倾慕。《汉书》，尤其是《后汉书》

[1]《后汉书·陈蕃传》。
[2]《后汉书·马援传》。
[3]《汉书·儒林传》。

记载了不少忠臣孝子的事迹，他们在社会上发挥着榜样的力量。正因为两汉尊师重道、好学励德，特别是由于东汉刘秀开始更加注重讲求仁义，褒扬忠孝，以身帅下，砥砺名节，"故人识君臣父子之纲，家知违邪归正之路"[1]，形成了令后世颂扬备至的"东京风俗"。范晔、顾炎武等曾对其发出了由衷的赞美之词：

庖厨俑

> 自桓、灵之间，君道秕僻，朝纲日陵，国隙屡起，自中智以下，靡不审其崩离；而权强之臣，息其窥盗之谋，豪俊之夫，屈于鄙生者之议者，人诵先王之言也，下畏逆顺势也。至如张温、皇甫之徒，功定天下之半，弛声四海之表，俯仰顾眄，则天业可移，犹鞠躬昏主之下，狼狈折扎之命，散成兵，就绳约，而无悔心。暨乎剥桡自极，人神数尽，然后群英乘其运，世德终其祚。迹衰敝之所由致，而能多历年所者，斯岂非学之效乎？故先师重典文，褒励学者之功，笃矣切矣。[2]

> 光武躬行俭约，以仕臣下，讲论经义，常至夜分。一时功臣如邓禹，有子十三人各使守一艺，闺门整修，可为世法。贵戚如樊重，三世共财，子孙朝夕礼敬，常若公家。以故东汉之世，虽人才之倜傥不及西京，而士风家法似有过于前代。

> 汉自孝武表彰六经以后，师儒虽盛，而大义未明。故新莽居摄，颂德献符者遍天下。光武有鉴于此，故尊崇节义，敦厉名实，所举用者，莫非明经修行之人，而风俗为之一变。至其末造，朝政昏浊，国是日非，而党锢之流，独行之辈，依仁蹈义，舍命在旦夕不渝，风雨如晦，鸡鸣不已。三代以下风俗之美，无尚于东京者。故范晔之论，以为桓、灵之间，君道秕僻，朝纲日薄西山陵，国隙屡起，自中智以下，靡不审其崩离，而权强之臣，息其窥盗之谋，豪俊之夫，屈于鄙生者之议，所以倾而未颓，决而未溃，皆仁人君子心力之为。可谓知言者矣。[3]

两汉形成的尊师重道、褒扬忠孝、讲求仁义、砥砺名节的社会风俗，在后世得到发扬光大，对中国以后历史的发展

[1]《后汉书·儒林列传》。
[2]《后汉书·儒林列传》。
[3]《日知录》卷一三《西汉风俗》。

执厨俑

产生了广泛而深远的影响。

　　由于中国幅员辽阔，民族众多，各地地理气候、物产、生产生活条件、历史传统都有很大差异，因而形成有明显区别的社会风尚。如关中为秦和西汉两朝的首都所在地，沃野千里、物产丰饶，皇室贵族，高官高訾，豪强兼并之家世居于此，结果是五方杂厝，风俗不纯。世家好礼文，富人以商贾牟利，豪杰则游侠通奸，百姓去本就末，达官贵人奢侈成风，婚、丧、嫁、娶尤其豪奢。天水、陇西、安定、北地、上郡、西河等西北边陲，地接匈奴等少数民族，汉匈间经常发生战争，因而民风粗犷，尚勇好斗，六郡良家子不惮驰骋疆场，多投身军旅，因而锻炼出一批立功沙场的良将。巴蜀地处长江上游的盆地，土地肥美、灌溉便利，民生较易，无饥馑之忧，俗尚淫逸，尚文章，慕权贵，产生了司马相如、杨雄为代表的一批文章冠天下的文学家。原燕、赵、中山旧地的河北一带，土地瘠薄，人口众多，谋生艰难。男子多游侠，慷慨悲歌，轻生命，重然诺，为知己者赴死，义不旋踵。女子弹琴跳舞，游媚富贵，遍布诸侯后宫。三晋旧地的太原、上党诸郡，战国时期为法家荟萃之地，法家子弟众多，因而尚诈力，矜功名，嫁娶送死奢靡，不易治理。齐地富渔盐之利，工商业发达，纺织业尤为突出，号为"冠带衣履天下"。其民好经术，尚功利，多智谋。但易结朋党，饰诡诈，放纵不法。鲁地为孔孟之乡，教育发达，其民好学重道，经学大师辈出，卿相多出其中。但因地狭民众，谋生艰难，百姓勤俭，既重桑麻之业，又趋商贾牟利。楚地居长江中游，有江汉川泽山林之饶，但人口相对较少，谋生容易，不忧冻馁，百姓聚财求富观念淡薄，无千金之家。因生活于得天独厚的大自然怀抱，信巫鬼，重淫祀，富浪漫奇想，音乐、舞蹈、绘画等艺术比较繁荣。吴地跨长江下游，土地肥沃，物产丰富，东海之盐，章山之铜，豫章之金都在其境内，再加三江五湖之利，民易富足。由于先秦时期吴越之君好勇斗狠，故民风剽悍，好用剑，轻死易发。汉初吴王、淮南王封国于此，两王皆喜招宾客，因而文人学士汇聚，留下了一批影响深远的文学作品和学术著作。岭南原为越族聚居地，秦汉设郡县，迁北方之民与之杂处。该地濒大海，气候火热多雨，物产丰饶，犀牛、大象、珠玑、瑇瑁、银、铜多有出产。民风纯朴,与汉族尚处在逐渐融合中。一旦朝廷政策有误,极易激起反叛。以上这些出自《汉书·地理志》的对各地民风的描绘,大都大而化之突出某一方面,更缺乏阶级和阶层的区分,并不是全面、准确和科学的分析评判。但它极力寻求各地独异的特点,力图展示当时各地民风的多样性,还是值得肯定的。

中山内府镶,量器

第三节　宗教信仰

一　秦汉帝王的宗教情结

秦汉两朝的帝王们都有着浓重的挥之不去的宗教情结,其突出表现是对自然和社会诸神系统的复杂的祭祀,对封禅的痴迷以及对诸家方术的笃信与迷恋。

在三代,神秘的人格神的天道观统治着人们的头脑,而宗族血缘纽带的强固存在又使人们对祖宗神充满由衷的敬畏。所以,对各种天神地祇和祖宗的祭祀就成为当时社会生活的重要内容之一,"国之大事,在祀与戎"。春秋战国以来,随着社会的剧烈变动和无神论思想家对人格神天道观的批判,"礼崩乐坏"的状况愈演愈烈。秦始皇统一中国以后,建立强大的专制主义中央集权的行政体制,实现了政治上的高度统一,因而也就不允许"礼崩乐坏"的局面持续下去,对祭祀领域中的混乱状况也要加以整顿了。汉承秦制,同时又多变革,于是建立起一套复杂的对诸神的祭祀系统。[1]

秦汉祭祀,名目繁多,大体可分四类。

(一)对天上诸神的祭祀。在秦汉人的心目中,浩瀚无垠的太空是天神的世界,正是他们掌握着地上人间的命运。因而对上天诸神的祭祀就成为当时祭祀的重要内容。首先是祭帝,礼仪称"郊",得名于祭帝的地点南郊。"祭上帝于南郊曰郊"[2]。秦始皇统一全国后,需要重新树立上帝的权威和对上帝的信仰。他的传国玉经上刻有"受命于天,既寿永昌"八字,而其封禅刻石上亦刻有"事天以礼"等字。显然,在秦始皇那里,天又成了他的守护神。不过,这个接受香火的天神上帝,既非殷人的帝,也不是周人的

[1]《中国政治制度通史·秦汉卷》,人民出版社1996年版,第55—59页。

[2]《礼记·祭法》郑玄注。

郡君开通褒斜道刻石

天,而是故秦国的至上神。秦统一前,襄公祠白帝,宣公祭青帝。[1]灵公祭黄帝与炎帝。[2]与殷、周时的至上神一元化不同,秦人的至上神带有原始、多元的拜物教的遗迹。秦统一后,这种多元的对至上神的祭祀保留下来了。刘邦即皇帝位以后,原封不动地继承了秦朝对四帝的祭祀。同时又增加了一个黑帝:“二年(前205年),东击项籍而还入关,问:‘故秦时上帝祠何帝也?’对曰:‘四帝,有白、青、黄、赤帝之祠。’高祖曰:‘吾闻天有五帝,而有四,何也?’莫知其说。于是高祖曰:‘吾知之矣,乃待我而具五也!’乃立黑帝祠,令曰北畤。”[3]这种对天帝的祭祀,显然与五行相对应。秦和西汉初期,上帝神的多元化与地上专制帝王的一元化显然是矛盾的。到汉武帝时,为了解决这一矛盾,于是对祭祀进行改革,创始了新的至上神“泰一”。董仲舒在理论上提出了“天者,百神之大君”[4]的大一统思想,从而确立了上天神的一元化。不过,由于“泰一”神为方士所创,他就带上了方士气。在祭祀礼仪上,武帝改“生埋”为“燎”[5]。这样一来,汉代就摒弃了秦之旧俗,恢复了殷周礼制。武帝以后的汉代诸帝,又对祭祀的地点加以调整,至王莽秉政时始把“泰一”祠定于南郊。东汉对至上神的祭祀主体循西汉之旧而未改。

秦汉也祭祀日、月之神,皆从古代沿袭而来。秦朝于齐地成山祭日,于莱山祭月。汉承秦制,继续这一礼仪。及至王莽时把日、月神庙徙于长安,东汉时则徙于洛阳。除日、月外,秦汉还祭祀诸星。秦时在雍设星神庙祭祀参、辰、南北斗、荧惑、太白、岁星、填星、二十八宿等,皆由太祝主持岁时奉祠。汉承秦制,刘邦又立灵星祠,岁时祠以牛。宣帝时,在长安立岁星、辰星、太白、荧惑、南斗祠。王莽当政时又分众星为五部,在长安立庙。祭星的礼仪称“布”。

除帝、日、月、星外,秦汉还把风、雷、雨作为天上诸神的系列予以祭祀。风神曰“风伯”,又称“风师”,据说是秦人的一个祖先飞廉死后所化。汉代继续祭祀风神,但认为它不是飞廉而是箕星。秦时在雍设风伯庙,王莽时移庙长安。东汉时则设于洛阳。祭风之礼曰“磔”,分二种:一是皇帝祭天时同时祭之,牲用犬;二是县邑之祭,以丙戌日祀

[1]《史记·封禅书》。
[2]《史记·封禅书》。
[3]《史记·封禅书》。
[4]《春秋繁露·郊语》。
[5]《汉书·郊祀志》。

于县邑西北,牲用羊或豕。雷神曰"雷公"。王充在《论衡》中批判雷神迷信时,提供了关于雷神的一些内容。当时人们认为雷神是天帝属下的行刑神,他左手持连鼓,右手持锥击鼓,雷声就是由此而产生的。秦与西汉时祭雷神的材料阙如。王莽时在长安东郊设雷神庙,东汉时移于洛阳,郊天时兼祭之。雨神曰"雨师",应劭和郑玄都认为是毕星。对雨神的祭祀分两种:旱时求雨,涝时止雨。求雨曰"云礼",京师和县邑里巷都举行此仪式。

中山靖王墓出土卧羊灯

　　(二)对地上诸神的祭祀。与对天上诸神的祭祀相对应,对地上诸神也有一套复杂的祭祀礼仪。地神中最有代表性的是地祇。地祇曰"后土",又曰"勾龙",是传说中的共工的儿子。其实最初的地祇是母系氏族公社老年妇女的化身。母系氏族过渡到父系氏族社会后,地祇就蜕变为男性长老的化身,最后附会到共工之子勾龙身上。在秦汉时对自然界诸神的祭祀中,祭地仅次于郊天。"帝者父事天,母事地"。祭地之礼分郊祭与社祭两种。郊祭于京师北郊。秦与西汉武帝前似皆无此礼。武帝于元鼎四年(前113年)郊雍时,说:"今上帝朕亲郊,而后土无祀,则礼不答也。"[1]于是决定在汾阴方泽圜丘之上建后土祠,共设五坛,分祠五方地祇:东方句芒,南方祝融,中央后土,西方蓐收,北方玄冥。当年武帝亲行郊礼。成帝时,丞相匡衡、御史大夫甄谭上书,言汾阴后土不合礼制。此后30年,后土祠五迁其址,直到王莽当权时才定于长安北郊。北郊祭地祇属于帝礼,实际上是对"地理群神"的合祭。另外,皇帝还有对社的祭礼,称"太社",董巴《舆服志》载秦始皇有"郊社"之礼,即太社。汉高帝二年(前205年)二月"令民除秦社稷,立汉社稷"[2]。这个社稷就是太社。东汉建武二年(26年),在洛阳立太社于帝庙之右,以合古之"左祖右社"之制。社成方坛,取象天之义;无屋,仅设墙门,以使其受霜露风雨,达天地之气。该坛用五色土组成,东青、南赤、西白、北黑、中央黄。一岁中,二月、八月、腊月三次以太牢之礼祭祠。另外,还在各个地方,如诸侯王国、县、乡、里设社,岁时致祭。在军队中还立有军社,由从军吏卒祭祀。

　　(三)对山川诸神的祭祀。地祇与社稷之外,山川之神也是秦汉时地上诸神系统的重要部分。山川之祭曰"望"。

[1]《汉书·郊祀志》。
[2]《汉书·高帝纪》。

殷周时期,天子祭天下名山大川,诸侯祭其疆域内的名山大川。春秋战国时期,诸侯割据称雄,"礼崩乐坏","望"礼也混乱不堪。秦统一全国后,整顿礼仪,名山大川皆归国家奉祠。据《史记·封禅书》记载,秦代祭祀的名山有12:嵩高(太室)、恒山、泰山、会稽、湘山、华山、簿山(衰山)、岳山、岐山、吴岳、鸿冢、渎山。大川6:济水、淮河、河水、沔水、江水、湫渊。西汉初年,实行郡国并行制,名山大川在诸侯国者,由各诸侯国奉祀。但祭礼比较混乱。直到宣帝时,对名山大川的祭祀方定出常礼。两汉奉祀的名山是五岳,即东岳泰山、中岳嵩高、南岳衡山、西岳华山、北岳常(恒)山,大川是四渎:河水、江水、淮水、济水。据《尔雅·释天》解释,"祭山曰庪,县"。庪是把供品置于木架上,县(即悬)是把供品悬挂起来。古人认为山高,这样做可以把供品送给山神。此外,还有"瘗"法,即把供品埋入山中。《尔雅·释天》:"祭川曰浮沉。"前者是把供品放到水上浮流,后者是把供品沉于水底。秦汉时封建统治者祭祀山川的目的,秦始皇、汉武帝是求神仙,自宣帝以后则是祈求风调雨顺了。

(四)对祖宗神的祭祀。中国自三代以来,由于保留了强固的血缘纽带,因而特别重视祭祖。秦汉时期的祭祖方式分庙祭和墓祭二种。秦在统一全国前,已经为其先祖各自立庙,孝公之前的祖庙在西雍,以后在咸阳。秦始皇二十七年(前220年)于渭南作信宫,后改称庙,作为自己的庙。西汉承秦制,又作变通。高帝的庙立于长安城内,惠帝以后诸帝皆于其陵前立庙。后又令各郡国立太上皇庙、太祖(高帝)庙、太宗(文帝)庙、世祖(武帝)庙。至宣帝时,全国的太祖、太宗、世祖之庙多达176所。元帝以后,几经讨论,定下了7庙迭毁之制。王莽时,将自己的皇统立庙祭祀。东汉光武帝时,经群臣讨论,定制高祖、文帝、武帝、宣帝、元帝五帝主以四时祀于洛阳高庙。成帝、哀帝、平帝三帝主以四时祭于长安故高庙。光武帝祖南顿君以上至节侯,皆就园庙。光武帝死后,明帝以其拨乱中兴,单独为之起庙,号世祖庙。其后从明帝起,历代皇帝死后,皆藏其主于世祖庙。至东汉末年,世祖庙已有七帝的神主。几代济济一堂,虽然受到后世如徐天麟、朱熹之类的讥讽,但却

中山靖王墓出土朱雀衔环杯

开魏晋庙制之先河。秦汉时的庙祭有数种。月祭，取陵寝之衣冠而于朔望之日祭。袷祭是对所有亲祖进行的合祭，平帝元始五年(5年)实行。东汉建武二十六年(50年)，始定3年一袷祭的制度，时间在冬十月。禘祭是帝王推寻始祖所出之帝，于始祖庙以始祖配祭举行的追祭。自建武二十六年(50年)开始，5年一禘，时间在夏四月。以上三项，为对祖庙的正祭，此外还有闲祀十三："五月尝麦，六月、七月三伏，立秋貙娄，又尝粢。八月先夕馈飨，皆一太牢，酎祭用九太牢；十月尝稻，又饮蒸，二太牢；十(一)月尝，十二月腊，二太牢，又每月一太牢，如闰加一祀。"[1]

　　庙祀之外，有墓祀。此祭礼大约萌芽于春秋战国之际。秦汉时的墓祀于寝殿和便殿举行。在寝殿举行的祭祀活动有二种，一是日祭，一天四次上食。此礼在东汉明帝时废弃。二是上陵礼，与朝仪大致相同。在便殿举行的祭祀活动是"时祭"，一岁四祀。秦汉时期祭礼的内容很多，这里叙述的仅是其中较重要的一部分。在《史记·封禅书》、《汉书·郊祀志》和《续汉书·祭祀志》中有较详细的记载。

　　封禅是秦汉时期封建国家对天地的一项重要祭礼。在泰山上筑坛祭天称"封"，在梁父山(或在云亭山、亭亭山、会稽山、社首山)除地祭地称"禅"。《五经通义》曾对这一祭祀天地之礼的意义作了如下解释："易姓而王，致太平，必封泰山，禅梁父，何？天命以为王，使理群生，告太平于天，报群神之功。"据《管子·封禅》记载，封禅是一种非常古老的祭礼："古者封泰山、禅梁父者七十二家，而夷吾所记十有二焉。"这一记载可信程度不大。学术界比较公认的观点是：封禅之礼实行于西周之后。在秦汉史上，举行过封禅大典的皇帝只有3个：秦始皇，汉武帝、汉光武帝。秦始皇统一六国以后，自以为德兼三皇、功盖五帝，完全有资格"告太平于天，报群神之功"，决定举行封禅大典。二十八年(前219年)，他出巡东方时，征齐鲁儒生70余人，在泰山脚下住下来，议论和拟定封禅典礼的细节。由于此一典礼仅存在传说中，没有文献记载，参与议论的儒生诸说纷纭，各持己见，使秦始皇无所适从。秦始皇一气之下，把儒生们全部赶走，遂决定用雍太祝祀上帝之礼举

银缕玉衣

[1] 《汉书·韦贤传》注引晋灼记汉仪注语。

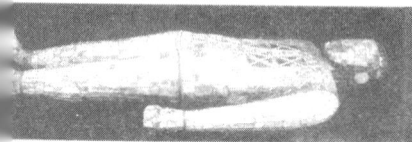

中山国靖王墓出土金镂玉衣

行封禅大典,"除车道,上自泰山阳至巅"[1]。"立石,封,祠祀"[2]。"从阴道下,禅于梁父"[3]。这是我国历史上有文献记载的首次封禅大典。汉文帝也曾想举行此典,因条件限制而罢。汉武帝时,西汉的国力达到顶峰。面对国泰民富的强大国势,汉武帝有点飘飘然了。于是,在缙绅方士们的诱惑下,他萌动了封禅之念。不过,他与秦始皇一样遇到了礼仪问题,只得请一帮儒生们议论拟制。儒生们以《尚书》、《周礼·王制》等记载的望祀射牛的礼仪为蓝本,力图损益出一套封禅礼。但由于这些儒生们没有猜透汉武帝在封禅礼中所要实现的目标是登天为仙,又过于拘泥于《诗》、《书》等古文献片断而矛盾的记载,各持己见,期月难定。汉武帝干脆撇开他们,接受儿宽的建议,自己制定了一套礼仪,采用儒术加以文饰,积极筹备此次大典。公元前110年冬十月,汉武帝遵照"先振兵释旅,然后封禅"的古义,率兵18万,浩浩荡荡地北巡朔方(今内蒙古河套地),在须如释兵后,于同年三月东幸缑氏(今河南偃师南),登太室山(今河南嵩山),接着东上泰山,巡海上,祭祀了齐地八神。四月,还奉高(今泰安东),举行了封禅大典。对此,《史记·封禅书》作了如下详细记载:

> 天子至梁父,礼祠地主。乙卯,令侍中儒者皮弁荐绅,射牛行事。封泰山下东方,如郊祠太一之礼。封广丈二尺,高九尺,其下则有玉牒书,书秘。礼毕,天子独与侍中奉车子侯上泰山,亦有封。其事皆禁。明日,下阴道。丙辰,禅泰山下阯东北肃然山,如祭后土礼。天子皆亲拜见,衣上黄而尽用乐焉。江淮间一茅三脊为神藉。五色土益杂封。纵远方奇兽蜚禽及白雉诸物,颇以加礼。兕牛犀象之属不用。皆至泰山祭后土。

从以上的记载可以看出,汉武帝此次封禅实行的是二封(泰山上下各封一次)、二禅(禅梁父山和肃然山)之礼。规模宏大,浪费惊人,极一时之盛。所用礼仪极其驳杂,实际上是博采数家。如"射牛礼"取自《尚书》、《周礼》;"江淮间一茅三脊为神藉"、"纵远方奇兽蜚禽及白雉诸物"取自《管子·封禅》;阳道上、阴道下及"五色土益杂封"取自阴阳五行说;"太一"(即泰一)礼则取自方士说教。正因为封

[1]《史记·封禅书》。
[2]《史记·秦始皇本纪》。
[3]《史记·封禅书》。

禅礼是当时空前的盛典，因而时任太史令的司马谈由于未能参加这次盛典而伤心落泪，愤愧而卒。临终前，还执子手而泣曰："今天子接千岁之统，封泰山，而予不得从行，是命也夫！命也夫！"[1]从司马谈三叹而有余哀的话语中，可以窥见封禅作为旷古盛典的地位。这次封禅之后，汉武帝遵照5年一封禅的制度，分别于元封五年（前106年）、太初三年（前102年）、天汉三年（前98年）、太始四年（前93年）、征和四年（前89年）五次封禅。成为中国历史上行封禅礼最多的帝王。武帝之后，西汉皇朝每况愈下，其子孙再没有人有此豪情和财力行此大礼了。

云纹漆钫

建武三十年（54年），东汉皇朝已经进入了稳定发展的时期。张纯等人上书光武帝，认为他受中兴之命，继孝武之业，理应循行唐虞之典，再行封禅典礼。但招来的却是一通声色俱厉的谴责："即位三十年，百姓怨气满腹，吾谁欺，欺天乎？曾谓泰山不如林放，何事污七十二代之编录！桓公欲封，管仲非之。若郡县遣吏上寿，盛称虚美，必髡，兼令屯田。"[2]这种态度自然十分正确，群臣钳口，谁也不敢再谈封禅之事了。谁知数年之后，奉谶纬为神明的光武帝在读到《河图会昌符》的"赤刘之九，会命岱宗。不慎克用，何益于承？诚善用之，奸伪不萌"[3]一段话后，立即下诏梁松等人从《河洛》谶文中寻找赤刘九世孙封禅的根据。这年三月，刘秀郑重地举行了封禅大典，其礼仪是这样的：

> 二月二十二日辛卯晨，燎祭天于泰山下南方，群神皆从，用乐如南郊。诸王、王者后二公、孔子后裔褒成君，皆助祭位事也，事毕……使谒者以一特牲于常祠泰山处，告祠泰山，如亲耕、躬刘、先祠、先农、先虞故事。至食时，御辇升山，日中后到山上更衣，早晡时即位于坛。……尚书令奉玉牒检，皇帝以寸二分玺亲封之，讫，太常命人发坛上石，尚书令藏玉牒已，复石覆讫，尚书令以五寸印封石检。事毕，皇帝再拜，群臣称万岁。命人立所刻石碑，乃复道下。
>
> 二十五日甲午，禅，祭地于梁阴，以高后配，山川群神从，如元始中北郊故事。[4]

[1]《汉书·司马迁传》。
[2]《后汉书·祭祀志上》。
[3]《后汉书·祭祀志上》。
[4]《后汉书·祭祀志上》。

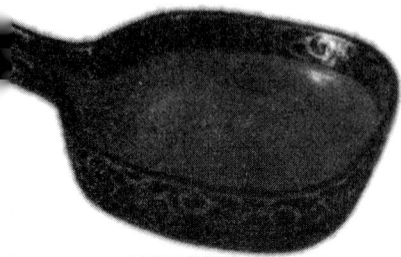

云纹漆

从以上礼仪可以看出，光武帝与汉武帝所行封禅礼有不少相异之点。他的封禅是应符命而行，从而给这一盛典罩上谶纬的祥云。同时又将武帝的二封二禅改为一封一禅：封泰山以群神从，禅梁父以高后配，山川群神从。在中国历史上，只有秦皇、汉武、光武三个皇帝行过封禅礼。但光武帝却因此而受到后人的谴责。因为从正统儒家观点看来，如此隆重的大典，一个朝代举行一次足矣。光武帝作为"继体之君，时有功德，此盖率复旧业，增修其前政，不得仰齐造国，同符改物者也"[1]。东汉以后，中国的皇帝虽然还有人到泰山祭祀东岳大帝，但再也没有一个人到泰山、梁父封禅。究其原因，大概是人们的地理视野扩大，泰山再也不是中国境内的最高山，用不着在那里与上帝对话了。

此外，秦汉帝王的宗教情绪还表现在对数不清的神仙方术的迷恋。如秦始皇痴迷徐福之类神仙方术之士，发疯般寻找蓬莱三山的仙人和长生不死药，以致引发了徐福东渡扶桑的航海盛举。汉武帝迷信方术骗子李少君的化丹砂为黄金之术，花费大量钱财供其炼制。又迷恋云表之露的长寿功能，花费巨资建高台安置承露的仙掌等。汉代皇帝还迷信巫术，汉武帝时发生的巫蛊之祸，酿成了父子相残的戾太子之狱。他们还相信卜筮可预卜吉凶祸福，如陈平、周勃等诛杀吕氏集团后，以卜迎文帝登基。汉宣帝祠昭帝庙时，旄头剑落泥中，就命梁丘贺以筮卜吉凶。另外，两汉皇帝后妃都相信相面术，不少后妃入宫前都有相面者预言其大福大贵的记载。他们还相信望气之术，以某地上空云气的形状断定有关人事的盛衰。又相信风角、遁甲、七政、元气、六日七分、逢占、日者、挺专、须臾、孤虚等多项内容组成的术数之学，等等。正因为秦汉帝王有着浓烈的宗教情结，致使官方学术的今文经学也罩上神道迷信的迷雾，与谶纬神学纠结到一起。同时也为道教的形成和佛教的传播提供了条件。

二　佛教的传入与道教的创立

中国宗教和文化史上，佛教的传入和道教的创立是两件影响深远的大事，这两件事都发生在两汉时期。

[1]《后汉书·祭祀志上》注引袁宏语。

佛教何时传入中国？这是一个学术上尚无最后定论的问题。相比而言,东汉明帝时传入说较为可信。永平七年(64年):明帝夜梦金人飞入殿庭,次晨问群臣,太史傅毅告诉他,梦中的金人是西方名叫佛的神。明帝于是派中郎将蔡愔、秦景、博士王遵等18人去西域访求佛道。永平十年(67年),蔡愔等于大月氏遇沙门迦叶摩腾、竺法兰二人,并得佛像经卷,用白马驮归洛阳,明帝特为他们建立精舍,称白马寺。于是摩腾与竺法兰二人在寺里译出《四十二章经》。学术界对以上记载虽仍有争论,但佛教在此前后传入中国大致是可信的。此后到东汉桓、灵二帝时代,西域佛教学者相继来到中国,如安世高、安玄来自安息,支娄迦谶、支曜来自月氏,竺佛朔来自天竺,康孟祥来自康居,由此译者渐盛,法事也渐兴。

云龙纹漆平盘

佛教传入中国后,先在宫廷,后在民间逐渐得到传播。据记载,楚王刘英是最早信奉佛教的诸侯王,"英好游侠,交通宾客,晚节喜老,修浮屠祠"[1]。到了汉桓帝时,更在宫中铸造黄金浮屠、老子像,并亲自在濯龙宫中设华盖,祭以郊天之乐。这时候,佛教在民间也逐渐传播开来,"百姓稍有奉佛者,后遂转盛"[2]。据《后汉书·陶谦传》和《吴志·刘繇传》记载,汉献帝时,丹阳人笮融聚众数百人,往依徐州刺史陶谦,陶谦使之管理广陵、下邳、彭城三郡的粮食运输。笮融于是"断三郡委输,大起浮屠寺,上累金盘,下为重楼,又堂阁周回,可容三千人许,作黄金像,衣以锦采。每浴佛,辄多设饴饭,布席于路,其有就食及观者且万余人"[3],的确盛况空前。佛教之所以在东汉末年开始传播,一方面因为它的教义被认为与老子的"清静无为"相似,与统治者祈求长生的心理相契合,另一方面,汉末动乱的社会现实又促使贫苦无告的劳动人民去寻求新的精神寄托。刚刚传入的佛教就以其新奇的教义同时获得了宫廷与民间一部分人的信仰。但是,东汉时传入中国的佛教尚处在其发展的初级阶段,这主要表现在当时从宫廷到民间,都还把佛教与黄老神仙方术并列,还没有意识到它是独立的博大精深的宗教,而对佛教教义更缺乏深入的研究。佛教哲学在思想界还没有产生重大影响。

与佛教传入中国差不多同时,中国土生土长的道教

[1]《后汉书·楚王刘英传》。

[2]《后汉书·西域传》。

[3]《后汉书·陶谦传》。

漆盒

也逐步形成。古代中国是一个多神教的世界。随着封建专制主义中央集权的形成和逐渐完备，秦汉时期出现了以天帝为首、结合四方诸神的复杂的神权等级系列。一方面，方士作为神人之间的媒介曾经哄骗秦皇、汉武这样雄视百代的封建帝王演出过一系列迷信闹剧，一方面，古老的巫、祝、卜、史在对多神的筛选改造中逐步推出了以老子为教主的道教。

黄老之学曾盛行于西汉初年并成为其时政治的指导原则。当时，它是作为一个学术流派而不是作为教义存在的。后来，黄老却逐渐被推上了祭坛，变成了人们顶礼膜拜的神灵。《后汉书·陈愍王宠传》最早记载了刘宠与其王国相魏愔共祭黄老君祈求长生多福的事实，说明至迟在东汉初年，黄帝和老子已经进入了祀庙。后来，楚王刘英也在宫中祭祀黄老。桓帝时，老子的祭祀已经升到国家级别。延熹八年（165年）一月，桓帝派中常侍左悺去苦县祠老子，同年十一月，再遣中常侍管霸到苦县祠老子。第二年，又在宫中为老子设专祠。与此同时，道教经典亦在造作中。《后汉书·襄楷传》载："初顺帝时，琅邪宫崇诣阙上其师于吉于曲阳泉上所得神书百七十卷，皆漂素朱介，青首朱目，号《太平清领书》。其言以阴阳五行为宗，而多巫觋杂语。有司奏崇所上妖妄不经，乃收藏之。后张角颇有其书焉。"显然，这个于吉是造作和传播道教经典的一个重要人物。不过，据《三国志·吴志·孙策传》注引《江表传》载，这位于吉乃是与孙策同时的琅邪道士，他"先寓居东方，往来吴会，立精舍，烧香读道书，制作符水以治病，吴会人多事之"。由于他以各种幻术迷惑官吏百姓，使孙策的宾客们如醉如痴，孙策一气之下把他杀了。

在于吉之后，道教继续流传，逐渐形成两大流派，河北张角的太平道、汉中张鲁等的五斗米道。张角以太平道作为宣传组织发动群众的工具，掀起了黄巾大起义。五斗米道的源流有二说：一说创自张鲁的祖父张陵，《三国志·张鲁传》："祖父陵，客蜀，学道鹄鸣山中，造作道书，以惑百姓。从受道者出五斗米，故世号米贼，陵死，子衡行其道。衡死，鲁复行之。"一说创自张修，"中平元年，秋七月，巴郡妖巫张修反，寇郡县"[1]。后张修在汉中起事，被张鲁击杀兼并。张鲁在汉中建立起政教合一的政权,成为三国时期一块安定的乐土。道教在东汉中期以后,尤其在三国时期所以得到较为迅速的传播,一是因为它给在战乱中挣扎在饥饿与死亡线上的贫苦人民以天国的理想,抚慰他们那渴望解脱的灵魂。二是用巫术和药物为贫病交加的人们治病,医治他们肉体的痛苦。曹丕《典论》:"太平道者,师持九节杖为符祝,教病人叩头思过,因以符水饮之。得病或日浅而愈者,则云此人信道。其或不愈,则为不信道。"张鲁的办法大体与张角一样,"而加施静室,使病者处其中思过。又使人为奸令祭酒。祭酒主以《老子》五千文使都习,号为奸令,为鬼吏,主为病者请祷。请祷之法,书病人姓名,说服罪之意,作三通:其一上之天,著山上;其一埋之地,其一沉之水,谓之三官手书。使病者家出五斗米以为常,故号曰五斗米师。实无益于治病,但为淫妄,然小人昏愚,竞共事之。"[1]东汉时期的道教虽已进入最高统治者的宫廷,但主要在下层民间秘密流传。它还带着原始巫术的粗疏形态,成为广大劳动人民反抗封建统治的有力武器。但是,随着历史的发展,剥削阶级知识分子也力图将其改造成对封建统治有益无害的宗教。尤其是佛教传入并广泛流行后,道教即吸收佛教的某些教义和戒律,加紧进行自我改造。经过魏晋南北朝时期在与佛教斗争中的发展完善,它俨然成为与佛教相抗衡的一大教派,不仅得到封建统治者的青睐,并且依然获得不少下层民众的信仰。

白马寺

---

[1]《三国志·魏志·张鲁传》。

讲经书像砖

第九章 两汉的文化

第一节 经学和学校教育

一 经学的演变与经今古文之争

"经"最早泛指一切著作,战国以后,它成为儒家所编著书籍的通称。汉武帝接受董仲舒的建议"罢黜百家,独尊儒术"之后,它进而变成由中国封建专制皇帝钦定的儒家书籍的总称。随着历史的发展,"经"的领域逐渐扩大,"五经"、"六经"、"九经"、"十三经"[1]等名目陆续出现。地主阶级知识分子和官僚对"经"的阐发和议论成为封建社会独特的一门学问——"经学",在两汉时期它是占统治地位的思想形式。

"儒学"自春秋末期由孔子创立以后,到战国时期虽然有着很大的发展,出现了孟轲和荀卿这样声名卓著的大师,但在那个人才辈出、群星闪烁的"百家争鸣"时代,儒家也仅仅是百家中的一家而已。秦灭六国后,禁止"私学","以法为教,以吏为师",儒生尽管以博士的官职跻入咸阳的宫廷,不过也只是"备顾问",处于无足轻重的地位。特别是经过"焚书坑儒"的惨祸之后,儒家学说遭受到一次沉重的打击。残存的儒生虽然在秦末农民战争中纷纷参加陈胜、刘邦的义军,对秦皇朝进行了一次痛快的报复,可是在新建立的汉朝初期的60多年间,它仍没有受到应有的重视,仅仅是争得了一席合法地位,又有了为统治者服务的机会罢了。

西汉初期的60多年间,黄老思想成为统治阶级的指

[1] "五经"指《诗》、《书》、《礼》、《易》、《春秋》。"六经"加《乐》,已佚。九经指《诗》、《书》、《易》、《周礼》、《仪礼》、《礼记》、《春秋左氏传》、《春秋公羊传》、《春秋谷梁传》。"十三经"指"九经"再加《论语》、《孝经》、《孟子》、《尔雅》。

导思想。获得合法地位的儒学利用当时宽松的政治环境，在同黄老思想的斗争中，不断吸取其他思想流派的资料和观点，根据已经变化的历史条件，加速自我改造。终于经董仲舒之手完成了从原始儒学到新儒学的转变，再通过雄才大略的汉武帝一纸神圣的诏令，新儒学就以经学的形式变成了地主阶级的统治思想。

汉代太学授业画像砖

经学成为汉皇朝的官方统治思想以后，儒家经典被立为学官，由博士传授，从博士受经的博士弟子考试合格，可以为官。一时出现了"公卿大夫士吏彬彬多文学之士"[1]的局面。

思想领域里的斗争是永远存在的。如果说，在汉武帝定儒学为一尊之前，汉初思想领域的斗争表现为诸子余绪的活跃，那么，在罢黜百家之后，思想领域的斗争就表现为经学内部的分裂和异端思想的突起。其突出的事例是经今古文之争。

汉武帝时立为学官的只有《诗》、《书》、《礼》、《易》、《春秋》五经博士，后来逐渐增加，到西汉后期已有五经十四博士。其中《诗》三家，传鲁《诗》的申公，传韩《诗》的韩婴，汉文帝时已立为博士，传齐《诗》的辕固，汉景帝时立为博士。《书》三家，同出于济南伏胜，汉武帝时立欧阳生为博士，汉宣帝时添立大夏侯（胜）、小夏侯（建）为博士。《易》四家同出于高堂生，武帝时立《礼》经博士，宣帝时又分立大戴（德）、小戴（圣）二家博士。《易》四家同出于田何，武帝时立易经博士，宣帝时分立施雠、孟喜、梁丘贺三家博士，元帝时又立京房一家博士。《春秋公羊传》出于胡毋生、董仲舒，武帝时立春秋公羊博士，宣帝时又分立严彭祖、颜安乐二家博士。以上所传的经书，因为都是用当时通行的文字隶书写成的，后来称之为今文经。今文经学在传授过程中，特别在武帝以后，取得了越来越崇高的地位。以《洪范》察变，以《春秋》决狱，以《禹贡》治河，以《诗》三百篇为谏书，对当时的政治产生了巨大影响。为了迎合两汉统治者的需要，今文经学越来越多地与谶纬迷信相结合，使儒家宗教化，经学神学化，孔子教主化。它以"微言大义"随心所欲地解释经典，神化统治者，使自己变成了政治的说教。同时，由于今文经学在传授中必须遵守严

1《史记·儒林列传》。

鲁壁

格的师法和家法，经学博士为了形成对所习经典的垄断，说经越来越烦琐，"一经说至百余万言"[1]。有个叫秦延君的《书经》大师，解释"尧典"两字用了10多万字，解释"曰若稽古"四字用了3万多字。一个人从幼年开始学习一经，往往要到满首白发才学会说经。尽管如此，众多的博士弟子依然孜孜不倦地追随自己的老师"皓首穷经"，其秘密就在于它是当时重要的一条"利禄之路"。[2]

正当今文经学垄断教育和学术，在西汉后期达到鼎盛局面的时候，新崛起的古文经学对它的地位提出了挑战。西汉中期以后，一些用古籀文（秦以前的文字）书写的经书如《古文尚书》、《逸礼》、《周官》、《毛诗》和《春秋左氏传》等逐渐被发现并在民间传授。由于这些经书是用秦以前的文字写成，所以称为古文经。其实，今文与古文的区别主要还不在于书写文字的差异，而在于基本观点的不同，以《春秋》的《左传》和《公羊传》为例，对"春王正月"的解释，古文经的《左传》是："元年、春、王正月。不书即位，摄也。"而今文经的《公羊传》则是："元年者何？君之始年也。春者何？岁之始也。王者孰谓？谓文王也。曷为先言王而后言正月？王正月也。何言乎王正月？大一统也。"又如对"春用田赋"的解释，《左传》是："十二年，春，王正月，用田赋。"而《公羊传》的解释则是："何以书？讥。何讥尔？讥始用田赋也。"[3]很明显，古文经偏重于史实的解释，而今文经着眼的却是"挖掘"其中的"微言大义"。[4]

成帝河平中，刘歆受诏与其父刘向校领秘书，据说看见了许多古文经传。到哀帝建平时，刘歆受到重用，便上书要求把《左氏春秋》、《毛诗》、《逸礼》和《古文尚书》立为学官。同时攻击今文经"因陋就寡，分文析字，烦言碎辞，学者罢老且不能究其一艺，信古说而背传记，是末师而非往古……抱残守缺，挟恐见破之私意，而无从善破义之公心，或怀妒嫉，不考实情，雷同相从，随声是非"[5]。刘歆上书在朝野引起了一场轩然大波。今文经大师、光禄大夫龚胜以"乞骸骨"相要挟，大司空师丹在奏章中则给刘歆加上"改乱旧章，非毁先帝所立"[6]的罪名，大张挞伐。其他今文经师也群起鼓噪，形势对刘歆十分不利。为了摆脱在京师的不利局面，他只得请求到外地出任郡守。在这场争论

[1]《汉书·儒林传》。
[2]《汉书·儒林传》。
[3]《春秋三传·隐公元年》。
[4] 周予同:《〈经学历史〉序言》，载皮锡瑞:《经学历史》，中华书局1959年版，第3页。
[5]《汉书·刘歆传》。
[6]《汉书·刘歆传》。

中双方虽然都打着弘扬圣人法术的招牌，但骨子里却是两派知识分子对"利禄"的争夺。不久，王莽秉政，刘歆受到特别重用，成为协助他篡汉的理论策士。王莽为了寻找篡汉的理论根据和取得广大知识分子的支持，于是接受刘歆建议，下令将古文经立为学官。他对古文经的《周礼》特别重视，其新政中的不少措施都从那里寻找历史根据。对古文经的其他经典也很垂青。例如，他引证《古文尚书·嘉禾篇》记载的"周公居摄"，作为自己"居摄践祚"的依据，引证《春秋左氏传》的"刘氏为尧后"，以证明他这个"虞帝之苗裔"有代汉的充分权力。不过，王莽并不用排斥今文经学的办法来抬高古文经学。他篡汉以后，不仅没有取消今文经学的官学地位，而且还大力利用今文经学中一切对他有用的东西。例如，他仿"《大诰》作策"而讨翟义，引《康诰》作为自己称"假皇帝"的依据，依《王制》加以损益制定公、侯、伯、子、男五等爵制和封地四等制。以上经典都属于今文。王莽新朝中，治今文与治古文的经师们一样出将入相。显然，王莽对今古文采取了兼收并蓄的态度。即使如此，今文经师们也对将古文立为学官忿忿不平。左将军公孙禄斥责刘歆"颠倒《五经》，毁师法，令学士疑惑"，要求"诛此数子，以慰天下"[1]。在新莽末年的农民战争中，"天下散乱，礼乐分崩，典文残落"，不少经学大师"怀协图书，遁逃林薮"[2]，经学一度呈现寥落的局面。东汉皇朝建立以后，太学生出身的光武帝刘秀十分重视经学的复兴。今文经的十四博士很快都立于学官。为了反王莽之所为，取消了古文经学官的资格。但是，这时候的古文经学在朝野已有相当的势力，治古文经的学者迫切要求将古文经立于学官，取得与今文同等的地位。建武初年，尚书令韩歆上书要求将古文的《费氏易》和《左氏春秋》立为博士，结果引起今文经师范升等的激烈反对，双方互相辩诘，形成了颇为热闹的一场论战。《左氏春秋》暂时得立学官，但因今文经师的极力反对，不久复又废弃。不过，经过这场辩论以后，朝野相信古文经的人数逐渐增多，享有至尊地位的皇帝也对古文经显出浓厚兴趣。以后，经今古文之间的诘难时断时续。章帝时古文经师贾逵与今文经师李育以《左氏传》为对象反复辩诘。建初四年（前73年）

《伏生授经图》，崔子忠绘

[1]《汉书·王莽传》。

[2]《后汉书·儒林列传》。

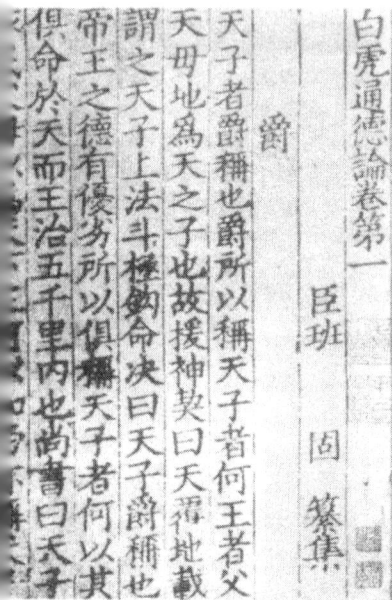

《白虎通义》书影

的白虎观会议主要就是论证五经的异同。会后，章帝诏"高才生受《古文尚书》、《毛诗》、《谷梁》、《左氏春秋》，虽不立学官，然皆擢高第为讲郎，给事近署"[1]古文经的地位进一步提高。东汉桓、灵时期，今文学家何休作《春秋公羊解诂》，"与其师博士羊弼追述李育意，以难二《传》，作《公羊墨守》、《左氏膏肓》、《谷梁废疾》"[2]。古文大师郑玄针锋相对，作《发墨守》、《针膏肓》、《起废疾》，把何休驳得体无完肤。面对郑玄的凌厉攻势，何休不得不哀叹："康成入吾室，操吾矛，以伐我乎！"[3]到东汉后期，今文经学的黄金时代一去不复返，而古文经学的势力已经蔚为大观了。尽管今文经学一直被立为学官，始终处于官方学术的位置，但由于它越来越与谶纬迷信相结合，假造符命，神化孔子，为现实封建皇朝的黑暗政治辩护，学术气味愈来愈淡，在正直的知识分子中越来越失掉了吸引力。同时，也由于今文经大师解说经文，支离蔓衍，愈加烦琐，不仅引起一般经生的厌恶，连某些最高统治者也感到繁难不便，光武帝就曾命博士删削章句。正因为存在以上两大缺陷，因而纵使今文经学地位显赫，弟子如林，但终东汉之世始终没有产生出几个像样的大师，也没有出现有影响的著作。与今文经学相反，古文经学反对谶纬迷信，反对神化孔子。古文经大师桓谭、尹敏、王充、张衡、荀爽、荀悦等人，都坚决批驳谶纬神学，这就在今文经学布下的神道迷信的恶浊氛围中吹进了一股清新的空气，使一些知识分子精神为之一振。另外，因为古文经学"通训诂"，"举大义"，"不为章句"，其经师博通群经，在学问上远胜今文经学家。《白虎通义》是今文经师讨论五经异同的学术纪要，而其经师中竟找不到一个有能力执笔整理的人，却要古文经师班固代劳。古文经在传播的过程中，涌现出一批著名的大师。贾逵著《左氏传解诂》、《国语解诂》、《今古文尚书异同》、《齐、鲁、韩诗与毛诗异同》、《周官解诂》，许慎著《五经异义》、《说文解字》，显示了古文经师坚实的基础和渊博的学识，马融遍注《孝经》、《论语》、《毛诗》、《周易》、《三礼》、《尚书》，使古文经学"到达完全成熟的境地"[4]。马融的学生郑玄，对今古文经兼收并蓄，遍注《周易》、《尚书》、《毛诗》、《仪礼》、《礼记》、《论语》、《孝经》、《尚书大传》、

[1]《后汉书·儒林列传》。
[2]《汉书·儒林传》。
[3]《后汉书·郑玄传》。
[4]《中国通史简编》第二编，人民出版社1959年版，第227页。

《中候》、《乾象历》，又著《天文七政论》、《鲁礼禘祫义》、《六艺论》、《毛诗谱》、《驳许慎五经异义》、《答临孝存周礼难》等百余万言[1]，成为古文经师中成就最大的学者。两汉经师中著作流传至今的，也首推郑玄。由于今文经学出于自身的原因走向没落，而古文经学的大师们又以其博大精深的著作显示了为今文经不可比拟的优势，更由于郑玄淹博宏富，混一古今，从而吸引了大量对今文经厌倦的儒生们改学古文经，古文经中的郑玄一派一时几乎独占鳌头。至此，长达200多年的经今古文之争也接近结束。《后汉书·郑玄传》总结这一争论说："自秦焚六经，圣文埃灭。汉兴，诸儒颇修艺文；及东京，学者亦各名家。而守文之徒，滞固所禀，异端纷纭，互相诡激，遂令经有数家，家有数说，章句多者或乃百余万言，学徒劳而少功，后生疑而莫正。郑玄囊括大典，网罗众家，删裁繁诬，刊改漏失，自是学者略知所归。"这大体上是符合事实的。

郑玄像

今古文经在两汉时期虽然进行着激烈的斗争，但是，作为地主阶级的意识形态，它们又有着许多共同点。首先，它们都尊孔子为圣人，把儒家经典看做神圣不可侵犯的教条，都以经书作为思想资料来阐发自己的全部理论，采取了经学笺注这一特殊形式。其次，在政治上，它们都鼓吹专制主义中央集权的大一统理论，维护封建皇朝政治上的统一和封建帝王的绝对权威，同时又向统治者兜售"王道"、"仁政"一类虚幻的理想，要求实行"轻徭薄赋"、"节俭省刑"等缓和阶级矛盾的措施，为封建统治筹措长治久安之策。第三，在社会伦理思想上，它们都提倡三纲、五常、六纪等封建道德信条，以维护四大绳索（政权、族权、神权、夫权）对宗法制下的中国农民的统治。第四，它们都重视教育事业。今古文经师们无论在朝在野都积极兴办教育，聚徒讲学，传授各种知识。通过他们之手，培养了一代又一代的经生，形成了一个较为稳定的知识分子群体。他们在国家的政治生活和文化学术活动中起了别人无法替代的作用。

二　学校教育

教育是人类文明发展的重要标志。据文献记载，我国

---

[1]《后汉书·郑玄传》。

何休像

的学校教育起码在殷周时期已经出现。由于当时处在奴隶社会,"学在王官",教育对象是奴隶主贵族子弟,一般平民只有受武士教育的权力。西周时期,王都的学校叫"辟雍",诸侯国的学校称"泮宫",地方上也有学校,"古者国有学,州有序,族党有庠,闾有塾"[1],形成了一个高低不同层次的教育网。春秋战国时期,"礼崩乐坏",奴隶制瓦解,学术文化下移,私学勃兴,平民子弟开始接受高级教育。当时的诸子百家,既是不同的学派,又是不同的教育团体。儒、墨等家广收门徒,传播文化知识,在中国教育史上写下了划时代的一页。

秦朝统一中国后,虽然在文化教育上采取了一些有利于政治统一的政策,如"书同文"、"行同伦"、"设三老以掌教化"等,但由于它同时也实行"挟书令"、"禁游宦"、"禁私学,以吏为师"等政策,对文化教育事业的发展又带来了不利影响,生机勃勃的私学被扼杀了。西汉皇朝建立之初,由于皇帝刘邦出身于市井无赖,"公卿皆武力有功之臣",文化素质很差,再加上经济凋敝,"尚有干戈",所以"未遑庠序之事"。[2]文、景二帝虽然已经意识到文化教育事业的重要性,并采取了诸如立《书》《诗》博士,下诏举贤良等措施,但还没有建立起一套严格的教育制度。汉武帝继位时,西汉皇朝经过60多年的发展,政治、经济、军事力量已达到空前的兴盛,与此同时,以孔子、孟子、荀子等为代表的原始儒学经过一系列的改造,终于在董仲舒手里完成了向新儒学的过渡。这时,西汉皇朝建立新的教育制度,不仅需要,而且条件也成熟了。建元元年(前140年),董仲舒在对策中首倡创立太学的主张:"故养士之大者,莫大乎太学。太学者,贤士之所关也,教化之本源也。……臣愿陛下兴太学,置明师,以养天下之士。"[3]建议被武帝采纳。建元五年(前136年),武帝下诏置五经博士。元朔五年(前124年),又令丞相公孙弘等制定设立太学的具体计划。不久,即批准了公孙弘提出的创立博士弟子员的制度,并在长安建筑校舍,汉代太学正式诞生。

汉代太学相当于后世的国立大学,是当时的最高学府。其主官叫仆射,东汉时改称祭酒。教师称博士,学生称博士弟子员,又称弟子,亦称太学生。太学刚设立时,只设

[1]《礼记集说》卷八八。
[2]《汉书·儒林传》。
[3]《汉书·董仲舒传》。

5个五经博士,每人名下10个博士弟子员,规模是很小的。因为数量很少,所以正式的博士弟子只得由太常选择"十八岁以上,仪状端正"的贵族官僚子弟充当。从地方上选送的所谓"好文学,敬长上,肃政教,顺乡里,出入不悖"的青年知识分子,只能做旁听生,不受名额限制。学习一年,经过考试,能通一经以上,即可依次补官。太学成了入仕的重要途径,朝野上下都不断要求扩大其规模。于是,五经博士增至五经十四博士,太学生的数量更是一增再增,昭帝时增至百人,宣帝时增至200人,元帝时增至1 000人,成帝时增至3 000人。平帝时,王莽辅政,为了获取广大知识分子的好感,元始四年(4年)为太学生建筑了可容万人的校舍,这是西汉时期见于记载的最大规模的校舍建设。东汉建立不久,建武五年(29年),光武帝刘秀下令在洛阳建立太学,广筑学舍讲堂,各地生徒纷纷拥到太学读书,出现"诸生横巷"的盛况。他的儿子汉明帝进一步提倡教育,太学更加发展。太子和诸侯功臣子弟一律读经,期门、羽林的武士也需学习《孝经》章句,甚至匈奴也遣子弟入学。和帝、安帝时,由于政治黑暗,不重视教育,太学一度很不景气。永建六年(131年),顺帝接受霍醑建议,扩建太学校舍240房,1 850室。同时扩大生源,除太常所择及郡国选送外,又增加公卿子弟及明经下第两种,并增加太学生俸禄。这些措施促使太学生人数大增。质帝本初元年(146年),当权的梁太后为了取得外戚、宦官和官僚三个集团的好感,以巩固自己的统治,进一步扩大太学生名额,下诏令大将军以下至六百石的官吏,都要送子入太学。此后直至东汉末年,太学生经常维持在三万人左右。这其中虽然有一批达官贵人的子弟只是在太学挂名而不真正到校读书,但如此规模的中央国立大学在当时世界上也是罕见的。

太学生学习的主要内容是五经,即《书》、《诗》、《易》、《礼》和《春秋》等今文经。由各经的博士按师法、家法进行传授,学生必须亦步亦趋地死记硬背。由于今文经越来越烦琐,"一经说至百万言",因而真正掌握一经需要耗费大量时间和精力,"皓首穷经"就是对这一情况的真实写照。显然,两汉太学一方面是传授学术文化知识的中心,一方

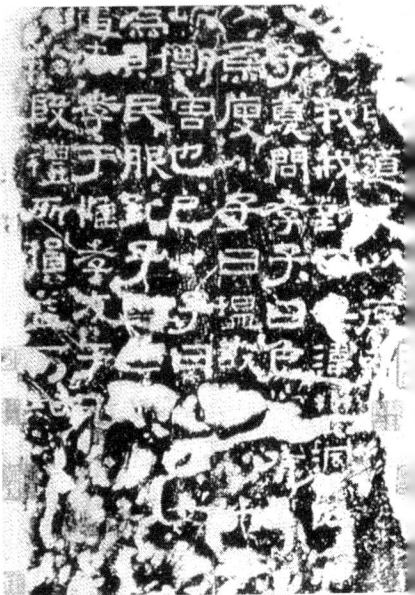

熹平石经

蔡邕像

面也是戕害青年知识分子心灵的渊薮。不过,由于太学在知识分子脚下铺设了一条禄利之路,所以不管太学的学习生活如何枯燥和艰辛,他们仍然趋之若鹜。

两汉太学创造了新的教学模式,它一面开设大班上课,一面以高足弟子传授低年级学生。由于学生太多而教师和课堂太少等条件的限制,它又允许学生更多地通过自学和向校外专家求教提高自己的水平。太学也注重对学生进行考试,并以此来督促和检查学生的学习。它对初来者规定每年考一次,叫"岁试"。办法是"设科射策",即抽签考试。据《学记》记载,七年考试合格者称"小成",九年考试合格的为"大成"。朝廷根据考试情况授以不同的官职。虽然太学有许多封建的陈规陋习,但由于它毕竟是当时传播文化知识的主要基地,所以还是培养出了一大批著名的学者和科学家,王充、班固和张衡等人就是其中的佼佼者。同时,由于太学生中不少人来自地主阶级的下层,对外戚、宦官集团的横行无忌和贪残腐化十分不满,因而不断酝酿着反对当权集团和改良政治的运动。西汉哀帝时,他们曾声援因反对丞相孔光而获罪下狱的司隶校尉鲍宣。东汉后期,他们又与鲠直官僚陈蕃、李膺等相联合,掀起声势浩大的反对宦官集团的运动,由此引发了著名的"党锢之祸"。

灵帝光和元年(128年),宦官为了对付反对自己的太学生,在洛阳的鸿都门创建了专门的鸿都门学。这是一所专门教授辞赋、小说、尺牍、字画的学校,对于突破"独尊儒术"的文化教育政策有一定贡献,同时也是后世各种专门学校的滥觞。此外,东汉政府还创办了专门招收外戚子弟的贵胄学校——"四姓小侯学",以及对宫人施以教育的宫廷学校。

两汉政府还在各地方郡国设立学校,教育地方的地主官僚子弟。汉景帝时,蜀郡太守文翁最早在成都设立官学。汉武帝时下诏令"天下郡国皆立学校官"[1]。平帝元始三年(3年),下令天下立官学,"郡国曰学,县、道、邑、侯国曰校。校、学置经师一人。乡曰庠,聚曰序。序、庠置《孝经》师一人"[2]。另外,地方政府中还设立郡文学、郡文学史、郡文学卒史、五经百石卒史等教官,负责管理文教和对百姓

[1]《汉书·文翁传》。
[2]《汉书·平帝纪》。

施以教化。东汉时期,郡国学校更加发达,所谓"四海之内,学校如林,庠序盈门"[1],虽然不无夸大之处,但在一定程度上反映了当时的盛况。不过,两汉地方官学还不是后来意义的进行经常性教学活动的学校,它的主要任务是推广教化,奖进礼乐。由于师资很差,又没有统一的课程设置,因而还没有形成真正的教学系统。虽然如此,它毕竟为后代学校制度的发展奠定了初步基础,在中国教育发展史上仍然是一个巨大的贡献。

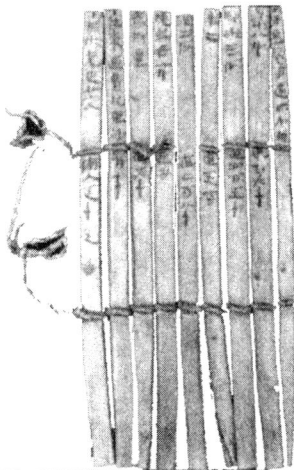
西汉竹简

与官学相辅相成的私学在两汉时期出现相当繁盛的局面,这一方面是由于春秋以来私学有着源远流长的历史传统,另一方面因为其时有很多大儒,尤其是古文经师不得立为博士,没有仕进机会而不得不收徒讲学。还有一些名儒高官在致仕后著书讲学。董仲舒、马融、郑玄等就是收徒讲学的著名人物。两汉私学有多种,程度亦参差不齐。由经师大儒自立的"精舍"、"精庐"相当于太学。"学馆"、"书馆"、"书舍"、"蒙学"等相当于小学。因其数量较多,广泛分布在乡村,成为农村儿童和青年接受教育的主要基地,在传播知识上超过官学的作用。

两汉私学的学生,分及门受业和著录弟子两种。及门受业指亲身受业听讲的弟子,因其人数往往以千百计,事实也不可能人人都能得到经师的亲自教诲,所以较多地采取高业弟子辗转相传授的办法。如董仲舒就使弟子"次相受业,或莫见其面"[2]。东汉马融讲学时更是派头十足:"常坐高堂,施绛纱帐,前授生徒,后列女乐,弟子以次相传,鲜有入其室者。"[3]郑玄到他名下及门受业,三年后才由一个偶然的机会得同他见面。而在这么长时间内,给郑玄讲经的都是"高业弟子"。所谓"著录弟子"指在名儒、学者门下挂上名字,但不必亲来受业,因而这种弟子有时可达万人之多,此即后世"拜门"的开始。

两汉私人教授的初级学校一般分两个阶段。第一阶段是蒙学,称"书馆",教师称"书师",学生学习的是字书,目的是识字。汉以前早有字书,这种字书分为四字句、三字句和七字句3种。四字句的字书始于周朝的《史籀》,秦朝时李斯作《仓颉篇》,赵高作《爰历篇》,胡毋敬作《博学篇》,后经扬雄、班固、贾鲂等的修改补充,继续使用。三

----

[1] 班固:《东都赋》。

[2] 《汉书·董仲舒传》。

[3] 《后汉书·马融传》。

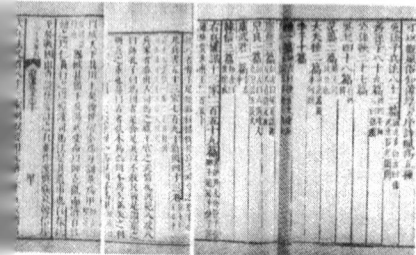

《汉书·艺文志》书影

字、七字句的字书创始于司马相如的《凡将篇》。元帝时史游又模仿该书体裁作《急就篇》，这部字书将姓氏、衣着、农艺、饮食、器用、音乐、生理、兵器、飞禽、走兽、医药、人事等方面的种种日常用字用韵语汇编在一起，既便于记忆，又切合实用，因而成为后汉和魏晋南北朝时期通用的字书，在我国儿童的识字教育中起了很大作用。幼童学完第一阶段的字书后，进入第二阶段，学习《孝经》和《论语》，"皇太子年十二通《论语》、《孝经》"[1]。到王莽统治时，下令在郡国学、乡聚庠序中设孝经师一人。此后，《孝经》与《论语》也就被选为初级学校的必读教材了。读完《孝经》、《论语》之后，除少数人希图继续深造进入太学或私人教授的"精舍"、"精庐"读书外，一般人即到社会上谋求职业或担任小官吏。这些受过初级教育的青少年构成了两汉时期人数众多的基层知识分子群，对于巩固封建皇朝在乡村的统治和传播一般的文化知识，起着直接的作用。

由于两汉的私学在人数和影响上都超过官学，而在私学任教的经师主要又属于古文经学，因而对两汉的学风，尤其是东汉的学风产生了比较显著的影响。古文经学讲求名物训诂，注重考证，比较实事求是，虽然也有烦琐的毛病，但与今文经学任意发挥"微言大义"和越来越谶纬迷信化相比，科学的成分毕竟多一些，对青年知识分子的影响毕竟好一些。古文经学的考据训诂的治经方法，后世称之为"汉学"，它对清代乾嘉学派的形成和后世考古学与古文字学的产生，都有着不可估量的影响。

三　古籍的整理

两汉时期，我国有文字可考的历史已逾两千年之久，积累的典籍也异常丰富。因为当时的书籍主要以竹、帛为原材料，以手工抄写或篆刻，时间既久，散乱、舛误的情况非常严重，迫切需要加以整理。两汉学者在这方面做了许多工作，成绩最显著的当推西汉刘向、刘歆父子和东汉的郑玄。

两汉统治者较早就重视对图书古籍的收集和整理。公元前206年十月，汉军刚刚进入咸阳，在将军们纷纷拥

[1]《汉书·疏广传》。

入府库争相抢劫财物时，萧何却带人接收了丞相府保存的所有图书典册。《史记·太史公自序》："秦拨去古文，焚灭诗书，故明堂石室，金匮玉版，图籍散乱。于是汉兴，萧何次律令，韩信申军法，张苍为章程，叔孙通定礼仪，则文学彬彬稍进，诗书往往间出矣。"《汉书·艺文志》认为韩信之"申军法"就是"序次兵法"，也就是校理兵书。大概因为兵书对于多年处于征战中的汉统治者特别急需，因而率先得到整理。汉惠帝时，废"挟书律"，朝廷开始注意收集散落在民间的图书。汉成帝河平三年（前26年），刘向父子等奉诏校秘书，开始进行两汉历史上规模最大、成绩最显著的整理古籍的工作。《汉书·艺文志》叙述当时的情况：

> 汉兴，改秦之败，大收篇籍，广开献书之路。迄孝武世，书缺简脱，礼坏乐崩，圣上喟然而称曰："朕甚闵焉！"于是建藏书之策，置写书之官，下及诸子传说，皆充秘府。成帝时，以书颇散亡，使谒者陈农求遗书于天下。诏光禄大夫刘向校经传诸子诗赋，步兵校尉任宏校兵书，太史令尹咸校数术，侍医李柱国校方技。每一书已，向辄条其篇目，撮其旨意，录而奏之。会向卒，哀帝复使向子侍中奉车都尉歆卒父业。歆于是总群书而奏其《七略》，故有《辑略》，有《六艺略》，有《诸子略》，有《诗赋略》，有《兵书略》，有《术数略》，有《方技略》。

刘向（前77—前6年），本名更生，字子政，汉宗室，沛（今江苏沛县）人。宣帝时任谏大夫，元帝时受太傅萧望之、少傅周堪赏识，参与机要，遭宦官弘恭、石显潜害，免为庶人，家居10余年。成帝即位后，石显等被诛杀，刘向复得进用，改名向，为光禄大夫，领校中五经秘书。是时王氏外戚专权，他连上十一书，借推演灾异讽谏成帝抑制他们的势力。不久，再上书成帝，对改作昌陵的劳民伤财之举提出批评。又著《列女传》、《新序》、《说苑》等，规劝成帝以历史为鉴戒，励精图治。成帝晚期，他见王氏外戚势盛已危及刘氏政权，就再一次冒险上书，要求削弱王氏权力。不久，他升任中垒校尉，又数次向成帝指出"同姓疏远，母党专政，禄去公室，权在外家"的危险，请成帝采取措施，

许慎像

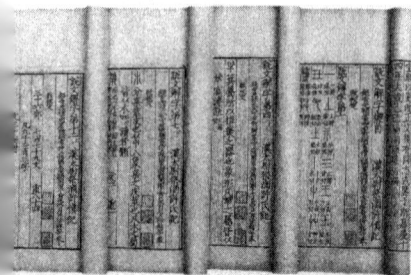

《说文解字》书影

但终不为成帝所用。由于刘向忠心耿耿，成帝数次欲任其为九卿，均被王氏外戚阻挠，致使他任列大夫三十年不得升迁，最后死于任上。刘歆（？—23年），字子骏，后改名秀，字叔颖。河平中，与父同领校秘书。刘向死后，复为中垒校尉，继续完成其父未竟的校书事业。哀帝时，得到大司马王莽赏识，历任太中大夫、骑都尉、光禄大夫。后来他自称发现古文经《周礼》、《春秋左氏传》等，上书太常博士，要求立于学官。遭到光禄大夫龚胜、大司空师丹等今文经师的激烈反对，被迫出任郡守。哀帝死后，王莽再次秉政，刘歆备受重用，屡迁中垒校尉、羲和、京兆尹，封红休侯，主修《三统历谱》。不久，协助王莽篡汉立新，被任为国师。后因参与诛杀王莽的宫廷密谋，事泄自杀。

　　刘向、刘歆等用了几十年的时间，对历史上留下来的典籍进行了精心的整理。他们对于每一部典籍，都广泛搜罗异本，仔细加以勘对。例如，他们在校《管子》时，搜集了564篇不同版本的著作作为校勘的依据。《荀子》一书，也是从多种版本互校中除去重复的290篇，最后确定保留32篇。在校勘过程中，对残缺不全的典籍，则精确地校出脱简，订正错讹的文字。如对《尚书》的校订，《汉书·艺文志》记载："刘向以中古文校欧阳、大小夏侯三家经文，《酒诰》脱简一，《召诰》脱简二。率简二十五字者，脱亦二十五字；简二十二字者，脱亦二十二字。文字异者七百有余，脱字数十。"同时，他们还对每种典籍的篇章在整齐审定的基础上编定次序。这种次序或反映写作时间的先后，或反映内部联系，对于读者理解该书大有裨益。《荀子》一书至今还沿用刘氏编定的目次。还有一些典籍有许多不同的名称，如《战国策》一书，就有《国策》、《国事》、《短长》、《事语》、《长书》、《修书》等名目，刘向认为该书的内容"以为战国时游士辅所用之国，为之策谋，宜为《国策》"[1]。看来，不少典籍就这样经刘向屏弃异号，确定了书名。刘向每校完一书，都要写一篇《叙录》，介绍作者生平事迹，该书的思想内容、写作价值、学术渊源和校雠的经过，给后世读者带来许多方便。后来，刘向又将群书的《叙录》抄集在一起，成为一部总的叙录汇编，准备单独刊行，名为《别录》；

[1] 刘向：《叙录》。

刘歆后来对《别录》删繁就简,编为《七略》。班固写《汉书》时,在《七略》的基础上写成《艺文志》。以后历代史志多沿用这一体裁,对我国学术的发展产生了极其深远的影响。先秦典籍经过刘氏父子等的整理大大便利了它的传播与保存,对我国文化学术事业的发展有着不可磨灭的贡献。

刘氏父子的工作虽然取得了很大成就,但由于西汉末年开始的今古文经之争在东汉愈演愈烈,"经有数家,家有数说",典籍的整理自然还有许多事情要做。今古文的经师们尽管都在不同程度上自发地做了些工作,但由于门户之见太深,成就不大。直到东汉末年,今古文兼通的学者郑玄才在群经的整理上取得了划时代的成果。郑玄(127—200年),字康成,北海高密人。曾师事马融,遍注群经。又聚徒讲学,生徒遍天下,是两汉经学的集其大成者。在注释经书时,他参校各种版本,打破今古文的门户,择善而从。同时注明错简,指出误字,解决了许多疑难问题。只要发现经文可疑,他就认真考订真伪及其年代,例如,他以时令、官制证明《月令》是秦代的作品,为后人提供了辨伪的方法。他对《礼》书的注释所费工夫最多,取得的成绩也最为后人称道。三《礼》的叙次篇目,是他重新写定的。其对于三《礼》的精审渊博的注释,使后人对《三礼》所保存的大量古代制度、礼文得以理解,开启了后世的"三礼之学"。另外,郑玄还写了《易赞》、《书赞》、《诗谱》、《三礼目录》等,介绍古代文献的源流得失,最后写成《六艺论》加以总结,重点谈六经的体用,对后人研究六经有很大的启示作用。

《老子》帛书

第二节　哲学思想

一　西汉初年诸子余绪的活跃与新道家

刘邦创建的西汉皇朝虽然在根本制度方面继承着秦朝遗制,但由于经过一场农民大起义的洗礼,更因为刘邦也打着"伐无道,诛暴秦"的旗号,所以西汉前期"禁网疏阔",政治上有了一个比较宽松的环境。再加上王国势力

帛书《老子》乙本及卷后古佚书

强大,政出多门。在这种情况下,一度在秦朝被压抑的诸子百家又活跃起来。除墨、名两家未见其思想的代表人物外,其余各家都有代表人物著称于时。如道家有盖公、曹参、陈平、田叔、王生、雋不疑、汲黯等。道家学派的著作据《汉书·艺文志》记载,有《黄帝四经》、《黄帝铭》、《黄帝君臣》、《杂黄帝》、《力牧》、《孙子》、《捷子》、《曹羽》、《郎中婴齐》、《臣君子》、《郑长者》、《楚子》、《道家言》等。阴阳家有张苍、夏侯始昌、夏侯胜等。阴阳家学派的著作有《五曹官制》、《周伯》、《卫侯官》、《天下忠臣》、《公孙浑邪》、《杂阴阳》、《张苍》等。法家有张恢先、晁错、张汤、杜周等,其著作有《晁错》、《燕十事》、《法家言》等。纵横家有蒯通、邹阳、主父偃等,主要著作有《蒯子》、《邹阳》、《主父偃》、《徐乐》、《庄(严)安》、《待诏金马聊苍》等。儒家有伏生、叔孙通、申公、辕固、董仲舒等,其著作在《汉书·艺文志》的"易"、"诗"、"礼"、"乐"、"春秋"、"论语"、"孝经"、"小学"等六艺项下有更多的记载。

这些诸子百家的代表人物,一方面继承先秦时期各家的基本思想,另一方面又根据形势的需要进行自我改造。各家之间在互相攻诘的同时又互相吸收,力求博得地主阶级当权派的青睐,使自己成为统治思想。汉初60年间,最激烈的思想斗争主要在儒道之间进行。由于客观条件的需要,汉初统治者选中黄老思想即新道家作为统治思想。

黄老思想,黄是指伪托的黄帝学说,老是指老子学说,因它和原始道家有着渊源关系,而又不同于原始道家,所以被学者们称为新道家。黄老思想的代表作究竟有哪一些,学术界的看法比较歧异。1973年长沙马王堆三号汉墓中出土了一批帛书,在《老子》乙本卷前,有《法经》、《十大经》、《称》、《道原》四种古佚书,唐兰先生认为这四种佚书就是《汉书·艺文志》中的《黄帝四经》。[1]帛书把《黄帝四经》与《老子》抄在一起,合黄老为一书,这对于历来所说的"黄老之学"不仅有了确切的实物根据,而且有了反映其思想的著作。

此外,被《汉书·艺文志》列为道家的《管子》书中《心术》上下、《白心》、《内业》、《枢言》、《宙合》等篇,列为儒家

[1]《马王堆出土〈老子〉乙本卷前佚书的研究》,《考古学报》1975年第1期。

的陆贾《新语》,列为杂家的刘安《淮南子》,其中也包含着黄老思想的许多内容。

黄老思想一般都把"道"作为最高的哲学范畴,如《管子·内业》说:"凡道无根无基,无叶无荣,万物以生,万物以成,命之曰道。"而《枢言》中则说:"道之在天者,日也,其在人者,心也。故曰:有气则生,无气则死,生者以其气。"又说:"爱之利之,益之安之,四者道之出,帝王者用之,而天下治矣。"从这里可以看出,黄老之学虽然继承了老子的"道"这个范畴,但却赋予它以新的不同的内容。老子的道本来是用以表示一种远离物外的绝对精神现象,是一种不可言说、玄之又玄的神秘观念;而黄老之"道"则是一种"万物以生,万物以成"的物质实体——"气",是整个客观世界的物质基础。老子的"道"在有些地方表现为一种逃避现实的消极无为思想,而黄老之"道"则是积极为现实政治服务的帝王治天下之术。这是黄老之学对老子学说的重大发展。

西狭颂

黄老思想与老子学说都讲"道法自然"、"无为",但老子的"无为"是消极的,而黄老的"无为"是积极的。《淮南子·修务训》开头就写道:"或曰:无为者,寂然无声,漠然不动,引之不来,推之不往,如此者乃得道之像。吾以为不然。""若吾所谓无为者,私志不得入公道,嗜欲不得枉心术,循理而举事,因资而立权,自然之势,而曲故不得容者,事成而身弗伐,功立而名弗有,非谓其感而不应,攻而不动者"。这是一种有为而示以无为的积极思想。

陆贾在《新语》中更具体地提出了实行"治国之道"的三条"无为"原则:一要去"极武",行仁义。他指出"事愈烦,天下愈乱。法愈滋,而奸愈炽,兵马益设而敌人愈多。秦非不欲为治,然失之者,乃举措暴众用刑太极故也"[1]。因此,必须"行仁义,法先王"。"逆取顺守,文武并用"。二要"闭利门","尚德义","国不兴无事之功,家不藏无用之器","稀力役而省贡献"[2]。三要"诛佞臣,求贤圣",把"阿上之意,从上之旨"的奸佞之辈诛除净尽,将"行不敢苟合,言不为苟容"的"怀不羁之才"和"万世之术"的贤才选入庙堂,国家才会兴旺发达。他把道家的"无为而治",儒家的"道、德、仁、义",法家的"赏善罚恶"作为君子治国之

---

[1]《新语·无为》。

[2]《新语·怀虑》。

《公羊传》砖拓本

道，描绘出一幅"无为"社会的理想、蓝图："君子之为治也，块然若无事，寂然若无声，官府若无吏，亭落若无民，间里不讼于巷，老幼不愁于庭，近者无所议，远者无所听，邮亭无夜行之吏，乡间无夜名之征，犬不夜吠，鸟不夜鸣，丁壮者耕耘于田，在朝者忠于君，在家者孝于亲。"[1]这种"无为"的社会理想，正为汉初轻徭、薄赋、节俭、省刑为内容的与民休息政策提供了理论上的指导原则。

黄老思想不仅继承和发展了老子的学说，而且还不断吸收各家各派的思想营养来充实自己，力图建立一个以道家为主体的兼有百家色彩的思想体系。这从马王堆汉墓出土的黄老帛书就可以十分明显地看出来。其中既有法家"是非有分，以讼断之"[2]的法治学说，墨家的"兼爱无私则民亲上"[3]的兼爱学说以及名家的名实之辩[4]，也有阴阳家"凡论要以阴阳大义"[5]之说和儒家的"先德后刑以养生"[6]之说，等等。黄老之学的这种对百家兼收并蓄的态度，大大丰富和发展了自己的学说。这一点在司马迁的父亲司马谈《论六家要指》中说得很明白，他说："道家使人精神专一，动合无形，赡足万物。其为术也，因阴阳之大顺，采儒墨之善，撮名法之要，与时迁移，应物变化，立俗施事，无所不宜，指约而易操，事少而功多。"这里所说的道家，即新道家也就是黄老之学。司马谈是崇尚道家的，他论阴阳、儒、墨、名、法各有褒贬，独于道家有褒无贬，而且肯定了道家能够吸取众家之长，而去其短，故能适应形势的发展变化，而为当世所用。这就很清楚地说明了黄老之学发展到了西汉初，已和原始道家的学说有很大的不同，而是以道家为主体，兼采阴阳、儒、墨、名、法之长，并能适应汉初统治需要的一个新的学派了。

黄老思想在历史上的作用，其主导面是积极的。但是，由于汉朝中央实行"无为"的政策，一方面使诸侯王国割据势力得以迅速发展，构成对汉中央的严重威胁，一方面也使地方豪强势力急剧膨胀，他们武断乡曲，鱼肉百姓，构成了乡村的不稳定因素，激化了与农民的矛盾。到汉武帝继位的时候，汉皇朝的政治、经济和军事力量虽然达到强盛的顶点，但同时地主阶级与农民阶级的矛盾、中央政府与地方诸侯王国的矛盾、统治阶级当权集团与地

1《法经·名理》。
2《法经·君正》。
3《法经·论》。
4《法经·论》。
5《称》。
6《十大经·观》。

方豪强地主之间的矛盾也日益激化。黄老思想指导下的无为政治已无力解决这些矛盾，其历史使命也就届临结束了。

二　董仲舒的新儒学

孔子在春秋末期创立的儒家学说，经过思孟学派和荀子学派的发展改造，到战国时期已经形成庞大而深邃的体系，在政治上也转到为新兴地主阶级服务的轨道。但是，通过激烈战争手段夺取政权的秦朝新兴地主集团却认为儒学"迂远而阔于事情"，对之表示了冷漠的态度，而是选取了急功近利的法家思想作为统治思想。不久，又通过"焚书坑儒"对儒家学派施以重大打击。儒家学者孔鲋、叔孙通等虽然都参加了反秦武装起义，却没有因此赢得刘邦为首的汉初统治者的信任。西汉建国之初，尽管由于叔孙通的制礼仪，陆贾的说《诗》、《书》，消除了刘邦对儒学的反感。并影响他在晚年亲自跑到孔子灵前献上大牢的厚礼，然而，刘邦的举措毕竟含有"英雄欺人"的意思，而其子孙惠、文、景几代又都崇尚黄老思想。儒家学派虽然没有像秦朝时期遭到残酷镇压，但被冷落的局面仍没有改变过来。在此期间，儒家学派一方面在统治者面前为自己争取较高的地位，如辕固敢于在笃信黄老思想的窦太后面前诽谤道家学说为"家人言"，以致被罚与野猪搏斗也在所不惜，表现了顽强的斗争精神。一方面则加速自我改造以适应当权者的需要。到汉武帝统治时期，空前强大的国力使雄才大略的武帝需要一种新的统治思想来代替黄老"无为而治"这一不合时宜的思想。恰在此时，原始儒学在董仲舒手里完成了它的改造过程，迎合了汉武帝的需要。汉武帝与董仲舒，君臣之间通过一次举贤良文学对策，完成了中国思想文化史上影响深远的历史转折。董仲舒提出的"罢黜百家、独尊儒术"的政策被汉武帝批准，从此，儒家思想作为统治思想在中国封建社会的历史上持续了近二千年的统治。

董仲舒（约公元前179—前104年），广川（今河北景县）人，他从青少年时代起即博览先秦诸子著作，对《公羊春秋》和阴阳五行学说的钻研特别专心致志，曾"三年不

董仲舒像

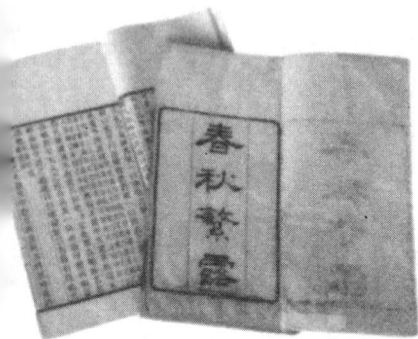

董仲舒著《春秋繁露》书影

窥园"[1]，"乘马不觉牝牡"[2]，达到如醉如痴的程度。因而很快声名大振，下帷讲学，被景帝任为博士。汉武帝即位以后，"举贤良文学之士"，他三次参加对策，详细阐述了天人感应、君权神授并提出"罢黜百家，独尊儒术"的建议，得到汉武帝的赏识，被派到江都王刘非那里当了六年王国相。公元前135年，他借高陵长园失火和辽东高庙失火推演灾异，下狱当死，后赦免罢官家居，教了10年《公羊春秋》。公元前125年，经公孙弘推荐担任胶西王刘端的王国相。于前121年以老病为由辞职回家，从此结束了仕禄生活，"以修学著书为事"。但仍然受到汉武帝的尊崇，"朝廷如有大议，使使者及廷尉张汤，就其家而问之"[3]。后来张汤把询问他的部分材料，整理为《春秋决狱》一书。据《汉书·董仲舒传》记载，他有著作共123篇，但流传下来的只有《春秋繁露》一书。

董仲舒是汉代新儒学的创始人，他建立的新儒学是由天人感应的神学目的论、君权神授说和专制主义大一统的政治论以及性三品说和三纲五常的道德观所组成。

董仲舒把墨家的天鬼观念和思孟学派的天人合一论，用邹衍的阴阳五行说加以改造，进一步神化天人关系，创造了一套天人感应的神学目的论，把被荀子以唯物论打破的天的偶像重新恢复起来。他认为天是"万物之祖"[4]，"百神之大君"[5]，是明察秋毫、赏善罚恶的自然界和人类社会的最高主宰。自然界的四时运行，人类社会中的尊卑贵贱都是天神"阳贵而阴贱"的意志的体现。他又用五行相生相胜附会君臣父子之道，神化封建剥削制度。他进而认为，天既安排地上的正常秩序，同时又监督这种秩序的运行。如果君王治理有方，国泰民安，天就出示祥瑞（凤凰、麟麟等），表示赞赏。如果君主有了"过失"，天便降下灾异（各种自然灾害）加以谴告；如不省悟，天就变易君主，另择贤能。这就叫天人感应。这一理论不能说完全没有限制君王的意图，但其主要用意是对劳动人民进行欺骗，使他们老老实实接受统治。为了论证封建制度的永恒性，他又鼓吹"道之大原出于天，天不变道亦不变"[6]的形而上学思想。这里的"道"，实际指的是全部封建的社会制

[1]《新论·本造》。
[2]《太平御览》卷八四〇。
[3]《汉书·董仲舒传》。
[4]《春秋繁露·顺命》。
[5]《春秋繁露·郊语》。
[6]《汉书·董仲舒传》。

度,而这些东西却是"万世无弊"的。既然如此,改朝换代又怎样解释呢？董仲舒提出"三统"、"三正"的理论,认为每一王朝代表一统,共有黑、白、赤三统,夏为黑统,殷为白统,周为赤统,与之相适应,应有不同的岁首,夏以阴历正月为岁首,殷以十二月为岁首,周以十一月为岁首,这就是"三正"。"三统"、"三正"周而复始,王朝的更替也就只是表现为"改正朔,易服色",而"道"却是永世不变的。这种循环命定论的历史观所论证的恰恰是封建制度的不变论。

董仲舒的认识论是典型的唯心主义先验论。他认为认识的目的是"发天意",其途径有两条。因为自然界和人类社会的变化都是由天主宰,所以仔细观察自然和人事的运行即可体察天意。又因为"人副天数",宇宙的真理也就蕴涵在自己身上,通过内心反省,也可以体会到天意,这就是"道莫明省身之天"[1]。这两种途径运结合起来,就是"内动于心志,外见于事情,修身审己,明善心以反道者也"[2]。

董仲舒提出了性三品说,认为极少数统治者从上天那里承受的"圣人之性",是理所当然的性善者。广大劳动人民生来性恶,是天生的卑贱者。一般地主阶级分子具有可善可恶的"中民之性",即通过圣人的教化可以去恶从善。在董仲舒看来,所谓善就是符合三纲五常的道德标准,"循三纲五纪,通八端之理,忠信而博爱,敦厚而好礼,乃可谓善"[3]。反之,反抗封建制度,破坏封建礼教,违背封建道德,就是十恶不赦了。显然,这种人性论为封建等级制度提供了理论根据。

董仲舒是一个对现实社会十分敏感的清醒的政治家,他在汉武帝统治的极盛时期,已经锐敏地观察到走向激化的社会与阶级矛盾。针对富者骄、贫者忧的社会现实,他提出了自己的政治理想:"使富者足以示贵而不至于骄,贫者足以养生而不至于忧,以此为度而调均之,是以财不匮而上下相安,故易为治也。"[4]这是一个既维持地主阶级对农民的剥削压迫而又对这种剥削压迫加以限制,既要农民接受剥削而又使他们维持最低生活水准的调和矛盾的社会改良方案,实际上是为封建统治设计的

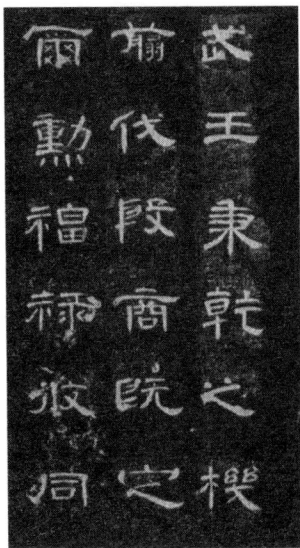

曹全碑

[1]《春秋繁露·为人者天》。
[2]《春秋繁露·二端》。
[3]《春秋繁露·深察名号》。
[4]《春秋繁露·制度》(下引该书,只注篇名)。

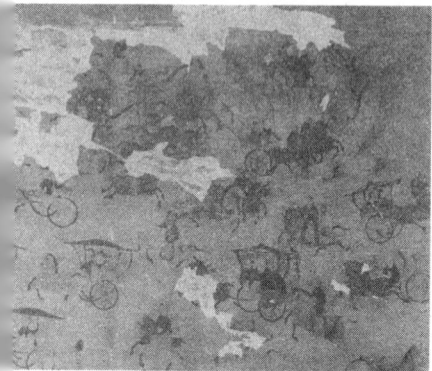

举孝廉图

长治久安之术。为了稳定封建统治，他鼓吹"君权神授"："受命之君，天意之所予也，故号为天子。"[1]他"立于生杀之位，与天共持变化之势"[2]，为了使人君保持绝对的权力和威严，必须在政治上加强专制主义的集中统一，"春秋大一统者，天地之常经，古今之通谊也"[3]。同时把全国臣民的思想纳入儒学的轨道，实行"罢黜百家，独尊儒术"的政策："今师异道，人异论，百家殊方，指意不同，是以上亡以持一统，法制数变，下不知所守。臣愚以为诸不在六艺之科、孔子之术者，皆绝其道，勿使并进。邪辟之说灭息，然后统纪可一，而法度可明，民知所从矣。"[4]董仲舒一方面看到专制主义中央集权需要在思想上和政治上树立君主的绝对权威，同时也隐隐觉察到不受限制的君主权力一旦为所欲为，也会给国家和社会带来意想不到的灾难。于是又在君主之上精心设计了一个天神，希望利用它来对君主加以约束："且天之生民，非为王也，而天立王以为民也。故其德足以安乐民者，天予之；其恶足以贼害民者，天夺之。"[5]这里董仲舒希望君主安民乐民的主观真诚是值得肯定的，但他借助天神的威力限制君主滥用权力的希冀，只不过是一厢情愿而已。天的护佑毕竟靠不住，他于是更多地把注意力集中在"贤才"的选取、培植和任用上。他深知贤者对国家兴亡有着至关重要的作用，"任非其人，而国家不倾者，自古至今未尝闻也。……任贤臣者，国家之兴也"[6]。他对当时官场出现的"廉耻贸乱，贤不肖浑殽"、"主德不宣，恩择不流"、"暴虐百姓，与奸为市"[7]等现象痛心疾首，要求选任官吏"毋以日月为功，实试贤能为上，量材而授官，禄德而定位"，反对"累日以取贵，积久以致官"[8]的论资排辈恶习和任子制度，提出"兴太学"、"举贤良"等办法，在社会上广泛选取有德才的知识分子为官吏，以扩大统治基础。这些观点是值得肯定的。董仲舒反对对劳动人民一味施以严刑峻法，主张以德教为主，以刑罚为辅。他说："王者承天意以从事，故任德教而不任刑。刑者不可以任以治世，犹阴之不可任以成岁也。为政而任刑，不顺于天，故先王莫之肯为也。"[9]他敢于面对现实，以比同时代人更敏锐的眼光揭露"富者田连阡陌，贫者无立锥之地"[10]的阶级对立事实，指出劳动人民"或耕豪民之田，见税什

[1]《深察名号》。
[2]《王道通三》。
[3]《汉书·董仲舒传》。
[4]《汉书·董仲舒传》。
[5]《尧舜不擅移汤武不专杀》。
[6]《精华》。
[7]《汉书·董仲舒传》。
[8]《汉书·董仲舒传》。
[9]《汉书·董仲舒传》。
[10]《汉书·食货志》。

伍"，"常衣牛马之衣，而食犬彘之食"[1]的悲惨境遇与贵族官僚豪富们"戴高位"、"食厚禄"[2]、"食利而不肯学义"的横暴骄逸形成鲜明的对比，提出了一系列缓和阶级矛盾和社会矛盾的主张："限民名田，以赡不足，塞兼并之路。去奴婢，除专杀之威。"[3]这是两汉历史上第一个关于土地奴婢的改良方案。又提出"不与民争利"以及"薄赋敛、省徭役"、"盐铁皆归于民"等经济政策，反映了他对汉代社会矛盾的清醒认识和对解决矛盾的积极态度。

武氏祠画像题记

以上内容表明，董仲舒在许多方面继承了先秦原始儒学的基本思想、概念，如孔子、孟子关于"天命"的理论和仁爱、仁政、德教、任贤和仁、义、礼、智、信等内容，以及缓和社会矛盾、适度减轻剥削的"爱民"思想，等等，强化了儒家思想的外观。同时，也大量吸收融合了先秦其他学派的一些内容，如吸收了邹衍等的阴阳五行学说，作为他构筑天人感应的神学目的论和循环历史观的重要思想资料；吸收了法家的法治主义理论，作为他构筑阳爱阴刑思想的重要资料。他特别按照汉皇朝大一统专制主义中央集权政治的需要，对原始儒学作了很大的修正。例如，孔子虽然讲"天命"但怀疑甚至否定鬼神的存在，"子不语怪、力、乱、神"[4]，"敬鬼神而远之"[5]，"未能事人，焉能事鬼？""未知生，焉知死？"[6]董仲舒却大肆宣传阴阳灾异迷信，并将其作为构筑天人感应体系的主要内容。孔子要求恢复周礼，"周监于二代，郁郁乎文哉，吾从周"[7]。孟子主张实行井田制，制民恒产。董仲舒却强调"更化"，主张限田限奴，基本上脱掉了复古的外衣，而把注意力集中在对封建皇朝现行政策的调整。孔、孟等先秦儒家都主张"贤人"政治，"仲弓为季氏宰，问政。子曰：'先有司，赦小过，举贤才。'"[8]又讴歌禅让制，认为尧、舜、禹之间的更替就是禅让制的典型体现。在君民关系上，主张"民为贵，社稷次之，君为轻"[9]。在君臣关系上讲究对等原则："君之视臣如手足，则臣视君如腹心；君之视臣如犬马，则臣视君如国人；君之视臣如土芥，则臣视君如寇仇。"[10]董仲舒则维护并神化绝对君权的封建专制统治，以"三纲五常"的道德信条作为君臣、君民和人伦关系的准则，使君臣、君民关系更适应趋于凝固化的封建等级制度。显然，经过董仲舒的努

[1]《汉书·食货志》。
[2]《汉书·食货志》。
[3]《汉书·食货志》。
[4]《论语·述而》。
[5]《论语·雍也》。
[6]《论语·先进》。
[7]《论语·八佾》。
[8]《论语·子路》。
[9]《孟子·尽心》。
[10]《孟子·离娄下》。

武氏祠水陆攻战画像

力,孔子的形象已经较前任何时期都更加崇高伟大、光彩夺目,但却也离开了历史真实,变成涂满油彩的偶像了。董仲舒创立了今文经学,开启了儒学神学化,儒家宗教化,孔子教主化的进程,为封建统治找到了较为理想的意识形态。他的学说为稳定和巩固大一统的专制主义中央集权的统治起了重要作用,对于形成以汉族为主体的中华民族的心理特征产生了不可估量的积极影响。他与汉武帝一起作为西汉鼎盛时代的代表是当之无愧的。

三　谶纬迷信的泛滥和《白虎通》的宗教神学

自董仲舒以后,今文经学本来就沿着经学神学化的路子发展,到两汉之际,随着社会危机的日趋严重和政治斗争的尖锐激烈,统治阶级越来越崇尚谶纬迷信,今文经学也愈来愈谶纬化。

"谶"是一种"诡为隐语,预决吉凶"[1]的粗俗卑陋的迷信,它假托神学的预言,为现实政治斗争服务。秦始皇时期的方士卢生曾传播过"亡秦者胡也"的谶语。西汉末年,王莽篡汉立新的时候,也曾命令其党徒制造过大量的符命图谶。刘秀起兵加入反对王莽的队伍以后,更利用所谓《河图》、《赤伏符》的谶语"刘秀发兵捕不道,四夷云集龙斗野,四七之际火为主"[2]作为他受天命做皇帝的根据。他做皇帝以后,立即"宣布图谶于天下"。在统治阶级的提倡优容下,东汉社会弥漫着一片恶浊迷信的气氛。"纬"是"经之支流,衍及旁义"[3],是儒生用阴阳灾异、神道迷信来解释、演绎和附会儒家经典的著作,同样是一种粗俗卑陋的宗教神学。纬书大都与经书相对应,差不多都有一个怪诞神秘的名字,如易纬有《乾凿度》、《乾坤凿度》、《稽览图》,书纬有《考灵曜》、《刑德放》等,还有的附会《河图》、《洛书》,如《稽曜锡》、《灵准听》等,因为在纬书中更容易随心所欲地制造为统治阶级服务的东西,增添荒诞不经的内容,所以特别得到统治者的青睐,一些儒生也就趋之若鹜,一时间,谶纬之学的地位反而超过经学。

纬书中的大部分内容是神化儒学经典与圣帝名王的宗教迷信和神灵故事,如《尚书纬》中的《璇玑钤》解释《尚书》二字说:"尚者上也,书者如也。上天垂文象,布节度,

[1]《四库全书总目提要》卷六《易纬》下。
[2]《后汉书·光武帝纪》。
[3]《四库全书总目提要》卷六《易纬》下。

书也如天行也。"把《尚书》说成代天立言的永恒真理。《春秋纬·演孔图》则把孔子描绘成长十尺、大九围、首类尼山、衔上帝之命为汉朝立法的神人。如此粗卑荒唐的迷信表明了今文经学的末路。不过纬书中也还包括一些典章制度、历史地理、天文历数以及哲学意义的理论,如《易纬》中的象数之学,既有宇宙起源的理论,也有以数字构筑的自然界与人类社会模式,即对宇宙和人类社会的探索。虽然其中充满神秘主义色彩,但与神道迷信还不是一回事。它与古希腊的毕达格拉斯学派有不少相似的地方,反映着"科学思维的萌芽同宗教、神话之类的幻想的一种联系"[1]。

单阙画像砖

谶纬神学在两汉之际开始泛滥的时候,思想界也有人对其持批判的态度。其中著名的人物,一是扬雄,一是桓谭。扬雄(前53—18年),字子云,蜀郡成都人,"少而好学","博览无所不见","口吃不能剧谈,默而好深湛之思"[2],又善辞赋,闻名于时,因被汉成帝召见,任黄门侍郎,历哀、平之世,未得升迁。王莽篡汉时,他态度消极,任中散大夫,校书天禄阁。因受刘棻事件牵连,自阁上投地,几乎摔死。为了免于迫害,他作《剧秦美新》一文,违心地对新朝加以赞颂。他一生潦倒,但"不汲汲于富贵,不戚戚于贫贱"[3],以孜孜不倦地著述度过了清贫的一生。他的重要哲学著作有两部,一是模仿《周易》创作的《太玄》,一是模仿《论语》创作的《法言》。在《太玄》中,他以神秘的"玄"作为天地万物的本原,构筑了一个关于天地万物生成的学说,基本倾向是唯心主义的。但在"天命"问题上,他肯定人为的作用:"或问楚败垓下,方死,曰天也,谅乎?曰:汉屈群策,群策屈群力;楚憞群策而自屈其力。屈人者克,自屈者免,天曷故焉?"[4]显示了唯物论倾向。在社会发展问题上,他提出"道有因有革"的见解,认为新事物与旧事物有联系,所以"不因不生";新事物与旧事物又有根本性的区别,因而"不革不成"。这种观点有着辩证法因素。面对弥漫一时的谶纬迷信,他保持着清醒的头脑,认为"神怪"不可信,"或问赵世多神,何也?曰:神怪茫茫,若存若亡,圣人曼云"[5]。对于社会流行的神仙之术他也加以批评,并得出生死是自然规律的结论:"有生者必有死,有始者必有

[1] 列宁:《哲学笔记》,人民出版社1956年版,第253页。
[2] 《汉书·扬雄传》。
[3] 《汉书·扬雄传》。
[4] 《太玄·重黎》。
[5] 《太玄·重黎》。

终，自然之道也。"[1]这些思想和言论在当时是难能可贵的。

桓谭（约前23—50年），字君山，沛国相（今安徽濉溪）人。其父任太乐令，他一直居住京师，有着良好的学习环境。他从小兴趣广泛，学过音乐、文学、天文学和兵器，对儒家经典更是"博学多通"，在西汉末年成、哀、平三代，一直做位卑禄薄的郎官。王莽篡汉以后，他做掌乐大夫，拒不向王莽献符命以求升迁。后在淮阳王刘玄手下任太中大夫。刘秀建立东汉后，他任议郎给事中。后来，他因在刘秀面前公开批评图谶怪诞非经，几乎被下狱处死，结果贬谪死于途中。桓谭的主要著作是《新论》，共29篇，至宋代已散佚，现在流传的是后人的辑本。桓谭是反对谶纬神学的不屈战士，也是一个悲壮的殉道者。他多次上书刘秀，批判谶纬迷信："今诸巧慧小才伎数之人，增益图书（指谶纬符命），矫称谶记，以欺惑贪邪，诖误人主，焉可不抑远之哉！"[2]他指出王莽虽终日抱着图谶符命，但却没有逃脱灭亡的命运，根本原因是"为政不善，见叛天下"[3]。他进而批判神学目的论和天人感应论，认为万物有生，"天非故为作"，而"灾异变怪者，天下所常有，无世而不然"[4]，不值得大惊小怪。为了反对长生不老的神仙方术和灵魂不灭的神道迷信，桓谭对形神关系进行了深入探索，阐发了以烛火喻形神的重要命题："精神居形体，犹火之然（燃）烛"，"烛无，火亦不能独行于虚空"[5]，即精神附着于形体，形体死亡，精神也不复存在。生老病死是人和生物不可抗拒的规律："生之有长，长之有老，老之有死，若四时之代谢矣。而欲变易其性，求易其道，惑之不解者也。"[6]这些思想在我国唯物论发展史上是划时代的重大贡献。扬雄与桓谭的唯物论思想在我国历史上产生过积极影响，被作为王充的先驱载入史册。

尽管有扬雄、桓谭等正直清醒的思想家站出来向谶纬迷信宣战，但却无法阻止其漫延和发展，除了复杂的社会原因外，官方的全力支持是重要原因。两汉统治者为了使经学神学化和一统化，多次组织经师讨论经义异同，并亲自出席做出裁决。汉宣帝在甘露三年（前51年），"诏诸儒讲《五经》同异，太子太傅萧望之等平奏其议，上亲称制临决"[1]，史称石渠阁（未央宫北藏秘书之处）奏议。这表明

西汉扬雄像

[1]《法言·君子》。
[2]《后汉书·桓谭传》。
[3]《新论·言本》。
[4]《新论·谴非》。
[5]《新论·祛蔽》。
[6]《新论·形神》。

汉政权力图使经学法典化,该书已散佚。东汉光武帝于中元四年(56年)宣布图谶于天下,进一步把经义庸俗化和谶纬化。建初四年(79年),汉章帝在白虎观召集儒生"正经义","讲论五经异同",最后由他裁定,成为钦定经义。事后由班固加以整理,称《白虎通德论》,简称《白虎通义》或《白虎通》。该书继承董仲舒神学目的论的世界观,以谶解释经典,使之具备国家法典的地位,标志着今文经学神学化的完成。《白虎通》从董仲舒《春秋繁露》所表述的基本观点出发,又吸收《易纬·乾凿度》的主要理论,构筑了一个"太初"——"太始"——"太素"——"三光"(日月星)——五行的宇宙生成模式,认为整个世界都是从"太初"以前的虚无中产生出来的,它的创造者就是宇宙万物的最高主宰——天。因为地上的君主是受天命统治四方,所以人民必须老老实实地接受其统治,"受命之君,天之所兴,四方莫敢违"[2]。天的意志又通过"灾异"和"符瑞"不断地表现出来,君主从中加以体察,随时间调整自己的统治政策。由于封建君主的一切统治人民的措施、手段都是秉承天意,因而也都具有神圣的不可侵犯性:"圣人治天下,必有刑罚何? 所以佐德助治,顺天之度也。故悬爵赏者,亦有所助也。设刑罚者,明有所法也。科条三千者,应天、地、人情也。"[3]《白虎通》进而认为,"天神"通过五行和阴阳来支配自然界和人类社会的运行。又以阴阳和五行附会人事,目的是证明封建统治的一切既是合理的也是永恒的。例如,他以五行的"天地之性"为根据,主张臣子在父命与君命发生冲突时,要放弃父命而从君命:"不以父命废王命,何者? 金不畏土,而畏火。"[4]要"父为子隐,子为父隐","父为子隐何法? 法木之藏火也。……子为父隐何法?法水逃金也"[5]。《白虎通》继承董仲舒"天不变道亦不变"的形而上学理论,竭力论证封建制度的永恒性:"黄帝始制法度,得道之中,万世不易"[6],"黄帝始作度制,得其中和,万世长存"[7]。《白虎通》进一步发展和神化了董仲舒的三纲五常学说:"三纲者,何也? 谓君臣、父子、夫妇也。故《含文嘉》曰:'君为臣纲,父为子纲,夫为妻纲。'"[8]三纲之中,特别强调"君为臣纲",认为后二纲必须从属于它。由此出发,它极力鼓吹"忠"的教育,把忠君说成最高

西汉扬雄著《方言》书影

[1]《汉书·宣帝纪》。
[2]《白虎通·瑞贽》。
[3]《白虎通·五刑》。
[4]《白虎通·五行》。
[5]《白虎通·五行》。
[6]《白虎通·谥》。
[7]《白虎通·号》。
[8]《白虎通·三纲六纪》。

的美德。"人道主忠,人以忠道教人,忠之至也","三教所以先忠何? 行之本也"[1]。它倡导臣子绝对忠于君主,为之"守节死义","进思进忠",有了功劳归君主,出现过错自己承担,还要为之"掩恶扬美",帮助君主欺骗人民。"父为子纲",实际上是利用族权维护封建政权。它说:"父子者,何谓也? 父者,矩也,以法度教子也;子者,孳孳无已也。"[2]而子之事父推广开来,也就形成全社会的臣之事君,"夫臣之事君,犹子之事父,欲全臣子之思,一统尊君"[3]。至于"夫为妻纲",就要求妇女像臣子侍候君主,儿子孝敬父亲一样地去侍候丈夫,并且一生都要从属于丈夫,做丈夫的奴隶,"未嫁从父,既嫁从夫,夫死从子"。在大肆宣扬"三纲"的同时,《白虎通》还对董仲舒编造的五常——仁、义、礼、智、信加以神化和进一步发展,杜撰出所谓六纪——诸父、兄弟、族人、诸舅、师长、朋友,要求人们按照封建制度与道德的需要协调人与人之间的关系。《白虎通》第一次系统完整地对中国封建社会束缚人民的四大绳索——政权、神权、族权、夫权——进行了理论的论证,对维护宗法封建统治起着越来越大的作用。

四　王充朴素的唯物论和无神论思想

在谶纬迷信的恶浊气氛弥漫东汉思想界的时候,继扬雄、桓谭之后,又出现了一位高举批判大旗的人物,这就是杰出的朴素唯物论者王充。

王充(27—79年),字仲任,会稽上虞(今浙江上虞)人,出身"细族孤门"。他自幼聪颖好学,6岁在家读书识字,8岁进书馆学习,后保送入京太学深造。在太学时,他因家贫买不起书,"常游洛阳市肆,阅所卖书,一见辄能诵忆,遂博通众流百家之言"[4],成为一个博通古今,卓然不群的学者。王充虽然满腹经纶,才华横溢,但在仕进路上却很不顺利,只做过幕僚属吏之类的小官,"在县,位至掾,功曹。在都尉府,位亦掾,功曹。在太守府,为列掾,五官功曹行事。入州,为从事"[5]。但仍为当权者所不容,时间不长即去职还家,以教书维持清贫的生活。在这样的条件下,他以战斗的唯物者的姿态,潜心从事著述,写下了大量著作,可惜除《论衡》外,都没有流传下来。

王充像

[1]《白虎通·三教》。
[2]《白虎通·三纲六纪》。
[3]《白虎通·爵》。
[4]《后汉书·王充传》。
[5]《论衡·自纪》(下引该书,只注篇名)。

王充针对西汉以来居于统治地位的神秘主义的天人感应论,提出了"气"一元论的唯物主义天道观。他认为"气"是客观世界最基本的元素,它"广大无垠,无边无际,不生不灭",构成了天地万物,"天地,含气之自然也"[1]。天地和自然界一切事物都按照既定的规律自己发展变化,根本不存在什么神秘外力的驱动,"自然之化,固疑难知,外若有为,内实自然"[2]。万物的春生、夏长、秋成、冬藏,都是"自然之化",作为"含气之自然"的天地对它们不施行什么干预,而是"自然无为","夫天复于上,地偃于下,下气蒸上,上气降下,万物自生其中矣"[3]。神学目的论认为,天神按照自己的形象创造了人类,又创造了五谷丝麻供人类衣食之用,世界的繁盛富丽,证明了上帝的万能。王充认为,这一切都出于自然,"天地合气,万物自生,犹夫妇合气,子自生矣。万物之生,含血之类,知饥知寒,见五谷可食,取而食之;见丝麻可衣,取而衣之"[4],根本就不是上帝的有意安排。王充又进一步批判了符瑞和阴阳灾异,指出天人之间可以交互感应的说教没有任何根据:"夫人不能以行感天,天亦不能随行而应人"[5],"人不能动地,而亦不能动天"[6],因为天是自然无为的。他根据当时的科学水平,力求对日月蚀、"春杀冬生"、雷电云雨、水旱灾害等自然现象尽可能作出实事求是的解释,尽管有些解释并不科学,但却达到了当时唯物论的最高水平。王充还对当时长生不老的神仙方术和鬼神迷信作了有力批判。他认为人与万物都是"因气而生,种类相产"[7],"凡有生者必有死"[8],"阴阳之气,凝而为人,年终寿尽,死还为气"[9]。因此,不仅长生不老和成为神仙是根本做不到的,死后变鬼继续人间的生活同样也做不到。原因是,"人之所以生者,精气也,死而精气灭。能为精气者,血脉也,人死血脉竭。竭而精气灭,灭而形体朽,朽而成灰土,何用为鬼"[10]? 他又继承桓谭的烛火之喻,把形体、精神和知觉的关系比作蜡烛、烛火与烛光的关系,"人之死,犹火之灭也。火灭而耀不照,人死而智不慧,二者宜同一实。……火灭光消而烛在,人死精亡而形存。谓人死有知,是谓火灭复有光也"[11]。人死之后,失去了活人的一切生理机能,既不能为鬼,也不能说话,更不能害人。世间广泛传说的鬼神只是人们

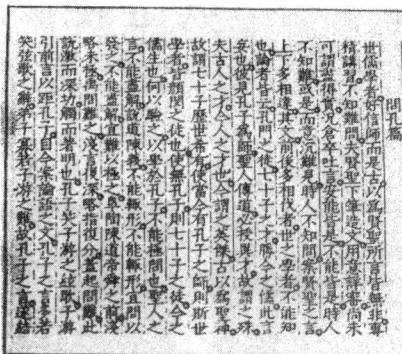

《论衡》书影

---

[1] 《谈天》。
[2] 《自然》。
[3] 《自然》。
[4] 《自然》。
[5] 《明雩》。
[6] 《变动》。
[7] 《物势》。
[8] 《论死》。
[9] 《论死》。
[10] 《论死》。
[11] 《论死》。

西汉江陵凤凰山木牍

"思念存想"的结果,是精神失去常态的表现。在肯定了人死不为鬼、不能害人的前提下,王充以犀利的笔锋批判了福祸报应的观念。他尖锐指出,恶人杀人越货,巧取豪夺,反而飞黄腾达,富贵长寿;善人做了大量好事,却有的穷愁潦倒,有的不得寿终,善恶报应又在那里?他进而指出,相信善恶报应,以占卜、祭祀求福,是乱世的现象,蠢人的行为,"衰世好信鬼,愚人好求福"[1],这里已经接触到神道迷信观念的社会原因了。

在认识论上,王充坚持唯物论的反映论,反对圣人"生知说",指出所有知识都来源于自己的感官与外界事物的接触,"不学自知,不问自晓,古今行事,未之有也"[2]。他对人的感性认识到理性认识的过程也进行了有益的探索,认为感性知识来源于耳目,"须任耳目以定情实"。但是,完全相信耳目,不通过理性认识的"心意"对耳目得来的知识加以分析考辨,有时也会"失实",得不到正确的认识,"夫论不留心澄意,苟以外效立事是非,信闻见于外,不铨订于内,是用耳目论,不以心意议也。夫以耳目论,则以虚象为言,虚象效,则以实事为非。是故是非者,不徒耳目,必开心意"[3]。这个"心意",就是运用自己的理性思维能力,通过"案兆察迹,推原事类"、"原始见终"、"由微见校"、"方比物类"等方法,获得对事物的真知识。"圣人"之所以在认识上胜于常人,"知人所不知","智若渊海",就是因为善于运用自己的理性思维能力。更可贵的是,王充十分强调学用一致,注重效验,即事实根据和实行效果,"凡论事者,违实不引效验,则虽甘义繁说,众不见信"[4]。他还指出,知识和技能,主要由实践经验获取,不单凭人的天资,"齐都世刺绣,恒女无不能。襄邑俗织锦,钝妇无不巧,日见之,月为之,手狎也。……方今论事,不谓希更,而曰材不敏,不曰未尝为,而曰知不达,失其实也"[5]。说明他已经意识到实践与认识的密切关系。当然,王充的认识论基本上是朴素的和直观的。他不了解感性认识和理性认识的辩证关系,看不到认识不是一次完成而是一个不断深入的过程,因而对认识作了形而上学的理解:"以今而见古,以往而知来,千岁之前,万世之后,无以异也。"[6]他也不知道认识所达到的界限随着历史的发展不断被突破,

---

[1]《解除》。

[2]《实知》。

[3]《实知》。

[4]《知实》。

[5]《实知》。

[6]《实知》。

因而错误地把知识分为难知之事和不可知之事："故夫难知之事，学问所能及也，不可知之事，问之学之，不能晓也。"[1]这就在最后陷入了不可知论。

王充竭力把唯物论的自然观贯彻到社会历史领域。但由于这是一个与自然界有着本质区别的领域，因而其社会历史观虽然不乏积极因素与合理内核，但最终陷入了命定论的泥坑。他反对崇古非今的儒家传统历史观，用天地元气不变论证明人类社会不会退化，"上世之天，下世之天也，天不变易，气不改更，上世之民，下世之民也"[2]。同时提出了"汉高于周"这样的进化观点，还意识到社会治乱与人民经济生活的密切联系，提出"世之所以为乱者，由谷食乏绝，不能忍饥寒。夫饥寒并至，而能无为非者寡。然则温饱并至，而能不为善者稀"，结论是"谷足食多，礼义之心生，礼丰义重，平安之基立"[3]。这是他运用唯物论解释经济与道德关系的有价值的探索，是管子和司马迁思想的继承。他否认传统的圣人英雄史观，摈弃把社会治乱归结为人君贤与不肖的观念，力图寻找出隐藏在纷纭复杂的人事背后的、不以人们意志为转移的决定历史发展的客观必然性。他把这种必然性称之为"天地历数"。他认为"治有时，命有期"[4]，"昌必有衰，兴必有废。兴昌，非德所能成，然则衰废非德所败也。昌衰兴废，皆天时也"，"世之治乱，在时不在政，国之安危，在数不在教。贤不贤之君，明不明之政，无能损益"[5]。这种观点虽不乏肯定历史必然性，反对英雄创造历史的合理因素，但却走向极端。认为社会治乱与人的活动完全没有关系，实际上把历史最重要的内容即人的活动排挤在外，从而使历史变得神秘而不可理解。这一方面为昏君奸相、贪官污吏开脱了罪责，另一方面又把人看成没有任何主动积极性的客观历史结果的消极承受者，把历史必然性与人的活动完全分开。这种"自然主义的历史观是片面的，它认为只是自然界作用于人，只是自然条件到处在决定人的历史发展，它忘记了人也反作用于自然界，改变自然界，为自己创造新的生存条件"[6]。

与历史命定论相联系，王充也直接用自然规律去说明人的富贵贫贱、吉凶祸福等社会现象，同样陷入了命定

西汉竞渡纹鼓，乐器

[1]《齐世》。
[2]《齐世》。
[3]《须颂》。
[4]《治期》。
[5]《治期》。
[6] 恩格斯：《自然辩证法》，载《马克思恩格斯选集》第3卷，人民出版社1972年版，第551页。

西汉羊角状钮编钟

论。在面对这个令无数思想家困惑的问题上，王充主观上也力图贯彻其唯物论原则。他反对善恶报应的神学目的论，认为人的贫富贵贱、吉凶祸福决定于不以人的意志为转移的客观必然性，既不存在主宰人们命运的天，也与人的能力、才干和道德品质无关。因为在当时的社会里，飞黄腾达、高官厚禄的大多数是奸佞小人，而品格高贵、学识渊博的志士仁人却往往历经坎坷、屡遭磨难，赍志以殁。他对人的命运与社会不平的观察是深刻的，但在寻找造成人们不同遭遇的原因时却离开了真理，把它归结为一种盲目的、自发的必然性：命。他说："自王公逮庶人，圣贤及下愚，凡有首目之类，含血之属，莫不有命。命当贫贱，虽富贵之，犹涉祸患矣，命当富贵，虽贫贱之，犹逢福善矣。故命贵，从贱地自达，命贱，从高位自危。故夫富贵若有神助，贫贱若有鬼祸。"[1]王充看到在阶级社会里个人无法左右自己的命运，又不信服统治阶级宣扬的善恶报应的说教，只好把寿夭生死、富贵贫贱交给那个神秘的命去安排。他否定人的主观能动性，不相信人在与命运的抗争中会迸发出巨大的力量，要人们消极等待命运的恩赐或惩罚，反映了出身"细族孤门"的王充在不公的命运面前无可奈何的心情。王充又进一步把命的不同归结于禀气的差异："天施气而众星布精。……人禀气而生，含气而长，得贵则贵，得贱则贱。贵或秩有高下，富或资有多少，皆星位尊卑大小之所受也。"[2]因禀气不同，人的骨相也不同，"富贵之骨，不遇贫贱之苦；贫贱之相，不遭富贵之乐"[3]。沿着这条路子走下去，他实际上最后已经落入宗教巫术的圈套。王充认为，"凡人遇偶及遭累害，皆由命也"[4]，吕望当宰相，箕子做奴隶，鲁哀公成国君，孔夫子穷愁潦倒，颜回年少夭折，一切都是命中注定的。王充虽然否认了天意决定一切的神学迷信，但其客观论证所显示的依然是剥削压迫的不可抗拒和不可避免，与天命论殊途同归。

在人性论上，王充从"禀气有厚泊，故性有美恶"[5]出发，把人性分为三种，即极少数人纯性善和纯性恶与大多数人善恶相混。这种把人先天分为上、中、下三等的做法，实际上为人的不平等找到人性的根据，与董仲舒的性三

[1]《禄命》。
[2]《命义》。
[3]《骨相》。
[4]《命禄》。
[5]《率性》。

品说没有什么本质的区别。但王充的人性论中也有合理因素，如强调后天的教育对人性形成的作用，"学校勉其前,法禁防其后,使丹朱之志,亦将可勉。何以验之? 三军之士,非能制也,勇将率勉,视死如归"[1]。他甚至认为性恶的人也可以通过教育改变其习性,"夫性恶者,心比木石,木石犹为人用,况非木石"[2]? 这些观点显然为王充从事的教育找到了理论根据。

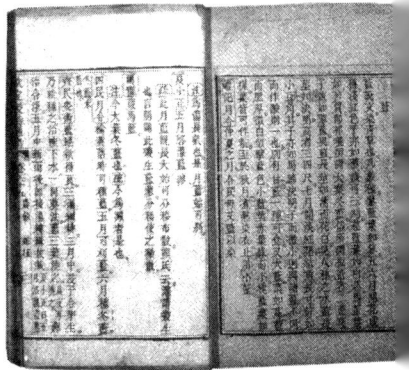

《政论》书影

五　东汉末年的社会批判思潮与崔寔、王符、仲长统

东汉皇朝自和帝时开始走下坡路,一方面,外戚宦官交相擅权,朝政日非,统治集团内部矛盾重重,终于酿成桓灵时期的"党锢之祸"。另一方面,豪族地主的势力恶性膨胀,土地兼并日益激烈,加快了自耕农破产的速度,阶级矛盾和各种社会矛盾迅速激化。正如范晔所说:"君道粃僻,朝纲日陵,国隙屡启,自中智以下,靡不审其崩离。""在朝者以正义婴戮,谢事者以党锢致灾"。在这种情况下,以一批头脑清醒的鲠直派官僚为核心,以太学生群体为依托的知识分子阶层,对东汉的黑暗政治发动了猛烈的批判。崔寔、王符、仲长统等就是这一批判思潮中的代表人物。

崔寔(?—约170年),字子真,一名台,字元始。琢郡安平(今河北安平)人。其父死,隐居墓侧三年。桓帝初以郡举"至孝独行"之士,征诣公车,因病不对策,任为郎。后经大司农羊傅、少府何豹等上书举荐,召拜议郎。升大将军府司马,著作东观。不久出任五原太守,其地"土宜麻枲,而俗不知织绩,民冬月无衣,织细草而卧其中,见吏则衣草而出"。他到任后,"斥卖储峙,为作纺绩、织纴,练缊之具以教之,民得以免苦寒"[3]。同府又"整厉士马",严防匈奴人的进犯,使边境得以安宁。后来因病回京师任议郎,参与同诸儒生博士"杂定五经"。梁冀伏诛时因受牵连而免官。不久,又被荐为辽东太守,旋因母死服丧,三年期满,被任为尚书。他见朝政日非,自己无能为力,坚决辞官回家。由于他为官清廉,又不善于治产业,死时"家徒四壁立,无以殡敛",赖朋友帮助,才得以安葬。崔寔的主要著作是《政论》,全书已佚,只有片断节存于《后汉书》本传及

---

[1] 《率性》。

[2] 《率性》。

[3] 《后汉书·崔寔传》。

《群书治要》中。仲长统认为该书十分重要，"凡为人主，宜写一通，置之坐侧"，范晔也赞誉其"指切时要，言辩而确"[1]。崔寔在《政论》中对皇族官僚、豪族地主的奢侈靡费深恶痛绝，直斥其为社会三大祸患之首。其余两大祸患，一是"无用之器贵，本务之业贱"，"财郁积而不尽出，百姓穷困而为奸寇，是以食廪空而图圄实……上下俱匮，无以相济"。二是"在位者则犯王法以聚敛，愚民则冒罪戮以为健"[2]。崔寔同时还对官吏的贪残，酷吏的横暴予以揭露和抨击，指出他们"重刑施于大臣，而密网刻于下职，鼎辅不思在宽之德，牧牧守守逐之。各竟摘微短，吹毛求疵，重案深诋，以中伤贞良"。"巧文猾吏，向壁作条，诬复阖门，摄捕妻子"，"百姓之命委于酷吏之手，嗷嗷之怨，咎归于天……仇满天下，可不惧哉"[3]！面对东汉皇朝的国势江河日下，崔寔对挽救社会危机已经失去信心。他认为不必空想"致君尧舜，复三代盛世"，只希望采取一点切切实实的改良措施，再现文景之治。他说："古时救世之术，岂必体尧蹈舜，然后乃治哉？期于补绽决坏，枝柱摧危，随形裁割，取时君所能行，要厝斯世于安宁之术而已。"[4]这正是清醒的现实主义者在当时能够提出的办法。他也知道，就是这样的改良方案，东汉皇朝也难以付诸实行。

王符，字节信，安定临泾（今甘肃镇原）人，生卒年不详。从其与马融、张衡等友善的情况看，他大约生活于公元80—160年之间。王符"少好学，有志操"，但因其庶出，为乡人所卑薄。更因其耿介不同流俗，不肯投靠名门巨宦，一生不得入仕。他埋头读书，潜心著述，讥评时政得失，针砭社会弊端，并提出救治之方。由于他不想显名于世，故称其著作为《潜夫论》。该书较全面地反映了王符的哲学和社会政治思想。王符的社会历史观充满复杂的矛盾，他面对黑暗的社会现实，一方面认为历史不断发展变化，一方面又认为这种发展变化不是由低级向高级的运动，而是每况愈下，一代不如一代。其间有些朝代可以出现一时的"治世"，那是因为出了明君贤臣。由此他肯定世之治乱全在于国君的贤愚明暗，历史是由少数英雄豪杰决定的，"世之善否，俗之薄厚，皆在于君"[5]，"近古以来，亡代有三，灭国不数，夫何故哉？察其败，皆由君常好其乱而

盘舞画像砖

[1]《后汉书·崔寔传》。
[2]《群书治要》节录。
[3]《群书治要》节录。
[4]《群书治要》节录。
[5]《潜夫论·德化》（以下注引该书，只注篇名）。

恶其治,憎其所以存而爱其所以亡"[1]。不过他同时又认为,"国以民为基,贵以贱为本"[2],因此,国君为使社稷长存,国家兴旺,必须真诚地"爱民"和"利民",做到"爱之如子,忧之如家,危者安之,亡者存之,救其灾患,除其祸乱"[3],最重要的措施就是减省徭役,爱惜民力,使劳动人民有充分的时间从事生产活动。为此,他提出了"爱日"说:"国之所以为国者,以有民也,民之所以为民者,以有谷也;谷之所以丰殖者,以有人功也。功之所以能建者,以日力也。治国之日舒以长,故其民闲暇而力有余,乱国之日促以短,故其民困务而力不足。""富足生于宽暇,贫穷起于无日。圣人深知力者乃民之本也,而国之基也,故务省役而民爱日"[4]。这里王符已经意识到生产者创造财富的多少与其拥有的劳动时间成正比,这是他对中国古代经济思想的重要贡献。同时,他也强调德化在治世抚民中的重大作用。他认为人性先天无所谓善恶,后天的环境教化对人的品质具有决定性影响。"人君之治,莫大于道,莫盛于德,莫美于教"。"上圣不务民事而治民心。……导之以德,齐之以礼,务厚其情而明则务义,民亲爱则无相害伤之意,动思义则无奸邪之心。夫若此者,非法律之所使也,非威刑之所强也。此乃教化之所也"[5]。他进而主张把发展生产使民富足与教化结合起来,"既官之则教之",因为"礼义生于富足,盗窃起于贫穷"[6]。这样,王符就使德化不是停留在单纯的道德说教,而是建立在相对稳定的经济生活的基础之上。当然,他在强调德化的同时,也没有忘记刑罚的作用。他吸取法家思想的合理因素,批判"刑杀当不用,而德化可独任"[7]的迂腐观念,指出"制法之意",是为"藩篱沟堑以有防"[8],"威奸惩恶除民害"[9],只有德刑相互为用,才能求得社会秩序的稳定。王符思想的最珍贵部分,是其对东汉末期腐败现象无情的揭露与批判,以其辛辣的笔触揭示富贵与贫贱的矛盾,描绘出没落时代统治者各阶层的丑恶心态:"与富贵者交,上有称誉之用,下有货财之益;与贫贱者交,大有赈贷之费,小有假借之损。""富贵易得宜,贫贱难得适。好服谓之奢僭,恶衣谓之困厄;徐行谓之饥馁,疾行谓之逃责;不候谓之倨慢,数来谓之求食;空造以为无意,奉费以为欲货,恭谦以为不肖,抗扬以为不得;此处

西汉铜葫芦笙

[1] 《思贤》。
[2] 《边议》。
[3] 《救边》。
[4] 《爱日》。
[5] 《德化》。
[6] 《爱日》。
[7] 《述赦》。
[8] 《断讼》。
[9] 《述赦》。

舞乐画像砖

子之羁薄,贫贱之苦酷也"！"有利生亲,积亲生爱,积爱生是,积是生贤……无利生疏,积疏生憎,积憎生非,积非生恶。……是故富贵虽新,其势日亲,贫贱虽旧,其势日除;此处子所以不能与官人竞也"。"凡今之人言方行圆,口正心邪,行与言谬,心与口违,论古则知称夷齐原颜,言今则必官爵职位。虚谈则知以德义为贤,贡荐则必以阀阅为前"[1]。总起来看,在东汉末期的批判思想家中,王符是一位奇特独立、有着卓异性格和较深造诣的学者。他的思想对中国后世的唯物论思想家产生了积极的影响。

仲长统(180—220年),字公理,山阳高平(今山东邹县西南)人。少时好学,"博涉书记,赡于文辞","性倜傥,敢直言,不矜节"[2]。20多岁即游学青、徐、并、冀之间。因屡拒州郡征召,甚有声名。汉献帝时,被尚书令荀彧召为尚书郎,后入曹操幕,参谋军事。不久又回任尚书郎。仲长统是一位才华横溢的文武全才,但一直不受重用,盛年即逝去。主要著作《昌言》佚失甚多。只在《后汉书》本传和《群书治要》中保留了一部分。

仲长统生当乱世,他在观察历史和社会生活时特别注重人的主观能动性,对上帝、天命、三统、三正、五德终始一类神道迷信不屑一顾。他把社会历史的发展描述为"乱世"—"治世"—"乱世"的循环过程,认为其特点是"乱世长而化世短"。这一概括虽然并不科学,但显然是我国自春秋以来至东汉末年的历史在他头脑中的反映。他指出,每当"乱世"之时,豪杰并起,社会各集团间展开激烈而复杂的斗争,在"角智"、"角力"中胜利的就成为统治者,失败就成为被统治者。而"天命"、"天威"只是参与斗争的各派政治势力借以欺骗人民、壮大声威的口号而已。他这样描述从群雄并争到胜利者统一的过程:"豪杰之当天命者,来始有天下之分者也,无天下之分,故战争者竞起焉。于斯之时,并伪假天威,矫据方国,拥甲兵与我角才智,程勇力与我竞雌雄,不知去就,疑误天下,盖不可数也。角智者皆穷,角力者皆负,形不堪复仇,势不足复校,乃始羁首系颈,就我之衔继耳。"[3]胜利者建立稳固的统治以后,"豪杰之心既绝,士民之志已定,贵有常家,尊在一人"[1],这时就进入所谓"治世"。但这个"治世"恰恰又成为

[1] 《交际》。
[2] 缪袭:《昌言表》,载马国翰:《玉函山房辑佚书》第11函,第54册。
[3] 《后汉书·仲长统传》。

酝酿乱世的温床。因为创世之主以后的继体之君"见天下莫敢与之违,自谓若天地之不可亡也",于是"奔其私嗜,骋其邪欲,君臣宣淫,上下同恶","荒废庶政,弃亡人物",使社会矛盾迅速激化,"怨毒无聊,祸乱并起,中国挠攘,四夷侵叛,土崩瓦解,一朝而去"[2],社会于是再一次陷入乱世。历史就是在这样的"治"、"乱"循环中继续下去。仲长统看不到历史的进步趋势,透出了对未来世界的消极悲观情绪。但是,"他没有中国式寺院精神的三代天国,然却有推此以往不知黑暗到何等程度的现实警告,他没有谎言,然却有实话,如果说科学态度,在中世纪恐怕就是这样的吧"[3]!另外,仲长统在社会政治观上还提出了"损益"的思想。他认为制度的变革与否,主要决定于现实的需要和效果,"作有利时,制有变于物者,可为也。事有乖于数、法有戾于时者,可改也。故行于古有其迹,用于今无其功者,不可不变,变而不如前,易而多所败者,亦不可不复也"[4]。以此为标准,他对东汉时期豪族地主田庄的发展、宦官外戚交互擅权的危害都提出了激烈的批评意见。为了地主阶级统治的长治久安,他主张选贤任能,使"才智"之士在"以级次进"的晋升制度严格制约下成为各级官僚机构的主体,以抵制外戚和宦官随意安插私人。同时,他还主张德教与刑罚、德治与法治必须互为补充,相互为用。在正常情况下,自以前者为主,后者为辅。在"革命之期运"的特殊情况下,就要把"征伐用兵"、"严刑峻法"放在首位。这种看法是有见地的。最后,仲长统在"制国以分人,立政以分事"的原则下,提出了东汉政府需要解决的十六项政务,即"明版籍以相数阅,审什伍以相连持,限夫田以断并兼,定五刑以救死亡,益君长以兴政理,急农桑以丰委积,去末作以一本业,敦教学以移惰性,表德行以厉风俗,核才艺以叙官宜,简精悍以习师田,修武器以存守战,严禁令以防僭差,信赏罚以验惩劝,纠游戏以杜奸邪,察苛刻以绝烦累"[5]。这十六项涉及政治、经济、军事、文化、道德、法律的改革措施,显然还显得笼统和粗疏,但却反映了仲长统深邃的思考和不凡的眼光。

郙君开通褒斜道刻石

[1] 《后汉书·仲长统传》。
[2] 《后汉书·仲长统传》。
[3] 侯外庐:《中国思想通史》第2卷,人民出版社1957年版,第450页。
[4] 《后汉书·仲长统传》。
[5] 《后汉书·仲长统传》。

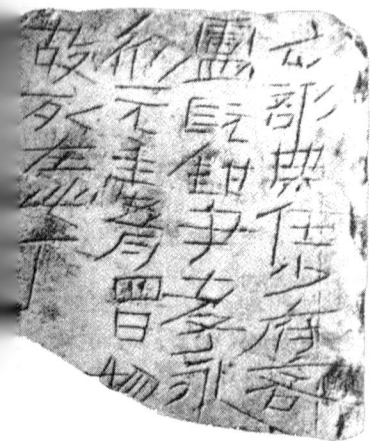

刑徒墓砖

六　"清议"及其向"清谈"的转化

东汉末年，随着封建统治的腐朽和对劳动人民压榨剥削的加剧，随着豪族地主田庄的膨胀和土地兼并的日甚一日，地主阶级与农民阶级的矛盾日趋尖锐，各地接连不断的起义正酝酿着全国规模风暴的来临。与此同时，统治阶级的内部矛盾也不断发展。外戚、宦官、累世显宦的官僚集团之间进行着激烈复杂的斗争。由于外戚和宦官交互擅权专政，比较牢固地控制了中央大权，阻碍了官僚集团及其后备军太学生们的进身之路，于是这些人便结合起来，利用他们在舆论上的力量，掀起了颇具声色的"清议"，对宦官和外戚，尤其是宦官的黑暗统治进行了猛烈的攻击。汉顺帝时，京师的太学生已达3万之众，郡国学校和私人精舍中的学生为数更多。这些后补官僚们一面在太学和师友弟子中"浮华交会"、广泛活动，拉帮结派，一面投靠各公巨卿，奉其为领袖，"共为部党"，互相标榜，结成更庞大的政治联盟，到汉桓帝时，已形成一股举足轻重的势力。他们推三公级大官僚窦武、陈蕃、刘淑为"三君"（言一世之所宗），李膺等为"八俊"（言人之英），推京师名士郭泰等8人为"八顾"（言以德行引人），推郡国名流张俭等8人为"八及"（言能导人追宗），推慷慨轻财的度尚等8人为"八厨"（言能疏财救人）。他们以简短的风谣、题目和长篇大论的疏章为武器，在统治阶级的圈子内，不断制造出反宦官的舆论。风谣最初是经师和生徒们标榜个人学术独特成就与风格的韵语，如"五经纵横周宣光"[1]，"五经无双许叔重"[2]等，后来逐渐发展，内容越来越丰富。官僚和太学生们在与外戚宦官的斗争中进而赋予它以政治斗争的性能，用以褒奖同类或贬斥奸邪。如顺帝末年，外戚梁冀擅废立，诛李固、杜乔，而封胡广、赵戒等人，京都童谣曰："直如弦，死道边，曲如钩，反封侯。"[3]梁冀被诛后，宦官左悺、具瑗、徐璜、唐衡专权横暴，天下为之语曰："左回天，具独坐，徐卧虎，唐两堕。"[4]这些风谣冠以"时人之论"、"时人之语"、"时人之称"广泛流传，在政治斗争中发挥着很大的作用。与风谣一起流行的还有"题目"，其最初形式，与称号有密切联系，如荀淑称"神君"，邴原称"云

[1]《后汉书·周兴传》。
[2]《后汉书·许慎传》。
[3]《后汉书·梁冀传》。
[4]《后汉书·单超传》。

中白鹤"，杨伯起称"关西孔子"，戴子高称"关中大豪"之类，都是一种直指。后来，逐渐发生变化，"从直指变为譬况、从具体的说明变为抽象的象征"[1]。如"世目李元礼谡谡如劲松下风"[2]，"庾子嵩目和峤，森森如千丈松，虽磊砢有节目，施之大厦，有栋梁之用"[3]。乔玄对曹操说："君实是乱世之英雄，治世之奸贼。"[4]等等。它实际上也与风谣一样，是当时官僚和太学生们互相标榜的一种武器，最后变成"一种地望和名望的标志"[5]。不过这种标榜已逐渐与事实相距甚远，有不少甚至完全相反。正如刘劭在其《人物论》中所尖锐指出的，"跞马弄稍，一夫之勇者，谓之上将之元。合离道德，偶俗而言者，谓之英才硕儒"，而"夙兴夜寐，退食自公，忧劳损益，毕身为政者，谓之小器俗吏"。事实与概念如此颠倒，也正是"道微俗弊"的反映。

不过，如果说清议中浮在表面、流传较广的是风谣和题目的话，那么，具有实质性内容的还是政论，它集中在当时的奏疏与牋记之中。当时参与论战的双方，都以纲常名教和神学迷信为护身符。然后向敌对的一方激烈攻击。辩论集中于宦官干政、经济破产、农民暴动和对羌战争几个方面。

由于宦官擅权严重阻碍了官僚的晋升和太学生们入仕的道路，他们对宦官干政所造成的黑暗政治施以无情的攻击。这些慷慨激烈的言辞背后虽然隐含着官僚豪族集团的私利，但在他们的言论中，也勾画出宦官权倾朝野的嚣张气焰和对国脉民命的危害，"官位错乱，小人日进，财货公行，政治日消"[6]。"群小竞选，秉国之位，鹰扬天下，乌钞求饱，吞肌及骨，并噬无厌"[7]。给后世留下一批珍贵的认识当时社会状况的资料。

由于东汉皇朝对农民的超经济剥削日甚一日，豪族地主对依附农民的鲸吞肆无忌惮，整个统治阶级的聚敛财富和奢靡享受的欲望有增无已，一方面农民大量破产流亡，社会秩序动荡不安，另一方面，封建政府国库空虚，财政困难，官兵离散之心日增，正如侍御史朱穆在其对梁冀的上疏中所指出的：

> 今宦官俱用，水螽为害，而京师之费，十倍于
> 前。河内一郡，尝调缣素绮縠，才八万余匹，今乃

急就篇

[1] 侯外庐：《中国思想通史》第2卷，人民出版社1957年版，第373页。
[2] 《世说新语·赏誉》第八。
[3] 《世说新语·赏誉》第八。
[4] 《世说新语·识鉴》第七。
[5] 侯外庐：《中国思想通史》第2卷，人民出版社1957年版，第381页。
[6] 《后汉纪》卷二一。
[7] 《后汉书·刘陶传》。

汉代彩绘嵌银箔漆砂砚

十五万匹，官无见钱，皆出于民。民多流亡，皆虚张户口。户口既少，而无赀者多，当复割剥，公赋重敛。二千石长吏，遇民如虏，或卖用田宅，或绝命捶楚。大小无聊，朝不保暮。……近永和之末，人有离心，兴徒发使，不复应命，怀粮廪兵，云尚向谁。[1]

针对这种情况，他提出的解决办法是"易二千石长吏非其人者"。陈蕃也指出当时的情况："比年收敛，十伤五六，万人饥寒，不聊生活。而采女数千，食肉衣绮，脂油粉黛，不可资计。"[2]面对经济破产，财政困难的严峻形势，有人提出改铸大钱的主张，企图从通货入手，找到一个解决危机的捷径。刘陶则提出了截然相反的意见，指出"当今之忧，不在于货，在乎民饥"，"食者，乃有国之所宝，生民之至贵也"。而东汉所面临的危机主要是乏食产。"窃见比年以来，良苗尽于蝗螟之口，杼轴空于公私之求，所急朝夕之餐，所患靡盐之事，岂谓盐货之厚薄，铢两之轻重哉？就使当今砂砾化为南金，瓦石变为和玉，使百姓渴无所饮，饥无所食。虽皇羲之纯德，唐虞之文明，犹不能以保萧墙之内也。盖民可百年无货，不可一朝有饥，故食为至急也"。而"欲民殷财阜"就要"使男不逋田，女不下机"，"要在止役禁夺，则百姓不劳而足"[3]。这种要求轻徭薄赋，保证农民生产时间的主张，尽管没有超出先前儒家要求缓和矛盾的传统思想，但毕竟是有进步意义的。

东汉末年，农民起义接二连三地在各地爆发，最后酿成了促使东汉皇朝走向覆灭的黄巾大起义，对于农民因遭受惨重剥削压迫铤而走险给封建统治带来的冲击，东汉的官僚和太学生有着比较清醒的认识，并由此而促使他们对君民关系进行认真地思索。名将皇甫规已认识到，"夫君者舟也，民者水也，群臣者乘舟者也"。国君对人民好，就会福寿平安，否则就会"沦波涛"，被人民推翻。对于这种君民关系，刘陶讲的更清楚，他说："帝非民不立，民非帝不宁……帝之与民，犹首之于足，相须而行，混同一体，自然之势也。"[4]由此出发，他们对阶级矛盾所引起的农民暴动的原因也能进行较为实事求是的客观考察。而在如何消弭暴动的问题上，他们中的绝大部分主张以"抚"

[1]《后汉纪》卷二〇。
[2]《后汉书·陈蕃传》。
[3]《后汉书·刘陶传》。
[4]《后汉纪》卷二一。

为主,即多用软的怀柔的一手。零陵桂阳蛮族起义后,陈蕃上疏,提出:"更遣贤奉公之吏以爱惠之心"前去安抚。著名政论家左雄则指出,"柔远能迩,莫大宁民,宁民之务,莫重用贤",办法是"长吏理绩有显效者,可就增秩,勿使移徙,非父母丧,不得去官。其不从王制,锢之终身,虽赦令不在齿列。必竟修善政,亲抚百姓,率土之民,各宁其所"[1]。做到像汉宣帝所追求的"政平吏良"。尽管与坚决镇压派比较起来,他们之间的区别主要是策略性的,但是,这种缓和社会矛盾的理论毕竟是维持封建统治的重要条件,客观上对劳动人民也是有好处的。

东汉中期以后一直困扰封建统治者的羌人"叛乱",实际上是带有国内民族斗争性质的牧民起义。宦官一派主张剿灭,官僚一派主张"恩抚",两派在此问题上展开了极其激烈的论争。依附于党人的著名将军张奂,是恩抚派的著名代表。永寿元年(155年),他任安定属国都尉时,不仅协助先零羌击败了南匈奴的侵扰,而且退还其酋长献来的金、马,以诚相待,使边境一度安定下来。党于阉寺的段颎则主张坚决镇压,彻底殄灭,而其所据理论,依然还是传统的"非我族类,其心必异"的大汉族主义。另一著名将军皇甫规也主张恩抚,他揭露段颎之流的讨羌将军无事生非,凶狠残暴,"微胜则虚张首级,军败则隐匿不言,军士劳怨,因于猾吏,进不得快战以徼功,退不得温饱以全命,饿死沟渠,暴骨中原。徒见王师之出,不闻振旅之声。酋豪泣血,惊惧生变,是以安不能久,败则经年"[2]。可是,由于宦官当权,对羌战争还是连年进行下去。不仅给汉羌人民的生命财产造成难以估量的损失,而且加剧了东汉政府每况愈下的财政困难。永和八年(143年),征西将军马贤在对羌战争中惨败,羌人攻烧陇西,关中惊恐不安。皇甫规再次上疏,指出讨羌战争带来的弊害:"悬师之费,且百亿计,出于平人,回入奸利。故江湖之人,群为盗贼,青徐荒饥,襁负流散。"而解决此问题的根本办法还是变剿为抚,"力求猛敌,不如清平;勤求孙吴,未若奉法"[3]。其他官僚如李固等人,对于周边少数民族的谋叛也不主张发兵征讨,要求选取"勇略仁惠"之人为刺史太守,"勿与争锋,以恩信招来,赦杀伤之罪,以息发军"[4]。

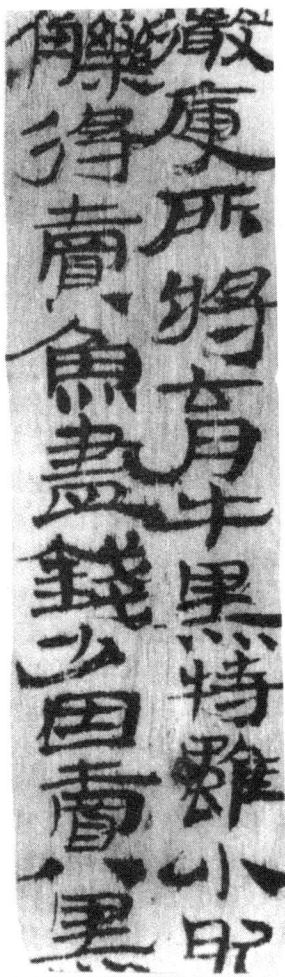

居延汉简

[1]《后汉纪》卷一八。
[2]《后汉书·皇甫规传》。
[3]《后汉书·皇甫规传》。
[4]《后汉纪》卷一八。

刑徒墓砖铭

在清议集中的四个问题上，宦官集团与官僚集团都进行了针锋相对的辩论。虽然他们之间的矛盾是统治阶级的内部矛盾，目标也都是维护封建统治，在堂皇的言辞背后隐藏着各自的私利。但总起来看，官僚集团，尤其是其中的鲠直派官吏，眼光比宦官们要敏锐，视野比他们要广阔，对许多问题的看法比他们要深刻和正确得多。

东汉末年统治阶级的内部斗争终于酿成了党锢之祸。宦官"挟天子以令诸侯"，一面对官僚派及其知识分子进行血腥镇压，一面设鸿都门学和提拔定陵孝子对太学生进行分化。官僚及其知识分子的一部分开始转向当权者靠拢，被禁锢的"清议"随着向"清谈"转化。从是非臧否到"发言玄远，口不臧否人物"[1]，从空洞无物的纲常名教到纲常名教的否定而"叛散五经，灭弃《风雅》"[2]，以至圣人孔子与老庄"将无同"，流为纯粹的概念游戏。这种转变在许多人身上体现出来。如周勰"少尚玄虚，常隐处窜身，慕老聃清静"[3]。向栩"少为书生，性卓诡不伦，恒读老子，状如学道，又似狂生"[4]。这类人物，生当乱世，面对东汉皇朝江河日下的形势无可奈何，却又不愿与宦竖们同流合污，只能采取隐居不仕的办法以求免祸。郭泰作为当时的清流领袖，名士谈宗，有着很高的声名。但当宋仲劝他出仕时，他坚决不干，因为他对时局已经洞悉无余，"天之所废，不可支也"，与其冒险入仕，不如隐居免祸，"未若岩岫颐神，娱心彭老，优哉游哉，聊以卒岁"[5]。他消极的人生态度，已接近魏晋玄学家，而其学术思想，也是儒道兼宗，开了魏晋玄学的先河。从周勰、向栩，尤其是郭泰身上，透出了清议向清谈，经学向玄学转化的信息。

第三节　史学、文学、文字学和艺术

一　《史记》、《汉书》及其他史学著作

两汉时期的史学取得了划时代的成就。据《汉书·艺文志》记载，属西汉人写的史书就有《楚汉春秋》等6家343篇。东汉时期的史书，据清人考证，亦在百部左右。虽然其中的绝大部分都在战乱兵火中亡佚，但两部影响深远、流

[1]《晋书·阮籍传》。
[2]《后汉书·仲长统传》。
[3]《后汉书·周勰传》。
[4]《后汉书·向栩传》。
[5]《抱朴子·正郭篇》。

传至今的历史巨著《史记》和《汉书》,足以代表两汉史学所达到的高峰。

《史记》的作者是中国历史学之父司马迁。司马迁(前145年—?),字子长,西汉左冯翊夏阳(今陕西韩城)人。生卒年史传无明确记载,据王国维考证,其生年当在汉景帝中元五年(前145年),卒年大约与汉武帝相同,约60岁左右。他的父亲司马谈为西汉太史令,是一位对自然科学、哲学、史学都有研究的学者,著有《论六家要指》一文,分析战国诸子各家的长短得失,对道家特别推崇,这对司马迁产生了很大影响。司马迁少年时即随父到长安。他10岁诵古文,博览群书。25岁开始游历,足迹至江淮、齐、鲁等地。后任郎中,以职务之便,到过西南的巴、蜀、昆明,西方的空峒(今甘肃东南),北方的涿鹿和九原(今河北北部和内蒙南部),东临大海。广泛的读书和游历,使他获得渊博的文献资料和生动丰富的感性知识,加深了对许多社会问题的认识,为写《史记》准备了条件。元封元年(前110年),司马迁36岁时其父病逝,临终留下遗嘱要求他撰写一部通史。元封三年(前108年),司马迁继任太史令,开始了《史记》的写作。天汉三年(前98年),因他为兵败降匈奴的李陵讲了几句公道话,触怒了汉武帝,被下狱处以腐刑。面对这一奇耻大辱,司马迁隐忍苟活,把全部精力用于著书。太始四年(前93年),基本上完成了这部"究天人之际,通古今之变,成一家之言"[1]的历史巨著。

《史记》最早称《太史公书》,直到魏晋时期才以《史记》名书。《史记》记事上起传说中的黄帝,下迄西汉武帝,约3 000余年的历史。全书分十二本纪、十表、八书、三十世家、七十列传,共130篇,是我国第一部纪传体的通史。其中"本纪"是帝王的传记,它以事系年,成为全国性的编年大事记,全书的总纲。"世家"是王侯封国、开国功臣和有特殊影响人物的传记。"传"是将相功臣、社会各阶层代表人物的传记。"世家"、"列传"都是以事系人。"表"是以表格的形式谱列年爵、事件及人物,用以标明各主要历史事件的时间位置,以展示治乱兴亡的概略。"书"是记载典章、制度、经济、天文、地理和艺术等内容,如《礼书》述礼仪,《乐书》论音乐,《律书》谈音律,《历书》记历法,《天官

西汉史学巨匠司马迁像

[1] 《史记·太史公自序》。

司马迁祠

书》汇集古代天文知识,《封禅书》记录历代帝王对各种鬼神的祭祀,《河渠书》记载主要水利工程,《平准书》记述汉代社会经济状况,特别是汉朝经济政策的演变。

《史记》内容宏富,体大思精,不仅记述了帝王将相的活动,也写了各阶层的代表人物;不仅注意政治情况,也注意经济文化。班固说司马迁"涉猎广博,贯穿经传,驰骋古今上下数千年间"。刘知几也说:"语其通博,真作者之涵海也。"他不仅广泛搜集现存文献,还亲自到各地作实际调查。例如他为了写《孔子世家》曾经适鲁,观仲尼庙堂,为了写《淮阴侯列传》曾到韩信的故乡,访问淮阴父老。《史记》还是一部优美的文学作品,叙述复杂的史实,有条有理,描写人物,栩栩如生。刘向说"迁有良史之才,善序事理"。郑樵也说:"百代而下,史官不能易其位,学者不能舍其书。"鲁迅更称赞它为"无韵之离骚,史家之绝唱"[1]。《史记》表现了司马迁进步的史学思想和政治观点。他推崇发展进化,重视经济生活在历史发展中的作用,同情下层人民,承认他们的历史地位,造反的陈涉被列入"世家",游侠、医生、日者(占卜之人)也被立传介绍和歌颂。他还专门为农、工、商、虞四者立《货殖列传》,称颂他们从事的活动是"民所衣食之原"。同时,他敢于大胆揭露封建专制制度的罪恶,秦始皇、汉武帝等封建帝王诛杀功臣、穷奢极欲、迷信鬼神和穷兵黩武的罪行,都受到淋漓尽致的揭露与抨击。其他如酷吏的凶横贪残,奸臣的狡诈虚伪,佞臣的溜须拍马,都在司马迁笔下受到揶揄和鞭挞。班固所指责的《史记》的缺陷——"其是非颇谬于圣人,论大道则先黄老而后六经,序游侠则退处士而进奸雄,述货殖则崇势利而羞贫贱"[2]——正是司马迁高明的地方。当然,司马迁也有他的历史的和阶级的局限性,例如他说秦始皇统一是"天所助焉",刘邦的成功是"受命而帝",他还认为"三王之道若循环,周而复始"等等,这些都贯穿着历史唯心论和英雄史观。

司马迁死后,其书并未公开流行。直至汉宣帝时,他的外孙杨恽才将其公之于世。但其时抄本甚少,流传不广,且散失了《孝武本纪》全篇。元帝、成帝间,博士褚少孙对《史记》加以补缺和续撰,使汉代的更多史料得以附载

<hr>

[1] 鲁迅:《汉文学史纲要》,《鲁迅全集》第8卷,人民文学出版社1959年版,第308页。
[2]《汉书·司马迁传》。

流传。《史记》是中国古代史籍的典范,它的出现标志着我国古代史学已走向成熟,是我国学术界划时代的大事,它不仅对中国史学的发展产生了巨大而深远的影响,而且超越国界,翻译成许多国家的文字在世界上流传,为我们的民族赢得了荣誉。

《汉书》的作者班固(32—92年),字孟坚,东汉扶风安陵(今陕西咸阳东北)人,出身于世代显宦之家。其父班彪为儒学大师,颇有名望。班固8岁即能诵诗赋,16岁入太学读书,23岁父亲死后,即着手整理其父撰写的《史记后传》,因被告"私改作国史"被捕下狱。但汉明帝看过其书稿以后,十分欣赏其才华,当即赦其出狱,任为兰台令史,让他完成这部史书。班固经过20余年的殚思竭虑,至建中初年基本完成,很受时人的推崇和朝廷的优渥,不久晋升司马。和帝时,随车骑将军窦宪出征北匈奴,登燕然山,刻石勒功,奉命撰写铭文,宣扬汉朝威德。后窦宪失势自杀,班固因为其幕僚被牵连免官。其仇人洛阳令种兢借机报复,最后班固死于洛阳狱中。这时,《汉书》中的八表和《天文志》尚未完成,后经其妹班昭和马续补撰而竟其功。《汉书》虽然前后经四人之手才告完成,但班固的功劳无疑是最大的。

《汉书》全书由十二本纪、八表、十志、七十列传组成,共100篇,80多万字。它基本上沿袭《史记》体例而稍作变更,如改"书"为"志",把"世家"并入"列传"。班固完全站在正统儒家的立场评判是非,竭力美化刘汉皇朝的统治,宣扬刘氏"正统",以天人感应、符瑞迷信神化刘邦,说他做皇帝是由于"汉承尧运,德、祥已盛,断蛇著符,旗帜上赤,协于火德,自然之应,得天统矣"[1]。同时,却拒不承认做皇帝10多年的王莽所建立的新朝。在其有别于《史记》而独创的《五行志》中,更用天人感应的神学迷信解释春秋至两汉末年的许多不常见的自然现象,把山崩、地震与社会政治变化联系在一起。《汉书》已经失去了对社会现实的大胆批判精神。

不过,《汉书》在历史编纂学上的成就还是很大的,它包举一代,自成一书,创立了断代史的体例,为后来的正史所遵循,影响是深远的。同时,它在《史记》的基础上进

《史记》书影

----

[1]《汉书·叙传》。

班固像

一步整齐了纪传体，使体例更加统一，历史资料和历史知识更加丰富。如帝纪中增载了许多重要的诏令原文，传和志中也增载了许多有关政治、经济和军事的奏议原文，保存了许多重要文献。列传中或增补专传，如张骞、李陵、苏武等，或在《史记》原有人物传中增加新的资料。特别是发展了《史记》关于国内外民族历史的记载，通过《西域传》、《匈奴传》和《西南夷南粤朝鲜传》，保存了国内民族史和中亚、东南亚、西南亚民族史的重要资料。《汉书》十志比之《史记》八书，也增加了大量新内容。其中刑法、五行、地理、艺文四志为班固首创，是我国纪传体史书中关于法律史、历史地理和学术文化史的开创性之作，尤其是《艺文志》，保存了刘歆《七略》的主要内容，记录了西汉官府藏书的名称、作者、卷数，对书籍作了分类，以比较科学的态度分析了各个学科和学派的源流和短长，既是一部十分珍贵的古代学术文化史，又是我国现存最早的一部图书目录。

除《史记》、《汉书》两部史学巨著外，这时期值得一提的史学著作还有《汉纪》和《东观汉记》。《汉纪》的作者是荀悦（148—209年），他于建安三年（198年）应汉献帝的要求，依《左传》体例改写《汉书》，"约撰旧书，通而叙之，总为帝纪，列其年月，比其时事，撮要举凡，存其大体"[1]，经过三年努力，把纪传体的《汉书》改写成了编年体的《汉纪》，共30卷，约18万字。这部书辞约事详，本末先后不失条理，既克服了《春秋》记事不记言的缺陷，又在一定程度上避免了《左传》记事零碎不连贯的弊病，首次在编年体中引进类比材料的方法，开创了编年断代史的体例，对以后负有盛名的《资治通鉴》有着直接影响。

《东观汉记》是我国第一部官修史书。东观是洛阳宫中的殿名，章帝、和帝以后，它成为皇家藏书之所，也是修史之所。《东观汉记》就是按照皇帝的要求，由众多的史家集体连续编撰的一部纪传体本朝史。此书的编撰历时100多年，前后参加撰述的学者可考者30人。由于遵循官方观点写书，因而其中充满对东汉皇帝的大量溢美之词，而祥瑞灾异和图谶之类的记载更比比皆是。由于该书最后的作者蔡邕被王允杀害，这部书未能最终完成。据《隋书·经

[1]《汉纪·高祖皇帝纪卷第一》。

籍志》记载,它共有143卷,记事起于光武帝刘秀,迄灵帝刘宏。该书在三国两晋南北朝时期比较流行,与《史记》、《汉书》并称"三史"。唐以后被《后汉书》所取代而逐渐散佚,至元朝以后失传。今本《东观汉记》24卷是清朝编撰《四库全书》时从《永乐大典》等书中辑出的。

《汉书》书影

二　汉赋、乐府和五言诗

由于秦皇朝实行钳制思想、摧残文化的专制主义政策,再加上历时短暂,在文学上,除了李斯写了诸如《谏逐客令》等有些特色的散文外,没有出现什么著名的作家和作品。

在农民战争烽烟中产生的汉皇朝接受秦亡的教训,采取了一系列减轻剥削和压迫的政策。在社会安定、经济逐步繁荣的条件下,汉代文学进入了我国文学史的第二个发展阶段。汉初随着战国诸子余绪的活跃,一批感情炽热、议论风发的政论散文给文坛吹来一股清新质朴的新风。贾谊的《过秦论》、晁错的《论贵粟疏》、《贤良对策》,是这一时期的代表作。继承楚辞余绪的骚体赋和楚声短歌也出现一些佳作。贾谊的《吊屈原赋》、《鵩鸟赋》、淮南小山的《招隐士》,是优秀的辞赋作品。而项羽的《垓下歌》和刘邦的《大风歌》则是传颂千古的楚声短歌。

汉赋是汉代文学的主要形式,其特点是铺陈写物,"不歌而诵",接近于骈体文。汉初至武帝初年,"骚体赋"盛行,其作者除贾谊和淮南小山外,还有枚乘(?—140年),他流传至今的作品《七发》,在内容上暴露了上层统治者荒淫纵欲的生活,在艺术上表现了较高的写作技巧,是标志着汉赋(即散体大赋)正式形成的第一篇作品。从汉武帝至汉宣帝时期,随着汉皇朝经济的空前繁荣和国势的极度强盛,汉赋进入了它的极盛时期,赋家众多,作品丰富,气象万千,蔚为壮观。司马相如的《子虚》、《上林》等名篇,以宏伟的气势,丰富的词汇,华美灿丽的文采描绘出汉皇朝疆域的辽阔,物产的丰饶,尤其是宫苑的华丽和狩猎场面的壮观,充分展示了大汉皇朝繁荣昌盛的非凡气势。在艺术上,他"变体创新","不师故辙,自擅妙才,广博闳丽,卓绝汉代"[1],创造了汉赋这一文体的成熟形式。

班昭像

"千金难买相如赋",显示了他独步文坛、卓然不群的景况。另外,东方朔、王褒、扬雄等也是这一时期的辞赋大家,他们以其风姿多彩而又具有共同特点的辞赋之作,铺采摛文,歌颂国势声威,美化皇帝功业,构成了西汉极盛时期辉煌壮丽的景观。

东汉中叶以后,汉赋从思想内容到体制风格都开始转变。以歌功颂德为能事的散体大赋显著减少,揭露社会黑暗现实、讥讽时事、抒情咏志的短篇小赋开始兴起。在此之前,班固的《两都赋》,张衡的《二京赋》虽然都还紧步司马相如的后尘,成为散体大赋的杰作,但张衡的《归田园赋》,则以其对田园风光的出色描绘和对闲情逸致的尽情抒发,开启了东汉抒情咏志赋的先河。东汉后期,赵壹的《刺世疾邪赋》,猛烈抨击当时政治的黑暗,揭露讥讽官场"舐痔结驷","抚拍豪强"的种种丑行,抒发了自己不满现实、愤世嫉俗的反抗精神和坚持操守的坚定信念。蔡邕(132—192年)的《远行赋》、祢衡的《鹦鹉赋》等也都是抒情短赋的名篇。

以散体大赋为代表的汉赋在内容上反映了疆域辽阔、经济繁荣、物产丰足、都市繁华、宫室壮美、统一强大的汉皇朝的声威,在艺术上丰富了文学作品的词汇和技巧,"至如气貌山海,体势宫殿,嵯峨揭业,熠燿焜煌之状,光彩炜炜而欲然,声貌岌岌其将动矣"[2]。同时,它还促进了我国文学观念的形成。东汉初年,文章已从学术中分离出来,成为一个独立的部门。当然,汉赋的局限是很大的,它的题材主要局限于宫廷都邑等上层贵族生活的描写,主导倾向是歌颂帝王的功业,艺术上以炫博斗奇为能事,起着渲染、夸耀和赞扬统治者威风和豪华生活的作用,是典型的贵族宫廷文学。

继《诗经》和《楚辞》之后,在我国诗歌史上展放异彩的是汉乐府民歌。乐府是古代音乐机构的名称,至迟到秦代已开始设置。后人把这一机构收集、编制的配乐诗歌称为"乐府诗"或"乐府歌辞",简称"乐府"。同时把来自民间的作品称"乐府民歌",由此乐府成为一种诗体的名称。汉朝从武帝起,设立乐府机关,以著名音乐家李延年为协律都尉,大规模采集民间歌谣。于是,北起燕、代,南至淮南、

---

1 鲁迅:《汉文学史纲要》,《鲁迅全集》第8卷,人民文学出版社1959年版,第306页。

2 《文心雕龙·夸饰》。

南郡，东起齐、郑，西至陇西，大量的"感于哀乐，缘事而发"[1]的民间歌谣被采集到乐府。宋人郭茂倩所编《乐府诗集》是收集乐府诗最为完备的一部总集，其中包括流传到宋代的40多篇汉代民歌。由于这些民歌出自人民之手，因而能够真实地反映当时广阔的社会现实生活和人民的爱憎感情。如《东门行》描写一个生活濒临绝境的男子，不顾妻子的苦苦哀求，毅然拔剑出东门，走上反抗的道路。《病妇行》则写出一个贫病交加、即将死去的妇女嘱咐自己的大夫，照顾好她留下的儿子，反映出下层人民凄苦无告的悲惨生活。《战城南》通过对士兵战死沙场、无人收葬，只有啄尸的乌鸦哀叫招魂这一凄惨战场景况的描写，揭露了穷兵黩武的战争给人民带来的沉重灾难。还有些童谣和民谣，以简洁精练的语言含蓄地揭露上层统治集团的残暴和腐朽。另外，一些反映男欢女爱的诗篇也写的真挚、细腻、动情。如《有所思》描述一个热恋中的女子在听到恋人负心后的感情变化，写的波澜起伏，跌宕有致。《上邪》则运用"奇情奇笔"写出一个痴情女子对爱情火一般的激情和坚贞不移的信念。又如《上山采蘼芜》、《白头吟》、《圹上行》等，以无限同情的笔触揭示在封建夫权制压迫下妇女悲惨的命运。在乐府民歌中，《陌上桑》和《孔雀东南飞》是最负盛名的佳作。《陌上桑》通过对美丽、坚贞而又机智的农村姑娘罗敷巧妙拒绝"使君"占有她的叙述，揭露了上流社会权贵们的荒淫和无耻，赞扬了下层劳动妇女鄙视权贵、忠于爱情的高洁品格。全诗语言洗练、明快、生动、活泼，充满喜剧色彩。《孔雀东南飞》叙述了一个催人泪下的家庭悲剧。在专制家长的淫威下，焦仲卿和刘兰芝这样一对恩爱夫妻被活活拆散，最后他们以双双殉情表示了对爱情的坚贞、对不合理制度的反抗。作者以深沉的笔墨，描述了这对青年男女之间动人的感情，歌颂了他们忠于爱情，宁死不屈的叛逆精神，并以积极浪漫主义的手法，让他们的精魂化作一对美丽的鸳鸯，实现幸福和谐的爱情。《孔雀东南飞》的出现，标志着我国古代叙事诗发展到一个新的阶段，为我国的悲剧美学艺术奠定了基础。

　　在两汉文学史上，五言诗的出现是诗歌艺术的重大

史晨碑(部分)

---

[1]《汉书·艺文志》。

突破。五言诗一改四言诗呆板、单调的缺陷，适应语言中双音词逐渐增多的情况，使诗歌更接近口语，更能表现越来越丰富的事物和感情。五言诗首先在民歌中采用，后来一批文人从中吸取营养，学作五言诗，班固的《咏史》，张衡的《同声歌》，秦嘉的《赠妇诗》，赵壹的《疾邪诗》等，显示了文人五言诗的起步和发展。而《古诗十九首》则代表了汉代文人五言诗的最高艺术成就。这些难于考定作者的文人诗，绝大部分是中下层知识分子的作品。其中，写求官无望、仕途失意和游子思妇离别相思之苦等内容的占了绝大部分。如《行行重行行》写思妇对久别不归的丈夫的思念和怨情。《冉冉再生竹》写出了新婚离别妻子的凄苦和隐忧。《明月何皎皎》则写了被强烈乡愁折磨的游子不宁的心绪和悲愁。其中不少作品感情真挚、思想健康，风格朴素自然，是优美的抒情之作。不过，由于这些中下层文人在黑暗社会面前既无力抗争又看不到出路，因而不时流露出人生无常、及时行乐的消极颓废思想，是应该批判的。

张迁碑（一）

三　《尔雅》、《方言》和《说文解字》

秦汉时期，为了促进全国文字的统一和各类学校文字教学的需要，字书和字典的编纂受到统治者和社会的重视，涌现出不少著作。汉武帝以后，儒学定于一尊，儒家经典成为各类学校的主要教科书。由于"五经"都是先秦时期留下的典籍，其中涉及的不少语言、习俗、制度以及各种动植物的名称，与汉代已有很大差别，因而出现了解释词意的训诂之学。

《尔雅》是我国较早出现的一部训诂书。其作者众说纷纭，刘歆《西京杂记》定其为"周公所制"，郑玄《五经异义》则认为是"孔子门人所作，以释六艺之旨"。唐朝陆德明在《经典释文》中又作了这样的解释："《释诂》一篇，盖周公所作，《释言》以下，或言仲尼所增，子夏所足，叔孙通所益，梁文所补。"宋朝叶梦德在《石林集》中断言该书为汉人所作，其时间在毛苌以后。综观《尔雅》所涉及的内容，似非一人一时之作，它成书于西汉，总结的却是西汉以前训诂的成果。晋朝郭璞在《尔雅序》中说："夫尔雅者所以通训诂之指归,序诗人之兴咏,总绝代之离辞,辨同实而殊号者也。诚九流之津,六艺之钤键,学览者之谭奥,摘翰者之华苑也。若乃可以博物不惑,多识鸟兽草木之名。"全书共分19篇:《释诂》、《释言》、《释训》、《释亲》、《释宫》、《释器》、《释车》、《释天》、《释地》、《释丘》、《释山》、《释水》、《释草》、《释木》、《释虫》、《释鱼》、《释鸟》、《释兽》、《释畜》,内容涉及语言、风俗、宗亲、宫室、器物、乐器等各种文物制度以及天文、地理、动植物等等,共2 091事,成为西汉以前古书训诂的总汇。它不仅提供了阅读先秦典籍的一把钥匙,而且确立了训诂学的最基本的原则,如文同训异、文异训同、训同义异、训异义同、相反为训、同字为训、同声为训、展转相训等,为后世训诂学所遵循。东汉以后至清代,注《尔雅》者代不乏人,模仿《尔雅》的训诂学著作更多,形成了源远流长、蔚为大观的训诂学上的尔雅派。

　　《方言》,是汉代另一语言学和训诂学的著作。应劭《风俗通义》最早指出其为扬雄所作。因《汉书·扬雄传》和《汉书·艺文志》皆不载,不少人对此提出疑义。但清代戴震、卢文弨、王先谦等又直认为扬雄所作。从该书内容所展示的时代特点看,它成书于扬雄所处的两汉之际是没有问题的。扬雄作为一位淡于名利、沉潜于学术研究的学者,他总结历代语言学成果著作此书并非不可能。《方言》一书所搜集的方言资抖,从时间上看,上溯自西周,历春秋战国秦朝两汉。所囊括的地区,林语堂概括为14部分:秦晋、梁及楚之西部、河北之赵魏、宋魏及魏之一部、郑卫周、齐鲁、燕代北鄙朝鲜洌水、淮泗、陈汝颍江淮、南楚、吴扬越、西秦、秦晋北鄙。《方言》是我国历史上第一部方言著作,它包括了秦汉时期中原王朝势力所及的广大地区,以汉语为主,兼及淮夷、南蛮、西羌、北狄等少数民族语言,资料丰富。明朝陈与郊曾将其比照《尔雅》分为16类:释诂、释言、释人、释衣、释食、释宫、释器、释兵、释车、释舟、释水、释土、释草、释兽、释鸟、释虫,共669事。每释一事物,一般都以无地域性之普通话,通行区较广之方言,一地之方言,古今变化以及其在时间与地域上的变化互相对照,成为当时的一部方言大全、语言学史上的一部划

张迁碑(二)

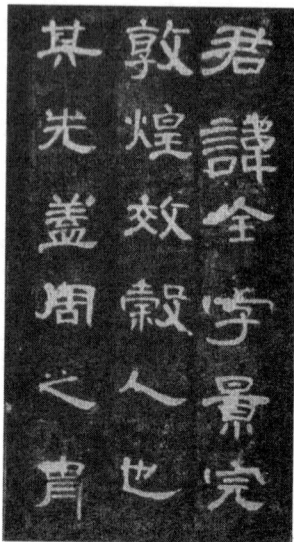

曹全碑

时代的著作。同时,因为该书以两汉之际的语言为主,并兼及周秦,所以秦汉以后又成为一部训诂的书,对于阅读先秦和秦汉时期的著作,可以提供其他著作不可替代的帮助。它不仅可以解决该书之前典籍中因方言产生的大部分理解上的障碍,而且也能解决该书之后一些著作中涉及的方言问题,还可以利用它来考释假借字并证读今文。因此,自晋郭璞以后,不少学者对该书进行注释和后续工作。在该书影响下,有关方言的著作总计出现36种,地方志中关于方言的记载多达66种。一方面积累了大量方言资料,同时也形成了训诂学上的方言派。

文字学在中国古代一直是重要的教学内容,孔子六艺中的"书"即是指此。秦统一全国以后,厉行"书同文",改变了战国时期"文字异形"的局面。李斯作《仓颉篇》、赵高作《爰历篇》、胡毋敬作《博学篇》,这些小篆体的字书成为秦朝的文字学课本。汉初,合以上三篇为一,分50章,3 300字。用以课学童。汉武帝时,司马相如作《凡将篇》;元帝时,史游作《急就篇》;成帝时,李长作《元尚篇》;平帝时,杨雄作《训纂篇》,字数增至5 300多,是西汉时期的主要文字学课本。在此基础上,东汉后期出现了最有权威的文字学与训诂学专著,这就是许慎的《说文解字》。

许慎(约58—约147年),字叔重,汝南召陵(今河南偃城)人。他师事贾逵,曾任太尉南阁祭酒、校长等职,博学经籍,很受大经学家马融的推崇,被当时人誉为"五经无双"[1]。除《说文解字》外,还著有《五经异义》,早佚。《说文解字》写成于永元十二年(100年),建光元年(121年)由其子许冲奏上朝廷。全书14篇(加序15篇),共分540部,收录9 353字,其中重1 163字,解说133 441字。这是我国第一部字典,其资料来源除《仓颉篇》等字书外,还广泛搜集了金文和当时的通人学者所积累和掌握的文字。这部书根据"同条牵属,共理相贯,杂而不越,据形系联"[2]的原则,首创部首之例,将9 000多字分别统摄于540部,第一次对中国文字进行大分类。同时,它在第一次使中国文字在字形上达到划一的前提下,又以"六书"作为整理文字的条例,对每个字的形、声、义加以说明,虽然其中不无牵强附会之处,但大多数是讲得通的。他创立的"据形系联"的编写字

---

[1]《后汉书·儒林列传·许慎》。
[2]《说文解字·后叙》。

书的基本原则，一直沿用到明朝。在文字学史上具有不可磨灭的功绩。《说文解字》保存了超过《诗经》的大量古音资料，清代学者正是根据其中7 000多形声字，在古音的研究上开拓出新天地。又因为小篆与古籀文相通，它又成为研究先秦古文字的桥梁。更因为它是古义之总汇，对于解开先秦典籍之谜有着其他著作不可替代的作用，因而在训诂学上也是一部承前启后的重要著作，受到了时人的尊重。后汉末学者郑玄注《周礼》、《礼记》，应劭《风俗通义》等，都引用了这部书。后世不少学者纷纷模仿这一体裁编书，有些人甚至将其看作与经书一样重要。到清代更是受到乾嘉学派的推崇。作为一部工具书，对于研究先秦两汉的语言文字、音韵训诂、文物典章制度至今仍有重要意义。正如段玉裁所说："无《说文解字》，则仓颉造字之精义，周、孔传经之指，貌貌不传于终古矣。"[1]这一评价是相当中肯的。

四　书画、音乐和舞蹈

中国的汉字是由劳动人民创造、使用，又经过所谓仓颉等"巫"或"史"的搜集、整理、加工和推广，它以象形为基础，由图画符号演进而来。其萌芽可以追溯到6 000年前母系氏族公社时期，西安半坡出土的陶器上的不规则刻划和山东大汶口的陶文，应该视为最古文字的遗存。不过，严格地说，只有产生了甲骨文才称得上有了书法，因为甲骨文已具备了用笔、结字和章法这些中国书法的三要素。其后，西周、春秋和战国时期出现的大量金文标志了书法艺术的巨大进步，而优秀书法作品《石鼓文》的产生，则是先秦书法的一个划时代的标志。秦皇朝建立以后，在沿袭西周文字的秦系文字的基础上统一了全国的文字。"（李）斯作仓颉篇，中车府令赵高作爰历篇，太史令胡母敬作博学篇，皆取史籀、大篆，或颇省改，所谓小篆者是也"[2]。小篆书写线条圆匀，结构统一定型，是汉字发展史上的一大进步。流传至今的《泰山刻石》、新郪虎符以及秦始皇时期的大量诏权、诏量和诏版，都是篆书中的珍品。据许慎研究，秦代书体有8种："秦书八体，一曰大篆，二曰小篆，三曰刻符，四曰虫书，五曰摹印，六曰署书，七曰殳

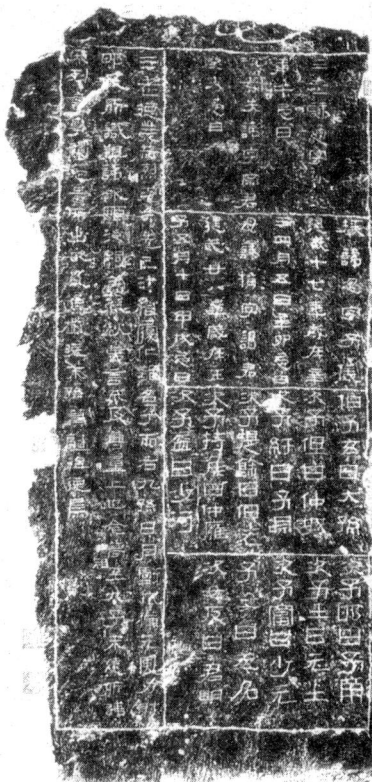

三老讳字忌日记

[1]《说文解字段注》。
[2]《说文解字·叙》。

幽州书佐秦君石阙

书,八曰隶书。"[1]其实最重要的是大、小篆书和隶书。传说程邈是隶书的创造者。这种书体笔道方折,结构简易,成为秦时最为通行的文字。湖北云梦睡虎地秦墓出土的竹简,就是这种隶书的典型。

两汉是汉字书法发展史上关键时期。在这420多年间,虽然小篆仍在应用,但趋向定型化的隶书已占统治地位,而后世通行的草书、行书、楷书也应运而生。隶书在两汉之际的定型化过程叫隶变,它是汉字书法史上最伟大的变革。定型后的隶书,冲破了造字的"六书"本意,有了标准的波、磔笔画。《流沙坠简》、山东临沂银雀山汉墓出土的《孙子》、《孙膑兵法》,长沙马王堆汉墓出土的《老子》甲、乙本帛书,都是变化中的隶书精品。东汉桓、灵之世,用定型的隶书书写的碑版、金文、砖文、印章文字传世者更是琳琅满目。其中《裴岑纪功碑》、《郙阁颂》、《耿勋碑》、《赵圉令碑》、《尹宙碑》等,体方笔拙,笔力遒稳,气派宏大,浑厚雍容;《张迁碑》、《张寿碑》等方整劲挺,斩截爽利;《熹平石经》、《曹全碑》、《乙瑛碑》、《史晨碑》、《孔宙碑》等法度森严,左规右矩,立汉碑风范;《石门颂》、《杨淮表记》、《沈府君神道阙》等,则舒展峭拔,灿烂多姿。

为适应两汉时期"诸侯争长,简檄相传"[2]的需要,便于飞快书写的行、草书应时而生。《武威医简》、《居延汉简》以及《流沙坠简》中就不乏行书和草书。楷书此时也已萌芽,《流沙坠简》中的"神爵四年简"即为"今楷之滥觞"[3],"千秋万岁"瓦当文中的"千秋"二字已经纯系楷书了。但总起来看,两汉400年间是篆书让位于隶书的时代,草书、行书和楷书的兴盛还要延至魏晋之际。

绘画也起源于原始社会。大量出土的新石器时期陶器上的各种美丽的图案、花纹、彩绘,是原始祖先留下的绘画珍品。进入阶级社会后,绘画进一步发展。秦朝宫室壮丽,画栋雕梁,一定十分壮观,可惜毁于兵燹。两汉绘画较前更为发展。文帝时画承明殿,武帝时画甘泉宫。当时的黄门之署,养着一大批专业画家。宣帝时,将霍光、张安世与苏武等11人之像画于麒麟阁,加以表彰。元帝时又特置上方画工于宫廷,让其为后宫美女画图形。其时,在宫殿、庙宇作壁画已蔚然成风,曲阜灵光殿内"图画天地,品

[1]《说文解字·叙》。

[2] 卫恒:《四体书势》。

[3] 王国维:《流沙坠简考释》。

类群生,杂物奇怪,山神海灵"[1]。广川惠王的殿门上也开始作画。在民间,"画鸡于牖",开后代画门神之端。东汉一朝,特注重礼仪教化,曾于宫室中画上大量古代圣帝贤后图像。明帝别立画官,为宫廷服务。永平中,在南宫云台画前世邓禹等二十八功臣肖像。此时,佛教传入中国,明帝命建白马寺于洛阳,寺中壁上画千乘万骑群像绕塔图。西域来汉土的二僧人画《二十五观之图》于保福院。桓帝立老子庙于苦县,画孔子像于壁。灵帝光和元年(178年),置鸿都门学,其中画孔子及七十二弟子像。地方郡守郡尉府舍中,都绘有壁画。陵墓中以及不少建筑物也绘有不少壁画。另外,除壁画外,画于缣帛者亦不少,元帝时的《后宫图》,明帝时的《释迦像》等皆是,可惜都毁于战乱。两汉绘画大量流传至今者为石壁碑刻。山东肥城孝堂山郭巨祠、山东嘉祥武梁祠为其中的著名代表,石刻中的人物、车马、鬼神、珍禽、异兽、楼台殿阁等各具情态,栩栩如生、战争、狩猎、娱乐、饮宴以及煮盐、冶铁、牛耕、纺织等各种活动场面,也都形象逼真,再现当时的情景。由于当时绘画发展,因而画家辈出,人才济济,毛延寿、张衡、蔡邕、赵岐、刘褒等是其中的佼佼者。

　　秦汉时期的音乐在先秦音乐发展的基础上也出现了多姿多彩的局面。民间音乐继续发展,出现了职业的吹鼓手,如周勃"尝为人吹箫给丧事"[2]。职业歌手秦青的歌声使林木振摇,行云欲止。秦汉时期,国家设立了专门的音乐舞蹈机构。西汉管理演奏雅乐舞的是"太乐署",东汉时期改为"大予乐署",属太常寺领导,有吏员、乐工和舞人约400人。西汉时管理俗乐舞的机构是"乐府",东汉时期改称"黄门鼓吹署",极盛时期有吏员乐工舞人800多。西汉"乐府"在汉武帝时达到鼎盛时期,著名音乐家李延年为协律都尉。乐府搜集和保存了大量民间音乐舞蹈,创作了不少新曲和二十八解伴奏歌唱的"相和歌"以及适应歌舞的比较复杂的《汉代大曲》,为汉代音乐的繁荣作出了重要贡献。这一时期,乐器独奏有所发展,《广陵散》与《胡笳十八拍》就是其中的名曲。乐器制造和创新也有显著成绩,管乐中的排箫、笛、羌笛、竽篥、箎、角,弦乐中的箜篌、琵琶等都是大量应用的乐器。与此同时,音律的研究也为

武威仪礼汉简(部分)

----
[1] 王延寿:《鲁灵光殿赋》。
[2] 《史记·绛侯世家》。

西汉四乐舞俑

人们所注意，出现了京房的六十律。乐谱也出现了，《汉书·艺文志》记载的"河南周歌声曲折七篇"的"声曲折"，据王先谦等解释，就是中国最早见于记载的乐谱。

与音乐相比，两汉时期的舞蹈和杂技留下的资料更加丰富，众多的文献和画像石展示了它们灿烂缤纷的盛况。由于两汉社会经济都有其高度发展的时期，大小统治者和地主富豪追求奢侈享乐生活的需要促进了音乐、舞蹈和杂技艺术的发展。更由于国内各民族间以及中外经济文化交流的不断发展，大量传入的"四夷"和外国的乐舞、胡乐、胡舞等，进一步丰富了汉民族的音乐和舞蹈。

秦汉时期的汉族人民与周边少数民族一样，在日常生活或宴饮中有舞蹈的习惯。如高祖刘邦回故乡时乘酒兴击筑高唱自撰的《大风歌》，令120个儿童合唱，并起舞。在立刘如意为太子一事失败后，刘邦唱歌令戚姬起舞，表达了他无可奈何的心情。杨恽失爵归田后，也时常以歌舞消磨时光，"酒后耳热，仰天拊缶，而呼呜呜"，"拂衣而喜，奋袖低仰，顿足起舞"[1]。

两汉有着五彩缤纷的民间乐舞，如以手、袖为容的《长袖舞》、《对舞》、《巾舞》和《七盘舞》，手执武器的《剑舞》、《棍舞》、《刀舞》、《干舞》、《戚舞》，手执乐器的《铎舞》、《鞞舞》、《建鼓舞》、《鼗舞》、《磬舞》以及故事情节曲折跌宕的载歌载舞等展现了民间舞蹈绚丽多姿、奇异烂漫的风貌。把戏曲、舞蹈和杂技结合在一起的"角抵"、"百戏"在两汉时期有着长足的发展。汉武帝为招待来京的四夷宾客，曾举行盛大的演出，"作巴俞、都卢、海中、砀极、漫衍、鱼龙、角抵之戏"[2]。东汉时期，角抵之戏内容更加丰富，场面更加宏伟。据张衡《西京赋》记载，每次演出可分五场，每场又分许多小场。例如第一场的"百戏"就包括"乌获扛鼎"、"都卢寻橦"、"冲狭燕濯"、"胸突铦锋"、"跳丸跳剑"、"走索"等，基本上都是杂技节目。其他场次，大都是不同形式的歌舞，角抵和百戏使两汉舞蹈吸收了大量杂技、武术的技巧和程式，使舞蹈更加丰富多彩。两汉时期，汉民族与周边少数民族以及中外乐舞得到广泛交流，优美的西域乐舞，别具一格的西南夷的《羽舞》、《干戚舞》、《弓舞》、《盘舞》、《祝酒舞》、《鼓舞》、《芦笙舞》、《巫

<hr>

[1]《汉书·杨恽传》。
[2]《汉书·西域传》。

舞》、《踏歌》、《巴俞舞》等，极大地丰富了两汉的舞蹈内容。秦汉两朝都建立起规模空前、强盛繁荣的大帝国，秦始皇、汉武帝等人的侈靡享乐又创造了惊人的历史纪录。两朝后宫中那数以千万计的女乐，达官贵人与豪富吏民中那数以千百计的妻妾和歌舞者，其中不少人在舞技方面有着较高的专业水平，她们在丰富和提高秦汉的舞蹈艺术方面起了一定的作用。如秦始皇的母亲曾是邯郸舞姬，汉高祖的宠姬戚夫人，汉武帝的李夫人，汉成帝的皇后赵飞燕，燕刺王的华容夫人等，都是首先以她们梦幻般迷人的舞姿赢得君王青睐的。各地的乐舞经过长期流传、选择、淘汰、提高，逐渐形成了不同的地方风格。如南都有齐僮、赵女、坐南歌、起郑舞；蜀都有巴姬、汉女、弹弦、击节；吴都有荆艳，楚舞，吴歈，越吟，都各具特色，竞放奇葩，汇成百花灿烂的局面。傅毅的《舞赋》，以其生花妙笔，描绘了《盘鼓舞》那千姿百态的舞步和令人如醉如痴的场景。

西汉舞蹈壁画

第四节　自然科学

一　数学

秦汉时期，出现了我国最早的一批数学专著《许商算术》、《杜忠算术》、《九章算术》。前二者已佚，只有《九章算术》传下来。这些数学专著的问世，是我国以算筹为计算工具、具有独特风格的数学体系形成的标志。《九章算术》不是一人一时之作。大概产生于周代，经过后世许多人补充修改，最后完成于西汉时期的张苍和耿寿昌。其九章是，第一章"方田"(38个问题)，讲田亩面积的计算。第二章"粟米"(46个问题)，讲交换谷物的比例计算。第三章"衰分"(20个问题)，讲分配物资和摊派税收的比例计算。第四章"少广"(24个问题)，讲开平方和开立方的方法。第五章"商功"(28个问题)，讲各种体积的计算。第六章"均输"(28个问题)，讲按人口多少、物价高低、路途远近等条件合理摊派税收和民工的计算。第七章"盈不足"(20个问题)，讲"双设法"的运算。第八章"方程"(18个问题)，讲一次联立方程计算。第九章"勾股"(24个问题)，讲利用勾股定理进行测量和绘制地图的计算。《九章算术》包括了现代小学算术的大部分和中学数学的一部分内容，其先进的筹算算法远远超过古希腊的数学体系，在当时世界上处于领先水平。此后，它一直是16世纪前历代中国人学习数学的主要教科书。许多数学家正是通过对它的注释工作，不断引入新的观念和方法，推动着中国数学的发展。作为举世公认的数学名著之一，在世界数学史上也占有重要地位。它关于分数概念及其运算、比例问题的计算、正负数的加减运算等等，都比印度早800年左右，比欧洲早千余年左右。《九章算术》在隋唐时期传入朝鲜、日本，被定为教科书。又通过印度和阿拉伯辗转传入欧洲，对文艺复兴前后数学的发展起了促进作用。

游珠算盘

二　天文历法

两汉时期关于天体的理论有三家：盖天说、浑天说和宣夜说，其思想渊源可以追溯到春秋战国时代。成书于公元前1世纪的《周髀算经》是盖天说的代表作。它认为天为半圆形，地成拱形，日月星辰附着于天地平转。这一学说建立在人们感性视觉的基础上，在汉代已为越来越多的天文观测所否定。东汉前期的郗萌是宣夜说的代表，他认为"天了无质，仰而瞻之，高远无极"。根本不存在一个固体的天球，日月众星在充满气的物质的无限宇宙空间运动。他虽然对天体运动的规律没有作具体论述，但这一思辨性的对天体本质的近似猜测，仍然表明了人类对宇宙认识的深化。浑天说的势力在两汉时期最大，著名学者洛下闳、鲜于妄人、耿寿昌、扬雄等都坚持这一学说，东汉杰出的科学家张衡则是这一学说的集大成者。张衡（73—139年），字平子，河南南阳人。是著名的科学家、文学家和画家，先后担任太史令达14年之久。他绘制了我国历史上第一张地图，对圆周率的计算得出了 $\pi=3.16$V值，其《二京赋》曾传颂一时。他的《浑天仪图注》全面总结和论述了浑天说的理论，认为"浑天如鸡子，天体圆如弹丸，地如鸡中黄，孤居于内，天大而地小，天表里有水，天之包地，犹壳之裹黄。天地各乘气而立，载水而浮"。这显然是以地球为中心的宇宙理论。在当时的条件下，由于它能够近似地说明天体的运动,所以影响很大。张衡还写了《灵宪》一文,系统完整地描述了天地万物生成变化发展的过程,提出了五星视运动的理论,探索了五大行星运动快慢及其与地球运动的关系。他对日月蚀的成因也有初步的认识,并测得日月视直径为365.25/730度,与今测值很相近。他制造的水运浑天仪,以漏水为原动力,通过齿轮系的转动,近似正确地把天象演示出来。他还于132年首创世界上第一架地震仪——地动仪,并准确地记录了138年在甘肃发生的强震。

秦汉时期,我国独特的历法体系已经形成。秦时颁行的颛顼历到汉初还在沿用。到汉武帝时,由于其缺陷日益明显,遂在公元前104年下令由公孙衍、壶遂、司马迁等人"改造汉历",并征募民间著名天文学家唐都、洛下闳、邓平、司马可、侯宜君等20余人参加。经过对各种方案的实测检验和比较推算,最后选定了邓平的方案,命名为太初历。这部历书原著已佚,西汉末年刘歆采用其数据,制定三统历,收在《汉书·律历志》中。太初历已具备了气朔、闰法、五星、交食周期等内容,首次提出以没有中气(即雨水、春分等十二节气)的月份为闰月的原则,使季节与月份的关系趋于合理,在农历中一直沿用到现在。太初历还第一次明确提出135个朔望月中有23个食季的食周概念,提高了五星会合期的精度,建立了注明五星位置的方法。太初历规定一年为365又185/1539日,19年有7个闰月,成为当时最精密的历法。

东汉早期天文学家李梵、苏统等人发现了月亮视运动的不均匀性。东汉晚期的刘洪在其创立的乾象历中,首先将这一成果用于交食的推算,提高了日月食发生的准确度。他还使用较前准确的回归年和朔望月长度的新数据,对后世产生了积极的影响。我国古代对天象观测和纪录的传统在秦汉时期得到发扬。河平元年(前28年)三月己未,第一次对太阳黑子作了准确的记录。此后24年,黑子的记录超过百次。元光元年(前134年)六月,在世界天文史上,《汉书·天文志》第一次记载了一颗新星。中平二年(185年)十二月癸亥,《后汉书·天文志》又在世界上最早记录了超新星。其他关于日月食、彗星、流星雨、极光

张衡像

等,也都有着十分准确、丰富的纪录。这些资料为我国近现代天文气象学的研究提供了重要帮助。

三　化学

中国化学的萌芽与发展是与金丹术联系在一起的。金丹术分为炼金和炼丹两部分。炼金是制造金银等贵重金属,炼丹是制造使人长生不老的所谓仙丹。在相当长的历史时期,金丹术是与宗教迷信联系在一起的。还在秦始皇时期,金丹术已经萌芽。到了醉心于神仙、长生之术的汉武帝时代,关于金丹术就有了比较明确的记载。汉武帝曾听信方士李少君的诳言,命人用丹砂配以别种药剂炼制黄金。李少君死后,他又命宽舒来收取李少君的方子。而齐、燕的不少方士也都竞相向他兜售金丹术。与汉武帝同时的淮南王刘安也热心金丹术。在他邀集宾客所写的《淮南子》和《淮南万毕术》中,就提到汞(水银)、铅、丹砂、曾青(铜矿)、雄黄(砷的硫化物)等药物及其在炼制过程中的变化。西汉末年的王莽与东汉末年的曹操父子也都喜欢金丹术,与方士关系十分密切。东汉末年,号称中国炼丹术始祖的魏伯阳写了《周易参同契》一书,为现今世界上所存最早的关于金丹术的著作。在该书中,他总结了当时炼金炼丹的技术和知识,反映了我国化学的发展水平。例如,该书描述了炼金炼丹的重要设备“丹鼎”的形状、尺寸,使后人对中国最早的化学反应器有所认识。该书还介绍了水银与铅、硫黄等的化学反应,记载了汞、硫、铅、丹砂等炼丹、炼金的药物,另外还提到胆矾、云母、磐石、氯化铵、铜、金等东西,说明当时已经获得了不少化学元素的知识。《周易参同契》一书还不能将化学同迷信分开,但它毕竟有了科学的萌芽。

四　农学

据《汉书·艺文志》记载,西汉时期的农学著作多达七家,百卷左右。反映了农学发展的盛况。可惜这些著作基本上都散失了,仅存的《氾胜之书》也是辑佚本。氾胜之是汉成帝时的议郎,他记载和总结了关中地区农民提高单位面积产量的经验和发明创造,从中可以窥见汉代农业

水运浑天仪系

的新发展。它提出了农业生产的六个基本环节，即及时耕作的"趋时"，土地利用和改良的"和土"，适度施肥的"务粪"，保墒灌溉的"泽"，及时中耕锄草的"早锄"和及时收获的"早获"，实际上提出了作物从播种到收获的系统工程。其中根据不同的土壤和气候条件，制定了对每一环节的技术要求。以施肥为例，书中不仅详细记载和总结了前人分期使用基肥和追肥的技术，而且提出了使用种肥的新方法"溲种法"，即在种子外裹上一层以蚕粪、羊粪为主要原料的粪壳，为幼苗的生长发育提供足够的营养。它记载的"区种法"是一种在干旱地区精耕细作，合理密植，有效利用水肥，加强管理，最大限度利用土地潜能，取得稳产高产的耕作方法。特别适用于中国北方干旱地区人多地少的小农使用，对发展农业生产起了很好的作用。

《神农本草经》辑佚本书影

五　医学

秦汉时期的医学取得了巨大的成就。仓公淳于意的"诊籍"、医学理论专著《黄帝内经》、药物学专著《神农本草经》和张仲景的病理学、医疗学专著《伤寒杂病论》以及华佗使用麻醉药物的外科手术是这个时期医学成就的主要代表。《黄帝内经》是我国现存最早的一部较完整的医学理论性论著，它阐发"人与天地相应"的思想，运用"五行"的理论，对脏腑的生理病理、经络学说、精、神、气、血、津液等概念，诊断治疗法则，针灸以及诊治学上的整体观念等，进行了初步系统的论述，为祖国医学的发展奠定了基础。

淳于意，西汉临淄人，曾为齐国太仓长，人称仓公。他拜名医公乘阳庆、公孙光为师，首创"诊籍"即病历，对病者姓氏、居里、职业、病状、诊断、方药皆作详细记录。起着总结临床经验，提高治病效率的作用。对后世医家重视医案记录有着积极影响。淳于意还精通脉法，并精心向自己的学生传授医术和临床经验。他是当时医学上齐学派的创始人，在医学史上占有重要的地位。

《神农本草经》是我国现存最早的药物学专著，它不是成于一人一时之手，而是秦汉以来药物学知识的总结。《神农本草经》共收入药物365种，其中植物药252种，动物

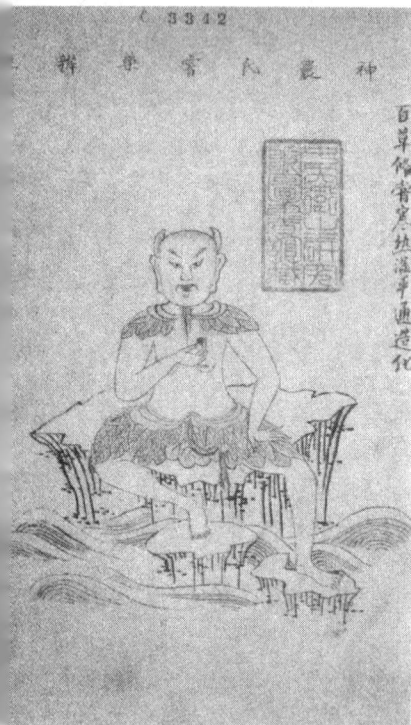

神农氏尝药辨性

药67种，矿物药46种，它不仅对这些药物按上、中、下三品进行了分类，而且对每一种药物的主治、性味、产地、采集时间、入药部分、异名等也作了详细的说明。书中记载的病名多达170余种，包括内科、外科、妇科以及五官科的不少疾病，所载用药也大都正确。《神农本草经》还提出了当时药物学的基本理论，如主药和配药间的"君、臣、佐、使"关系以及四气(寒、热、温、凉)五味(酸、咸、甘、苦、辛)说等，反映了当时药物学所达到的较高水平。

据《汉书·艺文志》记载，侍医李柱国在河平三年(前26年)校订国家所藏医书时，共得"医经七家，二百一十六卷"，"经方十一家，二百七十四卷"，说明当时病理学与治疗学已达到相当高的水平。在此基础上，东汉末年出现了张仲景和他的《伤寒杂病论》，奠定了我国中医治疗学的基础。

张仲景(约150—219年)，名机，南阳郡(今河南南阳市)人。他"勤求古训，博采众方"，"精究方术"[1]，在继承前人成果的基础上，通过认真总结自己的医疗实践，写出了光耀千古的《伤寒杂病论》。这部书后来被西晋医学家王叔和整理成《伤寒论》和《金匮要略》二书。前者论述伤寒一类急性传染病，后者则论述内科、外科和妇科等杂病。《伤寒论》，总结出诊治急性传染病的六经辨证原则，将其区分为太阳病、阳阴病、少阳病、太阴病、少阴病、厥阴病六大类，详细记载每类病候的临床症状、体征和脉象，要求从病情变化中掌握病候的实质，分清疾病的主次、轻重、缓急，以作出切合实际的诊断。《伤寒杂病论》已具备八纲(阴、阳、表、里、虚、实、寒、热)辨证的雏形，这种对疾病诊治的纲领性认识方法，对后世中医的发展产生了深远影响。它从伤寒和杂病的各类病症中，总结出许多治疗方法，后人将其归纳为"八法"：邪在肌表用汗法，邪塞于上用吐法，邪在半表半里用和法，寒症用温法，热症用清法，虚症用补法，积滞、肿块用消法。此外，该书还记述了许多行之有效的医疗方法，直到今天仍有实用价值。其中选好的300多位药方，用药灵活，疗效显著，既有煎、服(温服、冷服、分服、顿服等)法的详细规定，又有不同剂型的分类说明(如汤、丸、散、酒、软膏、醋、洗、浴、熏、滴耳、灌

[1]《伤寒杂病论·自序》。

鼻、吹鼻、灌肠、肛门栓、阴道栓等),还有创造性的制作工
艺的完整论述,是一笔珍贵的治疗学遗产,总之,《伤寒杂
病论》从辨症、立法、拟方、用药等各个环节,建立了一整
套辨证治疗的医疗原则,奠定了我国中医治疗学的基础,
标志着我国中医理论走向成熟。

　　与张仲景差不多同时的华佗(约2世纪中叶至3世纪
初),字元化,沛国谯(今安徽亳县)人。他以精到的外科手
术、先进的麻醉术和传奇式的经历赢得了不朽的声名。华
佗已经掌握了当时先进的麻醉术、解剖术、诊断术和止血
术,能成功地进行腹腔外科手术:"若疾发结于内,针药所
不能及者,乃令先以酒服麻拂散,既醉,无所觉,用刳破腹
背,抽割积聚。若在肠胃,则断截湔洗,除去疾秽,既而缝
合,敷以神膏,四、五日创愈,一月之间皆平复。"[1]在中国医
学史上, 华佗还是较早提倡用医疗体育锻炼的方法治疗
疾病,延年益寿的人。他模仿禽兽的动作设计了一套"五
禽之戏",其弟子吴普遵照此法进行锻炼,年过90还"耳目
聪明,齿牙完坚"[2]。在医药学方面,华佗也有许多建树,对
脉象有深入研究,善于察声望色,又"精于方药",在针灸
方面特别注意选用穴位,他创设的"华佗夹脊学"至今还
在临床中应用。华佗还十分注意医药技术的传授,他的弟
子樊阿、吴普、李当之继承其学问而又有所创造,各自在
针灸、药物学等方面为医学的发展作出了贡献。

张仲景像

[1]《后汉书·华佗传》。
[2]《后汉书·华佗传》。

索引（按笔画为序）

（人名、地名、重大事件及典章制度等）

地　名

古国名、氏族名

历史事件

典章制度

主要征引书目与参考文献

《十三经注疏》，中华书局1980年影印本。

《战国策》，上海古籍出版社1985年版。

（汉）司马迁：《史记》，中华书局1959年版。

（汉）班固：《汉书》，中华书局1962年版。

（汉）荀悦 袁宏：《两汉纪》，中华书局2002年版。

魏连科：《汉书人名索引》，中华书局1979年版。

王利器等：《汉书古今人名表疏证》，齐鲁书社1988年版。

（南朝）范晔：《后汉书》，中华书局1965年版。

（晋）陈寿：《三国志》，中华书局1959年版。

（唐）魏征等：《隋书》，中华书局1973年版。

《二十五史补编》，中华书局1955年版。

［日］泷川资言、水泽利忠：《史记会注考证附校补》，上海古籍出版社1986年版。

（宋）熊方等：《后汉书三国志补表三十种》，中华书局1984年版。

（清）梁玉绳：《史记志疑》，中华书局1981年版。

（清）王先谦：《汉书补注》，中华书局1983年影印本。

（清）王先谦：《后汉书集解》，中华书局1984年影印本。

（明）于慎行：《读史漫录》，齐鲁书社1996年版。

卢弼：《三国志集解》，中华书局1982年影印本。

吴树平：《东观汉记校注》，中州古籍出版社1987年版。

（宋）司马光：《资治通鉴》，中华书局1956年版。

（清）王夫之：《读通鉴论》，中华书局1983年版。

（唐）杜佑：《通典》，中华书局1988年版。

（元）马端临：《文献通考》，中华书局1986年影印本。

（汉）陆贾：《新语》，吉林大学出版社1992年《汉魏丛书》影印本。

（汉）贾谊：《新书》，吉林大学出版社1992年《汉魏丛书》影印本。

（汉）韩婴：《韩诗外传》，吉林大学出版社1992年《汉魏丛书》影印本。

（汉）董仲舒：《春秋繁露》，吉林大学出版社1992年《汉魏丛书》影印本。

《孔丛子》，吉林大学出版社1992年《汉魏丛书》影印本。

(汉)班固:《白虎通德论》,吉林大学出版社1992年《汉魏丛书》影印本。

(战国)吕不韦:《吕氏春秋》,上海书店1986年《诸子集成》影印本。

(汉)刘安:《淮南子》,上海书店1986年《诸子集成》影印本。

(汉)王充:《论衡》,上海书店1986年《诸子集成》影印本。

(汉)桓宽:《盐铁论》,上海书店1986年《诸子集成》影印本。

(汉)王符:《潜夫论笺》,中华书局1979年版。

(晋)葛洪:《抱朴子》,上海书店1986年《诸子集成》影印本。

(清)段玉裁:《说文解字注》,上海古籍出版社1981年版。

(清)王先谦:《释名疏证补》,上海古籍出版社1984年影印本。

王国维:《水经注校》,上海人民出版社1984年版。

吴树平:《风俗通义校释》,天津人民出版社1980年版。

王明:《太平经合校》,中华书局1960年版。

[日]安居香山、中村璋八:《纬书集成》,河北人民出版社1994年版。

(清)严可均:《全上古三代秦汉三国六朝文》,中华书局1958年版。

费振刚:《全汉赋》,北京大学出版社1993年版。

(清)马国翰:《玉函山房辑佚书》,上海古籍出版社1989年影印本。

(清)永瑢:《四库全书总目》,中华书局1956年版。

(唐)魏征:《群书治要》,商务印书馆四部丛刊本。

(唐)虞世南:《北堂书钞》,中国书店1989年影印本。

(唐)欧阳询:《艺文类聚》,上海古籍出版社1982年版。

(宋)李昉:《太平御览》,上海古籍出版社1960年影印本。

(清)朱彝尊:《经义考》,中华书局1998年影印本。

(清)黄汝成:《日知录集释》,岳麓书社1994年版。

皮锡瑞:《经学通论》,中华书局1954年重印商务印书馆《国学基本丛书》本。

皮锡瑞:《经学历史》,中华书局1959年版。

石声汉:《氾胜之书今释》,科学出版社1956年版。

万国鼎:《氾胜之书辑释》,中华书局1957年版。

(宋)赵明诚:《金石录》,四库全书本。

(清)毕沅、阮元:《山左金石志》,小琅嬛仙馆嘉庆二年刻。

(清)王昶:《金石萃编》,中国书店1985年影印本。

(清)王懿荣:《汉石存目》,雪堂丛刊本1915年刻。

范文澜:《中国通史简编》(第二册),人民出版社1949年版。

柳诒徵:《中国文化史》,大百科全书出版社1983年版。

白寿彝:《中国通史》(第四卷),上海人民出版社1995年版。

安作璋:《山东通史》(秦汉卷),山东人民出版社1993年版。

［英］李约瑟:《中国科学技术史》,科学出版社1978年版。

崔瑞德:《剑桥中国秦汉史》,中国社会科学出版社1992年版。

《睡虎地秦墓竹简》,文物出版社1978年版。

吕思勉:《秦汉史》,上海古籍出版社1983年版。

翦伯赞:《秦汉史》,北京大学出版社1983年版。

马非百:《秦集史》,中华书局1982年版。

林剑鸣:《秦史稿》,上海人民出版社1981年版。

林剑鸣:《秦汉史》,上海人民出版社1989年版。

韩复智:《秦汉史》,国立台湾大学出版社1996年版。

田昌五、安作璋:《秦汉史》,人民出版社1993年版。

马植杰:《三国史》,人民出版社1993年版。

安作璋、熊铁基:《秦汉官制史稿》,齐鲁书社1984年版。

安作璋、孟祥才:《秦始皇帝大传》,中华书局2005年版。

安作璋、孟祥才:《刘邦评传》,齐鲁书社1988年版。

安作璋、孟祥才:《汉高帝大传》,河南人民出版社1996年版。

安作璋、孟祥才:《汉光武帝大传》,河南人民出版社1999年版。

余嘉锡:《四库提要辨证》,科学出版社1958年版。

吕思勉:《吕思勉读史札记》,上海古籍出版社1982年版。

范文澜:《范文澜历史论文选集》,中国社会科学出版社1983年版。

梁启超:《饮冰室合集》,中华书局1936年版。

章太炎:《章氏丛书》,浙江省图书馆1919年版。

顾颉刚等:《古史辨》(1—7册),上海古籍出版社1982年影印本。

齐思和:《中国史探研》,中华书局1981年版。

陈寅恪:《金明馆丛稿初编》,上海古籍出版社1980年版。

饶宗颐:《饶宗颐东方学论集》,汕头大学出版社1999年版。

陈直:《文史考古丛刊》,天津古籍出版社1988年版。

童书业:《春秋左传研究》,上海人民出版社1980年版。

童书业:《先秦七子研究》,齐鲁书社1982年版。

余英时:《士与中国文化》,上海人民出版社1987年版。

丁原明:《黄老学论纲》,山东大学出版社1997年版。

孟祥才:《王莽传》,天津人民出版社1982年版。

孟祥才:《新朝旧政·王莽》,哈尔滨出版社1996年版。

孟祥才:《先秦秦汉史论》,山东大学出版社2001年版。

孟祥才:《中国农民战争史·秦汉卷》,湖北人民出版社1989年版。

孟祥才:《中国政治制度通史·秦汉卷》,人民出版社1996年版。

孟祥才:《秦汉人物散论》,上海古籍出版社2005年版。

孟祥才:《细说王莽》,中华书局2006年版。

胡适:《中国哲学大纲》(卷上),东方出版社1996年版。

胡适:《中国中古思想史长编》,华东师范大学出版社1996年版。

郭沫若:《郭沫若全集》(历史编1—4),人民出版社1982年版。

冯友兰:《中国哲学史》,中华书局1961年重印商务印书馆本。

侯外庐等:《中国思想通史》,人民出版社1957年版。

张岱年:《中国哲学史大纲》,河北人民出版社1996年《张岱年全集》本。

任继愈主编:《中国哲学史》,人民出版社1979年版。

葛兆光:《中国思想史》(第一卷),复旦大学出版社1998年版。

李泽厚:《美的历程》,广西师范大学出版社2001年版。

胡寄窗:《中国经济思想史》,上海人民出版社1962年版。

徐复观:《两汉思想史》,学生书局 (卷一)1974年版、(卷二)1976年版、(卷三)
　　　　1979年版。

金春峰:《汉代思想史》,中国社会科学出版社1997年版。

张国华:《中国秦汉思想史》,人民出版社1994年版。

王克奇:《传统思想新论》,齐鲁书社2000年版。

孟祥才、胡新生:《齐鲁思想文化史》(先秦秦汉卷),山东大学出版社2002年版。

孟祥才、王克奇:《齐鲁文化通史·秦汉卷》,中华书局2005年版。

顾颉刚:《汉代学术史略》,东方出版社1996年版。

王铁:《汉代学术史》,华东师范大学出版社1995年版。

朱维铮:《周予同经学史论著选集》,上海人民出版社1983年版。

周予同:《中国经学史讲义》,上海文艺出版社1999年版。

钱穆:《两汉经学今古文平议》,商务印书馆2001年版。

汤志钧等:《西汉经学与政治》,上海古籍出版社1994年版。

晋文:《以经治国与汉代社会》,广州出版社2001年版。

张涛:《经学与汉代社会》,河北人民出版社2002年版。

王葆玹:《今古文经学新论》,中国社会科学出版社1997年版。

张文立:《秦始皇帝评传》,陕西人民出版社1996年版。

王云度、张文立:《秦帝国史》,陕西人民教育出版社1997年版。

田静:《秦宫廷文化》,陕西人民教育出版社1998年版。

张文立:《秦俑学》,陕西人民教育出版社1999年版。

徐卫民:《秦都城研究》,陕西人民教育出版社2000年版。

郭淑珍、王关成:《秦军事史》,陕西人民教育出版社2000年版。

吴树平:《秦汉文献研究》,齐鲁书社1998年版。

张金光：《秦制研究》，上海古籍出版社2004年版。

李学勤：《东周与秦代文明》，文物出版社1984年版。

林剑鸣等：《秦汉社会文明》，西北大学出版社1985年版。

韩养民：《秦汉文化史》，陕西人民教育出版社1986年版。

熊铁基：《汉唐文化史》，湖南出版社1992年版。

岳庆平：《中国秦汉习俗史》，人民出版社1994年版。

王友三：《中国宗教史》，齐鲁书社1991年版。

牟钟鉴等：《中国宗教通史》，社会科学文献出版社2000年版。

黎家勇等：《中国秦汉宗教史》，人民出版社1994年版。

傅勤家：《中国道教史》，商务印书馆1937年版。

许地山：《道教史》，华东师范大学出版社1996年版。

卿希泰：《道教史》，中国社会科学出版社1994年版。

王明：《道家与道教思想研究》，中国社会科学出版社1984年版。

胡孚琛：《道学通论：道家、道教、仙学》，中国社会科学出版社1998年版。

姜生：《汉魏晋南北朝道教伦理论稿》，四川大学出版社1995年版。

肖川等：《中国秦汉教育史》，人民出版社1994年版。

董粉和：《中国秦汉科技史》，人民出版社1994年版。

卢南乔：《山东古代科技人物论集》，齐鲁书社1979年版。

钱宝琮：《中国数学史》，科学出版社1981年版。

吴炜华：《中国秦汉文学史》，人民出版社1994年版。

岳庆平：《中国秦汉艺术史》，人民出版社1994年版。

赵明等：《两汉大文学史》，吉林大学出版社1998年版。

陆侃如：《建安七子集》，中华书局1989年版。

李发林：《山东汉画像石研究》，齐鲁书社1982年版。

李发林：《汉代画像石研究》，文物出版社1987年版。

李发林：《汉代画像石选集》，齐鲁书社1982年版。

李发林：《中国画像石全集》，山东美术出版社、河南美术出版社2000年版。

王建中：《汉代画像石通论》，紫禁城出版社2001年版。

信立祥：《汉代画像石综合研究》，文物出版社2000年版。

孙机：《汉代物质文化资料图说》，文物出版社1991年版。

《沂南古画像石墓发掘报告》，文物出版社1956年版。

［韩］李基白：《韩国史新论》，国际文化出版公司1994年版。

后 记

1964年7月,我自山东师范大学历史系毕业,同年考入中国科学院哲学社会科学部(今中国社会科学院)历史研究所读研究生,师从侯外庐先生学习中国思想史。1966年"文革"爆发后,基本上中断了学业。"文革"期间,我既有事后思之痛悔的"造反"行动,也有被打成"5·16"反革命分子的惨痛经历。1972年夏天自河南"五七"干校返京后,开始反思"文革"和自己曾经参与的那些丧失理智的行动。当时侯外庐先生因病在北京同仁医院就医,我去医院看望他并对参与对他的批判诚心道歉。先生大度地说:"那些事过去就算了,谁也没有前后眼,我不是也承认是'走资派'么!你不要想三想四,还是认真读点书吧!"遵照先生的嘱咐,此后直至1976年上半年,我沉下心来陆续读了《马恩选集》、《列宁选集》、《资本论》等马克思主义经典著作和前四史、《资治通鉴》、《续资治通鉴》、《十三经注疏》、《诸子集成》等书。读《汉书》时对王莽这个人物发生兴趣,写了《王莽传》书稿,后经修改由天津人民出版社于1982年出版,1996年又由哈尔滨出版社出版了扩大规模近二倍的《新朝旧政·王莽》一书。读《饮冰室合集》(40册)时对梁启超产生兴趣,写了《梁启超传》书稿,后由北京出版社于1980年出版。因写《梁启超传》引发了我对中国近代思想史的浓烈兴趣,当时打算以此作为自己的专业方向。1976年5月我调山东大学历史系任教,其时该系缺乏讲授中国古代史的教师,我服从安排到中国古代史教研室工作,讲授先秦秦汉史。此后,我基本上放弃了中国近代思想史的研究,全力投入到中国古代史的教学工作中,先后为本科生、硕士、博士研究生讲授中国古代史、中国古代政治制度史、历史文选、先秦秦汉思想史、中国传统文化、中国古代史专题研究、中国古代史文献研究等课程,同时将研究的重点放在了先秦秦汉史尤其是秦汉史方面。先后出版了《中国农民战争史·秦汉卷》、《中国政治制度通史·秦汉卷》、《先秦秦汉史论》、《秦汉人物散论》、《细说王莽》等著作,与安作璋先生合作出版了《刘邦评传》、《秦始皇帝大传》、《汉高帝大传》、《汉光武帝大传》。与胡新生先生合作出版了《齐鲁思想文化史·先秦秦汉卷》,与王克奇先生合作出版了《齐鲁文化通史·秦汉卷》等。另外,还参加了田昌五、安作璋先生主编的《秦汉史》和田昌五、漆侠先生主编的《中国封建社会经济史》的撰稿工作。在我发表的180多篇论文中,有近一半属秦汉史领域。这次应人民出版社之约撰写中国断代史系列中的《秦汉史》,使我有机会将40多年来研究秦汉史的成果做一次综合性的整合,同时尽量吸纳先贤和当代学者的研究成果,对自己来说不啻完成了多年来梦牵魂绕的毕业课题。当然,其中的不少学术观点不过是自己的一得之思和一孔之见,是否言之成理和持之有故还有待学术界同行和广大读者的评判。

在本书撰写过程中,山东大学威海分校赵沛教授做了全部文稿的录入工作,山东大学易学研究中心的刘保贞教授、山东财政学院的张雪莹教授为图片的遴选付出了很大努力,人民出版社张秀平提供了不少有价值的建议,谨借本书出版的机会,对他们的帮助表示最诚挚的谢意!

作者

2009年春节于山东大学南新小区寓所

图书在版编目（CIP）数据

中国历史·秦汉史 / 孟祥才著.
－北京：人民出版社，2009
（中国历史 / 张秀平 关宏策划）
ISBN 978-7-01-007728-4

Ⅰ.中... Ⅱ.孟 Ⅲ.①中国－历史②中国－古代史－
秦汉时代
Ⅳ.K20
中国版本图书馆 CIP 数据核字（2009）第 020457 号

中国历史·秦汉史
ZHONGGUO LISHI QINHANSHI

作　　者：孟祥才
选题策划：张秀平 关　宏
责任编辑：张秀平
封面设计：徐　晖
版式设计：陈　岩

人民出版社 出版发行
地　　址：北京朝阳门内大街 166 号
邮政编码：100706
经　　销：全国新华书店经销
印刷装订：永恒印刷有限公司印装
出版日期：2009 年 8 月第 1 版　2009 年 8 月第 1 次印刷
开本：730 毫米×970 毫米 1/16
印张：41.625
字数：700 千字
书号：ISBN 978-7-01-007728-4
定价：98.00 元